Die Rechtsgrundsätze

des

Königlich Preußischen

Oberverwaltungsgerichts.

Begründet von K. Parey.

Vierte, gänzlich neu bearbeitete und bis zur Gegenwart ergänzte Auflage,

herausgegeben

von

Fr. Kunze,
Wirklicher Geheimer Oberregierungsrat,

und

Dr. G. Kautz,
Geheimer Oberregierungsrat,
vortragender Rat im Reichsamt des Innern.

Ergänzungsband 1905/06.

Berlin 1906

J. Guttentag, Verlagsbuchhandlung,

G. m. b. H.

Vorwort.

Der „Ergänzungsband 1905/1906“ berücksichtigt die Rechtsprechung des Kgl. Oberverwaltungsgerichts seit dem Erscheinen des Ergänzungsbandes 1904 bis zum April des Jahres 1906 mit Ausnahme der Entscheidungen in Kommunalsteuer- und Staatssteuerangelegenheiten. Diese müssen einem — bereits im Drucke befindlichen — besonderen Ergänzungsbande vorbehalten werden, der sich an den ein Werk für sich bildenden Band 3 der 4. Auflage des Hauptwerks anschließt, während der vorliegende Band die Ergänzung für Band 1 und 2 bildet. Da der Ergänzungsband 1904 in der 4. Auflage des Hauptwerks verarbeitet worden ist, so stellt der Ergänzungsband 1905/1906 die erste Fortsetzung hierzu dar, ist aber gleichzeitig der richtige Anschlußband für alle diejenigen, die sich mit der 3. Auflage begnügen.

Es sind wiedergegeben die Entscheidungen aus Bd. 44 bis 46 der offiziellen Sammlung, die in der angegebenen Zeit im Preußischen Verwaltungsblatt und im Zentralblatt der Unterrichtsverwaltung veröffentlichten, sowie zahlreiche ungedruckte Entscheidungen wichtigeren Inhaltes.

Auf klare, scharfe Systematisierung, leicht verständliche Darstellung, und wo erforderlich, ausgiebige Beigebung von Tatbeständen und Gründen zu den Rechtsgrundsätzen ist auch in diesem Bande besonderer Wert gelegt worden.

Berlin / Charlottenburg, im Oktober 1906.

Fr. Kunze. Dr. G. Kautz.

Inhaltsverzeichnis.

Zweite Abteilung.

Kultus, Schule, Personenstand, Staatsangehörigkeit, Fürsorgeerziehung.

Dritte Abteilung.

Polizeiliche Angelegenheiten.

Seite

Vierte Abteilung.

Anderweitige Zuständigkeiten der Verwaltungsgerichte.

Fünfte Abteilung.

Verzeichnis der Abkürzungen.

(Nachtrag zu dem im ersten Hauptbande S. X ff. enthaltenen Verzeichnis.)

Abt. = Abteilung.
GewArch. = Gewerbearchiv, hrsg. von v. Rohrscheidt.
GewUVG. = Gewerbe-Unfallversicherungsgesetz v. 30. VI. 1900 idFass. der Bek. v. 5. VII. 00 (RGBl. 347, 585).
HKamG. = Gesetz über die Handelskammern — „Handelskammergesetz" — v. 24. II. 1870/19. VIII. 97 idFass. der Bek. v. 22. VIII. 97 (GS. **70** 134, **97** 343, 354).
KrProvAbgG. = Kreis- und Provinzial-Abgabengesetz v. 23. IV. 1906 (GS. 159).
LTAbschd. = Landtagsabschied.
LwUVG. = Unfallversicherungsgesetz für Land- u Forstwirtschaft v. 30. VI. 1900 idFass. der Bek. v. 5. VII. 00 (RGBl. 403, 641).
Rez. = Rezeß.
VorflEd., VorflG. = Vorflutedikt, Vorflutgesetz (s. Hauptverzeichnis).

Erste Abteilung.

Angelegenheiten der Kommunalverbände.

I.

Provinzialverbände.

Gesetzliche Grundlagen: Kreis- und Provinzial-Abgabengesetz v. 23. IV. 06 (GS. 159). G. v. 4. VIII. 04 (GS. 241), betr. Abänderung der Vorschriften über die Zusammensetzung der Kreistage und die Wahlen zum Provinziallandtage in der Prov. Posen.

Literatur: **Allgemeines:** v. Bitter: Handwörterbuch der preuß. Verwaltung (Leipzig 1906). — v. Brauchitsch: Die neuen preuß. Verwaltungsgesetze, hrsg. von v. Studt und v. Braunbehrens 1[20], 2[18] (Berlin 1906 bzw. 1905). — Cohn: Zur Politik des deutschen Finanz-, Verkehrs- und Verwaltungswesens (Stuttgart 1905). — Friedrichs: Das Zuständigkeitsgesetz v. 1. VIII. 1883 (Berlin 1904). — Hacker: Handlexikon aller bisher ergangenen Verwaltungsgesetze, hrsg. von Klemann[2] (Königsberg iPr. 1904). — Graf Hue de Grais: Handbuch der Verfassung und Verwaltung in Preußen und im Deutschen Reiche[17] (Berlin 1905). — Derselbe: Kommunalverbände (desgl.). — Illing-Kautz: Handbuch für preuß. Verwaltungsbeamte[9] 1, 2 (Berlin 1905/6). — Meyer: Lehrbuch des deutschen Staatsrechts,[6] hrsg. von Anschütz (Leipzig 1905). — Schubart: Die Verfassung und Verwaltung des Deutschen Reiches und des Preuß. Staates in gedrängter Darstellung[19] (Breslau 1905). — Schücking: Quellensammlung zum preuß. Staatsrecht (Leipzig 1906). — Stier-Somlo: Sammlung preuß. Gesetze staats- und verwaltungsrechtlichen Inhalts (München 1906). —

Freytag: Das Gesetz, betr. die Anstellung und Versorgung der Kommunalbeamten, v. 30. VII. 1899 nebst Ausführungsanweisung[2] (Berlin 1905). —

Provinzialrecht: v. Bitter: Die Gemeindeverfassungsgesetze für die Rheinprovinz mit den neuen Verwaltungsgesetzen[3] (Berlin 1905). — Brüning: Die Verwaltungsgesetzgebung für die Prov. Hannover nebst den Gemeindeverfassungsgesetzen[3] (Hannover 1906). —

B. Vertretung und Verwaltung der Provinzialverbände.

1. Der Provinziallandtag.

b) Wahlverfahren und Rechtsmittel.

Nr. 1. Entsch. v. 4. Nov. 1904 — II 1810.

HannProvO. v. 7. V. 84 (GS. 243) §§ 6[3], 16.

Der dem WahlRegl. z. ProvO. v. 29. VI. 75 gleichlautende § 6[3] des WahlRegl. der HannProvO. (vgl. § 16 das.) enthält keine formelle Bestimmung des Inhalts, daß die Wahlzettel in einer Weise gefaßt sein müßten, welche auch die abstrakte Möglichkeit von Zweifeln beseitige, sondern er verlangt nur, daß die Zettel zur Vermeidung der Ungültigkeit Zweifel über die Person des Gewählten unter den gegebenen Umständen ausschließen. Deshalb liegt die Frage, ob die Bezeichnung der Person mit völliger Deutlichkeit erfolgt ist, auf tatsächlichem Gebiete, und bei ihrer Beantwortung fällt, was schon in früheren Entsch. hervorgehoben worden ist, besonders ins Gewicht, wie der Wahlvorstand die Zettel verstanden, ob er Zweifel über die wahre Absicht des Stimmenden gehabt hat oder nicht.

C. Provinzialabgaben.

Nr. 1. Entsch. v. 13. März 1903 (PrVBl. 24 548).

KrProvAbgG. §§ 25, 28.

Die Provinzialabgaben bilden lediglich einen Ausgabeposten im Kreishaushalt, der „gleich den übrigen Kreisbedürfnissen" zu decken, für den daher eine besondere Umlage, streng genommen, ebensowenig zulässig ist, wie in Städten zur Deckung der Kreisabgaben, die auf den Gemeindeetat übernommen sind.

Nr. 2. Entsch. v. 22. März 1904 — II 559.

KrO. § 14; KommAbgG. § 91 Abs. 2.

Für die Provinzialabgaben der kreiseximierten Städte bleibt zu beachten, daß für sie der § 14 KrO., der eine Heranziehung des Fiskus zu den Kreisabgaben wegen des aus Grundbesitz, Gewerbe und Bergbaubetrieb fließenden Einkommens ausschließt, keine Anwendung findet. Das Besteuerungsrecht der kreiseximierten Städte richtet sich nach den Bschr. des KommAbgG., und nach diesen (vgl. § 33 Abs. 1[4]) ist der Eisenbahnfiskus gemeindeeinkommensteuerpflichtig.

Nr. 3. Entsch. v. 29. März 1904 (OVG. 45 1) II A 3/03.

ProvO. §§ 7, 34, 58, 105 ff.; EinkStG. § 74; ZustG. §§ 1, 44; KrProvAbgG. § 31.

Gem. § 112 ProvO. iVerb. mit § 1 ZustGes. (jetzt auch § 31 KrProvAbgG.) ist das OVG. nur zur Entscheidung über die Klage zuständig, die gegen den auf Reklamation eines Kreises wegen Verteilung der Provinzialabgaben erlassenen Beschluß des Provinzialausschusses erhoben ist. Gegen die Heranziehung oder Veranlagung zu den Lasten der Landarmenverbände findet gem. § 44 ZustG. nach fruchtlosem Einspruche nur die Klage beim Bezirksausschusse statt. Das OVG. hat erst auf die gegen die Entscheidung des Bezirksausschusses eingelegte Revision zu entscheiden.

II.
Kreise.

Literatur: Maraun: Verwaltungsvorschriften für Gemeinde-, Polizei- und Kreisbehörden. Sammlung zentralbehördlicher Erlasse zur Ausführung und Erläuterung der Staats- und Reichsgesetze, Jahrg. 1904 (Berlin 1905). — v. Schwerin: Aus landrätlicher Praxis (Berlin 1905). —

Vgl. im übrigen oben 1.

A. Auseinandersetzung bei Veränderung der Kreisgrenzen und Bildung neuer Kreise.

3. Bei Bildung von Stadtkreisen.

Nr. 1. Entsch. v. 12. Jan. 1904 — II 67.

Beim Ausscheiden einer Stadt aus dem Kreisverbande bildet die von dem Kreise einer Gemeinde bewilligte Wegebeihilfe jedenfalls dann ein bei der Auseinandersetzung zu berücksichtigendes Passivum, wenn der Kreistag die Bewilligung beschlossen, den Inhalt des Beschlusses den Interessenten mitgeteilt hat und der Beschluß von den Interessenten gebilligt ist. Anders steht es mit einer von dem Kreise einem Komitee nur zugesagten Aktienzeichnung für den Bau einer Eisenbahn, weil eine Verpflichtung für Uebernahme von Aktien nur durch eine nach Maßgabe der Vschr. des § 189 HGB. ausgeführte Zeichnung begründet wird. Solange dies nicht geschehen, besteht eine rechtliche Verpflichtung zur Uebernahme von Aktien für den Kreis nicht, mithin insoweit auch kein bei der Auseinandersetzung zu berücksichtigendes Passivum.

B. Rechte und Pflichten der Kreisangehörigen.

2. Verpflichtung zu Kreisabgaben.

b) Verteilung der Kreisabgaben.

Nr. 1. Entsch. v. 6. Nov. 1903 — II 1881.

Tritt der Gutsbezirk, um sich gegen spätere Anforderungen und deren Realisierung zu schützen, mit dem Verlangen auf, das ihm überwiesene Soll, weil es zu hoch, zu ermäßigen, so wird damit ein vermögensrechtliches Interesse des Gutsherrn in seiner Eigenschaft als Eigentümer des mit obrigkeitlicher Gewalt versehenen Gutes verfolgt. Der die obrigkeitliche Verwaltung im Gutsbezirke führende Gutsvorsteher ist aber nicht der Vertreter des Gutsbesitzers hinsichtlich der vermögensrechtlichen Verhältnisse des Gutsbesitzers, die sich als öffentlich-rechtliche Normen aus seiner Stellung als Gutsherrschaft ergeben. Hieraus folgt, daß das Klagerecht nur dem Eigentümer des Gutes zusteht.

g) Abgabepflicht der juristischen Personen.

α) Der Aktiengesellschaften u. Kommanditgesellschaften auf Aktien.

Nr. 1. Entsch. v. 22. Jan. 1904 (OVG. 44 9) II C 238/02.

KommAbgG. §§ 33, 36, 38, 51; EinkStG. §§ 74 ff.

1. Die Regelvorschrift in § 33³ aE. KommabgG. trifft ausnahmslos jede zu Recht bestehende Veranlagung zur Staatseinkommensteuer, insbesondere also auch nicht nur eine steuerfreie Veranlagung,

sondern sogar den Fall, daß eine Beanstandung nicht stattgefunden hat, daß der Steuerpflichtige außerstande war, ein Rechtsmittel gegen die staatliche Veranlagung einzulegen.

2. Die steuerfreie Veranlagung ist von dem Einkommensteuergesetze ausdrücklich als eine Veranlagung bezeichnet und wird als solche in der Wissenschaft wie in der Praxis anerkannt. Dem Gesetzgeber kann nicht unterstellt werden, daß er die Möglichkeit einer steuerfreien Veranlagung übersehen habe. Ebensowenig besteht ein innerer Grund dafür, die bei einer steuerfreien Veranlagung vorgenommene Feststellung des Einkommens anders zu behandeln als diejenige, die der Veranlagung zu einer Steuer zugrunde liegt. Auch bei der Veranlagung zu einem Steuersatze wird es vorkommen, daß von den Angaben der Steuererklärung abgewichen wird, eine Beanstandung aber aus dem Grunde unterbleibt, weil die Abweichung auf die Bestimmung der Steuerstufe ohne Einfluß ist. Allerdings liegt eine gewisse Härte darin, daß die Steuerpflichtige die staatliche Veranlagung gelten lassen soll, ohne Gelegenheit zu deren Berichtigung gehabt zu haben. Gleichwohl würde es den Absichten des KommabgG. nicht entsprechen, wenn man die Vschr. seines § 33³ aE. in Fällen der vorliegenden Art für unanwendbar erklären wollte. Das KommAbgG. stellt öfter Billigkeitsrücksichten zugunsten praktischer Zwecke zurück, so zB. in § 51 Abs. 1, wo es den Gemeinden für ihr Steuerrecht eine Grenze durch die staatliche Veranlagung zieht, ohne den Gemeinden einen Einfluß auf diese Veranlagung einzuräumen. Man wird demnach von vornherein sich gegenwärtig halten müssen, daß es dem KommAbgG. an erster Stelle nicht um eine ängstliche Vermeidung vereinzelter Unbilligkeiten, sondern darum zu tun gewesen ist, daß im großen und ganzen das Richtige auf eine zweckmäßige Weise erreicht werde. Nun ist dem Gesetzgeber die Beseitigung der Gemeindeveranlagung bei der Besteuerung der im § 33 aaO. genannten Erwerbsgesellschaften und juristischen Personen so wichtig erschienen, daß er ihretwegen sogar das materielle Gemeindesteuerrecht geändert hat. Während er an sich den Gemeinden eine Besteuerung jener Erwerbsgesellschaften nur wegen des in ihnen erwachsenden Einkommens aus gewissen, bestimmt bezeichneten Quellen (Grundbesitz, Gewerbebetrieb usw.) gestattet, weist er in den Fällen, in welchen eine staatliche Veranlagung stattgefunden hat, den Gemeinden das hierbei veranlagte Einkommen ohne Rücksicht auf den Ort und die Quelle seines Ursprunges zu, und das geschieht lediglich deswegen, damit eine Einschätzung durch die Gemeinden und Kreise vermieden, die staatliche Veranlagung auch für sie übernommen werden könne. Dem Gesetzgeber, dem der soeben erwähnte Zweck wichtig genug erschien, um seinetwegen alte und an sich auch im KommAbgG. festgehaltene Grundsätze des materiellen Steuerrechts zu durchbrechen, kann man nicht zutrauen, daß er sein Ziel ohne weiteres zum guten Teile aufgegeben hätte, weil er um jeden Preis die Möglichkeit auch nur vereinzelter Unbilligkeiten vermeiden wollte. Vielmehr ist anzunehmen, daß er die angedeutete Möglichkeit und seinen Hauptzweck gegeneinander abgewogen und daß ihm hier ebenso wie bei dem § 51 aaO. jene Möglichkeit nicht gewichtig genug erschienen ist, um durch die Rücksicht auf sie den Hauptzweck zu gefährden.

3. Die Gründe, die für eine tunlichst weitgehende Einschränkung der Gemeindeveranlagung bei der Besteuerung von Erwerbsgesellschaften sprechen, sind leicht erkennbar. Die Veranlagung der gedachten Gesellschaften bietet bekanntlich selbst den mit ihr ständig befaßten Behörden sehr große Schwierigkeiten. Um sie einigermaßen richtig zu bewirken, würde bei den meisten Kommunalbehörden Personal weder vorhanden sein noch allmählich beschafft werden können. Die selbständig veranlagenden Kommunalbehörden würden also mehr oder weniger auf das Geratewohl hin schätzen und sich damit begnügen müssen, den Steuerpflichtigen den Ueberbürdungsbeweis zu

überlassen. Die Folge würde eine große Anzahl von Prozessen sein, durch welche die Steuerpflichtigen und die Kommunen in hohem Grade beunruhigt und mit Kosten belastet werden würden. Auch würden in derartigen Streitsachen Fragen auftauchen, zu deren Lösung den Kreis- und Bezirksausschüssen und deren Bureaubeamten die erforderlichen Fachkenntnisse, namentlich auf kaufmännischem Gebiete, im allgemeinen fehlen. Sie würden also, zumal dergleichen Prozesse nach den Erfahrungen des Gerichtshofs fast regelmäßig einen mehrmaligen Rechtsgang erfordern, zu einer außerordentlichen Belastung der Parteien und der Verwaltungsgerichte führen, eine schnelle und sachgemäße Lösung aber nicht finden können, solange nicht der Bestand der gedachten Behörden durch besonders geschulte Personen vergrößert wäre. Aber auch bei einer nach dieser Richtung vollkommen ausreichenden Besetzung der Gerichte würde der Ausgang derartiger Streitigkeiten doch zu einem sehr bedeutenden Teile in der Hand der kaufmännischen Sachverständigen (Bücherrevisoren usw.) liegen.

4. Angesichts dieser Erwägungen hätte wohl nur die Rücksicht auf sehr bedeutende Schäden den Gesetzgeber veranlassen können, Abweichungen von dem im § 33[3] aaO. aE. aufgestellten Grundsatze zuzulassen. Aber eine derartige Bedeutung ist für die von der Klägerin hervorgehobene Benachteiligung nicht anzuerkennen. Bei der Veranlagung zu einem Steuersatze kann ohne Beanstandung oder doch unter Ausschluß des Instanzenwegs eine Abweichung von der Steuererklärung nur vorkommen, wenn sie ohne Einfluß auf die Bestimmung der Steuerstufe ist. Derartige Abweichungen erscheinen unbedeutend, wenn man erwägt, daß die Erwerbsgesellschaften im allgemeinen mit großen Summen zu rechnen pflegen, und daß es sehr schwierig ist, das steuerpflichtige Einkommen größerer Gesellschaften bis auf einige tausend Mark zweifelsfrei zu bestimmen. Größer können die Unterschiede sein bei steuerfreier Veranlagung. Hier ist die Möglichkeit nicht von der Hand zu weisen, daß eine Differenz volle $3\frac{1}{2}\,\%$ des Aktienkapitals ausmacht; in Wirklichkeit aber wird das kaum jemals vorkommen, vielmehr handelt es sich auch hier regelmäßig nur um die zulässige Höhe von Abschreibungen oder um die Natur von Rücklagen eines Jahres, die nur bei großen Gesellschaften hohe Zahlen erreichen werden, dann aber wieder im Verhältnisse zu den großen Beträgen, mit denen überhaupt gerechnet wird, an Bedeutung verlieren. Die Vschr. im § 33[3] aE. läuft in erster Reihe auf eine Beschränkung der Kommunen (die dafür einigermaßen durch die Ueberlassung des ganzen Einkommens entschädigt werden) und auf einen Schutz der Gesellschaften hinaus. Die für den Fall einer völligen Freigabe der kommunalen Veranlagung möglichen Uebelstände würden in gewisser Beziehung noch eine Verschärfung erfahren, wenn zwar eine korrekte Veranlagung gelten, eine mit Mängeln behaftete aber unwirksam sein sollte. Dann nämlich müßte außer dem Mangel der fehlenden Beanstandung auch jeder andere Mangel von Erheblichkeit berücksichtigt werden, und dann könnte es auch dem Steuergläubiger nicht versagt sein, ihn geltend zu machen. Auch würde, wenn die hier bekämpfte Auffassung richtig wäre, den Kommunen die Geltendmachung von Mängeln der Veranlagung in den Fällen, wo ihnen die §§ 36, 51 KommAbgG. Beschränkungen auferlegen, nicht verwehrt werden können. Es würde jedem abgabenberechtigten Verbande, insonderheit jedem Gemeindevorstande freistehen, die Veranlagung nachzuprüfen und vermeintliche Mängel dem Verwaltungsrichter zu unterbreiten, falls dieser nicht — was wohl geboten wäre — schon von Amts wegen zu einer solchen Prüfung schreiten sollte. Dazu werden die Vorstände der Gemeinden, besonders derjenigen, welche durch industrielle Gesellschaften finanziell stark belastet sind und eine niedrige Veranlagung der ihrer Meinung nach blühenden Gesellschaften vielfach schwer begreifen, wohl geneigt sein. Kurz, die Möglichkeit der Nichtbeachtung (und der daraus incidenter folgenden prozessualen Anfechtung) einer formell zu Recht

bestehenden Veranlagung würde, und zwar vorzugsweise zum Nachteile der Gesellschaften, das von dem § 33³ aE. erstrebte Ziel einer Verhinderung von Streitigkeiten auf dem Gebiete der Kommunalbesteuerung in hohem Maße gefährden. Wenn man annehmen darf, daß der Gesetzgeber diese Tragweite einer Durchbrechung seines allgemeinen Grundsatzes erkannt hat, so wird man auch folgern müssen, daß er jede formell gültige Veranlagung im Auge hatte, als er der Vschr. aE. des § 33 nicht nur keine Ausnahmebestimmung hinzufügte, sondern in der Begründung nachdrücklich hervorhob, daß er sie auf „alle Fälle" angewendet wissen wolle.

5. Eine andere, aber hier einflußlose Frage ist es, ob der Gesetzgeber nicht etwa angenommen hat, es werde das Beanstandungs- und Rechtsmittelverfahren in diesen Fällen, wo die staatliche Veranlagung nicht nur für staatliche, sondern auch für kommunale Steuerzwecke erfolgt, und wo für diese die Feststellung des Einkommenbetrags die gleiche Bedeutung hat, wie sonst die Bestimmung des Steuersatzes, ebensowohl Anwendung finden müssen, wie es da der Fall ist, wo die Veranlagung lediglich für kommunale Zwecke geschieht, nämlich bei den Realsteuern und in den Fällen der §§ 74ff. EinkStG. (§ 38 KommAbgG.). Wenn wirklich bei Abfassung des § 33³ aaO. eine solche Meinung, die der heute herrschenden nicht entspricht, obgewaltet haben sollte, so würde sich darum noch keine andere Auslegung der Bestimmung rechtfertigen. Die Bestimmung bleibt bestehen, auch wenn eine Annahme, auf der sie beruht, irrig war.

6. Nach allem kann der Gerichtshof, ohne die Berechtigung von Zweifeln zu verkennen, auch jetzt nur an seiner früheren Auffassung festhalten, die stets dahin gegangen ist, daß eine staatliche Veranlagung, auch wenn sie von den Angaben der Steuererklärung ohne vorherige Beanstandung abgewichen ist, so lange für die kommunale Veranlagung maßgebend bleibt, als sie formell zu Recht besteht.

E. Der Kreistag.

Gesetzliche Grundlagen: G. v. 4. VIII. 04 (GS. 241), betr. Abänderung der Vorschriften über die Zusammensetzung der Kreistage und über die Wahlen zum Provinziallandtage in der Provinz Posen.

1. Verteilung der Abgeordneten auf die einzelnen Wahlverbände.

Nr. 1. Entsch. v. 19. Jan. 1904 — II 118.

Die zahlenmäßige Vertretung der Interessentengruppen, die sich in den verschiedenen Wahlverbänden darstellen, ist von dem Gesetzgeber nach dem Maße ihrer Berechtigung geordnet worden. Daraus ergibt sich, daß die einzelnen Verbände und die Beteiligten innerhalb der Verbände nicht bloß daran ein Interesse haben, daß ihnen selbst die volle, ihnen gebührende Zahl der Abgeordneten gesichert werde, sondern daß auch die übrigen Verbände eine dem Gesetz entsprechende und nicht über das gesetzliche Maß hinausgehende Vertretung finden.

2. Aktives Wahlrecht.

a) Im Wahlverbande der größeren ländlichen Grundbesitzer.

Nr. 1. Entsch. v. 23. Juni 1903 (OVG. 44 1) II C 8/03.

RhKrO. §§ 35, 54.

Zum Einspruche gegen das nach § 35 RhKrO. aufgestellte Verzeichnis der zum Wahlverbande der größeren Grundbesitzer gehörigen Grundbesitzer,

Gewerbetreibenden und Bergwerksbesitzer (§ 54) ist eine „Firma“ nur dann legitimiert, wenn sie eine Aktiengesellschaft oder eine Kommanditgesellschaft auf Aktien bezeichnet. Denn die Frage nach der Legitimation für den Einspruch fällt zusammen mit der materiellen Frage nach der Wahlberechtigung. Diese fehlt zB. der einfachen Kommanditgesellschaft als solchen.

Nr. 2. Entsch. v. 11. Nov. 1904 (OVG. 46 1) II C 160/04.

HNKrO. v. 7. VI. 85 (GS. 193) § 43.

Das Recht zur Teilnahme an den Wahlangelegenheiten des Kreises steht außer physischen Personen nur den im § 43 HNKrO. ausdrücklich bezeichneten, nicht physischen Rechtsträgern zu. Zu diesen gehören offene Handelsgesellschaften nicht. Ebenso wie die Besitzer eines Gutes sind die Gesellschafter einer offenen Handelsgesellschaft, die wegen ihres gewerblichen Unternehmens im Kreise zu mindestens 300 ℳ Gewerbesteuer veranlagt ist, als Gewerbetreibende gemeinschaftlich in dem Wahlverbande der größeren Grundbesitzer wahlberechtigt und können ihr Wahlrecht durch einen Mitbesitzer oder Teilnehmer ausüben.

c) Im Wahlverbande der Städte.

Nr. 1. Entsch. v. 17. April 1903 — II 718.

HNKrO. § 71.

Gegen das Wahlverfahren bei Wahl eines Kreistagsabgeordneten Einspruch zu erheben, sind nur diejenigen berechtigt, die als Mitglieder der Wahlversammlung an der Wahlhandlung teilnehmen durften und teilgenommen haben.

Der Einwand, daß im Wahlverbande einer Stadt gesetzlich die Mitglieder des Magistrats und der Stadtverordnetenversammlung die Wahlversammlung bilden und ihre Mitglieder sind, daß also die Mitgliedschaft nicht erst durch die Teilnahme an dem Wahlakt erworben werde, wie ja auch jeder Stadtverordneter Mitglied einer Stadtverordnetenversammlung sei, ohne Rücksicht darauf, ob er an den Sitzungen teilnehme oder nicht, ist verfehlt. Die Stadtverordnetenversammlung ist eine nach näherer Vorschrift des Gesetzes gebildete besondere Behörde zur Vertretung der Stadtgemeinde, deren Mitglieder gleichberechtigt und -verpflichtet sind, so daß ein Recht, das den Mitgliedern zusteht, auch von jedem Mitgliede ausgeübt werden kann, gleichviel ob es an den Sitzungen der Stadtverordneten teilnimmt oder ihnen fernbleibt. Ganz anders geartet ist die „Wahlversammlung“, in der die Kreistagsmitglieder zu wählen sind. Sie ist nicht identisch mit der Stadtverordnetenversammlung und bildet keine Behörde, sondern ist nichts weiter als eine Vereinigung der Wahlberechtigten zum Zwecke der Vornahme der Wahl, die erst entsteht, wenn die Wahlberechtigten zu dem angegebenen Zwecke zusammentreten, und endet, sobald die Wahl beendet ist. Das Gesetz bestimmt nur, wer an der Versammlung teilnehmen darf; es begrenzt das aktive Wahlrecht und trifft Fürsorge, daß nur die Wahlberechtigten der Versammlung als Mitglieder beiwohnen dürfen. Mitglied der Versammlung kann aber der Berechtigte erst in dem Augenblicke werden, wo er in der Versammlung zur Ausübung seines Wahlrechtes erscheint.

3. Wählbarkeit zum Wahlmann und Kreistagsabgeordneten.

Nr. 1. Entsch. v. 13. Febr. 1903 (PrVerwBl. 24 548).

KrO. § 106.

Nach § 106² KrO. ist wählbar zum Mitgliede des Kreistags und bezw. zum Wahlmanne in den Wahlverbänden der größeren Grundbesitzer, sowie der Landgemeinden ein jeder seit einem Jahre in dem Kreise angesessene ländliche Grundbesitzer..... Unter dem Grundbesitzer muß nach der Sprache der KrO. der Grundeigentümer verstanden werden. Nießbraucher sind daher nicht wählbar. Ob Grundeigentum vorhanden, richtet sich nach dem maßgebenden Privatrechte.

Nr. 2. Entsch. v. 19. Febr. 1904 (OVG. 45 14) II B 82/03.

KrO. § 106.

Die Kreisordnung schließt Kreisbeamte von der Wählbarkeit zum Kreistage nicht aus. Nach § 106 das. ist „wählbar zum Mitgliede des Kreistages ... im Wahlverbande der Städte jeder Einwohner der im Kreise belegenen Städte, welcher sich im Besitze des Bürgerrechts befindet" und den im § 96 für die Wahlberechtigten aufgestellten Anforderungen genügt. Von der Wählbarkeit oder Nichtwählbarkeit der Kreisbeamten ist in der KrO. nirgends die Rede, und es findet sich in ihr auch sonst keine Bestimmung, die für die Wahlunfähigkeit der Kreisbeamten verwertet werden könnte. Auch kann nicht etwa von allgemeinen rechtlichen Anschauungen aus jedem besoldeten Beamten die Fähigkeit abgesprochen werden, eine Stelle in der Vertretung der Körperschaft, der er dient, einzunehmen.

Nr. 3. Entsch. v. 13. Mai 1904 — II 270.

Der Kreistag des Kreises S. (Schleswig-Holstein) hatte dem Kläger die Fähigkeit, zum Kreistagsabgeordneten gewählt zu werden, aus dem Grunde abgesprochen, weil ihm die preußische Staatsangehörigkeit fehle. Sowohl der Bezirksausschuß als das OVG. gelangten zur Abweisung der hiergegen erhobenen Klage, weil der Kläger in rechtswirksamer Weise von der durch Art. XIX des Wiener Friedenstraktats den dänischen Untertanen eingeräumten Optionsbefugnis Gebrauch gemacht habe. Der Kläger hatte nämlich am 5. X. 66 vor dem Hardesvogt zu B. erklärt, daß er beabsichtige, sein Recht als dänischer Staatsbürger zu wahren, war demnächst nach Dänemark gereist, hatte sich dort am 8. X. in die dänische Lagerolle eintragen lassen und die darüber erhaltene Bescheinigung der preußischen Behörde zugesandt. Hierdurch sind, obschon der Kläger sich bereits Mitte Okt. 66 nach Schleswig-Holstein zurückbegeben hat, die Bedingungen erfüllt, von denen der Art. XIX aaO. die Erhaltung der dänischen Staatsangehörigkeit abhängig macht. Der Kläger glaubt, es sei ein Aufgeben des Wohnsitzes in Schleswig-Holstein, sowie die Begründung und dauernde Beibehaltung eines Wohnsitzes in Dänemark erforderlich gewesen; er aber habe — so behauptet er — nie die Absicht gehabt, seinen Wohnsitz nach Dänemark zu verlegen, sondern die Reise dorthin nur zum Vergnügen gemacht und nur „gelegentlich" dieser Reise seine Eintragung in die dänische Lagerolle veranlaßt. Diese Einwände sind haltlos. Der Art. XIX aaO. verlangt neben der Abgabe der Optionserklärung ein „Sichzurückziehen" in die dänischen Staaten. Durch diesen Ausdruck wird die Begründung eines Wohnsitzes in Dänemark nicht getroffen. Anderseits liegt ein solches „Sichzurückziehen" noch nicht in jedem gelegentlichen Ueberschreiten der dänischen Grenze; vielmehr ist dazu erforderlich: ein solches Verlassen des deutschen Gebiets, welches sich darstellt als die Ausführung der Absicht, nach Dänemark auszuwandern. Daß ihm jener Zweck noch besonders nachgewiesen werde, kann kein Optant verlangen; vielmehr charakterisiert sich jedes im Anschluß an eine Option erfolgende Verlassen des inländischen Staatsgebiets bis zum Nachweise eines anderen Zwecks als eine Betätigung des Willens, die bisherige Staatsangehörigkeit aufzugeben. Schärfer aber als durch die Einsendung des dänischen Lagescheins konnte der Kläger gar nicht kund tun, daß er beim Verlassen des inländischen Gebiets die Absicht gehabt habe, nach Dänemark auszuwandern.

4. Wahlverfahren.

a) Allgemeines.

Nr. 1. Entsch. v. 7. Juli 1903 — II 1243.

Ist es entgegen den Vschr. in Art. I 1^4 und Art. III der Instr. für das Verfahren bei der Wahl der Kreistagsabgeordneten in der Prov. Westfalen v. 13. I. 87 unterblieben, bei der Wahl der Kreistagsabgeordneten nach Konstituierung der Wahlversammlung und Bildung des Wahlvorstandes die Beisitzer und den Protokollführer des Wahlvorstandes mittelst Handschlags an Eidesstatt zu verpflichten, so kann aus dieser Unterlassung ein Grund für die Ungültigkeit der Wahlen noch nicht entnommen werden. Die Vrschr. der Instr. ist keine unerläßliche Bedingung der Gültigkeit der Wahlen, sondern erstrebt nur die besondere Klarlegung und Feststellung des Vorganges der Wahlhandlung. Sie soll als Sicherungsmittel dienen und verfolgt den Zweck der mehreren Beglaubigung, so daß der Verwaltungsrichter je nach Lage des Falles über die Bedeutung der Nichtbeachtung der Vorschrift frei befinden kann.

c) Rechtsmittel.

Nr. 1. Entsch. v. 17. April 1903 (PrVerwBl. 24 548).

Auch für das Gebiet der HNKrO. gilt der bereits für das Geltungsgebiet der KrO. v. 1872 ausgesprochene Grundsatz, daß zu den zum Einspruche berechtigten Mitgliedern einer Wahlversammlung nur diejenigen gehören, die — entweder persönlich oder durch eine den gesetzlichen Ansprüchen genügende Person vertreten — in dem Wahltermine, um ihrerseits mitzustimmen, erschienen sind, nicht aber auch diejenigen, die zwar zum Erscheinen und Mitstimmen im Wahltermine berechtigt gewesen wären, aber nicht erschienen sind.

Nr. 2. Entsch. v. 7. Juli 1903 — II 1243.

KrO. § 113; WestfKrO. § 58 Abs. 4.

Der § 58 Abs. 4 WestfKrO. gewährt gleich § 113 östl. KrO. demjenigen, dessen Wahl durch Beschluß des Kreistags für ungültig erklärt worden ist, ein mit der Fassung des Beschlusses entstehendes Klagerecht. Dieses Recht ist aber dem von dem Beschlusse Betroffenen nur für die eigene Wahl gegeben.

III.
Amtsbezirke in den Provinzen Ost- und Westpreußen, Brandenburg, Pommern, Sachsen, Schlesien und Schleswig-Holstein.

Literatur: Maraun: Verwaltungsvorschriften für Gemeinde-, Polizei- und Kreisbehörden. Sammlung zentralbehördlicher Erlasse zur Ausführung und Erläuterung der Staats- und Reichsgesetze, Jahrg. 1904 (Berlin 1905).

Vgl. im übrigen oben 1.

B. Organe der Amtsbezirke und ihre Befugnisse.

1. Amtsvorsteher.

Nr. 1. Entsch. v. 26. Okt. 1905 (PrVerwBl. 27 413) IV 1482.

KrO. § 61; LVG. § 58.

Ein zum Erlaß einer wegepolizeilichen Verfügung für einen in verschiedenen Regierungsbezirken belegenen Weg ordnungsmäßig berufener Amtsvorsteher überschreitet seine Zuständigkeit, wenn er eine Verfügung erläßt, die sich auf den Teil dieses Weges beschränkt, der in einem der Regierungsbezirke liegt.

2. Amtsausschuß.

Nr. 1. Entsch. v. 22. Sept. 1903 (OVG. 44 19) I C 108/02.

KrO. §§ 52, 54, 57, 69, 70, 72; LVG. § 121.

1. Nach § 69 KrO. ist die Amtsunkostenentschädigung des Amtsvorstehers vom Kreisausschusse festzusetzen. Den Amtsetat hat aber der Kreisausschuß weder aufzustellen noch zu bestätigen. Vielmehr gehört die Bewilligung der vom Amte aufzubringenden Kosten der Amtsverwaltung zu den Befugnissen des Amtsausschusses. Daher erfordert die Heranziehung zu den Kosten der Amtsverwaltung einen rechtsgültigen Beschluß des Amtsausschusses oder eine ihn ersetzende Zwangsetatisierungsverfügung. Die Bestätigung des Kreisausschusses ist für die Rechtsgültigkeit des Beschlusses des Amtsausschusses ohne Bedeutung. Auf Grund der bloßen Festsetzung der Amtsunkostenentschädigung durch den Kreisausschuß darf der Amtsvorsteher ohne Beschluß des Amtsausschusses die Beiträge zu den Amtsunkosten nicht erfordern, obwohl sich der Verteilungsmaßstab aus § 70 Abs. 5 KrO. ergibt. Die Rechtsgültigkeit des Beschlusses des Amtsausschusses ist ungeachtet einer Bestätigung des Kreisausschusses zu prüfen.

2. Für die Beschlußfähigkeit des Amtsausschusses zählt der Amtsvorsteher, welcher dem Amtsausschusse zugleich als Vertreter eines Gutsbezirkes angehört, nicht doppelt, wenn er auch nach § 54 KrO. neben dem Stimmrecht als Vertreter des Gutsbezirkes noch ein Stimmrecht als Vorsitzender des Amtsausschusses haben mag.

3. Die Bestimmung, wonach es bei der zweiten Verhandlung des Amtsausschusses über denselben Gegenstand auf die Anzahl der Anwesenden nicht ankommt, setzt voraus, daß zur ersten Verhandlung sämtliche Mitglieder des Amtsausschusses oder doch diejenigen, welche bei der zweiten Verhandlung wieder ausgeblieben sind, gehörig eingeladen worden waren. Die gehörige Einladung jedes einzelnen Mitglieds ist eine unbedingte Voraussetzung der Gültigkeit des Beschlusses einer Kommunalbehörde.

4. Die Festsetzung der Amtsunkostenentschädigung hat zwar gem. § 69 KrO. durch den Kreisausschuß zu erfolgen, aber der Amtsausschuß ist vorher zu hören; bei dem Beschlusse des Amtsausschusses hierüber darf der Amtsvorsteher (der selbst neben dem Amtsausschusse beteiligt ist) wegen seiner persönlichen Beteiligung nach § 57 Abs. 5 das. nicht mitwirken. Im vorliegenden Falle hat der Amtsausschuß den Amtsetat festgestellt und dabei die Amtsunkostenentschädigung des Amtsvorstehers in der vom Kreisausschusse später festgesetzten Höhe als Auszabe vorgesehen. Die hierin liegende Aeußerung des Amtsausschusses über die Höhe der Amtsunkostenentschädigung ist freilich nicht die Grundlage der Heranziehung, sondern diese Grundlage wird gebildet durch die in der Feststellung des Etats liegende Ausgabebewilligung und Aufbringungsanordnung. Beides hängt aber hier untrennbar zusammen. Infolge seiner persönlichen Beteiligung an der Höhe der Amtsunkostenentschädigung darf der Amtsvorsteher daher bei dem ganzen Beschlusse des Amtsausschusses nicht mitwirken. Hätte der Kreisausschuß die Amtsunkostenentschädigung vor Aufstellung des Amtsetats festgesetzt, so würde es sich bloß noch um die Ausgabebewilligung und Aufbringungsanordnung gehandelt haben und deshalb eine persönliche Beteiligung des Amtsvorstehers nicht anzunehmen sein.

5. Gegen den Beschluß des Kreisausschusses über die dem Amtsvorsteher zu gewährende Amtsunkostenentschädigung findet nur die Beschwerde an den Bezirksausschuß statt. Der Beschluß des Kreisausschusses muß gem. § 57 Abs. 5 KrO. einem vom Kreisausschusse bestimmten Stellvertreter des Amtsvorstehers für den Amtsausschuß zugestellt werden, da der Amtsvorsteher den Amtsausschuß nach außen vertritt, der Amtsvorsteher aber persönlich beteiligt war. Solange die Festsetzung der Amtsunkostenentschädigung dem Amtsausschuß überhaupt nicht gehörig bekannt gemacht worden ist, dürfen auch nicht von den einzelnen Gliedern des Amtes Beiträge zu der festgesetzten Amtsunkostenentschädigung erfordert werden.

C. Die Kosten der Amtsverwaltung.

Nr. 1. Entsch. v. 13. Febr. 1903 (PrVerwBl. 25 350) I 167.

KrO. §§ 14, 15, 70, 70a; KommAbgG. § 91⁴.

1. Wenn auch dem Amtsbezirk die zu ihm zugeschlagenen Landgemeinden und Gutsbezirke als „Beteiligte" iS. des § 70 Abs. 5 KrO. gegenüberstehen, so bildet doch ein Gutsbezirk keine besondere, von dem Gutsherrn oder Gutsbesitzer verschiedene Rechtspersönlichkeit in vermögensrechtlicher oder steuerrechtlicher Beziehung. Deshalb ist auch bei Klagen aus § 70a KrO. nicht der „Gutsbezirk", sondern der „Gutsbesitzer" als Träger der öffentlich-rechtlichen Pflichten und Leistungen als Kläger aufzuführen.

2. Aus einer sinngemäßen Anwendung der in den §§ 14 und 15 KrO. gegebenen Vschr. über die Kreisbesteuerung der juristischen Personen von ihrem Einkommen aus dem im Kreise belegenen Grundbesitz iVerb. mit den gem. § 91⁴ KommAbgG. ebenfalls anzuwendenden Vschr. dies G. über die Veranlagung juristischer Personen zur Gemeindeeinkommensteuer geht hervor, daß der Heranziehung zu den Amtsunkosten nur die Steuer vom Einkommen aus demjenigen Grundbesitz unterliegt, der im Amtsbezirk belegen ist. Daraus folgt mit zwingender Notwendigkeit, daß diese Steuer nur durch Einstellung des tarifmäßigen Satzes, der dem Einkommen aus dem im Amtsbezirk belegenen Grundbesitz entspricht, ermittelt werden kann.

V.
Landbürgermeistereien in der Rheinprovinz.

Nr. 1. Entsch. v. 29. April 1904 (PrVerwBl. 26 270) I 567.

RhGemO. v. 23. VII. 45/15. V. 56 (GS. 45 523, 56 435) §§ 8, 61; ZustG. § 31 Abs. 1.

1. Ein rheinischer Landbürgermeister hatte bei dem Landrat, der Vorsitzender des Volksheilstättenvereins für Lungenkranke und Direktor der Lokalabteilung M. des landwirtschaftlichen Vereins für Rheinpreußen ist, die Gemeinden seiner Bürgermeisterei als Mitglieder dieser Vereine abgemeldet, ohne die Gemeinderäte der einzelnen Gemeinden vorher darüber gehört zu haben. Der Landrat sah in diesem Vorgehen einen ungesetzlichen Eingriff in die Rechte der Gemeinden und eine Ueberschreitung der Amtsbefugnisse und bestrafte den Bürgermeister mit einer Ordnungsstrafe von 9 ℳ. Der Kläger suchte seine Berechtigung zur eigenmächtigen Abmeldung der Bürgermeisterei und der Gemeinden mit einem Beschlusse der Bürgermeistereiversammlung v. 17. XII. 01 zu begründen, durch den „die An- und Abmeldung der Bürgermeisterei und der Gemeinden zu den verschiedenen Vereinen" dem Bürgermeister überlassen worden ist. Sachlich seien die Abmeldungen erforderlich gewesen; denn er habe nach der ihm bekannten Stimmung in den Gemeinden annehmen müssen, daß die Vereinsbeiträge künftig nicht bewilligt werden würden. Die Abmeldung der Bürgermeisterei von dem Lungenheilstättenverein sei denn auch durch Beschluß der Bürgermeistereiversammlung v. 2. XII. 03 gutgeheißen worden. Ebenso hätten die einzelnen Gemeinden durch übereinstimmend in den Monaten Dezember 1903 und Januar und Februar 1904 gefaßte Beschlüsse „die An- und Abmeldungen zu und von Vereinen innerhalb des festgesetzten Etatskredits" dem Bürgermeister überlassen. Damit sei das von ihm beobachtete Verfahren als genehmigt zu betrachten. Das OVG. bestätigte die Strafverfügung.

2. Es kann dahingestellt bleiben, ob der Kläger zur selbständigen Erklärung des Austritts der Bürgermeisterei aus dem Lungenheilstättenverein auf Grund des Beschl. v. 17. XII. 01 befugt gewesen ist, und ob er von einer solchen Befugnis einen sachgemäßen Gebrauch gemacht hat. Jedenfalls war er nach diesem Beschlusse nicht berechtigt, den Austritt der zur Bürgermeisterei gehörigen 18 Gemeinden aus dem landwirtschaftlichen Verein zu erklären. Die Landbürgermeisterei kann nach § 8 RhGemO. allerdings gewisse den Gemeinden gemeinsame Angelegenheiten durch einen vom Kreisausschuß gem. § 31 Abs. 1 ZustG. genehmigten Beschluß zu Angelegenheiten des Bürgermeistereikommunalverbandes machen. Um eine derartige Gemeindeangelegenheit handelt es sich aber hier nicht. Die Bürgermeisterei hat nicht die Fürsorge für eine kommunale Aufgabe der Gemeinden übernommen. Sie hat vielmehr am 17. XII. 01 nur Beschluß gefaßt — und auch nur beschließen können — über die Erwerbung und die Aufgabe der Mitgliedschaft von Vereinen, an welche die Bürgermeisterei Vereinsbeiträge zu zahlen hat. Das Recht der Einzelgemeinden, einem Verein auf ihre Kosten beizutreten und wiederum auszutreten, hat ihnen durch einen Beschluß der Bürgermeistereiversammlung nicht entzogen werden können. Auch die Vschr. des § 8 RhGemO., wonach es zur Uebernahme kommunaler Aufgaben für den Bürgermeistereiverband der Genehmigung der Aufsichtsbehörde bedurft hätte, schließt es aus, daß aus jenem nicht genehmigten Beschluß eine Befugnis des Bürgermeisters, über die Mitgliedschaft der Gemeinden zu bestimmen, hergeleitet werden kann.

3. Aber auch kraft seiner Stellung als Gemeindevorstand der Einzelgemeinden war der Kläger nicht befugt, ohne Auftrag der Gemeinderäte den Austritt der Gemeinden aus dem landwirtschaftlichen Verein zu erklären. An sich steht die Entscheidung darüber, ob die Rechte und Pflichten, die der Gemeinde aus der Mitgliedschaft eines Vereins erwachsen, durch Erklärung des Austritts aufgegeben werden sollen, nicht dem Bürgermeister, sondern dem Gemeinderat zu — § 61 RhGemO. Daß die Gemeinde-

räte den Kläger vor der Abmeldung ermächtigt hätten, über ihren Austritt aus Vereinen selbständige Entschließungen zu fassen, oder daß dies herkömmlich geschehen sei, hat der Kläger nicht behauptet. Ohne dies wäre er vielleicht dann zum eigenmächtigen Vorgehen berechtigt gewesen, wenn das Gemeindeinteresse unverzügliches Einschreiten erfordert hätte. Davon kann aber keine Rede sein. Der Kläger hat also durch seine eigenmächtige Erklärung des Austritts der 18 Gemeinden seine Amtsbefugnis überschritten.

VI.
Armenverbände.

Literatur: Weinberger: Das Reichsgesetz über die Freizügigkeit v. 1. XI. 67 (Ansbach 1904).

B. Ortsarmenverbände.

2. Armenpflege in Gutsbezirken gem. § 8 AGUWG. v. 8. März 1871.

Nr. 1. Entsch. v. 1. Juli 1904 (OVG. 45 190) I C 19/04.

AGUWG. v. 8. III. 71 (GS. 130) §§ 8, 9, 10.

1. Ein Statut über die Aufbringung der Armenpflegekosten in einem Gutsbezirk ist ungültig, wenn nicht vor Feststellung durch den Kreisausschuß die Beteiligten gehört worden sind. Wird auch diese Anhörung nicht unmittelbar durch den Kreisausschuß, sondern in der Regel durch Vermittelung des Gutsvorstehers geschehen, so muß sie doch die Bestimmungen zum Gegenstande haben, die der Kreisausschuß in das Statut aufzunehmen beabsichtigt, und den Beteiligten Gelegenheit geben, sich hierüber zu äußern und im Falle des Widerspruchs ihre Gründe, sowie ihre etwaigen Abänderungsvorschläge zur Kenntnis des Kreisausschusses zu bringen. Dagegen hängt die Rechtsgültigkeit des Armenpflegestatuts nicht davon ab, daß es im Gutsbezirk öffentlich bekannt gemacht worden ist.

2. Die Bestätigung durch den Bezirksausschuß entzieht dem Verwaltungsrichter nicht die Prüfung der Gesetzlichkeit des Statuts. Mag auch die Bestätigung die Vermutung begründen, daß der Kreisausschuß bei seiner Festsetzung die gesetzlichen Formen beobachtet habe, so schließt doch die Vermutung einen Nachweis des Gegenteils nicht aus.

3. Sind in dem Armenverband eines Gutsbezirkes die Grundbesitzer und Einwohner zu den Armenpflegekosten auf Grund eines Statuts heranzuziehen, in welchem der Vertretung des Armenverbandes die Rechte einer Gemeindeversammlung beigelegt werden, so ist der Gutsvorsteher nicht befugt, ohne einen Beschluß der Vertretung des Armenverbandes oder eine Anordnung der Aufsichtsbehörde Umlagen auszuschreiben.

VII.

Stadtgemeinden.

Literatur: Allgemeines: Kommt. z. Städteordnung v. 30. V. 53 für die 6 (7) östlichen Provinzen der Preuß. Monarchie: Kotze[4] (Neusalz 1905), Oertel[4] (Liegnitz 1906). — Maraun: Verwaltungsvorschriften für Gemeinde-, Polizei- und Kreisbehörden. Sammlung zentralbehördlicher Erlasse zur Ausführung und Erläuterung der Staats- und Reichsgesetze. Jahrg. 1904 (Berlin 1905).

Provinzialrecht: v. Bitter: Die Gemeindeverfassungsgesetze für die Rheinprovinz mit den neuen Verwaltungsgesetzen[3] (Berlin 1905). — Gerstmeyer: Die Städteordnung für die Prov. Schleswig-Holstein v. 14. IV. 69 und Nebengesetze (Kiel 1905). — Barthel: Die Revision der Hannoverschen Städteordnung v. 24. VI. 58 (Hannover 1904). — Brüning: Die Verwaltungsgesetzgebung für die Prov. Hannover nebst den Gemeindeverfassungsgesetzen[3] (Hannover 1906).

Vgl. im übrigen oben 1.

B. Ortsrecht; Bürgerrecht; Bürgerrechtsgeld.

Nr. 1. Entsch. v. 17. Nov. 1902 (PrVerwBl. 25 195).

KommAbgG. § 42.

Die Gendarmen sind, weil sie nicht zu den servisberechtigten Militärpersonen des aktiven Dienststandes gehören, von dem Erwerbe der Gemeindeangehörigkeit nicht ausgeschlossen. Freilich sind sie hinsichtlich ihres Diensteinkommens von der Gemeindeeinkommensteuer freizulassen; allein eine Servisberechtigung wird hierdurch nicht geschaffen. Der Zweck des § 42 KommAbgG. ist lediglich der gewesen, der früheren — aber rechtlich nicht begründeten — Uebung der Verwaltungsbehörden, wonach die kommunalsteuerliche Behandlung der Gendarmen in gleicher Weise wie diejenige der servisberechtigten Militärpersonen vor sich gegangen war, eine gesetzliche Grundlage zu geben. Wenn auch zuzugeben ist, daß diesem Zwecke entsprechend das Gesetz präziser zu fassen gewesen wäre, so ist doch die Auslegung im Hinblick auf die klar erkennbare Absicht des Gesetzgebers, die Gendarmen bei der Gemeindeeinkommensteuer so zu behandeln, als ob sie servisberechtigte Militärpersonen wären, nicht zweifelhaft. Die neue Bestimmung aber erstreckt sich nur auf das Gebiet der Kommunalbesteuerung.

Nr. 2. Entsch. v. 9. Juni 1903 (OVG. 44 24) II B 2/03.

WestfStO. v. 19. III. 56 (GS. 237) §§ 17, 21, 28; ZustG. §§ 10 f.

1. Nach § 10 ZustG. sind Streitigkeiten über das Bürgerrecht und dessen Ausübung in der dort vorgesehenden Begrenzung der verwaltungsgerichtlichen Entscheidung überwiesen. Für die unter Nr. 1 das. aufgeführten Fälle bildet der auf Beschwerde oder Einspruch gefaßte Beschluß der Gemeindevertretung die notwendige Voraussetzung der den Beteiligten gem. § 11 das. gegen den Beschluß zustehenden Klage. Nachdem im StreitVerf. die Gültigkeit einer Wahl unanfechtbar festgestellt worden ist, hat der Magistrat gem. § 28 Abs. 2 WestfStO. alsbald dafür Sorge zu tragen, daß der Gewählte in die Stadtverordnetenversammlung eingeführt werde. Bevor der Magistrat dieser seiner Pflicht nicht genügt hat, bleibt der Gewählte von der Ausübung der ihm durch die Wahl übertragenen Obliegenheiten ausgeschlossen. Ueber Beschwerden darüber, daß die Einführung nicht erfolgt ist, haben sich die Stadtverordneten auf Grund des § 10[1] ZustG. schlüssig zu machen. Der Bezirks-

ausschuß irrt, wenn er in dem Antrage des Klägers auf Zulassung zur Gemeindevertretung vor dem jüngeren Bruder einen Tatbestand erblicken zu sollen glaubt, der nicht unter § 10¹ aaO. falle; denn in dem Antrage des Klägers liegt das Verlangen, in den Besitz des aus der angenommenen Wahl hergeleiteten Rechtes auf Bekleidung einer Stadtverordnetenstelle zu gelangen. Darüber hat auf Beschwerde lediglich die Gemeindevertretung, vorbehaltlich der den Beteiligten zustehenden Klage, zu beschließen. Die Aufsichtsbehörde aber ist nicht zuständig, über dergleichen Streitigkeiten zu entscheiden.

2. Gem. § 21 Abs. 1 WestfStO. soll von den einzelnen Abteilungen in einer bestimmten Reihenfolge, nacheinander, gewählt werden, so daß bei ausreichenden Zwischenräumen die Wähler der nachfolgenden Abteilung das Ergebnis der früheren Wahl wissen und darauf bei ihrer Wahl Rücksicht nehmen können. Auch ist nie bezweifelt worden, daß eine Einheitlichkeit zwischen den verschiedenen Abteilungswahlen nicht besteht, die Abteilungswahlen vielmehr selbständige Abschnitte des Ergänzungswahlgeschäfts sind, so daß die Ungültigkeit der Wahl der einen ohne weiteres die der anderen Abteilung noch nicht zur Folge hat. Gleichwohl kann die angeführte Vorschrift für die Auslegung der Bestimmung in § 17:

„Vater und Sohn, sowie Brüder, dürfen nicht zugleich Mitglieder der Stadtverordnetenversammlung sein. Sind dergleichen Verwandte zugleich erwählt, so wird der ältere allein zugelassen.“

nicht ausschlaggebend sein und nicht dahin führen, die Anwendung des letzten Satzes auf Wahlen von Verwandten in ein und derselben Abteilung zu beschränken. Uebrigens würden auch bei einer solchen Einschränkung die Zweifel über die Auslegung des Wortes „zugleich“ nicht gehoben sein und besonders da aufgeworfen werden können, wo die mehreren Wahlen einer Abteilung in verschiedenen Wahlbezirken stattfinden oder wo der eine der nach § 17 Abs. 2 beteiligten Bewerber bereits im ersten Wahlgange, der andere aber erst in einer Stichwahl gewählt wird. Zwanglos und einfach lösen sich die an die Auslegung des § 17 Abs. 2 anknüpfenden Zweifel, wenn von der naheliegenden Annahme ausgegangen wird, daß für die Anwendung der zugunsten des „Aelteren“ — des Vaters und Bruders — gegebenen Bestimmung der Nachweis eines zeitlich genau zusammenfallenden Gewähltseins solcher Verwandten überhaupt nicht erforderlich, sondern dem Begriffe „zugleich“ eine durch Natur und Wesen des Wahlgeschäfts bedingte weitere Bedeutung beizulegen ist. Hiernach hat die Vorschrift den Sinn, daß sie stets anzuwenden ist, wenn die Wahl bei denselben Ergänzungswahlen, und zwar dergestalt erfolgt, daß die Stadtverordnetenversammlung gleichzeitig über die Gültigkeit einer solchen Wahl zu befinden hat. Dagegen kann zu einem bereits in die städtische Vertretung berufenen Bürger der Verwandte — Vater, Sohn oder Bruder — gültig nicht mehr gewählt werden.

Nr. 3. Entsch. v. 29. Nov. 1904 (PrVerwBl. 26 601) II 1971.

StO. § 5.

1. „Einen eigenen Hausstand haben“ bedeutet soviel, wie „äußerlich unabhängig sein“. Daß der Kläger das Gewerbe eines Maurer- und Zimmermeisters nebst einem Dampfschneidewerke für sich und zwar jedenfalls schon zur Zeit seiner Wahl auf einem ihm, früher seiner Mutter eigentümlich gehörenden Grundstücke betreibt, ist nicht streitig, und deshalb wird auch seine wirtschaftliche Selbständigkeit nicht in Abrede gestellt; dagegen wird behauptet, daß er einem fremden Hausstande, nämlich dem der Mutter angehöre, die diesen Hausstand allein aus ihren Mitteln unterhalte. Schon in der Vorinstanz stand fest, daß das Grundstück nebst Wohnhaus, auf dem der Kläger

sein Gewerbe betreibt, zwar früher Eigentum der Mutter war, indes durch grundbuchliche Eintragung Eigentum des Klägers geworden ist. Vor diesem Zeitpunkte stand der Mutter das Recht zur Benutzung einer aus sieben Zimmern bestehenden Wohnung in der unteren Etage des Wohnhauses kraft ihres Rechtes als Eigentümerin allein zu; sie gewährte aus freien Stücken dem Kläger und seinem jüngeren Bruder Unterkunft in dieser Wohnung. Das Verhältnis änderte sich mit dem Zeitpunkte, als der Kläger Eigentümer des Wohnhauses wurde. Wenn auch diese Aenderung vielleicht äußerlich nicht sofort und für jedermann kenntlich in die Erscheinung trat, so wurde sie doch rechtlich von Belang. Als Eigentümer stand nunmehr dem Sohne die Nutzung der ganzen Wohnung rechtmäßig zu; er verzichtete aber zugunsten der Mutter auf die eigene Benutzung von 4 Zimmern, an welchen er der Mutter in dem erwähnten Uebernahmevertrage ein Wohnungsrecht einräumte; nur den Rest der Wohnung — drei Zimmer — behielt er für sich und benutzte sie kraft des ihm aus dem Eigentume zustehenden Rechtes. Dieses Recht gewährt ihm die Befugnis, jede dritte Person von der Benutzung dieser drei Zimmer auszuschließen. Daß der Kläger seiner Mutter gegenüber von dieser Befugnis tatsächlich keinen Gebrauch macht und ebenso die Mutter dem Sohne den Aufenthalt in denjenigen Räumen nicht verwehrt, an denen ihr vertragsmäßig ein Alleinbenutzungsrecht zusteht, ist bei dem nahen verwandtschaftlichen Verhältnisse nur natürlich. Dieses Zusammenleben ändert aber an dem Zustande nichts, daß der Kläger eine eigene Wohnung inne hat, die jedenfalls zum Teil mit eigenen, nicht durchweg mit Möbeln der Mutter ausgestattet ist.

2. Für den Begriff des eigenen Hausstandes im Sinne der StO. ist es nicht von rechtlicher Bedeutung, wo und von wem der Haushaltsinhaber seine täglichen Mahlzeiten zubereiten läßt und wo er sie einnimmt. Auch macht es rechtlich keinen Unterschied, ob und welche Gegenleistungen er für die Verabfolgung solcher Mahlzeiten gewährt, so daß es auf den angebotenen Beweis und Gegenbeweis dafür einerseits, daß die Mutter des Klägers allein die Kosten des Haushaltes trage, oder anderseits, daß der Sohn die eigengeernteten Feldfrüchte zu dem Haushalte beisteuere, das Dienstpersonal lohne, bar Geld und Naturalien für den Haushalt der Mutter gewähre, nicht weiter ankommen kann.

Nr. 4. Entsch. v. 3. Nov. 1903 — II 1873.

Eine Stadtgemeinde war dazu übergegangen, die Sätze des Bürgerrechtsgeldes zu erhöhen und glaubte sich berechtigt, den höheren Satz von einem Einwohner zu fordern, der bereits unter der Herrschaft des älteren Ortsrechts das Bürgerrecht erworben hatte. Das OVG. trat dem entgegen, weil es annahm, daß die durch den Erwerb des Bürgerrechts bereits zwischen den Parteien begründeten rechtlichen Beziehungen infolge des später geschaffenen Ortsrechts nicht geändert seien. Aus diesem Grunde sei der Magistrat nur befugt gewesen, den niedrigeren Satz nach Maßgabe der älteren Ordnung zu verlangen.

Nr. 5. Entsch. v. 13. Nov. 1903 — II 1922.

InvVG. § 98.

1. Ein bei der Landesversicherungsanstalt Ostpreußen angestellter Kontrollbeamter wurde zur Zahlung eines Bürgerrechtsgeldes herangezogen. Er behauptete ua., daß er nach Maßgabe des § 98 InvVG. als Beamter anzusehen sei und diese Bestimmung kein neues Recht geschaffen habe.

2. Das OVG. wies den Kläger ab. Es bejahte die erste Frage, da die Rechte und Pflichten der Kommunalbeamten denjenigen Kontroll-

beamten, die unter die Kategorie der Bureaukanzlei- und Unterbeamten fielen, jedenfalls nicht vor dem 1. I. 00 übertragen worden seien; denn an diesem Tage erst sei die Bestimmung des G. v. 13. VII. 99 in Kraft getreten. Was aber den früheren Rechtszustand anlange, so sei dieser gem. OVG. 24 69 ebenfalls in einem den Ausführungen des Klägers entgegengesetzten Sinne zu beurteilen.

Nr. 6. Beschd. v. 19. Mai 1904 — II 1161.

G. v. 14. V. 60 (GS. 237) §§ 5, 7; RBG. § 19.

Die unmittelbaren und mittelbaren Staatsbeamten und die Reichsbeamten sind nach §§ 5, 7 G. v. 14. V. 60 und nach § 19 RBG. von der Zahlung des Bürgerrechtsgeldes befreit und können, da diese Befreiung ohne jede Einschränkung vom Gesetzgeber angeordnet ist, auch dadurch nicht zur Zahlung von Bürgerrechtsgeld verpflichtet werden, daß sie im Stadtbezirk ein Wohnhaus erwerben.

Nr. 7. Entsch. v. 17. Juni 1904 (PrVerwBl. 26 306) II 1138.

G. v. 14. V. 60 (GS. 237) § 6; G. v. 29. VI. 93 (GS. 103) wegen Abänderung des Wahlverfahrens § 5.

Die Bestimmung des G. v. 14. V. 60, wonach in Städten, in welchen ein Bürgerrechtsgeld eingeführt ist, vor dessen Berichtigung das Bürgerrecht nicht ausgeübt werden darf, ist durch § 5 Abs. 2 des G., betr. Abänderung des Wahlverfahrens, v. 29. VI. 93 nicht aufgehoben worden.

Als Ergebnis der Untersuchung der Entstehungsgeschichte des Abs. 2 des § 5 aaO. stellt sich zweierlei heraus, einmal, daß durch diese Vorschrift jeder Zweifel darüber beseitigt werden sollte, daß unter den Bestimmungen der Stadt- und Landgemeindeverfassungsgesetze, welche „unberührt bleiben", nur solche Vorschriften dieser Gesetze zu verstehen sind, „welche man gewöhnlich unter dem Namen der Zensusbestimmungen zusammenfaßt", und sodann, daß es an einer ausdrücklichen Bestimmung, daß das Gesetz auf andere Vorschriften der Gemeindeverfassungsgesetze über das Wahlrecht einen Einfluß ausübe, oder daß es dies nicht tue, fehlt, und zwar deshalb, weil hinsichtlich dieser weiteren Bestimmungen über das Wahlrecht auf keiner Seite ein Zweifel darüber bestand, daß sie durch das Gesetz nicht berührt werden sollten, was in der Begründung zu dem Gesetzentwurfe und von dem Vertreter der Kgl. Staatsregierung von vornherein ausdrücklich hervorgehoben worden war, so daß kein Anlaß dafür vorlag, diesen aus dem Zusammenhange sich ergebenden Rechtszustand noch durch eine besondere Bestimmung zum Ausdruck zu bringen.

C. Stadtverordnetenversammlung.

Literatur: Jebens: Die Stadtverordneten. Ein Führer durch das bestehende Recht, zunächst durch die preuß. Städteordnung für die östlichen Provinzen v. 30. V. 53² (Berlin 1904).

1. Wahlangelegenheiten.

a) Aktives Wahlrecht.

Nr. 1. Beschd. v. 19. Sept. 1902 (PrVerwBl. 24 210).

G. v. 30. VI. 00 (GS. 185), betr. die Bildung der Wählerabteilungen bei den Gemeindewahlen, § 5.

Das G. v. 30. VI. 00 hat keiner Person ein Wahlrecht gegeben, das sie nach den bestehenden Vorschriften noch nicht hatte. Vielmehr hat es das Erfordernis der Veranlagung zu einem Steuersatze von 4 M, sowie die Bestimmungen über das Bürgerrechtsgeld unberührt gelassen (§ 5 auO.). Eine Berücksichtigung der geringer eingeschätzten Personen kommt nur für die zur Bildung der Wählerabteilungen erforderliche Rechnungsoperation in Betracht.

b) Wählbarkeit.

Nr. 1. Entsch. v. 9. Juni 1903 (PrVerwBl. 24 807).

StO. § 17 Abs. 2.

Bei Auslegung der Vorschrift, daß Vater und Sohn, sowie Brüder nicht zugleich Mitglieder der Stadtverordnetenversammlung sein dürfen und daß, wenn dgl. Verwandte zugleich erwählt sind, der ältere allein zugelassen ist, hat man davon auszugehen, daß für die Anwendung der zugunsten des „Aelteren" (des Vaters oder Bruders) gegebenen Bestimmung der Nachweis eines zeitlich genau zusammenfallenden Gewähltseins der betr. Verwandten überhaupt nicht erforderlich, sondern dem Begriffe „zugleich" eine durch Natur und Wesen des Wahlgeschäfts bedingte weitere Bedeutung beizulegen ist. Die Vorschrift hat den Sinn, daß sie stets anzuwenden ist, wenn die Wahl bei denselben Ergänzungswahlen und zwar dergestalt erfolgt, daß die Stadtverordnetenversammlung gleichzeitig über die Gültigkeit einer solchen Wahl zu befinden hat. Dagegen kann zu einem bereits in die städtische Verwaltung berufenen Bürger der Verwandte — Vater, Sohn oder Bruder — überhaupt nicht mehr gültig gewählt werden.

Nr. 2. Entsch. v. 7. Juli 1905 (PrVerwBl. 27 823) II 1155.

StO. § 17.

Halbbrüder dürfen nicht zugleich Mitglieder der Stadtverordnetenversammlung sein, da zu den in § 17 StO. v. 30. V. 53 genannten Brüdern auch die Halbbrüder gehören.

Nr. 3. Entsch. v. 29. März 1904 (OVG. 45 16) II B 52/02.

StO. § 16.

1. Im Einklange mit den Ausführungen im OVG. 38 26 und 41 29 muß daran festgehalten werden, daß nur das Alleineigentum an einem Wohnhause die Voraussetzung für die Eigenschaft eines Hausbesitzers iS. des § 16 StO. bildet. Insbesondere muß dabei verblieben werden, daß der allgemeine Sprachgebrauch nur den Alleinbesitzer(-eigentümer) als Hausbesitzer bezeichnet. Den Miteigentümer eines 100000stel Anteils wird im gewönlichen Leben niemand so benennen. Weiter kann nicht anerkannt werden, daß im allgemeinen der juristische Sprachgebrauch unter Besitz nicht bloß den Alleinbesitz, sondern auch den Mitbesitz zu verstehen pflege; nur das kann zugegeben werden, daß es für die Beurteilung des Rechtsbegriffs „Besitz" oder „Eigentum" in den weitaus meisten Fällen des bürgerlichen Rechtes keinen Unterschied machen wird, ob der Besitz oder das Eigentum an einer Sache sich ungeteilt in einer Hand oder geteilt in mehreren Händen befindet. Hier aber handelt es sich um öffentliches Recht.

2. Ebensowenig ist jemand deshalb als Hausbesitzer anzusehen, weil er Gesellschafter einer offenen Handelsgesellschaft ist und dieser das Eigentum an mehreren Wohnhäusern zusteht. Hierbei wird übersehen, daß der Gesellschafter die Geschäfte und Rechtshandlungen, zu denen er gem. §§ 125 f. HGB. befugt ist, nur in seiner Eigenschaft als Vertreter der offenen Handelsgesellschaft, nicht im eigenen Namen vornimmt. Der

Vertreter eines Hausbesitzers, als welcher im vorliegenden Falle die Gesamtheit der die offene Handelsgesellschaft bildenden Gesellschafter anzusehen ist, kann aber, wenn er auch mit den denkbar weitgehendsten Vollmachten ausgestattet ist, niemals dem Hausbesitzer gleich gelten.

c) Wahlverfahren.

α) Allgemeine Grundsätze.

Nr. 1. Entsch. v. 22. April 1902 (PrVerwBl. 23 610).

G. v. 29. VI. 93 § 5; G. v. 30. VI. 00 § 5.

Ersatzwahlen, die im Laufe des Jahres 1901 nötig geworden sind bevor die alljährlich vorzunehmende Berichtigung der Wählerlist bewirkt war, mußten auf Grund der im Jahre 1900 festgestellte n Liste vor genommen werden, obschon inzwischen der § 5 G., betr. Aenderung des Wahl verfahrens, v. 29. VI. 93, der bisher die gesetzliche Basis für die bei Aufstellung der Wählerliste zu beachtenden Regeln gebildet hatte, durch § 5 G. v. 30. VI. 00, betr. die Dreiklassenwahl in den preuß. Stadt- und Landgemeinden, ausdrücklich aufgehoben worden und diese Bestimmung des neuen Gesetzes (wie dessen sonstige Vorschriften) am 1. I. 01 in Kraft getreten war.

Nr. 2. Entsch. v. 6. Juni 1902 (PrVerwBl. 23 690).

StO. § 26 Abs. 2.

Die Vschr. in § 26 Abs. 2 StO., derzufolge zu einer zweiten Wahl geschritten werden soll, wenn sich bei der ersten Abstimmung nicht für so viele Personen, als zu wählen sind, eine absolute Stimmenmehrheit ergeben hat, gilt auch für den Fall, daß nur eine Person zu wählen ist. Haben in einem solchen Falle zwei Personen gleich viele Stimmen erhalten, so kommen diese beiden Personen in die engere Wahl. Sie bilden zusammen die doppelte Zahl des einen zu wählenden Stadtverordneten. Eine Entscheidung durch das Los ist daher in einem solchen Falle nur möglich, wenn die zweite Wahl dasselbe Ergebnis haben sollte, wie die erste.

Nr. 3. Entsch. v. 18. Nov. 1902 (PrVerwBl. 24 822).

StO. § 26.

1. Die Anordnung einer zweiten Wahl gem. § 26 Abs. 2 u. 4 StO. ist nur für den Fall vorgeschrieben, daß ein Kandidat nicht die absolute Stimmenmehrheit auf sich vereint hat. Haben zwei Kandidaten mehr als die Hälfte der Stimmen und zwar ein jeder gleich viele Stimmen erhalten, so muß nach Abs. 5 aaO., welche Bestimmung selbständig neben der Vschr. des Abs. 2 u. 4 besteht, das Los entscheiden.

2. Auch bei gleichzeitigen Wahlen bildet jede Wahl eine Wahl für sich, so daß jede einzelne Wahl für sich und selbständig auf ihre Gültigkeit geprüft werden muß und unter Umständen von den durch die nämliche Abteilung vorgenommenen Wahlen die einen für ungültig zu erklären sind, die anderen aber als gültig bestehen bleiben können.

Nr. 4. Entsch. v. 21. Nov. 1902 (PrVerwBl. 24 322).

StO. §§ 23, 26.

Wenn es auch richtig ist, daß der § 26 StO. für die Einladung zur zweiten Wahl nicht ausdrücklich die Innehaltung der im § 23 daselbst gesetzten

Frist wiederholt, noch darauf hinweist, so gilt doch die Frist des § 23 für alle Wahlen zur Stadtverordnetenversammlung, also auch für die zweite Wahl iS. des § 26 Abs. 2 u. 4.

Nr. 5. Entsch. v. 12. Juni 1903 (PrVerwBl. 24 807).

StO. § 21 Abs. 1.

Wird es unterlassen, den Termin der Stadtverordnetenwahlen den Geistlichen mitzuteilen, so liegt darin noch kein erheblicher Verstoß gegen die Wahlvorschriften. Es wird Sache der Aufsichtsbehörden sein, aus solchen Versäumnissen den Anlaß zu Erinnerungen zu entnehmen.

β) Aufstellung der Wählerliste und Bildung der Wählerabteilungen.

Nr. 1. Beschd. v. 19. Sept. 1902 (PrVerwBl. 24 210).

StO. § 20.

Der in § 20 Abs. 2 StO. vorgeschriebenen Bekanntmachung über die Offenlegung der Wählerliste wird dadurch allein, daß der Magistrat die Bekanntmachung verfügt, noch nicht Genüge getan; vielmehr hat der Magistrat auch die Ausführung seiner Verfügung zu kontrollieren. Unterbleibt die Ausführung, so fehlt es an einer Vorbedingung für das ordnungsmäßige Auslegungsverfahren und damit auch an einer wesentlichen Voraussetzung für die Gültigkeit der Wahlen.

Nr. 2. Entsch. v. 18. Nov. 1902 (PrVerwBl. 24 322).

StO. § 19 Abs. 2.

Wird dem Wahlverfahren eine nach § 19 Abs. 2 StO. nach Wahlabteilungen eingeteilte Liste nicht zugrunde gelegt, so liegt hierin ein wesentlicher Mangel des Wahlverfahrens, der das Zustandekommen einer gültigen Wahl hindert.

Nr. 3. Entsch. v. 21. Nov. 1902 (PrVerwBl. 24 322).

HannStO. v. 24. VI. 58 (HannGS. 141).

Auch für das Geltungsgebiet der HannStO. gilt der Grundsatz, daß die Wählerliste für diejenigen Wahlen, für die sie Bedeutung hat, die unverrückbare Grundlage bildet in der Verfassung, die sie zur Zeit der Auslegung hatte, und daß Aenderungen nur insoweit rechtsgiltig sind, als sie infolge von rechtzeitig, dh. während der Offenlegung erhobenen Einsprüchen von der Gemeindevertretung beschlossen sind. Daraus folgt, daß Aenderungen der Wählerliste durch den Gemeindevorstand weder von Amts wegen noch auf Antrag vorgenommen werden können, so zwar, daß nach der Offenlegung auch solche Personen aus der Liste vom Magistrat nicht mehr entfernt werden dürfen, die nach diesem Zeitpunkt ihr Stimmrecht materiell (zB. wegen Fortzuges, Konkurses) verloren haben.

Nr. 4. Entsch. v. 7. Juli 1903 — II 1246.

StO. § 20.

Die Vorschrift im § 20 StO., daß, wenn der Name eines einmal in die Liste aufgenommenen Einwohners wieder gestrichen werden soll, ihm das acht Tage vorher vom Magistrat unter Angabe der Gründe mitzuteilen ist, besteht auch gegenüber den Bestimmungen des ZustG. noch zu Recht Indes ist ihre Bedeutung die einer instruktionellen Vorschrift. Ihre Nichtbeachtung ist nicht ein wesentlicher Mangel des Listenberichtigungsverfahrens.

Nr. 5. Beschd. v. 30. Sept. 1904 — II 1444.

StO. § 20 Abs. 2.

Nach § 20 Abs. 2 StO. muß die Wählerliste an 15 vollen Tagen zur Einsicht der Wähler offen liegen, somit an diesen Tagen während der ganzen Dauer der Geschäftsstunden des Magistrats den Wählern zugänglich sein. Sie ist aber den Wählern nur dann zugänglich, wenn diese nicht nur die objektive Möglichkeit haben, Einsicht in die Liste zu nehmen, sondern auch von dieser Möglichkeit Kenntnis besitzen. Daraus folgt, daß der Ort — und wenn die Offenlegung nicht während der gesetzlich vorgeschriebenen Zeit erfolgt — auch die Zeit der Offenlegung zur öffentlichen Kenntnis gebracht sein muß vor dem Zeitpunkte, mit welchem die Geschäftsstunden des Magistrats am ersten Tage der Offenlegung beginnen. Erfolgt die Bekanntmachung der Magistratsverfügungen ortsüblich auf mehrfache Weise, so muß die Bekanntmachung auf jedem der in Betracht kommenden Wege vor jenem Zeitpunkte bewerkstelligt sein.

Nr. 6. Entsch. v. 1. Nov. 1904 (OVG. 46 5) II B 14/04.

KommAbgG. § 49 f.; G. v. 30. VI. 00 § 1 Abs. 3.

1. Bei Aufstellung der Wählerlisten in den Wohnsitzgemeinden nach § 1 Abs. 3 G., betr. die Bildung der Wählerabteilungen bei den Gemeindewahlen, v. 30. VI. 00 dürfen diejenigen Teile der Staatseinkommensteuer, die auf Grundbesitz oder Gewerbebetrieb in einer anderen Gemeinde entfallen (auch wenn sie in der Wohnsitzgemeinde entrichtet werden), nicht zum Ansatz gelangen.

2. In der Gemeindewählerliste sind den einheimischen Wählern anzusetzen bei der Staatseinkommensteuer diejenigen Beträge, die auf Beteiligung an auswärtigen Gesellschaften mit beschränkter Haftung entfallen. Denn das aus der Beteiligung an einer Gesellschaft mit beschränkter Haftung stammende Einkommen ist für die Staatssteuer Kapitaleinkommen.

3. Bei der Gemeindeeinkommensteuer sind diejenigen Beträge anzusetzen, die die Wohnsitzgemeinde dadurch erhält, daß sie ein Viertel des Gemeindeeinkommens in Anspruch nimmt. Die Bestimmungen über die Aufstellung der Gemeindewählerliste hinsichtlich der Gemeindesteuern gehen von denselben Anschauungen aus wie das KommAbgG., welches das den Wohnsitzgemeinden durch den § 49 Abs. 2 (und § 50) zugesprochene Viertel als in den Wohnsitzgemeinden erwachsend gelten lassen will, wie es umgekehrt das Einkommen aus der Beteiligung an einer Gesellschaft mit beschränkter Haftung so ansehen läßt, als entstamme es einem Gewerbe, das der Steuerpflichtige selbst betreibe.

γ) Wahlhandlung.

Nr. 1. Entsch. v. 18. Nov. 1902 (PrVerwBl. 24 322).

HNStO. v. 4. VIII. 97 (GS. 254) §§ 15 ff.

Auch für den Bereich der HNStO. muß daran festgehalten werden, daß eine Wahlhandlung, die unter der Leitung eines in ungesetzlicher Weise gebildeten Wahlvorstandes vollzogen ist, einer solchen Wahl gleichgestellt werden muß, die ohne jeden Wahlvorstand vorgenommen ist, mit anderen Worten: einer solchen Wahlhandlung fehlt ein wesentliches Erfordernis, so daß eine Untersuchung darüber, ob bei Leitung der Wahl durch einen ordnungsmäßig gebildeten Wahlvorstand das Resultat dasselbe geblieben sein würde, abzulehnen ist.

Nr. 2. Entsch. v. 22. Mai 1903 (PrVerwBl. 24 807).

Die ungerechtfertigte Zurückweisung eines Wählers kann nur unter dem Gesichtspunkte einer Unregelmäßigkeit in Betracht kommen. Unregelmäßigkeiten führen aber grundsätzlich nur dann zur Ungültigkeit, wenn durch sie das Ergebnis der Stadtverordnetenwahl beeinflußt worden ist.

Nr. 3. Entsch. v. 3. Febr. 1904 — II 231.

StO. §§ 25 f.; AbG. v. 1. III. 91 (GS. 20).

1. Handelt es sich darum, eine Mehrzahl von Stadtverordneten zur Ergänzung der Versammlung zu wählen, so hat jeder Wähler bei der Stimmabgabe so viele Personen zu bezeichnen, als zu wählen sind. Dies ergibt sich aus dem letzten Satze des ersten Absatzes in § 25 StO. „Er" — dh. jeder Wähler — „hat so viele Personen zu bezeichnen, als zu wählen sind." Nur unter dieser Voraussetzung erklärt sich die weitere Vorschrift in § 26 aaO.:

„Gewählt sind diejenigen, welche bei der ersten Abstimmung die meisten Stimmen und zugleich absolute Stimmenmehrheit (mehr als die Hälfte der Stimmen) erhalten haben."

Denn, wenn es zulässig wäre, die Wahl einer Mehrzahl von Stadtverordneten in eine jener Mehrzahl entsprechende Anzahl von Wahlakten zu zerlegen, dh. für jeden Stadtverordneten eine getrennte Wahl vorzunehmen, so würde bei jeder dieser Wahlen immer nur eine Person zu wählen sein, und dann hätte die Vorschrift genügt, daß gewählt derjenige sei, der absolute Stimmenmehrheit erhalten habe. Erst, wo die Wähler gleichzeitig mehrere zu wählende Personen zu benennen haben, eröffnet sich die Möglichkeit, daß mehr Personen, als zu wählen sind, die absolute Stimmenmehrheit erhalten, und erst für diesen Fall bedurfte es der weiteren Bestimmung, daß unter solchen als gewählt gelte, wer die meisten Stimmen erhalten habe.

2. Diese bereits in älteren Entsch. ausgesprochenen Grundsätze gelangten in einem Falle zur Anwendung, wo es sich nicht um eine nach dem G. v. 1. III. 91 für zulässig erklärte Verbindung einer Ergänzungs- mit einer Ersatzwahl, sondern um die Verbindung einer Ergänzungswahl mit einer Wahl handelte, die zu dem Zwecke stattfand, um eine Vermehrung der Mitglieder der Stadtverordnetenversammlung herbeizuführen.

Nr. 4. Entsch. v. 6. Okt. 1903 (OVG. 45 33) II B 18/03.

HNStO. § 26; G. v. 30. VI. 00 (GS. 185), betr. die Bildung der Wählerabteilungen bei den Gemeindewahlen, § 6².

1. Die in § 26 HNStO. enthaltene Vorschrift, daß der Vorsitzende des Wahlvorstandes von den beiden durch die Stadtverordnetenversammlung gewählten Beisitzern einen zum Schriftführer zu bestellen hat, ist durch § 6² G. v. 30. VI. 00 beseitigt.

2. Die Zuziehung besonderer Protokollführer ist nur in dem Sinne zulässig, daß ihnen die mechanische Schreibarbeit übertragen wird. Zahlenmäßige oder sonstige Feststellungen der Protokollführer, die nur als eine

Vorarbeit für die weitere Tätigkeit der Wahlvorstände dienen und eine Nachprüfung durch die Wahlvorstände keineswegs entbehrlich machen, stellen keine Tätigkeit dar, die über das Maß von Schreibhilfe oder sonstiger mechanischer Dienstleistungen hinausgeht. Ebensowenig ist unzulässig, daß in einer von dem Leiter des gesamten Wahlgeschäfts veranlaßten Aufstellung über die Zusammensetzung der Wahlvorstände überall neben den ernannten Vorsitzenden und gewählten Beisitzern, sowie deren Stellvertretern jene Magistratsbeamte als Protokollführer aufgeführt sind. Der Zweck dieser den Beteiligten mitgeteilten Aufstellung ist offenbar nur der, für eine jede der dort verzeichneten Personen den Ort, die Zeit und weiterhin leicht übersehbar zu machen, in welcher Stellung sie tätig sein soll. Daß durch die Aufführung in der Zusammenstellung die Protokollführer etwa zu selbständigen Mitgliedern der Wahlvorstände geworden, daß sie mit denselben Rechten, wie die Vorsitzenden oder Beisitzer ausgestattet worden seien, erhellt in keiner Weise.

3. Der Umstand, daß nicht alle Wahlprotokolle von sämtlichen bei der Wahlhandlung beteiligten Wahlvorstandsmitgliedern unterzeichnet sind, kann eine Ungültigkeit der Wahlen nicht zur Folge haben. Eine gesetzliche Vorschrift, daß die Protokolle von sämtlichen bei der Wahlhandlung tätigen Vorstandsmitgliedern unterzeichnet werden müßten, besteht nicht. Abweichungen der Protokolle von dem wahren Sachverhalt müssen von den Klägern bewiesen werden.

4. Nicht jede mit der Ausübung des Wahlrechts naturgemäß verbundene Zeitversäumnis, noch sonstige aus der Unzulänglichkeit der Wahllokale und deren Einrichtungen folgende Unbequemlichkeiten dürfen als eine Verkümmerung oder gar als eine Entziehung des Wahlrechts gelten. Dergleichen Umstände werden gegenüber der vielfach verschiedenen Teilnahme des einzelnen am Wahlergebnis in der Weise verschieden bewertet, daß sie häufig von vornherein zu einem Verzicht auf das Wahlrecht, zu einer Nichtbeteiligung des einzelnen führen. Daher muß in jedem Falle der Grund und der Umfang solcher Unbequemlichkeiten festgestellt werden, um beurteilen zu können, ob sie so geartet waren, daß nach verständigem Ermessen den Wählern füglich nicht zugemutet werden durfte, sich ihnen auszusetzen.

Nr. 5. Entsch. v. 10. Okt. 1905 (PrVerwBl. 27 283) II 1673.

Zwar haben die über die Wahlhandlung bei Stadtverordnetenwahlen vom Wahlvorstande aufgenommenen Protokolle in der Regel Beweiskraft für die Tatsachen, aus denen hervorgeht, auf welche Person die für die Wahl ausschlaggebende Stimmenanzahl sich vereint hat. Indes können unter Umständen auch andere Beweismittel für die Ermittelung des Wahlergebnisses geeignet sein. Ergibt sich durch Zeugenvernehmung die ungenaue Bezeichnung des Kandidaten durch einen Teil der Wähler in so hohem Maße, daß ihre Identität mit dem Namen des Kandidaten nicht als feststehend erachtet werden kann, und machen auch andere Tatsachen die absolute Stimmenmehrheit zweifelhaft, so muß die Wahl für ungültig erklärt werden.

δ) Rechtsmittel.

Nr. 1. Entsch. v. 18. Nov. 1902 (PrVerwBl. 24 322).

ZustG. § 10^2.

Zur Klage gegen den nach § 10^2 ZustG. über die Gültigkeit der Wahlen gefaßten Beschluß der Gemeindevertretung sind — außer dem Gemeindevorstande und den im eigenen Rechte verletzten Gewählten — nur solche stimmberechtigte Bürger legitimiert, deren Einspruch gegen die Gültigkeit der Wahlen eine Erledigung im ablehnenden Sinne gefunden hat.

Nr. 2. Entsch. v. 20. Nov. 1902 (PrVerwBl. 24 322).

Zur Klage gegen den Beschluß der Gemeindevertretung, durch den eine Wahl für gültig erklärt ist, sind nur diejenigen Gemeindemitglieder legitimiert, die gegen die Gültigkeit der Wahl Einspruch erhoben haben.

Nr. 3. Entsch. v. 29. März 1904 (OVG. 45 16) II B 52/02.

StO. §§ 27, 36, 56, 77; ZustG. §§ 10f., 15.

Das Rechtsmittel der Klage gegen Beschlüsse über die Gültigkeit der Wahlen zur Gemeindevertretung (§§ 10f. ZustG.) und das Beanstandungsrecht in Hinsicht solcher Beschlüsse der Gemeindevertretung, die deren Befugnisse überschreiten oder die Gesetze verletzen (§ 15 das.), bestehen nebeneinander. Zwar spricht sich das Gesetz selbst ausdrücklich weder im bejahenden, noch im verneinenden Sinne aus. Für die Bejahung spricht indes von vornherein der Umstand, daß der Abs. 1 des § 15 ganz allgemein gefaßt ist und eine Einschränkung nur im zweiten Abs. beigefügt ist, die sich jedoch nur auf die frühere Befugnis der Aufsichtsbehörde bezieht, eine Beanstandung auch solcher Beschlüsse herbeizuführen, die das Staatswohl verletzen. Irgendwelche Vorschrift, die eine Einschränkung der im ersten Abs. dem Gemeindevorstand oder der Aufsichtsbehörde gegebenen Befugnis enthielte, ist im ZustG. nicht zu finden. Im besonderen besteht keine Vorschrift, die besagte, daß die Anweisung des Regierungspräsidenten und die Beanstandung zu unterbleiben hätten, wo das Gesetz dem Magistrat ein Klagerecht gegen die Beschlüsse der Stadtverordnetenversammlung, wie namentlich gegen die Beschlüsse über die Gültigkeit der Wahlen zur Gemeindevertretung gegeben habe. Ebensowenig nötigt die Entstehungsgeschichte des Ges. dazu, in die hier in Betracht kommende Vorschrift eine Einschränkung hineinzutragen, die aus den Worten des Ges. nicht entnommen werden kann. Die Beanstandung bildet gegenwärtig das einzige und darum unentbehrliche Mittel, um in Fällen, wo die Stadtverordnetenversammlung über die Gültigkeit von Wahlen gesetzwidrige Beschlüsse faßt und trotzdem keine Klage erhoben wird, die im öffentlichen Interesse erforderliche Abhilfe zu schaffen.

Nr. 4. Entsch. v. 28. Nov. 1902 (PrVerwBl. 24 322).

Die Entscheidung des Verwaltungsrichters hat sich nicht auf die Frage zu beschränken, ob die im Einspruchsbescheide behandelten Gründe zutreffen. Vielmehr ist alles, was für oder gegen die Gültigkeit einer Wahl spricht, in Betracht zu ziehen, da anderenfalls das Ziel des Streitverf., nämlich die Herbeiführung einer endgültigen Entscheidung über die Gültigkeit der Wahl, nicht erreicht werden könnte.

2. Amtsgeschäfte.

Literatur: S. oben 17.

Nr. 1. Entsch. v. 30. Okt. 1903 (OVG. 45 42) II B 12/03.

StO. §§ 10, 36f.; ZustG. § 17.

Das den Stadtverordneten in § 37 StO. gewährleistete Kontrollrecht bezieht sich nicht nur auf solche Akte der Verwaltung, die bereits der Vergangenheit angehören, sondern auch auf die laufende Verwaltung. Ausschüsse, die die Stadtverordnetenversammlung zum Zwecke der Kontrolle ernennt, dürfen nur aus ihrer Mitte gebildet werden. Die Zuziehung eines fremden, der Versammlung nicht angehörenden Arztes zur Untersuchung der Zustände in einem städtischen Krankenhaus ist mithin unstatthaft. Die Absicht der StO. ging ohne Zweifel dahin, die Stadtverordneten mit Befugnissen auszustatten, die es ihnen ermöglichten, auch die laufende Verwaltung zu überwachen und die Bürgerschaft vor Schaden zu bewahren, der durch Fehler bei Ausführung der gefaßten Beschlüsse oder bei der Kassenverwaltung entstehen könnte. Der engeren Auffassung des Beklagten steht der Wortlaut des § 37 nicht zur Seite. Der erste Satz stellt vielmehr grundsätzlich ein ganz allgemeines Kontrollrecht auf. Da der Sprachgebrauch das Wort Kontrolle nicht nur für eine nachträgliche Prüfung, sondern ebensowohl für eine laufende Ueberwachung anwendet, so ist nicht abzusehen, warum es hier gerade in dem engeren Sinne verstanden werden müßte. Der zweite Satz des § 37 weist dann speziell auf zwei Gegenstände des Kontrollrechts hin, will damit aber keineswegs dessen Inhalt erschöpfen, sondern nur einige der Befugnisse, die sich aus dem Kontrollrecht ergeben, besonders hervorheben. Der dritte Satz endlich trifft zwei besondere Bestimmungen über die Mittel zur Ausübung der Kontrolle. Er gestattet den Stadtverordneten die Einsicht der Akten des Magistrats, sowie die Bildung von Kommissionen. Wollte man von der ausdrücklichen Nennung dieser beiden Mittel auf den Ausschluß jedes anderen Mittels, namentlich desjenigen der örtlichen Prüfung schließen, so wäre das schon aus dem Grunde verfehlt, weil jene beiden Mittel den Stadtverordneten nicht unbestreitbar schon durch ihre allgemeinen Befugnisse, insbesondere auch nicht als selbstverständliche Folge ihres Kontrollrechts gegeben waren und deshalb einer ausdrücklichen Zulassung bedurften. Demnach enthält der dritte Satz des § 37 das Gegenteil einer Einschränkung der Kontrollmittel. Dennoch fehlt es für das Kontrollrecht nicht an gewissen Grenzen. Sie ergeben sich aus dem Wesen des Kontrollrechts, und dieses wieder wird bestimmt durch die Stellung der Stadtverordnetenversammlung als einer Behörde, die nicht dem Magistrat übergeordnet, sondern mit und neben ihm als Willensorgan der Stadtgemeinde (§ 10 aaO.) zur Tätigkeit berufen ist. Sie hat indes nur zu beschließen, sich aber an der — dem Magistrat ausschließlich vorbehaltenen — ausführenden Verwaltung in keiner Weise zu beteiligen und darf „ihre Beschlüsse in keinem Falle selbst zur Ausführung bringen." Ohne weiteres leuchtet ein, daß das von dem Gesetze nicht näher umschriebene Kontrollrecht einer derartigen Behörde nur ein materielles, nicht ein formelles sein, dh. die Befugnis zu irgendwelchen unmittelbaren Einwirkungen auf Sachen oder Personen (Anordnungen, Bemängelungen usw.) nicht enthalten kann. Ferner ist von Wichtigkeit, daß die Stadtverordneten mit einer Beaufsichtigung der städtischen Beamten und insbesondere der Anstaltsverwaltungen nichts zu tun haben, daß vielmehr ihre Kontrolle sich lediglich auf die Verwaltung des Magistrats bezieht. Ein derartiges Kontrollrecht unterscheidet sich wesentlich von dem Revisionsrecht einer Aufsichtsbehörde. Es gibt — soweit die laufende Verwaltung in Betracht kommt — im wesentlichen nur die Befugnis, sich fortgesetzt über die Tätigkeit des zu der Geschäftsführung berufenen Magistrats zu unterrichten, um etwaigen Verstößen durch Interpellation und Beschlußfassung (nötigenfalls auf dem im § 36 StO., § 17 ZustG. vorgezeichneten Wege) oder durch Anrufung der Aufsichtsbehörde entgegentreten zu können. Ueber den Rahmen eines solchen Rechtes würde es aber hinausgehen und die Rechte des Magistrats verletzen, wenn die Stadtverordneten etwa förmliche Untersuchungen anstellen oder eine Ueberwachung durch Dritte einrichten wollten.

Die Absicht der StO., fremde Personen von der Mitwirkung auszuschließen, erhellt deutlich aus den Bestimmungen des § 37. Dieser gibt das Kontrollrecht nur der Stadtverordnetenversammlung, berücksichtigt aber die Schwierigkeiten, die sich in Einzelfällen der Ausübung von Kontrollmaßregeln durch die Vollversammlung entgegenstellen können, und deswegen läßt er für solche Fälle die Uebertragung der Ausführung an eine beschränkte Anzahl von Personen (Ausschüsse) zu; er verlangt jedoch ausdrücklich, daß die Versammlung derartige „Ausschüsse" aus ihrer Mitte ernenne. Die Einschiebung fremder Personen — namentlich auch Sachverständiger — zwischen den Magistrat und die Stadtverordneten wäre auch einer Verständigung und einem gedeihlichen Zusammenwirken nicht förderlich, und ebensowenig wäre sie dem Magistrate gegenüber angemessen. Die Stadtverordnetenversammlung kann also wohl Angehörige der Versammlung (Ausschüsse) mit Kontrollmaßregeln betrauen, sie darf aber weder fremde Personen dem zu ernennenden Ausschusse zugesellen noch der Kontrollmaßregel den Charakter einer gegen den Magistrat oder seine Mitglieder gerichteten Untersuchung geben, wie es bei der Vernehmung von Zeugen und Sachverständigen der Fall sein würde. Erscheinen dem Magistrate gegenüber Maßnahmen notwendig, die hiernach von den Stadtverordneten nicht bewirkt werden können, so bleibt diesen nur übrig, sich an die Aufsichtsbehörde zu wenden. Dagegen braucht eine örtliche Besichtigung städtischer Anstalten und eine taktvolle Besprechung mit dem Personale zum Zwecke der Information die Rechte des Magistrats (der dabei schon nach der klaren Bestimmung des § 37 aE. stets zugezogen werden muß), nicht zu verletzen. Vielmehr muß dieses Mittel als zur Erfüllung der den Stadtverordneten von dem Gesetze zugewiesenen Aufgabe der Kontrolle wohl geeignet angesehen werden und als durch Zuweisung jener Aufgabe freigestellt gelten. Von einer eigentlichen „Revision" städtischer Anstalten durch die Stadtverordneten kann allerdings dabei keine Rede sein (eine solche würde den Anstaltsverwaltungen gegenüber nur dem Magistrat und der Aufsichtsbehörde zustehen), sondern, wie gesagt, nur von einer informatorischen Prüfung. Daß endlich die Befugnis, den Kontrollausschüssen fremde Personen beizugeben, da sie der Städteordnung widerstreitet, den Stadtverordneten nicht durch ihre Geschäftsordnung beigelegt werden kann, bedarf keiner Ausführung.

Nr. 2. Entsch. v. 8. Mai 1903 (PrVerwBl. 24 805).

Die den Aufsichtsbehörden zustehende Beanstandung hat den Zweck, die Vollziehung solcher Beschlüsse zu verhindern, die nicht nur die Befugnis der beschließenden Behörde überschreiten oder die Gesetze verletzen, sondern auch eine positive Wirkung äußern. Sie kann daher gegenüber solchen Beschlüssen, die nur einen negativen Inhalt haben, also begriffsmäßig eine Ausführung ausschließen, nicht stattfinden. Die Beanstandung derartiger Beschlüsse ist daher ohne rechtliche Bedeutung und muß, wenn die davon betroffene Behörde dies im Wege der Klage verlangt, aufgehoben werden.

Nr. 3. Entsch. v. 9. Febr. 1904 — II 261.

StO. § 74.

Die Stadtverordnetenversammlung ist nicht verpflichtet, dem Beschlusse über etwaige Nachteile und Strafen, die sie gegen pflichtwidrig handelnde Gemeindemitglieder verhängen will, eine Warnung vorangehen zu lassen. Das Gesetz läßt auf die ausdrückliche oder tatsächliche Weigerung zur Verwaltung eines Gemeindeamts unmittelbar die Beschlußfassung folgen; insbesondere ist ein formelles Verfahren, welches zunächst die Mitteilung über die Verwerfung der Weigerungsgründe an den

Betroffenen, sodann dessen Erklärung darauf und ull. eine zweite Beschlußfassung über die Folgen der ungerechtfertigten Ablehnung anordnet, nirgends vorgeschrieben. Der nötige Rechtsschutz gegen unbegründete Strafbeschlüsse liegt in deren Anfechtbarkeit im VerwStreitVerf. (vgl. OVG. 13 209, 212).

D. Bürgermeister; Magistrat; städtische Deputationen.

Nr. 1. Entsch. v. 2. Febr. 1904 (OVG. 45 51) II B 11/03.

Instr. v. 25. V. 35 (Ann. 19 733) §§ 9, 20; StO. § 58.

1. Der Magistrat der Stadt B. beschloß, daß der Bürgermeister, soweit angängig, die Tagesordnung zu den einzelnen Sitzungen mindestens 24 Stunden vorher den Magistratsmitgliedern bekannt geben solle. Diesen Beschluß beanstandete der Bürgermeister als gesetzwidrig, weil die Aufstellung einer Tagesordnung für die ordentlichen Sitzungen des Magistrats durch § 9 MagInstr. verboten werde. Das OVG. trat ihm bei.

2. Der § 58 StO. besagt, daß der Bürgermeister „den ganzen Geschäftsgang der städtischen Verwaltung leitet und beaufsichtigt", und der § 20 Instr. v. 25. V. 35 weist ihm die Stellung des unmittelbaren Vorgesetzten der Mitglieder des Kollegii und seiner Unterbeamten an. Der Eingang des § 20 lautet wörtlich, wie folgt:

„Der Dirigent (Bürgermeister oder Oberbürgermeister) ist der unmittelbare Vorgesetzte der Mitglieder des Kollegii und seiner Unterbeamten, sowie der mittelbare Vorgesetzte sämtlicher übrigen Kommunalbeamten. Alle diese Beamten sind ebenso wie die Mitglieder des Magistratskollegii verpflichtet, ihm in den zu seinem Ressort gehörigen Angelegenheiten Folge zu leisten und ihm auf Verlangen jede amtliche Auskunft über die zu ihrem Geschäftskreise gehörigen Gegenstände mündlich oder schriftlich zu erteilen."

Hieran schließt sich die Aufzählung der insbesondere zum Ressort des Bürgermeisters gehörenden Gegenstände, und unter Nr. 1 heißt es wörtlich, wie folgt:

„Er leitet den formellen Geschäftsgang beim Magistratskollegio; er trifft, soweit es nicht schon in der gegenwärtigen Verordnung geschehen, die zu dieser Leitung, sowie zur Regelmäßigkeit, zum ununterbrochenen Fortgange und zur Kontrolle des Geschäftsganges nötigen Anordnungen, und gibt die hierzu erforderlichen Instruktionen."

Es kann keinem Zweifel unterliegen, daß die Bestimmung darüber, ob die Sitzungen durch Bekanntgabe einer Tagesordnung vorbereitet werden sollen, zu den hier erwähnten Anordnungen über den Geschäftsgang gehört. Ueberdies sagt der § 9 dInstr., daß die gewöhnlichen Vorträge ein für allemal durch den Magistratsdirigenten an bestimmten Tagen und Stunden angeordnet werden sollen. Erheischen es aber die Umstände, so hat der Magistratsdirigent auch außerordentliche Sitzungen anzuberaumen, und nur für diese wird ihm vorgeschrieben, die Mitglieder des Kollegii unter „Andeutung des Zweckes der Zusammenkunft" vorzuladen. Diese Bestimmung enthält zwar kein Verbot der Mitteilung einer Tagesordnung für die regelmäßigen Sitzungen, aber sie beseitigt doch jeden Zweifel darüber, daß die Vorbereitung der Sitzungen zu den Obliegenheiten des Magistratsdirigenten gehört. Allerdings gewährt die DstInstr. dem Magistratskollegium in seiner Majorität für besondere Einzelfälle einen Einfluß auf die Formalien, so zB. im § 11 hinsichtlich der Protokollierung besonders wichtiger Verhandlungen. Aber gerade diese Einzelbestimmungen, die sonst nicht nötig gewesen wären, zeigen, daß die Instr. dem Kollegium eine allgemeine Befugnis der gedachten Art nicht beilegt.

Nr. 2. Entsch. v. 6. April 1905 (PrVerwBl. 27 176) IV 562.

Vermögensinteressen der Stadtgemeinde können keine persönliche Beteiligung des an der Spitze der Stadt stehenden Bürgermeisters begründen. Denn eine solche persönliche Beteiligung wird voraussetzen, daß die eigenen besonderen Interessen des Bürgermeisters selbst von der Angelegenheit berührt werden.

Nr. 3. Entsch. v. 17. März 1903 (OVG. 44 62) II B 41/02.

ZustG. § 18 Abs. 3; G. v. 2. IV. 87 (GS. 105), betr. die durch ein Auseinandersetzungsverfahren begründeten gemeinschaftlichen Angelegenheiten, § 6.

1. Dem Magistrate zu W. ist auf Grund des G. v. 2. IV. 87 die Verwaltung der gemeinschaftlichen Angelegenheiten der Separationsinteressenten von W., sowie deren Vertretung übertragen worden. Mit Rücksicht hierauf wurde er von dem Oekonomen Karl N. zu W. angegangen, dem Oekonomen August S. die Benutzung des Planwegs Nr. 88 zur Bewirtschaftung einer in seinem Acker angelegten Rübenschnitzelgrube zu untersagen. Der Magistrat lehnte das Ansinnen ab und wies einen hierauf von Karl N. gegen den Bescheid noch eingelegten Einspruch zurück. Die hiergegen und gegen den Oekonomen S. eingelegte Klage im VerwStreitVerf. wurde vom OVG. als unzulässig zurückgewiesen.

2. Eine Bestimmung über die Benutzung von Wirtschaftswegen durch die Anlieger ist ein Akt — nicht der Vertretung der Gesamtheit Dritten gegenüber, sondern — der Verwaltung. Ein Akt der Verwaltung ist es aber auch, wenn der Gemeindevorstand, wie hier geschehen, einen Antrag, der dahin geht, eine bestimmte Art der Benutzung eines Weges zu untersagen, ablehnt. Wenn danach auch die Voraussetzungen für die Anwendung des § 6 aaO. vorliegen, so ist damit doch noch nicht gesagt, daß von den dort gegebenen Angriffsmitteln gerade die Klage im VerwStreitVerf. zulässig sei. Für diese Frage ist entscheidend, ob gegenüber einem gleichartigen Beschlusse in Gemeindeangelegenheiten der Weg des VerwStreitVerf. eröffnet sein würde. Eine gleichartige Gemeindeangelegenheit wäre zB. ein Anspruch auf Verhinderung einer angeblich das eigene Recht beeinträchtigenden übermäßigen Benutzung einer städtischen Wasserleitung durch Dritte. Es unterliegt wohl keinem Zweifel, daß ein Gemeindevorstand, der ein derartiges Einschreiten gegen Dritte ablehnt, dazu nicht durch ein Urteil des Verwaltungsrichters gezwungen werden kann. In solchen Fällen ist nur die Anrufung der Aufsichtsbehörde möglich, wie in Gemeindeangelegenheiten, so auch auf dem Gebiete des G. v. 2. IV. 87. Aus diesem Grunde konnte der Kläger mit seinem gegen den Magistrat gerichteten Anspruche kein Gehör finden.

3. Die Zulässigkeit der Klage gegen S. hängt zunächst davon ab, ob der Abs. 3 des § 18 ZustG. nach § 6 G. v. 1887 sinngemäße Anwendung zu finden hat. Ueberwiegende Gründe sprechen für die Verneinung dieser Frage. Die Vschr. des § 18 Abs. 3 enthält eine Verschiebung des regelmäßigen Rechtszustandes, da sie dem VerwStreitVerf. auch solche Angelegenheiten unterwirft, die möglicherweise den Charakter „bürgerlicher Rechtsstreitigkeiten" besitzen. Das Gesetz hat das hier mit Rücksicht auf die Bedeutung getan, die das öffentliche Recht auf diesen Gebieten hat, und in der Absicht, auf den bezeichneten Gebieten ein einheitliches Verfahren zu erreichen und widersprechende gerichtliche Entscheidungen zu vermeiden. In schärferer Weise durchbricht das G. v. 2. IV. 87 den bestehenden Rechtszustand, indem es Zwangsvollmachten begründet und privatrechtliche Angelegenheiten so behandeln läßt, als wären es öffentliche. Deswegen müssen auch seine Vorschriften eng ausgelegt werden. Dazu kommt, daß der Grund, der zur Schaffung der erwähnten Sondervorschriften des ZustG. geführt hat, bei den Angelegenheiten des G. v. 1887 kaum zutrifft, da sie im wesentlichen auf privatrechtlicher Grundlage ruhen, folglich die Gefahr eines Auseinandergehens der Rechtsprechung über öffentlich-

rechtliche Fragen nicht zu befürchten ist, während umgekehrt gegen die Ueberweisung der vielfach höchst eigenartigen privatrechtlichen Angelegenheiten der Separationsinteressenten an den Verwaltungsrichter von vornherein wohl Bedenken erhoben werden könnten. Unter solchen Umständen wäre eine Einbeziehung des Abs. 3 des § 18 ZustG. in den Kreis der durch § 6 des G. v. 1887 übertragenen Gesetzesbestimmungen nur dann angängig, wenn der § 6 eine dahin gehende Absicht klar erkennen ließe. Das aber ist nicht der Fall.

Nr. 4. Entsch. v. 20. Mai 1904 — II 929.

SchlHolstStO. § 45.

Die über die Wahlen der Magistratsmitglieder in dem G. v. 14. IV. 69 gegebenen Vschr. haben durch das ZustG. keine Abänderung erfahren. Nach ihnen ist vielmehr nur das Verfahren bei Anfechtung der Wahlen zur Gemeindevertretung abweichend von den bisher giltig gewesenen Vschr. des § 45 G. v. 14. IV. 69 geregelt worden. Was die Wahlen zum Gemeindevorstand (Magistrat) anlangt, so ist es bei dem bisherigen Verfahren verblieben.

E. Gemeindebeamte.

Literatur: Freytag: Das Gesetz, betr. die Anstellung und Versorgung der Kommunalbeamten, v. 30. VII. 99 nebst Ausführungsanweisung[2] (Berlin 1905).

Nr. 1. Entsch. v. 21. Okt. 1902 (PrVerwBl. 24 209).

KommBG. § 1.

Nach dem KommBG. ist die Anstellungsurkunde nicht mehr bloßes Erkenntnismittel für die Beamteneigenschaft, sondern die wesentliche Voraussetzung für das Beamtenverhältnis.

Nr. 2. Entsch. v. 9. Juni 1903 (OVG. 44 48) II B 8/03.

KommBG. § 7.

Der Kläger verlangt die Anerkennung seiner Eigenschaft als lebenslänglich angestellter Gemeindebeamter und die Ausstellung einer Anstellungsurkunde. Keiner dieser Ansprüche ist durch eine Gesetzesbestimmung den Verwaltungsgerichten zur Entscheidung übertragen worden, insbesondere auch nicht durch § 7 KommBG. Denn diese Vorschrift läßt das VerwStreitVerf. nur für den Fall zu, daß über die Frage Streit entsteht, welcher Teil des Diensteinkommens als Gehalt anzusehen ist. In allen anderen vermögensrechtlichen Streitigkeiten der Beamten aus ihrem Dienstverhältnisse hat der Bezirksausschuß lediglich im Beschlußverfahren zu befinden, und gegen seinen oder gegen den auf Beschwerde in zweiter Instanz gefaßten Beschluß ist nur die Klage im ordentlichen Rechtswege gegeben. Der Kläger gründet seine gegenteilige Ansicht darauf, daß die streitigen vermögensrechtlichen Ansprüche der Kommunalbeamten ohne jede Ausnahme in dem durch § 7 aaO. geordneten Verfahren zum Austrage zu bringen seien, und daß ein solcher Anspruch hier von ihm erhoben sei. Ersteres ist richtig; ob auch das letztere, ob also der Anspruch auf Anerkennung der Eigenschaft als lebenslänglich angestellter Gemeindebeamter und auf Ausstellung einer Anstellungsurkunde in der Tat als ein vermögensrechtlicher iS. jenes Gesetzes anzusehen, kann dahingestellt bleiben; denn selbst wenn dies zu bejahen wäre, so würde daraus doch nur folgen, daß der Bezirksausschuß über den Anspruch im Beschlußverfahren hätte befinden müssen. In keinem Falle aber war das VerwStreitVerf. gegeben.

Nr. 3. Entsch. v. 1. Nov. 1904 (PrVerwBl. 26 465) II 1804.

KommBG. § 1.

Die im § 1 G. v. 30. VII. 99 erwähnte Anstellungsurkunde ist nur für solche Fälle vorgeschrieben, bei denen es sich darum handelt, daß das Beamtenverhältnis durch die Aushändigung der Urkunde erst begründet werden soll, nicht für solche Fälle, bei denen zur Zeit des Inkrafttretens des G. (1. IV. 00) schon zweifellos ein Beamtenverhältnis bestand, oder bei denen über das Bestehen eines solchen Verhältnisses Zweifel obwalteten. Ueber solche Fälle, bei denen es sich nicht um die Neubegründung eines Beamtenverhältnisses handelt, verhält sich der zweite Satz des § 1 überhaupt nicht. Wohl aber bezeichnet es die Anw. v. 12. X. 99 in Artt. I^6 und III^3 als empfehlenswert, daß aus dem Inkrafttreten des Gesetzes Anlaß genommen werde, etwa bestehende Zweifel über das Vorhandensein eines Beamtenverhältnisses bei Personen, die schon vor dem 1. IV. 00 im städtischen Dienst tätig gewesen waren, zu beseitigen. Der etwa gewählte Weg, dies ebenfalls durch die Aushändigung einer Anstellungsurkunde herbeiführen zu wollen, kann zwar nicht als ungeeignet erachtet werden. Indes darf einer, aus diesem Anlaß ausgefertigten und ausgehändigten Anstellungsurkunde nicht die „konstitutive Wirkung beigelegt werden, welche nach dem Willen des Gesetzgebers den Anstellungsurkunden des zweiten Satzes des § 1 G. v. 30. VII. 99 innewohnen soll, weder was das Bestehen eines Beamtenverhältnisses anbetrifft, noch in bezug auf die Höhe des etwa in der Urkunde erwähnten Gehaltes, für welches selbst den Urkunden des § 1 aaO. jene Wirkung nicht beizumessen ist. Die von einer Stadtbehörde ausgestellten und ausgehändigten Anstellungsurkunden an Personen, die schon vor dem 1. IV. 00 in ihrem Dienste tätig waren, haben vielmehr, sofern sie sich über Verhältnisse verhalten, die vor dem gedachten Zeitpunkt bestanden, höchstens die Bedeutung, daß durch sie etwa vorhandene Zweifel klargestellt werden sollen, und sind dann geeignet, als Beweismittel verwendet zu werden und als solche unter Umständen den Ausschlag zu geben.

Nr. 4. Entsch. v. 21. März 1902 (PrVerwBl. 23 610).

ZustG. § 20 Abs. 4; KommBG. § 7.

Der § 7 gewährt ebensowenig wie der nach früherem Rechte maßgebende § 20 Abs. 4 ZustG. eine Möglichkeit, Meinungsdifferenzen über die Pensionsfähigkeit gewisser Teile des Diensteinkommens im Wege des VerwStreitVerf. zum Austrage zu bringen, bevor der Fall der Pensionierung wirklich eingetreten ist.

Nr. 5. Entsch. v. 2. Dez. 1902 (PrVerwBl. 24 322).

KommBG. § 7.

Nach § 7 KommBG. soll das VerwStreitVerf. nur bei Feststellung der Pensionsansprüche eintreten und nur die Frage betreffen, welcher Teil als Gehalt anzusehen ist. Aus der Wortfassung des Gesetzes darf nicht etwa gefolgert werden, daß, abgesehen von der Gemeinde, in einem solchen Verfahren stets nur der zu pensionierende Beamte selbst beteiligt sein könnte. Vielmehr ist die Vorschrift dahin aufzufassen, daß das VerwStreitVerf. für alle Fälle gegeben sein soll, in welchen über die Frage, welcher Teil des Diensteinkommens eines Kommunalbeamten als dessen Gehalt anzusehen, Streit entsteht, mithin diejenigen Fälle von dem StreitVerf. nicht ausgeschlossen sein sollen, in denen es sich nicht um die Festsetzung des Pensionsanspruchs eines Beamten, wohl aber um die von der Höhe der Pension abhängigen Ansprüche der Hinterbliebenen des Beamten handelt.

Nr. 6. Entsch. v. 9. Okt. 1903 — II 1696.

PensG. § 10²; KommBG. § 7.

1. Dienstemolumente, die ihrer Natur nach schwankend sind, sollen sich nach denjenigen Festsetzungen richten, die bei Verleihung des Rechtes auf die Emolumente in den Besoldungsetats oder sonst getroffen sind. In Ermangelung solcher Festsetzungen sind sie nach dem durchschnittlichen Betrage während der drei letzten Etatsjahre vor dem Etatsjahre, in dem die Pension festgesetzt wird, in Anrechnung zu bringen. Diese aus § 10² G. v. 27. III. 72 entnommenen Grundsätze gelangten zugunsten eines Vollziehungsbeamten zur Anwendung, dem die Vollstreckungsgebühren kurz nach Antritt seines Dienstes (ohne nähere Festsetzung) als Teil des Diensteinkommens verliehen worden waren, weil die später in den Etats getroffenen Festsetzungen, auf die sich der Magistrat berief, um einen unter dem dreijährigen Durchschnitte bleibenden Pauschalsatz zur Anwendung zu bringen, die wohlerworbenen Rechte des Beamten, der sich diesen Festsetzungen der Etatsbeschlüsse nicht unterworfen habe, zu beeinträchtigen nicht geeignet gewesen seien.

2. Die Vschr. in dem § 7 KommBG. weist dem Bezirksausschusse schlechthin die Beschlußfassung über streitige vermögensrechtliche Ansprüche, insbesondere über Ansprüche auf Pension zu. Hat der Bezirksausschuß eine Pension festgesetzt, so hat er die ihm als Beschlußbehörde gestellte Aufgabe erfüllt. Ein besonderer Beschluß darüber, welcher Teil des Diensteinkommens bei Feststellung des Pensionsanspruchs als Gehalt anzusehen sei, ist ihm nicht aufgegeben (vgl. OVG. 43 106ff.).

Nr. 7. Entsch. v. 6. Nov. 1903 — II 1883.

KommBG. § 7.

Ebensowenig als nach früherem Rechte die Festsetzung einer Pension möglich war, ohne daß der Fall der Pensionierung eingetreten war, ist dies nach § 7 KommBG. angängig.

F. Gemeindeholzungen und Gemeindeanstalten.

Nr. 1. Entsch. v. 28. Okt. 1904 (PrVerwBl. 27 211) I 1082.

NassEd. v. 9. XI. 16 (NassVdBl. 166); LVG. §§ 127, 130.

1. In denjenigen Fällen, in denen die Gesetze die Klage gegen in der Beschwerdeinstanz erlassene Bescheide geben, ist zur Verteidigung des Bescheides und der durch diesen aufrecht erhaltenen Verfügung allein diejenige Behörde befugt, die in der Beschwerdeinstanz befunden hat. Gegen diese ist daher allein die Klage zu richten, nicht aber gegen diejenige Behörde, deren in erster Instanz erlassene Verfügung den Gegenstand des Angriffs bildet.

2. Wenn im § 127 LVG. die Klage gegen in letzter Beschwerdeinstanz erlassene Bescheide der Oberpräsidenten unter den in Abs. 3 ¹ ᵘ· ² geregelten Voraussetzungen gegeben ist, so findet sie doch nur dann statt, wenn diese Bescheide in dem im Abs. 1 geregelten Beschwerdeverfahren ergangen sind. Dies trifft nicht zu, wenn der Angriff der Klägerin sich nicht gegen die Verfügung einer Orts- oder Kreispolizeibehörde richtet, die mit der Beschwerde bei dem Regierungspräsidenten erfolglos angefochten ist, sondern gegen eine Verfügung und Anordnung, die der Regierungspräsident selbst getroffen hat. Fraglich könnte nur sein, ob § 130 das., der gegen polizeiliche Verfügungen der Regierungspräsidenten die Beschwerde bei dem Oberpräsidenten mit nachfolgender

Klage bei dem OVG. gibt, auf den vorliegenden Fall Anwendung findet. Auch dies war indes zu verneinen; denn die fragliche Verfügung ist vom Regierungspräsidenten nicht in Handhabung der Polizeigewalt, sondern in Ausübung der Staatsaufsicht über die Verwaltung der Gemeindeangelegenheiten erlassen, wie schon daraus hervorgeht, daß der als rechtliche Grundlage der Vf. angeführte § 5 Ed. v. 9. XI. 16 die Aufsicht über die Bewirtschaftung der Gemeinde- und Stiftswaldungen als einen Teil der von der Landesregierung zu führenden Aufsicht über die Verwaltung des gesamten Gemeinde- und Stiftungsvermögens kennzeichnet.

Nr. 2. Entsch. v. 18. Nov. 1904 (PrVerwBl. 27 26) I 1367.

Vd. v. 24. XII. 16 (GS. 17 57) § 6; Instr. v. 31. VIII. 39 (Ann. 23 24) §§ 9, 11, 39.

Durch die Vd. v. 24. XII. 16 ist den Gemeinden in Westfalen und in der Rheinprovinz die „eigene Verwaltung“ ihrer Forsten überlassen und der Staatsregierung nur die „Oberaufsicht“ hierüber vorbehalten worden. Demgemäß ist auch im § 6 diesVd. den Gemeinden die Wahl ihrer „Forstbedienten“ überlassen und der Regierung nur die Prüfung der hierzu gewählten Personen auf ihre Tauglichkeit und ihre Bestätigung vorbehalten worden. Den gleichen Inhalt haben auch die Vorschriften der Instr. v. 31. VIII. 39, wo hinsichtlich der Anstellung der Forstschutzbeamten im § 9 bestimmt ist, daß die Regierung, wenn sie den von der Gemeinde Vorgeschlagenen oder die Bedingungen seiner Anstellung ungeeignet findet, die Gemeinde zu einer neuen Wahl oder zur Abänderung der Bedingungen aufzufordern hat und nur im Weigerungsfalle oder wenn zum dritten Male eine ungeeignete Person vorgeschlagen wird, die Anstellung in Gemäßheit ihres Oberaufsichtsrechts bewirken kann. Ueber die Anstellung von Waldhütern neben den Förstern auf beschränkte Zeit ist nur bestimmt (§ 11), daß sie zur Verstärkung des Forstschutzes auf den Antrag der Gemeinde durch die Regierung stattfinden könne. Werden außerordentliche Maßregeln nötig, weil die angestellten Forstschutzbeamten dauernd oder vorübergehend außerstande sind, den Forstschutz ausreichend auszuüben, so ist nach § 39 hiervon der Gemeinde durch den Forstbeamten Mitteilung zu machen. Würde hiernach der Regierungspräsident auch auf Grund seines Aufsichtsrechts anordnen können, daß aus Anlaß der Erkrankung eines Gemeindeförsters vorübergehend ein Waldhüter zur Verstärkung des Forstschutzes für eine bestimmte Remuneration anzunehmen ist, so ist er doch ebenso wie bei der Anstellung von Förstern nach § 9 dInstr. nur dann befugt, eine hierzu geeignete Person selbst auszuwählen, wenn die Gemeinde (oder der Forstschutzverband) sich weigert, dies zu tun oder wiederholt eine ungeeignete Person vorschlägt. Eine Befugnis des Regierungspräsidenten, ohne eine vorgängige Aufforderung der Gemeinde zur Beschlußfassung über die erforderlichen Maßnahmen sofort einen Forstschutzgehilfen, wenn auch nur vorübergehend, anzustellen, ergibt sich weder im allgemeinen aus dem Aufsichtsrecht noch im besonderen aus der Vd. v. 24. XII. 16 und der Instr. v. 31. VIII. 39.

Nr. 3. Entsch. v. 26. Juni 1903 (OVG. **44** 68) II B 57/02.

PrVUrk. Art. 12; StO. § 4; SchlachthG. § 1.

1. Die Frage, ob der in dem Nachtrage zu der Betriebsordnung für ein öffentliches Schlachthaus (Gemeindeanstalt) ausgesprochene Zwang zum Gebrauche des Schußapparates oder Schlagbolzens auch den jüdischen Gemeindeangehörigen gegenüber zu Recht besteht, ist zu bejahen. Schon in OVG. 38 58ff. ist dargelegt, daß und warum es den Gemeinden freistehe,

über die Einrichtung und Benutzung ihrer Schlachthäuser zu beschließen, Bedingungen für deren Benutzung aufzustellen, namentlich auch über die anzuwendende Schlachtmethode frei zu bestimmen, und daß sie dabei einer Genehmigung der Aufsichtsbehörde nicht bedürften.

2. Danach bleibt zu prüfen, ob der Nachtrag durch seinen Inhalt in unzulässiger Weise gegen das bestehende Recht verstößt. Der Kläger hält ihn zunächst für unvereinbar mit dem § 4 StO., wonach alle Einwohner des Stadtbezirkes zur Mitbenutzung der öffentlichen Gemeindeanstalten der Stadt berechtigt sind. Er sieht den hier aufgestellten Grundsatz der Parität als verletzt an, weil bei der vorgeschriebenen Schlachtart den jüdischen Einwohnern die Mitbenutzung des Schlachthauses unmöglich gemacht werde. Auch das ist irrig. Der Grundsatz der Parität ist gewahrt, weil durch die Ordnungen die Benutzung der Anstalt bei Erfüllung der allgemein vorgeschriebenen Bedingungen niemandem versagt wird. Wenn der einzelne oder eine ganze Klasse von Einwohnern aus persönlichen Gründen die allgemeinen Bedingungen nicht erfüllen will und darum auf die Benutzung der Anstalt verzichtet, so ist das ohne Bedeutung. Dasselbe ist bei vielen Gemeindeanstalten der Fall.

3. Ebensowenig enthält der Nachtrag zu der Betriebsordnung eine Verletzung derjenigen Gesetze, die den Juden die freie Ausübung ihrer Religion gewährleisten, insbesondere nicht des Art. 12 der PrVUrk. Es mag sein, daß die rituelle Schlachtmethode zu den religiösen Satzungen des Judentums gehört; immerhin gilt dies wohl nur in dem Sinne, daß den Juden der Genuß des Fleisches von anderen als geschächteten Tieren verboten ist, nicht aber in dem Sinne, daß das Schächten selbst, etwa nach Art eines Opfers, als eine gottesdienstliche Handlung geboten wäre. Selbst wenn oder richtiger: gerade wenn die Schächtungen derartige Religionsübungen darstellten, so bestände doch für keine Gemeinde die Verpflichtung, Einrichtungen zu treffen, die den Juden die Gelegenheit zu ihrer Vornahme schaffen. Aber, wie gesagt, handelt es sich anscheinend nicht sowohl um eigentliche Religionsübung, als vielmehr nur um eine auf den Kultus bezügliche Handlung, die zwar zur Beschaffung erlaubter Fleischnahrung nötig ist, aber nicht notwendigerweise gerade in der Stadt A. ausgeführt zu werden braucht, um den dortigen Juden die Beobachtung ihrer religiösen Vorschrift zu ermöglichen, dann brächten die städtischen Beschlüsse über das Schlachthaus wohl eine Beschwernis der Juden mit sich (die überdies nicht eigentlich durch die Schlachthausordnung, sondern durch den Schlachthauszwang herbeigeführt sein würde, keineswegs aber läge in derartigen Beschlüssen ein Eingriff in die Religionsfreiheit der Juden. Ob die den Juden in A. erwachsenen Schwierigkeiten als lästiger Druck empfunden werden müssen, kommt nicht in Betracht; denn, selbst wenn dem so ist, kann eine andere Beurteilung nicht stattfinden, da hier nicht Billigkeitsgründe, sondern lediglich rechtliche Erwägungen den Ausschlag geben.

Nr. 4. Entsch. v. 27. Nov. 1903 — II 2005.

Es muß für zulässig erachtet werden, wenn bei der Eingemeindung von Grundstücken, die dem übrigen Gemeindebezirke als ein besonderer Teil von eigenartiger Beschaffenheit gegenüberstehen, eine Regelung dahin erfolgt, daß eben diese Grundstücke wegen ihrer Eigenart und somit für deren Dauer hinsichtlich der Benutzung gewisser Gemeindeanstalten eine Sonderstellung einnehmen sollen, mit anderen Worten, daß jene Gemeindeanstalten gegenüber dem neuen Gebietsteile nicht die Eigenschaft öffentlicher Gemeindeanstalten erhalten, ihm nicht auf Grund öffentlichen Rechtes, sondern überhaupt nicht oder nur auf Grund von Privatverträgen als gewerbliche Unternehmungen gegenüberstehen sollen. Diese Grundsätze gelangten in einem Falle zur Anwendung, wo zwischen einer Gemeinde und dem Justizfiskus hinsichtlich des Wasserverbrauches einer Gefangenenanstalt besondere Abmachungen getroffen waren und nachher die Eingemeindung der Strafanstalt auf Grund eines Rezesses stattgefunden hatte. Der Gemeinde wurde das Recht, den Justizfiskus unter Nichtachtung der früheren Abmachungen einem neuen autonomen Gebührentarif zu unterwerfen, versagt.

Nr. 5. Entsch. v. 13. April 1904 — II 680.

ZustG. § 18.

Eine Klage aus § 18 ZustG. setzt, wie der Wortlaut des Gesetzes klar ergibt, eine bereits als solche bestehende Gemeindeanstalt voraus. Nicht aber ist diese Klage gegeben, um einen Einfluß auf die Herstellung von Gemeindeanstalten zu gewinnen.

Nr. 6. Entsch. v. 21. Juni 1904 (PrVerwBl. 26 579) II 1159.

HNStO. v. 4. VIII. 97 (GS. 254) §§ 54, 94.

Vor Erlaß der HNStO. konnte die Teilnahme an den Gemeindenutzungen von dem Erwerb des Bürgerrechts abhängig gemacht werden. Nach § 54 aaO. soll sich diese Teilnahme nach dem bisherigen Rechte regeln mit der Maßgabe jedoch, daß fortan an die Stelle der Gemeindebürger die Gemeindeangehörigen treten. Infolge dieser Spezialbestimmung findet der § 94 aaO. in diesem Falle überhaupt keine Anwendung. Die alten Bestimmungen eines Statuts gelten vielmehr weiter, nur fällt das Erfordernis des Erwerbes des Bürgerrechts fort, und es tritt an Stelle des Erwerbes des Bürgerrechts die Erlangung der Gemeindeangehörigkeit.

Nr. 7. Entsch. v. 15. Nov. 1904 (PrVerwBl. 27 321) II 1883.

ZustG. § 18.

1. Der Kläger verlangte als Besitzer mehrerer Erbenhäuser, mit denen, wie er behauptet, das ausschließliche Recht auf die Nutzungen des sog. Gartzer Schreys, einer in der Nähe der Stadt gelegenen Holzung, verbunden sein soll, von dem Magistrat die Auszahlung der anteiligen Einnahmen aus dem Schrey. Sein Anspruch wurde abgewiesen.

2. Der Kläger hätte nur durchdringen können, wenn ihm der Beweis gelungen wäre, daß das Recht auf die Nutzungen des Schreys nach dem öffentlichen Rechte der Stadt Gartz abhängig sei von der Gemeindemitgliedschaft und außerdem von dem Besitze eines Erbenhauses. Denn, wenn sich herausstellte, daß eine Grundgerechtigkeit bestehe, so war dadurch erwiesen, daß das von dem § 18 ZustG. verlangte Gemeinderecht nicht vorhanden sei, und wenn ferner zwar ein allgemeines Gemeindegliederrecht, nicht aber ein besonderes Recht der Erbenhausbesitzer dargetan worden wäre, so hätte es wiederum an einer Grundlage für den Anspruch gefehlt. Denn reines Gemeindegliedervermögen, dh. solches Eigentum der Gemeinde, bei dem das Nutzungsrecht an keine andere Voraussetzung, als an die der Gemeindegliedschaft geknüpft ist, kann durch Gemeindebeschluß in Kämmereivermögen verwandelt, der Nutzung der Gemeindeglieder entzogen werden, so daß in dem gedachten Falle der Beschluß, der den Gemeindegliedern die Nutzung des Schreys zugunsten der Kämmereikasse entziehen will, zu Recht bestehen würde. Dagegen würde der Beschluß rechtsunwirksam sein, wenn Bedingung für die Nutzung des Schreys nicht die Gemeindemitgliedschaft allein, sondern außerdem noch der Besitz eines Erbenhauses war. Denn eine derartige Unterart des Gemeindegliedervermögens — zum Unterschiede von dem reinen Gemeindegliedervermögen (und von dem privatrechtlichen Interessentenvermögen) wohl (Gemeindeglieder-)Klassenvermögen genannt — kann ohne Zu-

stimmung der Berechtigten nicht anderen Zwecken überwiesen werden. Demnach war lediglich zu prüfen, ob im Jahre 1902 der Gartzer Schrey „Klassenvermögen" bildete. Der Kläger beruft sich auf Observanz und zum Beweise für sie auf die Holzordnung vom Jahre 1734 und eine Reihe von Tatsachen. Er muß damit gehört werden; denn die Observanz ist eine Quelle des objektiven Rechtes und geeignet, Normen der Gemeindeverfassung zu schaffen. Ob sie allerdings diese Wirksamkeit auch unter der Herrschaft der neueren Gemeindeverfassungsgesetze und namentlich auf dem hier in Betracht kommenden Gebiete noch unbeschränkt besitzt, ob also unter der Herrschaft dieser Gesetze durch eine Observanz noch Kämmereivermögen oder reines Gemeindegliedervermögen in Klassenvermögen verwandelt werden könnte, mag fraglich sein; doch braucht dieser Frage nicht nachgegangen zu werden, weil die Tatsachen, welche zur Bildung einer Observanz erforderlich sein würden, auch wenn die Vorgänge der neueren Zeit berücksichtigt werden, nicht nachgewiesen sind. Zunächst spricht die Holzordnung, die sich jedenfalls auch auf den Schrey bezogen haben wird, gegen den Kläger. Einmal gibt sie denen, die sie zu der Holznutzung zuläßt, nicht die umfassenden Rechte, von denen Kläger redet, außerdem aber beschränkt sie die Nutzung keineswegs auf Besitzer gewisser Häuser. Zudem aber stellt sie eine autonome Beliebung der Stadtgemeinde oder einen Verwaltungsakt ihrer Behörden dar, und ihre Bestimmungen lassen keineswegs darauf schließen, daß mit unantastbaren Rechten gewisser Klassen gerechnet werde, vielmehr machen Ton und Inhalt eher den Eindruck, als ob aus freier Entschließung etwas gewährt werden solle, was ebensowohl versagt werden könne. Ferner sind wohl bis etwa um das Jahr 1840 die Erbenhausbesitzer mit Ansprüchen auf Holzgeldverteilung hervorgetreten, ihre Ansprüche sind aber von den städtischen Behörden zum Teil ausdrücklich zurückgewiesen worden und jedenfalls vielfach unbeachtet geblieben, indem Holz zur Deckung von Bedürfnissen der Kämmereikasse gelegentlich an die Bürger selbst verkauft worden ist. Eine Observanz zugunsten der Erbenhausbesitzer im Gegensatz zu anderen Gemeindemitgliedern hätte sich nur bilden können, wenn außer den Hausbesitzern noch andere Bürger existiert hätten und diese ausgeschlossen worden wären. Das aber ist nicht anzunehmen. Bis zum Jahre 1840 ist also der Nachweis einer Observanzbildung nicht erbracht. Seit 1840 sind allerdings die Aufkünfte des Schreys, soweit es sich um Holznutzung handelt, beständig an die Erbenhausbesitzer verteilt worden, und der Magistrat, sowie die Stadtverordneten haben verschiedentlich ein Recht als bestehend erklärt. Aber eine Observanz, dh. ein objektives Recht, des Inhalts, daß die Nutzungen des Schreys als eines städtischen Vermögensstückes ausschließlich den Erbenhausbesitzern in ihrer Eigenschaft als Gemeindegliedern zufließen sollten, hat sich durch jene Tatsachen schon deswegen nicht bilden können, weil bei der Uebung die städtischen Behörden und die Bürger keineswegs übereinstimmend meinten, eine Norm der gedachten Art zu befolgen. Die Erbenhausbesitzer haben bald das Eigentum, bald ein servitutarisches Privatrecht an dem Schrey in Anspruch genommen, sich aber kaum je mit Bestimmtheit auf ein Gemeindegliederrecht berufen, und ähnliche Unklarheit hat bei den städtischen Behörden geherrscht.

3. Auf dem durch § 18 ZustG. eröffneten Wege des VerwStreitVerf. können nur solche Ansprüche auf Teilnahme an den Nutzungen und Erträgen des Gemeindevermögens verfolgt werden, die sich stützen auf das öffentliche Recht der Gemeinde, insbesondere auf die von diesem Rechte den Gemeindegliedern gewährten Vergünstigungen. Dagegen ist jeder Weg verschlossen, sobald das Nutzungsrecht aus privaten Titeln, wie zB. aus einer Servitut, hergeleitet wird.

G. Gemeindehaushalt und Zwangsetatisierung.

1. Allgemeines.

Nr. 1. Entsch. v. 18. Nov. 1904 (PrVerwBl. 27 26) I 1867.

Jede Zwangsetatisierung erfordert die Angabe des Geldbetrages, der in den Haushaltsetat eingetragen werden soll, entweder in einer bestimmten Geldsumme oder durch Bezeichnung derjenigen Zahlen, mittels deren diese Geldsumme ausgerechnet werden kann (Rechnungsfaktoren). Wie ein Beschluß der Gemeindevertretung, wodurch die für ein gewisses Bedürfnis der Gemeinde erforderlichen Mittel im Etat zur Verfügung gestellt werden sollen, immer nur einen bestimmten Geldbetrag zum Gegenstand haben kann, der in den Ausgabeetat einzustellen ist, so kann auch eine Zwangsetatisierung durch die Kommunalaufsichtsbehörde nur auf die Einstellung eines bestimmten Geldbetrages gerichtet sein, nicht aber lediglich auf die Bereitstellung von Geldmitteln, deren Höhe nicht im voraus bestimmt wird, sondern sich nach dem noch nicht feststehenden Umfange des zu befriedigenden Bedürfnisses richten soll. Selbst wenn dieser Umfang und daher auch der erforderliche Geldbetrag nicht im voraus genau bemessen werden kann, muß die Zwangsetatisierung dennoch einen bestimmten Betrag bezeichnen, der vorläufig der Behörde, der die Fürsorge für die Befriedigung des Bedürfnisses obliegt, zur Verfügung zu stellen ist, und zwar vorbehaltlich einer weiteren Zwangsetatisierung, falls er sich nicht als ausreichend erweist, oder als ein Höchstbetrag, der nur soweit zu verausgaben ist, als es das Bedürfnis erforderlich machen wird.

Nr. 2. Entsch. v. 20. März 1900 (OVG. 37 179) I A 10/99.

Instr. für die ProvKonsistorien v. 23. X. 17 (GS. 237) §§ 6 f.; KabO. v. 31. XII. 25 (das. **26** 4), betr eine Abänderung in der Organisation der Provinzialverwaltungsbehörden; ZustG. § 19; G. v. 25. VII. 92 (das. 219), betr. das Diensteinkommen der Lehrer an den nichtstaatlichen höheren Lehranstalten, § 3.

1. Die Verpflichtung der, eine (höhere) Unterrichtsanstalt freiwillig unterhaltenden Gemeinde, im Falle der Behinderung eines Lehrers für eine die Fortsetzung des Unterrichtsbetriebs im bisherigen Gange sichernde Vertretung zu sorgen und deren Kosten zu tragen, kann von der Schulaufsichtsbehörde verbindlich festgestellt und auf Grund dieser Feststellung von dem Regierungspräsidenten oder dem Landrate mittels Zwangsetatisierung durchgesetzt werden. Die Zuständigkeit der Schulaufsichtsbehörden, für eine bestehende Unterrichtsanstalt das im öffentlichen Interesse Erforderliche zu bestimmen und festzustellen, was der Unternehmer, um diesem zu genügen, zu unterlassen oder zu leisten hat, kann ebensowenig in Zweifel gezogen werden, als deren fernere Befugnis, ihren bezüglichen Anordnungen insoweit Nachdruck zu geben, als sie „schädliche Anordnungen oder Mißbräuche", welche Bildung, Sittlichkeit oder Religiosität der Jugend gefährden (§ 5 II 12 ALR. und § 7 MInstr. v. 31. XII. 39), dadurch verhindern kann, daß sie ihre Genehmigung zu der mangelhaft gewordenen, ihren Anforderungen nicht mehr entsprechenden Anstalt zurückzieht und dadurch den Fortbetrieb unmöglich macht. Aber daraus folgt noch nicht unmittelbar und nicht unbedingt die Befugnis, von dem Unternehmer durch Zwang zu fordern, daß er die im öffentlichen Interesse zum Fortbetriebe der Anstalt unentbehrlichen Leistungen auch positiv aufwende. Dazu ist vielmehr die weitere Voraussetzung unentbehrlich, daß dem Unternehmer bereits die rechtliche Verpflichtung obliegt, entweder speziell die gerade geforderte Leistung zu bewirken oder generell die Schule in einem durch das jeweilige Unterrichtsbedürfnis gebotenen Zustande dauernd zu erhalten.

Eine gesetzliche Regel, die die Stadtgemeinden verpflichtet, höhere Lehranstalten, insbesondere Gymnasien zu errichten oder auch nur die aus freiem Entschlusse von ihnen errichteten dauernd in einem den Anforderungen der Schulaufsichtsbehörde entsprechenden Zustande zu erhalten, besteht nicht. Vielmehr ist die Befugnis der Gemeinden, die Aufhebung der von ihnen errichteten höheren Lehranstalten zu beschließen, noch im § 3 Abs. 2 G. v. 25. VII. 92 ausdrücklich anerkannt worden. Deshalb ist aus dem Aufsichtsrechte des Provinzialschulkollegiums die Befugnis, Stadtgemeinden, die höhere Lehranstalten unterhalten, zum Zwecke der Verbesserung des Unterrichtsbetriebs oder einer reichlicheren Ausstattung der Anstalt neue oder erweiterte Leistungen aufzuerlegen, nicht ohne weiteres herzuleiten, sondern nur insoweit anzuerkennen, als sie in den Bestimmungen des G. v. 25. VII. 92 oder in besonders übernommenen Verpflichtungen ihre rechtliche Grundlage findet. Anders verhält es sich indes mit denjenigen Anforderungen, die nur die Fortsetzung des Unterrichtsbetriebs in dem bisherigen Gange und mit den bisherigen Mitteln zum Gegenstande haben. Bei ihnen handelt es sich nicht um die Auflegung neuer, erst durch die Anordnung der Aufsichtsbehörde geschaffener, sondern um die Durchsetzung bestehender Verpflichtungen, die von der beteiligten Gemeinde übernommen waren. Denn die Erteilung der Genehmigung zur Errichtung und zum Fortbetriebe der Lehranstalt hat zur Voraussetzung, daß die Gemeinde bestimmte Verpflichtungen hinsichtlich der Einrichtung und Ausstattung der Anstalt und des Unterrichtsbetriebs übernimmt, die sich als öffentlich-rechtliche, der Aufsichtsbehörde gegenüber zu erfüllende kennzeichnen. Daran ändert auch nichts, daß sie unter einer auflösenden Bedingung, nämlich der Aufhebung der Anstalt, eingegangen sind, deren Eintritt von dem Entschlusse der Gemeinde selbst abhängt. Hieraus folgt nur, daß die Gemeinde sich von den behufs Erlangung der Genehmigung übernommenen Pflichten durch Aufhebung der Anstalt befreien kann, aber nicht, daß sie befugt wäre, deren Umfang einseitig und ohne Zustimmung der Schulaufsichtsbehörde willkürlich einzuschränken. Zu denjenigen Anforderungen, die nur die Fortsetzung des Unterrichtsbetriebs in dem bisherigen Gange und mit den bisherigen Mitteln zum Gegenstande haben, gehört die Berufung eines besonderen Vertreters für einen an Ausübung der Lehrtätigkeit behinderten oder von dieser entbundenen Lehrer. Denn sie hat nicht den Zweck einer Verbesserung des bisherigen Unterrichtsbetriebs, sondern nur den der Beseitigung der Störung des bisherigen Ganges. Sie erscheint auch nicht als eine wenn auch nur zeitweilige Verstärkung des Lehrerpersonals, sondern als Uebertragung der Lehrtätigkeit von einer Person auf die andere und hält sich daher ganz in den Grenzen einer Erfüllung der vor Erteilung der Genehmigung der Aufsichtsbehörde gegenüber eingegangenen Pflichten.

2. Der Umstand, daß der vertretene Lehrer aus irgend einem Rechtsgrunde zur Deckung der Vertretungskosten verpflichtet ist, gibt der Stadt zwar an diesen einen Regreßanspruch, befreit sie aber nicht von der Pflicht, die zum ordnungsmäßigen Schulbetriebe erforderlichen Vertretungskosten selbst aufzuwenden. Ebensowenig kann dem Anspruch des von der Aufsichtsbehörde berufenen Vertreters entgegengehalten werden, daß er unter Nichtbeachtung eines Präsentationsrechs eingesetzt sei.

3. Verbindet die Schulaufsichtsbehörde eine derartige, sonst rechtmäßige Feststellung über die Grenzen ihrer Zuständigkeit hinaus mit einer Zwangsetatisierung, so bleibt davon die Wirksamkeit der Feststellung unberührt.

Nr. 3. Entsch. v. 26. Juni 1903 (PrVerwBl. 25 249) I 1108.

1. Die Schulaufsichtsbehörde ist befugt, festzustellen, welches Gehalt den Lehrern an städtischen höheren Schulen nach der bestehenden Besoldungsordnung zu zahlen ist. Denn sie verlangt damit

nur die Befolgung der durch die Autonomie der Stadtgemeinde unter Zustimmung der Aufsichtsbehörde entstandenen öffentlich-rechtlichen Norm für die Besoldung der Lehrer.

2. Anlangend die Frage, ob der nötige Zeitraum zwischen der Feststellung der Leistung und dem Erlasse der Zwangsetatisierungsverfügung lag, so kommt in Betracht, daß die Feststellungsverfügung der Regierung vom 5. VI. 02 am 7. VI. an den Magistrat abgesandt, die Zwangsetatisierungsverfügung aber erst am 18. VI. erlassen worden ist. Ein gewisser Zeitraum liegt also zwischen beiden Verfügungen. Von bestimmter Dauer braucht der Zeitraum nicht zu sein, er muß nur ausreichen, um der Gemeinde die Stellungnahme zu der Feststellung der Leistung zu ermöglichen und nach seinem Ablaufe annehmen zu können, daß die Gemeinde unterlassen habe, die festgestellte Leistung freiwillig auf den Haushaltsetat zu bringen oder außerordentlich zu genehmigen. Dazu reichte der Zeitraum hier aus.

3. Ansprüche, die in der rechtlich bestehenden örtlichen Besoldungsordnung keine Grundlage haben, können von der Schulaufsichtsbehörde für Lehrer an höheren städtischen Schulen nicht festgesetzt werden.

2. Die Kosten der Polizeiverwaltung.

Nr. 1. Entsch. v. 27. Febr. 1903 (PrVerwBl. 25 266) I 358.

LVG. §§ 53, 130, 138.

1. Die Zwangsetatisierung setzt nicht endgültige oder unanfechtbar gewordene, sondern nur vollstreckbare Feststellungsverfügungen voraus. Wenn auch die Einlegung von Rechtsmitteln nach § 53 LVG., sofern die Gesetze nicht ein anderes vorschreiben, aufschiebende Wirkung hat, so sind doch die Verwaltungsbehörden befugt, ihre Verfügungen zur Ausführung zu bringen, sofern nach ihrem durch Rücksichten der Notwendigkeit und Zweckmäßigkeit zu bestimmenden und deshalb der Nachprüfung durch den Verwaltungsrichter nicht unterliegenden Ermessen die Durchführung nicht ohne Nachteil für das Gemeinwesen ausgesetzt werden kann.

2. Die Frage, in welchem Umfange die Rechtmäßigkeit der die angegriffene Zwangsetatisierung stützenden Feststellungsverfügung der Nachprüfung durch den Verwaltungsrichter unterliegt, hängt von der Gestaltung der gegen die Feststellung selbst gegebenen Rechtsmittel ab.

Was diese betrifft, so hatte der Regierungspräsident zu Danzig die Ansicht vertreten, daß im vorliegenden Falle, wo der Wasserbauinspektor in Elbing der Stadtgemeinde Neuteich eine Auflage, betr. die Herstellung einer Brücke über die Schwente, gemacht hatte, weder die Rechtsmittel gegen ortspolizeiliche Verfügungen, noch die gegen landespolizeiliche stattfinden, daß es sich vielmehr um Verfügungen einer „besonderen" mit Wahrnehmung der Strom- und Schiffahrtspolizei generell beauftragten Behörde handele, gegen die nur die Beschwerde an die ihm übergeordneten Aufsichtsinstanzen, den Regierungspräsidenten und den Minister für Handel und Gewerbe, stattfände. Wäre dies als richtig anzuerkennen, so würde die Rechtmäßigkeit der Feststellung in vollem Umfang nachzuprüfen sein; denn eine Einschränkung der richterlichen Prüfung findet zwar dann statt, wenn die Feststellung in einem förmlich geregelten, dem gerichtlichen nachgebildeten Verfahren und für alle Beteiligten formell maßgebend ergangen ist (vgl. OVG. 27 80), aber nicht dann, wenn nur eine formlose, wenn auch befristete Beschwerde an die höhere Aufsichtsinstanz gegeben ist. Der Ansicht des Regierungspräsidenten ist indes nicht beizutreten. Wenn auch die Einsetzung „besonderer mit der Verwaltung der Strom- und Schiffahrtspolizei beauftragter unmittelbar vom Minister für Handel und Gewerbe ressortierender Behörden" in § 138 LVG.

als rechtlich zulässig anerkannt ist und die Einrichtung einer besonderen Behörde auch dann vorliegt, wenn die Schiffahrtspolizei für eine durch mehrere Regierungsbezirke sich hinziehende Wasserstraße einem der beteiligten Regierungspräsidenten besonders übertragen wird (vgl. OVG. 15 339), so liegt doch hier ein derartiger besonderer Auftrag nicht vor. Vielmehr verwaltet der Regierungspräsident zu Danzig die Strom- und Schiffahrtspolizei in den Nebenflüssen der Weichsel und insbesondere in den mit dem Namen Schwente und Tiege bezeichneten Flußläufen kraft seiner Eigenschaft als Landespolizei und hat nur die Wasserbauinspektion zu Elbing in Ausübung einer im MErl. v. 12. III. 84 (MBl. 208) anerkannten Befugnis mit der Handhabung der sein Ressort berührenden Strom- und Schiffahrtspolizei beauftragt. Dadurch hat er aber, wie in dem (gerade den mit der Schwente zusammenhängenden Flußlauf Tiege betreffenden) OVG. 11. V. 96 30 290 des näheren dargelegt ist, seine landespolizeilichen Obliegenheiten nicht auf eine besondere Behörde übertragen, sondern nur den ihm unterstellten Wasserbauinspektor als sein Organ in Anspruch genommen. Dessen Verfügungen gelten also als seine eignen und unterliegen der Anfechtung mit den in § 130 LVG. gegebenen Rechtsmitteln, sofern sie nicht von ihm gemißbilligt werden. Unterliegt hiernach die Verfügung des Wasserbauinspektors zu Elbing der Anfechtung mit dem Rechtsmittel der Beschwerde bei dem Oberpräsidenten und der nachfolgenden Klage bei dem OVG., so ist sie unzweifelhaft in einem förmlich geregelten, mit geordnetem Instanzenzuge ausgestatteten Verfahren formell für alle Beteiligten maßgebend erfolgt, und war daher nur noch dahin nachzuprüfen, ob sie von einer an sich zuständigen Behörde ausgegangen ist. Diese Frage war, so wie gestellt, auch zu bejahen, da die Zuständigkeit des Wasserbauinspektors, als Organ des Regierungspräsidenten schiffahrtspolizeiliche Verfügungen zu erlassen, außer Zweifel steht. Die weitere Frage aber, ob im vorliegenden Falle die tatsächlichen und rechtlichen Voraussetzungen für den Erlaß einer schiffahrtspolizeilichen Verfügung vorgelegen haben, berührt nicht mehr seine Zuständigkeit an sich und konnte daher auch nur im Streitverfahren gegen einen auf Beschwerde über die vom beklagten Regierungspräsidenten gebilligte Anordnung erlassenen Bescheid des Oberpräsidenten vom Verwaltungsrichter geprüft werden. Im gegenwärtigen, nicht die Rechtmäßigkeit jener Anordnung, sondern nur die der zu ihrer Durchsetzung erlassenen Zwangsetatisierungsverfügung betreffenden Verfahren war sie nicht zu erörtern.

Nr. 2. Entsch. v. 25. Sept. 1903 (PrVerwBl. 25 679) I 1421.

PolVerwG. § 4; KommBG. § 11.

1. Eine Klage, durch welche eine Zwangsetatisierung angefochten wird, kann nicht nur vom Magistrat, sondern auch von der Stadtverordnetenversammlung erhoben werden.

2. Die Feststellung der Leistung, die den Gegenstand der Zwangsetatisierung bildet, unterliegt der Prüfung des Verwaltungsrichters nur hinsichtlich ihrer Recht- und Gesetzmäßigkeit, aber nicht hinsichtlich ihrer Notwendigkeit und Zweckmäßigkeit (vgl. OVG. 14 107, 26 144). Nach § 4 PolVerwG. kann der Regierungspräsident über die Einrichtungen, welche die örtliche Polizeiverwaltung erfordert, besondere Vorschriften erlassen. Auf Grund dieser Bestimmung ist er in seiner Eigenschaft als Polizeiaufsichts- und Kommunalaufsichtsbehörde einer Stadtgemeinde befugt, dieser eine bestimmte Verbesserung ihrer Polizeiorganisation aufzugeben und zu diesem Zweck die Gehälter der städtischen Polizeibeamten nicht nur bei ihrer Anstellung festzusetzen, sondern auch im Laufe ihrer Dienstzeit zu erhöhen. Diese Befugnis ist durch § 11 Abs. 2 KommBG. aufrecht erhalten worden. Die Angemessenheit der in der Verfügung getroffenen Festsetzungen mit Rücksicht

auf die dienstlichen Aufgaben der Beamten, die Lebensmittel- und Wohnungspreise und die Leistungsfähigkeit der Stadtgemeinde konnte nur mittels einer Beschwerde bei der Aufsichtsinstanz des Beklagten angegriffen werden, unterlag aber nicht der Prüfung des Verwaltungsgerichts. Unerheblich ist es, welche Benennung der von dem Regierungspräsidenten festgesetzten Besoldung der Polizeibeamten beigelegt worden ist, ob er sie als Gehalt oder zum Teil als Wohnungsgeld bezeichnet hat. Entscheidend ist nur, daß die verlangte Zahlung die Eigenschaft einer Leistung hat, welche die Beamten von der Stadtgemeinde zur Bestreitung ihres Lebensunterhalts oder der mit ihrer dienstlichen Tätigkeit verbundenen Aufwendungen erhalten sollen.

3. Der Umstand, daß das Gehalt auch gezahlt werden soll, soweit es auf ein Etatsjahr entfällt, das inzwischen bereits sein Ende erreicht hat und für welches möglicherweise verfügbare Bestände bei Erlaß der Verfügung nicht mehr vorhanden waren und vor Auflauf des Jahres auch nicht mehr beschafft werden konnten, steht der Zulässigkeit der getroffenen Anordnung nicht entgegen. Ist eine Leistung, zu der die Stadtgemeinde bereits im abgelaufenen Etatsjahr verpflichtet gewesen war, in diesem unerfüllt geblieben, so müssen die Geldmittel zu ihrer Erfüllung von der Stadtgemeinde in einem späteren Etatsjahre in derselben Weise aufgebracht werden, wie die Geldmittel, die zur Erfüllung der dieses spätere Etatsjahr betreffenden Verpflichtungen erforderlich sind.

Nr. 3. Entsch. v. 15. Jan. 1904 (OVG. **44** 58) I A 152/03.

LVG. §§ 127 ff.

1. Die Rechtmäßigkeit einer Feststellung der Leistung ist der Nachprüfung des Verwaltungsrichters in dem Verfahren, das auf eine Klage gegen die Zwangsetatisierung der Leistung eingeleitet worden ist, nur dann entzogen, wenn die Feststellung der Leistung in einem förmlich geregelten, mit befristeten Rechtsmitteln ausgestatteten Verfahren ergangen ist. Ein solches Verfahren ist für die Anfechtung polizeilicher Verfügungen durch die §§ 127 ff. LVG. gegeben, aber gegen eine Anordnung der Aufsichtsbehörde ist nur eine formlose Beschwerde an die höhere Aufsichtsbehörde zugelassen. Hieran wird auch nichts dadurch geändert, daß die Feststellungsverfügung der Aufsichtsbehörde unzulässigerweise mit einer Klage im VerwStreitVerf. angegriffen worden war. Durch die Abweisung der Klage war nicht über die Rechtmäßigkeit der Feststellung in einem zu ihrer Prüfung bestimmten Verfahren befunden, sondern nur entschieden worden, daß ein solches Verfahren durch das Gesetz nicht zugelassen ist.

2. Es besteht zwischen den Parteien kein Streit darüber, daß sich der Begräbnisplatz, der entwässert werden soll, im Eigentume der Stadtgemeinde befindet. Der Begräbnisplatz ist hiernach eine polizeiliche Gemeindeanstalt, dh. eine im Eigentume der Gemeinde stehende Anstalt, die polizeilichen Zwecken dient. Denn die Beerdigung der menschlichen Leichen ist eine Maßnahme, die im Interesse der öffentlichen Ordnung und zum Schutze der Gesundheit erforderlich und daher auch hinsichtlich der Art ihrer Ausführung der Obhut der Polizeibehörde unterstellt ist. Es kann unerörtert bleiben, ob und unter welchen Umständen eine politische Gemeinde verpflichtet ist, einen Begräbnisplatz zu beschaffen. Hat sie einen solchen eingerichtet, so ist sie auch verpflichtet, ihn in dem Zustande zu erhalten, der eine den berechtigten polizeilichen Anforderungen entsprechende Benutzung ermöglicht. Unterhält und verwaltet die Gemeinde, wenn auch unter der Aufsicht der Polizeibehörde, den Begräbnisplatz als eine Gemeindeanstalt, so sind die wegen Erhaltung und Ergänzung dieser Anstalt an sie von der Polizei zu erhebenden Anforderungen mittels polizeilicher Verfügung zu stellen. Hinsichtlich

der Rechtsmittel hiergegen steht die Gemeinde durchaus den Privatpersonen gleich, an die eine ähnliche Anordnung hinsichtlich ihrer Grundstücke ergeht. Anders verhält es sich, falls im polizeilichen Interesse eine neue Anlage oder neue Einrichtung erforderlich ist, zu deren selbsttätiger Herstellung die Gemeinde nicht verpflichtet ist; muß die Gemeinde die hierzu erforderlichen Geldmittel als Trägerin der Polizeilast hergeben, so hat die Polizei zu bestimmen, welche Einrichtung erforderlich und welcher Kostenaufwand hierzu nötig ist, die Kommunalaufsichtsbehörde der Gemeinde aber hat die entsprechende Leistung als eine der Gemeinde obliegende festzustellen und die hierzu erforderliche Ausgabe demnächst, falls die Gemeinde die Zahlung verweigert, zwangsweise in den Etat einzustellen. Die Herstellung der Anstalt oder Einrichtung ist dann mit diesen Geldmitteln von der Polizeibehörde zu bewirken.

3. Die Zuständigkeit der Ortspolizei ist begründet, wenn die Verfügung einen nicht kirchlichen Begräbnisplatz betrifft und lediglich die Herstellung eines äußeren Zustandes bezweckt, wie er den Anforderungen der Gesundheitspolizei, der Sittlichkeit und des Anstandes entspricht, dagegen ist die Landespolizeibehörde zuständig, wenn es sich um Schutz der äußeren kirchlichen Ordnung bei Benutzung des Begräbnisplatzes oder um einen Eingriff in die kirchliche Ordnung handelt.

Nr. 4. Entsch. v. 17. Juni 1904 (OVG. 45 103) I A 23/04.

ZustG. § 19; G. v. 30. VI. 00 (RGBl. 306), betr. die Bekämpfung gemeingefährlicher Krankheiten, § 35.

1. Zur Herbeiführung eines polizeimäßigen Zustandes darf eine Gemeinde, die der Polizei in dieser Beziehung ebenso wie eine Privatperson gegenübersteht, nur durch polizeiliche Verfügung genötigt werden; im Wege der Kommunal- oder Polizeiaufsicht darf das nicht geschehen. So verhält es sich auch, wenn eine Gemeinde auf Grund des § 35 ReichsG. v. 30. VI. 00 zur Herstellung von Einrichtungen für Fortschaffung der Abfallstoffe angehalten werden soll. Wenn dagegen eine Gemeinde als Trägerin der Polizeikostenlast die für den Dienstbetrieb der Polizeibehörde erforderlichen Geldmittel hergeben soll, so ist der Regierungspräsident als Kommunal- und Polizeiaufsichtsbehörde zur Feststellung der Verpflichtung der Gemeinde zuständig. Das trifft auch bei den Kosten von Ermittelungen zu, deren die Polizei bedarf, um zu beurteilen, was im polizeilichen Interesse zu fordern sei; denn derartige Ermittelungen gehören zum Dienstbetriebe der Polizeibehörde. Fallen hierunter die Vorarbeiten für die Anordnung einer Entwässerungsanlage, so ist daher der Regierungspräsident als Aufsichtsbehörde befugt, die Gemeinde als Trägerin der Polizeikostenlast zur Hergabe der nötigen Geldmittel für verpflichtet zu erklären.

Soll aber die Stadtgemeinde selbst zur Herbeiführung eines polizeimäßigen Zustandes ein Projekt für die Entwässerung aufstellen lassen, so kann sie dazu nur von der Ortspolizeibehörde angehalten werden.

2. Bei Anfechtung der Zwangsetatisierung hat der Verwaltungsrichter weder das Bedürfnis einer Entwässerungsanlage noch die Leistungsfähigkeit der Stadtgemeinde zu prüfen.

3. Durch die Auffassung, welche die Beschwerdeinstanz bei Zurückweisung der Beschwerde kundgibt, wird der Inhalt der angefochtenen Verfügung (wegen Aufstellung eines Entwässerungsprojekts) nicht geändert.

Nr. 5. Entsch. v. 29. April 1904 (OVG. 45 108) I A 145/03.

ZustG. § 19; LVG. §§ 132f.

1. Wenn § 19 ZustG. vorschreibt, daß der Regierungspräsident die Eintragung in den Etat der Stadtgemeinde oder die Feststellung der außerordentlichen Ausgabe „unter Anführung der Gründe“ verfügt, so folgt daraus

nur, daß die Zwangsetatisierungsverfügung nicht jeder Begründung entbehren darf, aber nicht, daß eine mangelhafte oder unvollständige Begründung die Aufhebung der getroffenen Anordnung nach sich ziehe. Die Vorschrift, daß die Zwangsetatisierungsverfügung zu begründen ist, hat nur den Zweck, der Stadtgemeinde erkennbar zu machen, auf welchen tatsächlichen Voraussetzungen und rechtlichen Erwägungen die Anforderung beruht, und ihr die Möglichkeit zur Begründung eines Angriffs gegen die Grundlagen der Zwangsetatisierung zu gewähren. Diesem Zwecke genügt die Feststellung, daß die Kosten der Klägerin gesetzlich oblägen, weil sie entweder Armenpflegekosten oder mittelbare Kosten der örtlichen Polizeiverwaltung seien. Wenn die Klägerin ausführt, daß Kosten der außerordentlichen Armenpflege den Landarmenverband träfen, Polizeikosten aber der Ortsgemeinde zur Last fielen, soweit sie nicht vom Staate zu tragen seien, im ersteren Falle auch die Möglichkeit eines Rückgriffs gegen andere Armenverbände gegeben sei, im andern aber nicht, so ist dies verfehlt, denn unstreitig wird der Landarmenverband der Stadt B. durch den Stadtbezirk allein gebildet. Der Landarmenverband des Stadtkreises B. und dieser Stadtkreis selbst sind keine von der Ortsgemeinde verschiedenen Rechtssubjekte. Ist aber die Verpflichtung dieses einheitlichen Rechtssubjekts zu der geforderten Leistung sowohl dann begründet, wenn die Kosten Armenpflegekosten sind, wie auch dann, wenn sie sich als mittelbare Polizeikosten darstellen, so ist kein Grund erkennbar, weshalb die Feststellung, ob das eine oder das andere zutrifft, zur Begründung der Verfügung unerläßlich sein sollte. Mögen auch die rechtlichen Folgen, die sich an die Erfüllung der Verpflichtung durch die Klägerin knüpfen, verschieden sein, je nachdem es sich um Armenpflegekosten oder um Polizeikosten handelt, so ist doch die Voraussetzung der Zwangsetatisierung nur die Feststellung ihrer eigenen Leistungspflicht, aber nicht die Entscheidung darüber, in welche Beziehungen sie durch Erfüllung dieser Pflicht zu Dritten treten würde.

2. Die Unterbringung eines Geisteskranken in der Irrenabteilung des Strafgefängnisses ist kein Akt der Armenpolizei, dessen Kosten von dem zur Fürsorge verpflichteten Armenverbande zu tragen sind. Allerdings gehört die Ausübung der Armenpolizei zu den Aufgaben der örtlichen Polizeiverwaltung, allein daraus folgt nur die Befugnis der Ortspolizeibehörde, in dringenden Fällen den zur Fürsorge verpflichteten, aber in ihrer Ausübung säumigen Armenverband zur Gewährung der Armenpflege mit polizeilichen Zwangsmitteln anzuhalten. Liegen die Voraussetzungen vor, unter denen ein polizeiliches Einschreiten zum Zwecke der Herbeiführung öffentlicher Armenpflege geboten ist, so hat die Polizeibehörde den zur Fürsorge verpflichteten Armenverband durch polizeiliche Verfügung zu den erforderlichen Maßregeln aufzufordern und deren Ausführung mit den in § 132 LVG. gegebenen Zwangsmitteln durchzusetzen. In Anwendung dieser darf sie auch die Unterbringung des Hilfsbedürftigen in einer von ihr bestimmten Anstalt ausführen, aber nur, nachdem sie die Ausführung ihrer Anordnung durch einen Dritten auf Kosten des verpflichteten Armenverbandes durch schriftliche Verfügung zuvor angedroht hat. Ist dies geschehen, so können die Kosten der Unterbringung des Kranken gleich anderen Kosten der Ausführung polizeilicher, gegen Gemeinden gerichteter Verfügungen, zum Gegenstand einer Zwangsetatisierung gemacht werden, aber die Erstattungspflicht ist nicht von der Aufsichtsbehörde über die Verwaltung der Angelegenheiten der Gemeinde und des durch diese gebildeten Armenverbandes festzustellen, sondern von der Polizeibehörde. Dagegen war eine Berechtigung der Polizeibehörde, ohne weiteres und ohne vorgängigen Erlaß einer gegen den verpflichteten Armenverband gerichteten polizeilichen Verfügung die Fürsorge für einen Hilfsbedürftigen an Stelle des Armenverbandes zu übernehmen, nicht anzuerkennen. Tut sie dies, so tritt sie dem Armenverbande

gegenüber in die Stellung eines Dritten, der die Unterstützung eines Hilfsbedürftigen ohne Auftrag des hierzu verpflichteten Ortsarmenverbandes übernommen hat. Daraus können für den zur Tragung der Amtsunkosten der Polizeibehörde Verpflichteten, hier den Staat, Ansprüche auf Erstattung der aufgewendeten Kosten entstehen, die im Rechtswege zu verfolgen sind. Allein der Regierungspräsident ist nicht zuständig, die Erstattungspflicht in solchen Fällen vorläufig festzustellen; denn diese Befugnis hat die Aufsichtsbehörde nur dann, wenn ein öffentliches von ihr wahrzunehmendes Interesse an Erfüllung der streitigen Verbindlichkeit vorliegt. Dies ist zwar gegeben, wenn die ordnungsmäßige Führung der Gemeindeverwaltung oder der örtlichen Polizeiverwaltung die Leistung der Gemeinde erfordert, wie dies bei der Erstattung von Kosten der Polizeiverwaltung zutrifft, die den Gemeinden zur Last fallen, aber nicht schon daraus herzuleiten, daß der Staat oder ein anderer öffentlich-rechtlicher Verband als Forderungsberechtigter in Fällen auftritt, in denen auch ein Dritter den gleichen Anspruch erheben und im Rechtswege geltend machen könnte.

3. Indes ergibt sich die Befugnis des Regierungspräsidenten zur Feststellung der streitigen Leistung aus einer andern Erwägung. Die Unterbringung des Geisteskranken in der Irrenabteilung des Strafgefängnisses ist nicht allein deshalb erfolgt, weil er als hilfsbedürftig angesehen wurde, sondern vor allem deshalb, weil er nach den ärztlichen Gutachten als „gemeingefährlich" anzusehen war. Daher erweist sich seine Unterbringung in der Irrenabteilung des Strafgefängnisses als eine gegen einen Dritten, den Geisteskranken selbst, gerichtete und alsbald im Wege unmittelbaren Zwanges durchgesetzte polizeiliche Maßregel. Mithin sind ihre Kosten zunächst Polizeikosten und zwar selbst dann, wenn zugleich armenrechtliche Hilfsbedürftigkeit vorgelegen haben sollte; denn hieraus würde nur folgen, daß die Polizeibehörde befugt gewesen wäre, die Unterbringung in Anstaltspflege dem zur Fürsorge verpflichteten Armenverband aufzugeben, aber nicht, daß sie die Abwendung der von dem Geisteskranken ausgehenden Gefahren nur auf diesem Wege erreichen konnte und eine gegen ihn selbst gerichtete Anordnung nicht treffen oder durchführen durfte. Zur Feststellung der Pflicht einer Stadtgemeinde, Polizeikosten zu tragen, ist aber der Regierungspräsident, der die Aufsicht über die Polizeiverwaltung und über die Verwaltung der städtischen Gemeindeangelegenheiten in sich vereinigt, unzweifelhaft befugt.

Ohne Grund behauptet die Klägerin, daß die Abwendung der Gefahren, die von einem Geisteskranken ausgehen, Aufgabe der Landespolizei sei. Es kann auch auf dem Gebiete der Sicherheitspolizei zwischen den Aufgaben der Landes- und der Ortspolizei nur danach unterschieden werden, ob die polizeilich zu schützenden Interessen in erster Linie solche der nachbarlichen örtlichen Gemeinschaft sind oder über diese räumliche Beschränkung hinaus in weiteren Bezirken, vielleicht unmittelbar als einheitliche Interessen des Staates hervortreten. Danach sind Maßregeln zur Abwendung der von gemeingefährlichen Geisteskranken ausgehenden Gefahren den Aufgaben der Ortspolizei beizuzählen. Freilich dient die Unterbringung von Geisteskranken in Irrenanstalten nicht den besonderen Interessen desjenigen Ortes, an welchem diese festgehalten werden — denn das ist der, wo sich die Irrenanstalt befindet —, wohl aber denen des Ortes, von dem aus der Geisteskranke in die Irrenanstalt gebracht wird. Diesen bedroht ein gemeingefährlicher Geisteskranker zunächst, wenngleich eine Ausdehnung der von ihm ausgehenden Gefahr auf einen weiteren Bezirk nicht unbedingt auszuschließen ist, weil die Möglichkeit eines Wechsels seines Aufenthalts bei einem sich selbst überlassenen Geisteskranken stets besteht. Deshalb mag die Unterbringung eines Geisteskranken in einer Anstalt mittelbar auch den Interessen weiterer Bezirke dienen, aber dieser nur mittelbar eintretende Erfolg nimmt ihr nicht die Eigenschaft einer Maßregel, die den Schutz von Interessen der örtlichen nachbarlichen Gemeinschaft in erster Reihe und unmittelbar zum Zwecke hat. Eine Mitwirkung anderer Behörden außer der Ortspolizeibehörde ist hier ebensowenig erforderlich wie bei anderen polizeilichen Anordnungen, die zur Abwendung einer dem Publikum oder dessen einzelnen Gliedern drohenden Gefahr getroffen werden. Namentlich tritt eine Mitwirkung des zur Verwaltung der Landespolizei zuständigen Regierungspräsidenten nur ausnahmsweise ein, wenn er durch Beschwerde über die von der Ortspolizeibehörde getroffenen Maßregeln oder über die Versagung polizeilichen Einschreitens zu einer Entschließung angerufen wird; trifft er in einem solchen Falle die Anordnung, daß der Geisteskranke in einer Irrenanstalt unterzubringen sei, so hat doch diese Verfügung nicht die Eigenschaft einer landespolizeilichen, sondern die Eigenschaft einer an die Ortspolizeibehörde gerichteten Anweisung zum Erlaß einer ortspolizeilichen Verfügung. Wenn die Geisteskrankheit und Gemeingefährlichkeit erst während einer Untersuchungs- oder Strafhaft hervortritt oder mit Sicherheit festgestellt wird, so geschieht freilich die Unterbringung in einer Irrenanstalt im unmittelbaren Anschluß an die Entlassung aus der Untersuchungs- oder Strafhaft und auf Antrag der zur Bestimmung über die Entlassung zuständigen Behörde. Einem solchen Ersuchen kann jedoch nur die Bedeutung einer Ueberweisung des Geisteskranken an die Ortspolizeibehörde zum Zwecke der ihr zustehenden Entschließung über die zur Abwendung der Gefahr nötigen Anstalten beigemessen werden. Namentlich gilt dies bei Geisteskranken, die aus den Gerichtsgefängnissen entlassen werden; denn hier wird die Bestimmung über die Entlassung allein von Justizbehörden getroffen, denen polizeiliche Befugnisse nicht zustehen. Nur bei der Entlassung geisteskranker Sträflinge aus solchen Gefängnisanstalten, die unter der Aufsicht der Regierungspräsidenten und des Ministers des Innern stehen, tritt eine Mitwirkung der zur Verwaltung der Landespolizei zuständigen Provinzial- und Zentralbehörden ein; hier soll nämlich nach den Erl. v. 26. X. 58 und 8. III. 66 (MBl. 58 237 und 66 89) von den Regierungen an den Minister des Innern „zur eventuellen weiteren Kommunikation mit dem Justizminister" berichtet werden, sobald sich die Notwendigkeit einer Einstellung oder Unterbrechung der Strafvollstreckung gegen einen in Geisteskrankheit verfallenen Sträfling herausstellt. Aus dieser Mitwirkung der Regierungspräsidenten und des Ministers des Innern an der Bestimmung über die Entlassung geisteskranker Sträflinge folgt indes nicht, daß die Anordnungen über die Unterbringung in einer Irrenanstalt die Eigenschaft landespolizeilicher Verfügungen hätten; vielmehr haben auch sie die Natur von Anweisungen, die mit Rücksicht auf die übergeordnete Stellung der verfügenden Behörden im Verhältnisse zur Ortspolizeibehörde nicht nur für die Verwaltung des Strafgefängnisses, sondern auch für die Ortspolizeibehörde maßgebend sein mögen. Hiernach sind die Kosten der Unterbringung gemeingefährlicher Geisteskranker in Irrenanstalten, soweit sie sich nicht als Armenpflegekosten darstellen, Kosten der örtlichen Polizeiverwaltung.

Keiner Erörterung bedarf es, ob von dieser Regel eine Ausnahme dann eintritt, wenn sich der Geisteskranke früher, solange er in Freiheit gelassen wurde, außerhalb des Ortes aufgehalten hat, von dem aus er in die Anstalt gebracht wurde, und wenn er erst infolge seiner Ueberführung in ein an diesem Orte befindliches Gefängnis und im unmittelbaren Anschluß an die Entlassung aus diesem der Ortspolizeibehörde überwiesen wird. Hier handelt es sich nicht um eine ortsfremde, sondern um eine durch jahrelangen Aufenthalt sowie durch Abstammung und Wohnsitz der Stadt angehörige Person[1]).

---

[1]) Vgl. jedoch die hiernächst abgedruckte Entsch. v. 29. IV. 04.

4. Nicht minder verfehlt ist die Ausführung, daß die streitigen Kosten Gefangenenkosten und deshalb, sofern sie zu den örtlichen Polizeiverwaltungskosten zu rechnen seien, nicht mittelbare, sondern unmittelbare Polizeikosten darstellten. Es handelt sich hier nicht lediglich um eine „Einsperrung“ zu dem Zwecke, den Geisteskranken an Handlungen zu verhindern, die seine Umgebung gefährden könnten, sondern vor allem darum, ihm eine seiner geistigen Krankheit angemessene Pflege und Behandlung zu gewähren und seine Heilung oder doch Besserung, namentlich die Beseitigung gemeingefährlicher Erregungszustände, herbeizuführen. Diesem Zwecke dient die Ueberführung in die Irrenanstalt und die mit dieser notwendig verbundene Freiheitsentziehung. Deshalb wird der Geisteskranke nicht zum Gefangenen und die Irrenanstalt nicht zum Gefängnisse. Zwar ist im vorliegenden Falle die Irrenanstalt an ein Strafgefängnis angegliedert, aber der Geisteskranke ist in diese nicht deshalb aufgenommen worden, weil er ein Strafgefangener, sondern weil er ein Geisteskranker war. Man kann auch nicht einwenden, daß die Ueberführung eines Geisteskranken in eine Irrenanstalt darum anders beurteilt werden müsse, als die eines körperlich Kranken, insbesondere einer mit Geschlechtskrankheit behafteten Prostituierten, in eine Krankenanstalt, weil zur Verhütung von Ausschreitungen des Geisteskranken schon die Einsperrung genüge und daher diese hauptsächlich die Natur der gegen ihn ergriffenen Maßregeln bestimme; denn dasselbe trifft auch bei Prostituierten zu, da schon die Einsperrung einen die Krankheit übertragenden Geschlechtsverkehr verhindert. Im übrigen bedarf es keiner näheren Begründung, daß die polizeilichen Maßregeln, welche auf Heilung Geisteskranker oder doch auf Beseitigung ihrer gemeingefährlichen Erregungszustände abzielen, die Herstellung eines den polizeilich zu schützenden Interessen entsprechenden Zustandes in der Außenwelt zum Gegenstande haben. Daher stellen sich die Kosten der Unterbringung Geisteskranker in einer Irrenanstalt, wenn die Unterbringung nicht zur Beobachtung und Feststellung, ob gemeingefährliche Zustände vorhanden seien, sondern zum Zwecke der Beseitigung dieser Zustände geschieht, als mittelbare und nicht als unmittelbare Polizeikosten dar.

Aehnlich OVG. 29. IV. 04 — I A 92/03 — 45 121: Zwar hat der Polizeipräsident die Stadtgemeinde aufgefordert, den Geisteskranken in die städtische Irrenanstalt aufzunehmen, und auch seiner Auffassung, daß armenrechtliche Hilfsbedürftigkeit vorliege, Ausdruck gegeben, aber er hat die Aufnahme nicht auf Grund seiner polizeilichen Zwangsbefugnisse, sondern auf Grund eines Vertrags gefordert. Daher sind die Aufforderungen nicht als gegen den Armenverband gerichtete polizeiliche Verfügungen zu beurteilen; vielmehr ist die Anordnung, daß die Geisteskranken in den städtischen Irrenanstalten unterzubringen seien, als eine gegen die Geisteskranken selbst gerichtete, sofort im Wege unmittelbaren Zwanges durchgesetzte, auf Herstellung polizeimäßiger Zustände in der Außenwelt abzielende polizeiliche Verfügung anzusehen, deren Ausführung einem Dritten übertragen ist. Deshalb war die Zuständigkeit des beklagten Regierungspräsidenten zur Feststellung der streitigen Leistung und die gesetzliche Verpflichtung der Klägerin zu ihrer Uebernahme aus denselben Gründen wie in dem vorstehend erörterten Falle zu bejahen. Allerdings unterscheidet sich die Sachlage insofern, als es sich zum Teil um ortsfremde Personen handelt. Diese Unterschiede in der Sachlage führen jedoch nicht zu einer abweichenden rechtlichen Beurteilung. Den Störungen der öffentlichen Ordnung und Sicherheit vorzubeugen und die Gefahren für das Publikum oder dessen einzelne Glieder abzuwenden, ist, wenn die Störungen und Gefahren von einem aus der Haft entlassenen Gefangenen ausgehen, ebensogut Aufgabe der Ortspolizeibehörde wie die Vorkehrung gegen andere die polizeilich zu schützenden örtlichen Interessen bedrohende oder verletzende Uebelstände. Mag auch die Ueberführung der gefangenen Geisteskranken nach dem Orte der Entlassung auf einem Akte der Strafrechtspflege beruhen, so entsteht doch die Notwendigkeit eines polizeilichen Einschreitens erst durch die Entlassung aus dem Gefängnisse. Daher ist es verfehlt, wenn die Klägerin die Kosten des polizeilichen Einschreitens gegen den entlassenen Gefangenen als außerhalb des Ortes der Entlassung und zwar an dem Orte der Verhaftung erwachsen bezeichnet; sondern wie die polizeiliche Maßregel auf den Schutz der örtlichen Interessen des Entlassungsorts abzielt, auch wenn die Verhaftung des Geisteskranken anderwärts erfolgt ist, so können ihre Kosten auch nur als Kosten der örtlichen Polizeiverwaltung des Entlassungsorts betrachtet werden. Hierauf hat es auch keinen Einfluß, wenn der entlassene Geisteskranke ein Ausländer ist und später des Landes verwiesen wird. Freilich ist die Landesverweisung eine landespolizeiliche Maßregel. Daraus folgt aber nicht, daß die Unterbringung von geisteskranken Ausländern in einer Irrenanstalt ebenso zu beurteilen sei; sie bezweckt nicht etwa die Vorbereitung der Ausweisung und die Sicherung ihrer Ausführung, sondern allein den Schutz der örtlichen durch den Geisteskranken gefährdeten Interessen.

Nr. 6. Entsch. v. 1. Nov. 1904 (OVG 46 9) I A 68/04.

PolVerwG. § 3; LVG. §§ 127ff.; ZustG. §§ 19, 55f.; KommAbgG. § 59.

1. Eine Zwangsetatisierung ist nach § 19 ZustG. zulässig, wenn die Stadtgemeinde es unterläßt oder verweigert, Leistungen auf ihren Haushaltsetat zu bringen, die ihr gesetzlich obliegen und als solche von der hierfür zuständigen Behörde festgestellt worden sind. Hiernach setzt eine Zwangsetatisierungsverfügung in sachlicher Hinsicht voraus, daß eine gesetzliche Verpflichtung der Stadtgemeinde zu der Leistung besteht, und in förmlicher Hinsicht, daß diese Verpflichtung von der zuständigen Behörde festgestellt worden ist, und zwar nicht nur ihrem Grunde, sondern auch ihrem Betrage nach, ferner, daß eine Aufforderung zu der Leistung an die Stadtgemeinde ergangen ist, und daß letztere sich geweigert oder es unterlassen hat, der Aufforderung nachzukommen. Bei Anfechtung einer Zwangsetatisierung mit der nach § 19 aaO. zulässigen Klage hat der Verwaltungsrichter zu prüfen, ob die bezeichneten Voraussetzungen vorliegen, insbesondere in förmlicher Hinsicht, ob die zwangsweise in den Etat eingestellte Leistung vorher von der zuständigen Behörde ihrem Rechtsgrund und ihrem Betrage nach festgestellt worden war, und ob sie nach ihrer Feststellung von der Stadtgemeinde verweigert oder (was erst nach Ablauf eines angemessenen Zeitraums für die Erfüllung der Anforderungen ersehen werden kann) ohne ausdrückliche Verweigerung unterlassen worden ist. Die der Regel nach ebenfalls erforderliche sachliche Prüfung, ob die Leistung der Gemeinde gesetzlich obliegt, steht auf die Klage gegen die Zwangsetatisierung dem Verwaltungsrichter dann nicht zu, wenn die Leistung in einem besonders geregelten und mit besonderen Rechtsmitteln ausgestatteten Verfahren festgestellt worden ist. In einem derartigen Falle kann die gesetzliche Verpflichtung der Gemeinde zu der Leistung nur in dem Verfahren geprüft werden, das für den Angriff auf die Feststellung durch besondere gesetzliche Vorschrift zugelassen ist. Dies gilt auch für die Feststellung einer Leistung mittelst einer an die Gemeinde erlassenen polizeilichen Verfügung iS. des § 127 LVG.

2. Zu den nach § 3 PolVerwG. von den Gemeinden zu tragenden Kosten der Polizeiverwaltung gehören auch Aufwendungen, die dadurch entstehen, daß die zur Herstellung eines polizeimäßigen Zustandes erforderlichen Kosten einem Drittverpflichteten durch polizeiliche Verfügung nicht auferlegt werden können, weil ein Drittverpflichteter tatsächlich oder rechtlich nicht vorhanden oder nicht auffindbar oder zahlungsunfähig ist. Ferner ist die Polizeiverwaltung befugt, von dem Träger der Polizeiverwaltungskosten vorschußweise die Geldmittel zu verlangen, deren sie zur zwangsweisen Durchführung einer polizeilichen Anordnung auf Kosten des Verpflichteten bis zur Beitreibung dieser Kosten von dem Verpflichteten bedarf. Zu den Polizeiverwaltungskosten der bezeichneten Art gehören aber nicht Kosten eines Brückenbaues, der der Gemeinde — als der Wegebauverpflichteten — auf Grund eines besonderen Rechtstitels (der Verleihungsurkunden) obliegen soll.

3. Die Zwangsetatisierung ist zur Aushilfe auch dort anwendbar, wo die Durchsetzung einer polizeilichen Anordnung gegenüber einer Stadtgemeinde mit den Zwangsmitteln des § 132 LVG. rechtlich zulässig ist, wo aber dem Gemeindevorstande die Mittel zu der angeordneten und zwangsweise beizutreibenden Leistung durch den Etat nicht zur Verfügung gestellt worden sind. Ihre Zulässigkeit ist ferner auch nicht davon abhängig, daß die erlassene polizeiliche Verfügung bereits unanfechtbar geworden ist. Solange die Verfügung nicht im Rechtsmittelweg aufgehoben worden ist, stellt sich die der Stadtgemeinde darin auferlegte Leistung als eine ihr zur Zeit gesetzlich obliegende iS. des § 19 ZustG. und, wenn deren Ausführung gem. § 53 LVG. nach der Erklärung der zuständigen Behörde nicht ausgesetzt werden kann, auch als vollstreckbar dar. Durch die wegepolizeiliche Verfügung jedoch ist im vorliegenden Falle der Stadtgemeinde lediglich die Ausführung des Brückenbaues aufgegeben und angedroht worden, daß die Ausführung auf ihre Kosten durch einen Dritten veranlaßt werden würde. Dagegen ist ein Kostenbetrag, der im Zwangswege von der Stadtgemeinde eingezogen werden soll, weder in dieser noch in einer späteren, vor der Zwangsetatisierung erlassenen wegepolizeilichen Verfügung festgesetzt worden. Vielmehr ist die Festsetzung des Betrags erst in der Zwangsetatisierungsverfügung des Beklagten erfolgt. Von Verweigerung oder Unterlassung der Zahlung eines bestimmten Geldbetrags konnte aber nicht die Rede sein, wenn seine Zahlung noch gar nicht angeordnet worden war. Abgesehen davon war aber auch nicht der Beklagte (Regierungspräsident) die für die Festsetzung der Leistung zuständige Behörde, sondern das war gem. § 132 LVG. die Ortspolizeibehörde als Verwalterin der Wegepolizei.

4. Gegenstand einer Zwangsetatisierung können nur Leistungen sein, die der Gemeinde obliegen, also Geldbeträge, die von der Gemeinde verausgabt werden sollen, niemals aber Einnahmen der Gemeinde, noch weniger Handlungen oder Beschlüsse der Gemeinde, durch welche erst die Möglichkeit einer Einnahme herbeigeführt, insbesondere Geldmittel im Wege des Kredits beschafft werden sollen. Die Aufnahme einer Anleihe kann daher einer Gemeinde auch nicht durch Zwangsetatisierung aufgegeben werden. Uebrigens ist nicht ersichtlich, wie eine solche Anordnung zwangsweise durchgesetzt werden könnte. Die Aufbringung der zur Deckung der Ausgaben und Bedürfnisse einer Gemeinde erforderlichen Mittel würde, abgesehen von einer Zwangsvollstreckung in das Gemeindevermögen, von ihr nur durch Anordnung von Umlagen, wie sie im KommAbgG. vorgesehen sind, erzwungen werden können (vgl. § 59 das.); der Gemeinde könnte nur anheimgestellt werden, zur Vermeidung einer ungewöhnlichen Belastung während eines kurzen Zeitraums eine durch jährliche Teilzahlungen zu tilgende Anleihe aufzunehmen und hierdurch die Last auf einen längeren Zeitraum zu verteilen.

5. Verlangt die Zwangsetatisierungsverfügung ferner die Einstellung der zur Verzinsung und Tilgung der Anleihe erforderlichen Jahresbeträge von sofort bis zur Tilgung, so entbehrt sie insofern der erforderlichen Bestimmtheit, als sie nicht angibt, welche zahlenmäßig bestimmten Geldbeträge in jeden der Haushaltsetats für die späteren Jahre eingestellt werden sollen. Können die Beträge zurzeit noch nicht berechnet werden, so ist ihre Einstellung in zukünftige Etats nicht ausführbar; denn im Wesen jeder Etatsaufstellung liegt es, daß hierbei nur Geldbeträge von bestimmter Höhe in die Ausgaben eingestellt werden können, mögen sie sich auch nur als annähernd ermittelte Höchstbeträge darstellen, die später vielleicht nicht vollständig verbraucht, sondern zum Teile erspart werden.

Nr. 7. Entsch. v. 13. Dez. 1904 (PrVerwBl. 26 809) I 1474.

ZustG. § 19.

Da eine gesetzliche Verpflichtung den Gemeinden nicht obliegt, dem Justizfiskus Ausgaben (zB. Gebühren an nicht in Tätigkeit getretene Medizinalpersonen) zu erstatten, die ihm entstanden sind durch Ansetzen eines Termins, welcher nicht abgehalten wurde, weil das von der städtischen Polizei beschaffte Lokal ungeeignet erschien, kann eine Zwangsetatisierung der Erstattungsforderung gegen die Gemeinde nicht rechtsgültig erfolgen.

VIII.

Landgemeinden und Gutsbezirke.

Literatur: Allgemeines: Maraun: Verwaltungsvorschriften für Gemeinde-, Polizei- und Kreisbehörden. Sammlung zentralbehördlicher Erlasse zur Ausführung und Erläuterung der Reichs- und Staatsgesetze, Jahrg. 1904 (Berlin 1905).

Provinzialrecht: Czarnowsky: Das schlesische Auenrecht mit Rücksicht auf den Hochwasserschutz (Greifswald 1905). — v. Bitter: Die Gemeindeverfassungsgesetze für die Rheinprovinz mit den neuen Verwaltungsgesetzen[3] (Berlin 1905). — Brüning: Verwaltungsgesetzgebung für die Prov. Hannover nebst den Gemeindeverfassungsgesetzen[3] (Hannover 1906). — Antoni: Die Landgemeindeordnung für die Prov. Hessen-Nassau v. 4. VIII. 1897[3] (Marburg 1905).

Vgl. im übrigen oben 1.

A. Rechtliche Stellung und kommunale Eigenschaft der Landgemeinden und Gutsbezirke.

1. Kommunale Eigenschaft, Entstehung und Aenderung der Landgemeinden.

Nr. 1. Entsch. v. 17. Okt. 1902 (PrVerwBl. 24 210).

Bei Feststellung streitiger Gemeindegrenzen kann, wie das OVG. bereits in zahlreichen Entscheidungen ausgesprochen hat, dem Grundsteuerkataster nicht eine unbedingt entscheidende Bedeutung beigelegt werden. Namentlich hat man auch bei Anfertigung des Rheinisch-Westfälischen Grundsteuerkatasters wiederholt mehr darauf Bedacht genommen, für die Erhebung der Grundsteuer den Gemeinden „möglichst natürliche und unveränderliche Grenzen“ zuzuweisen, als die wirklich bestehenden Grenzen in urkundlicher Weise festzustellen.

Nr. 2. Entsch. v. 11. Dez. 1903 (PrVerwBl. 26 165) I 1755.

LGemVerfG. § 1; LGemO. § 2.

1. Die Unterscheidung zwischen herrschaftlichem und bäuerlichem Land, die für die Abgrenzung zwischen Guts- und Gemeindebezirk maßgebend ist (OVG. 2 117, 7 177), richtet sich nicht nach dem Zustande des Jahres 1848. Ebensowenig gestattet die Eintragung in der Prästationstabelle den Schluß, daß der von ihr bezeugte Zustand schon zu der ent-

scheidenden Zeit (Ed. v. 14. IX. 11 — GS. 281; Art. 4 Dekl. v. 29. V. 16 — das. 154) bestand oder inzwischen durch einen Akt der Staatshoheit begründet ist. Denn sie hat weder den Zweck noch die Bedeutung, das Bestehen der kommunalen Verhältnisse mit verbindlicher Kraft zu bekunden.

2. Ein Rechtssatz, daß, wenn ein Grundstück von Grundstücken einer Gemeinde umschlossen werde, diese Lage die Vermutung begründe, daß das Grundstück in kommunaler Beziehung Bestandteil der Gemeinde sei, besteht nicht. Ebenso unzutreffend ist die Ansicht, daß durch § 1 Abs. 1 LGemVerfG. die Seen „innerhalb der Feldmark" der Gemeinde Bestandteile der Gemeinde geworden seien und ihr daher auch mit Rücksicht auf die Bestimmung in § 2 LGemO. gegenwärtig angehörten. Wenn das G. v. 14. IV. 56 zur Gemeinde diejenigen Grundstücke rechnet, die ihr bisher angehört haben, so hat es dabei nur die Zugehörigkeit im Rechtssinne im Auge. Keineswegs beabsichtigte das Gesetz den damals etwa vorhandenen tatsächlichen Zustand zu einem rechtlichen zu erheben.

Nr. 3. Entsch. v. 4. Dez. 1903 (PrVerwBl. 26 826) I 1785.

1. Es hat zwar in Ostpreußen zahlreiche Landgemeinden gegeben, denen köllmische Grundbesitzer allein oder zusammen mit bäuerlichen angehörten, aber aus dem Umstande, daß die köllmische Besitzung und die bäuerlichen Grundstücke dieselbe Ortsbezeichnung geführt haben, kann noch nicht entnommen werden, daß auch die köllmischen Grundstücke zur bäuerlichen Feldmark gehört haben, daß sie mit ihnen in einer Feld- oder Hütungsgemeinschaft gestanden, oder daß auch der Besitzer der köllmischen Grundstücke an den gemeinsamen Einrichtungen der Dorfgemeinde teilgenommen und ein Mitglied der bäuerlichen Genossenschaft gewesen ist. Hätte er außerhalb jeder Gemeinschaft mit der bäuerlichen Gemeinde gestanden, wenn auch unter der ortsobrigkeitlichen Gewalt des Domänenfiskus als Gutsherrn, so würde sein ehemals köllmischer Besitz nicht dem Landgemeindebezirk, sondern dem fiskalischen Gutsbezirk angehören.

2. In Ostpreußen wird unter „Dorf" nicht nur eine Landgemeinde verstanden, sondern auch ein sonstiger ländlicher Wohnplatz mit anderer kommunaler Eigenschaft. Ebensowenig beweist die Bezeichnung eines Besitzers als „Oberschulze" oder „Berittschulze", daß er „Ortsschulze" gewesen ist.

2. Kommunale Eigenschaft, Entstehung und Aenderung der Gutsbezirke.

Nr. 1. Entsch. v. 18. März 1904 (OVG. 45 123) I C 8/04.

Ed. v. 17. XII. 08; Instr. v. 25. X. 1810 (Koch, Recht und Hypothekenwesen der preuß. Domänen 273 ff.) § 29; KabO. 9. I. u. 20. II. 12 (GS. 3, 23); AhVd. v. 9. III. 19 (das. 73); Grunds. v. 12. X. 19 (Koch aaO. 322 ff.); Vd. v. 31. III. 33 (das. 62).

1. Den mit dem Verkaufe von Domänen beauftragten Behörden war allerdings durch die DomänenveräußerungsInstr. v. 25. X. 10 die Befugnis verliehen worden (§ 29 das.), in den Veräußerungs- oder Erbpachtverträgen zu bestimmen, daß die Käufer oder Erbpächter „in Ansehung der ständischen, als auch der übrigen in ihren Kontrakten nicht anders bestimmten Verhältnisse in die Kategorie der Rittergutsbesitzer" treten sollten. Irrig ist aber die Annahme, daß ein Domänengut, das unter Vorbehalt der gutsherrlichen Rechte oder ohne Uebertragung von solchen auf den Käufer vom Fiskus veräußert wurde, hiermit aus jedem Verhältnisse gutsherrlicher Unterordnung

herausträt, jeder Gutsherrschaft fernerhin entbehrte und hiermit „kommunalfrei" wurde. In derartigen Fällen verblieb vielmehr die Gutsherrlichkeit über das veräußerte Grundstück dem Domänenfiskus, das veräußerte Grundstück blieb, je nachdem es bisher eine selbständige herrschaftliche Besitzung gewesen war oder nicht, ein besonderer fiskalischer Gutsbezirk oder ein Bestandteil des durch das Domänenamt gebildeten fiskalischen Gutsbezirkes. Es ist ganz ausgeschlossen, daß der Domänenfiskus Grundstücke unter Bedingungen veräußert haben sollte, nach denen sie aus jeder ortsobrigkeitlichen Verwaltung ausgeschieden wären und jedes Trägers der polizeilichen und kommunalen Lasten entbehrt hätten. Dagegen war es nicht ungewöhnlich, daß die Gutsherrlichkeit über den herrschaftlichen Grund und Boden sowie dessen Bewohner auf den Erwerber überging, während die Gutsherrlichkeit über die Landgemeinden dem Domänenfiskus verblieb.

2. Die Bestimmungen der DomänenveräußerungsInstr. v. 25. X. 1810 hatten bis zum Jahre 1827 insofern Veränderungen erfahren, als nach der KabO. v. 9. I. 12 die Patronatsrechte und nach der v. 20. II. 12 die Gerichtsbarkeit von dem Verkauf ausgenommen und dem Staate vorbehalten bleiben sollten. Fand auch das Ed. und HausG. v. 17. XII. 1808 über die rechtliche Eigenschaft und die Veräußerlichkeit der Domänen auf die neuen Domänen, die infolge der Ereignisse der Jahre 1813 und 1814 vom Preußischen Staate erworben worden waren, keine Anwendung, ist vielmehr über ihre Veräußerlichkeit durch die AhVd. v. 9. III. 19 und die zu ihrer Ausführung aufgestellten Grundſ. v. 12. X. 19 bestimmt worden, so wurden doch hinsichtlich des Vorbehalts gewisser herrschaftlicher Rechte auch bei der Veräußerung dieser Domänen die für die älteren Domänen gegebenen Bestimmungen als maßgebend angesehen.

3. Gerichtsbarkeit und Gutsherrlichkeit über ein Gut sind keineswegs Rechtsbegriffe von gleicher Bedeutung, wenn auch beide Rechte in älterer Zeit der Regel nach in einer Hand vereinigt waren und daher damals häufig die Bezeichnung „Gerichtsbarkeit" dort angewendet wurde, wo die „Gutsherrlichkeit" gemeint war. Letztere ist das ortsobrigkeitliche Verhältnis des Gutsherrn zu einem begrenzten Teile des platten Landes und seinen Bewohnern. In ihr waren in der Regel neben polizeilichen Verwaltungsbefugnissen auch gerichtsherrliche Befugnisse enthalten, mußten es aber nicht sein. Die mit staatlicher Genehmigung erfolgte Trennung der Gerichtsbarkeit von dem Eigentum über ein selbständiges herrschaftliches Gut war daher für das Fortbestehen der Gutsherrlichkeit des Eigentümers oder Erwerbers des Gutes ohne entscheidende Bedeutung. Ebensowenig sind das Patronat und die Jagdberechtigung derart notwendige Bestandteile der Gutsherrschaft, daß eine solche ohne diese Rechte nicht denkbar wäre. Endlich steht auch nicht der Umstand, daß dem Käufer nicht die Eigenschaft eines Rittergutsbesitzers und der bisherigen Domäne nicht die Eigenschaft eines Ritterguts in dem Kaufvertrage beigelegt worden sind, der Annahme einer Gutsherrlichkeit des Käufers entgegen. Zweifellos wurde bei dem Verkauf eines Domänenguts durch die Verleihung der Rittergutseigenschaft auch seine Eigenschaft als selbständige herrschaftliche Besitzung und hiermit als Gutsbezirk im Sinne des neueren Rechtes anerkannt oder begründet. Dagegen war diese öffentlich-rechtliche Selbständigkeit eines Gutes weder an seine Eigenschaft als Rittergut (adliges Gut) geknüpft, noch ging sie mit der Aufhebung dieser Eigenschaft verloren. Die Folge davon war vielmehr nur der Verlust oder die Nichterwerbung der ständischen Rechte, deren Besitz durch die Eigenschaft eines Gutes als Rittergut begründet war. Die Rittergutseigenschaft und die Gutsherrlichkeit sind auch in der Provinz Sachsen trotz der dortigen eigenartigen

Rechtsentwickelung nicht Rechtsverhältnisse gleicher Art. Es können dort nicht nur selbständige Güter (Gutsbezirke) bestehen, die keine Rittergüter sind, sondern auch Rittergüter, die kommunalrechtlich nicht selbständig, sondern Bestandteile von Landgemeinden sind (vgl. Bd. v. 31. III. 33).

Nr. 2. Entsch. v. 5. Juli 1904 (PrVerwBl. 26 215) I 865.

ALR. II 7 §§ 91 f.; OstprProvR. Zus. 162 zu § 38 ALR. II 9.

1. Die Eigenschaft eines selbständigen Gutsbezirks kommt einem Gute, wenn sie ihm nicht durch einen Akt der Staatshoheit verliehen ist, nur auf Grund geschichtlicher Entwickelung zu. Dem ALR. und der vorlandrechtlichen Gesetzgebung ist der Begriff des selbständigen Gutsbezirks fremd. Das ALR. kennt nur Dorfgemeinden und über, nicht neben ihnen als obrigkeitliche Gewalt die Gutsherrschaften. Die Grundlage der Gutsherrschaft bildete das Recht auf Untertanen. Aus den herrschaftlichen Grundstücken ist infolge der Ed. v. 9. X. 1807 und 14. IX. 11 der selbständige Gutsbezirk entstanden. Die wirtschaftliche Selbständigkeit eines Gutes reicht daher nicht aus, um seine kommunale Selbständigkeit zu begründen. Entscheidend ist vielmehr, ob dem Besitzer des Gutes die Gutsherrschaft, das Recht auf Untertanen zugestanden hat. Dieses Recht kommt nach §§ 91, 92 ALR. Tit. 7 T. II den Besitzern der Rittergüter, den Besitzern anderer freier Güter aber nur unter der Voraussetzung zu, daß es durch Provinzialgesetze, Privileg oder Verjährung begründet ist. Als adlige Güter (Rittergüter) werden in Ostpreußen erachtet die Güter, die ursprünglich einem vom Adel verliehen, oder einem Nichtadligen mit adligen Gerechtigkeiten verschrieben, oder ferner vor dem Jahre 1612 von einem Adligen erworben sind, oder sich im Jahre 1740 im Besitze adliger Rechte befunden haben.

Das OstprProvR. enthält über das Recht auf Untertanen keine besonderen Bestimmungen. Es kann sich daher nur noch fragen, ob ein der Rittergutsqualität ermangelndes Gut ein solches Recht durch Privileg oder Verjährung erworben hat. Die Ausstattung des Gutes mit der Kruggerechtigkeit zu köllmischen Rechten, das heißt zu freiem und frei vererblichem Eigentum schließt das Privileg, ein Recht auf Untertanen zu haben, nicht in sich.

2. Die köllmischen Güter in Ostpreußen, die nicht herrschaftliche Rechte besaßen, standen zur Zeit der Einführung des ALR. unter der Gutsherrschaft des Domänenamts. Das Domänenamt hatte keine geschlossenen Grenzen; alle einzelnen Landgüter, Besitzungen, die unter seiner Verwaltung standen, bildeten seine Bestandteile. Als bei und infolge Erlasses des RegulierungsEd. v. 14. IX. 11 die innerhalb eines Domänenamtes gelegenen Domänenvorwerke in der Regel besondere Kommunaleinheiten wurden, bildeten die weder zu den Domänenvorwerken noch zu den Landgemeinden gehörigen, der eigenen herrschaftlichen Rechte entbehrenden Grundstücke einen eigenen Gutsbezirk, und zwar den fiskalischen Gutsbezirk desjenigen Domänenamtes, dessen Verwaltung sie gemeinsam unterstellt waren. Der Umstand, daß die Kruggerechtigkeit, mit der das Stammgut des Revisionsklägers beliehen war, zu köllmischen Rechten vergeben war, daß das Kruggut in den Amtsrechnungen und in der Topographie von Goldbeck als köllmisches Kruggut geführt ist, lassen erkennen, daß es ein köllmisches Gut gewesen ist. Herrschaftliche Rechte hat es nicht besessen. Es bildete daher bei Erlaß des Ed. v. 14. IX. 11 einen Bestandteil des domänenfiskalischen Gutsbezirks desjenigen Domänenamts, dem es damals unterstellt war.

3. Sind Ländereien durch Vertrag an den Besitzer des Stammgutes zur Abfindung für Gerechtigkeiten überlassen worden, die dem Stammgut gegenüber dem Königlichen Walde zustanden, so sind sie in jeder und also auch in kommunalrechtlicher Beziehung an die Stelle der abgelösten Ge-

rechtigkeiten getreten. Denn der Grundsatz, daß Abfindungsländereien ein Surrogat der dadurch abgelösten Berechtigungen sind und in allen Beziehungen die Eigenschaften derjenigen Berechtigungen erhalten, für die sie gegeben sind, galt schon vor Erlaß der GemhTeilO. v. 7. VI. 21. Vgl. ALR. I 17 §§ 356f.

3. Kommunale Eigenschaft von Trennstücken eines Gutsbezirkes, von ehemaligen Bauerstellen und Landabfindungen.

Nr. 1. Entsch. v. 3. März 1903 — I 383.

ArmenpflegeG. v. 31. XII. 42 (GS. 43 8) § 6.

1. In OVG. 30 126ff., 130f. ist mit voller Schärfe ausgesprochen, daß die Eintragungen im Grundsteuerkataster nicht die rechtlichen Formen und Akte darstellen, in denen die kommunale Zugehörigkeit der Grundstücke sich vollzieht oder herbeigeführt wird, daß sie die kommunale Zugehörigkeit nicht bestimmen, sondern nur voraussetzen und deshalb jederzeit geändert werden müssen, sobald sich die Voraussetzung als irrig erweist. Die Eintragung eines Grundstücks in das Grundsteuerkataster eines bestimmten Gemeinde- oder Gutsbezirks beweist also dessen kommunale Zugehörigkeit nicht, sie begründet auch nicht einmal eine der Widerlegung durch Gegenbeweis bedürftige Vermutung. Wenn in OVG. 30 126ff. gesagt ist, daß die Eintragungen im Grundsteuerkataster nicht ohne alle Bedeutung für die Ermittelung der kommunalen Zugehörigkeit sind, so hat dieser Satz die Ausführungen beider Urteile über die Bedeutung des Grundsteuerkatasters für die Beurteilung der kommunalen Zugehörigkeit weder einschränken noch abschwächen, sondern nur darauf hinweisen sollen, daß die Vorgänge des Steuerkatasters für die Beurteilung der kommunalen Zugehörigkeit wichtige Nachrichten enthalten können. Daraus folgt nicht, daß der Verwaltungsrichter in allen Fällen, in denen auf das Steuerkataster zum Beweise kommunaler Zugehörigkeit Bezug genommen ist, auch auf die Vorgänge des Steuerkatasters zurückgreifen muß und daß ihm eine Unterlassung dieser Prüfung als wesentlicher Mangel des Verfahrens anzurechnen ist. Dies trifft vielmehr nur dann zu, wenn die Parteien auf jene Vorgänge zum Beweise erheblicher streitiger Tatsachen Bezug genommen haben oder wenn doch die Natur der für die Entscheidung erheblichen streitigen Tatsachen und die Bestimmung des Steuerkatasters die Annahme rechtfertigen, daß dessen Vorgänge über sie Auskunft geben werden.

2. Der § 6 Abs. 3 G. v. 31. XII. 42 erklärt nur die in der Vergangenheit wirklich ohne Widerspruch der Beteiligten vollzogenen Vereinigungen von Trennstücken herrschaftlicher Güter mit Gemeinden für rechtlich wirksam, stellt aber keine für die Zukunft maßgebende Regel auf.

Nr. 2. Entsch. v. 18. April 1905 (PrVerwBl. 27 449) **I 459.**

ArmenpflegeG. §§ 5, 6.

1. Die Fideikommißverwaltung eines herzoglichen Hauses hat keine Rechtsfähigkeit und Parteifähigkeit, die aus eigenem Rechte flösse, sondern nur eine solche, die aus ihrer Befugnis zur Vertretung des gegenwärtigen Eigentümers des Herzoglichen Hausfideikommisses stammt, und ist auch im gegenwärtigen Streitverfahren nur wegen dieser ihrer Vertretungsbefugnis in Anspruch genommen worden. Aus der unrichtigen Benennung des Beklagten ist jedoch die Abweisung der Klage nicht zu folgern, vielmehr ist dieser Mangel durch eine Berichtigung der Parteirolle dahin, daß als Beklagter

der Fideikommißeigentümer und als seine Vertreterin die genannte Fideikommißverwaltung bezeichnet wird, zu beseitigen.

2. Die Annahme, daß mit der infolge des Tilsiter Friedens erfolgten Einverleibung des das Rittergut G. und die davon abgezweigten Trennstücke St.-P. und St.-Sl. umfassenden Landesteils in das Herzgt. Warschau alle preußisch-staatsrechtlichen, also auch kommunalrechtlichen Beziehungen der Teilstücke zum Stammgute erloschen seien, geht fehl. Allerdings erloschen mit der Abtretung die Beziehungen der ausgeschiedenen Landesteile zum Preußischen Staate, ihre Unterordnung unter preußische Staatsbehörden und die Staatsangehörigkeit ihrer Bevölkerung, aber nicht ihre Gliederung in Gemeinden und herrschaftliche Güter. Eine Gliederung des Staatsgebiets in örtliche kommunale Verbände fehlt in keinem Staate, der über die allergeringste Ausdehnung hinausgeht, und kann auch nirgends fehlen, nur die Art dieser Gliederung kann eine verschiedene sein. Ein Unterschied in der Art der Gliederung ist aber keine notwendige Folge der Zugehörigkeit zu verschiedenen Staaten, vielmehr kann diese in mehreren Staaten die gleiche sein, und sich innerhalb der zu demselben Staate gehörigen Landesteile voneinander unterscheiden, wie zB. der Vergleich der Rheinprov. mit dem Geltungsgebiet der LGemO. zeigt. Deshalb kann auch aus der Abtretung eines Landesteils an einen anderen Staat nicht der Untergang seiner Gliederung in kommunale Verbände ohne weiteres gefolgert werden. Vielmehr läßt der Akt der Abtretung die bestehenden kommunalen Verbände und ihre Begrenzung unberührt, und dies ist auch von der Gliederung der im Tilsiter Frieden abgetretenen, zum neu geschaffenen Herzgt. (nicht Großherzgt.) Warschau vereinigten Landesteile in Dorfgemeinden und herrschaftliche Güter zu sagen. Eine Aenderung konnte vielmehr nur dadurch eintreten, daß von dem neuen Staate ausgegangene Hoheitsakte diese Gliederung entweder allgemein oder doch hinsichtlich einzelner Güter oder Dorfgemeinden änderten. Zu einer allgemeinen Aenderung hat allerdings die Gesetzgebung des Herzgt. Warschau einen Anlauf genommen, aber ihre Ausführung ist unterblieben. Das konstitutionelle Stat. des Herzgt. Warschau v. 22. VII. 1807 (Laube, GS. des vormaligen Herzgt. Warschau, aus dem Polnischen übersetzt, 1 1ff.) ordnete zwar in Tit. VIII Art. 64—67 (aaO. 10) eine Gliederung des Staatsgebiets in Departements, Kreise und „Munizipalitäten“ nach französischem Muster an, aber zur Bildung dieser Munizipalität ist es nur in einigen größeren Städten (Warschau, Thorn, Posen und Kalisch) gekommen. Für alle übrigen Städte und Dorfgemeinden ordnete die Vd. v. 23. II. 09 (aaO. 187) „in Anerkennung der vielen Schwierigkeiten, die der unmittelbaren Einführung der im achten Titel der Konstitution angeordneten Munizipalitäten entgegenstanden“, eine „interimistische Organisation“ an und bestimmte, daß die örtliche Verwaltung, insbesondere die Gemeinde- und die Polizeiverwaltung, in der Stadt vom Bürgermeister, auf dem Lande vom Woyt zu führen sei, das Amt des Woyt aber in mehreren zusammengehörenden Gemeinden durch eine Person verwaltet werden könne. Durch die Ernennung dieser Beamten und die Bildung ihrer Amtsbezirke ist jedoch die kommunale Selbständigkeit der einzelnen Dorfgemeinden und der herrschaftlichen Güter nicht berührt worden. Daher kann von einer anderweiten Gliederung der kommunalen Verbände in den durch den Tilsiter Frieden abgetretenen und den Wiener Frieden wieder gewonnenen vormals polnischen Landesteilen durch die warschauische Zwischenregierung nicht die Rede sein. Also hat auch bei den in diesen Landesteilen belegenen herrschaftlichen Gütern die Regel in §§ 5f. G. v. 31. XII. 42, wonach der Gutsbezirk sich auch auf die vom herrschaftlichen Gute veräußerten Grundstücke erstreckt, sofern auf diese nicht die in Nr. 1—3 des angeführten § 6 erwähnten Ausnahmen zutreffen, unbedingt Anwendung zu finden.

5. Auseinandersetzungen zwischen den Beteiligten.

Nr. 1. Entsch. v. 19. Sept. 1902 (PrVerwBl. 24 97).

Wo infolge von Veränderungen der Gemeindebezirksgrenzen eine Auseinandersetzung notwendig wird, bildet keineswegs nur die Last der öffentlichen Armenunterstützung einen Gegenstand der Auseinandersetzung. Vielmehr können auch die Vermögensverhältnisse der bei Bezirksveränderungen beteiligten Gemeinden, sofern es die maßgebenden Rücksichten der Billigkeit angezeigt erscheinen lassen, Gegenstand der Auseinandersetzung werden, so daß grundsätzlich gegen die Einbeziehung des Aktivvermögens und der Schulden in das Auseinandersetzungsverfahren Bedenken nicht zu erheben sind.

Nr. 2. Entsch. v. 20. Mai 1904 (PrVerwBl. 26 561) I 672.

AGUWG. v. 8. III. 71 § 8; LGemO. § 3; KommAbgG. §§ 54—59.

1. Die Annahme, daß der Verwaltungsrichter auf sachlich begründete Klagen gegen einen Auseinandersetzungsbeschluß diesen nur aufheben, aber nicht selbst eine anderweite Auseinandersetzung in seiner Entscheidung vornehmen dürfe, ist unrichtig. Ist ein Auseinandersetzungsbeschluß rechtzeitig mit der Klage angegriffen worden, so ist der Verwaltungsrichter, wenn er die getroffene Auseinandersetzung für rechts- oder sachwidrig erachtet, ebenso verpflichtet als berechtigt, über diejenigen Rechte und Pflichten der Parteien, die den Gegenstand der Beschlußfassung gebildet hatten, seinerseits Entscheidung zu treffen. Eine Schranke ist ihm hierbei jedoch durch die Anträge des Klägers insofern gezogen, als er nur über die innerhalb der Klagefrist erhobenen Ansprüche eine sachliche Entscheidung fällen darf. Wie aber im Zivilprozesse Gegenstand der Entscheidung des Berufungsgerichts nur die durch den ersten Richter zuerkannten oder aberkannten Ansprüche sind, so können entsprechend der Natur desselben Rechtsmittels im VerwStreitVerf. auch hier zum Gegenstand der Entscheidung des Berufungsgerichts nur solche Ansprüche gemacht werden, über die der erste Richter entschieden hatte. Wird daher ein Auseinandersetzungsbeschluß mit der Klage angegriffen, so bestimmen sich Umfang und Inhalt des VerwStreitVerf. nach dem Umfang und Inhalt des Auseinandersetzungsbeschlusses und der Klage.

2. Die „Auseinandersetzung", wie sie im Abs. 1 des § 3 LGemO. vorgesehen worden ist, bezweckt nicht, wie die im Abs. 2 daselbst behandelte „Ausgleichung der öffentlich-rechtlichen Interessen der Beteiligten", die Herstellung einer der Leistungsfähigkeit der Beteiligten und der Billigkeit entsprechenden Belastung mit öffentlich-rechtlichen Verpflichtungen, sondern, abgesehen von der Vermögensteilung, die Verteilung der allen Beteiligten gemeinschaftlich obliegenden Lasten auf alle einzelnen Beteiligten nach dem Maße, mit welchem sie vor der Bezirksveränderung zu diesen Lasten hätten herangezogen werden können. An Stelle der Verteilung kann auch eine Uebertragung der Lasten auf einen der Beteiligten gegen eine Entschädigung durch die übrigen erfolgen. Die Höhe dieser Entschädigung muß dann dem Anteile entsprechen, der den übrigen Beteiligten bei der Verteilung der Last nach dem erwähnten Maßstabe zufallen würde und ihnen von dem einen Beteiligten abgenommen wird. Bei einer Auseinandersetzung der auf mehreren Gutsbezirken ruhenden Armenlast können als Maßstab der Verteilung die Staatssteuerbeträge gelten, die einer Heranziehung der Besitzer und Einwohner in den Gutsbezirken gem. § 8 AG. v. 8. III. 71 zu den Kosten der Armenpflege zugrunde zu legen sein würden, also die vom Staate veranlagten Realsteuern und die Staatseinkommensteuer in dem durch die §§ 54 bis 59 KommAbgG. bestimmten Ver-

hältnisse. Will die Klägerin eine andere Verteilung der Armenlast, als sie in dem angefochtenen Beschlusse erfolgt war, mittelst der Klage erreichen, so muß sie einen bestimmten Antrag auf Verteilung dieser Last unter die Parteien nach bestimmten Bruchteilen stellen und die zur Begründung dieses Antrages erforderlichen zahlenmäßigen Unterlagen über die Steuerkraft der Parteien, soweit sie für die Verteilung maßgebend war, beibringen. Eine Klage, die nicht eine bestimmte Festsetzung der Anteile der Parteien an der zu verteilenden Last oder die Festsetzung bestimmter Entschädigungen in Kapital oder Rente für alleinige Uebernahme der Last durch einen Beteiligten verlangt, sondern die nur eine Feststellung der Grundsätze beansprucht, nach denen die Auseinandersetzung erfolgen soll, ist gegenüber dem Auseinandersetzungsbeschlusse nicht zulässig.

Nr. 3. Entsch. v. 16. Dez. 1904 (OVG. 46 147) I B 20/04.

LGemO. § 3.

1. Wird ein Gut nach der Vereinigung eines Gutsbezirkes mit einer Stadtgemeinde veräußert, so gehört der neue Erwerber nicht zu den Beteiligten im Sinne des § 3 LGemO. Die Auseinandersetzung muß vielmehr mit dem früheren Besitzer, der vor dem Untergange des Gutsbezirkes zuletzt Gutsherr war, oder mit dessen Gesamtrechtsnachfolgern stattfinden. Eine Rechtsnachfolge des Erwerbers des Ritterguts in die öffentlich-rechtlichen Verpflichtungen des Gutsbezirkes war nur möglich, solange der Gutsbezirk bestand. Sobald das Gut durch die Einverleibung in die Stadtgemeinde seine Selbständigkeit in öffentlich-rechtlicher Hinsicht verloren hatte, konnte sein Besitz nicht mehr die Grundlage für öffentlich-rechtliche Verpflichtungen bilden, die an den Besitz der Gutsherrlichkeit geknüpft sind, und daher auch nicht für die Verbindlichkeit zur Gewährung einer Entschädigung auf Grund des § 3.

2. Bei der Prüfung, ob eine unverhältnismäßige Mehrbelastung des alten Ortsteils durch die Eingemeindung herbeigeführt worden ist, kann die Steuerkraft beider Ortsteile nicht lediglich dem Umfang eines einzelnen Kommunalbedürfnisses in jedem der beiden Ortsteile (der Wegeunterhaltungslast) gegenübergestellt werden. Vielmehr würde es hierzu einer Abwägung bedürfen, ob der Zuwachs an der Gesamtheit der Kommunallasten, der durch die Eingemeindung bewirkt worden ist, in einem auffälligen Mißverhältnisse zu dem Zuwachs an Steuerkraft steht; denn nur in diesem Falle würde die Eingemeindung des Gutsbezirkes „vorwiegend Lasten in die neue Gemeinschaft gebracht haben".

Nr. 4. Entsch. v. 20. Okt. 1905 (PrVerwBl. 27 230) II 1739.

LGemO. § 3.

Zwar kann eine der sonstigen Steuerverfassung einer Gemeinde gleichwertige ortsrechtliche Bestimmung, insbesondere über die Verpflichtung zu steuerlichen Vorausleistungen in Gestalt einer Erhöhung der Abgabenpflicht an die Gemeinde, in dem durch § 3 LGemO. geordneten Auseinandersetzungsverfahren auch mittels eines Urteils des Verwaltungsgerichts geschaffen werden. Allein Voraussetzung dabei ist, daß das Urteil ergeht zwischen „Beteiligten" und die Vorausleistungen „Beteiligten" auferlegt werden; Beteiligte iS. des § 3 sind nicht bestimmte Personen, sondern nur Teile des neuen Gemeindebezirks.

C. Gemeinderecht und Gemeindewahlen.

1. Aktives Wahlrecht und Wählbarkeit.

a) Allgemeine Grundsätze; Rechtsprechung für das Rechtsgebiet der Landgemeindeordnung vom 3. Juli 1891.

Nr. 1. Entsch. v. 6. Okt. 1903 (PrVerwBl. 25 680) I 1462.

LGemO. §§ 41, 46, 50, 52.

Der Ehemann einer Frau, die iS. des § 52 Abs. 1 LGemO. eine Angesessene ist, gilt bezüglich der Wählbarkeit zur Gemeindevertretung ebenfalls als Angesessener. Für die Annahme, daß die Vorschrift im letzten Satze des § 50 LGemO., wonach auch die nach § 46 zur Stellvertretung berechtigten Personen wählbar sind, sich nur auf Vertreter der im § 46 unter Nr. 4 aufgeführten juristischen Personen und Personengesamtheiten, aber nicht auf die gesetzlichen Vertreter der unter Nr. 1 f. aufgeführten Minderjährigen, Bevormundeten und Ehefrauen beziehe, bietet das Gesetz keinen Anhalt. Aus der Entstehungsgeschichte dieser Vorschrift kann vielmehr zwar entnommen werden, daß unter den zur „Stellvertretung berechtigten Personen", denen die Wahlfähigkeit beigelegt worden ist, nicht Bevollmächtigte jener Personen, sondern nur ihre gesetzlichen Vertreter haben verstanden werden sollen, aber nicht, daß unter diesen gesetzlichen Vertretern noch ein Unterschied zwischen den Vertretern der unter Nr. 4 einerseits und der unter Nr. 1 f. andererseits im § 46 aufgeführten, zur persönlichen Ausübung des Stimmrechts unfähigen Personen hat gemacht werden sollen. Der Umstand, daß die Stellvertreter nach § 50 letzter Satz nur so lange Gemeindeverordnete sein können, als die Stellvertretung dauert, führt allerdings dazu, daß die Amtsdauer eines auf Grund dieser Vorschrift zum Gemeindeverordneten gewählten Vormundes ihr Ende erreicht, wenn der wegen Minderjährigkeit bevormundete Stimmberechtigte das einundzwanzigste Lebensjahr vollendet, während dieser dann noch nicht wahlfähig wird, sondern das Gemeinderecht und hiermit die Wahlfähigkeit nach § 41 erst mit Vollendung des vierundzwanzigsten Lebensjahres erlangt und ein für die Zwischenzeit von ihm gem. § 46[3] zur Ausübung des Stimmrechts bevollmächtigtes Gemeindeglied durch die Vertretungsbefugnis keine Wahlfähigkeit erhält. Allein eine derartige Ungleichheit hinsichtlich der Möglichkeit, durch einen Stellvertreter Einfluß auf die Beschlüsse der Gemeindevertretung zu üben, kann nicht zu einer Auslegung der Vorschrift im letzten Satze des § 50 führen, für welche weder der Wortlaut dieser Vorschrift noch ihr Sinn und Zweck noch sonstige Bestimmungen der Landgemeindeordnung irgend einen Anhalt bieten.

Verfehlt ist ferner auch die Annahme, daß der Stellvertreter einer Frau deshalb nicht zum Gemeindeverordneten gewählt werden könne, weil die Frau selbst nicht wählbar sei und niemand von einem anderen ein Recht erlangen könne, das dieser selbst nicht besitzt. Der Ehemann ist nicht Stellvertreter seiner Frau in der Gemeindevertretung. Seine Wahlfähigkeit ist nicht abhängig von der Wahlfähigkeit seiner Frau. Das Gesetz verleiht ihm vielmehr durch besondere Vorschrift eine eigene Wahlfähigkeit, die ihm nach den allgemeinen Vorschriften des Gesetzes im § 41 nicht zusteht, mit Rücksicht darauf, daß seiner Ehefrau die Wahlfähigkeit, die ihr nach diesen allgemeinen Vorschriften zustehen würde, wegen ihres Geschlechts entzogen ist. Tritt aber der Ehemann hinsichtlich der Wahlfähigkeit nach besonderer gesetzlicher Vorschrift an die Stelle seiner Frau, so muß auch hinsichtlich der Voraussetzungen für seine

Wählbarkeit als „Angesessener“ für ihn dasselbe gelten, wie für seine Frau, wenn ihr die Wahlfähigkeit wegen ihres Geschlechts nicht entzogen wäre.

Nr. 2. Entsch. v. 20. Okt. 1903 (OVG. 44 121) I C 15/03.

LGemO. §§ 40, 45 f., 50, 52; BGB. § 1797.

1. Das Gemeinderecht iS. des § 40^2 LGemO. — abgesehen von der Fähigkeit, Gemeindeverordneter zu werden, — dh. das Recht zur Bekleidung unbesoldeter Aemter in der Verwaltung der Gemeinde, haben die Vertreter juristischer Personen als solche allerdings nicht. Die Vertreter der wegen ihres Grundbesitzes stimmberechtigten Personengesamtheiten gelten aber auch als Angesessene iS. des § 52 Abs. 1 LGemO., wie namentlich aus der Bezugnahme auf § 45 das. folgt.

Indessen darf von den zur Stellvertretung derselben juristischen Person (Personengesamtheit) Berechtigten auf Grund dieses Rechtes gleichzeitig nur einer Gemeindeverordneter sein. Beabsichtigt war eine Uebereinstimmung des Kreises der wählbaren Personen mit dem Kreise der Stimmberechtigten, so daß die Stimmberechtigten oder deren Vertreter Gemeindeverordnete werden dürfen. Auch den Stimmberechtigten, die nicht selbst Gemeindeverordnete sein können, sollte die Möglichkeit eröffnet werden, durch eine zu ihrer Stellvertretung berechtigte Person als Gemeindeverordneten Einfluß auf die Gemeindeverwaltung zu üben. Die Möglichkeit einer Steigerung dieses Einflusses durch eine Mehrheit von Gemeindeverordneten, die aus den sonst nicht wählbaren Vertretern der juristischen Person gewählt werden könnten, würde über die beabsichtigte Gleichstellung mit den Gemeindegliedern hinausgehen. Die einzelne Stimmberechtigung kann es nicht vermöge des Vertretungsverhältnisses rechtfertigen, daß mehrere — sonst der Befähigung hierzu ermangelnde — Personen gleichzeitig Gemeindeverordnete sein dürfen, zB. mehrere Vormünder derselben Person.

Allerdings sind die zu Gemeindeverordneten gewählten Vertreter von Personengesamtheiten selbst für ihre Person Gemeindeverordnete; diese Eigenschaft erlangen nicht etwa die Personengesamtheiten. Aber die Wählbarkeit des Vertreters beruht auf der Stimmberechtigung des Vertretenen und hängt ab vom Bestehen des Vertretungsverhältnisses. Nach der ausdrücklichen Bestimmung in dem letzten Satze des § 50 LGemO. verliert der Stellvertreter mit der Stellvertretung auch die Eigenschaft als Gemeindeverordneter. Bei der Abhängigkeit des Rechtes von der Stellvertretung muß man den Grundsatz anwenden, daß durch Vertretungsverhältnisse nicht mehr Rechte für die Vertreter begründet werden können, als der Berechtigte ohne das Vertretungsverhältnis selbst haben würde; ein Stimmberechtigter selbst kann aber immer nur eine Gemeindeverordnetenstelle bekleiden.

2. Die Mitglieder des Vorstandes einer Aktiengesellschaft gehören, auch wenn ein einzelnes Mitglied für sich allein die Gesellschaft nicht vertreten kann, zu den nach § 50 LGemO. (letzter Satz) wählbaren Personen. Aber von dem zur Vertretung der Aktiengesellschaft berechtigten Organ — also unter der verfassungsmäßigen Mitwirkung einer oder mehrerer anderer Personen — muß das Einverständnis der Aktiengesellschaft mit der Wahl des Vorstandsmitglieds erklärt werden.

Nr. 3. Entsch. v. 19. Jan. 1904 (PrVerwBl. 25 834) I 91.

LGemO. §§ 41, 46.

1. Wenn die Bewirtschaftung des Hofes, der zur Hälfte im Eigentume einer Witwe und je zu einem Viertel im Eigentume ihrer Kinder stehen soll,

lediglich für Rechnung der Mutter erfolgt, diese alle Einnahmen aus der Wirtschaft zieht und alle Ausgaben nicht bloß der Wirtschaft, sondern auch des Haushaltes, in dem ihre Kinder mitleben, bestreitet, so mag die Annahme gerechtfertigt sein, daß ihr Sohn, obgleich er zur Zeit der Wahl das vierundzwanzigste Lebensjahr vollendet hatte, dem Hausstande seiner Mutter angehörte, also keinen eigenen Hausstand hatte. Wenn dagegen die Wirtschaft auf gemeinschaftliche Rechnung geführt wird und namentlich die Kosten des Haushaltes aus gemeinschaftlichen Mitteln bezahlt werden, so muß der Hausstand als ein gemeinsamer angesehen werden. Dann würde der Sohn nicht einem fremden Hausstande angehören, sondern iS. des § 41 Abs. 5 LGemO. einen eigenen Hausstand haben. Denn zum eigenen Hausstande gehört nicht notwendig, daß jemand einen Haushalt für sich allein hat. Die äußerliche Unabhängigkeit, auf die es ankommt, ist auch bei demjenigen vorhanden, der Anteil an dem Hausstande hat und daher nicht zu einem fremden Hausstande gehört. Beim Zusammenleben der Kinder mit der Mutter wird durch die dem Familienverhältnis entsprechende Unterordnung der Kinder unter die Mutter als Haupt der Familie und Leiterin des Hausstands nicht ausgeschlossen, daß die Kinder einen Anteil am Hausstande und damit im rechtlichen Sinn auch selbst einen eigenen Hausstand haben. Hat aber bei einer Wirtschaftsführung auf gemeinschaftliche Rechnung eine Teilung der Verwaltung in der Weise stattgefunden, daß der Sohn die Bewirtschaftung des Hofes selbständig besorgt, die Mutter aber das Hauswesen leitet, so vertritt die Mutter bei der Leitung des Hauswesens zugleich die Kinder; ebenso wie die Mutter bei der Bewirtschaftung des Hofes mit von ihrem Sohne vertreten wird.

2. Gemeindemitglieder, die bei einer Wahl Stimmberechtigte, die ihr Stimmrecht durch Vertreter auszuüben haben (§ 46 LGemO.), vertreten wollen, müssen in der Wählerliste verzeichnet sein. Ist der Sohn einer Witwe in die Wählerliste nicht eingetragen, so schließt dies zwar seine Wählbarkeit nicht aus, wohl aber seine Fähigkeit, als Vertreter seiner Mutter deren Stimmrecht auszuüben. Denn seine Mutter konnte sich bei Ausübung des Stimmrechts nur durch ein in der Wählerliste eingetragenes Gemeindeglied vertreten lassen.

Nr. 4. Entsch. v. 5. Mai 1905 (PrVerwBl. 26 882) I 518.

StO. § 16; LGemO. §§ 41, 45, 52; BGB. § 872.

1. Wer iS. des § 52 LGemO. als Angesessener gelten soll, ergibt sich aus der Bezugnahme auf § 41 [6a, b] und § 45. Da dort von Personen die Rede ist, die ein Wohnhaus oder ein Grundstück besitzen (vgl. auch § 48 Abs. 1 [1 u. 2], so spricht zunächst der Wortlaut des Gesetzes nicht für die Meinung, daß das Eigentum unbedingt ausschlaggebend sei. Gegenüber der „fluktuierenden" Bevölkerung sollte die seßhafte ein Uebergewicht in der Vertretung der Gemeinde haben. Der Gegensatz zu der „fluktuierenden" Bevölkerung zeigt, daß bei den Angesessenen ein auf dem Grundbesitze beruhender dauernder Zusammenhang mit der Gemeinde vorausgesetzt ist, und daß also an dauernde Besitzverhältnisse gedacht sein muß. Die wirtschaftliche Selbständigkeit, auf der außerdem die Bevorzugung der Angesessenen beruht, kann auch nur bei dauernden Besitzverhältnissen vorausgesetzt werden. Daraus ist aber für den Begriff des Angesessenen zu entnehmen, daß die Dauer des Grundstückbesitzes rechtlich gesichert sein muß. Das ist zwar im allgemeinen regelmäßig bei dem Eigentümer der Fall, aber einerseits nicht bloß bei dem Eigentümer, anderseits nicht immer bei einem solchen.

Wie im § 16 StO., wonach die Hälfte der von jeder Abteilung zu wählenden Stadtverordneten aus Hausbesitzern bestehen muß, in Klammer neben den Eigentümern, außer den Nießbrauchern, auch solche, die ein erbliches Besitzrecht haben, aufgeführt werden, so ist nicht zu bezweifeln, daß für einen Angesessenen iS. der LGemO. ebenfalls ein erbliches Besitzrecht ohne Eigentum ausreichen kann.

Wenn aber hiernach das Eigentum an dem Grundstücke für das Angesessensein nicht unerläßlich ist, so ist anderseits das Eigentum zur Begründung der Eigenschaft als Angesessener auch nicht unbedingt ausreichend, falls seine Dauer beschränkt ist und deshalb ein dauernder Besitz nicht beansprucht werden kann. Mag die Eigenschaft als Angesessener auch nicht durch sonstige Beschränkungen und Belastungen des Eigentumsrechts berührt werden, so kann es sich doch anders verhalten, wenn das Eigentumsrecht selbst bloß vorübergehend erworben wird. Besteht freilich, wie beim Fideikommißbesitzer, das Recht bis zum Tode des Besitzers, so kann für die Fähigkeit, als Angesessener zum Gemeindeverordneten gewählt zu werden, die zeitliche Begrenzung nicht in Betracht kommen, weil mit dem Tode des Gewählten auch die Stellung als Gemeindeverordneter aufhört. Reichte aber der Erwerb des Eigentums auf kurze Zeitdauer stets aus, das Erfordernis des Angesessenseins zu erfüllen, so würde den zu wählenden Gemeindegliedern die Eigenschaft der Angesessenen leicht dadurch verliehen werden können, daß ihnen vor der Wahl das Eigentum an einem Grundstück übertragen, zugleich aber von ihnen, unter Eintragung einer Vormerkung im Grundbuche, die Verpflichtung übernommen wird, das Eigentum des Grundstücks alsbald nach der Wahl dem Veräußerer zurückzuübertragen. Dabei ist zu beachten, daß jemand, der einmal als Angesessener zum Gemeindeverordneten gewählt worden ist, Gemeindeverordneter bleibt, auch wenn er seinen Grundbesitz später wieder verliert. Wenn die Auflassung auch nicht zum Scheine, sondern mit der ernstlichen Absicht, den Erwerber für kurze Zeit zum Eigentümer zu machen, und mit der Wirkung der Eigentumsübertragung geschähe, so würde doch offenbar durch ein auf die Zeit der Wahl beschränktes bloß vorübergehendes Eigentum weder derjenige dauernde Zusammenhang mit der Gemeinde noch diejenige wirtschaftliche Selbständigkeit hergestellt werden, derentwegen die Angesessenen ein Uebergewicht in der Vertretung der Gemeinde haben sollen. Daher kann nicht angenommen werden, daß ein nur vorübergehender Eigentumserwerb vom Gesetzgeber unbedingt für ausreichend angesehen worden sei, die Eigenschaft als Angesessener zu begründen.

2. Dem Major aD. von der O. war von der Bergwerksgesellschaft ...., in deren Dienste er stand und noch steht, mit Rücksicht auf das Dienstverhältnis ein der Gesellschaft gehöriges Hausgrundstück zum Bewohnen und Benutzen überlassen worden. Damit nun Major aD. von der O. als Angesessener sollte gewählt werden können, übertrug ihm ferner die Gesellschaft das Eigentum des Grundstücks, wogegen der Major aD. von der O., unter Eintragung einer Vormerkung im Grundbuche, die Verpflichtung übernahm, bei seinem Austritt aus dem Dienste der Gesellschaft dieser das Eigentum zurückzuübertragen. Danach beschränkt sich die Dauer des Eigentums auf die Dauer des Dienstverhältnisses. Die Benutzung des Hausgrundstücks bildet einen Teil der Vergütung, die der Major aD. von der O. von der Gesellschaft für die ihr geleisteten Dienste erhält. Als Angestellter der Gesellschaft besitzt er das Grundstück während der Dauer des Anstellungsverhältnisses. Bei einer solchen Abhängigkeit des Eigentums und des Besitzes von dem Anstellungsverhältnisse kann nicht anerkannt werden, daß ein rechtlich gesicherter dauernder Besitz vorliegt, wie er zum Angesessensein gehört. Dadurch wird weder ein dauernder Zusammenhang mit der Gemeinde noch eine wirtschaftliche Selbständigkeit für den Major aD. von der O. begründet. Da er das Grundstück auf Grund und in Gemäßheit des Anstellungsverhältnisses besitzt, so ist auch anzunehmen, daß ihm der Wille fehlt, es wie ihm gehörend zu besitzen (§ 872

BGB.). Vermöchte eine Gesellschaft ihre Angestellten dadurch, daß sie ihnen für die Dauer der Anstellung das Eigentum an einzelnen Grundstücken überträgt, zu Angesessenen zu machen, so würde sie es auf diese Weise erreichen können, daß eine größere Zahl ihrer Angestellten die Wählbarkeit der Angesessenen erlangt, wodurch eine vom Gesetzgeber nicht gewollte Steigerung des Einflusses der Gesellschaft in der Gemeindevertretung herbeigeführt werden könnte.

Nr. 5. Entsch. v. 13. Nov. 1903 (OVG. 44 141) I C 85/03.

LGemO. §§ 40 ff., 52; StStAufhG. § 5.

1. Die Ansicht, daß nur das Alleineigentum an einem Wohnhause die Eigenschaft eines Angesessenen begründen soll, ist irrig. Zu den Angesessenen iS. des § 52 Abs. 1 LGemO. gehören nach der dort in Klammern beigefügten Bezugnahme auf § 41 6a die Gemeindeglieder, die ein Wohnhaus im Gemeindebezirke besitzen. Für den Fall, daß sich ein Wohnhaus im Miteigentume mehrerer befindet, bestimmt der Abs. 2 des § 41, daß das Gemeinderecht auf Grund des Besitzes nur von einem der Miteigentümer ausgeübt werden kann. Hierzu gehört nach § 40 2 die Wählbarkeit. Da sich aber das Gemeinderecht auf den Besitz eines Wohnhauses gründet, kann es sich auch nur um die Wählbarkeit als Angesessener handeln. Das Gegenteil läßt sich nicht daraus folgern, daß im § 52 Abs. 1 nicht auch der Abs. 2 des § 41 in bezug genommen ist; denn durch den Abs. 2 des § 41 sollen nicht die im Abs. 1 6 aufgezählten Fälle des Gemeinderechts vermehrt, sondern es soll dort nur für den Fall des Miteigentums an einem nach Abs. 1 6a zur Begründung des Gemeinderechts geeigneten Wohnhaus eine nähere Bestimmung über die „Ausübung des Gemeinderechts auf Grund dieses Besitzes" getroffen werden.

Die LGemO. sieht, wie die Bezugnahme auf § 41 6c im § 48 1 zeigt, als nicht angesessene Gemeindeglieder nur diejenigen an, die ohne Rücksicht auf den Besitz eines Wohnhauses und ohne Rücksicht auf Grundbesitz lediglich durch ihre Veranlagung oder Heranziehung zur Einkommensteuer die Voraussetzungen des Gemeinderechts erfüllen. Wer auf Grund des Miteigentums an einem Wohnhause zur Ausübung des Gemeinderechts befugt ist, gehört dazu nicht.

2. Nach § 41 Abs. 1 6b LGemO. hat das Gemeinderecht als Angesessener, wer von seinem innerhalb des Gemeindebezirkes belegenen Grundbesitz einen Jahresbetrag von mindestens 3 ℳ an Grund- und Gebäudesteuer entrichtet. Diese Bestimmung erachten die Vorderrichter für unanwendbar, weil der Kläger das Miteigentum an dem Grundstück erst am 2. VI. 02 erworben und daher zur Zeit der Wahl am 6. VI. Steuern von seinem Grundbesitze noch nicht zu entrichten hatte. Allein nach dem Sinne des § 41 Abs. 1 6b kommt es nur darauf an, daß überhaupt die Steuer von dem Grundbesitze zu entrichten ist; denn dadurch soll nur die Beschaffenheit des zum Gemeinderechte befähigenden Grundbesitzes näher bestimmt werden.

Nur muß, ohne Rücksicht auf die Haftung jedes Miteigentümers für den ganzen auf dem Grundstücke ruhenden Steuerbetrag auf den Anteil ein jährlicher Steuerbetrag von wenigstens 3 ℳ entfallen.

Zuzugeben ist, daß die Bestimmung im § 41 6b nach ihrer Fassung dem Zweifel Raum läßt, ob nicht der betr. Gemeindeangehörige selbst die Steuer entrichten oder doch zu deren Entrichtung verpflichtet sein muß. Die Fassung erklärt sich aber daraus, daß die Bestimmungen unter Nr. 6 a und b im Gesetzentwurfe verbunden gewesen waren. Nach § 5 StStAufhG. ist durch dieses Gesetz die Bestimmung im § 41 6b LGemO. nur insoweit geändert, als nicht mehr erfordert wird, daß die Steuer vom Grundbesitze zu entrichten ist, sondern die Veranlagung genügt. Maßgebend ist also die staatliche Veranlagung, auf die Höhe der Zuschlagsprozente oder der besonderen Steuern vom Grundbesitze, welche die Gemeinde erhebt, kommt es nicht an. Die Bestimmung im § 41 [6b] bezog sich auf die staatliche Grund- und Gebäudesteuer, die zur Zeit des Erlasses der LGemO. noch erhoben wurde. Nach der ausdrücklichen Vschr. im § 5 G. v. 14. VII. 93 sind die gesetzlichen Bestimmungen aufrecht erhalten, die von der Veranlagung der staatlichen Grund- und Gebäudesteuer Rechte abhängig machen, und es treten, soweit hierbei die Entrichtung solcher Steuern — dh. der außer Hebung gesetzten Staatssteuern — vorausgesetzt wird, an deren Stelle die veranlagten Beträge. Daher müssen die Beträge, die vom Grundbesitz an die Gemeinden zu entrichten sind, außer Betracht bleiben.

3. Von den Miteigentümern eines Wohnhauses ist nach § 41 Abs. 2 nur einer auf Grund seines Miteigentums als Angesessener wählbar, und zwar nach Abs. 3 ebenda, falls sich die Miteigentümer über die Person des Berechtigten nicht einigen können, der, welcher den größten Anteil besitzt. Zunächst entscheidet also der übereinstimmende Wille der Miteigentümer, sodann die Größe des Anteils. Der Kläger, der Eigentümer des Grundstücks zu einem Viertel geworden ist, gibt zu, daß seinem Enkel, dem minderjährigen Bruno Sch., drei Viertel zustehen. Da der Kläger somit nicht den größten Anteil besitzt, würde er auf Grund seines Miteigentums am Wohnhause nur dann wählbar gewesen sein, wenn der gesetzliche Vertreter seines Enkels damit einverstanden gewesen wäre, daß das Gemeinderecht auf Grund des Besitzes des Wohnhauses vom Kläger ausgeübt wurde. Die Wahrscheinlichkeit des Einverständnisses, die sich aus den Familienbeziehungen ergeben mag, genügte nicht, sondern es bedurfte, falls die Erklärung nicht mündlich vor dem Wahlvorstand abgegeben wurde, einer ausdrücklichen schriftlichen Erklärung des gesetzlichen Vertreters des Miteigentümers vor der Wahl. Denn die Erfordernisse der Wählbarkeit müssen zur Zeit der Wahl erfüllt sein.

Nr. 6. Entsch. v. 23. Okt. 1903 (OVG. 44 130) I C 119/02.

KommAbgG. §§ 33 [a], 50 Abs. 3; G. v. 30. VI. 00 (GS. 185), betr. die Bildung der Wählerabteilungen bei den Gemeindewahlen, § 1.

1. Im § 1 Abs. 1 G. v. 30. VI. 00 ist bestimmt, daß die Wähler nach den von ihnen zu entrichtenden direkten Staatssteuern usw. in 3 Abteilungen geteilt werden sollen, und im Abs. 3 das. ist nur die Anrechnung der Steuern für auswärtigen Grundbesitz und Gewerbebetrieb, sowie für Gewerbe im Umherziehen untersagt. Allein eine mehrfache Anrechnung derselben Steuerbeträge in verschiedenen Gemeinden kann nicht in der Absicht des Gesetzgebers gelegen haben. Da die Gesamtleistung für Zwecke des Gemeinwohls den Maßstab des Einflusses auf die öffentlichen Angelegenheiten bilden soll, kann sich nicht bei mehrfachen Stimmberechtigungen in verschiedenen Gemeinden eine jede nach der vollen Steuerleistung bemessen, weil sonst deren Gewicht in der Verwaltung öffentlicher Gemeindeangelegenheiten vervielfältigt werden würde. Das wäre unvereinbar mit der Absicht des Gesetzgebers, der „Plutokratie" entgegenzutreten.

2. Wenn im § 1 bestimmt ist, daß die Wähler nach den von ihnen zu entrichtenden direkten Staatssteuern usw. in 3 Abteilungen zu teilen und nur die Steuern für Grundbesitz und Gewerbebetrieb in anderen Gemeinden sowie für Gewerbe im Umherziehen außer Betracht zu lassen sind, so hat der Gesetzgeber den Regelfall im Auge, daß die Wähler einen Wohnsitz in der Gemeinde, sonst aber keinen weiteren Wohnsitz haben. Dafür, daß man an Personen mit doppeltem Wohnsitz und an Forensen nicht gedacht hat, spricht der Um-

stand, daß keine Ausnahme hinsichtlich der an eine andere Gemeinde zu zahlenden Steuern gemacht ist, obgleich deren Anrechnung bei Bildung der Wählerabteilungen offenbar nicht stattfinden soll. Denn unmöglich kann die Stimmberechtigung in einer Gemeinde durch Steuern, welche an eine andere Gemeinde zu entrichten sind, vergrößert werden. Dasselbe gilt von Steuern an weitere Kommunalverbände, zu denen die Gemeinde, in der die Stimmberechtigung ausgeübt werden soll, nicht gehört. Aus dem Fehlen einer Ausnahmebestimmung hinsichtlich der an eine andere Gemeinde zu entrichtenden Steuern darf daher geschlossen werden, daß der Fall, wo der Wähler einen Wohnsitz in einer anderen Gemeinde hat, nicht berücksichtigt ist.

Der Gesetzgeber hat durch die Beschränkung auf die „in der Gemeinde" zu entrichtenden Steuern eine mehrfache Berücksichtigung derselben Steuerbeträge in verschiedenen Gemeinden jedenfalls ausgeschlossen. Nun beschränkt freilich das G. v. 30. VI. 00 die Anrechnung nicht auf die „in der Gemeinde" zu entrichtenden Steuern. Aber man hat keine Veranlassung zu der Annahme, daß von dem dem Grundgedanken des Gesetzes und der Natur der Sache entsprechenden Grundsatze der Unzulässigkeit der mehrfachen Anrechnung derselben Steuerbeträge in verschiedenen Gemeinden hätte abgewichen werden sollen.

3. Abgesehen von den Steuern für Grundbesitz und Gewerbebetrieb, die ganz in der Belegenheits- und in der Betriebsgemeinde anzurechnen sind, bleibt beim Mangel einer gesetzlichen Bestimmung der in verschiedenen Wohnsitzgemeinden anzurechnenden Teile der Staatssteuern nur übrig, von diesen Steuern in den verschiedenen Wohnsitzgemeinden gleiche Teile anzurechnen, während in den Forensalgemeinden die Staatssteuern, soweit sie nicht für Grundbesitz und Gewerbebetrieb zu entrichten sind, der Natur der Sache nach außer Ansatz bleiben. Es steht dies im Einklange mit dem allgemeinen Grundsatz über die Unterwerfung unter die Gemeindeeinkommensteuer. Vgl. §§ 33^2, 50 Abs. 3 KommAbgG.

Nr. 7. Entsch. v. 25. März 1904 (OVG. 44 126) I C 5/04.

LGemO. §§ 45 f., 50, 52.

1. Die Mitglieder des Vorstandes einer eingetragenen Genossenschaft gehören, auch wenn ein einzelnes Mitglied für sich allein die Gesellschaft nicht vertreten kann, zu den nach dem letzten Satze des § 50 LGemO. wählbaren Personen. Wenn die LGemO. im § 50 die nach § 46 zur Stellvertretung berechtigten Personen für wählbar erklärt, so wird doch nicht die Berechtigung zur alleinigen Vertretung erfordert. Stimmberechtigte, die nicht Gemeindeglieder sind, sollen ebenfalls Gemeindeverordnete werden dürfen und statt ihrer auch die zu deren Vertretung berechtigten Personen. Man wollte den Kreis der aktiv und passiv Wahlberechtigten gleichmäßig abgrenzen. Da indes nur einzelne physische Personen, nicht aber die nach § 45 Abs. 2 stimmberechtigten Personengesamtheiten als solche Gemeindeverordnete werden dürfen, können für derartige Personengesamtheiten nur die zu ihrer Vertretung befugten physischen Personen zu Gemeindeverordneten gewählt werden. Besteht das zur Vertretung einer Personengesamtheit berechtigte Organ aus einer Mehrheit von Personen, so kann das Organ als solches auch nicht Gemeindeverordneter werden. Dann müssen aber nach dem Willen des Gesetzgebers, der mit jeder Stimmberechtigung die Wählbarkeit verbinden wollte, die das verfassungsmäßige Organ der Personengesamtheit bildenden physischen Personen wählbar sein. Dabei kommt es nicht entscheidend auf die Frage an, in welcher Weise das aktive Wahlrecht durch den Vorstand auszuüben ist, ob der Vorstand eins seiner Mitglieder zur Ausübung des Stimmrechts ermächtigen darf, oder ob der Vorstand in der zur Vertretung der Personengesamtheit er-

forderlichen Zahl von Mitgliedern bei der Wahl auftreten muß. Hiervon hängt die Wählbarkeit der einzelnen Vorstandsmitglieder nicht ab. Aus der beabsichtigten gleichmäßigen Abgrenzung des Kreises der aktiv und passiv Wahlberechtigten folgt auch nicht, daß sich die Wählbarkeit auf Vertreter beschränke, die das aktive Wahlrecht im gegebenen Falle allein auszuüben ermächtigt sind. Bei Personengesamtheiten besteht eine Uebereinstimmung zwischen der aktiven und passiven Wahlberechtigung nur insofern, als der Stimmberechtigung der Personengesamtheit die Wählbarkeit eines Vertreters dieser Personengesamtheit entspricht. Das Stimmrecht steht aber der Personengesamtheit zu, während die Wählbarkeit, obgleich sie auf der Stimmberechtigung der Personengesamtheit beruht und auch ein Recht der Personengesamtheit ist, den zu ihrer Stellvertretung berechtigten Personen ohne weitere Bedingung beigelegt ist.

2. Von den zur Stellvertretung derselben Personengesamtheit Berechtigten darf auf Grund dieses Rechtes gleichzeitig nur einer Gemeindeverordneter sein. Durch die Wahl eines Vorstandsmitglieds wird daher die Wahl eines anderen Vertreters derselben Personengesamtheit unmöglich. Somit verliert die Personengesamtheit durch die Wahl für deren Dauer das Recht, daß eine andere zu ihrer Stellvertretung berechtigte Person Gemeindeverordneter werden darf. Ueber dies Recht der Personengesamtheit kann jedoch nicht ohne eine für sie verbindliche Erklärung verfügt werden. Daraus folgt, daß von dem zur Vertretung der Personengesamtheit berechtigten Organ — also von dem Vorstand unter der erforderlichen Mitwirkung mehrerer Vorstandsmitglieder — das Einverständnis der eingetragenen Genossenschaft mit der Wahl erklärt sein muß.

Nr. 8. Entsch. v. 8. Jan. 1904 (OVG. 44 149) I C 70/03.

LGemO. §§ 41, 45, 50.

Ein Forense, der seinen Wohnsitz in den Gemeindebezirk verlegt, behält sein bisheriges Stimmrecht bis zum Erwerbe des Gemeinderechts durch einjährigen Wohnsitz im Gemeindebezirke. Die Worte im Eingang des § 45 LGemO. „ohne im Gemeindebezirk einen Wohnsitz zu haben", sind von einem das Gemeinderecht begründenden Wohnsitz zu verstehen.

Nr. 9. Entsch. v. 13. Okt. 1905 (PrVerwBl. 27 838) I 1100.

LGemO. §§ 3, 41 ff., 45, 48, 52, 66; BGB. §§ 1012 ff.

1. Der § 45 LGemO. spricht von den Personen, die ein Grundstück besitzen. Dieser Wortlaut steht der Annahme, als genüge für die Begründung der Forensaleigenschaft lediglich das Eigentum an einem Grundstücke im Gemeindebezirk, nicht zur Seite. Forense ist vielmehr der auswärts Wohnende, der in der Gemeinde mit einem Grundstück angesessen ist. Der Begriff Angesessenheit ist aber auf die Eigentümer nicht beschränkt. Es ist nicht ausgeschlossen, daß auch durch ein Erbbaurecht iS. der §§ 1012 ff. BGB. die Eigenschaft als Angesessener begründet wird. Auf der anderen Seite aber gehört es zum Begriff der Angesessenen, daß die Dauer des Grundstücksbesitzes rechtlich gesichert ist. Im Gegensatz zu der „fluktuierenden" Bevölkerung ist der seßhaften ein größerer Einfluß in der Gemeindeversammlung (§ 48 [1]) und in der Gemeindevertretung eingeräumt. Dieser Gegensatz zu der fluktuierenden Bevölkerung und die Erwägung, daß die Bevorzugung der Angesessenen auf ihrer wirtschaftlichen Selbständigkeit beruht, lassen erkennen, daß bei den Angesessenen ein durch den Grundbesitz geschaffener dauernder Zusammenhang mit der Gemeinde vorausgesetzt ist, daß also die Besitzverhältnisse dauernd sein müssen.

2. Der Umstand, daß eine Gemeindevertretung eine den Besitz des Gemeinderechts oder die Forensaleigenschaft voraussetzende Wahl für gültig erklärt hat, benimmt ihr nicht die Befugnis, späterhin über den Besitz oder Verlust des Gemeinderechts oder der Forensaleigenschaft des Gewählten zu befinden. Wo es sich um den Verlust des Amtes eines Gemeindeverordneten (§ 43 Abs. 1) handelt, da bildet sogar die frühere Gültigkeitserklärung der Wahl die notwendige Voraussetzung für die Beschlußfassung, ob der Gewählte des Amtes verlustig gegangen ist. Beruht der Beschluß, durch den die Wahl für gültig erklärt ist, auf einer Gesetzesverletzung, so ist der Gemeindevorsteher, entstehenden Falls auf Anweisung der Aufsichtsbehörde, ohne dabei an eine Frist gebunden zu sein, befugt, ihn zu beanstanden. Da der Beanstandung aufschiebende Wirkung zukommt, so wird durch sie und solange sie nicht auf Klage der Gemeindeversammlung oder Gemeindevertretung durch endgültiges Urteil aufgehoben ist, der Gewählte des Amtes entkleidet. In der Tat gewährt das Gesetz also die Möglichkeit, die Rechtmäßigkeit einer Wahl, nachdem sie von der Gemeindevertretung für gültig erklärt und diese Gültigkeitserklärung innerhalb der Anfechtungsfrist unangefochten geblieben ist, später in Zweifel zu ziehen. In dem vorliegenden Streitfalle handelt es sich aber gar nicht um die Nachprüfung der Rechtmäßigkeit einer Wahl. Hier fragt es sich, ob der Gewählte einen Anspruch darauf hat, in dem Amte, das ihm durch die unanfechtbar für gültig erklärte Wahl geworden, unter allen Umständen zu verbleiben. Diese Frage ist zu verneinen. Ein Gemeindeverordneter, der beispielsweise die deutsche Reichsangehörigkeit aufgibt, geht damit nach der positiven und zweifelsfreien Vorschrift des § 43 Abs. 1 seines Amtes verlustig. Legt er es daher nicht selbst nieder, so ist auf Einspruch oder Beschwerde die Gemeindevertretung ebenso befugt, wie verpflichtet, ihn des Amtes für verlustig zu erklären. Fraglich kann nur sein, ob einem Amte, das auf einer unanfechtbar für gültig erklärten Wahl beruht, auch außerhalb der in § 3 LGemO. behandelten Fälle, auch ohne daß der Verlust eines bei der Wahl vorausgesetzten Erfordernisses eintritt, der Boden entzogen wird, sobald festgestellt wird, daß der Inhaber des Amtes des Gemeinderechts oder der Forensaleigenschaft, nicht weil er sie inzwischen verloren, sondern weil er sie nie besessen hat, ermangelt. Eine ausdrückliche Bestimmung hierüber trifft die LGemO. nicht. Sie enthält sich überhaupt jeder Vorschrift darüber, welche Wirkungen mit einem Beschlusse verbunden sind, in dem festgestellt wird, daß jemand das Gemeinderecht (die Forensaleigenschaft) nicht besitzt. Es ist aber klar, daß der Beschluß Wirkungen äußern muß; andernfalls wäre die Bestimmung, die die Beschlußfassung einführt, bedeutungslos. Die Wirkungen ergeben sich aus der Natur der Sache. Wer, ohne im Besitz des Gemeinderechts (der Forensaleigenschaft) zu sein, gleichwohl unbeanstandet zur Ausübung der darauf beruhenden Befugnisse zugelassen war, dem wird mit jenem Beschlusse die Möglichkeit, sie weiter auszuüben, entzogen. Das Stimmrecht in der Gemeindeversammlung hört auf; der Gemeindevorsteher ist berechtigt und verpflichtet, den Betroffenen bei der nächsten Berichtigung der Liste der Stimmberechtigten zu streichen, wodurch ihm in Gemeinden, wo eine Gemeindevertretung besteht, die Fähigkeit, an den Wahlen zu dieser teilzunehmen, abgeschnitten wird; ein unbesoldetes Amt in der Gemeinde ist niederzulegen. Ein Bedenken, ob auch die letzte Wirkung mit einem Beschlusse, der feststellt, daß eine Person das Gemeinderecht (die Forensaleigenschaft) nicht besitzt, verbunden ist, könnte sich auf die Erwägung gründen, daß für den Fall, daß eine Person des Gemeinderechts (der Forensaleigenschaft) verlustig geht, die LGemO. als Folge dieses Verlustes ausdrücklich in § 43 Abs. 1 den Verlust der unbesoldeten Gemeindeämter hervorhebt. Aus dem Umstande, daß es an einer Vorschrift fehlt, die eine entsprechende Folge an jene Feststellung

knüpft, läßt sich jedoch nicht schließen, daß die Feststellung von keinem Einfluß auf den Fortbestand eines unbesoldeten Gemeindeamts sein soll. Aus der Entstehungsgeschichte des § 43 ergibt sich, daß der Verlust der Gemeindeämter nur deshalb ausdrücklich als Folge des Verlustes des Gemeinderechts im ersten Absatz betont ist, um die Annahme auszuschließen, als solle der Verlust der Aemter nur in besonderen, nachher einzeln namhaft gemachten Fällen eintreten. An sich betrachtete es sonach der Gesetzgeber als selbstverständlich, daß der Verlust des Gemeinderechts (der Forensaleigenschaft) den Verlust eines unbesoldeten Gemeindeamts nach sich ziehe. Ebenso selbstverständlich ist es auch, daß eine Person, die, ohne im Besitze des Gemeinderechts oder der Forensaleigenschaft zu sein, ein unbesoldetes Gemeindeamt bekleidet, dieses verliert, sobald die Abwesenheit jener Eigenschaften durch unanfechtbaren Beschluß der Gemeindevertretung oder endgültige Entscheidung des Verwaltungsrichters nachträglich festgestellt wird. Das gilt nicht nur von den unbesoldeten Aemtern in der Gemeindeverwaltung — von deren Bekleidung die Forensen ausgeschlossen sind —, sondern ebenso von dem Amte eines Gemeindeverordneten. Daran ändert auch nichts der Umstand, daß hier — anders als im Falle des § 43 Abs. 1 — bereits zur Zeit der Wahl der Mangel des Gemeinderechts (der Forensaleigenschaft) bestand. Es wäre ein Widerspruch, wenn zwar die Gemeindevertretung durch Beschluß gemäß § 66[1] feststellen könnte, daß eine Person das Gemeinderecht (die Forensaleigenschaft) nicht besitze, die Person aber gleichwohl weiter Gemeindeverordneter bleiben könnte. Es wäre ein Widerspruch, wenn ein Gemeindeverordneter, der nach der Wahl das Gemeinderecht (die Forensaleigenschaft) zB. dadurch, daß er die deutsche Reichsangehörigkeit aufgibt, verliert, damit des Amtes verlustig gehen soll, während ein Gemeindeverordneter, der die deutsche Reichsangehörigkeit nie besessen hat, im Amte um deswillen verbleiben dürfte, weil der Mangel bei der Gültigkeitserklärung seiner Wahl nicht bekannt war oder übersehen ist. Es spricht nichts dafür, daß diese Widersprüche vom Gesetzgeber gewollt sind.

b) Provinzialrechte.

β) In der Rheinprovinz.

Nr. 1. Entsch. v. 14. Juni 1904 — II 1112.

RhGemVerfG. v. 15. V. 56 (GS. 435) Art. 11; EinkStG. § 77.

Wer zu den Meistbeerbten, die das Gemeinderecht ausüben können, gehört, bestimmt sich nach Art. 11 G. v. 15. V. 56 iVerb. mit den diesGesetz abändernden späteren Gesetzen, insbes. dem § 77 EinkStG. Für die im Gemeindebezirke wohnhaften Personen wird das Gemeinderecht, soweit es von der Höhe der zu entrichtenden Einkommensteuer abhängig ist, durch die Veranlagung zu einem Steuerbetrage von mindestens 4 ℳ jährlich begründet. Wenn hiernach der Art. 11 aaO. die Voraussetzungen bestimmt, unter denen den Mitgliedern der Gemeinde das Gemeinderecht zustehen soll und insbesondere einen Mindestsatz der Einkommensteuer fordert, sowie im unmittelbaren Anschluß hieran bestimmt, daß Steuerzahlungen und Grundbesitz der Ehefrau dem Ehemanne, Steuerzahlungen und Grundbesitz der minderjährigen bzw. der unter elterlicher (väterlicher) Gewalt befindlichen Kinder dem Vater zugerechnet werden sollen, so kann kein Zweifel darüber obwalten, daß nach der Absicht des Gesetzgebers das Gemeinderecht des Ehemannes oder Vaters nicht bloß von der Höhe der ihn selbst treffenden Steuer, sondern von dem

Betrage abhängig sein soll, der sich aus einer Zusammerechnung seiner Steuer mit derjenigen der Ehefrau oder der Kinder ergibt.

γ) In Hannover.

Nr. 1. Entsch. v. 1. Nov. 1904 (OVG. 46 137) I C 25/04.

HannLGemO. §§ 5, 11, 41, 42.

Nach der HannLGemO. v. 28. IV. 59 ist für das Gemeindestimmrecht in erster Linie nicht das Gesetzesrecht, sondern das ortsstatutarische Recht maßgebend.

δ) In Hessen-Nassau.

Nr. 1. Beschd. v. 30. **Juni** 1903 — I 2047.

HNLGemO. v. 4. VIII. 97 (GS. 301) §§ 13, 26.

1. Zur Teilnahme an der Gemeindeverordnetenwahl sind die in die Liste aufgenommenen Personen auch dann berechtigt, wenn sie nach der Aufnahme den Wohnsitz in der Gemeinde aufgegeben haben.

Obgleich das Gemeinderecht nach § 13 HNLGemO. durch Aufgabe des Wohnsitzes im Gemeindebezirke verloren geht, dauert doch die formelle Berechtigung zur Teilnahme an den Wahlen vermöge der Aufnahme in die Wählerliste, die nach § 26 aaO. bei der Wahl zugrunde zu legen ist, noch bis zur nächsten Listenfeststellung fort. Vgl. OVG. 31 8, 36 124.

2. Der Staatsfiskus ist Wahlberechtigter, nicht aber die einzelnen Stationen dieses Fiskus, zB. der Eisenbahnfiskus für sich.

2. Wahlverfahren.

a) Allgemeine Grundsätze; Rechtsprechung für die Rechtsgebiete der Landgemeindeordnung v. 3. Juli 1891 und der Schleswig-Holsteinschen Landgemeindeordnung v. 4. Juli 1892.

Nr. 1. Entsch. v. 9. Okt. 1903 (PrVerwBl. 25 712) I 1486.

LGemO. § 44.

Für die Frage, ob jemand stimmberechtigt bei einer stattfindenden Wahl ist, bleibt stets die ausgelegte Wählerliste derart maßgebend, daß für Entscheidungen des Wahlvorstandes über das Bestehen eines Stimmrechts kein Raum ist. Der Wahlvorstand ist weder befugt, eingetragene Wähler zurückzuweisen, weil ihnen nach seiner Ansicht ein Stimmrecht nicht zusteht, noch befugt, nicht eingetragene Personen zur Wahl zuzulassen, weil ihnen seiner Auffassung nach ein Stimmrecht zukommt. Dies gilt auch für den Fall, daß eine Tatsache, die den Erwerb oder Verlust des Stimmrechts herbeigeführt hat, nicht schon zur Zeit der Aufstellung und Auslegung der Wählerliste bestanden hat, sondern erst in der Zeit zwischen der Beendigung der Auslegung und dem Wahltage eingetreten ist und daher bei Aufstellung der Liste noch nicht berücksichtigt werden konnte. Für die Wahlberechtigung sind nicht die Verhältnisse entscheidend, die zur Zeit der Wahl vorliegen, sondern diejenigen, die zur Zeit der Aufstellung der Liste als vorliegend von der die Aufstellung bewirkenden Behörde erachtet und demgemäß damals für die Begrenzung des Kreises der Wahlberechtigten bestimmend gewesen sind. Die Eintragungen in der festgestellten Wählerliste sind hiernach, auch wenn sie materiell unrichtig sind, für das Wahlverfahren maßgebend, mag ihre Unrichtigkeit schon zur Zeit der Auslegung der Liste bestanden haben oder erst später eingetreten sein. Durch die Liste soll der Kreis der Wahlberechtigten für den ganzen Zeitraum bis zur nächsten Berichtigung der Liste festgelegt werden, derart, daß er nur infolge der Entscheidungen, die auf Einsprüche und Klagen hinsichtlich der Richtigkeit der Liste ergehen, eine Aenderung erfahren kann, die dann in der Liste selbst zu vermerken ist.

Was von der Ausübung des Stimmrechts durch eine Person gilt, die zu Unrecht als Stimmberechtigter in die Wählerliste eingetragen oder zu Unrecht in dieser ausgelassen worden ist, muß auch auf eine Person Anwendung finden, die an sich ein Stimmrecht besitzt, bei der aber nach § 44 LGemO. die Ausübung dieses Rechts ruht. Auch dafür, ob die Ausübung des Wahlrechts zeitweilig entzogen ist, muß der Inhalt der Wählerliste maßgebend sein, so daß dem Wahlvorstand eine Prüfung der Richtigkeit dieses Inhalts nicht zusteht. Ist eine an sich stimmberechtigte Person trotz des Ruhens ihres Stimmrechts in die Wählerliste ohne einen hierauf sich beziehenden Vermerk aufgenommen und ist keine Aenderung dieser Eintragung später (infolge eines Einspruchs) erfolgt, so besitzt diese Person formell auch dann ein Stimmrecht, wenn der Grund für das Ruhen des Stimmrechts zur Zeit der Wahl materiell vorliegt.

Nr. 2. Entsch. v. 15. Jan. 1904 (PrVerwBl. 25 833) I 68.

LGemO. § 56.

1. Ohne gesetzmäßige Auslegung einer Wählerliste ist die Wahl eines Gemeindeverordneten ungültig. Die Auslegung hat nach § 56 Abs. 1 LGemO. in dem Zeitraum vom 15. bis 30. Jan. zu erfolgen. Zwar kann die in dieser Zeit unterlassene Auslegung später nachgeholt werden, die Auslegung muß aber der gesetzlichen Vorschrift entsprechend fünfzehn Tage dauern. Ergibt sich, daß eine ordnungsmäßige Auslegung der Wählerliste nicht stattgefunden hat, so folgt hieraus ohne weiteres, daß die Wahl mit Recht für ungültig erklärt worden ist. Andernfalls bildete die ordnungsmäßig ausgelegte und unangefochten gebliebene Wählerliste ohne Rücksicht auf ihre materielle Richtigkeit die unabänderliche Grundlage des Wahlverfahrens. Danach darf nicht nur niemand zur Wahl zugelassen werden, ohne in die Wählerliste eingetragen zu sein, sondern durch die Eintragung in die Wählerliste steht auch für das Wahlverfahren die Wahlberechtigung fest, so daß diese nicht mehr in Zweifel gezogen werden darf. Eine nach erfolgter ordnungsmäßiger Auslegung der Liste vorgenommene unberechtigte Streichung einzelner Wahlberechtigten hebt deren Wahlberechtigung nicht auf.

2. Die Hinzufügung des Vornamens des Gewählten ist gesetzlich nicht vorgeschrieben und kein unbedingtes Erfordernis der Gültigkeit der Stimmen, wenn kein Zweifel darüber, wer gemeint ist, obwalten kann. Eine unrichtige Angabe des Vornamens in der Wählerliste ist unschädlich, sobald über die Identität der Person kein Zweifel besteht.

Nr. 3. Entsch. v. 14. Okt. 1904 (OVG. 46 103) I C 16/04.

LGemO. §§ 39, 55 f., 59.

Nach § 56 LGemO. hat die Wählerliste v. 15. bis 30. Jan. öffentlich auszuliegen, damit jeder Stimmberechtigte gegen deren Richtigkeit Einspruch erheben kann. Vorher muß die Aufstellung der Liste abgeschlossen sein, da durch die Möglichkeit nachträglicher Aenderungen die durch die Auslegung bezweckte Kontrolle der Richtigkeit der Liste vereitelt werden würde.

2. Die Wählerliste ist ebenso wie die Gemeindegliederliste nach den §§ 39 und 55 LGemO. vom Gemeindevorsteher zu führen und zu berichtigen. Zwar kann sich der Gemeindevorsteher bei Aufstellung der Liste unbedenklich der Hilfe anderer Gemeindebeamten bedienen, aber es bedarf einer ausdrücklichen oder stillschweigenden Erklärung des Gemeindevorstehers, durch die er die von einem anderen Gemeindebeamten aufgestellte Liste zu der seinigen macht. Das geschieht zwar sonst, wenn der Gemeindevorsteher die Auslegung der Liste veranlaßt; dabei ist aber die vorherige Fertigstellung der Liste vorausgesetzt, weil sich der Gemeindevorsteher die Liste nicht aneignen kann, ehe sie fertig ist. Der Gemeindevorsteher darf nicht einem anderen Beamten die selbständige Fertigstellung der auszulegenden Liste überlassen, da die Aufstellung der Liste dem Gemeindevorsteher gesetzlich obliegt; auch hieraus folgt, daß die gesetzlich vorgeschriebene Liste noch nicht abgeschlossen vorlag.

Nr. 4. Entsch. v. 27. Juni 1905 (PrVerwBl. 27 469) I 715.

LGemO. § 56.

1. Die Gültigkeit einer Gemeindeverordnetenwahl ist davon abhängig, ob eine gesetzmäßige Auslegung der Wählerliste stattgefunden hat. Hierzu ist eine ordnungsmäßige Bekanntmachung der Auslegung unerläßlich. Findet die Auslegung in der Zeit v. 15. bis 30. Jan. statt, wie das Gesetz es vorschreibt, so braucht nur der Raum der Auslegung zur öffentlichen Kenntnis gebracht zu werden; erfolgt aber die Auslegung zu späterer Zeit — was nicht unbedingt unzulässig ist —, so versteht es sich von selbst, daß der Beginn der Auslegung, den die Beteiligten nicht wissen können, ebenso wie der Raum der Auslegung öffentlich bekannt gemacht werden muß. Wenn aus der Bemerkung des Gemeindevorstehers, daß auch bei früheren Wahlen „keine andere Form der Bekanntmachung" stattgefunden habe, auf Unterlassung einer Bekanntmachung in früheren Fällen zu schließen sein sollte, so folgt daraus nur, daß auch damals ungesetzlich verfahren worden ist. Eine Bekanntmachung der Auslegung in der für die Bekanntmachungen in der Gemeinde üblichen Form war jedenfalls nötig. Ohne auch die Bekanntmachung der Auslegung festzustellen, durfte also der Vorderrichter nicht annehmen, daß die Vorschriften über die Auslegung der Wählerliste erfüllt seien.

2. Daß dieser Ungültigkeitsgrund in gleicher Weise für die Wahlen anderer Gemeindeverordneter zutrifft, kommt nicht in Betracht, weil deren Gültigkeit nicht Gegenstand des VerwStreitVerf. ist. Ein Widerspruch mit der gegenwärtigen Entscheidung liegt nicht darin, daß die übrigen Wahlen nicht für ungültig erklärt werden; denn der ihre Gültigkeit aussprechende Beschluß der Gemeindevertretung ist nicht mit der Klage im VerwStreitVerf. angefochten worden. Der nachträgliche Antrag der beklagten Gemeindevertretung, auch die übrigen Wahlen für ungültig zu erklären, ist unzulässig.

Nr. 5. Entsch. v. 12. Febr. 1904 (PrVerwBl. 25 847) I 224.

SchlHolstLGemO. §§ 48, 61.

Nach § 61 SchlHolstLGemO. muß jeder Wähler dem Wahlvorstande mündlich zu Protokoll erklären, wem er „seine Stimme" geben will. Danach hat jeder Wähler nur eine Stimme; die Stimmen innerhalb jeder Klasse sind gleich. Wird bei den Wahlen zur regelmäßigen Ergänzung der Gemeindevertretung, unter irrtümlicher Anwendung des § 48 LGemO., einer Anzahl von Stimmberechtigten mehr als eine Stimme beigelegt, so sind die Wahlen ungültig, sofern nicht das Ergebnis bei richtiger Regelung unmöglich anders hätte ausfallen können. In dieser Hinsicht ist zu beachten, daß die mit dem Gesetze nicht in Einklang stehende Regelung des Stimmrechts die freie Willensbestimmung aller derjenigen Wähler beeinträchtigen kann, die durch die Zuteilung von mehreren Stimmen an andere Wähler in ihrem Rechte verkürzt werden. Maßgebend für die Ausübung des Wahlrechts ist das Bewußtsein, auf das Ergebnis der Wahl durch die Stimmabgabe denjenigen Einfluß zu üben, den ein jeder nach dem Gesetze zu beanspruchen hat; wird das Gewicht der Stimme gesetzwidrig vermindert, so steht der dadurch betroffene Wähler unter einem Drucke, der ihn zur Wahlenthaltung veranlassen kann. Dies genügt, um festzustellen, daß das unzulässige Verfahren des Wahlvorstandes nach verständigem Ermessen das Zustandekommen des Wahlergebnisses beeinflußt hat; jedenfalls erscheint eine derartige Beeinflussung nicht ausgeschlossen. Schon bei der Möglichkeit, daß die unrichtige Bemessung des Stimmrechts zu einem anderen Wahlergebnis geführt hätte, muß die Ungültigkeit der Wahl ausgesprochen werden, weil das Ergebnis infolge der Ordnungswidrigkeit nicht mehr als der wirkliche, klar erkennbare Ausdruck des freien Willens der Wähler erscheint.

Nr. 6. Entsch. v. 8. Jan. 1904 (OVG. **44** 149) I C 70/03.

LGemO. §§ 62, 66², 81, 82.

Nach § 62 Abs. 1 LGemO. sind diejenigen zu Gemeindeverordneten gewählt, die bei der ersten Abstimmung die meisten Stimmen und zugleich mehr als die Hälfte der Stimmen erhalten haben. Die LGemO. deutet in keiner Weise an, daß bei Berechnung der Stimmen die Stimmen, die auf nicht wählbare Personen fallen, außer Betracht zu lassen wären. Auch das sind Stimmen; eine Person, die nicht Gemeindeverordneter werden darf, kann doch Stimmen erhalten.

Bei der Wahl der Gemeindevorsteher und Schöffen verhält es sich anders. Denn nachdem die Stimmzettel, auf denen der Name einer nicht wählbaren Person steht, im § 81 Abs. 1 Nr. 4 für ungültig erklärt sind, bestimmt der Abs. 2 des § 81, daß alle ungültigen Stimmzettel als nicht abgegeben betrachtet werden, und erklärt § 82 Abs. 1 den für gewählt, der mehr als die Hälfte der „gültig abgegebenen" Stimmen erhalten hat. Hiernach sind unzweifelhaft die Stimmen für nicht wählbare Personen nicht mitzuzählen.

Erachtet das Gesetz nur diejenigen zu Gemeindeverordneten für gewählt, die mehr als die Hälfte der Stimmen erhalten haben, so geht die Absicht dahin, die Wahl solle der übereinstimmende Ausdruck des Willens einer möglichst großen Zahl von Wahlberechtigten sein. Bleiben aber die Stimmen, welche auf nicht wählbare Personen gefallen sind, außer Betracht, so kann jemand mit einer ganz geringen Stimmenzahl — ja mit nur einer Stimme — gewählt werden, falls alle übrigen Stimmen auf nicht wählbare Personen gefallen sind. Die Stimmen außer Betracht zu lassen, die für nicht wählbare Personen abgegeben sind, kann zweckmäßig erscheinen, um das Zustandekommen einer gültigen Wahl zu erleichtern. Dann entscheidet aber der Wille der Minderheit, falls die Mehrheit für eine nicht wählbare Person gestimmt hat, und von der eigentlichen Absicht der gesetzlichen Bestimmung wird insofern also abgewichen.

Die Bestimmung über eine engere Wahl im § 62 Abs. 2 kann freilich nicht angewendet werden, wenn die meisten Stimmen auf eine nicht wählbare Person gefallen sind, sondern es muß dann eine Neuwahl stattfinden. Aus der Bestimmung über die engere Wahl darf aber nicht gefolgert werden, daß nach dem Abs. 1 des § 62 nur die für wählbare Personen abgegebenen Stimmen zu zählen wären. Dahingestellt bleibt außerdem, ob der Wahlvorstand bei Feststellung des Ergebnisses der Gemeindeverordnetenwahlen auch die Wählbarkeit zu prüfen hat. Verneint man die Frage, so hat zunächst die Gemeindevertretung gem. § 66² über die Gültigkeit der Wahl zu beschließen, ehe eine anderweitige Wahl angeordnet werden darf.

Hervorzuheben ist, daß sich diese Ausführung über die Mitrechnung ungültiger Stimmen nur auf Stimmen bezieht, die auf nicht wählbare Personen gefallen sind, nicht aber auf Stimmen, die aus einem anderen Grunde der Gültigkeit ermangeln, zB. deshalb, weil sie von nicht stimmberechtigten Personen abgegeben sind.

Nr. 7. Entsch. v. 29. März 1904 (OVG. 45 183) I C 73/03.

StO. u. AbG. v. 1. III. 91 (GS. 20) Art. I³; LGemO. §§ 54, 59, 62.

1. Bei Gemeindeverordnetenwahlen ist die Verbindung von Ergänzungs- und Ersatzwahlen unstatthaft. Wer zur regelmäßigen Ergänzung der Gemeindevertretung gewählt wird, soll ihr auf die Dauer von 6 Jahren angehören; wer dagegen in außergewöhnlicher Wahl zum Ersatz eines Gemeindeverordneten gewählt wird, bleibt in dieser Stellung kürzere Zeit und zwar so lange, als die Amtsdauer des Gemeindeverordneten beträgt, an dessen Statt er getreten ist. Bei der Verbindung einer Ergänzungswahl mit einer Ersatzwahl gebricht es an jedem Anhalte dafür, welcher von beiden Gewählten nach Absicht der Wähler zur Ergänzung der Gemeindevertretung oder zum Ersatz eines Gemeindeverordneten bestimmt ist; ebenso fehlt es an einer gesetzlichen Vorschrift darüber, in welcher Weise in einem solchen Falle die Stimmen zu verteilen sind. Werden daher die Wahlen zur regelmäßigen Ergänzung der Gemeindevertretung und die Wahlen zum Ersatze innerhalb der Wahlperiode ausgeschiedener Mitglieder in einer Wahlhandlung vorgenommen, so können sie auf Gültigkeit keinen Anspruch machen. Für Ergänzungs- und Ersatzwahlen zur Stadtverordnetenversammlung im Gebiete der StO. v. 30. V. 53 ist die Unzulässigkeit der Verbindung bereits im OVG. 18 37ff. näher dargelegt worden. Was in jenem Urteil ausgeführt ist, findet daher sinngemäße Anwendung auch auf die Wahlen zur Gemeindevertretung. Freilich sind inzwischen durch Art. I³ G. v. 1. III. 91 die Bestimmungen der Städteordnungen abgeändert worden; eine entsprechende Abänderung für das Gebiet der LGemO. v. 3. VII. 91 ist jedoch unterblieben.

2. Die engere Wahl darf sich nicht unmittelbar an die Hauptwahl anschließen. Nach § 62 Abs. 4 LGemO. hat die engere Wahl nach denselben Vorschriften vorsichzugehen wie die erste Wahl; insbesondere muß zwischen der Bekanntmachung und dem Wahltage die Frist einer Woche liegen.

Nr. 8. Entsch. v. 15. April 1904 (OVG. 46 136) II C 18/04.

Irrig ist die Meinung, daß es dem Wahlvorsteher gestattet sei, notwendige Unterbrechungen jeder Art bei der Wahlhandlung eintreten zu lassen. Wenn auch bloße Unterbrechungen, die Einheitlichkeit der Wahlhandlung nicht zerstören und darum vom formalistischen Gesichtspunkte aus nicht unzulässig sein mögen, so können sie doch als Unregelmäßigkeiten, durch welche das Recht der Wähler beeinträchtigt oder sonst das Wahlergebnis beeinflußt wird, die Ungültigkeit einer Wahl herbeiführen. Eine größere Unterbrechung wird leicht eine unzulässige Beschränkung der Wähler im Gefolge haben. Jeder Wähler nämlich, der innerhalb der festgesetzten Wahlzeit oder — wenn deren Ende nicht bei der Anberaumung bestimmt ist — vor Schluß des

Termins erscheint, hat Anspruch darauf, daß die Wahlhandlung mit ihm, sobald es die Geschäftslage (insonderheit die Rücksicht auf das gleiche, ihn beschränkende Recht der übrigen Wähler) zuläßt, bis zu seiner endgültigen Abfertigung vorgenommen werde. Das gilt nicht bloß für die Hauptwahl, sondern im Gebiete der RhGemO. auch für die Stichwahl, insofern sie nur einen Teil der einheitlichen Wahlhandlung bildet. Unterbrechungen, welche dieses Recht der Wähler auf Abfertigung in erheblicher Weise beeinträchtigen, sind unstatthaft. Es kann dahingestellt bleiben, ob die Verschiebung der Stichwahl eine bloße Unterbrechung oder eine Verlegung des Termins darstellt, — denn wenn sie auch als Unterbrechung aufgefaßt wird, erscheint sie doch als eine Unregelmäßigkeit von solcher Tragweite, daß sie die Ungültigkeit der Wahlen zur Folge hat.

Nr. 9. Entsch. v. 14. Okt. 1904 (OVG. 46 103) I C 16/04.

LGemO. § 62 Abs. 3.

Zu der engeren Wahl sind die Wähler nach § 62 Abs. 3 LGemO. durch eine Bekanntmachung des Wahlvorstandes aufzufordern. Den Termin zur engeren Wahl hat daher der Wahlvorstand zu bestimmen, nicht der Gemeindevorsteher oder die Aufsichtsbehörde. Erfüllte der Wahlvorstand nicht seine Pflicht in bezug auf die Einladung zur engeren Wahl, so folgt auch daraus nicht, daß der Gemeindevorsteher oder die Aufsichtsbehörde einen Termin zur engeren Wahl bestimmen durfte, sondern, wenn eine engere Wahl durch Verschulden des Wahlvorstandes nicht zustande kommt, bleibt nur übrig, daß der Gemeindevorsteher gem. § 59 LGemO. wieder zu einer neuen ersten Wahl beruft. Dabei kommt es nicht darauf an, ob der Wahlvorstand, der beschlossen hatte, daß die Wahl an einem Sonntage stattfinden sollte, durch diesen Beschluß gegen das Gesetz verstoßen hatte. Der Anberaumung der Wahl auf einen Sonntag standen die Vorschriften der LGemO. übrigens nicht entgegen; eine andere Frage ist es, ob etwa wegen Verletzung der Vorschriften über die Sonntagsheiligung die Vornahme der Wahl am Sonntag hätte verhindert werden dürfen.

Nr. 10. Entsch. v. 2. Dez. 1904 (OVG. 46 106) I C 27/04.

LGemO. §§ 59 f., 62.

1. Der Termin zur engeren Wahl von Gemeindeverordneten muß unter Beobachtung der für die Einladung zur ersten Wahl vorgeschriebenen Formen und Fristen bekannt gemacht werden, insbesondere also in ortsüblicher Weise, dh. so, wie es der tatsächlichen Uebung in der Gemeinde entspricht. Darüber, wie die Bekanntmachungen unterschriftlich zu vollziehen seien, besteht keine Vorschrift. Mit Unrecht folgern die Kläger aus § 62 Abs. 3 LGemO., daß die Einladung zur engeren Wahl die Unterschriften der drei Mitglieder des Wahlvorstandes tragen müsse; denn dieser Vorschrift ist nur zu entnehmen, daß die Bekanntmachung vom Wahlvorstand ausgehen muß; ihr ist somit genügt, wenn irgendwie — sei es im Texte, sei es in der Unterschrift — zum Ausdrucke kommt, daß der Wahlvorstand es ist, der zur engeren Wahl beruft.

2. Ohne gesetzliche Grundlage ist ferner das Verlangen, daß bei der engeren Wahl derselbe Wahlvorstand tätig sein solle wie bei der ersten Wahl. Die LGemO. enthält eine derartige Vorschrift nicht und beschränkt sich auf die Bestimmung, daß die engere Wahl nach denselben Vorschriften wie die erste stattfindet (§ 62 Abs. 4). Daraus folgt, daß auch im Stichwahltermin ein Wahlvorstand einzusetzen ist, der aus dem Gemeindevorsteher oder einem Schöffen und zwei von der Wahlversammlung zu wählenden Beisitzern bestehen muß (§ 60 aaO.). Die Aufgabe des bei der ersten Wahl tätig gewesenen

Wahlvorstandes ist mit der Bekanntgabe der engeren Wahl (§ 62 Abs. 3 aaO.) beendet.

3. Die Aufgabe, das Ergebnis der ersten Wahl bekannt zu machen und die Wähler zur engeren Wahl aufzufordern, ist vom Gesetze dem Wahlvorstande, nicht dem Gemeindevorsteher auferlegt. Da die engere Wahl nach denselben Vorschriften, wie die erste, stattfindet, muß der Wahlvorstand auch den Raum, den Tag und die Stunden festsetzen, in welchen die Stimmen abzugeben sind. Über alle diese wesentlichen Teile der Bekanntmachung müssen demnach die Mitglieder des Wahlvorstandes sich untereinander verständigen. In welcher Weise dies geschieht, ist gleichgültig; es wird nicht immer einer förmlichen Sitzung, einer förmlichen Beratung und Abstimmung der Mitglieder des Wahlvorstandes bedürfen; neben der mündlichen Anhörung wird eine schriftliche zulässig sein; jede Art der Einholung der Willensmeinung der Mitglieder mag je nach den Umständen genügen. Wesentlich bleibt immer, daß jedes Mitglied zu hören ist und bei der Feststellung des vom Gesetze vorgeschriebenen Inhalts der Bekanntmachung mitwirkt. Daher ist es unstatthaft, bei einer Einigkeit zweier Mitglieder von einer Anhörung des dritten in der Erwägung abzusehen, daß die Mehrheit sich bereits entschieden habe.

Nr. 11. Entsch. v. 17. Jan. 1905 (OVG. 46 111) I C 40/04.

StO. § 26 Abs. 4; LGemO. §§ 59, 62, 82.

In ständiger Rechtsprechung hat das OVG. den § 62 LGemO. dahin ausgelegt, daß sich die engere Wahl nicht unmittelbar an die Hauptwahl anschließen darf und daß auch für die Bekanntmachung des Termins zur engeren Wahl — abgesehen davon, daß die Bekanntmachung nicht vom Gemeindevorsteher, sondern vom Wahlvorstande zu erlassen ist — die Vschr. im § 59 LGemO. gelten. Ebenso ist § 26 StO. verstanden worden.

Hätte § 26 StO. die sofortige Vornahme der zweiten Wahl zulassen wollen, so würde dort nicht die Bestimmung beibehalten worden sein, daß „durch eine das Ergebnis der ersten Wahl angebende Bekanntmachung" zu der zweiten Wahl aufgefordert werden soll. Wenn eine an die anwesenden Wähler gerichtete mündliche Aufforderung genügte, so würde nicht angeordnet worden sein, daß die Wähler durch eine Bekanntmachung zur Wahl aufgefordert werden sollen. Die Bekanntmachung soll sich an die Wähler richten, also an sämtliche Wähler, nicht etwa nur an die zufällig bei der Feststellung des Wahlergebnisses anwesenden Wähler. Daher darf die Bekanntmachung nicht in einer Form ergehen, bei der nur die Anwesenden berücksichtigt werden, und die Zeit der Wahl nicht so bestimmt werden, daß sich nur die anwesenden Wähler an der Wahl beteiligen können. Nach § 26 StO. ist ferner die Bekanntmachung sofort oder innerhalb der nächsten acht Tage zu erlassen; wenn die Aufforderung aber nicht sofort ergeht, so ist es ausgeschlossen, daß sie bloß an die Wähler gerichtet wird, die bei der ersten Wahl anwesend waren, sondern sie muß sich an den ganzen Kreis der Wähler wenden, und das muß deshalb für die Aufforderung überhaupt gelten, weil der Kreis, der zur engeren Wahl aufzufordern ist, nicht verschieden sein kann, je nachdem der Wahlvorstand die Aufforderung sofort oder erst innerhalb der nächsten acht Tage erläßt.

Für die dem § 26 Abs. 4 StO. nachgebildete Vschr. im § 62 Abs. 3 LGemO. treffen die vorstehenden Erwägungen ebenfalls zu.

Hinsichtl. der Wahl der Gemeindevorsteher und Schöffen ist im § 82 Abs. 2 LGemO. ausdrücklich hervorgehoben, daß die zweite Abstimmung sofort vorzunehmen ist. Da der Gesetzgeber für nötig gehalten hat, dies besonders auszusprechen, so ist auch aus dem Mangel einer ähnlichen Vorschrift bei der

Wahl der Gemeindeverordneten zu entnehmen, daß hier die engere Wahl nicht sofort zu geschehen hat.

Muß sonach zur engeren Wahl ein neuer Termin bestimmt und die Bekanntmachung an den ganzen Kreis der Wähler entlassen werden, so ist auch in Ermangelung einer anderweitigen besonderen Bestimmung die Vschr. im § 59 LGemO. anzuwenden, nach der die Bekanntmachung in ortsüblicher Form und spätestens eine Woche vor dem Wahltage zu geschehen hat. Außerdem ist im § 62 Abs. 4 LGemG. noch besonders ausgesprochen:

„Die engere Wahl findet nach denselben Vorschriften wie die erste statt."

Dieser Satz ist nicht bloß auf die Abstimmung zu beziehen, sondern unbedenklich darf er mit auf die Vorschriften, welche für die Berufung zur ersten Wahl gelten, bezogen und angenommen werden, daß damit auch jeder Zweifel über die Anwendbarkeit der Vorschriften auf die Bekanntmachung des Termins zur engeren Wahl hat beseitigt werden sollen.

Nr. 12. Entsch. v. 24. Febr. 1905 (OVG. 46 119) I C 39/04.

LGemO. §§ 46, 50, 60.

Nach § 60 LGemO. besteht der Wahlvorstand aus dem Gemeindevorsteher oder einem Schöffen und zwei von der Wahlversammlung gewählten Beisitzern. Werden in demselben Termine die Wahlen aller drei Abteilungen hintereinander vorgenommen, so können ohne Zweifel für die Wahlen aller drei Abteilungen dieselben Beisitzer gewählt werden. Daher ist die Zugehörigkeit zu der einzelnen Abteilung, die gerade wählt, kein allgemeines Erfordernis für die Beisitzer des Wahlvorstandes. Es fragt sich jedoch, ob die Beisitzer einer bestimmten Abteilung als Stimmberechtigte oder als Vertreter von Stimmberechtigten angehören müssen, wenn der Termin nur für die Wahl dieser Abteilung anberaumt ist und die Wahlversammlung daher nur aus Personen besteht, die in der Abteilung ein Stimmrecht ausüben dürfen. Daß die Beisitzer aus der Mitte der Wahlversammlung gewählt werden müßten, sagt § 60 LGemO. nicht, obgleich sich derartige Vorschriften sonst mehrfach finden. Allerdings liegt der Gedanke, daß die Beisitzer aus der Wahlversammlung hervorgehen, nahe, weil der Wahlvorstand sogleich in Tätigkeit treten soll und daher die Beisitzer zur Stelle sein müssen. Aber bei anderen Personen, die mit anwesend sind oder doch sofort herbeigerufen werden können, ist die alsbaldige Mitwirkung ebenfalls möglich. Außerdem ist zu berücksichtigen, daß auch nicht die sämtlichen Stimmberechtigten schon bei der Wahl der Beisitzer zugegen zu sein brauchen, sondern während der für die Wahl festgesetzten Stunden zu beliebiger Zeit ihre Stimmen abgeben dürfen; müßten die Beisitzer aus der Mitte derjenigen Versammlung hervorgehen, von welcher sie tatsächlich gewählt werden, so würden von der Wählbarkeit auch solche Stimmberechtigte ausgeschlossen sein, die im Augenblicke der Wahl der Beisitzer noch nicht anwesend sind, sich aber unmittelbar darauf einfinden. Für die Frage, ob die Beisitzer als Stimmberechtigte oder als Vertreter von Stimmberechtigten zu der wählenden Abteilung gehören müssen, kommt sodann die Entstehungsgeschichte der Bestimmung im § 60 LGemO. in Betracht. Da diese darauf hinweist, daß die Besitzer nicht zu der Abteilung, in der gewählt wird, zu gehören brauchen, und da der Wortlaut des Gesetzes für eine solche Beschränkung der Wählbarkeit auch nicht den geringsten Anhalt bietet, so liegt kein ausreichender Grund für die Annahme vor, daß die Beisitzer von der Wählerabteilung aus ihrer Mitte gewählt werden müßten. Hiervon kann, wie schon bemerkt worden ist, keine Rede sein, wenn die Wahl der verschiedenen Abteilungen in demselben Termine vollzogen wird; sind aber in einem solchen

Falle die einzelnen Stimmberechtigten fähig, während der Wahl einer anderen Abteilung Beisitzer des Wahlvorstandes zu sein, so ist nicht einzusehen, weshalb ihnen die Fähigkeit hierzu abgehen sollte, falls eine andere Abteilung in dem Termine für sich allein wählt. Wenn nur ein Stimmberechtigter zu der Abteilung gehört oder wenn von den Stimmberechtigten aus der Abteilung nur einer zu der Wahl erscheint, was namentlich in der ersten Abteilung vorkommen kann, so würde ein Wahlvorstand gar nicht gebildet werden können, sofern die beiden Beisitzer aus der Mitte der Abteilung gewählt werden müßten. Diese Schwierigkeit würde sich nicht immer dadurch beseitigen lassen, daß die Wahlen verschiedener Abteilungen verbunden werden; denn wenn es sich um eine Ersatzwahl oder um die Wiederholung einer für ungiltig erklärten Wahl handelt, ist es möglich, daß nur in einer Abteilung zu wählen ist. Es läßt sich aber nicht annehmen, daß der Gesetzgeber eine Bestimmung treffen wollte, nach der die Vollziehung einer gültigen Wahl unter Umständen unmöglich wäre. Somit ist anzunehmen, daß bei den Wahlen der Gemeindeverordneten die Gemeindeglieder in allen Abteilungen zu Beisitzern des Wahlvorstandes gewählt werden dürfen, gleichviel in welcher Abteilung sie selbst stimmberechtigt sind. Dasselbe wird für die sonstigen Stimmberechtigten und die nach § 46 LGemO. zur Stellvertretung berechtigten Personen gelten müssen, da diese in bezug auf die Wahl der Gemeindeverordneten nach § 50 Abs. 3 LGemO. den Gemeindegliedern gleichgestellt sind.

b) Provinzialrechte.

α) In Westfalen.

Nr. 1. Entsch. v. 7. Juli 1903 — II 1205.

WestfLGemO. v. 19. III. 56 (GS. 265).

1. Eine Vorschrift, daß die dritte Abteilung vor der zweiten Abteilung wählen muß, enthält die WestfLGemO. nicht.

2. Auch für die Wahlen zur Gemeindevertretung in den westfälischen Landgemeinden gilt der Grundsatz, daß, wenn die Wähler auf eine bestimmte Stunde eines bestimmten Tages eingeladen sind, der Wahlvorsteher — insbesondere nicht etwa im Interesse einer Partei — die Wahlhandlung weder vorzeitig schließen noch in Erwartung der Ankunft solcher Wähler, die ihm vorzugsweise genehm sind, ungebührlich in die Länge ziehen darf.

β) In der Rheinprovinz.

Nr. 1. Entsch. v. 21. April 1903 (PrVerwBl. 24 548).

RhGemO. v. 23. VII. 45/15. V. 56 (GS. 45 523, 56 435).

Die öffentliche Auslegung des Verzeichnisses der Wahlberechtigten hat den Zweck, den Beteiligten Gelegenheit zu geben, etwaige Unrichtigkeiten oder Unvollständigkeiten des Verzeichnisses zu rügen. Um dies zu ermöglichen, wird eine öffentliche Bekanntmachung darüber erfordert, zu welcher Zeit und an welchem Orte die Liste ausliegt. Dementsprechend hatte der Gemeindevorsteher einer rhein. Landgemeinde auf Anweisung des Bürgermeisters öffentlich bekannt gemacht, daß die Liste vom ... bis ... in seinem Hause zu jedermanns Einsicht offen liege. Wenn nun auch der Beamte, in dessen Wohnung die Liste ausliegt, nicht verpflichtet sein kann, während der ganzen in der öffentlichen Bekanntmachung angegebenen Zeit, dh. also Tag und Nacht am Orte der Auslegung anwesend zu sein oder im Falle der Abwesenheit einen Vertreter zu bestellen, so kann doch auch von den Beteiligten nicht gefordert werden, daß sie sich behufs Durchsicht der Liste so oft in die Wohnung des Gemeindevorstehers begeben, bis sie ihn einmal anwesend finden. Zur Regelung eines geordneten Geschäftsverkehrs bedarf es vielmehr einer Vorkehrung, die den Beteiligten die Sicherheit gewährt, daß sie zu bestimmten Tagesstunden ihr Recht der Durchsicht der Liste ausüben können. Mag nun auch dazu nicht in allen Fällen die öffentliche Bekanntmachung der Tagesstunden erforderlich sein, beispielsweise dann nicht, wenn die Liste an einer öffentlichen Amtsstelle ausliegt, für deren Geschäftsverkehr ein für allemal bestimmte Büreaustunden bestehen, so bedarf es doch, wo das nicht der Fall, zur Verhütung des Uebelstandes, daß die Beteiligten wiederholt vergeblich in der Wohnung des betr. Beamten erscheinen, einer öffentlichen Bekanntmachung darüber, zu welchen Tagesstunden die Liste eingesehen werden kann.

Nr. 2. Entsch. v. 15. April 1904 — II 704.

Nach den Ausführungen in OVG. 42 134 hat sich im Geltungsgebiete der RhGemO. eine etwa erforderliche Stichwahl unmittelbar an die erste Wahl anzuschließen, so daß die Anberaumung eines neuen Wahltermins zur Vornahme der engeren Wahl gegen das Gesetz verstößt und die Ungültigkeit der Wahlen nach sich zieht. Im gegebenen Falle hatte der Wahlvorsteher sich befugt erachtet, in Rücksicht darauf, daß die Hauptwahl erst um $9^1/_2$ Uhr abends beendet gewesen, die engere Wahl auf den folgenden Tag, vorm. 10 Uhr anzusetzen. Der Bezirksausschuß erblickte hierin keinen Verstoß gegen das Gesetz, sondern erklärte die Vertagung der Wahl auf den nächsten Morgen in Anbetracht der Umstände als eine durch die Verhältnisse gebotene, im Gesetze nicht gemißbilligte Unterbrechung des ersten Termins. Das OVG. dagegen erklärte die auf Grund des vorliegenden Tatbestandes angefochtenen Wahlen für ungültig, da der Vorschrift des Gesetzes unter allen Umständen hätte Genüge geschehen müssen. Freilich — so wurde ausgeführt — dürfe den Wählern nicht zugemutet werden, bis tief in die Nacht hinein der Wahlhandlung beizuwohnen. Aber daraus folge nicht, daß die Wahlhandlung so, wie geschehen, hätte unterbrochen werden dürfen, sondern daß der Termin von vornherein so anzuberaumen gewesen wäre, daß eine Ausdehnung des Wahlgeschäfts bis in die Nacht hinein vermieden sein würde.

Nr. 3. Entsch. v. 4. April 1905 (OVG. 46 181) I C 4/05.

RhGemO. § 50 Abs. 6; G. v. 30. VI. 00 (GS. 185), betr. die Bildung der Wählerabteilungen bei den Gemeindewahlen, §§ 1, 5.

Die Bestimmung im § 50 Abs. 6 RhGemO., wonach jede Wählerabteilung mindestens aus so viel Wählern bestehen mußte, als Gemeindeverordnete von ihr gewählt werden sollten, ist durch das G. v. 30. VI. 00 aufgehoben worden. Das G. v. 30. VI. 00 bestimmt im § 1 ganz allgemein, daß in den Gemeinden, in welchen die Bildung der Wählerabteilungen für die Wahlen zur Gemeindevertretung nach dem Maßstabe direkter Steuern stattfindet, die Wähler nach den von ihnen zu entrichtenden direkten Staats-, Gemeinde-, Kreis- und Provinzialsteuern in drei Abteilungen geteilt werden, „und zwar in der Art, daß auf jede Abteilung ein Dritteil der Gesamtsumme der Steuerbeträge aller Wähler fällt.“ Besondere Bestimmungen sind nur getroffen hinsichtlich des Ansatzes eines Betrags von 3 ℳ für die nicht zur Staatseinkommensteuer veranlagten Personen, für die Nichtanrechnung gewisser Steuern, die Vertretung der Gemeindesteuern durch die staatlich veranlagten Realsteuern und den Ausschluß der nicht zu einer Staatssteuer veranlagten Personen von den beiden ersten Wählerabteilungen, sowie über die Zulässigkeit einer abweichenden statutarischen Regelung der Bildung der Abteilungen in Gemeinden mit mehr als 10000 Einwohnern. Im § 5 dG. ist angeordnet, daß die bestehenden gesetzlichen „Vorschriften über das Gemeindewahlrecht" unberührt bleiben, insbesondere die Bestimmungen der Gemeindeverfassungsgesetze, nach denen die Ausübung des Wahlrechts an die Entrichtung bestimmter Steuersätze geknüpft ist oder geknüpft werden kann. Hiernach enthält das Gesetz eine für alle Provinzen, in denen es Anwendung findet, gleichmäßige Regelung der Einteilung der Wähler in Abteilungen. Die Vorschriften der Gemeindeverfassungsgesetze hinsichtlich dieser Einteilung sind nur insofern unberührt gelassen, als sie die Fälle betreffen, in denen der Steuerbetrag eines Wählers bei der Drittelung in zwei Abteilungen fällt oder eine Entscheidung darüber erforderlich wird, welcher von mehreren Wählern, die einen gleichen Steuerbetrag entrichten, der höheren Abteilung zuzurechnen ist. Mit dem G. v. 30. VI. 00 steht die Best. des § 50 Abs. 6 RhGemO., wonach unter Umständen auf die erste Abteilung nicht nur ein Dritteil der Gesamtsumme der in Rechnung zu stellenden Steuerbeträge, sondern ein höherer Betrag fallen würde, in Widerspruch. Hätte das G. v. 30. VI. 00 ältere Vschr. der bezeichneten Art aufrecht erhalten wollen, so würde es dies ausgesprochen haben, und hätte der Gesetzgeber eine Vorschrift, wie die im § 50 Abs. 6 RhGemO., für geboten erachtet, so würde er sie wahrscheinlich nicht nur für die Landgemeinden der Rheinprovinz beibehalten, sondern bei der gleichmäßigen Regelung der Klasseneinteilung für alle Landgemeinden des Preußischen Staates, in denen die Bildung der Wählerabteilungen nach dem Maßstabe direkter Steuern stattfindet, in das Gesetz selbst aufgenommen haben. Eine Vorschrift, welche, wie die des § 50 den Vorschriften des neueren Gesetzes entgegensteht, ist durch dieses nach allgemeinen Rechtsregeln als beseitigt zu erachten, wenn sie in ihm nicht ausdrücklich aufrecht erhalten worden ist. Nach § 5 G. v. 30. VI. 00 sind aber nur die gesetzlichen Vorschriften „über das Gemeindewahlrecht" unberührt geblieben. Hierunter können bloß solche Vorschriften verstanden werden, welche über die Berechtigung oder Nichtberechtigung zur Teilnahme an den Wahlen an sich bestimmen, nicht auch solche, die, wie die Vorschriften über die Bildung der Abteilungen, nur das Maß, den Umfang der Teilnahme des einzelnen betreffen.

3. Rechtsmittel.

Nr. 1. Entsch. v. 21. Nov. 1902 (PrVerwBl. 24 821).

ZustG. § 11.

Nicht jedes auf tatsächlichen Gründen beruhende Interesse gestattet die Beiladung, sondern nur ein rechtlich geschütztes Interesse des Dritten bildet die Voraussetzung für seine Beiladung im VerwStreitVerf. Ein solches Interesse hat der Gemeindevorstand an der Frage nicht, ob eine Wahl zur Gemeindevertretung rechtsgültig ist oder nicht. Ihm ist vielmehr durch § 11 ZustG. das Recht gegeben, Beschlüsse der Gemeindevertretung, die mit seiner Auffassung im Widerspruch stehen, im Wege der Klage anzufechten.

Nr. 2. Entsch. v. 6. Okt. 1903 (PrVerwBl. 25 680) I 1462.

LGemO. § 144; ZPO. § 62.

1. Bei Klagen auf Gültigkeit einer Wahl zur Gemeindevertretung besteht zwischen dieser als der Beklagten und dem beigeladenen Ge-

wählten eine notwendige Streitgenossenschaft iS. des § 62 ZPO. Die Berufung der Beklagten hemmt daher die Rechtskraft des Urteils des Kreisausschusses auch dem Beigeladenen gegenüber.

2. Die Befugnis des Gemeindevorstehers, die Gemeindevertretung in dem StreitVerf. zu vertreten und in ihrem Namen Rechtsmittel einzulegen, besteht so lange fort, als die Gemeindevertretung von der ihr nach § 144 Abs. 2 LGemO. zustehenden Befugnis, zur Wahrnehmung ihrer Rechte im VerwStreitVerf. einen besonderen Vertreter zu bestellen, nicht Gebrauch gemacht hat. Die Einlegung der Berufung durch den Gemeindevorsteher ist daher trotz eines Beschlusses der Gemeindevertretung, Berufung nicht einzulegen, rechtswirksam. Die Gemeindevertretung hätte eine Zurücknahme des von dem Gemeindevorsteher eingelegten Rechtsmittels nur durch diesen selbst oder durch einen von ihr bestellten besonderen Vertreter erklären können.

Nr. 3. Entsch. v. 9. Okt. 1903 — II 1693.

SchlHStO. v. 14. IV. 69 (GS. 589) § 43; ZustG. §§ 10 f.

Das durch die §§ 10 f. ZustG. geregelte Verfahren, betr. Beschwerden und Einsprüche gegen die „Richtigkeit der Gemeindewählerliste" bezieht sich für den Geltungsbereich der SchlHolstStO. nur auf die Einsprüche gegen die Richtigkeit der Bürgerrolle, wogegen Erinnerungen gegen das auf Grund der Bürgerrolle aufgestellte Verzeichnis der Wahlberechtigten in dem durch § 43 Abs. 4 SchlHolstStO. vorgesehenen besonderen Verfahren unter Ausschluß des VerwStreitVerf. zu erledigen sind (vgl. OVG. 40 40).

Nr. 4. Entsch. v. 9. Okt. 1903 — II 1694.

ZustG. §§ 27 f.

1. Ein in B. (Landgemeinde im RegBez. Düsseldorf) wohnender Bauunternehmer verlangte von dem dortigen Gemeinderate, daß er den Landwirt K., der seinerzeit als meistbegüterter Grundeigentümer Mitglied des Gemeinderats geworden war, durch Beschluß für nicht berechtigt erkläre, an den Sitzungen des Gemeinderats teilzunehmen, weil er — nach der Meinung des Antragstellers — die Eigenschaften eines meistbegüterten Grundbesitzers nicht habe. Der Gemeinderat lehnte das Ansinnen ab und hiergegen beschritt der Antragsteller N. den Klageweg. Seine Klage wurde abgewiesen.

2. Die Verwaltungsgerichte haben auf Anrufen eines Privaten nur dann Recht zu sprechen, wenn es sich um das Bestehen eines Individualrechtes und eine Störung der dem einzelnen gewährleisteten Rechtssicherheit handelt. Die Aufrechterhaltung der öffentlichen Rechtsordnung an sich durch Klage bildet jedoch keine einem jeden aus dem Volke zugewiesene Aufgabe, und die sogenannte Popularklage ist (abgesehen von besonderen Ausnahmefällen) dem preußischen Verwaltungsrechte unbekannt. Im übrigen ist die öffentliche Rechtsordnung, dh. im vorliegenden Falle die gesetzmäßige Zusammensetzung des Gemeinderats, durch die Bestimmungen in §§ 27 f. ZustG. genügend sicher gestellt.

Nr. 5. Entsch. v. 30. Okt. 1903 (OVG. 44 138) I C 18/03.

HNLGemO. § 22; LVG. §§ 53, 121.

Eine Anordnung des Kreisausschusses über die Anzahl der Gemeindeverordneten, die aus den einzelnen zu einer Gemeinde gehörigen Ortschaften zu wählen sind, unterliegt nicht der sachlichen Nachprüfung des Verwaltungsrichters, sondern kann gem. § 121 LVG. nur mit der Beschwerde angefochten werden. Wahlen, die gegen eine solche Anordnung verstoßen, sind **ungültig**, auch wenn gegen die Anordnung noch Beschwerde zulässig ist. Aus der aufschiebenden Wirkung, die nach § 53 LVG. der Anbringung der Beschwerde zukommt, ließe sich höchstens folgern, daß vor Erledigung der Beschwerde nicht zur Wahl in Gemäßheit des Beschlusses geschritten werden darf, niemals aber die Statthaftigkeit einer dem Beschluß entgegenstehenden Wahl herleiten. JS. des Gesetzes, das den Kreisausschuß zur Bestimmung der Zahl der aus jeder Ortschaft zu wählenden Gemeindeverordneten ermächtigt, kann es nicht liegen, daß die Bestimmung nicht zu befolgen wäre, falls nur die Wahl vor Eintritt der Unanfechtbarkeit des Kreisausschußbeschlusses stattfindet. Daher darf dahingestellt bleiben, ob der Beschluß zur Zeit der Wahl bereits unanfechtbar, wer zu dessen Anfechtung befugt war, ob der Beschluß noch anderweit bekannt zu machen gewesen wäre, und von welchem Zeitpunkt ab die Beschwerdefrist lief.

Nr. 6. Entsch. v. 29. März 1904 (OVG. 45 133) I C 78/03.

LGemO. §§ 67, 88[7], 144 Abs. 2; LVG. § 73.

Nachdem sich einmal die Gemeindevertretung iS. der Ungültigkeit einer Gemeindeverordnetenwahl schlüssig gemacht hat, kann, soweit die Gewählten Klage erhoben haben und an der erhobenen Klage festhalten, die Frage der Gültigkeit der Wahl nur durch den Verwaltungsrichter in einem StreitVerf. entschieden werden, in dem der Gemeindevertretung kraft Gesetzes die Rolle der beklagten Partei zufällt. **Eines Beschlusses der Gemeindevertretung darüber, ob und welche Stellung zu der Klage einzunehmen sei, bedarf es daher nicht.** Selbst wenn mit der Möglichkeit gerechnet wird, die Gemeindevertretung habe den Anspruch der Klage als berechtigt anerkennen können, vermag doch ein solches Anerkenntnis in einem Verfahren, das die objektive Feststellung der Gültigkeit oder Ungültigkeit der Wahl zum Gegenstande hat, den Verwaltungsrichter nicht zu binden. Im übrigen ist der **Gemeindevorsteher** nach § 88[7] Abs. 1 LGemO. in Verb. mit § 73 Abs. 3 LVG. **auch ohne besondere Vollmacht der Gemeindevertretung zu ihrer Vertretung befugt** und bedarf daher zur Einlassung auf eine Klage, sowie zur Einlegung von Rechtsmitteln keiner besonderen Ermächtigung durch einen Gemeindebeschluß. Seine namens der Gemeindevertretung abgegebenen Erklärungen gelten als ihre Erklärungen selbst und zwar so lange, als sie nicht, von der ihr durch § 144 Abs. 2 LGemO. eingeräumten Befugnis Gebrauch machend, einen **besonderen Vertreter** zur Wahrnehmung ihrer Rechte im VerwStreitVerf. bestellt und durch diesen ihren Widerspruch mit den Aeußerungen des Gemeindevorstehers dem Verwaltungsrichter gegenüber kundgibt.

Nr. 7. Entsch. v. 7. Juni 1904 (OVG. 45 180) I C 4/04.

LGemO. § 66[1].

1. Auch nach § 66[1] LGemO. bildet die **Erhebung eines Einspruchs die unerläßliche Voraussetzung** für eine Beschlußfassung der Gemeindevertretung über die Berichtigung der Gemeindewählerliste. Ohne Einspruch darf daher die Gemeindevertretung keine Berichtigung der Liste vornehmen. Dem Mangel eines Einspruchs steht es gleich, wenn verspätet oder fehlerhaft Einspruch eingelegt wird.

2. Wenn es auch nicht einer ins einzelne gehenden Darlegung derjenigen Mängel bedarf, an denen die Liste nach Ansicht des den Einspruch erhebenden Stimmberechtigten leidet, so ist es doch **unerläßlich, daß der Einspruch ersehen läßt, welche Unrichtigkeiten der Liste zum Vorwurf** gemacht werden sollen. Im vorliegenden Falle beschränkt sich der Einspruch auf die

Erklärung, daß gegen die neuausliegende Liste Protest eingelegt werde. Dies ist unzureichend. Freilich kann in dem Zusatze: „Brief folgt" ein Hinweis darauf gefunden werden, daß eine nähere Darlegung noch erfolgen solle. In der Tat ist denn auch in einem späteren Schreiben angeführt, daß die J.schen Erben nicht in die Liste aufgenommen seien. Aber dieses Schriftstück ist erst nach Ablauf der Einspruchsfrist bei der zuständigen Stelle eingegangen und kann, da es nicht etwa die zulässige Ergänzung einer rechtzeitig angebrachten Einspruchsbegründung, sondern überhaupt die erste Begründung des Einspruchs enthält, als verspätet nicht berücksichtigt werden.

3. Ein Beschluß, daß die nicht näher bezeichneten Erben einer gewissen Person in die Gemeindewählerliste aufzunehmen seien, entbehrt der nötigen Bestimmtheit. Diese Unbestimmtheit kann durch den Verwaltungsrichter nicht behoben werden.

Nr. 8. Entsch. v. 4. Okt. 1904 (OVG. 46 134) I C 20/04.

ZustG. §§ 27 f.

1. Die schriftliche Form des Bescheides und des Einspruchs für Streitigkeiten über die Ausübung des Stimmrechts in der Gemeindeversammlung ist nicht vorgeschrieben und danach ein mündlicher Einspruch, auf den der Gemeindevorsteher einen mündlichen Bescheid erteilt hat, nicht rechtsungültig.

2. Darüber, ob in einem einzelnen Falle ein Stimmberechtigter von der Ausübung des Stimmrechts in der Gemeindeversammlung auszuschließen sei, ist ein VerwStreitVerf. nicht zulässig. Nach § 28 Abs. 2 ZustG. findet die Klage im VerwStreitVerf. gegen Beschlüsse statt, die von der Gemeindevertretung und, wo eine solche nicht besteht, vom Gemeindevorstand in den Fällen des § 27 aaO. erlassen werden. Gegenstand solcher Beschlüsse sind nach § 27¹ Beschwerden und Einsprüche, „betr. den Besitz oder den Verlust .... des Stimmrechts in der Gemeindeversammlung." In derselben Nr. 1 ist vorher von der Gemeindemitgliedschaft und dem Gemeindebürgerrechte, hinterher von der Zugehörigkeit zu einer bestimmten Klasse von Stimmberechtigten, also von Rechten überhaupt, nicht von der Befugnis zur Ausübung der Rechte in einzelnen Fällen die Rede. Hiernach muß angenommen werden, daß zwar die Frage, ob jemand in der Gemeindeversammlung zu stimmen berechtigt sei, nicht aber die Frage, ob ein an sich zum Stimmen Berechtigter von der Ausübung des Rechtes im einzelnen Falle auszuschließen sei, der Kontrolle des Verwaltungsrichters hat unterstellt werden sollen. Auch bei Beschlußfassungen in der Gemeindevertretung kann Streit darüber entstehen, ob ein an sich Stimmberechtigter im einzelnen Falle von der Ausübung des Stimmrechts auszuschließen sei. Daher würde der Gesetzgeber, wenn er das VerwStreitVerf. für dergleichen Fälle hätte zulassen wollen, in § 27¹ ZustG. neben der Gemeindeversammlung auch die Gemeindevertretung erwähnt haben. Daß dies nicht geschehen ist, spricht neben der sonstigen Fassung der Vorschrift gegen die Zulässigkeit des VerwStreitVerf.

D. Gemeinde- und Gutsvorsteher.

Nr. 1. Entsch. v. 17. März 1903 (PrVerwBl. 24 547).

Eine Bestimmung über die Benutzung von Wirtschaftswegen durch die Anlieger ist ein Akt — nicht der Vertretung der Gesamtheit Dritten gegenüber, sondern — der Verwaltung. Es ist aber auch ein Akt der Verwaltung, wenn der Gemeindevorstand einen Antrag, der dahin geht, eine bestimmte Art der Benutzung eines Weges zu untersagen, ablehnt. Hiergegen ist nicht die Klage im VerwStreitVerf. gegeben; vielmehr bleibt dem Interessenten, dessen Antrag abgelehnt worden ist, nur anheim gestellt, über den Gemeindevorstand bei der Aufsichtsbehörde Beschwerde zu führen. Auch gegen denjenigen, der sich nach der Meinung eines Interessenten durch eine unstatthafte Benutzung eines Weges eines Eingriffs in seine, des Interessenten, Rechte schuldig macht, ist die Klage im StreitVerf. unzulässig. Dergleichen unter den Mitgliedern entstehende Streitigkeiten unterliegen nach wie vor der Entscheidung im ordentlichen Prozeßwege.

Nr. 2. Entsch. v. 11. Dez. 1903 (PrVerwBl. 26 165) I 1755.

LGemO. § 88[7].

1. Die Vertretung der Landgemeinde im StreitVerf. liegt dem Gemeindevorsteher ob. Entgegen dieser Bestimmung hat die Gemeindevertretung den Schöffen C. und den Gemeindeverordneten von B. bevollmächtigt, zur Führung der Streitsache einen Rechtsanwalt anzunehmen. Da indessen der Vollmacht ein einstimmiger Beschluß an dem auch der Gemeindevorsteher teilgenommen hat, zugrunde liegt, so hindert nichts, die Sachlage so aufzufassen, als ob lediglich der allein dazu zuständige Gemeindevorsteher jenen beiden Mitgliedern der Gemeindevertretung mit der Befugnis zur Untervollmacht den Auftrag gegeben hat.

2. In der Unterlassung einer Würdigung der Anführungen der Klagebeantwortung durch den Vorderrichter liegt ein wesentlicher Mangel des Verfahrens nur unter der Voraussetzung, daß die Erwägungen, auf die sich die angefochtene Entscheidung stützt, nicht geeignet sind, sie dergestalt zu tragen, daß ihnen gegenüber jene Behauptungen als unerheblich betrachtet werden durften.

Nr. 3. Entsch. v. 5. Mai 1905 (PrVerwBl. 27 412) I 517.

HannLGemO. § 26; LVG. § 126.

Der Hofbesitzer Kl. war zum Gemeindevorsteher gewählt. Der Landrat beabsichtigte in der Erwägung, daß Kl. nach dem mangelhaften Ergebnis einer bei ihm vorgenommenen Kassenrevision der zu dem Amte eines Gemeindevorstehers nötigen Befähigung entbehre, der Wahl die Bestätigung zu versagen. Der Kreisausschuß lehnte indessen die zu der Versagung erforderliche Zustimmung ab, weil an die Buch- und Kassenführung eines einfachen Gemeindevorstehers nicht der gleiche und strenge Maßstab angelegt werden dürfe, wie an die Amtsführung eines andern Kassenbeamten, sonst würde man keine Person mehr finden, die bereit wäre, das schwierige Amt eines Gemeindevorstehers zu übernehmen. Im Falle von Defekten hafte der Gemeindevorsteher mit seinem ganzen Besitze und der böte stets die genügende Sicherheit; schließlich müsse die Gemeinde den Schaden tragen. Das OVG. erkannte nach dem Antrage des Landrats auf Aufhebung dieses Beschlusses.

Für die Frage aber, ob der Kreisausschuß sich einer Rechtsverletzung schuldig gemacht hat, kann nur der § 26 HannG. v. 28. IV. 59 in Betracht kommen, der unter Ziff. 2 bestimmt, daß der Wahl eines Gemeindevorstehers dann die Bestätigung zu versagen ist, wenn der Gewählte der zu dem Amte nötigen Befähigung ermangelt. Da nach § 38 AAnw. z. HannLGemO. dem Gemeindevorsteher auch die Führung der Gemeinderechnung obliegt, so begreift die zu dem Amte nötige Befähigung auch die Fähigkeit zur Kassenverwaltung in sich. Die Beurteilung, ob eine Person die zur Kassenführung erforderliche Fähigkeit besitzt, liegt auf dem Gebiete der Würdigung tatsächlicher Verhältnisse. Ein Irrtum bei dieser Würdigung stellt daher keine Rechtsverletzung dar. Etwas anderes aber ist es, wenn der Kreisausschuß zu der Frage, ob der Gewählte die erforderliche Fähigkeit besitzt, überhaupt nicht Stellung nimmt. Das ist hier der Fall. Zwar läßt seine Erklärung, daß an die Kassenführung eines einfachen Gemeindevorstehers nicht der gleiche und strenge Maßstab, wie an einen andern Kassenbeamten gestellt werden dürfe, die Deutung zu, als solle damit ausgedrückt werden, Kl. besitze dasjenige Mindestmaß von Kenntnissen und Fertigkeiten, das zur Führung der Gemeinderechnung erforderlich sei. Indessen abgesehen davon, daß der Kreisausschuß eine dementsprechende Feststellung nicht getroffen hat, entziehen die weiteren Anführungen des angefochtenen Beschlusses dieser Annahme den Boden. Wenn der Kreisausschuß sagt, der Gemeindevorsteher hafte für Defekte mit seinem ganzen Besitze und schließlich trage die Gemeinde den Schaden, so gibt er zu erkennen, daß er die Frage, ob der Gewählte die Befähigung zur Kassenführung besitzt, für unerheblich erachtet und der beabsichtigten Versagung der Bestätigung widerspricht, selbst wenn er bei eigener Prüfung dazu kommen sollte, dem Gewählten jene Befähigung abzuerkennen.

Nr. 4. Entsch. v. 14. Okt. 1904 (OVG. 46 185) VIII C 27/03.

LGemO. §§ 123 ff.

Der Besitzer eines selbständigen Gutes kann einen Gutsvorsteherstellvertreter für einen Teil des Gutsbezirkes, vorbehaltlich der Bestätigung des Landrats, bestellen, auch ohne daß die Bestellung von dem Kreisausschuß angeordnet war. Der § 124 LGemO. handelt von den Verpflichtungen des Gutsbesitzers, nicht von seinen Befugnissen, wie schon aus dem Worte „muß" im Abs. 1 und aus dem Zusammenhange mit § 126 erhellt. Ist zur ordnungsmäßigen obrigkeitlichen Verwaltung die Ernennung eines stellvertretenden Vorstehers oder eines besonderen Stellvertreters erforderlich, so kann der widerstrebende Gutsbesitzer dazu durch die Aufsichtsbehörde angehalten werden. Dagegen ist aus den für die Ausübung des Gutsvorsteheramts dem Gutsbesitzer beigelegten Befugnissen, besonders aus § 123 LGemO. kein Anhalt dafür zu entnehmen, dem Gutsbesitzer habe — vorbehaltlich der nach § 125 erforderlichen Bestätigung des Landrats — versagt sein sollen, aus eigenem Antriebe für entfernte Teile des Gutes — Vorwerke, Kolonien — einen besonderen Vertreter zu bestellen.

E. Gemeindebeamte.

Nr. 1. Entsch. v. 15. April 1904 (PrVerwBl. 26 100) D 73.

HNLGemO. v. 4. VIII. 97 (GS. 301) § 59 Abs. 4[7].

1. Ein Dienstvergehen kann in der Weigerung eines Schöffen, eine die Gemeinde verpflichtende Schuldurkunde zu unterschreiben, nicht gefunden werden, wenn der Schöffe sich für überzeugt halten konnte, daß ein die Gemeinde verpflichtender Beschluß nicht zu stande gekommen sei. Obwohl die Verpflichtung des Schöffen zur Unterzeichnung der Schuldurkunde eine rein formelle ist und nicht den Charakter der kollegialischen Mitwirkung zum Abschluß des Vertrages hat, so hat er doch zu prüfen, ob die Urkunde die formalen Erfordernisse (des § 59 Abs. 4[7] HNLGemO.) erfüllt, insbesondere, ob sie den betr. Gemeindebeschluß und die erforderliche Genehmigung der Aufsichtsbehörde anführt, ob die hierauf bezüglichen Angaben den Tatsachen entsprechen, und ob der Inhalt des angeführten Gemeindebeschlusses und der ihm hinzutretenden Genehmigung die Ermächtigung zum Abschluß des zu beurkundenden Geschäfts enthält.

2. Dagegen muß in der Verweigerung der Unterschrift unter dem vom Landrat und einem Kreisausschußassistenten aufgenommenen Vernehmungsprotokoll eine Verletzung der Achtung und Ehrerbietung erblickt werden, die der Angeschuldigte, als Schöffe, dem Landrate, als dem Vertreter der Aufsichtsbehörde, schuldet. War der Angeschuldigte schon vor der Einleitung des förmlichen DiszVerf. verpflichtet, dem Landrat auf dessen Verlangen wahrheitsgemäß über die Gründe seines Verhaltens Auskunft zu geben, so war er ebenso verbunden, zu einer vollständigen Beurkundung seiner Auslassung durch Leistung der Unterschrift mitzuwirken.

Ebenso strafbar ist die Ablehnung der Unterschrift unter dem Protokoll des bestellten Untersuchungskommissars. Wenngleich in der disziplinaren Voruntersuchung keine Möglichkeit besteht, eine verantwortliche Aeußerung des angeschuldigten Beamten irgend wie zu erzwingen, so erfordert es doch auch hier die allen Beamten obliegende Pflicht rücksichtsvoller Achtung gegen den Inhaber eines öffentlichen Amts, daß der Angeschuldigte dem als Untersuchungskommissar handelnden Kreissekretär bei der Beurkundung seiner Auslassungen Schwierigkeiten nicht in den Weg legt.

F. Geschäfte der Gemeindeversammlung (Gemeindevertretung, Gemeinderat).

Nr. 1. Entsch. v. 21. Okt. 1902 (PrVerwBl. 24 210).

Klagen gegen Beschlüsse der Gemeindevertretung, die an eine Frist gebunden sind, können wegen Fristversäumnis nicht abgewiesen werden, wenn die anzufechtenden Beschlüsse den zur Klage Berechtigten nicht mitgeteilt worden sind. Solange es hieran fehlt, wird der Lauf der Klagefrist überhaupt nicht eröffnet. Grundsätzlich wird eine Benachrichtigung in einer die Behändigung nachweisenden Form gefordert. Indessen es genügt auch, wenn der anzufechtende Beschluß in einer die „Zustellung ersetzenden Weise" zur Kenntnis der Beteiligten gelangt.

Nr. 2. Entsch. v. 6. Nov. 1903 — II 1882.

Die mündliche Form der Beanstandung ist zwar nicht empfehlenswert, aber nicht unzulässig. Ist ein Gemeindebeschluß in einer Sitzung der Gemeindevertretung von zuständiger Stelle aus mündlich unter Angabe der Gründe beanstandet worden, so wird die Frist für die dagegen zulässige Klage in Lauf gesetzt.

Nr. 3. Entsch. v. 29. März 1904 (OVG. 45 131) 1 C 71/03.

LGemO. § 65.

Gegen einen Gemeindeverordneten dürfen nicht wegen unregelmäßigen Besuchs der Sitzungen der Gemeindevertretung die Rechtsnachteile verhängt werden, mit denen nach dem Gesetze diejenigen bedroht sind, die sich der Verwaltung der Aemter tatsächlich entziehen.

Der § 65 LGemO. bedroht den, der sich ohne ausreichenden Entschuldigungsgrund weigert, ein unbesoldetes Amt in der Verwaltung oder Vertretung der Gemeinde zu übernehmen oder das übernommene Amt 3 Jahre lang zu versehen, mit gewissen Rechtsnachteilen und stellt ihn dem gleich, der sich der Verwaltung solcher Aemter tatsächlich entzieht. Aus dem Zusammenhange beider Bestimmungen ergibt sich, daß der zweite Satz nur denjenigen trifft, der die Weigerung, ein ihm übertragenes Amt in der Gemeindeverwaltung oder Gemeindevertretung zu übernehmen oder das übernommene Amt 3 Jahre hindurch zu versehen, zwar nicht mit Worten ausspricht, jedoch durch Handlungen zum Ausdrucke bringt, dagegen nicht auf denjenigen anzuwenden ist, der die Pflichten des von ihm übernommenen Amtes in fahrlässiger oder vorsätzlicher Weise verletzt. Die Vorschrift ist nicht gegeben, um Beamte, die ihr Amt freiwillig nicht aufgeben wollen, wegen Pflichtverletzung aus dem Amte zu entfernen, sondern soll nur dazu dienen, eine widerrechtliche Ablehnung oder Niederlegung des Amtes zu strafen. Entscheidend ist daher nicht, ob der Kläger durch unregelmäßigen Besuch der Sitzungen der Gemeindevertretung oder sonstige Handlungen seine besonderen Pflichten als Gemeindeverordneter verletzt hat, sondern allein, ob er durch seine Handlungen den Willen, sein Amt als Gemeindeverordneter nicht mehr zu versehen, an den Tag gelegt hat. Das muß verneint werden, wenn sich der Kläger von den Sitzungen der Gemeindevertretung nicht völlig ferngehalten, sondern einzelne besucht hat. Daher kann, selbst wenn der unregelmäßige Besuch der Sitzungen auf schuldhafter Säumnis des Klägers beruhen sollte, nicht festgestellt werden, daß er sich seinem Amte tatsächlich entzogen, sondern nur, daß er die Pflichten seines Amtes in sehr geringem Maße erfüllt hat.

Nr. 4. Entsch. v. 20. Mai 1904 (PrVerwBl. 26 271) II 933.

LVG. § 7.

Zwar hat das OVG. stets an dem Grundsatze festgehalten, daß der Verwaltungsrichter solchen Polizeiverordnungen und bestätigten Gemeindebeschlüssen, die mit den Gesetzen im Widerspruche stehen, ohne Rücksicht auf die ihnen sonst an sich zukommende Bedeutung, die Anerkennung zu versagen habe. Aber niemals ist eine Klage im VerwStreitVerf. auf Ungültigkeitserklärung eines Gemeindebeschlusses für zulässig erklärt worden. Ueberall kommt die formelle und materielle Prüfung der Normen der inneren Verfassung von Kommunalverbänden auf ihre Rechtsbeständigkeit nur als ein Inzidentpunkt in Betracht. Voraussetzung ist stets, daß ein Streit vorliegt, zu dessen Entscheidung die sachliche Zuständigkeit der Verwaltungsgerichtsbehörden gem. § 7 Abs. 2 LVG. durch besondere gesetzliche Bestimmungen geregelt ist. Eine besondere gesetzliche Bestimmung, welche die Verwaltungsgerichte zur Entscheidung über die Gültigkeit von Gemeindebeschlüssen ganz allgemein oder für einzelne Verwaltungsgebiete zuständig machte, besteht nicht.

G. Gemeindevermögen u. Gemeindegliedervermögen; Teilnahme an den Gemeindenutzungen; gemeinschaftliche Angelegenheiten.

Nr. 1. Entsch. v. 1. Nov. 1904 (OVG. 46 137) I C 25/04.

HannLGemO. §§ 5, 11, 41 f.; HannJagdO. v. 11. III. 59 §§ 5, 10; BGB. § 1030.

Rechtsirrig ist die Annahme, daß ein Volksschullehrer als Nießbraucher des Schullandes keinen Anspruch auf den Anteil an Jagdpachterträgen habe, die auf das Grundstück entfallen. Allerdings steht nach § 5 JagdO. v. 11. III. 59 die Beschlußfassung über die Verwaltung der Feldmarksjagd den beteiligten Grundeigentümern zu, denen nach § 10 auch die Aufkünfte aus der Benutzung der Feldmarksjagd zukommen. Gehört hiernach der

Lehrer auch nicht zu den „Feldmarksgenossen", so schließt dies doch nicht aus, daß er Teilnahme an den Aufkünften auf Grund eines Rechtes zu beanspruchen hat, das von dem Rechte eines Feldmarksgenossen abgeleitet ist. Da ihm von der Schulgemeinde als der Eigentümerin des Schullandes der Nießbrauch des Grundstücks übertragen worden ist und die Jagdnutzung zu den Nutzungen des Grundstücks gehört, so kommen ihm auch diejenigen Erträge der Jagdnutzung zu, die sonst nach den Vorschriften der JagdO. dem Grundstückseigentümer zufließen würden. Dies ist vom OVG. hinsichtlich der sich aus dem JagdPolG. v. 7. III. 50 und dem ALR. ergebenden Rechtsverhältnisse in OVG. 28 319 ausgeführt worden, gilt aber ebenso nach den Vschr. der HannJagdO. und dem § 1030 BGB., soweit nicht im Einzelfalle der Nießbrauch vertragsmäßig durch ausdrücklichen Ausschluß der Jagderträge beschränkt worden ist.

Nr. 2. Entsch. v. 19. Jan. 1904 (PrVerwBl. 26 252) I 92.

HNLGemO. §§ 6, 8; KommAbgG. § 4.

1. Wenn auch nicht jedes von einer Gemeinde errichtete Wasserwerk als eine öffentliche Gemeindeanstalt iS. des § 8 HNLGemO. anzusehen ist, die Gemeinden vielmehr dem öffentlichen Interesse an einer Versorgung der einzelnen Haushaltungen mit ausreichendem Wirtschafts- und Trinkwasser auch dadurch genügen können, daß sie dem einzelnen die Möglichkeit gewähren, mit ihnen wegen Zuleitung des Wassers in privatrechtliche Beziehungen zu treten, so ist doch im vorliegenden Falle dem von der Gemeinde R. errichteten Wasserwerke der Charakter einer öffentlichen Gemeindeanstalt beigelegt. Denn im Eingange der „Bestimmungen über die Benutzung der Wasserleitung für den Privatgebrauch" ist als ihre Grundlage der § 6 aaO. iVerb. mit § 4 KommAbgG. angeführt und damit der Wille zum Ausdruck gebracht, das Recht auf Zulassung zur Benutzung der Wasserleitung durch öffentlich-rechtliche, einen Teil der Gemeindeverfassung bildende ortsstatutarische Grundsätze zu regeln und auch die Gegenleistung nicht als eine privatrechtliche, im Wege der Vereinbarung, sondern als eine öffentlich-rechtliche Gebühr zu erheben.

2. Das Recht der Gemeindeangehörigen zur Mitbenutzung der öffentlichen Anstalten und Einrichtungen ist aber kein unbedingtes, sondern hat nur nach Maßgabe der darüber bestehenden Bestimmungen Geltung. Es kann dahingestellt bleiben, ob in denjenigen Fällen, in denen das örtliche Recht die Einräumung eines Vorteils, sei es die Leistung der Gemeinde gegenüber dem einzelnen, sei es die Befreiung des einzelnen von einer Gemeindelast, von dem Ermessen der Gemeindeverwaltung abhängig macht, die Nachprüfung des Verwaltungsrichters sich auf die Beurteilung der Frage zu beschränken hat, ob die äußersten Grenzen des freien Ermessens offensichtlich überschritten sind. Denn diese Frage ist im vorliegenden Falle nicht von entscheidender Bedeutung. Der Vorderrichter hat festgestellt, daß in der in Betracht kommenden Straße ein Hauptrohr nicht liegt, und deshalb nicht der erste, sondern der Abs. 2 § 6 der Best. zur Anwendung kommt, wonach der Anschluß regelmäßig zu versagen ist, wenn in der in Betracht kommenden Straße ein Hauptrohr der Wasserleitung nicht liegt. Diese Feststellung ist rechtlich unbedenklich und in einem von wesentlichen Mängeln freien Verfahren gewonnen. Unter dem etwas unbestimmten Ausdrucke „in Betracht kommende Straße" kann nur die den Zufuhrweg zu den anzuschließenden Grundstücken bildende verstanden werden, in diesem aber liegt ein Hauptrohr der Wasserleitung unstreitig nicht. Streitig ist vielmehr nur, ob dieser Zufuhrweg einen Teil des öffentlichen Rothenberger Weges oder einen besonderen Privatfeldweg bildet und ob dasjenige Wasserleitungsrohr, das in dem in die Linie c, a, d der Handzeichnung v.

22. IV. 02 fallenden Teile des Rothenberger Weges verlegt ist, ein Hauptrohr oder ein provisorisches Nebenrohr ist. Werden aber auch diese Fragen zugunsten des Klägers beantwortet, so folgt hieraus noch immer nicht, daß der Teil des Rothenberger Weges, in dem das Rohr c, a, d liegt, als die „in Betracht kommende Straße" iS. des § 6 Abs. 2 der Best. anzusehen ist; denn jener Wegeteil bildet jedenfalls einen selbständigen Straßenteil, der anderen Zwecken dient, wie der Zufuhrweg zu den Grundstücken des Klägers, und ist deshalb von ihm verschieden, wenn auch beide mit demselben Namen bezeichnet werden sollten. Ist dem aber so, dann hat der Beklagte die Rechte des Klägers dadurch nicht verletzt, daß er die „Regel" des § 6 Abs. 2 auf seinen Antrag anwandte; denn mehr als eine Behandlung seines Antrages nach den Regeln der Best. hatte der Kläger rechtlich nicht zu beanspruchen. Daran ändert auch nichts, wenn der Gemeinderat, wie aus der Einschaltung des Wortes „regelmäßig" in der angeführten Vorschrift zu entnehmen ist, an sich befugt war, Ausnahmen von der Regel zuzulassen; denn die Einräumung einer Ausnahme von der für alle geltenden Regel hat den Charakter einer Begünstigung im Verhältnis zu anderen, auf die ein Rechtsanspruch nur dann geltend gemacht werden kann, wenn er in objektiven, positiven Rechtssätzen oder in persönlichen Privilegien eine Grundlage findet. Diese Voraussetzung trifft hier nicht zu. Hinzu tritt aber noch, daß der Kläger für die Bewilligung der beantragten Ausnahme keinerlei Gründe geltend gemacht hat, die nicht jeder in gleicher Lage befindliche Grundbesitzer würde für sich geltend machen können. Mit Unrecht legt er entscheidendes Gewicht auf sein Anerbieten, die sämtlichen Kosten des Anschlusses zu übernehmen; denn damit bietet er nur eine Leistung an, die jedem Anschluß an die Wasserleitung suchenden Besitzer nach § 7 der Best. obliegt. Wenn er aber darauf hinweist, daß er zur Errichtung neuer Gebäude die baupolizeiliche Genehmigung erhalten hat, so übersieht er, daß diesen Grund jeder Hausbesitzer für sich geltend machen kann, da zur Errichtung neuer Gebäude stets die baupolizeiliche Genehmigung erforderlich ist. Danach kann aus den Gründen, die Kläger für sich anführt, nicht die Billigkeit einer Ausnahme von der Regel, sondern höchstens die Unbilligkeit dieser Regel hergeleitet werden. Der Verwaltungsrichter hat aber nicht die Befugnis, der Beschränkung des Rechts auf Zulassung zur Benutzung von Gemeindeanstalten die Anerkennung zu versagen, wenn sie unbillig erscheint, sondern nur zu prüfen, ob sie rechtswidrig ist. Dies ist nicht dargetan.

Nr. 3. Entsch. v. 24. Juni 1904 (OVG. **45** 167) I C 80/03.

KurhGemO. v. 23. X. 34 (KurhGS. 181) §§ 24, 80[11], 84[4].

1. Nach der alten Markenverfassung bildete die „Mark" eine einheitliche, meist mehrere Dorfschaften umfassende Körperschaft, deren Glieder die Markgenossen, dh. die in der Mark mit Grund und Boden angesessenen Leute, waren. Danach können diejenigen Berechtigungen zur Teilnahme an den Nutzungen und Erträgen des Gemeindevermögens, die nicht allen Gemeindeangehörigen zustehen, sondern nur denen, die sich im Besitze bestimmter Grundstücke befinden, der Regel nach auf Reste der alten Markenverfassung zurückgeführt werden. Dasselbe gilt wohl auch von solchen Nutzungsrechten, die als selbständige, vererbliche und veräußerliche, nur einer geschlossenen Anzahl von Berechtigten zustehende Vermögensrechte behandelt werden und „für sich erworben werden müssen", wie sich § 24 KurhGemO. ausdrückt; denn auch hier handelt es sich um Rechte, die ursprünglich ein Ausfluß der als Zubehör von Haus und Hof angesehenen Eigenschaft der mit Grund und Boden in der Mark angesessenen Leute als Glieder der Markgenossenschaft waren, deren Zubehöreigenschaft aber später in Vergessenheit geriet. Anders verhält es sich aber mit Nutzungsrechten,

die den „Ortsbürgern" als solchen ohne Rücksicht auf den Besitz von Grundeigentum oder den Erwerb besonderer Berechtigungen zukamen. Für die Entstehung dieser Rechte bildete vielmehr der Verfall der alten Markenverfassung die Voraussetzung. Vollends gilt dies von einer Rechtsbildung, wie sie im vorliegenden Falle durch den TeilungsVt. v. 4. VII. 52 bezeugt ist, wonach vor der Teilung des sogenannten Markvermögens zur Teilnahme an den Nutzungen des dazu gehörigen Waldes in L. die „jeweiligen Ortsbürger" berechtigt waren, während in R. nur diejenigen Einwohner, die eine ganze „Nachbarschaft" oder einen Teil davon besaßen, als mitberechtigt anerkannt wurden. Waren auch die Voraussetzungen für den Eintritt in die Rechte eines Gliedes der Markgenossenschaft je nach der örtlichen Verfassung der einzelnen Marken verschieden, so mußten sie doch innerhalb derselben Mark gleich sein; sie konnten sich nicht, je nach dem örtlichen Rechte der einzelnen zur Mark gehörigen Dorf- oder Bauerschaft, voneinander derart unterscheiden, daß in der einen die Ortsbürger, dh. die zur Mitwirkung bei den öffentlichen Angelegenheiten der Gemeinde befähigten Gemeindeglieder als Glieder der Markgenossenschaft galten, in der andern aber nur solche Einwohner, die sich im Besitz einer ganzen oder geteilten „Nachbarschaft" di. eines „für sich erworbenen" Anrechts auf Teilnahme an den Nutzungen der gemeinen Mark befanden. Eine derartige Rechtsbildung setzte voraus, daß sich die einzelnen Dorfschaften zu selbständigen Körperschaften entwickelten und diese nunmehr als Träger der Berechtigungen an der gemeinen Mark angesehen wurden, von denen der einzelne Nutzungsberechtigte sein Recht abzuleiten hatte. Erst damit wurde der Boden für eine Fortentwickelung des Rechtes auf Teilnahme an den Nutzungen des zum Markvermögen gerechneten Waldes durch die Ortsverfassung der einzelnen zur gemeinen Mark gehörigen Landgemeinden gewonnen. War aber eine Berechtigung der einzelnen Gemeinde am Markwalde die Grundlage des Rechtes der Ortsbürger auf Teilnahme an seinen Nutzungen, so ist es gleichgültig, ob diese Berechtigung sich als Miteigentum an einer den beiden beteiligten Gemeinden gemeinschaftlich gehörigen oder als Recht an einer fremden, im Eigentum eines Dritten, der Mark, stehenden Sache darstellte. In dem einen wie in dem andern Falle bleiben die Nutzungsrechte der einzelnen „Ortsbürger" ein Ausfluß ihres in der Gemeindeangehörigkeit begründeten Anspruchs auf Teilnahme an den Nutzungen und Erträgen des der Gemeinde zustehenden Rechtes am Markwalde.

2. Nach der KurhGemO. v. 23. X. 34 war hinsichtlich der Gemeindenutzungen eine Weiterbildung der Gemeindeverfassung durch Herkommen nicht ausgeschlossen. Dadurch, daß die KurhGemO. in § 80[11] die Befugnis des Gemeinderats anerkennt, unter Zustimmung des Gemeindeausschusses die Verwandlung desjenigen Gesamtvermögens, das bisher von den einzelnen benutzt wurde, in Kämmerei- oder Ortsvermögen, dessen Ertrag zur Gemeindekasse fließt, zu beschließen, und in § 84[4] die Ausübung dieser Befugnis von der Genehmigung der Aufsichtsbehörde abhängig macht, werden nur die Formen geregelt, in denen sich ein zur Weiterbildung der Gemeindeverfassung geeigneter Gemeindebeschluß zu vollziehen hat, aber es wird damit nicht gesagt, daß eine Weiterbildung nur auf diese Weise geschehen dürfe.

Ebensowenig zutreffend ist, daß die Voraussetzungen, unter denen sich aus der unstreitig seit der zweiten Hälfte der siebziger Jahre beobachteten Uebung eine Aenderung des bestehenden Herkommens hätte entwickeln können, darum gefehlt hätten, weil die Uebung auf einem Irrtume beruht habe. Freilich hindert ein tatsächlicher oder rechtlicher Irrtum die Entwickelung eines Gewohnheitsrechts aus der Uebung so lange, als er der Beweggrund für die Uebung ist; der Irrtum wird erst geheilt, wenn er als solcher erkannt, trotzdem aber die Uebung fortgesetzt wird, oder wenn die Uebung auch ohne nachweisbare

Erkenntnis des Irrtums eine so lange, Generationen umfassende Zeit befolgt wird, daß die ursprüngliche Veranlassung im Bewußtsein der Lebenden völlig schwindet und an ihre Stelle allmählich die Ueberzeugung von der rechtlichen, aus den Umständen geschöpften Notwendigkeit tritt. Allein der Glaube, daß eine Uebung berechtigt sei, ist nicht notwendig auf einen Irrtum zurückzuführen, vielmehr stets dann vorhanden, wenn festzustellen ist, daß die Uebung nach der Ueberzeugung aller Rechtsbeteiligten das in den Umständen begründete und durch diese gebotene Recht ist. Weichen die Beteiligten von einem Herkommen ab, das bisher bestanden hat, so ist, da sie die rechtlichen und tatsächlichen Verhältnisse, in denen sie leben, kennen müssen, von der Annahme auszugehen, daß die Abweichung eine bewußte und gewollte ist, wenn nicht aus den Umständen erhellt, daß die Beteiligten in Anwendung eines vermeintlich bestehenden geschriebenen Rechtes oder auf Grund von unrichtigen tatsächlichen Voraussetzungen handelten.

H. Gemeindehaushalt und Zwangsetatisierung.

Nr. 1. Entsch. v. 22. Sept. 1903 (PrVerwBl. 25 712) I 1406.

RhGemO. v. 23. VII. 45 (GS. 523) § 79; ZustG. § 32⁴; KommAbgG. §§ 8–15, 18f.

In der Rheinprovinz haben die Kreisausschüsse das Gehalt der Gemeinderentmeister (Gemeindeerheber) festzusetzen und über Erhöhung des festgesetzten Gehaltes zu beschließen.

In einem StreitVerf., das auf eine Klage einer Gemeinde oder eines Gemeindeverbands gegen eine Zwangsetatisierungsverfügung eingeleitet wird, ist nur zu prüfen, ob die verlangte Leistung der Gemeinde gesetzlich obliegt und von der zuständigen Behörde innerhalb ihrer Zuständigkeit festgestellt worden ist, aber nicht, ob diese Feststellung notwendig oder zweckmäßig gewesen ist. Die Behauptung, daß eine Gehaltserhöhung für den Einnehmer nicht notwendig und seine bisherige Besoldung ausreichend sei, hätte nur mittelst einer Beschwerde gegen den Beschluß des Kreisausschusses innerhalb einer Frist von zwei Wochen nach Zustellung des Beschlusses bei dem Bezirksausschusse geltend gemacht werden können. Im gegenwärtigen Verfahren hat eine Nachprüfung der vom Kreisausschusse getroffenen Feststellung nur noch hinsichtlich ihrer Rechtmäßigkeit in den vorhin bezeichneten Grenzen stattzufinden. Es darf davon ausgegangen werden, daß der „Gemeinderentmeister", dessen Gehalt nach dem Beschlusse des Kreisausschusses erhöht werden soll, ein für die Gemeinden der Bürgermeisterei gem. § 79 RhGemO. angestellter besonderer Gemeindeeinnehmer („Gemeindeerheber") ist. Es fragte sich daher nur, ob der Kreisausschuß zur Festsetzung der Besoldung dieses Beamten zuständig gewesen ist. Nach § 19 KommBG. finden auf die Beamten der Bürgermeistereien in der Rheinprov. die §§ 8—15 diesG. und auf die Gemeindeeinnehmer das. die §§ 12—15 mit der Maßgabe Anwendung, daß die Festsetzung der Besoldung für die Gemeindeeinnehmer nach den bisherigen Vorschriften erfolgt. Diese sind enthalten in dem § 79 Abs. 4 RhGemO. und § 32⁴ ZustG. Nach ersterer Vorschrift ist „der Betrag der Remuneration nach Vernehmung der Bürgermeistereiversammlung von der Regierung zu bestimmen", nach letzterer Vorschrift ist bei Ausübung dieser Befugnis an die Stelle der Regierung der Kreisausschuß getreten. Bei dem Mangel einer gesetzlichen Einschränkung dieser Befugnis muß angenommen werden, daß sie der bezeichneten Behörde nicht nur vor der Anstellung des Beamten, sondern auch im Laufe seiner Dienstzeit zusteht, daß also eine Gehaltserhöhung ebenso festgesetzt werden kann, wie dies hinsichtl. der Landgemeindebeamten nach § 18 Abs. 3, hinsichtl. der städtischen Beamten nach § 11 und hinsichtl. anderer Bürgermeistereibeamten, als der Bürgermeister und Gemeindeeinnehmer, nach § 19 KommBG. zulässig ist.

Nr. 2. Entsch. v. 30. Okt. 1903 (OVG. 44 155) I B 8/03.

Instr. v. 31. VIII. 39 (Ann. 23 H. 1 S. 24) §§ 1—5, 11; Vd. v. 24. XII. 16 (GS. 17 57) §§ 3, 6f; LVG. § 18; KommAbgG. § 23².

1. Das Oberaufsichtsrecht über die den Gemeinden und öffentlichen Anstalten gehörigen Forsten, das nach der Vd. v. 24. XII. 16 iVerb. mit § 18 LVG. in der Rheinprov. dem Regierungspräsidenten zusteht, schließt die Befugnis in sich, Anordnungen darüber zu treffen, in welcher Weise der Forstschutz auszuüben ist, welche Einrichtungen zu diesem Zwecke erforderlich und welche Gehälter den mit dem Forstschutze betrauten Beamten von den Gemeinden und öffentlichen Anstalten, in deren Eigentume die Forsten stehen, zu zahlen sind. Diese Befugnisse des Regierungspräsidenten sind für die RegBez. Coblenz und Trier durch die Instr. v. 31. VIII. 39 näher geregelt und sodann durch den § 23² KommBG. aufrecht erhalten worden. Gegenstand der Aufsicht des Regierungspräsidenten ist nicht nur die Anstellung von Gemeindeförstern und die Uebertragung des Gemeindewaldschutzes auf Förster anderer Gemeinden oder Kgl. Förster (§§ 1—5 dInstr.), sondern auch die Anstellung von Waldhütern (Forstschutzgehülfen) neben den Förstern (§ 11 das.). Auch diese Beamten, mögen sie auf bestimmte Zeit oder auf Kündigung angestellt sein, gehören zu den „Forstbedienten" iS. des § 6 Vd. v. 24. XII. 16, deren Anstellung der Regierungspräsident anordnen kann, und deren Gehalt er auf Grund der Vschr. des § 3¹ das., wonach ihm die Genehmigung des Etats der Gemeindeforstverwaltung zusteht, festzusetzen befugt ist.

2. Daß die „Forstbedienten", denen gem. Vd. v. 24. XII. 16 der Forstschutz in Gemeindewaldungen übertragen wird, von den Gemeinden zu besolden sind, in deren Forsten sie den Forstschutz ausüben, ergibt sich aus den Vschr. der §§ 3, 6f dVd.

Nr. 3. Entsch. v. 27. Nov. 1903 (OVG. 44 159) I B 39/02.

NassGemVerfG. v. 12. XII. 48 (NassVdBl. 227) u. Nov. v. 23. VIII. 51 (das. 239); NassG. über die Organisation der Verwaltungsstellen v. 4. IV. 49 (das. 87) § 16g; NassGemO. v. 26. VII. 54 (das. 166) §§ 30, 42, 53; HNLGemO. v. 4. VIII. 97 (GS. 301) § 38 Abs. 2.

1. Der im Landesgebiete des früheren Herzgt. Nassau belegenen Landgemeinde H. wurde durch Beschluß des damaligen Bezirksrats vom 8. I. 52 die Genehmigung erteilt, ihren Gemeindewald zu verkaufen. Dies geschah jedoch nur „unter der ausdrücklichen Verbindlichkeit der Gemeinde, daß von den Zinsen des Verkaufskapitals mindestens alljährlich 400 Gulden (685,72 ℳ) zu Kapital angelegt werden müssen, und daß hiervon nur beim Eintritt außergewöhnlicher Ausgaben mit Zustimmung der zuständigen Staatsbehörde abgewichen werden darf." Da diese Anordnung unbefolgt geblieben war, erklärte der Landrat nach längeren Verhandlungen in einer Vf. v. 11. X. 01, daß er auf Erhöhung der Tilgungsquote eines Schulbaudarlehens oder Verwendung von 685,72 ℳ zur Ergänzung des Grundstockvermögens für das laufende Rechnungsjahr bestehen müsse. Durch eine fernere Vf. v. 12. XI. 01 ordnete er dann die Eintragung der Summe zur Wiederanlegung des Grundstockvermögens in den Etat an. Die Klage hiergegen erachtete das OVG. für unbegründet.

2. Die Frage, ob der angegriffenen Verfügung eine Feststellung der zwangsetatisierten Leistung durch die zuständige Behörde vorausgegangen ist, ist zu bejahen, weil der Landrat die Ergänzung des Grundstockvermögens mittelst Zuführung eines Betrages von 685,72 ℳ als eine der Gemeinde unbedingt obliegende Pflicht von ihr gefordert und nur in Aussicht gestellt hat, von Erfüllung dieser dem Grunde und Umfange nach fest-

gestellten Pflicht Abstand nehmen zu wollen, wenn die Gemeinde eine verstärkte Schuldentilgung beschließen sollte. Das Gegenteil kann nicht daraus gefolgert werden, daß der beklagte Landrat in der Vf. v. 11. X. 01 eine nochmalige Anhörung der Gemeindevertretung angeordnet hat; denn deren Anhörung ist auch nach einer völlig abschließenden Feststellung der geforderten Leistung amtliche Pflicht des Bürgermeisters, da er der Gemeinde Gelegenheit geben muß, dazu Stellung zu nehmen. Anderseits ist aus der durch die Vf. v. 11. X. 01 ausgesprochenen Drohung mit der Zwangsetatisierung zu entnehmen, daß der Landrat die dem Umfange nach festgestellte Verstärkung des Grundstockvermögens erzwingen wollte, falls nicht die Gemeinde eine solche Maßregel durch freiwillige Uebernahme dieser oder einer gleichwertigen Leistung überflüssig machen würde.

3. Die Verfügung war jedoch nicht aufrecht zu erhalten, weil der Klägerin die geforderte Leistung nicht gesetzlich oblag. Die HNLGemO. kennt nur eine Pflicht zur Erhaltung des Grundstockvermögens in seinem bisherigen Bestand und zur Wiederergänzung im Falle ausnahmsweiser Verwendung zu laufenden Ausgaben (§ 38 Abs. 2 aaO.), aber nicht eine Pflicht zur weiteren Ansammlung oder Vermehrung aus den Einnahmen der Gemeinde. Danach läßt sich die Pflicht aus dem anzuwendenden Gesetzesrechte nur dann begründen, wenn sie sich als eine Maßregel darstellt, die auf Wiederergänzung verbotswidrig verwendeten Grundstockvermögens abzielt. Das wäre zu bejahen, wenn der jetzige Bestand der für die Gemeinde zinsbar angelegten Kapitalien hinter dem Erlös aus dem Verkaufe des Gemeindewaldes zurückbliebe; doch diese Voraussetzung trifft nicht zu.

Der Vorderrichter irrt in der Annahme, daß das beim Verkaufe des Gemeindewaldes geltende Recht den Gemeinden die Ansammlung eines Grundstockvermögens zur Pflicht gemacht habe. Maßgebend für die Beurteilung dieser Frage sind die entsprechenden Vschr. des älteren GemVerfG. v. 12. XII. 48, die durch die Nov. v. 23. VIII. 51 nicht berührt worden sind. Diese enthalten aber weder eine Vorschrift, die den Gemeinden eine Ansammlung von Grundstockvermögen ausdrücklich zur Pflicht macht, noch eine Bestimmung, aus der eine solche Verbindlichkeit mittelbar abgeleitet werden könnte. Auf die Zinsen der zum Grundstockvermögen gezogenen und zinsbar angelegten Kaufgelder für veräußerte Grundstücke fanden die allgemeinen Vorschriften in §§ 38, 40 und 49 Anwendung. Danach war der Ertrag des Gemeindevermögens zur Bestreitung der Gemeindebedürfnisse bestimmt und durften Steuern erst erhoben werden, wenn die Einkünfte aus dem Gemeindevermögen und andere Gemeindeeinnahmen zur Deckung des Bedarfes nicht ausreichten. Selbst bei vollständiger Deckung des Bedarfes durch die Einnahmen aus dem Gemeindevermögen und dem Vorhandensein von Ueberschüssen blieb der Bestimmung durch Gemeindebeschluß überlassen, ob die Ueberschüsse zinsbar angelegt oder unter die Gemeindebürger verteilt werden sollten. Die Anordnung, daß ein Teil der Zinsen des Kaufpreises für den Gemeindewald der gesetzlichen Bestimmung zur Bestreitung der Gemeindebedürfnisse entzogen und unter allen Umständen ohne Rücksicht darauf, ob die Deckung des Bedarfes die Erhebung von Steuern erforderte, zur Kapitalansammlung verwendet werden solle, widersprach also dem zur Zeit ihres Erlasses bestehenden Rechte. Verbindliche Kraft für die Gemeinde konnte die Anordnung deshalb nicht gewinnen, selbst wenn in der Folge eine Gesetzesvorschrift ergangen wäre, die die Bestimmung der Erträge des Gemeindevermögens zur Bestreitung der Gemeindebedürfnisse abänderte. Eine solche ist aber auch in den §§ 30, 42, 53 NassGemO. v. 26. VII. 54 nicht zu finden.

An der Rechtswidrigkeit der in dem Beschlusse des Kreisbezirksrats gemachten Auflage vermag auch der Umstand nichts zu ändern, daß die Gemeinde den Verkauf des Gemeindewaldes auf Grund der mit der Auflage verbundenen Genehmigungsverfügung vollzogen hat. Allerdings bedurfte die Veräußerung von Grundstücken der Gemeinde nicht nur nach § 48 GemO. v. 26. VII. 54, sondern auch nach § 54 G. v. 12. XII. 48 iVerb. mit § 16g G. v. 4. IV. 49 der Genehmigung durch den Bezirksrat. Daraus folgt aber nichts für die Auffassung des Vorderrichters. Mag auch die Befugnis der staatlichen Aufsichtsbehörde, die Genehmigung zu bestimmten Akten der Gemeindeverwaltung nach freiem Ermessen zu versagen, die Befugnis in sich schließen, die Erteilung der Genehmigung von Erfüllung bestimmter Bedingungen abhängig zu machen, so dürfen sich diese Bedingungen doch nicht mit den gesetzlichen Vorschriften in Widerspruch setzen; sonst entbehren sie der rechtlichen Wirkung, auch wenn sich die Gemeinde den gestellten Bedingungen unterworfen hat, da die gesetzlichen Vorschriften für sie ebenfalls verbindlich sind.

Nr. 4. Entsch. v. 5. Febr. 1904 (OVG. 45 162) VIII C 34/02.

PolVerwG. § 3; LGem. § 90; KommAbgG. § 68.

1. Die Pflicht, eine Straße vom Schnee zu räumen, kennzeichnet sich, sofern der Schnee auf dem öffentlichen Wege ein Verkehrshindernis bildet, als ein Teil der Wegebaulast und liegt daher der Regel nach dem Wegebaupflichtigen ob. Das Wegräumen des Schnees kann indes auch unter dem Gesichtspunkte der Straßenreinigung in Betracht kommen. Dies ist der Fall bei städtischen oder Dorfstraßen, bei denen regelmäßig das Bedürfnis, sie reinzuhalten, in einem Maße hervortritt, welches weit über die lediglich zur Unterhaltung der öffentlichen Wege für Verkehrszwecke unerläßlichen Leistungen hinausgeht. Die Reinhaltung der Straßen aus allgemeinen polizeilichen Gründen bildet aber keinen Teil der Wegebaulast. Sollen daher Schnee- oder Eismassen von einer städtischen oder Dorfstraße weggeräumt werden, so kommt nicht mehr die Wegebaupflicht, sondern die Straßenreinigungspflicht in Frage, und der Wegebaupflichtige wird, wenn er nicht zugleich Straßenreinigungspflichtiger ist, von der Pflicht frei. Eine derartige Auflage zu machen, gehört, wenn es sich nicht um Ortsstraßen handelt, der Regel nach zur Zuständigkeit der Ortspolizeibehörde als Wegepolizeibehörde. Gehört dagegen die Straße, deren Räumung vom Schnee verlangt wird, zu den Ortsstraßen, handelt es sich also um die Straßenreinigungspflicht, so ist davon auszugehen, daß zwar innerhalb der bebauten Ortschaften, wie die Pflicht zur Straßenbeleuchtung, auch die zur Straßenreinigung eine nach § 3 PolVerwG. der Gemeinde obliegende Polizeilast ist, daß es jedoch einem in Deutschland überaus weit verbreiteten Gewohnheitsrecht entspricht, wenn nach dem Rechtssprichwort: „Ein jeder fege vor seiner Tür" die anliegenden Besitzer für verpflichtet erachtet werden, vor ihrem Grundstück die Straße zu reinigen. Besteht eine solche Observanz, so ist ihr stets die Bedeutung beigelegt worden, daß der Grundbesitzer an Stelle der Gemeinde die polizeiliche Pflicht hat, also der Ortspolizeibehörde gegenüber unmittelbar verpflichtet ist. Mit anderen Worten: die der Gemeinde obliegende gesetzliche Reinigungspflicht tritt nur ein, sofern nicht ein nach Observanz oder sonstigem Rechtstitel Verpflichteter vorhanden ist. Wo aber dem Anlieger und nicht der Gemeinde die polizeiliche Reinigungspflicht obliegt, kann zu deren Erfüllung der Anlieger regelmäßig nur von der Ortspolizeibehörde angehalten werden.

2. Hier hat nun nicht der Amtsvorsteher, also die Ortspolizeibehörde, sondern der Gemeindevorsteher vom Kläger eine Leistung der ihm angeblich obliegenden Reinigungspflicht verlangt. Gibt aber der Vorsteher einer Landgemeinde die Räumung einem Anlieger nicht kraft seiner Befugnis, die Gemeindeangehörigen zu Naturaldiensten für die (räumungspflichtige) Gemeinde heranzuziehen, sondern in seiner Eigenschaft als Organ des Amtsvorstehers zur Erhaltung der öffentlichen Ordnung und Sicherheit auf,

so ist die Anordnung, falls sie nicht von dem Amtsvorsteher gemißbilligt wird, als eine von diesem erlassene ortspolizeiliche Verfügung anzusehen und daher die Anfechtung gegen ihn, nicht gegen den Gemeindevorsteher zu richten.

Nr. 5. Entsch. v. 18. März 1904 (OVG. 45 144) I B 4/04.

RhGemO. v. 23. VII. 45 §§ 114f.; ZustG. §§ 46 Abs. 3, 56 Abs. 5, 66 Abs. 3, 4; AGUWG. v. 11. VII. 91 (GS. 300) § 31a.

Allerdings berechtigt den Landrat sein in den §§ 114f. RhGemO. v. 1845 geregeltes Aufsichtsrecht, die Gemeinden zur Erfüllung ihrer Pflichten anzuhalten, und verleiht ihm daher auch die Befugnis, die Leistungen festzustellen, die zur Erfüllung der öffentlich-rechtlichen Verpflichtungen der Gemeinden, insbesondere der ihnen gesetzlich obliegenden Aufgaben, erforderlich sind. Zur Feststellung einer Leistung, die eine Gemeinde nach der Ansicht der Aufsichtsbehörde einem Dritten schuldet, während sie selbst ihre Verpflichtung hierzu bestreitet, ist die Aufsichtsbehörde aber in der Regel nur dann befugt, wenn das öffentliche Interesse an der Feststellung und rechtzeitigen Erfüllung der Verpflichtung beteiligt ist. Dies ist namentlich dann der Fall, wenn zur Aufrechterhaltung einer geordneten Verwaltung in der Gemeinde die pünktliche Zahlung der den Gemeindebeamten zustehenden Gehälter gefordert wird oder wenn der ungestörte Gang der Gemeindeverwaltung sonst durch das Unterbleiben der streitigen Leistung beeinträchtigt wird. Ist das öffentliche Interesse nicht beteiligt, so muß die Entscheidung über die bestrittene Verpflichtung der Gemeinde zu der Leistung den hierzu berufenen Gerichten überlassen werden. Das trifft nicht nur zu bei Ansprüchen, die von physischen Personen, sondern auch bei solchen, die von anderen Korporationen gegen eine Gemeinde auf Grund des öffentlichen Rechtes erhoben werden, wie beispielsweise bei Ersatzansprüchen auf dem Gebiete des Wege-, Wasser-, Schul- oder Armenrechts in den Fällen der § 46 Abs. 3, § 56 Abs. 5 und § 66 Abs. 3f. ZustG. oder des § 31a G. v. 11. VII. 91, wo nicht die Aufsichtsbehörde, sondern das Verwaltungsgericht oder der Zivilrichter zu einer Entscheidung darüber berufen ist, ob die Gemeinde gesetzlich zu einer Ersatzleistung verpflichtet sei.

Nr. 6. Entsch. v. 21. Juni 1904 (PrVerwBl. 26 234) I 813.

HNLGemO. §§ 111, 113.

1. Nach § 9 der von der Herzoglichen Landesregierung des ehem. Herzogt. Nassau am 15. I. 29 erlassenen „Polizeivorschriften zur Verbesserung der Rindvieh- und Schweinezucht“ soll von jeder Gemeinde, in der wenigstens 15 Mutterschweine vorhanden sind, ein Eber, wenn die Zahl der Mutterschweine mehr als 30 beträgt, ein zweiter Eber, und im gleichen Verhältnisse fort eine größere Zahl von Zuchtebern angeschafft werden.

Der Anordnung des Landrats gegenüber, wonach in der Gemeinde das ganze Jahr hindurch ein zweiter Eber gehalten werden soll, hatte die Klägerin eingewendet, daß die Haltung des zweiten Ebers nur für die Zeit vom 1. Nov. bis zum 31. März erforderlich sei, weil in der Zeit von Ende März bis Ende September kaum 5 Schweine zur Deckung vorgeführt würden. Hierauf hatte der Landrat die Verpflichtung der Gemeinde zur Haltung von zwei Zuchtebern während des ganzen Jahres und zur Aufbringung eines Betrages von 300 bis 340 ℳ behufs Deckung der Kosten der Eberhaltung festgestellt und demnächst die Einstellung des Betrages in den Rechnungsüberschlag angeordnet.

2. In dem StreitVerf., das auf die Klage gegen diese Zwangsetatisierung eingeleitet worden ist, kann nur geprüft werden, ob die gesetzlichen Voraussetzungen für die verfügte Zwangsetatisierung vorgelegen haben, also ob die geforderte Leistung der Klägerin gesetzlich obgelegen hat und ob der Landrat zu ihrer Feststellung zuständig gewesen ist, dagegen nicht,

ob die Feststellung der Leistung notwendig oder zweckmäßig gewesen ist. Die Zuständigkeit des Landrats ergibt sich aus der ihm nach § 111 LGemO. obliegenden Aufgabe, als Vorsitzender des Kreisausschusses die Aufsicht des Staates über die Verwaltung der Angelegenheiten der Landgemeinden seines Kreises zu führen. Zu dieser Aufsicht gehört auch die *Sorge dafür, daß die Landgemeinden die ihnen nach öffentlichem Recht obliegenden Verpflichtungen gegenüber den Gemeindeangehörigen erfüllen.* Daß eine öffentlich-rechtliche Verpflichtung zur Haltung des Faselviehes für die Landgemeinden im Bezirke des ehem. Herzgt. Nassau nach Maßgabe der erwähnten Vd. besteht, hat die Klägerin nicht in Abrede gestellt. Der Beklagte war daher befugt, sie zur Erfüllung ihrer hieraus sich ergebenden Verpflichtungen anzuhalten. War die Klägerin der Meinung, daß der Landrat von seiner Befugnis keinen Gebrauch machen dürfe, weil nach den Verhältnissen der Gemeinde nicht anzunehmen war, daß in den Sommermonaten eine erhebliche Zahl von Schweinen dem Eber zugeführt werden würde, so hätte sie eine Entscheidung darüber, ob von der getroffenen Anordnung aus Zweckmäßigkeitsgründen Abstand zu nehmen sei, *im Beschwerdewege bei dem Regierungspräsidenten* nachsuchen können.

Nr. 7. Entsch. v. 22. April 1904 (OVG. 45 141) I B 8/04.

HannLVerfG. v. 6. VIII. 40 (HannGS. I 141) § 46; Bek. v. 28. IV. 59 (das. 409), die Regelung der Verhältnisse der Landgemeinden betr., § 17^{4}; ReichsG. v. 30. VI. 00 (RGBl. 306), betr. die Bekämpfung gemeingefährlicher Krankheiten.

Die Kosten der Desinfektion nach einer Scharlachepidemie fallen *in der Prov. Hannover nicht den Gemeinden zur Last*, wenn nach *einer Polizeiverordnung* die Sorge für die *Ausführung* der von den Ortspolizeibehörden angeordneten Desinfektionsmaßregeln den „*Haushaltungsvorständen* bzw. den Haus- und Gastwirten“ obliegt. Denn das ReichsG. v. 30. VI. 00 findet auf die Scharlachkrankheit keine Anwendung, so daß das Landesrecht entscheidet. Nach § 5 PolVd. für den RegBez. Lüneburg v. 31. X. 98 (ABl. 280) liegt die Sorge für die Ausführung der zur Verhütung der weiteren Verbreitung ansteckender Krankheiten von der Ortspolizeibehörde angeordneten Maßregeln „den Haushaltungsvorständen bzw. Haus- und Gastwirten“ ob, in deren „Familie bzw. Hause“ die Krankheit aufgetreten ist (§ 2); zu den ansteckenden Krankheiten im Sinne der Verordnung gehört Scharlach (§ 1), zu den zulässigen Maßregeln die Desinfektion der Krankenstuben, der Betten, der Wäsche und anderer von den Kranken benutzter Effekten. Wer für die Ausführung der angeordneten Polizeimaßregeln Sorge zu tragen hat, ist verpflichtet, die dadurch entstehenden Kosten zu tragen und *muß die Kosten erstatten, falls die Behörde sie zunächst ausgelegt hat.*

Das HannLVerfG. v. 6. VIII. 40 bestimmt in § 46, daß die infolge polizeilicher Einrichtungen erforderlichen Ausgaben und Leistungen den Gemeinden zur Last fallen, soweit sie nicht Dritten vermöge Gesetzes, Herkommens oder Vertrags obliegen, und § 17 Bek. v. 28. IV. 59 sagt unter Nr. 4, daß „die Einrichtung und Erhaltung der nötigen Anstalten gegen ansteckende Krankheiten unter Menschen“ zu den aus öffentlichen Verhältnissen der Gemeinden entspringenden Verbindlichkeiten gehöre. Der § 46 LVerfG. kommt im vorliegenden Falle nicht in Betracht, weil Drittverpflichtete vorhanden sind; § 17 Bek. v. 28. IV. 59 aber ist nicht anzuwenden, weil es sich nicht um eine Anstalt iS. dieser Bestimmung handelt. *Polizeiliche Einrichtungen und Anstalten sind nicht gleichbedeutend mit polizeilichen Maßregeln;* während letztere Anordnungen sind, die im einzelnen Falle die Herstellung eines polizeimäßigen Zustandes herbeiführen sollen, sind erstere für die Dauer bestimmt, diejenigen Interessenten zu schützen und zu fördern, welche der Polizei anvertraut sind. JS. der §§ 46 und 17 aaO. kann eine einzelne Desinfektion nach einer Seuche nicht als Einrichtung oder Anstalt gelten, die von den Gemeinden erhalten werden müßte; dagegen würden Desinfektionsanstalten, Anschaffung und Instandhaltung von Desinfektionsapparaten nebst den erforderlichen Desinfektionsmitteln darunter zu verstehen sein.

Nr. 8. Entsch. v. 23. Sept. 1904 (OVG. 46 140) I B 10/04.

PolVerwG. § 3; PolKostG. §§ 1, 5; G. v. 12. VI. 89 (GS. 129), betr. die Übertragung polizeilicher Befugnisse an den Polizeipräsidenten zu Berlin.

Umfaßt ein Ortspolizeibezirk mehrere Gemeinden, so fallen die Kosten der Zwangsheilung einer Prostituierten regelmäßig derjenigen Gemeinde zur Last, in deren Bezirke sich die Prostituierte bei dem polizeilichen Einschreiten, welches zu ihrer Zwangsheilung führte, aufhielt.

Hinsichtlich der Sittenpolizei ist der Polizeipräsident zu Berlin für den Bezirk der Gemeinde Lichtenberg die Ortspolizeibehörde; denn der Minister des Innern hat auf Grund des G. v. 12. VI. 89 die Zuständigkeit des Polizeipräsidenten zu Berlin für die Handhabung der Sittenpolizei ua. auf den Amtsbezirk Lichtenberg ausgedehnt. Wenn daher Prostituierte auf Anordnung der Berliner Sittenpolizei in das städtische Obdach zu Berlin aufgenommen und dort ärztlich behandelt werden, so müssen die Kosten für den Aufenthalt und die Behandlung im städtischen Obdach als mittelbare Polizeikosten des Polizeipräsidenten zu Berlin angesehen werden, weil sie durch polizeiliche Anordnungen entstanden sind, und zwar für den Polizeipräsidenten, auf dessen Ersuchen die Aufnahme in das städtische Obdach geschehen und der deshalb verpflichtet ist, der Stadt Berlin die dadurch entstandenen Kosten zu bezahlen. Die Frage, wer dem Polizeipräsidenten die mittelbaren Polizeikosten zu erstatten hat, bleibt hier zunächst außer Betracht; wäre dies die Stadt Berlin, so würde daraus zwar folgen, daß der Polizeipräsident der Stadt die Bezahlung der Kurkosten verweigern darf, weil sie zu den von der Stadt zu tragenden mittelbaren Polizeikosten gehören, aber als mittelbare Kosten des Polizeipräsidenten würden die Kurkosten gleichwohl zu betrachten sein, da die Polizei — abgesehen von der Erstattungspflicht des Trägers der Polizeikostenlast — infolge der von ihr veranlaßten Aufnahme in die Krankenanstalt zur Zahlung der Kosten verpflichtet ist. So sind auch die durch Zwangsheilung Prostituierter erwachsenen Kosten stets als mittelbare Polizeikosten angesehen worden.

Hieraus folgt, daß es sich bei der Zwangsetatisierung jener Kosten durch den Landrat gegenüber der Landgemeinde Lichtenberg nicht um eine Ersatzforderung der Stadt Berlin an die Landgemeinde Lichtenberg handelt, zu deren Feststellung der Landrat nicht zuständig gewesen wäre, sondern um den Anspruch des Staates auf Zahlung der mittelbaren Polizeikosten gegenüber der Trägerin dieser Last. Unzweifelhaft aber darf die gegenüber den Polizeibehörden bestehende gesetzliche Pflicht der Gemeinden zur Deckung der mittelbaren Polizeikosten von der Aufsichtsbehörde festgestellt und darf die Erfüllung dieser Pflicht durch Zwangsetatisierung erzwungen werden. Nun hat freilich der Landrat in der Feststellungsverfügung ausgesprochen, daß die Klägerin zur Erstattung der Kosten an die Stadthauptkasse zu Berlin für verpflichtet erachtet werden müsse. Allein zur Erstattung der Kosten an die Stadt war die Klägerin, falls ihr insoweit die mittelbaren Polizeikosten zur Last fielen, gegenüber der Polizeibehörde verpflichtet, weil sie diese von deren Verpflichtung gegen die Stadt zu befreien hatte. Daher muß die der Polizeibehörde gegenüber bestehende Verpflichtung der Klägerin, die Polizeibehörde von ihrer Verpflichtung durch Zahlung der Kurkosten zu befreien, für festgestellt erachtet werden; denn im Zweifel ist die Feststellungsverfügung so zu verstehen, daß sie der Zuständigkeit des Landrats entsprach.

Allerdings ist in der Rechtsprechung des OVG. wiederholt bemerkt worden, daß bei Feststellung der Pflicht einer Gemeinde, Polizeikosten zu tragen, außer der Kommunalaufsichtsbehörde die Polizei- oder Polizeiaufsichtsbehörde mitwirken muß. Der Landrat des Kreises Niederbarnim ist zwar Kommunalaufsichtsbehörde über die Landgemeinde Lichtenberg, aber die Polizeiaufsicht steht ihm insoweit nicht zu, als die Polizeiverwaltung dem Polizeipräsidenten in Berlin übertragen ist. Allein darüber, daß die Polizeikosten durch die Zwangsheilung der beiden Dirnen erwachsen sind, hat niemals Streit geherrscht, so daß es einer weiteren Feststellung durch die Polizei- oder Polizeiaufsichtsbehörde nicht bedurfte. Streitig war vielmehr nur, ob die Pflicht zur Erstattung der erwachsenen mittelbaren Polizeikosten der Landgemeinde Lichtenberg oder einem anderen Kommunalverband oblag; zu der Feststellung, daß die Landgemeinde Lichtenberg hierzu verpflichtet sei, war aber die Kommunalaufsichtsbehörde, di. der Landrat, berufen.

Als mittelbare Polizeikosten gehören die Kosten der Zwangsheilung Prostituierter nicht zu denjenigen Kosten Kgl. Polizeiverwaltungen, die nach dem PolKostG. gegen einen bestimmten Beitragssatz vom Staate zu tragen sind, sondern sie sind als Kosten der örtlichen Polizeiverwaltung nach § 3 PolVerwG. von den Gemeinden zu tragen. Da sich aber die Zuständigkeit des Polizeipräsidenten zu Berlin auf mehrere Gemeinden erstreckt, fragt es sich, welcher von den mehreren Gemeinden die Erstattung der Zwangsheilungskosten obliegt.

Mittelbare Polizeikosten entstehen durch Herstellung polizeimäßiger Zustände in der Außenwelt; daher muß diejenige Gemeinde, in deren Bezirke der polizeiwidrige Zustand vorhanden war, die Kosten der Beseitigung dieses Zustandes zu tragen verpflichtet sein. Erwachsen durch Beseitigung des polizeiwidrigen Zustandes eines Grundstücks mittelbare Polizeikosten, so wird darüber kein Zweifel obwalten, daß die Kosten von der Belegenheitsgemeinde zu tragen sind. Wenn eine der gewerbsmäßigen Unzucht ergebene Frauensperson mit einer Geschlechtskrankheit behaftet ist, so besteht die Gefahr, daß auf Männer, die mit ihr geschlechtlich verkehren, die Krankheit übertragen wird; der Zustand ist daher polizeiwidrig und die Polizei berechtigt, die Frauenspersonen zu der Duldung des Heilverfahrens zu zwingen. Der polizeiwidrige Zustand ist da vorhanden, wo sich die kranke Frauensperson aufhält; denn bei einer Prostituierten liegt die Möglichkeit eines geschlechtlichen Verkehrs im allgemeinen regelmäßig nahe, auch wenn sie nicht gerade im Begriff ist, Männer anzulocken, sich überhaupt nicht zu dem Zwecke umhertreibt. Mit dem Wechsel ihres Aufenthalts wechselt der polizeiwidrige Zustand seinen Ort. Über die Pflicht zur Erstattung der Zwangsheilungskosten entscheidet jedoch bei einer Mehrheit von Gemeinden, für welche dieselbe Ortspolizeiverwaltung zuständig ist, der Ort innerhalb des Ortspolizeibezirkes, wo sich die Prostituierte bei dem polizeilichen Einschreiten, welches zu ihrer Zwangsheilung führte, aufhielt; denn dort war der polizeiwidrige Zustand, als die Polizei dagegen einschritt. Ebenso wie für die Zuständigkeit der Ortspolizeibehörde ist dieser Ort für die Pflicht zur Erstattung der Polizeikosten in derartigen Fällen bestimmend. Wie die Zuständigkeit einer Ortspolizeibehörde zum Einschreiten gegen die mit einer ansteckenden Krankheit behaftete Prostituierte dadurch begründet wird, daß sie sich in dem Ortspolizeibezirk aufhält, so ist hier auch die Pflicht der Gemeinde, die durch das Einschreiten erwachsenden mittelbaren Polizeikosten zu tragen, abhängig davon, ob sich die Frauensperson bei dem Einschreiten der Polizei im Gemeindebezirk aufgehalten hat. Erstreckt sich die Zuständigkeit der Ortspolizeibehörde nur auf den Bezirk einer einzigen Gemeinde, so kann die Frage nicht entstehen, weil dann alle mittelbaren Polizeikosten von dieser Gemeinde getragen werden müssen. Aber bei einem sich über mehrere Gemeinden ausdehnenden Ortspolizeibezirk (also auch bei einem Amtsbezirke, der mehrere Gemeinden oder Gutsbezirke umfaßt) bestimmt sich die Pflicht zur Erstattung der Zwangsheilungskosten, die nicht etwa gemeinschaftlich von allen in dem Ortspolizeibezirke vereinigten Gemeinden zu tragen sind, nach dem Orte, wo sich die Prostituierte zu der Zeit aufhielt, als die Polizei zum Zwecke ihrer ärztlichen Untersuchung und Zwangsheilung gegen sie einschritt. Daß es nicht unbedingt entscheidend ist, wo die Prostituierte wohnt, ist bereits in OVG. 10. X. 99 (PrVerwBl. 21 541) ausgeführt worden. Dort wird auf den Ort des Hervortretens des polizeiwidrigen Zustandes als für die Kostentragungspflicht bestimmend hingewiesen. Gemeint ist aber nicht der Ort, wo durch ärztliche Untersuchung das Vorhandensein einer ansteckenden Krankheit festgestellt wurde, sondern der Ort, wo der Anlaß hervortrat, gegen die Prostituierte, deren Erkrankung die spätere Untersuchung ergab, polizeilich einzuschreiten. Das ist der Ort des Aufenthalts der Prostituierten zur Zeit des polizeilichen Einschreitens.

Zweite Abteilung.

Kultus, Schule, Personenstand, Staatsangehörigkeit, Fürsorgeerziehung.

I.

Die evangelische Kirche.

Gesetzliche Grundlagen: 1. Für die neun älteren Provinzen der Monarchie: Vd. v. 20. VII. 04 (GS. 190) wegen Abänderung der Vd. v. 9. IX. 76 (das. 395) und v. 5. IX. 77 (das. 215). — Vd. v. 23. III. 06 (das. 53) über die Ausübung der Rechte des Staats gegenüber der evang. Landeskirche der älteren Provinzen der Monarchie. — KirchG. v. 26. V. 05 (KGVBl. 31), betr. die Erhebung von Kirchensteuern in den Kirchengemeinden und den Parochialverbänden der evang. Landeskirche der älteren Provinzen der Monarchie; dazu StaatsG. v. 14. VII. 05 (GS. 277) mit AAnw. v. 24. III. 06 (MBl. 69) und AAnw. des Oberkirchenrats (z. KirchG.) v. 22. III. 06 (KGVBl. 5). — KirchG. v. 24. IV. 04 (das. 15), betr. Verstärkung des Hilfsfonds für landeskirchliche Zwecke. — KirchG. v. 25. III. 04 (das. 7), betr. zusätzl. Bestimmungen z. RuhegehaltsG. v. 26. I. 80, und Vd. v. 26. III. 04 (GS. 9), betr. das Inkrafttreten des G. v. 25. III. 04.

KirchG. v. 18. VII. 04 (KGVBl. 25), betr. die Gewährung von Bezügen gem. Zus. 212 des OstprProvR. zu § 856 II 11 ALR. an die Witwen emeritierter Geistlichen.

KirchG. u. StaatsG. v. 16. I. 05 (GS. 39), betr. die Vermehrung der Wahlkreise für die Brandenburgische Provinzialsynode.

2. **Für die Prov. Westfalen und die Rheinprovinz:** G. v. 4. VII. 04 (GS. 146), betr. die Bildung von Parochialverbänden im Geltungsbereiche der KirchO. für Westfalen und die Rheinprovinz.

3. **Für die im Jahre 1866 einverleibten Gebietsteile:** Vd. v. 23. III. 06 (GS. 54) über die Ausübung der Rechte des Staats gegenüber den evang.-luth. Kirchen der Prov. Hannover und Schleswig-Holstein, sowie gegenüber der ref. Kirche der Prov. Hannover; desgl. gegenüber den evang. Kirchen der KonsistBez. Cassel, Wiesbaden u. Frankfurt aM. — StaatsG. v. 22. III. 06 (GS. 41), betr. die Erhebung von Kirchensteuern in den Kirchengemeinden und Gesamtverbänden der evang.-luth. Kirche der Prov. Hannover (hierfür KirchG. v. 10. III. 06 — GS. 28) und Schleswig-Holstein, sowie in den Kirchengemeinden der evang.-ref. Kirche der Prov. Hannover; dazu AAnw. v. 24. III. 06 (MBl. 86). — G. v. 22. III. 06 (GS. 46), betr. die Erhebung von Kirchensteuern in den Kirchengemeinden der evang. Kirchen der KonsistBez. Cassel, Wiesbaden und Frankfurt aM., in den Gesamtverbänden der evang. Kirche des KonsistBez. Cassel, sowie in der vereinigten evang.-luth. und evang.-ref. Stadtsynode zu Frankfurt aM. — KirchG. v. 21. V. 06 (GS. 181), wegen Abänderung des KirchG. v. 2. VII. 98, betr. das Diensteinkommen der Geistlichen der evang.-luth. Kirche der Provinz Hannover.

Vd. v. 19. X. 04 (GS. 273), betr. die Zugehörigkeit zu den Militärgemeinden.

Literatur: Bezner: Unser evang. Kirchenwesen (Stuttgart 1905). — Gebser: Kirchengemeinde- und Synodalordnung v. 10. IX. 73 und Generalsynodalordnung v. 20. I. 76 (Berlin 1905). — Niedner: Die Aufgaben des Preuß. Staats für die evang. Landeskirche der älteren Provinzen (Stuttgart 1905).

A. Staatsaufsicht über das Kirchenvermögen und Allgemeines.

Nr. 1. Entsch. v. 9. Juni 1903 (PrVerwBl. 25 286) I 964.

ALR. I 9 § 656, II 11 §§ 574, 576, 610 ff.

1. Ruht ein Kirchenpatronat als eine gemeinsame und ungeteilte dingliche Last auf mehreren Gütern, so kann eine Aenderung dieses Rechtsverhältnisses mit öffentlich-rechtlicher Wirkung durch Abmachungen eines Erbrezesses, denen lediglich eine privatrechtliche Bedeutung zukommt, nicht herbeigeführt werden.

2. Die Patronatslasten sind öffentlich-rechtlicher Natur, und die Ausführungen in OVG. 31 146 finden deshalb auch auf sie Anwendung. Danach kann die Freiheit von diesen Lasten nicht durch erlöschende Verjährung, sondern nur durch Ersitzung des Rechtes auf Befreiung von ihnen erworben werden.

Nr. 2. Entsch. v. 31. März 1903 (PrVerwBl. 27 196) II 632.

ALR. II 11 §§ 568 ff.; KGSynO. § 23; G. 25. V. 74 (GS. 147) Art. 8; KirchVG. Art. 24[8].

1. Ein Statut einer Kirchengemeinde bezweckte eine dauernde Regelung der Bezüge der darin bezeichneten kirchlichen Beamten und zwar in dem Sinne, daß diesen, abgesehen von der Wohnung, nunmehr nur noch feste Gehälter aus der Kirchenkasse gewährt werden sollten. War damals ein Patron vorhanden, der verpflichtet war, Patronatslasten für die kirchlichen Bedürfnisse zu tragen, so konnte nach § 23 KGSynO. und Art. 8 G. v. 25. V. 74 das Statut nur mit seiner Zustimmung rechtsgültig werden. Nach den zahlreichen Bestimmungen im ALR. II 11 §§ 568 ff., die die Rechte und Pflichten des Patrons bei den einzelnen Verwaltungsakten näher regeln, soll seine Zuziehung grundsätzlich zu allen wichtigeren Akten erfolgen. Hierzu ist die dauernde Belastung der Kirchenkasse mit der Zahlung von Gehältern, die ihr bisher nicht oder nur in geringerem Umfange oblagen, unbedenklich zu rechnen. Wenn zu einem Geschäfte der Vermögensverwaltung die Einwilligung des Patrons erforderlich, aber nicht eingeholt, oder im Weigerungsfalle durch die vorgesetzte Aufsichtsbehörde nicht ergänzt worden ist, so entbehrt der Beschluß der Gemeindeorgane jeder Rechtswirksamkeit. Die Genehmigung des Patrons ist ein notwendiges Erfordernis für die Rechtswirksamkeit des Beschlusses. Die Ansicht, daß der Mangel der Genehmigung des Patrons in Fällen, wo diese vorgeschrieben, nur die rechtlichen Beziehungen zum Patrone berühre, ist rechtsirrig.

2. Nach Art. 24 KirchVG. bedürfen die Beschlüsse der kirchlichen Organe zu ihrer Gültigkeit der Genehmigung der staatlichen Behörde. . . . 8. „Bei einer Verwendung des kirchlichen Vermögens zu andern als den bestimmungsmäßigen Zwecken . . .“ Dazu ist die Umwandlung von Pfarrvermögen in eigentliches Kirchenvermögen zu rechnen. Die Vorschrift kehrt wieder in § 1[5] KirchG. v. 18. VII. 92, betr. die kirchliche Aufsicht über die Vermögensverwaltung der Kirchengemeinden, und in Art. II[1] Abs. 3 Bd. v. 8. III. 93 (vgl. StaatsG. von demselben Tage — GS. 21).

Sollten daher zufolge des Statuts die Kirchenbeamten Nutzung und Verwaltung ihrer Dienstländereien mit rechtlicher Wirkung verlieren, die Einkünfte daraus als seitherige veränderliche Hebungen der Geistlichen usw. in Zukunft der Kirchenkasse zufließen, so war dazu auch die Genehmigung des Regierungspräsidenten erforderlich (Art. 28 G. v. 3. VI. 76 und Art. III⁴ Vd. v. 9. IX. 76 — GS. 395). Jedoch ist im Einzelfalle zu erwägen, ob nicht etwa die Genehmigung zu dem Statute und zu der Umwandlung des Pfründenvermögens in Kirchenvermögen aus konkludenten Handlungen zu folgern sein möchte; denn einer ausdrücklichen Erklärung der Verwaltungs- und Aufsichtsbehörde bedarf es nicht unter allen Umständen.

B. Gesetzliche Leistungen der evangelischen Kirchengemeinden und ihre Zwangsetatisierung.

Nr. 1. Entsch. v. 25. Juli 1903 (OVG. 45 178) VIII A 2/03.

PfarrBesG. §§ 8f., 12f.

1. Nach den in § 12 Abs. 1—3 des staatsgesetzlich genehmigten KirchG., betr. das Diensteinkommen der Geistlichen der ev. Landeskirche in den älteren Provinzen, v. 2. VII. 98 gegebenen Vschr. hat die Kirchengemeinde dem Stelleninhaber das Grundgehalt und etwaige Zuschüsse sowie Dienstwohnung oder Mietentschädigung zu gewähren und die Pfarrstelle bei der Alterszulagekasse zu versichern. Zu dem Ende steht — vorbehaltlich der im § 13 zugelassenen Ausnahme — die Verwaltung des Stellenvermögens unter Wegfall des Nießbrauchs, der früher dem Stelleninhaber eingeräumt war, der Kirchengemeinde zu. Aus den Erträgen des Stellenvermögens sind nach Entrichtung der darauf ruhenden Abgaben und Lasten die Grundgehälter, die Beiträge zur Alterszulagekasse und die Zuschüsse zu bestreiten, während in Fällen, wo statt der Dienstwohnung Mietentschädigung gewährt wird, die Kirchengemeinde die dazu erforderlichen Mittel der Regel nach anderweit beschaffen muß (§§ 8f. und 12 Abs. 3 letzter Satz aaO.). Reichen die Einkünfte des Stellenvermögens nicht zu allen daraus zu bestreitenden Ausgaben hin, so hat die Kirchengemeinde und in Gesamtparochien jede der mehreren Gemeinden anteilig (s. § 12 Abs. 4) für den Ausfall aufzukommen.

2. Unter einem Pfarramte vereinigte Gemeinden haben zwar, eine jede für sich, das Recht, zur Besoldung des Pfarrers zunächst die Einkünfte des von ihnen verwalteten Stellenvermögens zu verwenden; ergibt sich aber im ganzen ein Fehlbetrag, so liegt nach öffentlichem Rechte dessen Deckung, ohne daß es auf das Privateigentum der einen oder anderen Gemeinde an Bestandteilen des Pfründenvermögens ankäme, allen dem Pfarrverband angehörenden Gemeinden gemeinschaftlich ob.

3. Die Entscheidung über das Verhältnis, in welchem die Gemeinden zur Aufbringung des Bedarfes beizutragen haben, steht in Ermangelung vorhandener Bestimmungen oder rechtsgültiger Vereinbarungen dem Konsistorium zu.

Nr. 2. Entsch. v. 8. März 1904 (OVG. 45 184) VIII A 9/03.

Rev. KirchO. für das Herzgt. Magdeburg und die Grafsch. Mansfeld v. 9. V. 1739 Kap. 15 § 2, Kap. 21 §§ 2ff., Kap. 26, Kap. 32 §§ 1, 7.

1. Im Geltungsgebiete der rev. MagdbKirchO. v. 9. V. 1739 steht der Witwe eines Landpfarrers, wo es an einem Witwenhause fehlt, ein in erster Linie aus dem Kirchenvermögen zu befriedigender Anspruch

auf eine angemessene Mietentschädigung ohne Rücksicht darauf zu, ob sie unterstützungsbedürftig ist oder nicht.

2. Was die subsidiäre Verpflichtung des Patrons betrifft, so mag darauf hingewiesen werden, daß zwar auf dem Gebiete des Schulrechts die Rechtsprechung stets an dem Grundsatze festgehalten hat, die Schulbaupflicht umfasse nicht nur die Herstellung eigener Gebäude, sondern auch die mietweise oder anderweitige Beschaffung der erforderlichen Räume für die Zeit, während deren es an einem eigenen Gebäude fehlt, daß aber in bezug auf die Pfarrbaupflicht des Kirchenpatrons vom Reichsgericht ausgeführt worden ist: wenn auch der zur Erbauung des Pfarrgebäudes verpflichtete Patron dem Pfarrer Wohnung verschaffe, so folge doch daraus nicht, daß ihm vermöge der Pflicht zu baueu um deswillen, weil das Bauen Wohnung schaffe, auch Verpflichtungen oblägen, deren Erfüllung zwar ebenfalls Wohnung schaffe, die aber nicht im Bauen beständen (RGZ. 9 255).

Nr. 3. Entsch. v. 27. Sept. 1904 (OVG. 46 164) VIII A 5/03.

KGSynO. §§ 48, 49 Abs. 2, 53^{7}, 71—74; KirchVG. Artt. 3, 21, 23, 27; AVd. v. 9. IX. 76 (GS. 395) Art. III^{4}.

1. Die nach Vorschrift der discipline des églises réformées de France mit einem consistoire oder Presbyterium versehenen französisch-reformierten Kirchengemeinden gehören der evangelischen Landeskirche an.

2. Sie unterliegen der Vschr. in § 49 Abs. 2 KGSynO., wonach Gemeinden, welche keiner Diözese angehören, einem benachbarten Synodalverband anzuschließen sind. In solcher Weise angeschlossenen Gemeinden liegt die gesetzliche Pflicht ob, an der Aufbringung der Synodalkosten teilzunehmen.

3. Einer Kirchengemeinde, die unter der Behauptung ihrer Zugehörigkeit zur evangelischen Landeskirche im Wege der Zwangsetatisierung auf eine Leistung in Anspruch genommen wird, steht hiergegen die Klage im VerwStreitVerf. offen, auch wenn ihre Vertretung vor Gericht nicht einem Gemeindekirchenrat und einer Gemeindevertretung, sondern, wie dies bei den französisch-reformierten Gemeinden nach ihrer besonderen, die Gliederung der Einzelgemeinden und deren Selbstverwaltung regelnden Verfassung zutrifft, abweichend zusammengesetzten und anders benannten Gemeindeorganen zufällt.

4. Was die weitere Frage anlangt, ob und inwieweit der Verwaltungsrichter berufen ist, die Höhe der streitigen Anforderungen nachzuprüfen, so ist darauf hinzuweisen, daß nach Art. 3 KirchVG. den Kirchengemeinden gegen die Repartitionsbeschlüsse der Kreissynode innerhalb dreier Wochen Beschwerde an die Staatsbehörde, di. gem. Art. III^{4} AVd. v. 9. IX. 76 an den Regierungspräsidenten zusteht. Gegen dessen Entscheidung findet nach dem Schlußabs. des Art. III aaO. die Beschwerde an den Oberpräsidenten statt, und dieser beschließt auf die Beschwerde endgültig. Da somit das Staatsgesetz betreffs der Höhe der Synodalbeiträge ein besonders geordnetes Verfahren eingeführt hat, dessen Ergebnis „endgültig“ sein soll, so kann die Klägerin mit ihren Ausstellungen gegen die Höhe der Anforderungen im Verfahren wegen der Zwangsetatisierung nicht gehört werden.

Nach allgemeinen, die Abgabenstreitigkeiten beherrschenden Grundsätzen würde sich zudem die Klägerin, wenn sie die von ihr begehrte Nachprüfung durchsetzen wollte, nicht darauf beschränken dürfen, die Richtigkeit der Höhe der ihr gemachten Auflage einfach zu bestreiten. Ihre Sache wäre es vielmehr, zu behaupten und unter Beweis zu stellen, daß und um welchen Betrag sie überbürdet sei. In Ermangelung irgend welcher tatsächlicher Unterlagen hierfür müßte die Klage, soweit sie die ziffermäßige Höhe der Beiträge zum Gegenstande hat, als nicht ausreichend substanziiert abgewiesen werden.

5. Im Irrtum befindet sich die Klägerin auch mit ihrer Annahme, Kirchenkasse und Kirchengemeinde hätten je besonders veranlagt werden müssen. Die KGSynO. schreibt eine Heranziehung der Kirchengemeinden vor, nicht aber auch eine Veranlagung der den Kirchengemeinden gehörigen Vermögensmassen, deren Einkünfte in eine zufällig so oder anders benannte Kasse der Kirchengemeinde fließen. Ihr § 53⁷ regelt lediglich die Zuständigkeit zur Repartition der Synodalbeiträge, indem er sie der Kreissynode zuweist. Die materiellen Vorschriften über die Heranziehung sind in den §§ 71—74 (dem vierten Abschnitt) enthalten. Von diesen kennt der § 71 gleichfalls nur Beiträge der Kirchengemeinden als solcher, ebenso der § 72 Abs. 2. Letzterer nimmt Bezug auf § 53⁷, und dort werden allerdings auch die Kirchenkassen erwähnt; allein dies beruht auf der natürlichen Ordnung der Dinge, daß jede Gemeinde eine Kasse hat, daß in die Kasse alle Einkünfte des Kirchenvermögens und alle Beiträge der Mitglieder fließen, daß endlich aus der Kasse auch alle der Gemeinde obliegenden Ausgaben bestritten werden. Nicht entfernt aber läßt sich mit der Klägerin aus der Erwähnung der Kirchenkassen in § 53⁷ folgern, daß die Kassen neben den Kirchengemeinden zu veranlagen seien. Die Kasse ist kein selbständiges Rechtssubjekt, sondern nur eine Verwaltungseinrichtung der Gemeinde, welcher letzteren allein juristische Persönlichkeit zukommt.

Nr. 4. Entsch. v. 20. Juni 1905 (PrVerwBl. 27 265) VIII 985.

1. Zu der Feststellung, daß eine Leistung als eine gesetzliche aus dem kirchlichen Vermögen zu bestreiten sei oder den Pfarreingesessenen obliege, ist (im allgemeinen) das Konsistorium, und zwar dieses allein zuständig; eine Mitwirkung der Staatsbehörden tritt (wegen Ueberganges der kirchlichen Verwaltung auf die kirchlichen Behörden) nicht schon hierbei, sondern erst bei der Vollstreckung ein, für die der Staat allein über Zwangsmittel gebietet. Aber die Feststellung des Konsistoriums braucht nicht notwendig der Zwangsetatisierung zeitlich voranzugehen. Das folgt aus der verschiedenartigen Fassung der Vorschriften, die das Zwangsetatisierungsverfahren auf dem Gebiete der allgemeinen Landesverwaltung einerseits und auf dem der kirchlichen Verwaltung anderseits regeln. Dort wird gefordert:

a) eine der betr. Korporation gesetzlich obliegende Leistung,

b) deren von der Behörde (in den Grenzen ihrer Zuständigkeit) geschehene Feststellung; —

hier ist nur das Erfordernis zu a, nicht daneben das zu b erwähnt. Gleichwohl setzt auch auf kirchlichem Gebiete die Zwangsetatisierung eine Feststellung durch die zuständige Behörde an sich natürlich voraus, aber mit Rücksicht auf die hervorgehobene Fassungsverschiedenheit hat das OVG. stets angenommen, daß es im Bereiche der kirchlichen Verfassungsgesetze (die insoweit für alle Landesteile dem Wortlaute nach im wesentlichen übereinstimmen) eines zeitlichen Zwischenraumes zwischen der Feststellung, falls sie durch das Konsistorium erfolgt ist und erfolgen durfte, und der Zwangsetatisierung (im Einvernehmen mit der Staatsbehörde) nicht bedürfe, beide Maßnahmen vielmehr in einen Akt zusammengefaßt werden dürfen. Eine Ausnahme machen Bauleistungen, weil deren „Regelung" im Streitfalle der Staatsbehörde (den Regierungen) vorbehalten ist, also hier, wegen Nichtbeteiligung der Regierungen an der Zwangsetatisierung, dieser die Feststellung notwendig vorangegangen sein muß.

2. In der Sache selbst kann es keinem Zweifel unterliegen, daß die Reit-

hufen ein Interessentenvermögen der mit Ackerhöfen bestimmter Art angesessenen Croppenstedter Landwirte sind, an dem den letzteren ein Privilegium auf Verleihung zu lebenslänglicher Nutznießung gegen ein fest begrenztes Entgelt zusteht.

Entsprechend dem ganzen Charakter der Reithufenabgabe als einer auf Privatrecht beruhenden ist jede Möglichkeit ausgeschlossen, daß sie von der Kirchengemeinde oder von ihr iVerb. mit der Stadtgemeinde einseitig erhöht werden könnte.

Ist dies aber nicht möglich, so war auch die allein auf die Nichterhöhung der Reithufenabgaben gestützte Verweigerung der Genehmigung des sonst überall als richtig anerkannten Etats durch die Kirchengemeinde unbegründet. Demgemäß ist die Zwangsetatisierung mit Recht erfolgt.

II.

Die katholische Kirche.

Gesetzliche Grundlagen: Vd. über die Ausübung der Rechte des Staates gegenüber den Kirchengemeinden und Gesamtverbänden in der kath. Kirche v. 28. III. 06 (GS. 56). G., betr. die Erhebung von Kirchensteuern in den kath. Kirchengemeinden und Gesamtverbänden, v. 14. VII. 05 (GS. 281) und AAnw. hierzu v. 24. III. 06 (MBl. 121). G., betr. die Erhebung von Abgaben für kirchliche Bedürfnisse der Diözesen der kath. Kirche in Preußen, v. 21. III. 06 (GS. 105).

Literatur: Hergenröther: Lehrbuch des kath. Kirchenrechts (Freiburg 1906.)

III.

Die Synagogengemeinden.

Nr. 1. Entsch. v. 24. April 1903 (OVG. 44 241) II B 20/02.

JudenG. §§ 1 f., 6; G. v. 28. VII. 76 (GS. 353), betr. den Austritt aus den jüdischen Synagogengemeinden, § 6; HRStO. § 4.

1. Die an den Austritt aus der Synagogengemeinde geknüpften Wirkungen sind in § 6 G. v. 28. VII. 76 angegeben. Nach Abs. 1[1] das. hört die Teilnahme an den Rechten, die den Mitgliedern der Synagogengemeinden als solchen zustehen, mit dem Tage der Austrittserklärung auf. Nach Nr. 2 beginnt die Befreiung von den Leistungen, die auf der persönlichen Angehörigkeit zur Synagogengemeinde beruhen, ... mit dem Schlusse des auf die Austrittserklärung folgenden Kalenderjahres. Eine längere Fortdauer der Beitragsleistung bis zu 2 und 5 Jahren ist in Abs. 2 für die unter a u. b vorgesehenen Kosten eines außerordentlichen Baues und zur Erfüllung gewisser Verpflichtungen der Synagogengemeinden dritten Personen gegenüber bestimmt. Ohne festen zeitlichen Endtermin sind dagegen Recht und Pflicht der Beteiligung am Begräbnisplatze, sowie die Leistungen für Zwecke der öffentlichen jüdischen Schulen geblieben.

2. Der Austretende muß daher bis zum Nachweis der Berechtigung, einen anderen Begräbnisplatz zu benutzen, an den Lasten der jüdischen Beerdigungsstätte teilnehmen. Der Kläger hatte seine Verpflichtung bestritten, weil der Friedhof erst nach seinem Austritt angekauft und bisher noch nicht in Benutzung genommen worden sei. Zudem

bestehe in F. ein städtischer Friedhof, auf dem er ein Begräbnis verlangen könne. Der erst nach dem Austritt erfolgte Ankauf ist unerheblich. Für die weitere Behauptung ist aus den älteren kurh. Gesetzen nichts zu entnehmen. Ebensowenig läßt sich aus § 4 HNStO. ein unbeschränktes Teilnahmerecht jedes Gemeindeangehörigen an öffentlichen Gemeindeanstalten herleiten. Die Gemeinde hat für die von ihr der Benutzung der Gemeindemitglieder gewidmete Anstalt, wenn sie gesetzlich nicht geregelt ist, die Voraussetzungen, die Bedingungen und die Art der Benutzung vorzuschreiben. Nur mit diesen auf dem Eigentumsrecht und den öffentlich-rechtlichen Befugnissen der Gemeinde beruhenden Einschränkungen kommt das aus der Gemeindezugehörigkeit und dem Widmungsakt entspringende Recht des Gemeindemitglieds auf Benutzung der Anstalt zur Entstehung. Wenn der Bezirksausschuß schon in der Möglichkeit der Bestattung auf dem nicht nach katholischen Ritus benedizierten, lediglich für Selbstmörder bestimmten Teile des städtischen Friedhofs die von den Lasten des jüdischen Begräbnisplatzes befreiende Ausnahme des § 6 aaO. erblickt hat, so geht seine Annahme fehl. Von einer Widmung des Friedhofs iS. des Anspruchs des Klägers enthalten die behördlichen Erklärungen nichts. Es ist endlich auch bedeutungslos, daß unter Umständen die Polizeibehörde für die Beerdigung einer Leiche zu sorgen hat, oder daß der Kläger einem Feuerbestattungsverein angehört; in keinem dieser Fälle kann die den Austretenden befreiende Berechtigung, einen anderen Begräbnisplatz benutzen zu dürfen, als dargetan gelten. Ist aber die Ausnahme des § 6 nicht nachgewiesen, so besteht die Pflicht der Teilnahme an den Lasten des Beerdigungsplatzes fort; das Gesetz kennt für sie weder einen Endtermin, noch eine Höchstgrenze des zu leistenden Beitrags. Der dreijährige Durchschnitt bezieht sich nur auf die im § 6 Abs. 2 sonst erwähnten Lastenbeiträge. Deshalb ist es auch ohne Belang, ob die Synagogengemeinde in F. erst nach dem Austritte des Klägers die neue Begräbnisstätte erworben hat.

3. Die Leistungen zu den öffentlichen jüdischen Schulen beruhen nach der mitgeteilten Gesetzesstelle nicht auf der persönlichen Angehörigkeit zur Synagogengemeinde, sie werden von dem Austritte, der nach § 2 dG. nur aus religiösen Bedenken erfolgen soll, gar nicht berührt und sind unbegrenzt nach Zeit und Höhe wie von den Mitgliedern der Synagogengemeinde so auch von demjenigen zu tragen, der aus der Gemeinde ausgetreten ist. Der Einwand, daß die frühere israelitische Religionsschule in F. erst nach dem Austritt in eine israelitische Volksschule umgewandelt worden sei, ist daher unbegründet.

Nr. 2. Entsch. v. 29. Sept. 1903 — VIII 405.

G. v. 14. V. 73 (GS. 207), betr. den Austritt aus der Kirche, §§ 3, 8; G. v. 28. VII. 76 §§ 6, 9; ZustG. § 54.

1. Nach § 54 ZustG. entscheidet der Bezirksausschuß auf Klagen einzelner wegen der ihnen, als Mitgliedern einer Synagogengemeinde, oder auf Grund des G. v. 28. VII. 76 zustehenden Rechte und obliegenden Verpflichtungen zu Abgaben und Leistungen. Zu den letzteren gehören die Verbindlichkeiten, die die aus einer Synagogengemeinde oder aus dem Judentume überhaupt Ausgetretenen nach den §§ 6 u. 9 G. v. 1876, bzw. nach § 3 des daselbst angezogenen G. v. 14. V. 73 der aufgegebenen Gemeinschaft gegenüber eine Zeitlang behalten. Gem. § 3 Abs. 2 und § 8 G. v. 1873 tritt die Wirkung der Austrittserklärung aus der Kirche, oder einer anderen mit Korporationsrechten ausgestatteten Religionsgemeinschaft hinsichtlich der Beitragsleistung zu den persönlichen Verbandslasten mit dem Schlusse des auf die Austrittserklärung folgendenden Kalenderjahres ein.

2. Die Ausgetretenen sind, solange sie zu den Lasten ihrer früheren Kultusgemeinde noch beizutragen haben, insoweit wie die wirklichen Mitglieder der Gemeinde zu behandeln. Haben die Gemeindemitglieder bei doppeltem Wohnsitze zur Abwendung einer Doppelbesteuerung einen Rechtsanspruch auf Abzug der Steuer der einen Gemeinde von der nach dem Gesamteinkommen berechneten Abgabenforderung der anderen Gemeinde, so ist dasselbe Recht auch den Ausgeschiedenen zuzugestehen. Jener Anspruch ist aber nicht begründet. Eine die Doppelbesteuerung ausschließende gesetzliche Bestimmung besteht in Ansehung der Kultusbeiträge nicht. Die zur Vermeidung einer mehrfachen Belastung eines und desselben Einkommens mit staatlichen oder kommunalen Abgaben erlassenen neueren Gesetze, insbesondere die Vschr. des KommAbgG. sind nicht ohne weiteres auf andere öffentliche Verbände anwendbar.

Nr. 3. Entsch. v. 17. Juni 1904 (PrVerwBl. 26 604) VIII 14.

JudenG. § 58; KommAbgG. § 36 Abs. 2.

Die einer Synagogengemeinde angehörige Ehefrau, deren nicht zu dieser Gemeinde gehörige Ehemann zur staatlichen Einkommensteuer veranlagt ist, kann zu Synagogenbeiträgen nicht herangezogen werden, falls nach dem Statute diese Beiträge in Zuschlägen zur Einkommensteuer erhoben werden.

Nach § 58 JudenG. wird der jährliche Bedarf der Synagogengemeinden nach den durch das Statut einer jeden Gemeinde näher zu bestimmenden Grundsätzen auf die einzelnen Beitragspflichtigen umgelegt. Diese Grundsätze enthält das Statut der Cölner Gemeinde in den §§ 8 u. 93 ff. Der § 8 spricht nur die allgemeine Verpflichtung der Mitglieder aus, im Verhältnis zu ihrem Einkommen Geldbeiträge zu leisten. Welches Einkommen gemeint ist, ergibt § 93. Nach ihm soll das bei der staatlichen Veranlagung ermittelte Einkommen in der Weise getroffen werden, daß von der davon zu entrichtenden Staatssteuer gleichmäßige prozentuale Zuschläge erhoben werden. Eine selbständige Ermittelung des Einkommens von Pflichtigen durch die Gemeindeorgane, wie sie zB. in § 36 Abs. 2 KommAbgG. vorgesehen ist, weist das Statut nicht auf. Jeder Belastung durch die Kultusgemeinde muß somit in Cöln eine staatliche Veranlagung vorangehen; ohne sie ist die in § 93 vorgeschriebene Umlegung gleichmäßiger Zuschläge, des akzessorischen Charakters der letzteren wegen, ausgeschlossen.

IV.

Schulangelegenheiten.

Gesetzliche Grundlagen: G. v. 2. I. 05 (GS. 1), betr. Abänderung des G., das christliche Volksschulwesen betr., v. 26. V. 45 (HannGS. 465). — G. v. 28. VII. 06 (GS. 335), betr. die Unterhaltung der Volksschulen.

Literatur: v. Bremen: Die Volksschule. Gesetze und Verordnungen, zusammengestellt und erläutert (Stuttgart 1905). — v. Gordon: Die Gemeinde, ihre Schulgebäude und der Staat (Berlin 1905). — Bläschke: Schulrecht und Schulgesetze, Abhandlungen aus dem Gebiet des Schulrechts (Berlin 1905/6).

A. Rechtsverhältnisse der Volksschullehrer.

1. Allgemeines.

Nr. 1. Entsch. v. 1. Dez. 1903 (ZBlUV. 576) VIII 682.

RegInstr. § 18 c.

Zur Versetzung eines Lehrers an einer öffentlichen nicht staatlichen mittleren Schule an die Volksschule bedarf es der Genehmigung der Schulaufsichtsbehörde.

Nr. 2. Entsch. v. 20. Sept. 1904 (OVG. 46 211) VIII A 4/03.

LehrBesG. §§ 1 ff.

1. Hauptlehrer iS. des LehrBesG. wird ein etatsmäßig angestellter erster Lehrer an einer Volksschule mit drei oder mehr Lehrkräften lediglich dadurch, daß die Schulaufsichtsbehörde ihm, wenn auch unter dem Vorbehalte des Widerrufs, Leitungsbefugnisse überträgt; einer förmlichen Ernennung oder der Ausfertigung einer Bestallungsurkunde bedarfes dazu nicht.

2. Die Hauptlehrerstellung eines ersten Lehrers, dem die Leitung nur widerruflich übertragen worden ist, hört im Falle einer Umgestaltung der Schule in der Art, daß sie weniger als drei Lehrkräfte zählt, auf, und zwar unabhängig davon, ob die Schulaufsichtsbehörde von dem Vorbehalte des Widerrufs Gebrauch gemacht hat oder nicht.

3. Rechtsungültig ist die Bestimmung einer Besoldungsordnung, wonach Hauptlehrer ein höheres Grundgehalt als die anderen Lehrer an derselben Schule nur erhalten, wenn sie „als Hauptlehrer endgültig angestellt" sind, da das LehrBesG. die Grundgehaltserhöhung für Hauptlehrer nicht an die Vorbedingung endgültiger Anstellung in einem besonderen Hauptlehreramte knüpft.

2. Einkommen und Hinterbliebenenversorgung.

a) Feststellung des Einkommens; Genußzettel; Besoldungsregulative; Einkommensnachweisungen usw.

Nr. 1. Entsch. v. 10. Mai 1904 (OVG. 45 215) VIII B 11/03.

SchulAnfG. §§ 2 f.

Die Schulaufsichtsbehörde kann, ohne daß es einer Mitwirkung der Beschlußbehörden nach dem G. v. 26. V. 87 bedarf, die Verwendung Ersparnissen an Besoldungen zur Bestreitung von Stellvertretungskosten anordnen, sofern diese Kosten die Summe der Ersparnisse nicht überschreiten und in demselben Rechnungsjahr entstanden sind, für welches die Besoldungen im Haushaltsplan ausgeworfen waren.

Nicht befugt ist sie dagegen, die Gewährung von Einkommensbezügen für Lehrpersonen, die aus dem Dienste des in Anspruch zu nehmenden Schulverbandes bereits ausgeschieden sind, noch nachträglich festzustellen. Denn es kann von einer öffentlich-rechtlichen Pflicht der Korporation nicht die Rede sein, einem Lehrer, der früher einmal in ihrem Dienste gestanden hat, höhere Einkommens- und Rechtsansprüche für die Vergangenheit zu gewähren, als ihm damals bereits zustanden.

b) Naturalbezüge (Feststellung des Geldwertes oder Ertrages); Dienstwohnung und Mietentschädigung.

Nr. 1. Entsch. v. 27. Febr. 1903 — I 357.

LehrBesG. §§ 12, 14; ZustG. § 49.

Für die Revisionsinstanz war nur noch die Frage streitig, ob die geforderte Lehrerdienstwohnung für den Bedarf eines verheirateten oder eines unverheirateten Lehrers einzurichten sei. Diese Frage ist nach § 14 LehrBesG. unter Berücksichtigung der örtlichen Verhältnisse und der Amtsstellung des Lehrers von dem Verwaltungsrichter nach freiem Ermessen zu entscheiden, welches Ermessen seit dem Inkrafttreten des genannten Gesetzes nicht mehr an die im § 49 Abs. 2 ZustG. erwähnten allgemeinen Anordnungen der Schulaufsichtsbehörden über die Ausführung von Schulbauten gebunden ist (OVG. 39 151). Der zeitige Inhaber der zweiten Lehrerstelle, um die es sich hier handelt, ist unverheiratet, und die Notwendigkeit der Herstellung der in Frage stehenden Wohnung für den Bedarf eines verheirateten Lehrers könnte daher nicht durch eine Rücksicht auf die Person des gegenwärtigen Stelleninhabers, sondern nur durch einen Nachweis nach der Richtung hin begründet werden, daß eine Bereitstellung der Wohnung in dem geforderten Umfange im Interesse einer geordneten Schulverwaltung, die auf eine Besetzung der zweiten Stelle mit einem verheirateten Lehrer hinwirken müssen, geboten sei. Der Vorderrichter hat das Vorhandensein dieser letzteren Voraussetzung verneint, und diese negative Feststellung läßt weder einen Rechtsirrtum noch einen wesentlichen Mangel des Verfahrens erkennen; sie unterliegt daher nicht der Anfechtung in der Revisionsinstanz. Der Vorderrichter ist bei seiner Feststellung davon ausgegangen, daß nach den eigenen Erklärungen der Schulaufsichtsbehörde ungeachtet des Vorhandenseins von zwei Lehrkräften an der Schule zu R. nur die Einrichtung einer Dienstwohnung für einen verheirateten Lehrer erforderlich sei; auch war der Vorderrichter zu einer derartigen Annahme durchaus berechtigt, nachdem in der Berufungsschrift seitens der beklagten Regierung ausdrücklich geltend gemacht worden war, es sei unbedingt erforderlich, daß mindestens eine für einen verheirateten Lehrer geeignete Wohnung hergestellt werde. Eine derartige Wohnung ist bisher schon dem ersten Lehrer und Küster gewährt worden. Mit Recht durfte daher der Vorderrichter den Nachweis eines Bedürfnisses zur Herstellung einer Familienwohnung für den Inhaber der zweiten Lehrerstelle nicht für geführt erachten. Wenn die Revisionsklägerin behauptet, daß das Verfahren deshalb an einem wesentlichen Mangel leide, weil ihre früher aufgestellte bedeutungsvolle (relevante) Ausführung über die an sich vorhandene Notwendigkeit der Beschaffung der Wohnung eines zweiten verheirateten Lehrers unbeachtet geblieben sei, so kann dieser Ausführung nur die Bedeutung beigelegt werden, daß die Regierung bereits früher die Notwendigkeit der Herstellung einer Familienwohnung für die zweite Lehrerstelle behauptet habe ohne Rücksicht auf die hinsichtlich der ersten Lehrer- und Küsterstelle in Betracht kommenden Wohnungsverhältnisse. In dieser Beziehung entbehren aber die von der Regierung in den Vorinstanzen aufgestellten Behauptungen jeder Substantiierung; denn es ist hierüber nur in dem Schriftsatz v. 20. VI. 01, abgesehen von der nachdrücklichen Betonung der Beschränktheit der Wohnräume des ersten Lehrers, die ganz allgemein gehaltene Bemerkung gemacht, daß die geforderte Errichtung einer Wohnung für einen verheirateten Lehrer auch wegen der großen Schülerzahl unbedingt verlangt werden müsse. Daß durch eine derartige unbestimmte Behauptung die Forderung der Herstellung einer Familienwohnung für den zweiten Lehrer nicht begründet werden kann, bedarf keiner näheren Ausführung. Da zur Begründung des von der Revisionsklägerin gestellten Antrages neue, erst in der Revisionsinstanz aufgestellte tatsächliche Behauptungen keine Berücksichtigung finden düfen, so erübrigt sich auch ein Eingehen auf die Frage, ob die in der Revisionsschrift aufgestellten neuen Behauptungen zur Begründung der gestellten Anforderung ausreichend gewesen sein würden.

Nr. 2. Entsch. v. 27. Sept. 1904 (ZBlUV. 05 481) VIII 1816.

PrSchulO. § 14; LehrBes.G. §§ 1, 13.

Die gesetzliche Pflicht der Gutsherrschaft zur Gewährung von Dienstwohnungen für Lehrer wird durch die Bestimmungen des LehrBesG. nicht berührt. Insbesondere bezeichnet § 13 diesG. lediglich das vom Gesetz geforderte Mindestmaß, das überall gewährt werden muß, und berührt eine etwa bestehende Rechtspflicht, dem zweiten und dritten Lehrer auch ohne den Nachweis des Bedürfnisses Dienstwohnungen zu gewähren, überhaupt nicht.

c) Alterszulagen; Aufbringung der Kassenbeiträge.

Nr. 1. Entsch. v. 28. April 1903 — I 704.

LehrRgKG. § 12; LehrBesG. § 8.

Die Schulaufsichtsbehörden sind befugt, den Beitrag der Unterhaltungspflichtigen für Schulstellen, die nach Aufstellung des Verteilungsplanes errichtet worden sind, nachträglich zu erhöhen.

Gem. § 8 LehrBesG. ist für Schulstellen, die nach Aufstellung des Verteilungsplanes im Laufe des Jahres neu errichtet werden, der Beitrag zur Alterszulagekasse von dem Tage an zu zahlen, seit dem die Stelle durch eine besondere Lehrkraft versehen wird, und es kann weder aus den übrigen Vschr. des G. v. 3. III. 97 noch aus denjenigen des G. v. 23. VII. 93 ein Grund entnommen werden, der die Schulaufsichtsbehörde hindern könnte, die gesetzlich begründete Mehrleistung von dem verpflichteten Schulverbande auf demselben Wege einzuziehen, der überhaupt für die zwangsweise Einziehung der Beiträge zur Alterszulagekasse vorgeschrieben ist, nämlich durch die Aufstellung und Veröffentlichung eines Verteilungsplanes.

Nr. 2. Entsch. v. 17. Mai 1904 (OVG. 45 209) VIII A 6/08.

LehrBesG. § 8.

Die Schulaufsichtsbehörde ist nicht zuständig, gegenüber einem Schulverband Ansprüche der Alterszulagekasse auf Erstattung von Alterszulagen, die an Lehrpersonen zu Unrecht ausgezahlt sein sollen, vollstreckbar festzustellen. Die in § 8 Abs. 2 LehrBesG. der Bezirksregierung übertragene Verwaltung der Kasse schließt begriffsmäßig nicht die Befugnis in sich, über streitige Ersatzansprüche der Kasse an eine zum Kassenverbande gehörende Gemeinde Entscheidung zu treffen. Weiter kommt in Betracht, daß sich aus dem Aufsichtsrecht einer Behörde die Befugnis zur Feststellung einer Leistung, die eine Gemeinde nach der Ansicht der Aufsichtsbehörde einem Dritten schuldet, während die Gemeinde ihre Verpflichtung bestreitet, regelmäßig nur dann herleiten läßt, wenn das öffentliche Interesse an der Feststellung und rechtzeitigen Erfüllung der Verpflichtung beteiligt ist, wenn insbesondere zur Aufrechterhaltung einer geordneten Verwaltung in der Gemeinde die Zahlung der den Gemeindebeamten zustehenden Gehälter gefordert wird, oder wenn der ungestörte Gang der Gemeindeverwaltung sonst durch das Unterbleiben der streitigen Leistung beeinträchtigt wird. (OVG. 23 87 ff., bes. 105/6 u. 28 183 ff.). Im vorliegenden Falle ist derartiges nicht ersichtlich.

d) Ruhegehalt und Hinterbliebenenfürsorge; Aufbringung der Beiträge.

Nr. 1. Entsch. v. 18. Dez. 1903 (OVG. 44 185) VIII B 2/08.

LehrBesG. § 8; LehrRgKG. §§ 12, 14.

1. Klagen der Schulverbände gegen ihre Belastung mit Beiträgen zur Ruhegehalts- oder zur Alterszulagekasse hat der Gerichts-

hof zugelassen, ohne zu unterscheiden, ob die Heranziehung durch den Verteilungsplan oder durch besondere Verfügung bewirkt worden war (vgl. OVG. 37 215). An dieser Auffassung ist festzuhalten. Allerdings eröffnen das LehrBesG. und der das. im § 8 Abs. 9 mit angezogene § 12 LehrRgKG. den Schulverbänden eine Klage nur gegen den bekannt gemachten Verteilungsplan, und zwar dahin, daß das Ziel der Klage die Abänderung des Verteilungsplans bildet. Es ist auch richtig, daß bei Aufstellung des Planes die nach bestimmten Regeln zu berechnenden Leistungen auf die gesamten, der Alterszulagekasse angeschlossenen Schulverbände (Schulsozietäten, Gemeinden, Gutsbezirke) verteilt werden, während bei einer nachträglichen Anforderung an eine einzelne Gemeinde von einer solchen Verteilung des Kassenbedarfes nicht die Rede ist. Anderseits aber kommt in Betracht, daß sich das Wesen des Verteilungsplans nicht in der Festlegung der Grundsätze für die Verteilung der Leistungen auf die einzelnen Schulverbände erschöpft, sondern daß der Plan im Endergebnis einen ziffermäßig bestimmten Betrag auswirft, der von den einzelnen Gemeinden für ihre Lehrer und Lehrerinnen zu entrichten ist. Insofern unterscheidet sich mithin der Verteilungsplan nicht von der zu Lasten der Einzelgemeinde bewirkten Heranziehung, die den Inhalt der nachträglichen besonderen Verfügung bildet.

2. Unzweifelhaft reicht nach allgemeinen Rechtsgrundsätzen die Klage auf Abänderung des von der Regierung festgestellten Planes nicht weiter als das rechtliche Interesse des einzelnen klagenden Schulverbandes, und sie kann demgemäß auch nur den Erfolg erreichen, den Kläger von den Beiträgen ganz oder teilweise zu befreien, ohne daß der Verteilungsplan einer darüber hinaus greifenden Prüfung des Verwaltungsrichters zu unterziehen wäre. Genau ebenso ist auch der eine Nachforderung bekämpfende Klageanspruch der einzelnen Gemeinde auf die Beseitigung oder Minderung der ihr gegenüber erhobenen Anforderung beschränkt und die Nachprüfungsbefugnis des Verwaltungsrichters in gleicher Weise begrenzt; von einer grundsätzlichen Verschiedenheit des Zieles der Klagen und der Tragweite ihrer Beurteilung ist daher insoweit keine Rede.

3. Dritten Schulverbänden, die den für das folgende Jahr aufgestellten Verteilungsplan anfechten, kann der Einwand der Rechtskraft der früheren Entscheidung nicht entgegengehalten werden, wenn sie in dem früheren StreitVerf. als Parteien nicht beteiligt gewesen sind.

4. Erhebt die Bezirksregierung im Wege der Einzelverfügung höhere Beitragsanforderungen als diejenigen, die sie in den bekannt gemachten Verteilungsplan aufgenommen hatte, so treten die gesteigerten Auflagen an die Stelle der ursprünglich gemachten und teilen deren rechtliche Natur; daraus ergibt sich, daß sie gleich ihnen der Anfechtung mittelst Klage unterliegen. Wollte man das Gegenteil annehmen, so würden die Betroffenen des Schutzes der Rechtskontrolle, den sie gegenüber dem Verteilungsplane genießen, verlustig gehen, wo immer die Regierung Beitragsanforderungen unter Abweichung von dem Verteilungsplan oder etwa ganz ohne Feststellung und Bekanntmachung eines Verteilungsplans lediglich mittels Verfügung im Einzelfalle geltend macht.

5. Die Schulverbände haben nach Bekanntmachung des festgestellten Verteilungsplans einen Anspruch darauf, für dasselbe Rechnungsjahr zu weiteren Kassenbeiträgen nicht herangezogen zu werden. Fehlbeträge eines einzelnen Rechnungsjahres sind vielmehr, ohne Rücksicht auf die Ursache ihrer Entstehung, dadurch auszugleichen, daß sie bei der Veranschlagung des Bedarfes für das auf den Jahresabschluß folgende Rechnungsjahr in Zugang gebracht werden. Eine besondere Regelung hat — durch die in § 8 Abs. 8 enthaltene Vorschrift des LehrBesG. — der Fall erhalten, bei dem es

sich um eine nach Aufstellung des Verteilungsplans im Laufe des Jahres neu errichtete Schulstelle handelt. Hier ist die Zahlungspflicht, die mit dem Tage entsteht, seit welchem die Stelle durch eine besondere Lehrkraft versehen wird, nicht bis zur Feststellung des Verteilungsplans für das folgende Jahr hinausgeschoben, der Beitrag für eine neue Stelle darf vielmehr durch Verfügung der Schulaufsichtsbehörde sofort erhoben werden. Die Höhe des Beitrags bemißt sich nach dem Einheitssatze, der in dem für das laufende Jahr geltenden Verteilungsplane für jede Gattung von Stellen in dem einzelnen Schulverbande vorgesehen ist. Ändert sich die Ortsschulorganisation dahin, daß eine in der Vergangenheit für eine Lehrerin bestimmt gewesene Stelle künftig von einem Lehrer bekleidet werden soll, so hat dies die rechtliche Wirkung, daß die bisherige Stelle zu bestehen aufhört und durch eine neuerrichtete Stelle ersetzt wird. Eine dauernd mit einem Lehrer zu besetzende Stelle um deswillen, weil sie früher von einer weiblichen Lehrkraft versehen wurde, als mit der ursprünglichen Lehrerinstelle identisch und nur in Ansehung der Besetzungsweise geändert auszugeben, enthält einen Widerspruch in sich selbst.

Nr. 2. Entsch. v. 18. Dez. 1903 (OVG. 44 190) VIII B 8/03.

LehrBesG. § 8; LehrRgKG. § 12.

1. In Fällen, wo die Heranziehung zu Ruhegehaltskassenbeiträgen nicht durch den vorschriftsmäßig veröffentlichten Verteilungsplan, sondern durch Einzelverfügungen an den Schulverband bewirkt worden ist, beginnt der vierwöchige Zeitraum, den der § 12 LehrRgKG. für die Anfechtung des Verteilungsplans vorsieht, mit demjenigen Tage, an welchem die besondere Heranziehung des mit einer Nachforderung in Anspruch genommenen Schulverbandes tatsächlich ins Werk gesetzt worden ist.

2. Es kann nicht anerkannt werden, daß diese Verfügungen um deswillen nicht als „Heranziehung" anzusprechen wären, weil sie nur in Abschriften einer an die Kasse gerichteten Weisung bestanden und „der unmittelbaren Richtung gegen die Klägerin" entbehrt, inhaltlich auch lediglich angekündigt hätten, daß demnächst ein Dritter — die Kasse — die Veranlagung der Klägerin vornehmen werde. Ohne entscheidende Bedeutung ist der Umstand, daß die Verfügungen, von denen der Klägerin die eine „zur Kenntnis und weiteren Veranlassung", die andere „zur Kenntnis" mitgeteilt wurde, zunächst an die Kasse gingen und dieser den Auftrag zur Einziehung gaben; denn darüber konnte die Klägerin nach dem Inhalte der Verfügungen nicht zweifelhaft sein, daß von ihr die Regierung als Verwalterin der Alterszulagekasse diejenigen Beiträge erfordern und durch die mit der Besorgung der Kassengeschäfte betraute Kasse erheben wollte, die sie — die Regierung — für die neu gegründeten Schulstellen nachzufordern beschlossen hatte. Wie also die Regierung, nicht die Kasse eine derartige Anforderung zu stellen berufen war, so hat auch tatsächlich die Regierung die Beiträge erfordert, und zwar in einer ziffermäßigen Bestimmtheit, welche der Klägerin über die Höhe der Anforderung keinen Zweifel ließ. Es war mithin Sache der Klägerin, nach Empfang der Verfügungen — besondere Förmlichkeiten kamen für deren Aushändigung nicht in Frage — das ihr zustehende Rechtsmittel zu ergreifen.

Nr. 3. Entsch. v. 25. März 1904 (PrVerwBl. 26 29) VIII 457.

LehrBesG. § 16; LehrPensG. Art. I §§ 1, 4.

In dem Verteilungsplane der Beiträge, die von den Schulverbänden zur Lehrerruhegehaltskasse zu leisten sind, müssen bei Lehrerstellen, die von Lehrerinnen verwaltet werden, nicht bloß die Lehrern zustehenden

Diensteinkommensbeträge, sondern auch die Mietentschädigungsbeträge in voller Höhe angesetzt werden. Denn es muß als der Regel entsprechend davon ausgegangen werden, daß bei Besetzung der Stellen mit ordentlichen Lehrern deren Inhaber Anspruch sowohl auf das volle Grundgehalt, als auch auf die volle Mietentschädigung haben; und nur wenn die Stellen mit unverheirateten Lehrern ohne eigenen Hausstand besetzt sind, besteht in bezug auf die Mietentschädigung die Möglichkeit einer anderen Feststellung der Pension und demgemäß auch einer anderen Berechnung der Ruhegehaltsbeiträge, nämlich nach Maßgabe der gekürzten Mietentschädigung. Dies folgt aus den Vschr. des § 4 PensG. über die Berechnung der Pension iVerb. mit denen im § 16 Abs. 2 BesG. Denn es kann mit Rücksicht auf die persönlichen Verhältnisse der Stelleninhaber die Möglichkeit einer andern Feststellung der Pension, und demgemäß auch die Möglichkeit einer anderen Berechnung der Ruhegehaltsbeiträge nicht in Frage kommen.

Nr. 4. Entsch. v. 3. Mai 1904 (OVG. 45 226) VIII B 1/03.

LehrBesG. §§ 8 Abs. 9, 27; LehrRgKG. § 12; ZustG. §§ 46, 48.

1. Nach § 8 Abs. 9 LehrBesG. iVerb. mit § 12 LehrRgKG. steht die Klage auf Abänderung des von der Regierung aufgestellten Verteilungsplans den „Schulverbänden (Schulsozietäten, Gemeinden, Gutsbezirken)" zu.

Im Geltungsbereiche der SchlesSchulRgl. v. 3. XI. 1765 u. 18. V. 1801 bilden die zur Schulunterhaltung verpflichteten politischen Gemeinden und Dominien keine korporative „Schulgemeinde"; vielmehr kommt dort, sofern den vom Schulverbande zu unterhaltenden Volksschulen ein besonderer Schulvorstand bestellt ist, den Schulen selbst juristische Persönlichkeit zu, die durch den Schulvorstand vertreten wird. Der Schulvorstand ist jedoch lediglich gesetzlicher Vertreter der Schulanstalt und nicht dazu berufen, die Beteiligten in der Ausübung ihrer persönlichen Rechte zu vertreten. Er kann also die Rechte der Verbandsgenossen auch nicht gegenüber den Alterszulage- und Ruhegehaltskassen wahrnehmen. Die Kassengesetze aber haben das Recht zur Klage auf Abänderung des Verteilungsplans, wie den durch ihren Vorstand zu vertretenden (korporativen) Schulsozietäten, so in ganz derselben Weise ausdrücklich auch den zu einem (nicht korporativen) Schulverbande vereinigten Gemeinden und Gutsbezirken als den Trägern der in ihren Kommunalbezirken anteilig aufzubringenden Verbandslasten eingeräumt.

Anderseits ist auch der Schulvorstand als Organ des Verbandes klageberechtigt. Die Kasseneinrichtungen dienen freilich dazu, den Unterhaltungspflichtigen die Aufbringung der auf weitere Kreise gelegten Last unter Ausgleichung sonst unvermeidlicher Schwankungen, die im Einzelfalle die Leistungsfähigkeit auf das schwerste gefährden könnten, zu erleichtern. Neben den Unterhaltungspflichtigen rechnen aber beide Gesetze unverkennbar auch mit dem Schulverband als dem Träger von Rechten und Pflichten im Verhältnisse zu den Kassen. Im ZustG. § 48 findet sich der Ausdruck „Schulverband" noch in der Bedeutung lediglich der landrechtlichen Hausvätersozietät, mit der die Schulgemeinden in Hannover, die Schulkommunen in Schleswig-Holstein usw., bei vielfachen sonstigen Verschiedenheiten, dieses gemein haben, daß sie gleichfalls juristische Personen sind und vom Schulvorstande vertreten werden. Seitdem hat sich in der Sprache der Unterrichtsverwaltung der Begriff des Schulverbandes dahin erweitert und verallgemeinert, daß er auch die nicht korporativ organisierten Gesamtheiten der Unterhaltspflichtigen (so in Schlesien, Preußen, Hessen-Nassau) mit umfaßt. Demgemäß ist auch der Gerichtshof stets davon ausgegangen, daß innerhalb der Schulverbände (und zwar der nicht korporativen, denn bei den korporativen versteht es sich von selbst) die von der Regierung auf den Verband ausgeschriebenen Beiträge durch den Schulvorstand unterverteilt werden müssen, und daß den so von der örtlichen Behörde zu Beitragsanteilen Herangezogenen die Reklamationsklage aus § 46 Abs. 1 ZustG. eröffnet ist. Danach ist daran festzuhalten, daß die einem Schulverband angehörigen gesetzlichen Träger der Unterhaltungslast auch da, wo der Verband der juristischen Persönlichkeit entbehrt, eine örtliche Gemeinschaft des öffentlichen Rechtes mit gemeinsamen Haushaltsinteressen bilden. Gerade auf Wahrung dieser Interessen aber kommt es gegenüber den Auflagen an, welche durch den Verteilungsplan dem Verband an solchem, vorbehaltlich des Rechtes und der Pflicht des Schulvorstandes, die Einzelanteile der Verbandsgenossen im Wege der Unterverteilung zu erheben, gemacht werden. Nach alledem ist im Bereiche derjenigen Provinzialgesetze, die korporative zusammengesetzte Schulverbände nicht kennen, die Klage gegen den Verteilungsplan außer den Lastenträgern auch dem Schulvorstande in Wahrung der Haushaltsinteressen, die den Schulunterhaltungspflichtigen als Mitgliedern einer öffentlich-rechtlichen Personenmehrheit gemeinsam sind, zuzugestehen.

2. Das Recht auf Abänderung des Planes reicht nach allgemeinen Rechtsgrundsätzen nicht weiter als das rechtliche Interesse des Klagenden. Die Kläger können also mit der angestellten Klage nur Minderung oder nach Umständen gänzliche Absetzung des ihnen selbst auferlegten Beitrags anstreben und erreichen, nicht aber auch Streichung eines andern als beitragspflichtig aufgeführten Verbandes.

3. Im übrigen ist im vorliegenden Falle davon auszugehen, daß es einer Vorabentscheidung der Regierung gem. § 27^{II} Abs. 3 G. v. 3. III. 97 bedurfte; denn es handelt sich um einen Verband, der sich über zwei Kommunalbezirke, einen Gutsbezirk und eine Landgemeinde, erstreckt. Ein derartiger Beschluß ist an sich bindend für den Verwaltungsrichter, wenn er mittelst Klage gegen den Verteilungsplan um eine Entscheidung darüber angegangen wird, ob die Höhe des einem Verband angesonnenen Kassenbeitrags richtig bemessen sei. Nicht minder verbindlich ist für den Verwaltungsrichter die an den Stellenverteilungsbeschluß sich anschließende Feststellung der Regierung, für welche Stellen ein Besoldungsbeitrag vom Staate zu leisten sei. Beide Feststellungen der Regierung hat der Verwaltungsrichter seiner Entscheidung ferner in der Gestalt zugrunde zu legen, in welcher sie — ganz abgesehen vom Beschwerderechte der Beteiligten — zur Zeit der im VerwStreitVerf. zu fällenden Entscheidung vorliegen.

Verfehlt ist dagegen der Einwand, daß die Klage vor endgültiger Entscheidung der Vorfragen „unzulässig" sei. Die Klage kann sich gegen den Verteilungsplan nur so, wie er veröffentlicht worden ist, richten und sie muß auch binnen einer vierwöchigen Ausschlußfrist seit der Veröffentlichung des Planes erhoben werden. Wie daraus folgt, brauchte hier die Entscheidung der Beschwerdeinstanz über die Feststellungen der Regierung keineswegs abgewartet zu werden. Die Klage gegen den Verteilungsplan ist vielmehr zulässig, trotzdem auf die Beschwerde gegen den Regierungsbeschluß noch nicht entschieden worden ist; der Entscheidung war der Regierungsbeschluß insoweit zugrunde zu legen, als er dem bestehenden Rechte entspricht; denn der Verwaltungsrichter hat den Beschluß zwar nicht auf seine Notwendigkeit oder Zweckmäßigkeit, wohl aber in bezug auf seine Rechtmäßigkeit nachzuprüfen.

4. Bei der sonach anzustellenden Nachprüfung ergibt sich, daß der Beschluß mit dem Gesetze nicht überall vereinbar ist. Die Ruhegehaltskassen umfassen nur Schulverbände, sie sind nur für die allgemeinen gesetzlichen Träger der Schulunterhaltungslast eingerichtet worden. Dasselbe gilt für die Alterszulagekassen. Beide Kassen sind nicht bestimmt für

Schulen, deren Unterhaltung nicht einem Schulverband obliegt. Für die hier in Rede stehende, vom Fiskus begründete und unterhaltene sogenannte fiskalische Schule zu R. aber ist ein Schulverband, auf dessen Mitgliedern nach Vschr. dG. die Unterhaltungslast ruht, nicht begründet worden. An ihrer Unterhaltung haben die allgemeinen gesetzlich berufenen Träger der Volksschullast keinen Teil. Ist dem aber so, dann fehlte es an der ersten und wesentlichsten Voraussetzung, unter welcher allein der Anschluß der Schule an die Alterszulage- und Ruhegehalskasse statthaft gewesen sein würde, und es durfte die Regierung nicht der Landgemeinde R. auf die Höchstzahl von Lehrer- und Lehrerinnenstellen, die für sie bei Gewährung der Staatsbeiträge in Ansatz zu bringen waren, die fünf an der fiskalischen Schule bestehenden Stellen anrechnen und ferner nicht die für letztere fünf Stellen vermeintlich auszuwerfenden Staatsbeiträge vorweg für den Fiskus in Abzug bringen. Bei dieser Rechtslage kommt es nicht weiter auf die von den Parteien und dem Bezirksausschuß in den Vordergrund gerückte Frage an, welche rechtliche Natur die fiskalische Schule habe. Jedenfalls ist sie keine „gemeine Schule" iS. des ALR. und keine „öffentliche Volksschule" iS. der heutigen Schulgesetzgebung.

5. Der Beschluß der Regierung verstößt daher insoweit gegen das bestehende Recht, als darin die fünf Lehrerstellen der fiskalischen Schule mit in Ansatz gebracht sind. Dieser dem Beschluß anhaftende Mangel kann es indes nicht rechtfertigen, durch Urteil nur auszusprechen, daß der Verteilungsplan nach gewissen, näher angegebenen Grundsätzen abzuändern sei. Der Streit über die Heranziehung des Schulverbandes zu dem auf ihn ausgeschriebenen Kassenbeiträge mußte im gegenwärtigen Verfahren zu endgültigem Austrage gebracht werden. Den dazu gewiesenen Weg ergab ohne weiteres der Umstand, daß die Regierung bei ihrer Beschlußfassung, wie aus der beigefügten Begründung klar erhellt, die nach § 27[11] Abs. 3 LehrBesG. maßgebenden Gesichtspunkte (Bevölkerungs- und Schulkinderzahl sowie Einrichtung der Schule) richtig in Betracht gezogen und lediglich in der Mitanrechnung der fünf Stellen der fiskalischen Schule gefehlt hat. Deshalb steht nichts entgegen, auf den dem Gesetz entsprechenden Unterlagen der Feststellungen deren ziffermäßiges Ergebnis rechnerisch richtig zu stellen.

Nr. 5. Entsch. v. 18. April 1905 — VIII 651.

LehrRgKG. §§ 7, 12, 14, 19.

1. Das LehrRgKG. gibt in § 12 den Schulverbänden die Klage auf Abänderung des Planes. Zwar können sie auf diesem Wege niemals mehr erreichen, als ihre eigene gänzliche oder teilweise Befreiung von der ihnen angesonnenen Leistung. Aber zu einer wirksamen Verteidigung des den Verbänden gewährleisteten Rechts, nur den dem Gesetz entsprechenden Beitrag leisten zu müssen, ist ein Eingehen auf sämtliche Unterlagen, deren Ergebnis die streitige Heranziehung ist, unentbehrlich. Dazu bedarf es unter allen Umständen auch einer Nachprüfung, ob der Kassenbedarf und das beitragspflichtige Gesamteinkommen richtig angesetzt sind. Der Einheitssatz ist ein Rechnungsergebnis des Verhältnisses jener beiden Faktoren, das Gesamteinkommen die Summe der Einzeleinkommen. Beide müssen daher, soweit sie streitig sind, im VerwStreitVerf. ebenfalls nachgeprüft werden, um entscheiden zu können, ob der Beitrag des Klagenden richtig berechnet ist. Wenn daher die Regierung bei Feststellung der Ruhegehaltskassenbeiträge zwei Abschnitte unterscheidet, einen allgemeinen, der die Ermittelung des Jahresbedarfs der Kasse und des beitragspflichtigen Gesamteinkommens, sowie des sich daraus ergebenden Einheitssatzes für die Heranziehung der einzelnen Pflichtigen umfaßt, und einen speziellen, der in der ziffernmäßigen Berechnung des

Jahresbeitrags der einzelnen Pflichtigen besteht, und wenn sie meint, daß der allgemeine Teil lediglich der Prüfung des Kassenanwalts unterliege, und nur der spezielle durch Klage der einzelnen „Gemeinden" angefochten werden könne, so ist das unrichtig.

2. Mit der Ausführung des G. v. 23. VII. 93 sind in § 19 der Unterrichts- und der Finanzminister beauftragt. In den Rahmen dieser Ausführung fällt es unbedenklich, allgemeine Weisungen über Abrundung von Mark- oder Pfennigbeträgen bei den einzelnen zum Zweck der Planaufstellung vorzunehmenden Rechnungsoperationen zu erteilen, soweit nicht derartige Maßnahmen im Gesetz verboten sind. Das Gesetz enthält aber hierüber nichts, abgesehen von der Vschr. im § 7 Abs. 2, wonach das Gesamtdiensteinkommen der einzelnen Schulverbände nach unten auf Hunderte von Mark abzurunden ist. Bedenken gegen Abrundungsvorschriften können um so weniger aufkommen, als etwaige Ueberschüsse der Gesamtheit der Pflichtigen gem. § 14 im nächsten Rechnungsjahre zugutekommen. Hiernach ist die zur Ausführung des Gesetzes vorgeschriebene Abrundung des Einheitssatzes der Ruhegehaltskassenbeiträge durchaus zulässig und zu beachten. Solche Abrundungen nach oben empfehlen sich namentlich auch zur Schaffung eines eisernen Bestandes von Betriebsmitteln, deren die Ruhegehaltskassen bedürfen.

B. Der Schulvorstand.

Nr. 1. Entsch. v. 6. Febr. 1903 — I 218.

ALR. II 12 §§ 12f., 22, 31; RegInstr. § 18; PrVUrk. Art. 26; LGemO. § 148.

1. Weder aus den §§ 12f. ALR. II 12 noch aus der AllgVf. v. 28. X. 12 läßt sich ein Recht der Gerichtsobrigkeit, zu den Sitzungen des Schulvorstandes als Mitglied hinzugezogen zu werden, für Gutsvorstände, die nicht die Gutsherrschaft über den Schulort haben, herleiten.

2. Wäre aus den §§ 12f. ein Recht des Klägers, in seiner Eigenschaft als Gutsvorsteher eines zum Bereich der Schule gehörigen Gutsbezirks zu den Sitzungen des Schulvorstandes als Mitglied zugezogen zu werden, herzuleiten, so würde allerdings der Mangel einer besonderen, dieses Recht anerkennenden Verfügung der Regierung der Geltendmachung dieses Rechts nicht im Wege stehen. Wenn auch die Regierungen vermöge der in § 18 RegInstr. v. 23. X. 17 gegebenen Organisationsbefugnisse ermächtigt sind, über die Zusammensetzung der Schulvorstände Bestimmungen zu treffen, so sind sie doch hierbei an die gesetzlichen Vorschriften gebunden und können daher Personen, denen gesetzlich der Anspruch auf Mitgliedschaft im Schulvorstande zusteht, nicht von der Teilnahme an seinen Beratungen und Beschlüssen ausschließen. Kläger irrt indes in der Auslegung der angeführten Gesetzesstellen. Wenn im § 12 ALR. II 12 gesagt wird, daß die gemeinen Schulen, die dem ersten Unterricht der Jugend gewidmet sind, unter der Direktion der Gerichtsobrigkeit eines jeden Ortes stehen, so ist daraus keineswegs zu folgern, daß die Obrigkeit eines jeden zum Bereich der Schule gehörigen Ortes an „der Direktion der Schule" zu beteiligen ist, vielmehr geht sowohl aus der Ausdrucksweise der angeführten Vorschrift, wie aus der Vergleichung mit den §§ 22 und 31 des Titels, nach denen der Gerichtsobrigkeit der Regel nach die Bestellung des Schullehrers zusteht und die Gerichtsobrigkeit die Hausväterbeiträge auszuschreiben hat, daß die Leitung („Direktion") der Schule nur einer Gerichtsobrigkeit und zwar der-

jenigen des Schulortes, auf dem Lande der Gutsherrschaft, zusteht (vgl. OVG. 7 228ff.). Der Kläger kann aber auch den folgenden § 13 ebensowenig für sich anführen. Wenn dort auch unter den Personen, die schuldig sind, unter Direktion der Obrigkeit und der Geistlichen die Aufsicht über die äußere Verfassung der Schulanstalt und über die Aufrechterhaltung der dabei eingeführten Ordnung zu übernehmen, unter anderen auch Schulzen und Gerichte aufgeführt sind, so ist doch daraus ein Recht der Vorsteher der auswärtigen neben dem Schulort zum Bereich der Schule gehörigen Landgemeinden und Gutsbezirke auf Mitgliedschaft im Schulvorstande nicht herzuleiten. Einerseits ist die Bestimmung nur auf die Mitglieder des Dorfgerichts des Schulortes (Schulze und Schöffen) zu beziehen, anderseits begründet sie wohl eine Pflicht, aber kein Recht, die hier erwähnte Aufsicht zu übernehmen.

3. Zu prüfen blieb indes, ob die für den RegBez. Potsdam bestehenden allgemeinen und besonderen Verwaltungsvorschriften über die Bildung von Schulvorständen bei Landschulen dem Kläger zur Seite stehen. Auch dies war zu verneinen. Für den Bezirk der „kurmärkischen" Regierung zu Potsdam ist am 23. VII. 11 eine im RegABl. 119 bis 122 bekannt gemachte „Instruktion für Schulvorsteher" mit Genehmignng des Departements für Kultus und öffentlichen Unterricht ergangen, die wörtlich mit derjenigen übereinstimmt, die der an alle Geistliche und Schuldeputationen der Regierungen, also auch an die „kurmärkische" Regierung zu Potsdam, gerichteten AllgVf. v. 28. X. 12 (abgedruckt bei Schneider und von Bremen 1 103ff.) beigefügt ist. Spätere, die Vorschriften über die Bildung der ländlichen Schulvorstände ausgestaltende Bestimmungen, wie sie für andere Regierungsbezirke vielfach ergangen sind, hat die Königliche Regierung zu Potsdam nicht erlassen. Grundlage der Beurteilung bleiben also die Bestimmungen der Vf. v. 28. X. 12 in Verbindung mit der zunächst für die „Kurmark" erlassenen, dann auf das damalige Staatsgebiet ausgedehnte Instruktion. Nach diesen aber ist ein Recht des Klägers auf Mitgliedschaft im Schulvorstande nicht anzuerkennen; denn nach ihnen soll der Schulvorstand bestehen aus dem Ortsprediger und zwei bis vier Mitgliedern der Schulsozietät, die aus den für den Flor der Schule interessierten Männern, die vernünftige Einsichten haben, im guten Ruf und bei der Gemeinde nicht in Mißkredit stehen, durch das Schulinspektorium (jetzt den Kreisschulinspektor) zu berufen sind. Zu ihnen tritt der Regel nach der Gutsherr des Schulortes oder ein Vertreter desselben; dieser kann aber fehlen, wenn der Schulort unter der Gutsherrschaft des Fiskus steht, wie dies hier zutrifft. Davon aber, daß dem Schulvorstande auch die Vorsteher der sämtlichen zum Bereich der Schule gehörigen Gemeinden und Gutsbezirke gehören sollen, enthält weder die allgemeine Verfügung selbst noch die dazugehörige Instruktion etwas. Nur hinsichtlich des Schulzen des Schulortes ist gesagt, daß er da, wo es angeht, sich unter den in den Schulvorstand zu berufenden Familienvätern befinden muß.

Nr. 2. Entsch. v. 27. Nov. 1903 (PrVerwBl. 25 745) I 1704.

ALR. II 12 § 13; RegInstr. § 18; VUrk. Artt. 26, 112.

1. In der Gemeinde E. war die Volksschule aus einer Sozietätsschule in eine Gemeindeschule umgewandelt worden. Der Landrat wirkte im Auftrage der Regierung auf Neubildung eines Schulvorstandes hin, da der alte nach Wegfall der Sozietät nicht länger im Amte belassen werden konnte. Die Gemeindevertretung verweigerte indes die Wahl eines neuen Schulvorstandes. Die Regierung setzte daher dessen Verfassung im Aufsichtswege fest und ernannte zwei Gemeindeangehörige zu Mitgliedern. Dem Schulzen fiel nach der „Festsetzung" der Vorsitz in äußeren Schulangelegenheiten zu. Er versagte jedoch seine

Mitwirkung unter Hinweis auf eine Reihe rechtlicher Bedenken und schrieb dem mit ihm verhandelnden Kreisschulinspektor, die Gemeindevertretung könne sich mit den Maßnahmen der Regierung nicht einverstanden erklären, vermöge die ernannten Mitglieder als solche nicht anzuerkennen und werde den bisherigen Schulvorstand in seinem Amte so lange belassen, bis sie es für notwendig erachte, einen anderen an seiner Stelle zu wählen. Eine Aufforderung des Landrats, dieses Schreiben zurückzunehmen, blieb erfolglos. Nunmehr setzte der Landrat gegen den Kläger einen Verweis fest, den er mit dem gesamten Verhalten des Klägers bei Auflösung des alten und Bildung des neuen Schulvorstandes, sowie damit begründete, daß Kläger das erwähnte Schreiben an den Kreisschulinspektor trotz seiner Vorhaltungen nicht zurückgenommen habe.

2. Das OVG. erblickte in der Weigerung ein Dienstvergehen, weil die Festsetzung der Regierung in deren gesetzlichen Befugnissen begründet war, und vermöge des staatlichen Aufsichtsrechts die Mitwirkung des Schulzen bei der Bildung und Tätigkeit des neuen Schulvorstandes verlangt werden konnte. Die gesetzliche Grundlage liegt, abgesehen von der allgemeinen Bestimmung in § 18 RegInstr., in der Vschr. des § 13 II 12 ALR., der vorschreibt, daß „Schulzen" schuldig sind, „unter Direktion der Obrigkeit und der Geistlichen die Aufsicht über die äußere Verfassung der Schulanstalt und über die Aufrechterhaltung der dabei eingeführten Ordnung zu übernehmen". Beide Bestimmungen sind noch in Kraft, da das im Art. 26 VUrk. vorgesehene Unterrichtsgesetz bisher nicht ergangen ist (Art. 112 das.). Sie gehören zu den im § 148 LGemO. genannten besonderen Gesetzen, aus denen sich die Beschränkungen ergeben, mit denen die das Selbstverwaltungsrecht der Landgemeinden umschreibenden Bestimmungen in bezug auf Volksschulen, denen die Eigenschaft von Gemeindeanstalten beiwohnt, zur Anwendung kommen. Die Regierung hat danach in rechtmäßiger Ausübung ihrer gesetzlichen Befugnis den Kläger zum Vorsitzenden des Schulvorstandes in äußeren Angelegenheiten gemacht. Wenn der Kläger dieser Ernennung nicht folgte, auch ungeachtet der ihm gewordenen Vorhaltungen das Schreiben an den Kreisschulinspektor nicht zurücknahm und damit den darin vertretenen Standpunkt zu dem seinigen machte, so hat er die ihm obliegende Pflicht des Gehorsams verletzt und verdient disziplinarische Ahndung.

Nr. 3. Entsch. v. 25. März 1904 (PrVerwBl. 26 134) I 415.

ALR. II 10 § 97.

1. Die ihr Amt niederlegenden gewählten Mitglieder der Schulvorstände sind ihr Amt wahrzunehmen verpflichtet, bis wegen Wiederbesetzung oder einstweiliger Verwaltung ihres Postens Verfügung getroffen ist (§ 97 ALR. II 10).

2. Entscheidend war im vorliegenden Falle für den Inhalt der Amtspflichten eines Schulkassenrendanten die Instr. der Regierung zu Bromberg v. 14. XI. 72 (A), in deren § 11 Abs. 2 wegen des Etats- und Kassenwesens auf die unter demselben Tage ergangene, nicht publizierte Instruktion verwiesen wird (B). Nach A § 14 hat der Schulvorstand eines seiner Mitglieder zum Rendanten der Schulkasse zu bestellen und der Rendant sich nach den besonderen Vorschriften über das Rechnungs- und Kassenwesen (B) zu achten. Die Aufstellung des Etats liegt nach B § 2 dem Schulvorstand unter Zuziehung des Lehrers ob; der Kreislandrat kann der Aufstellung beiwohnen oder den Distriktskommissar damit beauftragen; der Etatsentwurf ist dem Landrat einzureichen, der zum Zwecke der Festsetzung der Kgl. Regierung Vorlage machen soll; bis zur Bestätigung eines neuen Etats durch die Regierung bleibt der abgelaufene einstweilen in Gültigkeit. Neben dem Etat ist nach § 3 über die von den Mitgliedern der Schulgemeinde zu entrichtenden Beiträge durch den Schulvorstand eine Repartitionsliste aufzustellen, die der Landrat oder in

dessen Auftrage der Distriktskommissar bestätigen soll. Aus den auf Grund der Repartitionsliste eingezogenen Beiträgen hat der Rendant der Schulkasse die Ausgaben zu bestreiten, und zwar gem. § 6 die ständigen und regelmäßigen zu den festgesetzten Zeitpunkten nach Maßgabe des Etats, alle übrigen auf schriftliche, von den Mitgliedern des Schulvorstandes unterschriebene Anweisung oder auf Anweisung der Aufsichtsbehörde. Fraglich war, ob der Landrat durch Zwangsmaßregeln gegen den Rendanten seine Amtsbefugnisse überschritten hatte und ob der Rendant deshalb den landrätlichen Anordnungen nicht Folge zu leisten verpflichtet war. Die Frage wurde verneint.

Die Zwangsetatisierungsverfügung des Landrats, wonach ein Betrag auf den Schuletat übernommen, mit den übrigen, zur Schulunterhaltung erforderlichen Beiträgen aufgebracht und zur Deckung der Reparaturkosten verwendet werden sollte, war unangefochten geblieben. Ihre Vollstreckung lag dem Landrat ob. Danach hätte er ohne weiteres zu Zwangsmaßregeln gegen die Schulgemeinde nach Maßgabe der Vd., betr. das VerwZwVerf. wegen Beitreibung von Geldbeträgen, v. 15. XI. 99 (GS. 545) schreiten können. Er war aber auch berechtigt, die Umlegung des aufzubringenden Betrages auf die Mitglieder der Schulgemeinde und die Einziehung der erforderlichen Beiträge von diesen zu fordern; denn durch die Zwangsetatisierung wird für die Durchführung der Feststellung ein Weg eröffnet, der von der Zwangsvollstreckung in das Vermögen der unter Staatsaufsicht stehenden juristischen Personen, Gemeinden usw. verschieden ist und unter Umständen der allein zum Ziele führende sein kann, wenn jene wegen Mangels an Vermögensstücken, die zu ihrem Gegenstande gemacht werden könnten, versagt. Hiernach durfte der Landrat, wenn der Schulvorstand die Repartitionsliste nicht ordnungsmäßig aufstellte, im Wege der Vollstreckung der Zwangsetatisierungsverfügung die Aufstellung der Liste selbst in die Hand nehmen oder durch den Distriktskommissar bewirken lassen und demnächst bestätigen. Pflicht des Rendanten der Schulkasse war es, nach Maßgabe der so bestätigten Repartitionsliste die Beiträge von den Mitgliedern der Schulgemeinde einzuziehen, und er durfte hierzu vom Landrat nötigenfalls durch Zwangsstrafen angehalten werden; der Landrat handelte dabei als Kommissar der Schulaufsichtsbehörde und vermöge seines Rechts zur Vollstreckung der unanfechtbar gewordenen Zwangsetatisierungsverfügung. Aus denselben Erwägungen durfte der Rendant vom Landrat zur Zahlung der zwangsweise etatisierten Ausgabe genötigt werden. Wenn eingewendet wird, der Rendant habe die außerordentliche Zahlung nur auf schriftliche, von den Mitgliedern des Schulvorstandes unterschriebene Anweisung zu leisten gehabt, und diese sei bei der Weigerung des Schulvorstandes nicht zu erlangen gewesen, so übersieht der Kläger, daß § 6 Instr. B v. 14. XI. 72 neben der Zahlungsanweisung des Schulvorstandes die Anweisung der Aufsichtsbehörde erwähnt, daß der Rendant mithin zu einer Ausgabe aus der Schulkasse auch berechtigt und verpflichtet ist, wenn ihre Leistung von der Aufsichtsbehörde gefordert wird. Eine Anweisung des Schulvorstandes war nicht nötig, weil durch die Zwangsetatisierung dessen Zustimmung von Aufsichts wegen ergänzt war und gleichzeitig das Zahlungsverlangen, di. die nach § 6 Instr. erforderliche Anweisung seitens der Aufsichtsbehörde, vorlag; eine besondere abermalige Anweisung der letzteren erübrigte sich, da die Vollstreckung der Zwangsetatisierungsverfügung sie ersetzte.

Nr. 4. Entsch. v. 27. Sept. 1904 (OVG. 46 226) VIII C 8/03.

ALR. II 12 §§ 12ff., 31; SchlesSchulRegl. v. 1765 §§ 43ff., v. 1801 §§ 20a, 25, 48ff., 52ff., 60.

Eine Anordnung der Schulaufsichtsbehörde, wonach dem Schulvorstand auf dem Lande der endgültig angestellte Lehrer der Schule und beim Vorhandensein mehrerer solcher Lehrer der von ihr dazu bestimmte als Mitglied hinzuzutreten hat, läuft weder im Gebiete des ALR. noch in dem des schlesischen Provinzialrechts gesetzlichen Vorschriften zuwider.

In den §§ 12 ff. II 12 ALR. wird zur Direktion der gemeinen Schulen die Gerichtsobrigkeit eines jeden Ortes zusammen mit der Geistlichkeit der Gemeinde, zu welcher die Schule gehört, berufen und weiter verordnet, daß unter der Direktion der Obrigkeit und der Geistlichen die Kirchenvorsteher einer Gemeinde auf dem Lande und in kleinen Städten sowie in deren Ermangelung Schulzen und Gerichte, ingleichen die Polizeimagisträte schuldig sind, die Aufsicht über die äußere Verfassung der Schulanstalt und über die Aufrechterhaltung der dabei eingeführten Ordnung zu übernehmen, alle dabei bemerkten Mängel, Versäumnisse und Unordnungen aber der Obrigkeit und den Geistlichen zur näheren Untersuchung und Abstellung anzuzeigen. Das ALR. sieht also an der angezogenen Stelle zwar zur Leitung der Schule eine Art von Kollegium vor, in welchem die Gerichtsobrigkeit und die Geistlichkeit vertreten sein und gewisse andere Personen dem Befehle, daran teilzunehmen und einen bestimmt bezeichneten Kreis der Geschäfte zu besorgen, Folge leisten müssen. Mit der Ausschreibung von Schulsteuern hatte jedoch dieses Kollegium nichts zu tun. Die Verteilung und Ausschreibung der Unterhaltungsbeiträge auf die zu ihrer Aufbringung Pflichtigen war vielmehr durch § 31 aaO. der Gerichtsobrigkeit allein als einem vollziehenden Organe zugewiesen, dessen sich der Staat damals bei der Verwaltung der Schule als einer staatlichen Veranstaltung bediente, ohne daß jedoch der Inhaber der Gerichtsobrigkeit ein subjektives Recht auf dauernde Beibehaltung des Geschäftskreises der Schulsteuerveranlagung besessen hätte. Infolge des MErl. v. 28. X. 12 (v. Rönne, Unterrichtwesen 321 ff.) ist demnächst das Recht der Veranlagung zu Steuern für Schulbedürfnisse auf die Schulvorstände übergegangen, denen die Vertretung der Schule nach außen, die Verwaltung des Schulvermögens und die Fürsorge dafür zusteht und obliegt, daß die Träger der Unterhaltungslast ihre Verbindlichkeiten gegenüber der Schule und dem Lehrer erfüllen.

Aehnlich verhält es sich mit den hier in Betracht zu ziehenden provinzialrechtlichen Best. Auch der Wirkungskreis der im § 49 SchlesSchulRegl. v. 18. V. 1801 vorgesehenen beiden Schulvorsteher beschränkt sich auf die aaO. und in dem nachfolgenden § 50 einzeln aufgeführten Gegenstände, und zu diesen gehört die Vertretung der Schule Dritten gegenüber, sowie insbesondere die Steuerausschreibung nicht. Nach dem Regl. v. 1801 (§§ 48, 52 ff., 25, 20a, 60 — vgl. auch §§ 43 ff. des älteren Regl. v. 3. XI. 1765) waren vielmehr unter der Direktion der Kriegs- und Domänenkammern die Pfarrer und Schulinspektoren mit der Aufsicht über die Schule, die Landräte aber, denen die Steuerämter bei Ausmittelung des den Lehrern gebührenden Diensteinkommens in gewissen Fällen zur Hand zu gehen hatten, damit betraut, säumige Pflichtige mittels Ausschreibens und zwangsweiser Einziehung zu ihrer Schuldigkeit anzuhalten. Die Schulvorstände iS. des § 46 Abs. 1 ZustG., di. als steuerberechtigte örtliche Behörden, verdanken im Gebiete des schlesischen Provinzialrechts nicht anders als in dem des ALR. erst dem MErl. v. 1812 nebst den dazu ergangenen Ausführungsverordnungen ihre Entstehung. Auch bei den provinzialrechtlichen Bestimmungen über die „Schulvorsteher“ ist es deshalb ausgeschlossen, daß sie Anordnungen der Schulaufsichtsbehörden über die Ernennung von Lehrern zu Schulvorstandsmitgliedern entgegenstehen könnten.

Nr. 5. Entsch. v. 31. Jan. 1905 (OVG. 46 232) VIII B 29/04.

SchlHolstPat. v. 16. VII. 64 (GSBl. 221), betr. die Errichtung von Schulkollegien, §§ 1 f.

Das Pat. für das Herzgt. Holstein v. 16. VII. 64 regelt die Neuerrichtung von Schulkollegien und die Vornahme von Aenderungen in der Zusammensetzung bereits vorhandener Schulkollegien nur durch Aufstellung von Organisationsgrundsätzen, nicht durch schlechthin bindende Vorschriften und schließt Abweichungen mit Rücksicht auf die örtlichen Verhältnisse nicht aus. Schulkollegien zur Vertretung der Schulgemeinden waren nach dem Zeugnisse der Begründung, als das Patent erlassen wurde, in den meisten Städten und Flecken Holsteins eingeführt. Der Zweck des Patents war, eine solche Vertretung, und zwar kommunalen Charakters, auch in den anderen Schuldistrikten, namentlich in den ländlichen Bezirken, zu schaffen; diese Regelung wurde jedoch nicht unbedingt, sondern nur unter Vorbehalt ihrer Ausführbarkeit angeordnet. Insbesondere ist die Berufung von Lehrern zu Mitgliedern der Schulkollegien und die Uebertragung des Vorsitzes an den Vorsteher einer im Schulbezirke gelegenen bürgerlichen Gemeindeanstalt an Stelle des Schulinspektors nicht unstatthaft.

C. Die Schule.

1. Der Begriff „Volksschule“.

Nr. 1. Entsch. v. 20. Sept. 1904 (OVG. 46 211) VIII A 4/03.

Schulen der allgemeinen Schulpflicht sind begriffsmäßig solche Schulen, zu deren Benutzung einerseits für die Eltern oder für Vertreter von Eltern, falls sie nicht anderweit für den Unterricht der Kinder gesorgt haben, ein gesetzlicher Zwang besteht, und deren Unterhaltung anderseits Schulgemeinden, bürgerlichen Gemeinden usw. durch die in den einzelnen Landesteilen geltenden gesetzlichen Vorschriften zur Pflicht gemacht ist. Wird hieran festgehalten, so kommen für die rechtliche Natur der Waisenhausschule und der Schule für schwachbegabte Kinder zu C. hauptsächlich die nachstehend zusammengefaßten Nachrichten in Betracht:

1. In dem von einem Privatverein unterhaltenen katholischen Waisenhause hat anscheinend ehedem eine Privatschule unter der Leitung von Schwestern zum heiligen Borromäus bestanden, später sollen die Waisenhauspfleglinge eine benachbarte städtische Volksschule besucht haben. Im Jahre 1865 wurde auf Ansuchen des Waisenhausvorstandes von dem Magistrate mit Einwilligung der Stadtverordnetenversammlung in dem Waisenhause selbst für die dort untergebrachten Kinder eine Schule eingerichtet, wobei sich die Stadt zur Besoldung eines Lehrers, „und zwar mit der Stufe eines Klassenlehrers“ verpflichtete und das Recht vorbehielt, der Waisenhausschule zur Entlastung einer in der Nähe gelegenen Gemeindeschule außer den Waisen auch andere Kinder zu überweisen. Hierzu entschlossen sich die städtischen Behörden allerdings nur „bis auf Widerruf“, allein ein Widerruf ist niemals erklärt worden, und deshalb kann es auf sich beruhen, ob er ohne Genehmigung der Schulaufsichtsbehörde rechtliche Wirkung zu äußern imstande sein würde. Belanglos ist, daß die Waisenhausverwaltung die Unterrichtsräume und nach der Angabe der Stadt auch die erforderlichen Schulgeräte vorhält, und ebensowenig kommt es darauf an, daß eine ausdrückliche Genehmigung der Schulaufsichtsbehörde zur Eingliederung der Waisenhausschule in den städtischen Schulorganismus nicht nachweisbar ist. Jedenfalls — und das genügt vollkommen — hat die Regierung durch konkludente Handlungen die Waisenhausschule als eine Schule, durch deren Besuch die darin aufgenommenen Kinder ihre gesetzliche Schulpflicht erfüllen, anerkannt, indem sie fortgesetzt die vom Magistrate für die Schule ausersehenen Lehrer und Lehrerinnen bestätigte, sowie zu deren Besoldungen die gesetzlichen Staatsbeiträge, die der Magistrat auch in Empfang nahm, anwies

und bei dem Anschlusse des Schulverbandes C. an die Lehrerruhegehalts- und die Alterszulagekasse die an der Waisenhausschule wirkenden Lehrpersonen mit in Ansatz brachte. Infolge von Zuweisungen auch anderer Kinder als der Waisenhauspfleglinge mußte die Schule im Jahre 1867 um eine zweite, im Jahre 1891 um eine dritte Klasse erweitert werden. In einer dem städtischen Volksschuletat für das Jahr 1897/98 angehängten „Nachweisung über die Verteilung der Volksschulen" steht unter Nr. 24 die Schule im Waisenhaus als eine dreiklassige, mit drei Lehrkräften besetzte Volksschule verzeichnet. Bei dieser Sachlage kann ein Zweifel daran, daß die Waisenhausschule eine der allgemeinen Schulpflicht dienende, also eine öffentliche Volksschule ist, nicht obwalten.

2. Die Hilfsschule für schwachbegabte Kinder ist von der Stadt auf deren alleinige Kosten im Jahre 1885 in das Leben gerufen worden. Sie hatte anfangs nur eine Klasse, die für den ganzen Stadtbezirk bestimmt war, wurde demnächst aber ebenfalls wegen Zunahme der Schülerzahl im Jahre 1888 um eine zweite und im Jahre 1890 um eine dritte Klasse erweitert. Auch die Lehrer der Hilfsschule werden vom Magistrat aus der Zahl der städtischen Volksschullehrer ausgewählt, und die Stadt genießt für die Lehrerstellen an der Hilfsschule genau so wie für die übrigen Volksschullehrerstellen die Vorteile, welche der Staat den Trägern der Unterhaltungslast durch Beiträge zu den Besoldungen wie durch die Zwangsversicherung von Ruhegehältern und Alterszulagen zuwendet. In dem bereits erwähnten Verzeichnisse der städtischen Volksschulen fehlt auch die dreiklassige Hilfsschule nicht; sie ist dort hinter den sonst vorhandenen 44 Volksschulen, zwar ohne Beifügung der Nr. 45, aber doch mit Einrechnung ihrer damaligen drei Lehrer in die Gesamtzahl der städtischen Lehrkräfte aufgeführt.

Die Hilfsschule soll Kindern, die nicht bildungsunfähig und darum schulpflichtig sind, ermöglichen, sich die Bildung der Volksschule, soweit das durchführbar ist, anzueignen, und zwar nach Anleitung besonderer, zu diesem Zwecke aufzustellender Lehrpläne. Wo daher von der Unterrichtsverwaltung Hilfsschulen, die in nichts anderem als Unterrichtsabteilungen für schwach begabte Volksschulkinder bestehen, einmal eingerichtet worden sind, erfüllen die dorthin gewiesenen Kinder durch deren Besuch ihre gesetzliche Schulpflicht, und folglich müssen derartige Schulen von dem Träger der Schullast genau so wie normale Volksschulklassen unterhalten werden.

Hiernach treffen auch für die Hilfsschule alle Vorbedingungen zu, von denen dem bestehenden Rechte gemäß die Eigenschaft einer Schule als öffentlicher Volksschule abhängt.

D. Die Schulunterhaltung.

1. Feststellung von Anforderungen auf Grund des Gesetzes v. 26. Mai 1887; Zwangsetatisierung.

Nr. 1. Entsch. v. 18. Sept. 1903 (OVG. 44 208) VIII C 10/03.

SchulAnfG. §§ 1 ff.; ZustG. § 47.

1. Ein im Wege des AnfG. v. 26. V. 87 erlassener endgültiger Beschluß des Provinzialrats, in welchem auf Grund von Erhebungen über die bisherige und die voraussichtliche künftige Schülerzahl die Anstellung einer zweiten Lehrkraft für notwendig erklärt und dementsprechend die Anforderung der durch die Errichtung der neuen Lehrerstelle entstehenden Kosten festgestellt

worden ist, unterliegt, wenn auf ihnen beruhende Ausführungsmaßnahmen der Verwaltungsbehörden, beispielsweise Bauanordnungen der Regierung oder durch den Schulvorstand bewirkte Beitragsauflagen, von den Trägern der Unterhaltungslast im StreitVerf. angefochten werden, einer verwaltungsrichterlichen Nachprüfung nicht nach Gesichtspunkten der Notwendigkeit und Zweckmäßigkeit, sondern nur daraufhin, ob er etwa den Normen des bestehenden Rechtes widerstreitet. Besteht über die Rechtmäßigkeit des Beschlusses kein Zweifel, so ist die darin getroffene Feststellung, daß die Anstellung eines zweiten Lehrers notwendig sei, für den Verwaltungsrichter bindend.

2. Anderseits hat die Feststellung der Beschlußbehörden nur insoweit maßgebende Bedeutung, als dadurch die Frage nach der Notwendigkeit der Anstellung einer zweiten Lehrkraft endgültig erledigt wird. Dagegen ist der Verwaltungsrichter so berechtigt wie verpflichtet, auf die Klage aus § 47 ZustG., die sich gegen die Bauanordnung der Regierung richtet, völlig frei darüber zu befinden, ob aus der — inzwischen bereits ausgeführten — Anstellung eines neuen Lehrers weiter folgt, daß auch ein zweites Klassenzimmer beschafft werden muß. Die Notwendigkeit eines solchen aber läßt sich nicht bezweifeln, sofern der neue Lehrer bei ordnungsmäßiger Gestaltung des Dienstbetriebs in den vorhandenen Räumen nicht unterrichten kann. In dieser Hinsicht ist auf die Vorschriften der Vf. v. 15. X. 72 über Einrichtung, Aufgabe und Ziel der Volksschule zurückzugehen. Nach den dort gegebenen Weisungen soll, wenn zwei Lehrer an einer Schule angestellt sind, der Unterricht in zwei Klassen erteilt werden. Mit dem Ausdrucke „Klassen" sind nun zwar Gruppen oder Abteilungen von Schülern, nicht Klassenräume gemeint Wie aber die Vf. unter Ziff. 13 vorschreibt, sind in der mehrklassigen Volksschule regelmäßig in der Mittelstufe, daher auch in der Unterklasse einer zweiklassigen Schule, 28 und in der Oberstufe 30 Lehrstunden zu erteilen. Es bedarf keiner näheren Ausführung, daß 58 Wochenstunden in einem und demselben Klassenzimmer unmöglich abgehalten werden können.

3. Bei Beurteilung der Leistungsfähigkeit des Gutsherrn kommt es nicht allein auf den Ertrag des Gutes an, sondern die Leistungsfähigkeit des Gutsherrn kann sich nicht minder aus seiner ganzen sonstigen Vermögenslage ergeben. Die gutsherrliche Schulbaulast wird dadurch nicht berührt, daß das Gut die Eigenschaft als Fideikommiß erhält. Namentlich kommt die Bestimmung im § 5 II 4 ALR. über die Höhe des Ertrags, den ein Fideikommißgut gewähren soll, bei der Pflicht zur Erfüllung der gutsherrlichen Schulbaulast nicht in Betracht. Endlich steht auch nicht der Umstand, daß das bisherige Schulgrundstück angeblich als Bestandteil des Fideikommisses nicht frei veräußerlich ist, der Abrechnung des Verkaufswerts dieses Grundstücks von derjenigen Summe entgegen, die als mutmaßlicher Gesamtkostenbedarf für die Herstellung eines neuen Schulanwesens veranschlagt worden ist.

Nr. 2. Entsch. v. 20. Sept. 1904 (OVG. 46 211) VIII A 4/03.

LehrBesG. § 25; G. v. 26. V. 87 § 2.

1. Die Bestimmungen in § 25 LehrBesG. entsprechen im allgemeinen dem bestehenden Rechte. Sie sind mit den ihnen hinzugefügten Maßgaben nur deshalb in das Gesetz aufgenommen worden, weil es nötig erschien, für den Fall der Klage wegen Alterszulagen die Passivlegitimation zu regeln. Eine grundsätzliche Änderung des bisherigen Rechtszustandes ist nicht eingetreten. Nach diesem aber kann bei Streit über die von mittelbaren Staatsbeamten, also auch von Lehrern an einer städtischen Volksschule, aus ihrem Dienstverhältnis erworbenen vermögensrechtlichen Ansprüche die Aufsichtsbehörde

deshalb, weil der ungestörte Gang der Verwaltung die Integrität der Beamten und folglich die pünktliche Zahlung der ihnen gebührenden Einkommensbezüge erheischt, gegenüber der anstellenden Korporation feststellen, was dem Lehrer rechtlich zusteht.

Auf Grund der von der Schulaufsichtsbehörde getroffenen Feststellung darf indes mit der Zwangsetatisierung nur unter der zwiefachen Voraussetzung vorgegangen werden, daß einmal die Feststellung der streitigen Leistungen zur Zuständigkeit der Regierung gehörte und nicht etwa von den Beschlußbehörden zu bewirken gewesen wäre, sowie daß ferner die Leistungen der Stadtgemeinde gesetzlich oblagen.

2. Nach § 2 G. v. 26. V. 87 fällt den Beschlußbehörden die Entscheidung über Anforderungen zu, die innerhalb der gesetzlichen Zuständigkeit nach dem Ermessen der Verwaltungsbehörden zu bestimmen sind. Unter Leistungen, die der Bestimmung der Verwaltungsbehörden nach deren Ermessen unterliegen, sind ausschließlich solche zu verstehen, bei denen die Verpflichtung aus einer, dem Ermessen der Behörde Spielraum lassenden abstrakten Norm entspringt und daher im Streitfall erst unter Zugrundelegung dieser Norm nach behördlichem Ermessen durch eine konkrete Anordnung noch näher bestimmt und festgestellt werden muß. Dagegen ist der Zuständigkeit der Schulaufsichtsbehörden die Feststellung aller Leistungen vorbehalten, welche jedem behördlichen Ermessen zufolge ihrer Regelung durch besonderes Gesetz oder durch rechtsbeständige Normen der örtlichen Schulverfassung entzogen sind. Für ein Ermessen der Verwaltungsbehörde bleibt somit auch da kein Raum, wo ein bestätigter Besoldungsplan für Lehrer vorliegt und die Schulaufsichtsbehörde sich darauf beschränkt, eine Leistung zu fordern, welche zur Erreichung der in dem Plane vorgesehenen Sätze erforderlich ist; denn unter solchen Umständen ergibt sich die Verpflichtung zu den geforderten Leistungen bereits aus dem Ortsrechte.

2. Begriff und Umfang der Schulbaulast.

Nr. 1. Entsch. v. 3. Mai 1904 (OVG. 45 207) VIII C 22/04.

ZustG. § 47.

Die Notwendigkeit von Schulbauten bestimmt sich nicht unter allen Umständen nur nach dem Maße dessen, was zur Befriedigung des augenblicklichen Bedürfnisses erforderlich ist; beispielsweise kann bei Unzulänglichkeit der vorhandenen Räume ein an sich noch nicht unbedingt gebotener Neubau anstatt eines bloßen Umbaues dann gefordert werden, wenn der letztere, obschon technisch ausführbar, so doch unwirtschaftlich und deshalb sachwidrig sein würde.

3. Die Schulunterhaltungspflichtigen.

a) Uebernahme der Schullasten auf die politischen Gemeinden.

Nr. 1. Entsch. v. 14. Juni 1904 (OVG. 46 199) VIII B 9/08.

1. Wird die Verbindlichkeit zu einer Schulleistung in einem notariellen, mit der Schulgemeinde geschlossenen Vertrag von einer Gewerkschaft übernommen und der Vertrag von der Schulaufsichtsbehörde genehmigt, so liegt alles vor, was zum Bestehen eines öffentlich-rechtlichen bindenden Vertrags und

dessen Einfügung in die örtliche Schulverfassung gehört. Solche schulverfassungsmäßig festgestellte Verpflichtungen des Unternehmers einer Kolonie zu Unterhaltungsbeiträgen für eine Sozietätsschule erleiden keine Änderung dadurch, daß die bürgerliche Gemeinde die Hausväterlasten auf den Kommunaletat übernimmt.

2. Die Fusion der Gewerkschaft mit einer Aktiengesellschaft hat für die Gläubiger die Bedeutung eines Wechsels in der Person des Schuldners.

Nr. 2. Entsch. v. 12. Juni 1903 (PrVerwBl. 25 232) I 998.

SchlHolstSchulO. v. 24. VIII. 14 (ChronS. 112); HolstSchulG. v. 14. VII. 63 (GMBl. 164) § 9; KommAbgG. § 20.

1. Der in Altona wohnhafte Kläger ist von dem Magistrate der dortigen Stadtgemeinde, die ortsverfassungsmäßig das evangelisch-lutherische Volksschulwesen, aber nicht auch das katholische und jüdische auf ihren Etat übernommen hat, zur Gemeindeeinkommensteuer herangezogen worden. Für dasselbe Jahr hat der Kläger, weil er als Katholik dem Verbande der katholischen Schule zu Altona angehört, zu deren Unterhaltung auf Erfordern des katholischen Schulvorstandes 59 ℳ beitragen müssen. Mit Rücksicht hierauf erachtete sich der Kläger nach Provinzialrecht und zur Vermeidung einer Doppelbesteuerung nur insoweit für gemeindeeinkommensteuerpflichtig, als nicht das Steueraufkommen für das städtische lutherische Schulwesen verwendet oder mitverwendet werde. Das OVG. war anderer Ansicht.

2. Der § 9 HolstG. v. 14. VII. 63 gibt den Angehörigen einer Schulkommüne, deren Schule nicht auf den Etat der Zivilgemeinde übernommen ist, nicht das Recht auf Exemtion von den sonstigen Schullasten, welche die betr. Zivilgemeinde auf ihren Etat übernommen hat. Zwar sind nach dieser Bestimmung die Mitglieder einer Schulkommune von der Abhaltung persönlicher Schullasten für andere öffentliche Schulen befreit. Wie indes ein Rückblick auf den Rechtszustand in Holstein zur Zeit der Entstehung des Gesetzes lehrt, können unter den daselbst genannten „anderen öffentlichen Ortsschulen" nur Schulen der Schulkommünen iS. der AllgSchulO. v. 24. VIII. 14 sowie die Schulen autorisierter nicht lutherischer Kirchengemeinden, dagegen nicht auch Schulen verstanden werden, die von politischen Gemeinden als Kommunalanstalten unterhalten werden. (Folgt eingehende Begründung.)

3. So wenig wie in dem HolstG. v. 1863 findet irgendwo sonst im Gesetze der Anspruch des Klägers eine haltbare Stütze. Daß es — unbeschadet des staatlichen Aufsichtsrechts — in den Befugnissen der politischen Gemeinden liegt, Schulen zu errichten, zu übernehmen, zu unterstützen und Lasten ihrer Angehörigen für die Schule auf sich zu nehmen, steht in der Rechtsprechung fest. Der Kläger meint jedoch: die politische Gemeinde sei dabei an die Voraussetzung gebunden, daß sich ihr Bezirk mit dem der Schule decke, und dies treffe in Altona zwar räumlich, aber nicht „ideell" zu, weil die Stadt nur die lutherische, nicht auch die katholische Schule kommunalisiert, mithin die Katholiken „in bezug auf ihren Schulverband gewissermaßen als exkommunalisiert betrachtet" habe. Diese Ausführungen sind verfehlt. Sie richten sich einmal gar nicht gegen das Besteuerungsrecht, in dessen Wahrnehmung der beklagte Magistrat den Kläger zur Gemeindeeinkommensteuer herangezogen hat, sondern gegen das Etatsrecht der Stadtgemeinde, gegen die materiellrechtliche Verbindlichkeit der autonomen Entschließungen, die von den städtischen Kollegien über die Bewilligung von Ausgaben für das lutherische Schulbedürfnis gefaßt worden sind. Mit derartigen Angriffen eine Kontrolle über die Grundlagen des städtischen Haushalts zu üben, ist dem einzelnen Steuerpflichtigen versagt, dem es beispielsweise auch nicht freistehen würde, einer Kommunal-

steuerauflage den Einwand entgegenzusetzen, daß das für den Bürgermeister ausgeworfene Gehalt zu hoch bemessen, daß eine Straßenpflasterung, deren Kosten im Etat stehen, überflüssig sei und dergleichen mehr. Abgesehen hiervon irrt aber auch der Kläger mit seiner Annahme, daß die politische Gemeinde für die Schullasten nur eintreten dürfe, wenn ihr Bezirk mit dem der Schule zusammenfällt. Für eine solche Einschränkung bietet das Gesetz nicht den mindesten Anhalt dar (vgl. OVG. 7 224, 12 202, 19 170/75, 24 128/136, 27 116). Nicht minder hat der Gerichtshof oftmals anerkannt, daß die politische Gemeinde Lasten zur Unterhaltung einer am Orte befindlichen Schule auch dann übernehmen darf, wenn ein Teil der Gemeindeglieder zu einer anderen konfessionellen Schule an demselben Orte gewiesen ist. In Fällen der gedachten Art kann nur die Frage entstehen, ob kraft des Grundsatzes der Parität die politischen Gemeinden verpflichtet sind, die Angehörigen der anderen Konfession entsprechend, sei es durch Uebernahme auch ihrer Schule, sei es durch Gewährung ausreichender Zuschüsse zu den Unterhaltungskosten, zu entlasten (OVG. 28 182). Allein auf eine diesen Erfolg sicherstellende Umgestaltung der Ortsverfassung hinzuwirken, bleibt lediglich der staatlichen Aufsichtsbehörde vorbehalten, und diese hat ein Einschreiten gegen die Stadt Altona zu dem Zwecke, um sie zur Kommunalisierung auch der katholischen Schule anzuhalten, abgelehnt. Es kann deshalb unerörtert bleiben, ob und auf Grund welcher gesetzlicher Vorschriften die Staatsbehörde, sei es von Kommunal- oder von Schulaufsichts wegen etwa in der Lage sein würde, zwangsweise entweder hierauf abzielende Maßnahmen oder wenigstens Anordnungen dahin durchzusetzen, daß die Stadt mittels Gewährung von Zuschüssen in ausgiebigerer Weise als es zurzeit geschieht, auf Ausgleichung der Unbilligkeit Bedacht nimmt, die unverkennbar darin liegt, daß die Katholiken durch die Gemeindeeinkommensteuer nach denselben Normen wie die übrigen Gemeindeangehörigen für die lutherische Kommunalschule und außerdem noch mit Schulverbandsbeiträgen für ihre konfessionelle Sonderschule belastet werden. Solange nach dem einmal zustande gekommenen Ortsrecht eine politische Gemeinde die Schullast nur in einem räumlichen Teile ihres Gebiets oder nur für eine Konfession trägt, hat sie das unbestreitbare Recht, die dazu erforderlichen Mittel gem. § 20 Abs. 1 KommAbgG. durch Besteuerung aller ihrer steuerpflichtigen Gemeindeglieder zu beschaffen. In der bei der mündlichen Verhandlung vorgelegten Steuerordnung für Altona ist denn auch Befreiung der Katholiken von der Gemeindeeinkommensteuer, soweit sie zur Deckung von Bedürfnissen der lutherischen Ortsschule dient, nicht vorgesehen. Dadurch erübrigt sich zugleich jede Erörterung der Frage, ob eine solche Befreiung mit den Vschr. in § 20 Abs. 2 KommAbgG. über Mehr- oder Minderbelastungen vereinbar sein würde.

4. Ebenso verfehlt ist der Einwand der vermeintlich grundsätzlichen Unstatthaftigkeit einer mehrfachen Belastung desselben Einkommens mit Personalschulsteuern. Es gibt keine positiven Vorschriften, durch welche die Zulässigkeit der Doppelbesteuerung eines und desselben Einkommens für Zwecke des Volksschulwesens in ähnlicher Weise ausgeschlossen wäre, wie es auf anderen Gebieten des Abgabenwesens durch Gesetz geschehen ist; die hierher gehörigen Vorschriften betreffen nur die staatliche Einkommensteuer und konkurrierende Besteuerungsrechte einer Mehrzahl von politischen Gemeinden untereinander und sind anerkanntermaßen der Ausdehnung auf Schulbeiträge im Schulgemeindeverbande nicht fähig.

Nr. 3. Entsch. v. 25. Sept. 1903 (OVG. 44 178) VIII C 5/03.

SchlHolstSchulO. v. 24. VIII. 14; KommAbgG. § 20.

1. Nach den Vschr. der SchulO. v. 24. VIII. 14 ruht die Schulunterhaltungslast bei den Landschulen wie bei den Bürgerschulen in den Städten und Flecken auf den Schulgemeinden, das ist besonderen, nur dem Zwecke des Unterrichts und der Erziehung dienenden Territorialgemeinden, die selbständig für sich bestehen, namentlich von der politischen Gemeinde in Verwaltungsorganismus und Abgabenverfassung rechtlich getrennt sind. Den politischen Gemeinden liegt keine gesetzliche Pflicht der Beitragsleistung für Schulen ob, deren Bezirk sich über den Kommunalbezirk oder Teile des Kommunalbezirkes erstreckt. Anerkanntermaßen sind jedoch — in der Prov. Schleswig-Holstein nicht anders als in den älteren Landesteilen — die politischen Gemeinden, unbeschadet des staatlichen Aufsichtsrechts, befugt, freiwillig Schulen zu errichten, zu übernehmen, zu unterstützen oder Schullasten der Gemeindeangehörigen auf sich zu nehmen.

2. Die Befugnis der politischen Gemeinden, das Schulwesen in den Bereich ihrer Fürsorge einzubeziehen, ist nicht an die Einschränkung gebunden, daß sich der Kommunalbezirk mit dem Schulbezirke deckt, es steht vielmehr den politischen Gemeinden frei, die Schullast auch nur in einem Teile ihres Gemeindebezirkes zu übernehmen und andere Teile, namentlich solche auszuschließen, deren Einwohnerschaft nach auswärts eingeschult ist. Vollzieht sich ferner die Uebernahme der Schullast auf den Kommunaletat lediglich zwischen der Gemeinde und den Gemeindeangehörigen, beispielsweise durch einseitigen Gemeindebeschluß, so ist nicht abzusehen, wie dadurch für den Schulverband Rechte gegenüber der Gemeinde ohne weiteres sollten begründet werden können. Um ein unmittelbares rechtliches Verhältnis zwischen dem Schulverband und der politischen Gemeinde herzustellen, bedarf es einer Willensentschließung der Gemeindeorgane, die darauf gerichtet und erkennbar — wenn auch nur durch konkludente Handlungen — zum Ausdrucke gebracht worden ist. Fehlt es hieran, so äußert die Zustimmung des Schulverbandes und die Genehmigung der Schulaufsichtsbehörde allein gegenüber der politischen Gemeinde keine rechtliche Wirkung, insbesondere nicht die Wirkung, daß der Schulvorstand berechtigt wäre, die politische Gemeinde zur Leistung der von ihr übernommenen Schulbeiträge der Gemeindeangehörigen heranzuziehen.

3. Uebernimmt eine politische Gemeinde die Schullast nur für ihre zu den Schulen am Orte selbst gelegten Angehörigen, so kann freilich die Frage aufgeworfen werden, ob sie nicht verpflichtet sei, denjenigen Gemeindeangehörigen, welche auswärtigen Schulen zugewiesen sind, eine entsprechende Erleichterung, entweder durch Erstattung der von ihnen entrichteten Schulbeiträge oder wenigstens durch Minderbelastung bei der Erhebung von Gemeindesteuern für Schulzwecke, nach Maßgabe der Vorschriften in § 20 Abs. 2 KommAbgG. zuteil werden zu lassen. Allein auf eine diesen Erfolg sicherstellende Umgestaltung der Ortsverfassung hinzuwirken, bleibt der staatlichen Aufsichtsbehörde überlassen.

Solange letztere damit nicht durchgedrungen ist, steht nach dem geltenden Rechte — und nur dessen Normen, nicht Billigkeitsrücksichten geben den Ausschlag — dem beklagten Schulkollegium unbestreitbar die Befugnis zu, auch die zu auswärtigen Schulen gewiesenen (oder einer anderen Konfession angehörigen) Gemeindeangehörigen zu den Schulverbandslasten heranzuziehen. Insbesondere macht sich dadurch das Schulkollegium nicht einer gesetzlich unzulässigen „Doppelbesteuerung" schuldig. Es gibt keine zwingenden Vorschriften, durch welche eine Doppelbesteuerung derselben Steuerobjekte für Schulzwecke in ähnlicher Weise ausgeschlossen wäre, wie es auf anderen Gebieten des

Steuerwesens durch Gesetz geschehen ist; die hierher gehörigen Vorschriften betreffen nur die staatliche Einkommensteuer und konkurrierende Besteuerungsrechte einer Mehrzahl von politischen Gemeinden unter einander und sind nach feststehender Rechtsprechung und Verwaltungsübung der Ausdehnung auf Schulbeiträge im Schulgemeindeverbande nicht fähig.

Nr. 4. Entsch. v. 12. Jan. 1904 (OVG. 45 219) VIII C 69/03.

HannG. über die Rechtsverhältnisse der Juden v. 30. IX. 42 (HannGS. II 211) §§ 29 f.; KommAbgG. § 96 Abs. 5.

Den Juden, die eine eigene Schule halten, steht gegenüber den die Schullasten aus der Gemeindekasse bestreitenden bürgerlichen Gemeinden ein Recht darauf, von Personalsteuern für christliche Volksschulen unter gewissen Voraussetzungen freigelassen zu werden, nach den Vorschriften des KommAbgG. nicht mehr zu. Den Klägern mag zugegeben werden, daß sie durch ihre uneingeschränkte Heranziehung zu den direkten Steuern der bürgerlichen Gemeinde mittelbar zur Unterhaltung der lutherischen Volksschule beitragen, obwohl sie bereits zur Unterhaltung der jüdischen Volksschule in deren Verbande voll herangezogen werden, und daß hierin eine Unbilligkeit liegt, solange nicht auch der jüdischen Volksschule eine entsprechende Unterstützung durch die bürgerliche Gemeinde zuteil wird. Aber diese Unbilligkeit läßt sich nur durch Anrufung der Kommunal- und Schulaufsichtsbehörden, nicht aber auf dem von den Klägern eingeschlagenen Wege des VerwStreitVerf. beseitigen. Den bürgerlichen Gemeinden steht, und zwar auch in der Prov. Hannover, die Befugnis zu, Volksschulen zu errichten, zu übernehmen, zu unterstützen und Lasten ihrer Gemeindeangehörigen für die Schulen auf sich zu nehmen — mag auch im allgemeinen nach dem provinziellen Rechte die Unterhaltung der Volksschulen besonderen Schulverbänden obliegen.

Hatte auch nach OVG. 26 193 das HannG. v. 30. IX. 42 den eine eigene Schule haltenden Juden das Recht auf Nichtheranziehung zu Personalsteuern für christliche Volksschulen unter gewissen Voraussetzungen gegenüber den die Schullasten aus der Gemeindekasse bestreitenden bürgerlichen Gemeinden eingeräumt, so ist doch jedenfalls ihr einstmaliges Recht hierauf durch das KommAbgG. beseitigt worden. Durch § 96 Abs. 5 diesG. sind nämlich „alle demselben entgegenstehenden gesetzlichen Bestimmungen" aufgehoben worden, also auch das von den Klägern auf Grund älterer provinzialgesetzlicher Bestimmungen geltend gemachte Recht der hannoverschen Juden, zu den Gemeindeabgaben nicht wie jedes andere Gemeindemitglied herangezogen zu werden.

Nr. 5. Entsch. v. 11. Nov. 1904 (PrVerwBl. 26 469) VIII 505.

HannVSchulG. §§ 15, 42 Abs. 2; HannLGemO. v. 28. IV. 59 (HannGS. I 393) § 1.

1. Landgemeinden sind auch in der Prov. Hannover — vorbehaltlich der Genehmigung des Kreisausschusses — befugt, die Schullasten den Schulverbänden abzunehmen und in Kommunallasten umzuwandeln. Der § 1 LGemO. v. 28. IV. 59 lautet:

„Gegenstand dieses Gesetzes sind die öffentlichen Verhältnisse der Landgemeinden."

Nach gemeinem deutschen Rechte gehören aber zu den Aufgaben der Gemeinde nicht allein die rein ökonomischen Angelegenheiten, die Gemeinde kann vielmehr auch alles in den Bereich ihrer Wirksamkeit ziehen, was die geistige Entwickelung des einzelnen fördert. Insofern gehört auch das Schulwesen zu den der Beschlußnahme der Gemeinden unterworfenen öffentlichen Verhältnissen derselben. Ein Grund gegen das Recht der Gemeinden, ihre Fürsorge auf die Volksschulunterhaltung auszudehnen, läßt sich auch nicht aus dem VolksschulG.

v. 26. V. 45 entnehmen, zumal § 15 dieſG. für die Bedürfniſſe der Volksſchulen den Schulverband nur ſubſidiär, nämlich ſoweit nicht einzelne Perſonen, Korporationen und Fonds dazu rechtlich verbunden und imſtande ſind, in Anſpruch nimmt (vgl. auch § 42 Abſ. 2).

2. Im vorliegenden Falle war die Schule nicht als Kommunalanſtalt übernommen. Vielmehr war die Schulgemeinde als ein ſelbſtändiges Rechtsſubjekt fortbeſtehen geblieben, und die Landgemeinde hatte nur die Beiträge übernommen, die der Schulverband den glaubensverwandten Einwohnern des Schulbezirks zur Aufbringung der anderweit nicht gedeckten Schullaſten ſonſt aufzuerlegen genötigt war. Iſt eine derartige Schullaſtenübernahme von der Gemeinde einſeitig beſchloſſen worden, ſo erhalten die Einwohner des Schulbezirks nur gegenüber der Landgemeinde einen Anſpruch darauf, daß dieſe für ſie aus Gemeindemitteln für die etwa von ihnen erforderten Schulbeiträge aufkommt, bleiben indes an und für ſich dem Schulverband verpflichtet, der auch ſeinerſeits keinen Anſpruch gegen die Gemeinde erwirbt. Hier iſt daher die Landgemeinde nicht unmittelbare Schuldnerin der Schulgemeinde geworden. Wohl aber hat ſie das Recht, Gemeindeſteuern auszuſchreiben, um ſich dadurch Mittel zur Beſtreitung der von ihr übernommenen Schullaſten ihrer Gemeindeangehörigen zu verſchaffen. Anderſeits würde, wenn nicht die Gemeinde für die Schulunterhaltungskoſten im Schulverbande aufzukommen beſchloſſen hätte und wirklich aufkäme, der Schulvorſtand daſelbſt von den Schulverbandsmitgliedern je nach Bedarf Schulbeiträge zu erheben ſo berechtigt wie verpflichtet ſein.

b) Sonſtige Träger der Schullaſten.

α) Im Geltungsgebiete des Allgemeinen Landrechts.

aa) Abgaben und Leiſtungen mit Ausnahme der Schulbaulaſt.

αα) Begriff und Beitragspflicht der Hausväter.

Nr. 1. Entſch. v. 20. Jan. 1903 (PrVerwBl. 25 574) I 86.

ZuſtG. § 46 Abſ. 6.

1. Die ohne Rechtsirrtum erfolgte tatſächliche Feſtſtellung, daß das Wohnhaus des Herangezogenen innerhalb des räumlichen Bezirks des Schulverbandes belegen iſt, begründet ſeine Schulſteuerpflicht. Daß der Herangezogene daſelbſt keine beſtimmte Berufstätigkeit ausübt, ändert daran ebenſowenig, wie ein gleichzeitiger Wohnſitz an anderen Orten.

2. Der Einwand, daß der Kläger zu Schulbeiträgen nicht in der geforderten Höhe habe herangezogen werden dürfen, da er ſein Einkommen nur zum allerkleinſten Teile aus dem Wohnorte im Schulbezirke beziehe, iſt unbegründet. Unter der Vorausſetzung, daß er in ſeiner Eigenſchaft als Hausvater der Schulgemeinde überhaupt ſteuerpflichtig iſt, kann (im vorliegenden Falle) ſeine Heranziehung zu Schulſteuern für die genannte Gemeinde in der Form von Zuſchlägen zur Staatseinkommenſteuer erfolgen, wobei Einſprüche gegen die Höhe ſolcher Zuſchläge, welche ſich gegen den Prinzipalſatz der Staatseinkommenſteuer richten, nach § 46 Abſ. 6 ZuſtG. unzuläſſig ſind. Insbeſondere können derartige Einſprüche nicht vom Geſichtspunkte einer unzuläſſigen Doppelbeſteuerung aus erhoben werden, da nach der Lage der geltenden Geſetzgebung eine Doppelbeſteuerung auf dem Gebiete des Schulrechts durch keine geſetzliche Norm ausgeſchloſſen iſt. Es muß den Beteiligten in ſolchen Fällen eventuell überlaſſen bleiben, das Einſchreiten der Schulaufſichtsbehörde aus Billigkeitsrückſichten anzurufen: hier, wo es ſich lediglich um die Anwendung des geltenden Rechts handelt, können Billigkeitsrückſichten als entſcheidend nicht in Betracht kommen.

Nr. 2. Entsch. v. 25. März 1904 (PrVerwBl. 26 183) VIII 458 und **v. 31. Mai 1904** (das. 26 184) VIII 793.

DoppBestG. §§ 1ff.; BGB. §§ 7ff.

1. Auf dem Gebiete der Schulbesteuerung bestimmt sich der Begriff des Wohnsitzes lediglich nach dem bürgerlichen Rechte, also nach §§ 7ff. BGB., nicht aber nach den für bestimmte Sondergebiete (zB. für die Staatseinkommensteuer, die Kommunalbesteuerung) geltenden Sondervorschriften des DoppBestG.

2. Nach § 7 BGB. begründet, wer sich an einem Orte ständig niederläßt, an diesem Orte seinen Wohnsitz. Eine ständige Niederlassung bildet das Heim des Menschen, wo er sich dauernd aufhält, solange ihn nichts abruft; wohin er heimkehrt, falls er keinen Grund mehr hat, sich anderswo aufzuhalten. Der Wohnsitz ist der Mittelpunkt des gesamten Lebens einer Person. Er wird aufgehoben, wenn die Niederlassung mit dem Willen aufgehoben wird, sie aufzugeben. Ein Entmündigter kann nach § 8 BGB. ohne den Willen seines Vormundes einen Wohnsitz weder begründen noch aufheben. Hierzu bemerken die Mot. z. BGB. I 72: Die Frage, ob Geisteskranke, welche vom Vormunde in eine Heil- oder Pflegeanstalt gebracht werden, daselbst den Wohnsitz erlangen, ist nach Lage des einzelnen Falles zu beantworten; sie ist zu verneinen, wenn es sich nur um Heilungsversuche von vorübergehender Dauer handelt; sie kann zu bejahen sein, wenn bei voraussichtlich langwieriger oder unheilbarer Krankheit dauernde Unterbringung bezweckt ist.

Die Frage der Begründung eines Wohnsitzes liegt wesentlich auf tatsächlichem Gebiete; sie ist in jedem einzelnen Falle, ohne daß dem gewonnenen Ergebnis an sich eine darüber hinausgehende Bedeutung beiwohnt, nach der gesamten, gerade diesem Fall eigentümlichen Gestaltung zu beurteilen, da es an einer allgemein ein für allemale geltenden Begriffsbestimmung des Wohnsitzes fehlt. Ebenso läßt sich auch die Frage, ob ein Geisteskranker am Orte seiner Unterbringung einen Wohnsitz habe, nicht generell entscheiden. Maßgebend dafür ist stets und ausschließlich der Wille des gesetzlichen Vertreters. Dieser Wille aber kann in jedem Falle ein anderer sein. Allerdings hat der erste Sen. in einem Urt. v. 20. III. 00 — I 452 — nebenbei bemerkt, unheilbare Geisteskranke hätten regelmäßig ihren Wohnsitz da, wohin sie zu dauernder Anstaltspflege vom Vormund gebracht sein. Einer Plenarentscheidung bedarf es aber deshalb nicht; denn schon das Wort „regelmäßig" läßt einer abweichenden Beurteilung des Einzelfalls freien Spielraum. Es ist daher in jedem Falle zu erörtern, ob der Wille des Vormundes dahin gegangen ist, einen Ort zum Mittelpunkte der Lebensverhältnisse des Mündels zu machen, und ob dieser Wille durch entsprechendes Handeln des gesetzlichen Vertreters seine Verwirklichung gefunden hat. Da eine ausdrückliche Erklärung dieses Willens nicht vorgeschrieben ist, kann sie auch stillschweigend erfolgen; im letzteren Falle sind Handlungen nötig, aus denen die Absicht des Handelnden mit Zuverlässigkeit geschlossen werden kann. Die Schlüsse aus Handlungen auf die Absicht des Handelnden leider aber keine Regel, sondern richten sich nach der Beurteilung der gesamten Umstände.

Nr. 3. Entsch. v. 4. Juli 1905 (PrVerwBl. 27 125) VIII 1063.

ALR. II 12 §§ 29, 30; G. v. 25. VI. 68 (BGBl. 523); RMilG. § 38; G. v. 3. VIII. 78 (RGBl. 243); EinkStG. § 6; KommAbgG. § 42; BGB. §§ 7, 9.

Die Mitglieder der Gendarmerie gehören nicht zum aktiven Heere und auch nicht zu den servisberechtigten Militärpersonen. Lediglich bezüglich der Kommunalabgaben sollen sie gem. § 42 Abs. 2 KommAbgG. als

Militärpersonen iS. jenes Gesetzes „gelten". Dagegen sind Gendarmen an sich wie jeder andere Ortseinwohner der den §§ 29f. II 12 ALR. geregelten Schulsteuerpflicht unterworfen, sofern sie Mitglieder der Schulsozietät sind. Das aber sind sie, sofern sie im Schulbezirk ihren Wohnsitz haben. Der Kläger hat nun unter Bezug auf ältere Erlasse ausgeführt, die aktiven Militärpersonen und die servisberechtigten Militärbeamten hätten am Dienstorte keinen Wohnsitz, weil der Aufenthalt am Dienstorte nicht genüge, einen Wohnsitz daselbst zu konstituieren. Damit befindet er sich im Irrtum. Zunächst sprechen die von ihm angezogenen Erlasse nur von aktiven Militärpersonen und servisberechtigten Militärbeamten. Dazu aber gehören die Gendarmen nicht, so daß schon deshalb die geltend gemachten Erlasse hier nicht in Betracht kommen. Außerdem stützen sich jene Erlasse auf längst aufgehobene Gesetzesbestimmungen. Nach heutigem Rechte haben auch aktive Militärpersonen regelmäßig am Garnisonorte ihren gesetzlichen und bürgerlichen Wohnsitz, mit Ausnahme derer, die nur zur Erfüllung ihrer Wehrpflicht dienen (§ 9 BGB.).

Ebenso wie Zivilbeamte, haben auch Gendarmen regelmäßig an ihrem Dienstorte ihre ständige Niederlassung, nicht nur einen zeitigen Aufenthalt, also auch einen Wohnsitz iS. des § 7 BGB. Der Umstand, daß Gendarmen — ebenso wie viele Klassen von Zivilbeamten — jederzeit, auch ohne ihren Willen versetzt werden können, ändert daran nichts. Daraus folgt ohne weiteres bei einem Gendarmen, der wirtschaftlich selbständig ist, seine Zugehörigkeit zur örtlichen Schulsozietät. Es ist somit seine Schulsteuerpflicht an sich zweifellos begründet. Das Diensteinkommen der Gendarmen ist nun der Einkommensteuer nicht unterworfen, wohl aber ihr Privateinkommen, also auch das Zinseneinkommen. Werden also die Schulabgaben als Zuschläge zur Einkommensteuer erhoben, so ist die entsprechende Heranziehung der Gendarmen nach ihrem außerdienstlichen Einkommen durchaus begründet.

Nr. 4. Entsch. v. 6. Febr. 1903 — I 218.

ALR. II 11 §§ 294, 723; 12 § 35.

Die Best. in § 35 II 12 ALR., daß das Mitglied einer fremden zugeschlagenen Gemeinde zur Unterhaltung der Schule nur halb so viel beiträgt, als ein Einwohner gleicher Klasse an dem Orte, wo sich die Schule befindet, kommt, wie sich aus dem Wortlaut und der Vergleichung mit den von gastweise zugeschlagenen Kirchengemeinden handelnden §§ 723 und 294 II 11 ALR. ergibt, nicht schon dann zur Anwendung, wenn die Einwohner einer außerhalb des Schulortes belegenen Ortschaft der Schule zugewiesen sind, sondern nur dann, wenn eine ganze fremde Schulgemeinde einem bestehenden Schulverbande zugeschlagen wird (vgl. OVG. 14 228ff.). Wenn Kläger seine entgegengesetzte Ansicht mit der Ausführung, daß eine geringere Belastung der auswärtigen Hausväter ihren geringeren Vorteilen entspreche, zu begründen versucht, so ist dies nicht geeignet, die der bisherigen Rechtsprechung zugrunde liegende Auffassung zu widerlegen, um so weniger, als eine Abstufung der Hausväterbeiträge nach den besonderen Vorteilen der einzelnen den landrechtlichen Vorschriften völlig fremd ist.

Nr. 5. Entsch. v. 6. Jan. 1905 (ZBlUV. 520) VIII 32.

1. Observanzen bezüglich der Schulunterhaltungspflicht, die den Vschr. des ALR. entgegen sind, haben sich nach Einführung des ALR. nicht mehr bilden können. Dagegen sind frühere Observanzen durch das ALR. nicht berührt worden, da das frühere Provinzial- und Lokalrecht bestehen

geblieben ist, soweit nicht im Einzelfalle erkennbar ist, daß mit den speziellen Vorschriften des Landrechts ein einheitlicher Rechtszustand geschaffen und jenes Recht hat beseitigt werden sollen. Das ist bei den Vorschriften über die Schulunterhaltungspflicht nicht der Fall.

2. Der Mangel einer von der Kirchenkasse abgetrennten selbständigen Schulkasse ist kein Beweis dafür, daß die Schule als Einrichtung der Kirche unterhalten wurde. Wenn auch die Schule als Anstalt der Kirche ins Leben gerufen ist, so ist doch in Ostfriesland, wie überall in Deutschland, im Laufe der Zeit die Fürsorge für die Schule von der Kirche auf den Staat übergegangen. Die an die Kirchenkasse für die Schulunterhaltung entrichteten Beiträge der Pflichtigen waren daher nicht Kirchenabgaben, sondern Schulunterhaltungsleistungen. Würden in vorlandrechtlicher Zeit die mit den Schulabgaben gemeinsam von denselben Pflichtigen abgeführten Kirchenabgaben observanzmäßig vom Grundbesitze geleistet, so muß dasselbe für die Schulbeiträge gelten.

ββ) Begriff und Beitragspflicht der Gutsherren (Rittergutsbesitzer).

Nr. 1. Entsch. v. 17. Febr. 1903 — I 289.

ALR. II 12 § 36; LGemO. § 2.

1. Während in einer und derselben Gemeinde, die früher nur einen Gutsherrn gehabt hat, infolge kommunalrechtlicher Veränderungen mehrere Gutsherren bestehen und die Verhältnisse der Gemeinde, je nachdem der eine oder der andere Gutsherr beteiligt ist, verschiedenartige sein können, folgt aus der rechtlichen Einheit eines selbständigen Gutes, daß alle zu ihm gehörigen Bestandteile nur einer und derselben Gutsherrlichkeit unterworfen sein können. Den selbständigen Gütern, die der § 36 II 12 ALR. im Auge hat, sind die Gutsbezirke des neueren Rechts gleich zu achten, und die Besitzer dieser Gutsbezirke sind innerhalb deren Grenzen Gutsherren iS. der vorangeführten gesetzlichen Vorschrift. Ebenso wie das Ausscheiden eines Grundstücks aus dem Verbande eines Gutsbezirks in Verbindung mit dem Uebergange in einen anderen Gutsbezirk ein Ausscheiden aus der bisherigen Gutsherrlichkeit begründet, muß auch die Vereinigung eines Grundstücks mit einem anderen Gutsbezirk die Ausdehnung der Gutsherrlichkeit über das zugelegte Grundstück zur Folge haben. Folgerichtig dehnt sich auch die Gutsherrlichkeit aus, wenn dem bisherigen Gutsbezirk ein Grundstück nach Maßgabe des § 2[1] LGemO. zugelegt wird (OVG. 11 165, 13 241).

2. Die tatsächlichen Voraussetzungen der Vereinigung eines Grundstücks mit einem Gutsbezirke unterliegen der Nachprüfung durch den Verwaltungsrichter nicht.

Nr. 2. Entsch. v. 22. April 1904 (OVG. 45 200) VIII C 16/03.

ALR. II 12 §§ 29 ff., 36.

1. Nach den in der Prov. Posen geltenden Vschr. der §§ 29 ff. II 12 ALR. ruht die Schulunterhaltungslast auf den zur Schule gewiesenen Hausvätern. Zu den Hausvätern gehört indes der Gutsherr des Schulorts nicht, ihm ist vielmehr der Schule gegenüber in den §§ 33, 36 aaO. eine Ausnahmestellung mit entsprechenden besonderen Pflichten eingeräumt. Diese Ausnahme gilt aber nur für Gutsherrschaften auf dem Lande. Der im Bereich einer Stadtschule wohnende Gutsherr dagegen ist gem. § 29 als Hausvater pflichtig, auch wenn der Schulort zu den Mediatstädten (§§ 166—175

II 8 ALR.) gehört, da hinsichtl. der Schulunterhaltung der § 36 II 12 zwischen Immediat- und Mediatstädten nicht unterschieden hat.

2. Die gutsherrliche Gewalt über Städte ist in der Prov. Posen durch die frühere fremdherrliche Gesetzgebung beseitigt und unter preußischer Landeshoheit nicht wieder hergestellt worden. Dem früheren Mediatherrn kommt dort gegenüber der Schule einer Ortschaft, die aus einer Mediatstadt in eine Landgemeinde umgewandelt worden ist, die Stellung als Gutsherr des Schulorts nicht zu. Ein Rechtssatz, daß das ganze platte Land notwendig immer in einem Untertänigkeitsverhältnisse zu einem Gutsherrn stehen müßte, und es ländliche Gemeinden ohne gutsherrliche Gewalt iS. der §§ 87 f. II 7 ALR. überhaupt nicht gäbe, oder daß im Falle der Gründung einer Stadt auf gutsherrlichem Boden die ehemalige Grundherrschaft den Besitznachfolgern im Territorium dauernd herrschaftliche Rechte und Pflichten verliehen hätte, besteht nicht.

Nr. 3. Entsch. v. 20. Jan. 1905 (ZBlUB. 528) VIII 94.

ALR. II 12 § 36.

Der Grundsatz, daß bei dem Vorhandensein mehrerer Gutsherren am Schulorte nur derjenige als Gutsherr des Schulorts iS. von ALR. II 12 § 36 gelten kann, in dessen früherem Herrschaftsbezirk die Schule belegen ist, schließt nicht unbedingt aus, daß nicht auch mehrere Besitzer von adligen Gütern in einer Gemeinde Gutsherren des Schulortes sind. Das ist der Fall, wenn das Schulgehöft aus einem erst später geteilten Gute herstammt, die Schule bereits vor der Teilung mit Grund und Boden aus herrschaftlichem Besitz dotiert war und der Teil des Ortes, wo die Schule steht, von der Teilung ausgeschlossen und gemeinsam geblieben ist.

bb) Die Schulbaupflichtigen.

αα) Bei gewöhnlichen Volksschulen.

Nr. 1. Entsch. v. 19. Juni 1903 (OVG. 44 199) I C 55/02.

ALR. I 9 §§ 629, 649 ff., 655 f., II 12 §§ 18 f.; ZPO. §§ 421 ff.

1. Im Bereiche des ALR. kann die im öffentlichen Rechte wurzelnde, dem Gutsherrn des Schulorts obliegende Schulbaulast nicht durch bloßen Nichtgebrauch des der Schulgemeinde und der Schulaufsichtsbehörde zustehenden Rechts, auf Erfüllung zu dringen, durch erlöschende Verjährung untergehen; wohl aber kann der Gutsherr Befreiung von der Baulast ersitzen. Zur Vollendung der Ersitzung bedarf es, nachdem der Gutsherr geforderte Bauleistungen erfolgreich verweigert und damit das Recht auf Freilassung in Besitz genommen hat, noch zweier weiterer Fälle, wo von der Schulgemeinde oder der Schulaufsichtsbehörde Erfüllung der Leistungspflicht hätte gefordert werden können, aber nicht gefordert worden ist; auch muß zwischen dem ersten und dem dritten Falle möglicher Ausübung des Forderungsrechts die volle Verjährungszeit, die vierundvierzig Jahre beträgt, abgelaufen sein.

2. Die in der ZPO. (§§ 421 ff.) dem Gegner des Beweisführers unter gewissen Voraussetzungen auferlegte Pflicht, Urkunden, die er im Besitze hat, vorzulegen, ist zwar auch für das VerwStreitVerf. im allgemeinen anzuerkennen, wenngleich sie hier teilweise anderen Regeln folgt, ua. nicht durch den Editionseid erzwingbar ist. Sie erstreckt sich aber weder im Zivilprozesse noch im StreitVerf. auf das gesamte Aktenmaterial, das in einer An-

gelegenheit von der Art der im Streite befangenen nach bloßen Vermutungen des Beweisführers irgend einmal entstanden sein soll, zB. aus Schulkassenrechnungen aus einer längst vergangenen Zeit. Das Editionsverfahren hat keineswegs den Zweck, dem Beweisführer Nachforschungen nach dem Vorhandensein von Urkunden, die sich für den von ihm verfolgten Anspruch etwa verwerten lassen möchten, überhaupt erst zu ermöglichen, sondern findet nur zur Herbeiführung der Vorlegung einzelner bestimmter Urkunden statt, und dem Beweisführer liegt es ob, diese dergestalt genau zu bezeichnen, daß der Richter in der Lage ist, die Erheblichkeit ihres angeblichen Inhalts zu prüfen.

ββ) Bei Schul- und Küsterhäusern insbesondere.

Nr. 1. Entsch. v. 4. Nov. 1904 (PrVerwBl. 27 82) VIII 1527.

ALR. II 12 §§ 36, 37; Vd. v. 2. V. 11 (GS. 193); ZustG. § 47.

1. Durch die Vd. v. 2. V. 11 ist die Separation der Küstereien bei den Tochterkirchen von denen an den Mutterkirchen vorgeschrieben und geregelt; gleichzeitig sind die Rechtswirkungen einer durchgeführten Separation im § 4 dVd. dahin festgesetzt, daß die ortsrechtlich etwa begründete Pflicht der Tochtergemeinden zur Unterhaltung der Schullehrer- und Küsterwohnungen bei der Mutterkirche aufhört,

„wogegen die Schullehrer- und Küsterwohnung bei der Tochterkirche durch verhältnismäßige Beiträge aller zu derselben eingepfarrten Dörfer gemeinschaftlich muß unterhalten werden."

Durch die letztere Bestimmung ist nur eine Beitragspflicht aller zur Filiale Eingepfarrten (einschließlich derjenigen des Filialdorfes selbst), nicht aber auch eine solche des Patrons der Filialkirche begründet worden. Die Separation, auf deren Durchführung die Vd. im Schulinteresse dringt, hat nicht zur Rechtsfolge, daß die Schule im Filialdorfe ein geistliches Gebäude, ein Küsterschulhaus iS. des § 37 II 12 ALR. — und des NeumärkProvR. — wird. Vielmehr bleibt — ungeachtet der Uebertragung „aller Küsterdienste bei den Tochterkirchen und in den zu diesen eingepfarrten Dörfern auf die Schullehrer der Dörfer, in welchen die Tochterkirchen befindlich sind" (§ 2 dVd.), — die Schule das, was sie bisher gewesen wär, nämlich eine gemeine Schule.

2. Daraus folgt für den vorliegenden Fall zweierlei:

a) Das NeumärkProvR., in dessen örtlichem Geltungsbereiche die hier in Rede stehende Küstereiseparation im Jahre 1837 stattgefunden hat, bleibt durchweg außer Betracht, da es ausschließlich eigentliche Küsterschulhäuser (geistliche Gebäude) im Auge hat; ein solches aber oder ein Teil eines solchen ist nach dem Vorbemerkten nicht einmal die Wohnung des Lehrers (und Küsters), geschweige denn der Schulraum geworden.

b) Es gibt bei der Filiale L. zwei Träger der Schulbaulast, einmal die Eingepfarrten für die Wohnung und ferner die Hausväter für die dem Unterrichtszwecke dienenden baulichen Einrichtungen.

Irrig aber ist die Schlußfolgerung, die Unterhaltung des reparaturbedürftig gewordenen Daches falle den Hausvätern allein zur Last. Offenbar wären, da doch das Dach sowohl die Wohn- wie die Schulräume deckt, die Kosten zwischen den Eingepfarrten (der Kirchengemeinde) und den Hausvätern (der Schulgemeinde) zu teilen, wie das auch bei Bauten an dem gemeinschaftlichen Hausflure, den Umwehrungen, dem Brunnen, dem Holzgelaß und ähnlichen gemeinschaftlichen Anlagen geschehen müßte.

3. Es tritt sodann, neben der Frage nach dem maßgebenden Gesetzesrechte, der Grundsatz des § 47 Abs. 2 Satz 2 ZustG. in den Vordergrund, wonach

der mittels Beschlusses der Regierung auf Bauleistung in Anspruch Genommene der Behörde gegenüber verhaftet bleibt, sofern er nicht die ihm angesonnene Leistung auf einen Dritten, den an seiner Statt Verpflichteten, mit Erfolg abbürdet.

Das zu tun, haben hier die beiden in Anspruch genommenen Korporationen, die Schulgemeinde und die Landgemeinde L., versucht, indem sie sich mit einer gemeinschaftlich angestellten Klage gegen den Gutsherrn des Schulorts gewandt haben. Danach soll

a) die Schulgemeinde den Kalk liefern.

Ihrem Verlangen, daß für sie der beklagte Gutsherr eintrete, steht weder das Gesetz noch die geschriebene Ortsverfassung zur Seite. Nach § 36 II 12 ALR. hat der Schulgutsherr nur auf dem gutsherrlichen Fundus über das eigene Bedürfnis hinaus gewachsene und gewonnene Rohmaterialien, nicht Fabrikate, daher nicht Kalk (Mörtel, Zement), sondern nur ungebrannte Kalksteine herzugeben, und solche besitzt der Beklagte unstreitig nicht. Nach dem Rezesse v. Jahre 1839 aber (auf den sich die Schulgemeinde an sich berufen kann, weil sie zu seiner Errichtung zugezogen war) hat der Gutsherr Kalk zu liefern ausdrücklich abgelehnt. Es bleibt sonach noch die geltend gemachte Uebung bzw. Observanz zu prüfen.

b) Die Landgemeinde soll (neben nicht streitigen Leistungen) für die erforderlichen Dachziegel als Surrogat des Dachstrohes aufkommen. Für das Verhältnis der Landgemeinde gegenüber dem Gutsherrn scheidet der § 36 II 12 ALR. vorweg aus. Was den Rezeß anlangt, so entsteht die Frage, ob dort unter dem Dachstroh, zu dessen Hergabe sich die Gemeinde verpflichtet hat, alles zur Dachdeckung erforderliche Material jeder Art, mithin bei Massivbau auch das Material an gebrannten Dachziegeln verstanden worden ist. Es kann jedoch auf die Erörterung dieser Frage verzichtet werden. Denn ebensowenig, wie unter dem „Holz", das die Gutsherrschaft nach § 7 des Rezesses zu dem Schulhausbau zu liefern hat, etwas anderes zu verstehen ist als Stämme — nicht Balken, Bretter oder sonst zugerichtete Materialien —, kann man unter den neben dem Holze zu liefernden „Steinen" ohne weiteres gebrannte Steine, insbesondere Dachziegel verstehen. Eine Verpflichtung des Gutsherrn zur Lieferung der Dachziegel kann daher auch aus dem Rezesse nicht abgeleitet werden.

Es kommt mithin darauf an, welche Stellung zu dem Klagefundamente der Uebung iS. der von den Klägerinnen verfolgten Abbürdungsansprüche und einer sie zu Lasten des Gutsherrn befreienden Observanz einzunehmen ist. Die Kalklieferung zu übernehmen, hatte sich der Gutsherr geweigert. In Ansehung dieser Leistung kann deshalb die Uebung unmöglich erkennbar machen, daß die Willensmeinung beider Teile schon beim Vertragsschlusse dahin gegangen sei, er solle und wolle die Leistung übernehmen.

Dachziegel (gebrannte Steine, Steine jeder Art) hat der Gutsherr nach den landrätlichen Akten anscheinend bei dem Schulneubau im Jahre 1854, jedenfalls nach Beendigung des Neubaues bei allen seitdem vorgekommenen Bauten und Reparaturen verabfolgt, bzw. es ist das durch seinen Administrator, den er frei schalten ließ, geschehen. Das ergibt sich aus den Aussagen der in erster Instanz vernommenen Zeugen. Zugleich aber ergibt sich aus deren Bekundungen, daß jene Uebung erst etwa 15 Jahre nach dem Abschlusse des Rezesses begonnen hat, während es an Nachrichten für die vor dem Rezeßschlusse liegende Zeit gänzlich fehlt. Neuerdings endlich — nämlich während der 11 Jahre, auf welche sich die Aussage des als Zeuge vernommenen Administrators bezieht — soll sich, sobald es sich um Lieferungen handelte, stets Streit über die Auslegung der Rezeßbestimmungen erhoben haben. Bei dieser Lage der Dinge würde sich aus der fraglichen Uebung, selbst wenn man sie noch weiter aufzuklären vermöchte, ein sicherer Rückschluß darauf nicht ziehen lassen, daß man bei Abschluß des Rezesses unter „Steinen" auch Dachziegel verstanden hätte. Zugunsten der Schulgemeinde konnte sich eine den Gutsherrn zur Kalklieferung verpflichtende Observanz, entgegen dem Landrechte, nicht bilden. Aber auch zugunsten der Landgemeinde war eine Observanz mit der Wirkung, daß der Gutsherr die Dachziegel liefern müßte, rechtlich unmöglich. Der Rezeß brachte den Umfang der Leistungspflicht des Gutsherrn hinsichtlich der Unterhaltung des Schulgebäudes — nicht nur der Unterrichts-, sondern auch der Wohnräume — zum näheren Ausdrucke und führte, was die Landgemeinde betrifft, zu dem Ergebnisse, daß durch deren Eintreten für die übernommenen Leistungen teils die Hausväter der Schulgemeinde, teils die Eingepfarrten der Filialkirchengemeinde entlastet wurden. Der Rezeß legte die Ortsverfassung fest und wäre der Weiterbildung und Abänderung durch Observanz an sich fähig gewesen. Das trifft jedoch nur insoweit zu, als er Normen gab auf einem Gebiete, das nicht der Observanzbildung überhaupt entzogen war. Observanzen aber zur Belastung des Gutsherrn mit Leistungen, die ihm nach dem Gesetzesrechte des Landrechts oder der Vd. v. 2. V. 11 nicht obliegen, waren ausgeschlossen, da das Landrecht wie die Vd. die Schulbaukostenverteilung durchaus nicht unentschieden gelassen haben und mit keinem Worte auf die Observanz als Rechtsquelle verweisen, daher das schlechthin zu befolgende Gesetzesrecht statuieren.

β) Im Geltungsgebiete der Preußischen Schulordnung vom 11. Dezember 1845.

aa) Unterhaltung der Elementarschulen im allgemeinen (§§ 38—42, 48 das.).

Nr. 1. Entsch. v. 24. Juni 1904 (PrVerwBl. 26 294) VIII 929.

PrSchulO. § 39.

Zwischen mehreren Ortschaften, die zur Aufbringung der Mittel für eine Schule auf Grund des § 39 PrSchulO. herangezogen werden, besteht keine notwendige Streitgenossenschaft.

Der beklagte Landrat hat über den Bedarf des Brennholzes für die Schule in S. dahin Anordnung getroffen, daß 17,3 rm von der Gemeinde S., 1,6 rm von der Gemeinde B., 1,1 rm vom Besitzer des Vorwerks Kl. und 1,1 rm vom Fiskus für die Ortschaft K. zu liefern seien; und er hat infolgedessen an jeden dieser vier von ihm zur Lieferung Verpflichteten eine besondere Verfügung erlassen. Die Verpflichtung eines jeden der vier Herangezogenen kann nur danach beurteilt werden, ob bei ihm die Beitragspflicht vorliegt; jeder der drei Kläger ist pflichtig, wenn in seiner Person die Voraussetzung, die in § 39 beruhen soll, zutrifft. Es ist rechtlich denkbar, daß die Voraussetzung bei dem einen zutrifft, bei dem andern fehlt. Das gleiche gilt hinsichtlich einer Befreiung von der Verpflichtung. Von einer solidarischen Verpflichtung der Kläger ist keine Rede. Ein die Kläger gemeinschaftlich umfassendes rechtliches Band fehlt und wird nicht dadurch hergestellt, daß die untereinander nicht in einem korporativen Bande stehenden Kläger als pflichtig in Anspruch genommen werden, an dasselbe Rechtssubjekt, die Schule, zu demselben Zweck beizutragen. Es handelt sich nicht um eine Leistung, sondern um so viele, als Beitragspflichtige herangezogen werden. Jede einzelne der Verfügungen hat daher durch den einzelnen Einspruch des Herangezogenen ein besonderes streitiges Rechtsverhältnis erzeugt, das mit besonderer Klage ohne Beteiligung der anderen Herangezogenen verfolgt werden konnte. Dadurch, daß die Kläger ihre Klagen in einer gemeinschaftlichen Klageschrift vereinigt haben, sind die besonderen streitigen Rechtsverhältnisse nicht zu einem einheitlichen geworden. Enthielte jede der erlassenen Verfügungen einen Mangel, so würde daraus nur folgen, daß jede der Verfügungen außer Kraft gesetzt werden muß. Nicht aber ergibt sich diese Konsequenz daraus, daß eine der Verfügungen wegen eines solchen Mangels außer Kraft gesetzt wird, ohne weiteres für die übrigen Verfügungen. Danach fehlt es im vorliegenden Falle an einer Nötigung, ja sogar an der Möglichkeit, das Rechtsverhältnis einheitlich festzustellen.

bb) **Die Leistungen der Gutsherren.**

αα) Lieferung von Brennmaterial.

Nr. 1. Entsch. v. 27. März 1903 (OVG. 44 208) I C 15/02.

ALR. II 8 §§ 166 ff.; StO. v. 19. XI. 1808 §§ 7 f., v. 17. III. 31 §§ 135 ff. u. v. 30. V. 53 § 95; PrSchulO. §§ 39 f., 44 ff., 55 ff.; LGemVerfG. § 8.

1. Patronatsleistungen auf Grund der §§ 44 ff. PrSchulO. können nur unter der Voraussetzung gefordert werden, daß derjenige räumliche Bezirk, für dessen Einwohner der Steuerpflichtige als Gutsherr eintreten soll, zu der die Forderung erhebenden Schule wirklich gehört.

2. Die §§ 39 f. PrSchulO. stellen als leitenden Grundsatz auf, daß die Ortsgemeinden und die sonst zur Schule gehörigen Ortschaften die Mittel zur Unterhaltung der Schule in derselben Weise wie die übrigen Kommunalbedürfnisse aufzubringen haben, und daß, wenn mehrere Gemeinden zu derselben Schule gehören, der Anteil einer jeden, sofern nicht Verträge oder andere Rechtstitel ein anderes bestimmen, nach der Zahl der Haushaltungen festzusetzen ist. Was nach diesem Maßstab auf die außerhalb eines Gemeindebezirkes auf gutsherrlichem Vorwerkslande wohnenden Dienstleute, Tagelöhner, Ansiedler usw. entfällt, ist von den Anwohnern aufzubringen; für sie hat im Unvermögensfalle der Grundherr einzutreten (§§ 55 ff.). Diese Vorschriften bilden die Regel und finden unzweifelhaft auch auf Städte Anwendung, dergestalt, daß Stadtgemeinden, je nachdem der Schulbezirk nur städtisches Gebiet oder zugleich ländliche Ortschaften umfaßt, entweder allein oder nach der Haushaltungszahl von der Unterhaltungslast betroffen werden, und zwar in letzterem Falle ohne Unterschied, ob sich die Schule rechtlich als Stadtschule mit Einschulung auch ländlicher Ortschaften oder als Landschule mit Einschulung auch städtischen Gebiets kennzeichnet. Zu jener Regel der §§ 39 f. verhalten sich die unter der Ueberschrift „Leistungen der Gutsherren" zusammengefaßten Vorschriften der §§ 44 ff. wie Ausnahmen. Soweit daher nicht dort ausdrücklich etwas anderes verordnet ist, muß der Bedarf an Brennmaterial, da er offenbar den „Mitteln zur Unterhaltung der Schule" iS. des § 39 beizuzählen ist, der Regel nach ebenfalls von den Ortsgemeinden und den sonst zur Schule gehörigen Ortschaften aufgebracht werden.

3. „In betreff der Schulen in Domänendörfern" heißt es nun in § 45[5 u. 6] SchulO. (vgl. dazu auch § 44), daß der landesherrliche Fiskus das Brennholz bis zu einem gewissen Höchstbetrage herzugeben habe, sofern nicht Vertrag oder Herkommen ein anderes bestimmen, wogegen nach § 46 Privatgutsherren an der Brennholzlieferung nur teilzunehmen brauchen, wenn und soweit sie dazu herkömmlich (oder durch besonderen Rechtstitel) verpflichtet sind. Unter den Schulen in Domänendörfern wären dem Wortlaute nach Schulen innerhalb des ehemals der gutsherrlichen Gewalt des Fiskus unterworfen gewesenen Bezirkes, also Schulen in Ortschaften zu verstehen, die im Domanium des Fiskus liegen, gleichviel ob die Ortschaften gegenwärtig einem fiskalischen Gutsbezirk angehören oder Land-

gemeinden sind. Damit erschöpft sich indes die Bedeutung des Ausdrucks nicht; er bezeichnet vielmehr noch außerdem die Bestimmung oder Mitbestimmung der Schulen für Domänendörfer, während deren örtliche Lage, sei es in einem Domänendorf oder anderswo, keinen rechtlichen Unterschied begründet. Der Fiskus hat mithin das Schulholz regelmäßig für alle seine Hintersassen, aber auch nur für diese, daher im Falle der Schulzugehörigkeit noch anderer Gemeinden oder Ortschaften nur so zu gewähren, daß sich sein Anteil nach der Zahl der Haushaltungen in den eingeschulten Domänendörfern bemißt.

4. Nach der Ansicht des Kreisausschusses soll nun der Fiskus Gutsherr der früheren Landgemeinde Fischerei N. trotz ihrer Vereinigung mit der Stadtgemeinde N. und deshalb nach wie vor verpflichtet geblieben sein, für seine dortigen Hintersassen das auf sie nach der Haushaltungszahl entfallende Schulbrennmaterial zu liefern. Diesen Ausführungen kann im Endergebnisse nicht beigetreten werden. Eine Mediatherrschaft über Städte hatte allerdings gesetzliche Anerkennung gefunden (§§ 166 ff. II 8 ALR.), und es mag in ähnlicher Weise, wie einzelne Teile einer Landgemeinde verschiedenen Gutsherrschaften unterworfen sein konnten (§ 45 II 7 ALR., § 8 G. v. 14. IV. 56), begrifflich nicht ausgeschlossen gewesen sein, daß sich die obrigkeitliche Gewalt städtischer Mediatherren nur auf einen einzelnen bestimmten Stadtteil erstreckte oder zwischen mehreren Inhabern nach räumlichen Teilen des Stadtgebiets gegen einander abgrenzte. Durch die StO. v. 19. XI. 1808 §§ 7 f. und die rev. StO. v. 17. III. 31 §§ 135 ff. waren die mediatherrlichen Rechte nur insoweit, als sie den dort gegebenen Vorschriften zuwiderliefen, nicht aber ihrem ganzen Umfang und Inhalte nach aufgehoben worden. Zuzugeben ist ferner, daß, wenngleich der § 166 II 8 ALR. als das unterscheidende Merkmal mittelbarer Städte im Gegensatze zu unmittelbaren die Abhängigkeit der ersteren noch von einer anderen Herrschaft außer dem Landesherrn bezeichnete, nichtsdestoweniger in der KabO. v. 16. V. 39 (GS. 265) und schon vorher in einer Reihe von Ministerialerlassen zwischen königlichen Mediatstädten, in denen der König selbst der Grundherr sei, und den adligen Mediatstädten unterschieden wurde. Nicht unzweifelhaft aber erscheint es, ob sich das Fortbestehen mediatherrlicher Rechte über Stadtgemeinden mit den Vorschriften der jetzt geltenden StO. v. 30. V. 53 vereinigen läßt, die solcher Rechte, obschon sie die Verfassung der Stadtgemeinden erschöpfend zu regeln bezweckte, nirgends Erwähnung tut (s. das. den § 95 Satz 2). Und wollte man selbst diese Frage bejahen, so begegnet doch die Voraussetzung des Kreisausschusses erheblichen Bedenken, daß sich das einstmalige gutsherrlich-bäuerliche Verhältnis zwischen dem Fiskus und der Fischerei N. durch deren Vereinigung mit der Stadtgemeinde N. ohne weiteres in eine Mediatherrschaft über den dem Stadtgebiete neu hinzugefügten Bestandteil umgewandelt haben sollte. Näheren Eingehens hierauf bedarf es indessen nicht. Die Schlußfolgerungen scheitern schon daran, daß die PrSchulO., obwohl im allgemeinen auf Stadt- und Landschulen gleichmäßig anwendbar, doch bei ihren Bestimmungen über die Patronatslast der Brennmaterialienlieferung, wie die Entwickelung der Provinzialgesetzgebung auf diesem Gebiete deutlich zeigt, einzig und allein das gutsherrlich-bäuerliche Verhältnis auf dem platten Lande im Auge hat. Im Geltungsgebiete der PrSchulO. gibt es somit niemand, dem einer Stadt gegenüber, gleichviel, ob sie nur eigene Schuleinrichtungen hat oder mit einem Teile ihres Gebiets zu einer Landschule gelegt ist, Patronatsleistungen nach allgemeiner gesetzlicher Vorschrift oblägen. Abweichend könnte sich das Rechtsverhältnis nur auf Grund öffentlich-rechtlicher besonderer Titel gestalten.

Nr. 2. Entsch. v. 27. März 1903 (PrVerwBl. 25 643) I 540.

PrSchulO. §§ 38 ff., 45; ZustG. § 46.

1. Wird ein Gutsbesitzer wegen Lieferung des Schulbrennholzes vom Schulvorstand in Anspruch genommen, so kann er mit dem Einwand, Fiskus sei bis zu der im § 45⁵ aaO. angegebenen Maximalgrenze zur Lieferung des Holzes verpflichtet, nicht ad separatum verwiesen werden (auf eine sog. Interessentenklage aus § 46 Abs. 3 ZustG.).

2. Das den Fiskus angeblich verpflichtende Herkommen hat sich aber nicht bilden können, wenn die frühere tatsächliche Uebung in der Lieferung des Brennbedarfs namens eines Gutes auf einem Irrtum der den Fiskus vertretenden Behörde, zB. über die kommunalrechtliche Eigenschaft des Gutes, beruhte.

ββ) Bauverpflichtungen.

Nr. 1. Entsch. v. 18. Sept. 1903 — VIII 350.

PrSchulO. § 44.

Nach § 44 PrSchulO. sind die Gutsherren im Schulbezirke, sofern nicht Vertrag oder Herkommen ein anderes bestimmen, verpflichtet, das zum Bau erforderliche Bauholz unentgeltlich herzugeben und, wenn der Bau massiv ausgeführt wird, den Geldwert des nicht in Natur verwendbaren Bauholzes zu entrichten. Diese Pflichten der Gutsherrschaft bestehen fort, auch wenn die mit dieser Herrschaft verbundene Gerichtsbarkeit und Polizeigewalt weggefallen ist. Die Gerichtsbarkeit nebst der Polizeigewalt, die in ihr einstmals enthalten war, kam zwar als ein Kennzeichen, aber keineswegs als eine unerläßliche Voraussetzung der Gutsherrschaft in Betracht; zu allen Zeiten hat es Gutsherrschaften gegeben, die sich nicht im Besitze jener Rechte befanden, OVG. **31** 117. Die auf der neueren Gesetzgebung beruhende, weitgehende Einschränkung der gutsherrlichen Rechte hat den Fortbestand der Gutsherrschaften an sich unberührt gelassen und nicht auch den Untergang der gutsherrlichen Pflichten nach sich gezogen.

Nr. 2. Entsch. v. 7. Okt. 1904 (PrVerwBl. 27 215) VIII 1377.

PrSchulO. § 12.

Die Schulbaulast darf nicht durch einseitige Aenderungen, die der Lehrer bei Bewirtschaftung des Schullandes vornimmt, zB. durch Umwandlung des Weidelandes in Ackerland, wodurch größere Wirtschaftsräume nötig werden, vermehrt werden.

cc) **Die Leistungen der Grundherren (Anwohner auf gutsherrlichem Lande) — §§ 55—65 der PrSchulO. v. 11. XII. 45.**

Nr. 1. Entsch. v. 18. Nov. 1902 (OVG. 44 219) I C 79/02.

ALR. II 12 § 29; PrSchulO. §§ 39—48, 55 ff.; KommAbgG. §§ 49 f., 69 Abs. 3 u. 4.

1. Die Schulunterhaltungspflicht liegt nach § 39 PrSchulO., soweit sie nicht auf besonderen Stiftungen oder besonderen Rechtstiteln beruht, den zur Schule gehörigen Ortschaften ob. Außerdem sind die Gutsherren des Schulbezirkes zu bestimmten Leistungen, namentlich zur Hergabe von Bauholz und Brennholz, unter bestimmten, gesetzlich geregelten Voraussetzungen verpflichtet. In den Gemeinden bildet die Aufbringung der Schulbeiträge

der Ortschaft eine Kommunallast, die ebenso wie die anderen Kommunalbedürfnisse verteilt wird. In den Gutsbezirken dagegen ruht die Verpflichtung, die auf die Ortschaft entfallenden Schulunterhaltungskosten aufzubringen, nach §§ 55ff. SchulO. auf den „Anwohnern" des Gutsbezirkes. Wieviel ein jeder Anwohner zu leisten hat, wird von der Regierung als Schulaufsichtsbehörde festgesetzt. Den „Ausfall", dh. den Betrag, den die Anwohner nach der Festsetzung der Regierung aufzubringen außerstande sind, trägt nach § 60 aaO. der Grundherr. Wenn dieser und der Gutsherr auch in der Regel dieselbe Person sind, so sind doch die Verpflichtungen der Anwohner, des Gutsherrn und des Grundherrn rechtlich voneinander völlig verschieden. Der Gutsherr eines Schulbezirkes kann zwar nicht Anwohner seines eigenen Gutsbezirkes sein und daher auch niemals als solcher zu Beiträgen für die Schule, der sein Gutsbezirk zugewiesen ist, herangezogen werden. Wohl aber kann er Anwohner eines fremden Gutsbezirkes sein, wenn er dort seinen Wohnsitz hat. Alsdann ist er von den Anwohnerbeiträgen nicht deshalb befreit, weil er in seinem eigenen Gutsbezirke gutsherrliche Schullasten zu tragen hat. In dieser Hinsicht kann von einer Doppelbesteuerung desselben Einkommens nicht die Rede sein, da die gutsherrlichen Lasten gesetzlich keine auf dem Einkommen ruhende und von dem Einkommen abhängige Verpflichtung darstellen.

2. Der Begriff des Anwohners umfaßt alle Personen, die in dem Gutsbezirk ihren Wohnsitz haben, sowohl die Ansässigen als die nicht Ansässigen. Wenn § 55 PrSchulO. von den „auf gutsherrlichem Vorwerkslande wohnenden Dienstboten, Tagelöhnern, Ansiedlern und herrschaftlichen Beamten" spricht, so bezeichnet er nur die hauptsächlichsten Klassen der in den §§ 56—62 behandelten „Anwohner".

Die Verpflichtung des Gutsherrn als Anwohners eines Gutsbezirkes wird weder dadurch aufgehoben oder eingeschränkt, daß seine Ehefrau Gutsherrin dieses Gutsbezirkes ist, noch durch den Umstand, daß ihm als Ehemann nicht die Nutznießung ihres Vermögens zusteht. Hinsichtlich der nach § 29 ALR. II 12 zur Schulunterhaltung zu entrichtenden Hausväterbeiträge ist bereits in OVG. 37 200 nachgewiesen worden, daß auch der Ehemann der Gutsherrin des Schulorts sie leisten muß. Die dies ergebenden Darlegungen treffen aber ebenso für die Schulbeiträge zu, die auf den Ehemann der Gutsherrin als Anwohner des Gutsbezirkes nach § 60 PrSchulO. gem. der Festsetzung der Schulaufsichtsbehörde in der Form von Zuschlägen zur staatlich veranlagten Einkommensteuer entfallen. Einsprüche, die sich gegen den der Veranlagung zugrunde liegenden Staatssteuersatz richten, sind nach § 69 Abs. 3f. KommAbgG. bei der Heranziehung von Einwohnern eines Gutsbezirkes zu dessen öffentlichen Lasten unzulässig, obwohl die Beiträge zu derartigen Lasten keine Kommunalabgaben iS. diesG. sind. Aus welchen Bestandteilen sich das Einkommen zusammensetzt, von dem der Kläger zur Staatseinkommensteuer veranlagt worden, ist bei der Erhebung der Schulbeiträge durch Zuschläge zu dieser Steuer rechtlich ohne Bedeutung, wenn nicht das Gegenteil in der Festsetzung der Schulaufsichtsbehörde bestimmt worden ist. Der Kläger macht geltend, daß das bei seiner Veranlagung zur Staatseinkommensteuer berücksichtigte Einkommen zum Teile aus Grundbesitz fließt, der außerhalb des Gutsbezirks O. (wo er Anwohner ist) in E. (wo er Gutsherr ist) belegen ist, und er dort ebenfalls zu Schulabgaben herangezogen wird, sowie daß er in E. einen zweiten Wohnsitz hat. Allein dadurch rechtfertigt sich nicht sein Verlangen, von der Erhebung der Zuschläge zum vollen Satze der Einkommensteuer abzusehen und einen selbständig ermittelten, niedrigeren Einkommensteuersatz der Heranziehung zu den Schulbeiträgen zugrunde zu legen. Die Schulbeiträge haben, wie hervorgehoben, nicht die rechtliche Eigenschaft von Kommunalabgaben. Ihre Höhe ist nach der Leistungsfähigkeit der Anwohner des Gutsbezirkes von der Schulaufsichtsbehörde bestimmt worden. Für die Heranziehung der Anwohner sind daher nicht die gesetzlichen Vorschriften über Kommunalabgaben, sondern die Vschr. der PrSchulO. und die Best. maßgebend, welche die Schulaufsichtsbehörde auf Grund dieser Vschr. in ihrer Festsetzung getroffen hat. Eine sinngemäße Anwendung der Vschr. der §§ 49f. KommAbgG. über die Vermeidung von Doppelbesteuerung des Einkommens bleibt hier ausgeschlossen, wenn sie nicht in der Festsetzung der Schulaufsichtsbehörde angeordnet worden ist.

Nr. 2. Entsch. v. 9. Juni 1903 (OVG. 44 223) I C 118/02.

PrSchulO. §§ 55ff., 60.

Als „Grundherr" iS. des § 60 PrSchulO. gilt in der Regel der Gutsherr, der Träger der öffentlichen Lasten des Gutsbezirkes. Bei der Veräußerung eines herrschaftlichen Gutes konnte es zwar ausnahmsweise zu einer Trennung der Grundherrlichkeit von der Gutsherrlichkeit kommen, nämlich dann, wenn ein Grundstück, mit dessen Besitze bisher die Gutsherrlichkeit verbunden war, unter Vorbehalt der Gutsherrlichkeit für den bisherigen Eigentümer von diesem veräußert wurde. Die rechtliche Möglichkeit einer derartigen Trennung war jedoch auch in früherer Zeit sehr beschränkt. Sie bestand hauptsächlich bei Veräußerungen von Domänengütern durch den Fiskus, also in Fällen, wo der Besitz an einem selbständigen herrschaftlichen Gute unter Vorbehalt der gutsherrlichen Rechte für den veräußernden Domänenfiskus übertragen werden konnte. Sie setzte aber stets voraus, daß der Grundherr, der nicht Gutsherr ist, dasjenige Grundstück erworben hatte, mit welchem an sich auch die Gutsherrlichkeit verbunden sein würde, wenn sie nicht in rechtlich zulässiger Weise dem Veräußerer vorbehalten worden wäre. Wenn es in OVG. 33 250 in bezug auf die Trennung der guts- und grundherrlichen Rechte und Pflichten heißt: „wie es im Gutsbezirke nur einen Gutsherrn, so kann es bei jener Trennung auch nur einen Grundherrn geben", so hat damit lediglich zum Ausdrucke gebracht werden sollen, daß in Fällen, wo sich eine Trennung beider Herrschaftsverhältnisse innerhalb eines Gutsbezirkes durch Vorbehalt der Gutsherrlichkeit bei der Veräußerung ihres „Substrats" vollzieht, der Erwerber des letzteren zum Grundherrn des ganzen Herrschaftsgebiets wird, über welches sich die mit dem veräußerten Substrate verbundene Gutsherrlichkeit bisher erstreckt hatte, und nicht nur zum Grundherrn des von ihm erworbenen Grundstücks. Im räumlichen Umfange desjenigen gutsherrlichen Bezirkes, in welchem das „Substrat" der Gutsherrlichkeit veräußert worden ist, gibt es auch nach der Veräußerung nur einen Grundherrn. Dies schließt aber nicht aus, daß die kommunale Selbständigkeit des Gutsbezirkes, sei es gleichzeitig mit der Veräußerung eines Domänenguts vermöge der öffentlich-rechtlichen Befugnis der veräußernden Behörde, Bezirksveränderungen vorzunehmen, sei es später durch Anordnungen der hierfür sonst zuständigen Behörden, aufgehoben und seine kommunalrechtliche Vereinigung mit einem anderen Gutsbezirke herbeigeführt wird. In dem vergrößerten Gutsbezirke sind dann in der Tat mehrere Grundherren vorhanden.

Nr. 3. Entsch. v. 14. Okt. 1904 (OVG. 46 185) VIII C 27/03.

PrSchulO. §§ 40, 55–62.

Unterhaltungsbeiträge, welche die an eine benachbarte Gemeindeschule angeschlossenen Anwohner auf herrschaftlichem Vorwerkslande innerhalb desselben Gutsbezirkes, aber in verschiedenen Ortschaften laut Festsetzung der Schulaufsichtsbehörde in Gestalt von überall gleichmäßig hohen Staatssteuerzuschlägen zu entrichten haben, sind nicht zunächst auf die Ortschaften nach der Zahl ihrer Haushaltungen und dann erst auf die Haushaltungsvorstände jeder einzelnen Ortschaft, sondern unmittelbar auf sämtliche Pflichtige in dem einheitlichen Gutsbezirke zu verteilen. Diese Verteilung entzieht sich nicht der Nachprüfung durch den Verwaltungsrichter. Gewiß hat über die aus § 60 PrSchulO. entstehenden Fragen der Billigkeit und Angemessenheit nur die Regierung zu befinden. Ob der Nahrungsstand der Anwohner nach ihrer Steuerveranlagung, den Personal- und Realsteuern oder nach einer dieser Steuerarten zu ermitteln ist, ob Dienstboten, Tagelöhner und andere sog. kleine Leute gar nicht oder verhältnismäßig geringer belastet werden sollen, als die wohlhabenderen Ansiedler im Gutsbezirke, das unterliegt lediglich dem Ermessen der Schulaufsichtsbehörde. Dagegen kann die Schulaufsichtsbehörde bei Anwendung der §§ 55—62, die nach § 40 für die Regelung der Beiträge der Gutsanwohner allein gelten, nicht mit Unterlagen rechnen, die diesen gesetzlichen Vorschriften fremd sind. Außer der Schulanstalt und dem Patrone sind bei der Regelung der Beiträge für den Anschluß an eine benachbarte Gemeindeschule oder für die Errichtung einer eigenen Schule nur der Grundherr und die Anwohner beteiligt. Die persönliche Leistungsfähigkeit der letzteren soll ermittelt und darnach die von einem jeden zu entrichtende Abgabe bemessen werden. Die Unterverteilung nach Ortschaften führt leicht eine Verschiebung der Last herbei und vereitelt die Absicht des § 60, innerhalb eines Gutsbezirks die in gleichen wirtschaftlichen Verhältnissen lebenden und gleichartig beschulten Anwohner auch gleichmäßig zu belasten. Solche dem Gesetze zuwiderlaufende Unterschiede in der Belastung der Anwohner entstehen nicht, wenn ohne Einschiebung der Ortschaften durch den Gutsvorsteher die Unterverteilung unmittelbar auf die der Schule zugewiesenen Gutsanwohner nach Ermittelung des Nahrungsstandes geschieht.

δ) In der Provinz Schlesien.

aa) **Katholische Volksschulen.**

αα) Allgemeines; Unterhaltung der Lehrer.

Nr. 1. Entsch. v. 27. Febr. 1903 (OVG. 44 235) I C 61/02.

SchlesSchulRegl. v. 3. XI. 1765 u. 18. V. 1801.

1. Im Geltungsbereiche des SchlesProvR. ruht die Schulunterhaltungslast auf den Gemeinden und Gutsbezirken. Nach den SchlesSchulRegl. v. 1765 u. 1801 haben die Herrschaften — nicht die dem damaligen Rechte noch unbekannten Gutsbezirke — neben den Gemeinden die Schulunterhaltungslast zu tragen. Die Schulunterhaltungslast der Herrschaften besteht aber gegenüber allen auf dem herrschaftlichen Gebiete — sei es Guts-, sei es Gemeindefeldmark — befindlichen Schulen. Ihren Grund hat sie nach § 13 Regl. v. 1765 in dem Verhältnisse der Herrschaften zu den Untertanen, zu denen auch die Mitglieder der Dorfgemeinde gehörten. Ist daher eine Gemeinde, die unter einer Gutsherrschaft steht, zur Schule geschlagen, so ruht die Schulunterhaltungspflicht mit auf der Gutsherrschaft dieser Gemeinde, auch wenn der Gutsbezirk nicht zur Schule gehört; mit dem Ausscheiden des Gutsbezirkes aus dem Schulverbande fällt also hier auch nicht die Schulunterhaltungslast der Gutsherrschaft fort. Allerdings muß nach den Schulreglements die Gutsherrschaft eine für den Gutsbezirk eingerichtete

Schule, bei der keine Gemeinde beteiligt ist, allein unterhalten; daneben aber besteht anderseits ihre Pflicht, auch zur Unterhaltung der Schulen in allen Gemeinden, über die ihr die Gutsherrschaft zusteht, nach Maßgabe der Schulreglements mitbeizutragen.

2. Die Gutsherrlichkeit über eine Landgemeinde erlischt zwar bei Vereinigung des Gutsbezirks mit einer Gemeinde; denn wenn der Gutsbezirk sein öffentlich-rechtliches Dasein verliert, verschwindet im Rechtssinne damit auch der Gutsherr, der also Träger der Gutsherrlichkeit über die vergrößerte Landgemeinde nicht werden kann. Obgleich aber die Gutsherrlichkeit (iS. des älteren Rechtes) nicht unbedingt einen Gutsbezirk (iS. des neueren Rechtes) voraussetzt, haftet doch beim Dasein eines Gutsbezirkes die Gutsherrlichkeit regelmäßig an diesem. An die Stelle des bisherigen Gutsherrn tritt iF. der Vereinigung des Gutsbezirkes mit einer Gemeinde auch nicht ein anderer Gutsherr, auf den die Gutsherrlichkeit über die Landgemeinde übergehen könnte. Das trifft jedoch iF. der Vereinigung mit einem anderen, bereits bestehenden oder neu gebildeten Gutsbezirke nicht zu, vielmehr ist in dem Gutsherrn des letzteren wieder ein möglicher Träger der Gutsherrlichkeit über die Landgemeinde vorhanden. Dieser ist auch als fernerer Träger der Gutsherrlichkeit regelmäßig wenigstens dann anzusehen, wenn der ganze bisherige Gutsbezirk mit einem und demselben, bereits bestehenden oder neu gebildeten, Gutsbezirke des nämlichen Gutsherrn vereinigt wird. Die Vereinigung mehrerer selbständiger Gutsbezirke ist gesetzlich zulässig und hat begriffsmäßig die rechtliche Wirkung, daß an Stelle der einzelnen Gutsbezirke der vereinigte Gutsbezirk tritt. Der Gutsherr des vereinigten Gutsbezirkes ist daher als solcher nunmehr Träger der Rechte und Pflichten, deren Träger er vorher als Gutsherr der einverleibten Gutsbezirke war.

3. Weshalb aber die Rechtsnachfolge besonders bei einem neu gegebildeten Gutsbezirk ausgeschlossen sein soll, ist nicht einzusehen. Tritt der neue Gutsbezirk in dem Augenblick ins Leben, wo der andere Gutsbezirk sein Dasein verliert, so steht der Annahme des Ueberganges der Rechte und Pflichten auf den Gutsherrn des neuen Gutsbezirkes kein rechtliches Hindernis entgegen. Beim Aufgehen eines früheren Gutsbezirkes in einen anderen neu gebildeten ist es für die Verknüpfung der Gutsherrlichkeit mit diesem letzteren auch ohne Bedeutung, aus welchen kommunalrechtlichen Bestandteilen der neue Gutsbezirk außerdem zusammengesetzt ist.

Die Gutsherrlichkeit über eine Landgemeinde hört freilich auf, wenn zunächst der Gutsbezirk aufgelöst wird und dann die kommunalfrei gewordenen Grundstücke mit einem anderen Gutsbezirke vereinigt werden. Denn wenn die gutsherrlichen Rechte und Pflichten erst einmal durch die Auflösung des Gutsbezirkes erloschen sind, können sie nicht wieder aufleben. Von einem Zwischenzustande der Kommunalfreiheit kann aber dann keine Rede sein, wenn die Grundstücke „unter Abtrennung“ von dem Gutsbezirke N. zugleich zu einem selbständigen Gutsbezirke — zusammen mit bäuerlichen Grundstücken — erklärt worden sind.

Nr. 2. Entsch. v. 28. April 1903 (OVG. 44 233) I C 6/02.

SchlesSchulRegl. v. 1801 §§ 12b, 18f., 19a; LehrBesG. § 4.

1. Das SchlesKathSchulRegl. v. 18. V. 1801 enthält keine Vorschriften darüber, von wem — ob von der Gemeinde oder der Herrschaft — die dem Lehrer gebührende Landnutzung bereit zu stellen ist. Wo daher nicht schon bei Gründung der Schule eine Landdotation freiwillig überwiesen worden ist, deren Ertrag auf die Verteilung des Bargehalts zwischen Dominium und Gemeinde selbstverständlich keinen Einfluß äußert, bleibt nur übrig, auf jedes Ortes Gewohnheit zurückzugehen. Liegt schulverfassungsmäßig der Herr-

schaft die Gewährung einer Landnutzung ob, so kann sie nicht verlangen, daß deren Ertrag ihr allein auf den Dominialanteil zum Grundgehalt angerechnet werde.

2. Das LehrBesG. hat an den provinzialgesetzlichen und partikularrechtlichen Normen über die Aufbringung und Verteilung des Lehrerdiensteinkommens im Kreise der Pflichtigen nichts geändert. Es ist daher durchaus richtig, wenn der Schulvorstand zwischen der Gemeinde und der Herrschaft denjenigen Teil des Grundgehalts, der schon vor dem LehrBesG. ausgeworfen war, nach Maßgabe der Schulverfassung, den in Ausführung jenes Gesetzes hinzugetretenen Betrag dagegen, soweit er nicht in der auf der dauernden Verbindung des Schulamts mit dem kirchlichen Küster- und Organistenamte beruhenden Erhöhung besteht (s. § 4 LehrBesG.), nach der Regel des § 19a SchulRegl. v. 1801 in dem Verhältnisse von 2 zu 1 verteilt.

Nr. 3. Entsch. v. 1. Mai 1903 (OVG. 44 228) I C 46/02.

SchlesSchulRegl. v. 1801 §§ 12, 16, 18 f.

Wo die Aufbringung und Verteilung des Unterhalts für den Lehrer schulverfassungsmäßig abweichend vom Gesetzesrechte geregelt ist, behält es dabei in Ansehung der älteren Bezüge auch iF. des Hinzutritts neuer Leistungen sein Bewenden, dergestalt, daß nur die neuen oder erhöhten Bezüge, sofern nicht etwa auch sie vom Ortsrecht erfaßt werden, der Verteilung auf die Träger der Unterhaltungslast nach der gesetzlichen Regel unterliegen.

Für die Auffassung des Klägers, daß jedesmal nach Eintritt einer Stellenaufbesserung eine völlig neue Verteilung sämtlicher Einkommensbestandteile nach der gesetzlichen Regel durchgeführt werden müsse, bietet das Reglement keinen Anhalt. Schon der Wortlaut des § 18 legt die Deutung viel näher, daß sich alsdann die vorzunehmende Verteilung auf die neuen oder erhöhten Bezüge zu beschränken hat. Der § 18 Abs. 2 Satz 1 hält für ausreichend dotierte Stellen, deren Inhaber wechselt, die bisherige observanzmäßige Aufbringung ausdrücklich aufrecht. Welche Rechts- oder Zweckmäßigkeitsgründe den Gesetzgeber bestimmt haben sollten, für Fälle einer Erhöhung des Diensteinkommens die Berücksichtigung von Observanzen hinsichtlich der bisherigen Bezüge auszuschließen, läßt sich füglich nicht absehen, und zwar umsoweniger, weil dann zu offenbarem Schaden des gemeinen Wesens überall da, wo eine auf der Rechtsüberzeugung der Beteiligten beruhende observanzmäßige Ordnung bestand, jede, auch die geringfügigste Stellenaufbesserung eine Umwälzung der gesamten bisherigen Verteilungsart nach sich ziehen würde. Eine darauf gerichtete Absicht hätte, zumal da die Schulreglements sonst die Observanzbildung im weitesten Umfange zulassen, unzweideutig ausgesprochen sein müssen, und das ist nicht geschehen.

Nr. 4. Entsch. v. 25. Nov. 1904 (OVG. 46 191) VIII C 19/04.

SchlesSchulRegl. v. 1801 §§ 12, 19.

Unter dem katastrierten Ertrage, der nach schles. Provinzialrechte den Maßstab für die Oberverteilung des Bargehalts und Brennmaterials auf mehrere zu demselben Schulverbande gehörige Gemeinden bildet, ist nach der heutigen Grundsteuerverfassung der zum Zwecke der staatlichen Grundsteuerveranlagung festgestellte Reinertrag von den ertragsfähigen Grundstücken (den Liegenschaften), der Grundsteuerreinertrag, nicht neben diesem auch der Gebäudesteuernutzungswert zu verstehen.

Wenn § 19 des SchlesSchulRegl. die Oberverteilung in Buchst. a und d Satz 1 im allgemeinen unter Zugrundelegung des katastrierten Ertrags regelt, jedoch mit der Maßgabe, daß es der Herrschaft freisteht, das Brennmaterial in natura zu geben, vorbehaltlich der Anrechnung des Wertes auf das Dominialdrittel an barem Gelde, und wenn ferner die Anfuhr den bespannten Wirten oder, in Ermangelung solcher, der Herrschaft auferlegt wird, so tritt schon darin die Beziehung der Oberverteilungsnorm auf den landwirtschaftlich genutzten Grund und Boden klar zutage. Nicht minder weist hierauf die in § 12 zu e dem Lehrer eingeräumte Freiheit, unter das Gemeinvieh zwei Stück Rindvieh und ein Schwein unentgeltlich zu treiben, sowie die Best. unter b ebenda unverkennbar hin, daß dem Lehrer, falls nicht die Schule mit eigenem Landbesitz ausgestattet ist, „drei Beete durch ein ganzes Gewende zu Grünzeug unentgeltlich abgereicht und die nötige Gräserei angewiesen" werden muß, wobei freilich die Frage offen bleibt, ob insoweit die Leistungspflicht auf der Herrschaft oder auf der Gemeinde oder anteilig auf beiden ruht. Einen weiteren durchschlagenden Beweis endlich dafür, daß bei der Oberverteilung das Reglement von der Unterscheidung zwischen Landwirten und Nichtlandwirten ausgeht, liefert die Vschr. des § 19 zu b, wonach das Getreidedeputat, mithin ein Bezug, der zur Zeit der Entstehung des Regl. v. 1801 einen sehr beträchtlichen Teil des damaligen geringen Gesamteinkommens der Lehrpersonen ausmachte (vgl. § 12 zu d iVerb. namentlich mit f das.), ausschließlich den wirklichen Ackerbesitzern, bei Gleichstellung herrschaftlicher und bäuerlicher Aecker und unter Freilassung aller nicht Ackerwirtschaft treibender Schulbezirkseingesessenen, zur Last fällt. Ueberall knüpft somit das SchlesSchulRegl. an den ertragfähigen Grund und Boden an. Wo dieser Verteilungsmaßstab zu Unzuträglichkeiten führt, muß es der Aufsichtsbehörde überlassen bleiben, Abhülfe zu schaffen.

Nr. 5. Entsch. v. 17. März 1905 (ZBlUV. 778) VIII 441.

SchlesSchulRegl. v. 1765 u. 1801; ZustG. § 48.

1. Nach den Bestimmungen des SchlesSchulRegl. werden die Ackerbesitzer direkt durch den Schulvorstand zu dem Getreidedeputat herangezogen. Zwar sondert § 19 dRegl. hinsichtlich des Bargehalts und des Brennmaterials für den Lehrer die Kontribuenten in zwei Gruppen, je nachdem es Gemeinden oder Herrschaften sind. Hinsichtlich des Getreidedeputats ist jedoch eine solche Scheidung nicht gemacht, das Getreidedeputat ist ohne Unterschied des Ackers im Dominium und in der Gemeinde den wirklichen Ackerbesitzern auferlegt. Von einer Oberverteilung und einer Unterverteilung kann daher hier nicht die Rede sein.

2. Abänderungen des örtlichen Schulrechts werden erst durch die Genehmigung der Schulaufsichtsbehörde wirksam; eine Einigung der Gemeinde und der Gutsherrschaft kann für sich allein eine solche Aenderung nicht bewirken. Die Genehmigung der Kommunalaufsichtsbehörde genügt zwar, wenn eine politische Gemeinde den Hausvätern die Steuerlast durch Uebernahme in den Gemeindehaushalt abnimmt, sie reicht aber nicht dazu aus, jene von ihrer gesetzlichen Steuerpflicht zu befreien.

9) In der Provinz Schleswig-Holstein.

Nr. 1. Entsch. v. 18. Sept. 1903 (PrVerwBl. 25 681) VIII 353.

SchlHolstSchulO. v. 24. VIII. 14 (ChronS. 112) § 59.

Nach § 59 SchlHolstSchulO. steht den adligen Gutsbesitzern für sich und ihre Familien Freiheit von allen Schulunterhaltungslasten zu.

Hat ein adliger Gutsbesitzer die Lieferung von Holz und Torf zur Schulheizung freiwillig übernommen, so folgt hieraus eine Pflicht zur Zerkleinerung des Holzes und zur Einbringung des Holzes in den Schuppen nicht; es genügt die Abladung auf dem Schulhofe.

Nr. 2. Entsch. v. 29. Jan. 1904 (OVG. 45 223) VIII C 15/03.

SchlHolstSchulO. § 59; Pat. v. 16. VII. 64 (GSBl. 224), betr. die Dotation der Lehrerstellen an den Volksschulen, §§ 3, 4, 7[2].

Die örtliche Schulbehörde kann wegen Aufbringung der Schulunterhaltungskosten, insbesondere wegen ihrer Verteilung über den Grundbesitz und die Schulinteressenten, mit Genehmigung der Schulaufsichtsbehörde Bestimmungen treffen, die von den in § 59 AllgSchulO. gegebenen Regeln abweichen.

Derartigen ortsrechtlichen Bestimmungen sind auch „Häuerinsten und Abnahmeleute ohne schulpflichtige Kinder" unterworfen; ihnen steht nicht wie den adligen Gutsbesitzern und den Besitzern adliger Stammparzellen ein gesetzlich begründetes Privileg der Schullastenfreiheit zu. Allerdings sollte der im § 3 Pat. v. 16. VII. 64 vorgesehene Verteilungsmaßstab „nach Vermögen und Einkommen" nur für die dort geregelte erhöhte Dotierung Anwendung finden, während an dem in den einzelnen Schulkommunen für die seitherigen Personalschullasten bestehenden anderweitigen Repartitionsmodus nichts geändert wurde. Hatten daher auch „die Häuerinsten und Abnahmeleute" zu der Dotationszulage nach Vermögen und Einkommen unbedingt beizusteuern, so verblieb es doch hinsichtlich des im § 59 AllgSchulO. behandelten ursprünglichen baren Schulgehalts bei der bestehenden Ordnung, wonach Häuerinsten und Abnahmeleute nur dann ihren Anteil an diesem über alle Schulinteressenten zu verteilenden Gehalte bezahlen, wenn sie schulpflichtige Kinder haben. Dagegen kann nicht zugegeben werden, daß den Häuerinsten und Abnahmeleuten ohne schulpflichtige Kinder ein Privileg zur Seite stände, wie solches für die adligen Gutsbesitzer und die Besitzer der adligen Stammparzellen im § 59 anerkannt worden ist; sie gehören vielmehr zu den schulunterhaltungspflichtigen Schulinteressenten, was namentlich auch aus der im Satze 3 des § 59 für die Entrichtung der Handdienste gegebenen Vorschrift erhellt.

Nr. 3. Entsch. v. 20. Jan. 1905 (OVG. 46 204) VIII C 26/03.

SchlHolstSchulO. § 59; Pat. v. 16. VII. 64, betr. die Errichtung von Schulkollegien, § 7 u. Pat. vom gleichen Tage, betr. die Dotierung der Lehrerstellen, § 4 (GSBl. 22!, 224).

1. Zu den über alle Schulinteressenten zu verteilenden Lasten, den Personalschullasten — im Gegensatze zu den allein über den Landbesitz zu verteilenden, den Realschullasten — rechnet die AllgSchulO. im § 59 nur die bare Lehrerbesoldung. Es ist nun keineswegs richtig, daß alle Landbewohner, die Grundeigentum nicht besitzen, von der Personalschullast dann befreit wären, wenn sie nur keine schulpflichtigen Kinder haben; Befreiung von den Personallasten steht vielmehr unter dieser Voraussetzung nur den Häuerinsten und Abnahmeleuten zu (§ 59 Satz 2). Unter Häuerinsten aber sind nur diejenigen Einwohner eines Schuldistrikts zu verstehen, welche, ohne Grundeigentümer zu sein, als Tagelöhner oder Landhandwerker ihren Unterhalt suchen.

2. In dem Regl. für die Landschulen der Probstei Sonderburg v. 17. V. 1803 (SystemSamml., Anh. z. 4 105 ff.) ist zwar verordnet, es seien die für die „Schulen S. und Sch. im Kirchspiel S." feststehenden Geldprästanda

„von dem ganzen District an den Schullehrer zu zahlen" (§ 3), während zur „Landauslegung (usw.) lediglich die sämtlichen Bohlsleute und die ihnen gleich zu achtenden Parcelisten oder die Hauptinteressenten concurriren" (§ 9) und „bei etwaigen neuen Bauten oder Reparationen der Schul- und Wohnhäuser der Schullehrer die Bohls- und Parcelenbesitzer oder die Hauptinteressenten einseitig die desfälligen Kosten abhalten" (§ 10). Auch ist hiernach ersichtlich, daß dieses interimistisch genehmigte SchulRegl. (vgl. § 2 iVerb. mit § 77 AllgSchulO.) eine Gliederung der Schullasten, wie die im § 59 SchulO. grundsätzlich aufgestellte, vorsieht, aus der die Unterrichtsverwaltung die Zweiteilung in Personal- und Realschullasten entwickelt hat. Die Gesetzgebung hielt jedoch auf dem Gebiete der Schulunterhaltung mit der Entwickelung des Schulwesens nicht gleichen Schritt, indem insbesondere keine Bestimmungen darüber ergingen, wie die Mittel zur Befriedigung der in der Schulordnung und in den Schulregulativen nicht erwähnten Schulbedürfnisse aufzubringen seien. So war nicht nur für die Bildung von Observanzen freier Raum, sondern es entsprach auch der Natur der Sache, wenn die für die Schulunterhaltung nötigen Satzungen durch Beschlüsse der Schulkommune, die der Genehmigung der Schulaufsichtsbehörde unterlagen, geschaffen wurden. Für Holstein wurde demnächst gesetzlich anerkannt, daß auf diesem Wege die Best. der SchulO. nicht nur ergänzt, sondern auch abgeändert werden durften (§ 7 Pat., betr. die Errichtung von Schulkollegien, v. 16. VII. 64, § 4 Pat., betr. die Dotation der Lehrerstellen, v. 16. VII. 64). Danach hat das OVG. die Schulkollegien des Herzogt. Holstein für befugt erachtet, über die Einführung eines neuen Maßstabs für die Verteilung der Schulabgaben und Schullasten zu beschließen, und zwar unter Abänderung des Verhältnisses, in welchem die Schullasten über den Grundbesitz und die Schulinteressenten als solche nach § 59 dG. oder nach den Regulativen verteilt sind. Ebenso stellen Beschlüsse, selbst wenn sie eine Abänderung der Vorschriften der Schulordnung über Verteilung der Schullasten auf Grundbesitz und die übrigen Schulinteressenten zum Gegenstande haben, auch für das Gebiet des früheren Herzogtums Schleswig das maßgebende Ortsrecht dar, sobald sie die höhere Genehmigung gefunden haben, wenn schon für Schleswig eine gesetzliche Anerkennung der Zulässigkeit einer solchen Neuregelung nicht vorliegt, wie dies für Holstein der Fall ist; denn die Zulässigkeit ist schon aus der Schulordnung selbst abzuleiten.

ι) In der Provinz Hannover:

Nr. 1. Entsch. v. 17. Mai 1904 (PrVerwBl. 27 104) VIII 736.

HannVSchulG. v. 26. V. 45 §§ 15, 19; LVG. §§ 92, 95.

1. Im Geltungsgebiet des Hannoverschen Schulrechts steht der Bildung einer Observanz, wonach an Stelle des Schulverbandes ein Dritter, zB. der Fiskus, die gesamte Schullast zu tragen hat, kein rechtliches Hindernis entgegen, und zwar würde sie rechtliche Wirkung selbst in einem Falle äußern, wie er im § 19 HannVSchulG. vorgesehen und bei der Schule zu Catlenburg durch die vom Kreisausschusse festgestellte Notwendigkeit, neben dem alten Küsteramt eine zweite, mit Kirchendienst nicht verbundene Lehrerstelle einzurichten, eingetreten ist. Denn nach der Bestimmung im § 19 sind, dem allgemeinen Grundsatze des § 15 entsprechend, auch Kosten der Errichtung einer zweiten Lehrerstelle von dem Schulverbande nur zu tragen, „sofern in dieser Beziehung nicht besondere, rechtlich begründete Verpflichtungen bestehen." Hierbei hat das Gesetz nicht etwa

lediglich Verpflichtungen im Auge, die gerade aus Anlaß oder zum Zwecke der Errichtung einer zweiten (oder ferneren neuen) Lehrerstelle eingegangen worden sind. Es ist vielmehr nicht ausgeschlossen, daß besondere Verpflichtungen von der im § 19 bezeichneten Art in Rechtshandlungen wurzeln, aus denen die Willensübereinstimmung der Beteiligten darüber erhellt, daß anstatt des Schulverbandes ein Dritter für jedweden Mehrbedarf, sei es an persönlichen oder an baulichen Unterhaltungskosten einzutreten habe, gleichviel ob er durch Errichtung neuer Lehrerstellen oder sonstwie durch die fortschreitende Entwickelung des Schulwesens und damit zusammenhängende erhöhte Anforderungen herbeigeführt werde. Insonderheit war für eine Observanz in diesem Sinne bei der Schule zu Catlenburg ein an sich geeigneter Boden durch das gutsherrliche Verhältnis gegeben, in welchem der Besitzer des Klosterguts daselbst zu den Einsassen im Schulbezirke stand. Tatsächlich hat sich aber eine Observanz des Inhalts, daß der Fiskus der alleinige Träger der gesamten Schullasten ist, nicht gebildet. Die Annahme einer solchen Verpflichtung setzt den Nachweis eines sie begründenden besonderen Titels seitens des Schulverbandes voraus; wenn ein Nachweis hinsichtlich einzelner Teile der Schulunterhaltungskosten geführt wird, so darf dessen Ergebnis nicht ohne weiteres auf andere einzelne Schulbedürfnisse übertragen werden; diese sind vielmehr unabhängig hiervon zu beurteilen. Der Nachweis einer Observanz ist dann offenbar gescheitert, wenn sich ergibt, daß ein anderer als der Fiskus zur Schulunterhaltung beigetragen hat. Darauf, ob dieser andere gerade der Schulverband ist, kommt es nicht an; denn Beweisfrage ist, ob der Fiskus alleiniger und ausschließlicher Träger der Schulunterhaltung ist.

2. Den Klöstern lag kraft kanonischer Satzungen der Kirche die allgemeine Pflicht der Fürsorge für Unterricht und Erziehung ob. Daraus erwuchs aber der Bevölkerung keineswegs ein klagbares Recht auf Beschulung durch das Kloster, noch letzterem eine staatlicherseits erzwingbare Pflicht, bestimmte Schuleinrichtungen ins Leben zu rufen und dauernd zu erhalten. Ueberdies vollzogen sich im 16. Jahrhundert in den evangelisch gewordenen deutschen Landesteilen die Säkularisationen geistlicher Güter nicht nach festumschriebenen, durch Staatsverträge und Gesetze gewährleisteten Normen, wie sie später bei der Auflösung des Reiches durch den Reichsdeputationshauptschluß v. 25. II. 1803 aufgestellt wurden. Ueber die künftige Verwendung der eingezogenen Vermögensmassen verfügten vielmehr die Landesherren nach ihrem Belieben. Geschah dies auch überwiegend zu Kirchen- und Schulzwecken, so traten doch die Rechtsnachfolger der säkularisierten Institute nicht in allgemeine Pflichten der Fürsorge für Unterricht und Erziehung ein, die jenen kraft kanonischer Satzungen der Kirche gegenüber obgelegen hatten. Immerhin ist im allgemeinen davon auszugehen, daß auch schon bei den Säkularisationen in nachreformatorischer Zeit besondere stiftungsmäßige Rechte (jura quaesita) auf Bau- oder sonstige Unterhaltungsleistungen, soweit einzelne Schulen oder die sich zu ihnen haltenden Gemeinden sie von Stiftern und Klöstern zu fordern hatten, nicht mit den verpflichteten geistlichen Instituten unter-, sondern auf die neuen Eigentümer der eingezogenen Güter übergingen; im Zweifel darf jedenfalls angenommen werden, daß sich die Einziehung mit dieser Einschränkung vollzogen hat. Allein auch wenn hieran festgehalten wird, so ist doch damit für den Standpunkt der Revision nichts gewonnen; denn es liegt kein Nachweis vor für irgend welche stiftungsmäßige Rechte, die der Schule zu Catlenburg im Verhältnisse zu dem einstmaligen Kloster daselbst zugestanden hätten.

3. Wird eine Klageforderung in erster Instanz auf Observanz gestützt, so kann sie in der Berufungs- und Revisionsinstanz nicht durch unvordenkliche Verjährung begründet werden. Darin würde eine nach §§ 92

und 95 LVG. in der Berufungs- und Revisionsinstanz unzulässige Klageänderung liegen, denn die Ausführung, daß zwischen Observanz und unvordenklicher Verjährung kein wesentlicher Unterschied bestehe, ist rechtsirrig. Während die Observanz Rechtssätze erzeugt, die als ein Teil des objektiven Rechtes auf alle unter sie fallenden Tatbestände anzuwenden sind, betrifft die unvordenkliche Verjährung nur einzelne Rechtsverhältnisse, die zwischen bestimmten Einzelpersonen bestehen. Beide Institute sind also ihrem Wesen nach grundverschieden und daraus ergibt sich von selbst, daß nicht im Prozesse das eine beliebig an die Stelle des anderen gesetzt werden darf.

4. Ist nach dem allen zweifellos der Fiskus nicht der alleinige Träger der gesamten Schulunterhaltung in Catlenburg, so greift die allgemeine Regel des § 15 HannVSchulG. v. 1845 durch, wonach mangels anderweit Verpflichteter den Schulverbänden im allgemeinen die Verpflichtung obliegt, die Bedürfnisse ihrer Volksschulen zu befriedigen. Grundsätzlich muß daher auch der Schulverband Catlenburg für die Bedürfnisse seiner Schule aufkommen, soweit er nicht nachweist, daß ein Dritter bestimmte einzelne Teile der Schulunterhaltungskosten zu tragen rechtlich verbunden sei. Was nun die Frage anbelangt, ob der Fiskus als alleiniger Träger — zwar nicht der gesamten Schulunterhaltungslast, aber doch der in ihr einbegriffenen Schulbaulast — die durch das Regierungsresolut dem Schulverband angesonnenen Leistungen übernehmen muß, so sei zunächst darauf hingewiesen, daß, falls eine observanzmäßige Bauverpflichtung des Fiskus betreffs der Kirchen- und Pfarrgebäude erwiesen wäre, daraus noch nicht würde gefolgert werden können, daß sie auch für das Küster- und Schulhaus bestehe. Ebensowenig kann aus einer für die „laufende bauliche Unterhaltung“ beobachteten Uebung schon ohne weiteres ein Rückschluß darauf gemacht werden, was bei „Neu- und Umbauten“ Rechtens ist. Anderseits hat der Fiskus ausdrücklich anerkannt, daß er gem. Ortsobservanz zur baulichen Unterhaltung des vorhandenen Schulgebäudes im Rahmen seines gegenwärtigen Umfanges verpflichtet ist. Dagegen hat er bestritten, zu Erweiterungs- und Neubauten verpflichtet zu sein. Nach dem vom Kläger beigebrachten Urkundenmaterial unterliegt in es indessen keinem Zweifel, daß die Schulbaupflicht des Fiskus weit über die Grenzen hinausgeht, die er ihr gezogen sehen will.

(Folgt Beweisführung.)

4. Die Heranziehung zur Schulunterhaltung und die Rechtsmittel dagegen.

a) Allgemeine Grundsätze; Ausschreibung und Einziehung.

Nr. 1. Entsch. v. 29. März 1904 (PrVerwBl. 26 350) VIII 477.

ALR. II 6 §§ 40 f., 51 ff., 64 ff., 141.

Ueber die Höhe der Steuerzuschläge, die von den Mitgliedern der Schulgemeinde aufzubringen sind, um die Schulunterhaltungskosten zu decken, hat die Schulgemeinde zu beschließen; der Schulvorstand kann nur ordnungsmäßig von der Gemeinde beschlossene Schulbeiträge verteilen und einziehen.

Die Schulgemeinden haben als Korporationen, auf die die subsidiären Best. des ALR. II 6 Anwendung finden, insbesondere nach den §§ 51 ff. und 64 ff. über Umlagen als eine innere Angelegenheit zu beschließen. Nach § 141 daselbst ist es Sache der Vorsteher der Gesellschaft, „alles zu tun, was zur guten Ordnung in den Geschäften und Verhandlungen und zum gewöhnlichen nützlichen Betriebe der gemeinsamen Angelegenheiten erforderlich ist.“ Hierunter fällt die Verteilung und Einziehung von beschlossenen Beiträgen, nicht aber die selbständige Bestimmung ihrer Höhe. Eine dahingehende Befugnis ist auch in neueren Gesetzen weder den Vorständen der politischen Gemeinden noch den der Kirchengemeinden zugestanden, auch sie sind bei Beschaffung der zu den gemeindlichen Bedürfnissen erforderlichen Geldmittel, soweit es sich dabei um allgemeine Umlagen handelt, regelmäßig an die Zustimmung der Gemeinden gebunden. Die den einzelnen Organen der Korporationen gesetzlich zugewiesenen Aufgaben können von den Aufsichtsbehörden nicht eingeschränkt werden. Das gilt nicht minder für die Schulgemeinden.

Nr. 2. Entsch. v. 4. Nov. 1904 (PrVerwBl. 26 483) VIII 1529.

AbgVerjG. § 8.

1. Die Nachforderung von Handdiensten zu einem Schulbau in Hannover, die in einem früheren Jahre rückständig geblieben waren, ist zulässig. Allerdings bleibt das AbgVerjG. hier gänzlich außer Betracht; denn es findet auf den Fall keine Anwendung, wo es sich um die Ausschreibung von Naturaldiensten seitens der Vertretung eines Schulverbandes handelt. Es ist daher auch von jeder Erörterung des § 8 jenG. abzusehen, welcher von der „Verjährung zur Hebung gestellter direkter oder indirekter, im Rückstande verbliebener oder kreditierter Steuern" handelt. Entscheidend ist vielmehr, daß der hier in Rede stehenden Erforderung von rückständigen Handdiensten keine Vorschrift des für die Prov. Hannover bestehenden Rechtes entgegensteht.

2. An der Berechtigung des Schulvorstandes, nicht geleistete schuldige Naturaldienste durch einen Dritten auf Kosten des säumigen Pflichtigen zu beschaffen, ist nicht zu zweifeln.

b) Beschlußfassung der Aufsichtsbehörde gemäß § 47 Abs. 1 ZustG.

Nr. 1. Entsch. v. 26. Juni 1903 — I 1104.

ZustG. § 47.

1. Die Zuständigkeit der Regierung zum Erlasse eines Baubeschlusses ist nur insofern vorhanden, als über die in dem Beschlusse getroffenen Festsetzungen Streit entstanden war. Der Vorderrichter irrt aber, wenn er diesen letzteren Vorbehalt für gleichbedeutend erachtet mit einer Streitigkeit der Beteiligten iS. des § 47 Abs. 3 ZustG. Ob eine Streitigkeit der zuletzt gedachten Art vorlag, darauf kommt es für die hier zu treffende Entscheidung überhaupt nicht an. Ein Streit iS. der Vschr. des § 47 Abs. 1 ZustG. ist überall da und insoweit anzunehmen, als ein von der Schulaufsichtsbehörde im Rahmen der zuletzt gedachten Vorschrift in Anspruch Genommener es unterläßt, der seitens der Schulaufsichtsbehörde an ihn gestellten Anforderung zu genügen, ohne Unterschied, ob es sich dabei nur um die Anordnung eines Neu- oder Reparaturbaues, oder auch um die Aufbringung und Verteilung der Baukosten handelt. Wenn der Vorderrichter diese beiden Fälle in dem von ihm hervorgehobenen Sinne verschieden behandeln will, so bietet zu einer solchen Unterscheidung weder der Wortlaut des Gesetzes, noch die Natur der Sache irgend welchen Anhalt. Dies ergibt sich zunächst aus der formellen Behandlung, welche das Gesetz für die Erledigung aller derartigen Streitigkeiten vorgeschrieben hat: denn in allen diesen Fällen, auch dann, wenn es sich nur um die Aufbringung und Verteilung der Baukosten handelt, ist die Klage aus § 47 Abs. 2 ZustG. in erster Linie gegen die Schulaufsichtsbehörde zu richten, gegen die der entstandene Streit im

Wege des VerwStreitVerf. endgültig zum Austrage gebracht werden soll. Ferner ist es sehr wohl denkbar, daß da, wo nur die Aufbringung und Verteilung der Baukosten in Frage steht, der Erlaß eines Baubeschlusses seitens der Schulaufsichtsbehörde sich als eine nicht zu umgehende Notwendigkeit zur Entscheidung des entstandenen Streites erweist, obgleich eine Streitigkeit der Beteiligten iS. des § 47 Abs. 3 ZustG. in keiner Weise festgestellt ist: es mag in dieser Beziehung nur auf den naheliegenden Fall verwiesen werden, daß die Schulaufsichtsbehörde einen einzigen Träger der Schulbaulast als ausschließlich Verpflichteten in Anspruch nimmt, und daß dieser die ihm angesonnene Leistung ohne nähere Angabe von Gründen ablehnt. Die durch § 47 Abs. 2 ZustG. eingeführte Verpflichtung der Benennung eines Drittverpflichteten bezieht sich nur auf das demnächst einzuleitende VerwStreitVerf. und präkludiert den in Anspruch Genommenen keineswegs in der Weise, daß er schon bei den dem Erlasse des Beschlusses vorausgehenden Verhandlungen genötigt wäre, die nach seiner Meinung neben ihm oder statt seiner Verpflichteten namhaft zu machen, wenn es sich auch aus praktischen Gründen im wohlverstandenen allseitigen Interesse empfehlen wird, das streitige Sachverhältnis schon in den Vorverhandlungen tunlichst aufzuklären.

2. Wenn ein Baubeschluß den Beteiligten gegenüber unanfechtbar geworden und die Schulaufsichtsbehörde befugt ist, auf der Basis des unanfechtbar gewordenen Baubeschlusses die tatsächliche Ausführung des geplanten Schulbaues zu betreiben, so haben damit die Beteiligten einen Rechtsanspruch auf Durchführung jenes früheren Baubeschlusses der Schulaufsichtsbehörde gegenüber nicht erlangt. Vielmehr ist die letztere befugt, die frühere unanfechtbar gewordene Basis zu verlassen und erneute Anforderungen zu stellen, wenn sie dies bei nochmaliger Erwägung nach pflichtmäßigem Ermessen der Sach- und Rechtslage angemessen erachtete. Diese erneuten Anforderungen sind dann auf Anrufen der Beteiligten einer erneuten selbständigen Prüfung im VerwStreitVerf. zu unterziehen.

Nr. 2. Entsch. v. 23. Febr. 1904 (OVG. 44 195) VIII B 5/03.

ZustG. § 47.

1. Die durch § 47 Abs. 1 ZustG. der Schulaufsichtsbehörde übertragene Befugnis, über die öffentlich-rechtliche Verpflichtung zur Aufbringung von Schulbaulasten sowie über deren Verteilung auf Gemeinden (Gutsbezirke), Schulverbände und dritte, statt derselben oder neben denselben Verpflichtete, sofern Streit entsteht, zu beschließen, nur auf solche Anordnungen, die gegen die aaO. aufgeführten Verbände und die dort bezeichneten Dritten, dh. gegen die Träger der Schulbaulast gerichtet sind, dagegen nicht auf Anordnungen, bei denen es sich um die von den einzelnen Mitgliedern pflichtiger Verbände aufzubringenden Leistungen handelt. Wie zu der von der Schulaufsichtsbehörde zu bewirkenden Oberverteilung nicht der Schulvorstand zuständig ist, so ist zur Unterverteilung auf die Mitglieder des Schulverbandes allein der Schulvorstand, nicht aber die Schulaufsichtsbehörde berufen. Solange es an einer Heranziehung der Landgemeinde durch den Schulvorstand fehlt, kann gegen sie eine Zwangsvollstreckung wegen einer ihr gegenüber der Schulgemeinde obliegenden Leistung nicht stattfinden.

2. Nach dem geltenden Rechte steht da, wo die bürgerlichen Gemeinden ohne Auflösung der Schulsozietät lediglich das Schulkassendefizit auf ihren Etat übernommen haben, der Schulaufsichtsbehörde nur der Schulverband als verpflichtetes Subjekt gegenüber und den bürgerlichen Gemeinden bei den vom Schulverbande mit der Schulaufsichtsbehörde gepflogenen Verhandlungen keine Einwirkung zu; die bürgerlichen Gemeinden

haben vielmehr die bezüglichen Festsetzungen ohne weiteres anzuerkennen und die zu ihrer Erfüllung erforderlichen Leistungen zu gewähren, soweit sie sich nicht bei den Beschlüssen über die Uebernahme des Schulkassendefizits besondere Rechte vorbehalten haben.

c) Einspruch und Beschwerde gemäß § 46 ZustG.

Nr. 1. Entsch. v. 18. Sept. 1903 (PrVerwBl. 25 681) VIII 853.

RegInstr. § 18; AbgVerfG. §§ 1, 14; ZustG. § 46.

1. Steht auch die Vertretung der Gesamtheit der Schulinteressenten im Bezirke einer adeligen Distriktsschule in Schleswig-Holstein, weil sie mit einem Vorstande nicht versehen ist, dem Gutsherrn als Patron zu, so kann gleichwohl die Schulaufsichtsbehörde auf Grund des § 18 zu e u. f RegInstr. den Schulinteressenten im Falle einer Kollision ihrer Rechte mit denen des Patrons einen besonderen Vertreter mit der Ermächtigung bestellen, den Patron zu vermeintlich ihm obliegenden Unterhaltungsleistungen heranzuziehen. Ein so bestellter Vertreter aber ist, sofern gegen die von ihm bewirkte Heranziehung Einspruch erhoben wird, zugleich befugt, auf den Einspruch gem. § 46 Abs. 1 ZustG. zu beschließen und den erlassenen Beschluß gegenüber der Klage des Steuerpflichtigen im StreitVerf. zu verteidigen (OVG. 9 140, 11 193).

2. Verlangt die Heranziehungsverfügung ein Anerkenntnis der dauernden Verpflichtung des Gutsherrn, das Schulholz in zerkleinertem Maßstabe zu liefern und in den dazu bestimmten Aufbewahrungsraum bringen zu lassen, so ist sie schon deshalb gesetzwidrig, weil nach § 46 Abs. 1 ZustG. iVerb. mit §§ 1, 14 G. v. 18. VI. 40 die veranlagende örtliche Behörde nur zur Erforderung einzelner bestimmter Schulunterhaltungsleistungen, aber nicht zur Feststellung der Existenz und des Umfangs der Leistungspflicht an sich befugt ist.

d) Verwaltungsstreitverfahren.

α) Nach § 46 ZustG.

Nr. 1. Entsch. v. 27. März 1903 (OVG. 44 208) I C 15/02.

ZustG. §§ 46 f.

Hatte der Kläger in einem verflossenen Rechnungsjahre 27,3 cbm Holz zuviel geleistet, so durfte er nicht ein gleich hohes Quantum auf die vom Beklagten für das nächstfolgende Rechnungsjahr angeforderte Lieferung „einsparen“ und sein darauf gerichtetes Verlangen mit der Reklamationsklage nach § 46 Abs. 1 ZustG. verfolgen. Um Erstattungsansprüche für ein verflossenes Rechnungsjahr geltend zu machen, stand ihm vielmehr nur die Interessentenklage auf Grund des Abs. 3 aaO. gegenüber der Stadtgemeinde offen, die statt seiner aus Gründen des öffentlichen Rechtes pflichtig gewesen wäre. Eine Klage kann durch die Beiladung der Stadtgemeinde nicht ersetzt werden. Auch würde eine Verbindung der Interessentenklage mit der Reklamationsklage unzulässig sein.

Nr. 2. Entsch. v. 8. April 1904 (OVG. 45 195) VIII C 22/03.

LVG. § 92; ZustG. §§ 46 f.

Dem Kläger droht die Geltendmachung des Erstattungsanspruchs, dessen sich der Beklagte mit der Behauptung, er habe eine öffentlich-rechtliche Schulbeitragspflicht des Klägers erfüllt, berühmt. Begehrt daher der Kläger die Feststellung, daß dem Beklagten ein solcher Anspruch nicht zustehe, und widerspricht der Beklagte diesem Antrage, so handelt es sich um eine Streitigkeit zwischen Beteiligten über ihre in dem öffentlichen Rechte begründete Verpflichtung zu Schulleistungen iS. des § 46 Abs. 3 ZustG. Wie danach der Erstattungsanspruch des Beklagten durch Klage im VerwStreit-Verf. zu verfolgen wäre, so muß dies auch auf den vom Kläger verfolgten Feststellungsanspruch, der zur Bekämpfung jenes Erstattungsanspruchs dient, Anwendung finden. Das für die Feststellungsklage erforderliche rechtliche Interesse aber an der alsbaldigen Feststellung (§ 256 ZPO.) ist, wenn der mit der Klage zu belangende sich des Anspruchs berühmt — also in dem Falle der gemeinrechtlichen provocatio ex lege Diffamari, sa. AGO. I 32. Abschn. I — stets vorhanden. Der Vorderrichter geht davon aus, eine unter den § 46 Abs. 3 ZustG. fallende Streitigkeit liege nur vor, wenn die Beteiligten darüber streiten, wem von ihnen eine bestimmte Leistung obliege, und deshalb bedürfe die Klage des Antrags auf Verurteilung des Beklagten zu der Verpflichtung. Dafür bietet indes der § 46 Abs. 3 aaO. keinen unmittelbaren Anhalt dar, und der Vorderrichter mag vielmehr die Fälle des § 47 Abs. 3 (vgl. auch § 56 Abs. 5, § 66 Abs. 3) im Sinne gehabt haben. Aber auch in bezug auf diese Fälle hat der Gerichtshof schon anderweit (OVG. 28 210ff.) dargetan, daß negative Feststellungsklagen auf Anerkenntnis der Nichtverpflichtung des Klägers nicht unzulässig sind, und insbesondere (OVG. 24 243) nachgewiesen, daß auch dann ein Streit der Beteiligten, wem von ihnen die Last obliegt, besteht, wenn nur die klagende Partei ihren Anspruch auf eine angeblich dem Gegner obliegende öffentlich-rechtliche Verpflichtung stützt. Der Anspruch aber, der bei der hier vom Kläger erhobenen Feststellungsklage den Gegenstand des Streites bildet, ist derjenige, dessen sich der Beklagte berühmt, und dieser Anspruch ist auch auf eine dem Gegner angeblich obliegende öffentlich-rechtliche Verpflichtung gegründet. Es war daher nicht erforderlich, daß der Klageantrag auch auf Feststellung der öffentlich-rechtlichen Leistungspflicht des Beklagten gerichtet wurde. Hätte der Kläger in der Berufungsinstanz den Antrag auf eine solche Feststellung gerichtet, so würde dies, entgegen der Ansicht des Bezirksausschusses, für unzulässig gehalten werden müssen; denn damit würde der Kläger von der negativen, lediglich die Abwehr des Anspruchs des Beklagten verfolgenden Feststellungsklage zu der auf anderem Rechtsgrunde beruhenden positiven Feststellungsklage übergegangen sein, es würde nicht eine Erläuterung, sondern eine Abänderung der Klage vorliegen, die das Gesetz für die Berufungsinstanz untersagt hat.

Nr. 3. Entsch. v. 14. Juni 1904 (PrVerwBl. 26 603) VIII 864.

RechtswErwG. §§ 9, 10; ZustG. §§ 46, 160.

1. Eine Interessentenklage iS. der Ziff. 3 des § 46 ZustG., nicht aber eine Reklamationsklage (Ziff. 1f. dort) liegt vor, wenn der Kläger (Forstfiskus) nach dem Wortlaute seiner Anträge einmal Erstattung des Wertes des nach der Ausschulung des Domänendorfes noch gelieferten Holzes und ferner eine Feststellung dahin verlangt, daß der Fiskus sowohl in der Vergangenheit, als auch für die Zukunft zur Holzlieferung an eine Gutsschule nicht verpflichtet gewesen sei und auch in Zukunft nicht verpflichtet sei. Danach könnte es scheinen, als ob auch für die Vergangenheit neben der Leistungsklage eine selbständige Feststellungsklage erhoben sei, obwohl eine Feststellungsklage jedenfalls dann nicht zulässig ist, wenn eine Leistungsklage bezüglich desselben Gegenstandes möglich ist. Indes aus dem gesamten Vorbringen des Klägers ergibt sich, daß insoweit nur der Antrag ungenau gefaßt

ist und tatsächlich für die Vergangenheit eine selbständige Feststellungsklage neben der Leistungsklage nicht vorliegt. Allein auch in dieser Umgrenzung war die erhobene Klage abzuweisen, weil Interessentenklagen nur zwischen den „Beteiligten" gesetzlich zulässig sind, hier aber die Klage nicht gegen einen Beteiligten gerichtet ist. Denn Beteiligte iS. des § 46 Abs. 3 sind nur die Schulunterhaltungspflichtigen. Zu den Unterhaltungspflichtigen gehört dagegen die Schule, die zu unterhalten ist, nicht. Daher kann das Schulinstitut niemals Partei in einer Interessentenklage sein.

2. In OVG. 37 206 ff. hat der Gerichtshof dargelegt, daß, soweit den Gegenstand des Streites „Abgaben oder sonstige nach öffentlichem Recht zu fordernde Leistungen für Schulen" bilden, § 160 ZustG. nichts anderes als der § 46 Abs. 5 besagt. Ebenda ist ferner ausgeführt, daß durch § 160 dem Verwaltungsrichter keine neuen und weitergehenden Aufgaben als die im Eingang des § 46 bezeichneten übertragen sind, sondern daß damit nur zum Ausdruck gebracht wird, wie in dem durch die besonderen Vorschriften (hier also § 46 Abs. 1—3) eröffneten VerwStreitVerf. auch über solche Ansprüche zu entscheiden ist, wegen deren nach dem bisherigen Rechte, besonders nach § 79 II 17 ALR. §§ 9 f. G. v. 24. V. 61 der Zivilprozeß stattfand. Hier handelte es sich weder um Doppelleistung noch um Verjährung, mithin nicht um einen der besonderen Fälle, die im § 9 G. v. 24. V. 61 geregelt sind; ebensowenig steht der Fall des § 10 aaO. in Frage. Der Fiskus hat vielmehr Holz an die Schule in der irrtümlichen Meinung geliefert, daß er dazu trotz der Ausschulung seines Domänendorfes noch verpflichtet sei. Finden also, was dahingestellt bleiben kann, neben den durch § 46 Abs. 5 ZustG. eröffneten Klagen noch heute die Klagen aus §§ 9 f. G. v. 24. V. 61 statt, so sind doch jedenfalls deren Voraussetzungen im vorliegenden Falle nicht gegeben.

Nr. 4. Entsch. v. 27. Sept. 1904 (OVG. 46 226) VIII C 8/03.

ZustG. § 46.

Die Reklamationsklage aus § 46 Abs. 2 ZustG. ist dem vom Schulvorstande mit Schulbeitragsleistungen Belasteten nur zur Abwehr einer unrichtigen Anwendung des Ortssteuerrechts ihm gegenüber, nicht zum Zwecke einer Kontrolle über die Amtsführung des Schulvorstandes nach irgend welchen anderen Richtungen hin gegeben. Erweist sich freilich eine Heranziehung nach Maßgabe eines vom Schulvorstande festgestellten Haushaltsanschlags als mit dem Ortssteuerrecht unvereinbar, dann folgt daraus zugleich die Hinfälligkeit derjenigen in dem Anschlag ausgeworfenen Ansätze, auf welche die Anforderung gestützt war. Gegenstand der Reklamationsklage aber kann unmittelbar immer nur die einzelne Abgabenforderung selbst sein.

β) Nach § 47 ZustG.

Nr. 1. Entsch. v. 20. Febr. 1903 — I 311.

ZustG. § 47.

1. In dem Verfahren auf Grund des § 47 Abs. 1 ZustG. (Anordnung von Schulbauten durch die Schulaufsichtsbehörde) ist die Unterverteilung der Baukosten unzulässig, da sie nicht der Beschlußfassung der Schulaufsichtsbehörde unterliegt. Vgl. OVG. 14 257.

2. Der Verwaltungsrichter hat von Amts wegen zu prüfen, ob die Schulaufsichtsbehörde bei Erlaß einer Anordnung auf Grund des § 47 Abs. 1 aaO. sich innerhalb der Grenzen ihrer Zuständigkeit gehalten hat.

Nr. 2. Entsch. vom 6. Nov. 1903 — VIII 516.

ZustG. § 47.

Bei einer auf § 47 Abs. 1 ZustG. sich gründenden Klage muß der vermeintlich Pflichtige in jedem Falle mitverklagt werden. Der Kläger kann die Unterlassung nicht mit der Behauptung entschuldigen, daß er den Verpflichteten nicht kenne; daß in einem solchen Falle § 47 Abs. 2 nicht zur Anwendung komme. Der Wortlaut des Gesetzes läßt eine solche Ausnahme nicht zu, und dies entspricht auch der Absicht des Gesetzes, das der Schulaufsichtsbehörde gegenüber den Einwand der Nichtverpflichtung ausscheiden will.

Nr. 3. Entsch. v. 3. Mai 1904 (OVG. 45 212) VIII C 18/03.

ALR. II 11 §§ 706 ff.; 12 § 37; SchulKüstHsG. § 6; Vd. 16. IX. 67 (GS. 1515); G. v. 25. II. 78 (das. 97) § 3; ZustG. § 47; SchulAnsG. §§ 2 f.

Durch Vd. v. 16. IX. 67 — durch § 3 G. v. 25. II. 78 auf den Kreis Herzgt. Lauenburg ausgedehnt — ist in der Prov. Schleswig-Holstein diejenige gesetzliche Regelung eingeführt, die im Gebiete des ALR. für die Zulässigkeit des Rechtswegs in streitigen Schulbauangelegenheiten bestand; danach kamen in bezug auf das Verfahren in streitigen Schulbausachen für Schleswig-Holstein der § 37 II 12 ALR. sowie die §§ 706—709 II 11 das. in Wirksamkeit. Diese Gesetze schrieben für Schulbauten ein von der Regierung im Streitfalle zu erlassendes Bauresolut vor; an die Stelle des Rekurses und Rechtswegs gegen das Interimistikum aber ist die Klage im VerwStreitVerf. gegen den Beschluß der Schulaufsichtsbehörde getreten (§ 47 Abs. 1 f. ZustG.). Wie es daher unter der Herrschaft der angezogenen älteren Gesetzgebung Aufgabe der Regierung zu Schleswig war, erforderlich gewordene Schulbauresolute zu erlassen, so steht die im § 47 Abs. 1 der Schulaufsichtsbehörde zugewiesene Anordnung von Neu- und Reparaturbauten bei Schulen, die der allgemeinen Schulpflicht dienen, mithin die Beschlußfassung in Fällen von der Art des vorliegenden der Regierung, Abteilung für Kirchen- und Schulwesen zu Schleswig, nicht dem Schulvisitatorium zu. Handelt es sich aber um die Errichtung einer neuen Lehrerstelle und um die Beschaffung von Unterrichts- und Wohnräumen für deren Inhaber, so ist über den Bau erst zu befinden, nachdem die Vorfrage, ob und in welchem Umfange für die Errichtung der Lehrerstelle neue Leistungen aufzubringen sind, gem. §§ 2 f. G. v. 26. V. 87 zum Austrage gebracht ist (vgl. OVG. 30 169, 184).

V.

Personenstand und Staatsangehörigkeit.

Gesetzliche Grundlagen: G. v. 14. IV. 05 (RGBl. 251), betr. Aenderung des Gesetzes über die Beurkundung des Personenstandes und die Eheschließung.

Literatur: Stölzel: Das Personenstandsgesetz v. 6. II. 1875 in heutiger Gestalt (Berlin 1904).

VI.
Fürsorgeerziehung.

Nr. 1. Entsch. v. 8. Mai 1903 (PrVerwBl. 24 806).

FEG. §§ 1, 3.

Das Amtsgericht zu D. hatte mittels Beschl. v. 15. VIII. 01 die Fürsorgeerziehung der am 27. VIII. 83 geborenen Olga Z. angeordnet, der Provinzialausschuß zu D. aber am 3. III. 02 beschlossen, den gerichtlichen Beschluß nicht zur Ausführung zu bringen, weil vor Eintritt der Rechtskraft des Beschlusses die Olga Z. das 18. Lebensjahr vollendet habe. Die Weigerung des Provinzialausschusses ist unbegründet, weil der Vormundschaftsrichter allein dazu berufen ist, in seinem Beschlusse festzustellen, ob die gesetzlichen Voraussetzungen der Fürsorgeerziehung vorliegen. Diese Feststellung, zu der auch der Umstand gehört, daß der Minderjährige das 18. Lebensjahr noch nicht vollendet hat, würde unmöglich sein, soweit für sie ein Zeitpunkt maßgebend wäre, der der Beschlußfassung folgt und bezüglich dessen es zur Zeit der Beschlußfassung noch nicht feststeht, wann er eintritt. Die erforderlichen Voraussetzungen müssen also zur Zeit der Beschlußfassung vorliegen.

Nr. 2. Entsch. v. 27. Mai 1904 (OVG. 45 431) I A 47/04.

FEG. §§ 1, 2, 4, 10, 13, 14.

1. Die Annahme, daß die Unterbringung zur Fürsorgeerziehung mit Rücksicht auf die Vorschrift des § 2 G. v. 2. VII. 00 nur in einer Familie oder in einer Erziehungs- oder Besserungsanstalt erfolgen könne, ist unzutreffend. Ist dies in jener Vorschrift als Regel bestimmt, so ist doch, wie sich aus § 10 ergibt, die Unterbringung in eine Krankenanstalt nicht ausgeschlossen, sondern zulässig, sofern und solange der körperliche oder geistige Zustand des Zöglings sie erfordert. Für die Beschränkung der Zulässigkeit auf einen Zustand dieser Art, der bei der Beschlußfassung des Vormundschaftsgerichts noch nicht vorhanden gewesen, sondern erst später eingetreten ist, bietet weder der Wortlaut des Gesetzes noch seine Entstehungsgeschichte einen Anhalt.

2. Ob bei einem Zustande, der eine solche Unterbringung des Zöglinges erforderlich macht, die Ueberweisung zur Fürsorgeerziehung dem Zwecke des Gesetzes entspricht oder ob sie zu unterbleiben hat, unterliegt ausschließlich der Entscheidung des Vormundschafts- und des Beschwerdegerichts. Ist die Ueberweisung rechtskräftig beschlossen worden, so darf die Ueberführung von dem nach § 14 hierzu verpflichteten Kommunalverbande nicht deshalb unterlassen werden, weil er eine Erreichung des von dem Gesetze verfolgten Erziehungszwecks nicht für ausführbar hält. Das Gesetz gewährt dem Kommunalverband auch keineswegs die Befugnis zur Aufhebung der Fürsorgeerziehung, wenn die Erreichung ihres Zweckes unmöglich wird. Zu einer Aufhebung der Fürsorgeerziehung vor Beendigung der Minderjährigkeit des Zöglinges ist der Kommunalverband nach § 13 dG. nur berechtigt, wenn der Zweck der Fürsorgeerziehung erreicht oder die Erreichung des Zwecks anderweit sichergestellt ist, nicht aber auch dann, wenn er sich als unerreichbar erweist. Aus letzterem Grunde darf der Kommunalverband daher auch nicht von vornherein die Unterbringung des Zöglinges ablehnen, etwa, weil eine unheilbare Krankheit der Einwirkung auf den Zögling mittels erzieherischer Maßnahmen entgegensteht. Durch Unterbringung des Zöglinges in einer Krankenanstalt kann jedenfalls, auch wenn dort be-

sondere Maßnahmen dieser Art nicht erfolgen können, eine Verschlimmerung seiner Verwahrlosung, sein „völliges sittliches Verderben" iS. des § 1³ dG. verhütet werden.

3. Unzutreffend ist auch die Behauptung, daß die Ansteckungsgefahr, die mit einer Krankheit verbunden ist, die Unterbringung des Zöglinges durch den Kommunalverband unmöglich mache. Eine solche Unmöglichkeit könnte nur bei Krankheitsfällen in Betracht kommen, in denen die Schwere der Krankheit eine Ueberführung des Zöglinges, oder die Art der Krankheit auch eine Unterbringung in einer Krankenanstalt unmöglich macht. Durch Reglements der Kommunalverbände können Verpflichtungen, die den Kommunalverbänden gesetzlich obliegen, weder diesen abgenommen noch anderen Verbänden auferlegt, sondern dadurch kann nur die Art und Weise, in welcher ihre Verpflichtungen zu erfüllen sind, näher bestimmt werden. Es ist daher unerheblich, ob die in bezug genommene Best. im § 4 dRegl. des klagenden Provinzialverbandes nur für den Fall der beabsichtigten Unterbringung des Zöglinges in einer Familie oder in einer Erziehungsanstalt gegeben ist. Keinesfalls darf der Kläger die Erfüllung der ihm obliegenden Verpflichtung davon abhängig machen, daß eine im Gesetze nicht vorgesehene, von ihm selbst in seinem Reglement gestellte Bedingung für die Unterbringung, nämlich die Beibringung eines bestimmten ärztlichen Zeugnisses, von der Polizeibehörde erfüllt werde. Unerheblich ist es auch, daß in den ABest. zu dem G. v. 2. VII. 00 der Unterbringung eines Zöglinges in einer Krankenanstalt bei Beginn der Fürsorgeerziehung nicht besonders gedacht worden ist.

4. Der Oberpräsident ist befugt, die Verpflichtung des Provinzialverbandes zur Zahlung der Kosten der Fürsorgeerziehung festzustellen.

Nr. 3. Entsch. v. 13. Mai 1904 (OVG. 45 438) I A 124/03.

FEG. §§ 5, 9, 12–17, 19 f.

1. Zur Feststellung der Erstattungspflicht eines Ortsarmenverbandes gegenüber der Polizeibehörde hinsichtlich der von letzterer zur vorläufigen Unterbringung eines Fürsorgezöglings geleisteten Vorschüsse ist der Regierungspräsident zuständig, sofern eine solche Erstattungspflicht überhaupt besteht. Denn das öffentliche Interesse erschöpft sich sich nicht schon in der Durchführung der vorläufigen Unterbringung des Minderjährigen in einer Familie oder Anstalt, sondern erfordert auch die Erstattung der zu diesem Zwecke geleisteten Vorschüsse der Polizeiverwaltung, ebenso wie wenn die Polizeibehörde zur Durchführung ihrer eigenen, gegen Dritte gerichteten polizeilichen Verfügungen Aufwendungen gemacht hat und die Erstattung nicht beitreiblicher Kosten von dem Träger der Polizeikostenlast verlangt. In dem einen wie in dem anderen Falle gebietet das öffentliche Interesse an geordneter Fortführung der Polizeiverwaltung, daß die Vorschüsse erstattet werden.

2. Hat aber die Polizeibehörde einen Minderjährigen, dessen vorläufige Unterbringung zur Fürsorgeerziehung angeordnet worden ist, in eine Anstalt oder Familie bringen lassen und wird darauf die Ueberweisung zur Fürsorgeerziehung endgültig angeordnet, so ist nicht der Ortsarmenverband, in welchem der Minderjährige seinen Unterstützungswohnsitz hat, der Polizeibehörde gegenüber zur Erstattung der durch die Ueberführung erwachsenen Kosten verpflichtet, sondern der zur Ausführung der Fürsorgeerziehung verpflichtete Kommunalverband.

3. Soweit der Ortsarmenverband des Unterstützungswohnsitzes nach dem Fürsorgeerziehungsgesetze zur Kostentragung verpflichtet ist, ist er es nur

gegenüber dem zur Ausführung der Fürsorgeerziehung verpflichteten Kommunalverbande.

4. Zur Feststellung dieser dem Ortsarmenverbande des Unterstützungswohnsitzes gegenüber dem Kommunalverband obliegenden Pflichten ist die Aufsichtsbehörde des Ortsarmenverbandes nicht zuständig; Streitigkeiten hierüber sind vielmehr im ordentlichen Rechtswege zu entscheiden. Die Erfüllung dieser Pflichten berührt nicht mehr, wie die Erstattung der Vorschüsse der Polizeibehörde, das öffentliche Interesse an der Fortführung einer geregelten Verwaltung, sondern allein das finanzielle Interesse des Provinzialverbandes. Sie kann daher durch die Staatsaufsichtsbehörde über die Verwaltung der Angelegenheiten des Ortsarmenverbandes ebensowenig festgestellt werden wie die Pflicht des Ortsarmenverbandes des Unterstützungswohnsitzes zur Erstattung von Armenpflegekosten, die der zur vorläufigen Fürsorge verpflichtete Armenverband zur Unterstützung Hilfsbedürftiger aufgewendet hat. Freilich kann, weil es sich weder um einen Streit zwischen Armenverbänden noch um Armenpflegekosten iS. des UWG. handelt, das dort geordnete Verfahren nicht eintreten. Daraus folgt aber nur, daß derartige Streitigkeiten im ordentlichen Rechtswege zu entscheiden sind. Dagegen ist beim Mangel eines öffentlichen Interesses an der Befriedigung oder Entlastung des Provinzialverbandes die vorläufige Feststellung einer Pflicht der Klägerin hierzu durch die Aufsichtsbehörde nebst nachfolgender Zwangsetatisierung nicht für zulässig zu erachten.

Dritte Abteilung.

Polizeiliche Angelegenheiten.

I.

Besondere polizeiliche Angelegenheiten.

A. Wasserpolizei und die damit im Zusammenhange stehenden Streitigkeiten der Beteiligten.

a) Wasserpolizeiliche Verfügungen im Sinne des § 66 ZustG.; Räumung von Gräben, Bächen und Wasserläufen (Privatflüssen); Streitigkeiten der Beteiligten.

Nr. 1. Entsch. v. 24. März 1904 (OVG. 45 304) III C 218/03.
ZustG. § 66.

Eine Schaukommission, die eine beschränkte Polizeigewalt hat, insbesondere lediglich zum Erlaß von Anordnungen aus § 66 ZustG. berufen ist, ist nicht zuständig, Verfügungen zur Beseitigung einer Gesundheitsgefahr zu erlassen (OVG. 27 278).

Nr. 2. Entsch. v. 21. April 1904 (OVG. 45 329) III C 182/03.
LVG. § 127.

1. Sind mehrere Rechtssubjekte die Urheber einer Verunreinigung eines Privatflusses, so kann sich die Polizei mit einer polizeilichen Verfügung (LVG. § 127) an einen der Urheber zur Beseitigung der gesundheitsgefährlichen Verunreinigung halten (OVG. 23. VI. 97 — III 923).

2. Geschieht die Verunreinigung oberhalb des Amtsbezirks der Polizeibehörde, so kann dennoch die Polizei die Beseitigung der Folgen in ihrem Amtsbezirke von dem außerhalb wohnenden Urheber fordern.

Nr. 3. Entsch. v. 7. Nov. 1904 (OVG. 46 315, PrVerwBl. 26 885) III 1941.
ALR. I 8 § 100.

Von der Spree ging im vorigen Jahrhundert ein Nebenarm ab, der später von der Staatsregierung abgedämmt wurde. Seitdem fließt ihm Wasser aus der Spree nicht mehr zu. Er ist verwachsen. Der Amtsvorsteher gab dem Fiskus auf, im Interesse der Vorflut den alten Nebenarm zu räumen. Die Verfügung wurde aufgehoben. Das OVG. führte aus: „Im Gegensatz zu Nebenflüssen, die ein eigenes Quellgebiet haben und in einen anderen Fluß münden, lassen sich die durch Teilung eines Flusses entstehenden, von ihm abzweigenden Flußläufe als Nebenarme bezeichnen. Ihr Merkmal ist, daß sie regelmäßig Wasser führen, das ihnen aus dem geteilten Fluß zufließt. Solange die Gräben dem Abfluß des ihnen aus dem schiffbaren Spreearm zufließenden Wassers zu dienen die Bestimmung hatten, mag ihnen mit Rücksicht auf ihre Ausdehnung die Bedeutung eigentlicher Nebenarme zugestanden haben. Nachdem sie aber um die Mitte des vorigen Jahrhunderts von dem schiffbaren Spreearm mit der Wirkung abgedämmt worden sind, daß ihnen seitdem Wasser regelmäßig nicht mehr zufließt, haben sie, wenn die Abdämmung in unanfechtbarer Art geschehen ist, die Bedeutung von Nebenarmen verloren. Geblieben ist von den Flußläufen nur noch das vom Fluß verlassene Bett. Daß dem verlassenen Bett Tagewasser von den Wiesen und Hochwasser, so oft es aus den Ufern des schiffbaren Spreearms tritt, zufließt und aus ihm unterhalb in die Spree abfließt, macht aus dem verlassenen Flußbett keinen Fluß. Begrifflich hat ein Fluß zur Voraussetzung, daß ihm Wasser regelmäßig aus einem Quellgebiet zufließt. Die seitens der Staatsregierung bewirkte Abschließung der Gräben von der Spree steht für die Ortspolizeibehörde unanfechtbar fest und kann in diesem Streitverfahren einer Nachprüfung auf die Zweckmäßigkeit nicht unterstellt werden. Die Offenhaltung der verlassenen Flußbetten für Zwecke der Vorflut zu erzwingen, ist die Ortspolizeibehörde nicht und insbesondere nicht deshalb ermächtigt, weil das Flußbett vor der Abdämmung einem nichtschiffbaren und also privaten Flußlauf gedient hat. Ermächtigt zu ihrer Anordnung wäre die Ortspolizeibehörde dann, wenn aus dem verlassenen Flußbett inzwischen ein der Vorflut dienender Graben geworden wäre. Die Abdämmung allein hat aber diese Wirkung nicht. Die Bestimmung, als Graben zu dienen, konnte dem verlassenen Flußbett unter näherer Bestimmung seiner Breite, Tiefe und Uferwände nur unter Zustimmung aller Beteiligten und insbesondere auch des Eigentümers des Flußbettes und bei gleichzeitiger Regulierung der Unterhaltungspflicht gegeben werden, was bisher nicht geschehen ist. Die Regel des § 100 I 8 ALR. findet auf verlassene Flußbette keine Anwendung."

Nr. 4. Entsch. v. 10. März 1904 (OVG. 45 308) III C 201/03.

ALR. I 7 §§ 100, 103 Tit. 8; VorflutG. §§ 13 ff.

Nach § 102 I 8 ALR. ist jeder Eigentümer befugt, seine Grundstücke gegen das wild abfließende Wasser zu decken. Diese Befugnis geht nicht schon dadurch verloren, daß von ihr bisher kein Gebrauch gemacht worden ist. Sie dauert solange fort, als der Eigentümer des oberhalb gelegenen Grundstücks gegen den Eigentümer des unteren Grundstücks, dem das Wasser wild zufließt nicht ein Untersagungsrecht erworben hat (OTr. in JMBl. 54 102, StriethArch. 22 275, 97 273). Das Recht auf Abführung des wild abfließenden Wassers mittelst eines Grabens auf dem unteren Grundstücke und ebenso das Recht auf Offenhaltung eines bereits vorhandenen Grabens muß gegenüber dem Eigentümer des unteren Grundstücks besonders erworben werden (§§ 103ff. I 8 ALR. und §§ 13 ff. VorflutG.). Aus dem Vorhandensein eines Grabens auf dem unteren Grundstücke allein folgt noch nicht das Recht des Eigentümers des oberen Grundstückes auf Freihaltung des Grabens für das von seinem Grundstücke wild abfließende Wasser gegenüber dem Eigentümer des unteren Grundstücks. Die Regel des § 100 I 8 ALR., wonach ein jeder die über sein Grundstück gehenden Gräben, wodurch das Wasser seinen ordentlichen und gewöhnlichen Abfluß hat, zu unterhalten verbunden ist, findet auf solches Wasser keine Anwendung, das von dem oberen Grundstücke dem auf dem unteren Grundstücke vorhandenen Graben wild zufließt. Sie hat zur Voraussetzung, daß das Wasser auf dem oberen

Grundstücke in einem Graben gefaßt, gezähmt ist und daß dieser Graben Anschluß an den Graben auf dem unteren Grundstücke hat (OTr. 71 10).

Nr. 5. Entsch. v. 26. Sept. 1904 (PrVerwBl. 26 616) III 1671.

EisenbG. § 4; ZustG. §§ 66, 158.

Ein Bahndurchlaß, der das Wasser von der einen Seite der Bahn zu der anderen durchleiten soll, ist, abgesehen von besonderen Ausnahmeverhältnissen, stets ein Bestandteil der Bahnanlage, gleichviel ob er in oder unter dem Bahndamm liegt. Denn seine etwaige Umgestaltung schließt notwendigerweise einen Eingriff in die genehmigte Bahnanlage in sich, weil es immer einer vorherigen Untersuchung bedürfen wird, ob sie ohne Abänderung der Konstruktion und der Fundamente des Bahndammes überhaupt ausführbar ist, und ob und wie der Bahnbetrieb während des Umbaues aufrecht erhalten werden kann.

Ist aber der Durchlaß ein Bestandteil der Eisenbahnanlage, so ist die Wasserpolizeibehörde nicht befugt, über eine Tieferlegung und Verbreiterung eine Verfügung zu treffen. Denn sie würde dadurch in ein ihr verschlossenes Gebiet übergreifen, weil nach dem durch die Vschr. des ZustG. (vgl. § 158) unberührt gebliebenen § 4 EisenbG. sowohl zu der vollständigen Durchführung der Bahnlinie durch alle Zwischenpunkte wie zu Aenderungen in den Verhältnissen der Konstruktion der Bahn die Genehmigung des Ministers, jetzt des Ministers der öffentlichen Arbeiten, erforderlich ist (vgl. auch OVG. 24 226 und 42 218).

Nr. 6. Entsch. v. 9. Juni 1904 (OVG. 46 324) III C 22/04.

PrivFlG. § 7; GewO. §§ 16, 49; ZustG. § 66.

1. Das OVG. ist auf Grund des § 7 PrivFlG. v. 28. II. 43 stets davon ausgegangen, daß für den Besitzer eines Mühlengrundstücks kraft ununterbrochener Gewohnheit die Verpflichtung zur Räumung eines Privatflusses an Stelle der in erster Linie zur Räumung verpflichteten Uferbesitzer begründet sein kann (OVG. 2. VII. 96 30 296), und es ist anzuerkennen, daß den Gegenstand einer solchen observanzmäßigen Verpflichtung die Gewährung der Beköstigung für die Räumungsmannschaften zu bilden vermag. Derartige Leistungen der die Wasserkraft eines Flusses verwertenden Mühlenbesitzer haben sich in den verschiedensten Teilen des Staatsgebiets in nicht seltenen Fällen entwickelt. Die Gewährung der Beköstigung durch den Mühlenbesitzer bildet dann einen untrennbaren Bestandteil des gesamten auf die Gestaltung der Räumungsverpflichtung bezüglichen Herkommens und kann daher auch keiner andern rechtlichen Beurteilung unterliegen, als diese. Die Zuständigkeit des Verwaltungsrichters zur Entscheidung von Streitigkeiten über eine derartige Verpflichtung ist daher in Gemäßheit des § 66 Abs. 3 u. 4 ZustG. anzuerkennen.

2. Das OVG. hat sich mit der Frage, welchen Einfluß der Untergang der Mühlenanlage oder die Einstellung des Mühlenbetriebs auf öffentlich-rechtliche mit dem Mühlengrundstücke kraft dieser seiner Eigenschaft verbundene Verpflichtungen hat, wiederholt beschäftigt, insbesondere in den OVG. 28. XI. 96 31 194 u. 17. V. 00 (DJZ. 6 31) sowie in den OVG. 2. I. 02 (PrVerwBl. 24 296), 18. IX. 02 — III 1526 — u. 28. V. 03 (PrVerwBl. 25 336). In den drei letztangeführten Entsch. handelte es sich um die Räumungspflicht des Besitzers des Mühlengrundstücks. In keinem der drei Fälle ist aber nach der tatsächlichen Gestaltung der Umstände das Erlöschen der Räumungsverpfichtung angenommen worden.

3. In allen Fällen hat das OVG. in seiner bisherigen Rechtsprechung in bezug auf die Frage, inwiefern das Schicksal des Mühlengrundstücks das Erlöschen der Räumungsverpflichtung zur Folge haben könne, an erster Stelle mit in Berücksichtigung gezogen, ob das Stauwerk beseitigt oder noch vorhanden ist.

4. Die Verpflichtung des Mühlenbesitzers zur Räumung des die Triebkraft für seine Mühle bildenden Flusses, soweit eine solche Verpflichtung durch ununterbrochene Gewohnheit begründet ist, kann in ihrer rechtlichen Tragweite zutreffend nur beurteilt werden, wenn auf den inneren Grund ihrer Entstehung und auf den Zusammenhang, in dem sie ihrem Wesen nach mit dem Mühlenbetriebe steht, zurückgegangen wird. Dieser Zusammenhang kann aber nur in der Benutzung der Wasserkraft und in dem dabei bewirkten Eingriff in die regelmäßigen Wasserstands- und Vorflutsverhältnisse des Flusses durch die zum Mühlenbetriebe benutzte Stauanlage gefunden werden. Diese Stauanlage beeinflußt die den Uferbesitzern obliegende Räumungslast in durchaus wesentlichem Maße. Daraus folgt, daß die mit dem Mühlengrundstück observanzmäßig verbundene Räumungsverpflichtung auch so lange fortbestehen muß, als die Stauanlage nicht beseitigt ist und zwar ohne Rücksicht darauf, ob etwa die für die Herstellung der Anlage erteilte Genehmigung (Stauanlage für Wassertriebwerke — § 16 GewO.) zufolge der Vschr. des § 49 Abs. 3 GewO. durch die Einstellung des Gewerbebetriebs während des dort angegebenen Zeitraums inzwischen erloschen ist.

Nr. 7. Entsch. v. 10. Okt. 1904 (OVG. 46 318 u. PrVerwBl. 27 66) III C 86/04.

ALR. I 8 § 100, II 17 § 10; PrivFlG. § 7; PolVerwG. § 61; LVG. §§ 127 ff.; ZustG. § 66.

1. Eine von dem Amtsvorsteher des Amtsbezirks Z. für die Räumung und Instandhaltung des P.grabens erlassene PolVd. regelt in § 1 die Art und den Umfang, wie der P.graben geräumt gehalten werden soll, und bestimmt dann wörtlich weiter: „Die am Ufer in den Graben hineinragenden Stämme, Zweige oder Wurzeln von Gehölz oder Gesträuch sind zu beseitigen. Die Ufer dürfen in einer Entfernung von 2 m von der Bordkante mit Bäumen und Sträuchern nicht neu bepflanzt werden. Auf beiden Ufern des Grabens ist die Benutzung eines Ganges von mindestens 1 m Breite dem Schauamte sowie den zur Besichtigung des Grabens berufenen Personen jederzeit zu gestatten. Der Gang ist stets in passierbarem Zustande zu erhalten. Das Lagern von Gegenständen, Einschlagen von Pfählen, Errichten von Zäunen auf dem Gange ist ohne schriftliche Erlaubnis des Amtsvorstehers verboten.

Zweige von Bäumen und Sträuchern, welche sich über das Grabenprofil oder den freizulassenden Gang ausbreiten, sind zu beseitigen. Eine Beseitigung der Baum- und Strauchteile, welche sich über den Gang ausbreiten, ist nicht erforderlich, wofern sich dieselben in einer Höhe von 3 m über der Erde befinden."

Einem Anlieger gab der Amtsvorsteher gemäß der PolVd. auf, die Sträucher auf dem als Gang in 1 m Breite freizulassenden Lande am Ufer zu beseitigen. Das OVG. erklärte die Anordnung für rechtswidrig. In dem Erk. finden sich folgende Sätze:

2. Der gesetzlich nicht erläuterte Umfang der Räumungspflicht ist mit Rücksicht auf das begrifflich in der Fernhaltung von Hindernissen für den Abfluß des Wassers gegebene Ziel der Räumung zu bestimmen. Danach fällt unter die Räumung die Wiederherstellung der normalen Sohle des Wasserlaufs, die Befestigung der Ufer, um zu verhindern, daß die Erde in den Wasserlauf fällt, die Beseitigung von Gesträuch und Aesten insoweit, als sie in das Wasser hineinreichen und dessen Abfluß hemmen, sowie überhaupt die Beseitigung aller

im Bette des Wasserlaufs natürlich oder künstlich entstandenen Hindernisse, soweit es zur Vermeidung von Rückstau notwendig ist. Hierüber hinausgehende Anforderungen, insbesondere zu dem Zwecke, dem Pflichtigen behufs Ausführung der Räumung das Betreten oder die Benutzung fremden Besitzes am Ufer zur Ablagerung der geräumten Sinkstoffe oder den Organen der Polizei das Begehen des Landes am Ufer zur Feststellung, ob der Wasserlauf gehörig geräumt worden sei, zu ermöglichen, fallen nicht unter die Räumung iS. des § 66 ZustG.

3. Die Regel des § 100 I 8 ALR., wonach jeder die über sein Eigentum gehenden Gräben und Kanäle zu unterhalten hat, bezieht sich auf Privatflüsse nicht. Für letztere, soweit sie nicht einer Person oder ungeteilt einer Mehrheit von Personen gehören, ist § 7 G. v. 28. II. 43 maßgebend, wonach der Anlieger räumungspflichtig ist, sofern nicht ein anderer nach Provinzialgesetz, Statut, ununterbrochener Gewohnheit oder besonderem Rechtstitel hierzu verpflichtet ist.

4. Die Vschr. in § 6¹ PolVerwG., wonach durch Polizeiverordnung alles geregelt werden darf, was im besonderen Interesse der Gemeinden und ihrer Angehörigen geordnet werden muß, ist in dem Sinne einer unbeschränkten Zuständigkeit der Polizeibehörden vielfach aufgefaßt worden. In ständiger Rechtsprechung hat jedoch das OVG. in Uebereinstimmung mit dem RG. daran festgehalten, daß mit dieser allgemeinen Satzung eine über den Rahmen des § 10 II 17 ALR. hinausgehende sachliche Zuständigkeit für die Regelung durch Polizeiverordnung nicht hat begründet werden sollen (OVG. 13. V. 01 39 280). Soweit polizeiliche Anordnungen nicht in den erwähnten beiden Vorschriften oder in einem anderen Gesetze ihre Stütze finden, entbehren sie der Rechtsgültigkeit. Eine Ergänzung der auf die Räumung bezüglichen Gesetze steht den Polizeibehörden in Ermangelung eines sie zu einem Mehreren ermächtigenden Gesetzes nur insoweit zu, als sie die Zeit für die Ausführung der Räumung und ob sie von unten nach oben stattzufinden hat, sowie ferner die Art, wie die Ufer zur Vermeidung einer Nachrutschung von Erde befestigt zu halten sind, allgemein bestimmen und als sie der Ablagerung der Sinkstoffe innerhalb des Ueberschwemmungsgebiets zur Verhinderung der Errichtung deichartiger Erhöhungen und auch sonst aus Rücksichten auf den Gesundheitsstand entgegentreten dürfen. Im übrigen haben sie dem Ermessen des Pflichtigen zunächst zu überlassen, wie er seiner Räumungspflicht genügen und, wenn er nicht Anlieger ist, wie er sich den Zutritt zu dem Wasserlauf und die Gelegenheit zur Ablagerung der Sinkstoffe beschaffen will. Eine Nötigung der Anlieger, dem zur Räumung Verpflichteten den Zugang zum Wasserlauf über ihr Land oder gar die Ablagerung der Sinkstoffe auf diesem vorbehaltlich ihres Entschädigungsanspruchs zu gestatten, kann für die Polizeibehörden nur in Fällen eines Notstandes in Frage kommen, dh. wenn der polizeiliche Zwang den Umständen nach als der einzige gangbare Weg zur Ermöglichung der Räumung anzusehen ist. Nach den gleichen Grundsätzen ist die Zulässigkeit des polizeilichen Zwanges zur Ermöglichung einer gehörigen Aufsicht über den zu räumenden Wasserlauf zu beurteilen. Das eigentliche Notstandsrecht bildet, weil hierfür die besonderen Umstände des einzelnen Falles entscheidend sein müssen, keinen Gegenstand der allgemeinen Regelung durch Polizeiverordnung.

Nr. 8. Entsch. v. 10. Juli 1905 (PrVerwBl. 27 379) III 1435.

ZustG. § 66 Abs. 6.

Der § 66 Abs. 6 ZustG. erklärt die daselbst in den Abs. 1—5 getroffenen Bestimmungen über die Räumung auf Gräben, Bäche und Wasserlaufe „im Bezirke eines Deichverbandes" für nicht anwendbar. Die Bedeutung dieser Vorschrift hat das OVG. in seinen Urt. 20. II. 93, 19. X. 95 u. 13. I. 96

eingehend erörtert (OVG. 24 257, 29 272). Danach bringt der Abs. 6 zum Ausdruck, daß die Befugnisse der Deichbehörden durch die im § 66 gegebenen Vorschriften nicht beeinflußt werden sollen; die Worte „im Bezirke eines Deichverbandes" sind nicht örtlich zu verstehen, sondern gleichbedeutend mit „für welche die Zuständigkeit eines Deichverbandes besteht". In dem OVG. 13. I. 96 ist insbesondere dargelegt, daß der Abs. 6 die Zuständigkeit der ordentlichen Wasserpolizeibehörde und die Zulässigkeit des VerwStreitVerf. auch dann ausschließe, wenn die Sorge für die Räumung einem Hannoverschen Sielverbande obliege.

Nr. 9. Entsch. v. 28. Mai 1903 — III 1071.

1. Die tatsächliche Uebung, auf welche es für die Bildung einer Observanz in erster Linie ankommt, muß aus der Ueberzeugung einer rechtlichen Verpflichtung hervorgegangen sein (sog. opinio juris oder opinio necessitatis). Hierfür bedarf es jedoch keines besonderen Beweises. Das Vorhandensein der Ueberzeugung ist beim Mangel entgegenstehender Umstände ohne weiteres aus der lange Zeit hindurch fortgesetzten häufigen und gleichmäßigen Uebung zu entnehmen.

2. Wie das OVG. wiederholt ausgesprochen hat, genügt es zur Bildung einer Observanz, daß die Uebung im wesentlichen gleichmäßig gewesen ist; vereinzelte Ausnahmen schaden noch nicht, wenn sie bloß vorübergehend vorgekommen sind und man nach ihnen wieder zu der früheren Uebung zurückgekehrt ist (zB. OVG. 21. III. 00 — DJZ. 5 506).

b) Strom-, Schiffahrts- und örtliche Wasserpolizei; öffentliche Flüsse und ihre Schiffbarkeit; Leinpfad; Strombauverwaltungsgesetz; Uferbauten, Fähren; Wasserbauinspektoren; Schaurichter; Schlesisches Hochwassergesetz.

Nr. 1. Entsch. v. 30. Juni 1904 (OVG. 46 310) III B 29/04.

SchlHolstKrO. v. 26. V. 88 § 39; LVG. §§ 127 ff., 138; ZustG. § 95[1].

1. Die Strom-, Schiffahrts- und Hafenpolizei untersteht, wie § 39 SchlHolstKrO. ergibt, nicht der Fürsorge der Ortspolizeibehörde, sie ist vielmehr landespolizeilicher Natur. Zu ihrer Wahrnehmung ist daher der Regierungspräsident berufen, soweit nicht mit der Verwaltung dieser Zweige der Polizei besondere unmittelbar von dem Minister für Handel und Gewerbe ressortierende Behörden beauftragt sind (§ 138 LVG. und § 95[1] ZustG., sowie OVG. 17. II. 96 30 281 u. 3. XII. 96 31 233). Im letzteren Falle ist gegen Verfügungen dieser Behörden nicht die Beschwerde mit nachfolgendem VerwStreitVerf. nach Maßgabe der Best. der §§ 127 ff. LVG., sondern nur die Anrufung des Ministers für Handel und Gewerbe zulässig (OVG. 31 235). Liegt eine solche Beauftragung iS. des § 138 LVG. dagegen nicht vor, so verbleibt es in allen Fällen bei der Zuständigkeit des Regierungspräsidenten. Lediglich als sein Organ können sonstige Behörden oder Beamte zufolge entsprechenden Auftrags bei der Ausübung und Wahrnehmung der betreffenden landespolizeilichen Obliegenheiten in Wirksamkeit treten derart, daß gegen ihre Anordnungen die gegen Verfügungen des Regierungspräsidenten gegebenen Rechtsmittel stattfinden (OVG. 31 236).

2. Hieraus folgt, daß einer Behörde, welcher, wie es bei dem Polizeidirektor zu Kiel zutrifft, an sich nur die Wahrnehmung ortspolizeilicher, nicht aber landespolizeilicher Befugnisse zusteht und gegen deren Verfügungen daher

regelmäßig nur die gegen ortspolizeiliche Anordnungen zugelassenen Rechtsmittel gegeben sind, die Verpflichtung obliegt, sofern sie eine landespolizeiliche Anordnung, sei es als besondere Behörde iS. des § 138 LVG., sei es kraft eines ihr erteilten Auftrags als Organ des Regierungspräsidenten treffen will, diesen Charakter ihrer Verfügung in derselben in unzweideutiger und für den Empfänger klar erkennbarer Weise zum Ausdruck zu bringen. Geschieht dies nicht, so läßt die Verfügung sich nur als eine ortspolizeiliche, dh. als eine solche beurteilen, zu deren Erlaß sich die Behörde in Uebung ihrer ortspolizeilichen Amtsgewalt für befugt erachtet hat (OVG. 30 286). Die entgegengesetzte Annahme würde nicht nur den von der Verfügung Betroffenen im einzelnen Falle vor eine vielfach mit Sicherheit überhaupt nicht zu beantwortende Frage stellen, sondern auch die Wirksamkeit der den Beteiligten gegen polizeiliche Verfügungen gesetzlich gegebenen Rechtsmittel in weitem Umfang in Frage stellen und dadurch die Rechtssicherheit gefährden. Das OVG. ist denn auch bereits in seiner bisherigen Rechtsprechung davon ausgegangen, daß es Pflicht der zugleich mit landes- und mit ortspolizeilichen Befugnissen betrauten Behörden sei, in ihren Anordnungen klar zum Ausdrucke zu bringen, in welcher Eigenschaft die einzelne von ihnen erlassene Verfügung ergehe. Auf den gleichen Standpunkt hat sich die in dem OVG. 3. XII. 96 31 233 in bezug genommene Vf. der Minister des Innern und für Handel und Gewerbe v. 12. II. 85 — 1747 HM., II 524 MdJ. — gestellt.

3. Die Wahrnehmung der polizeilichen Befugnisse auf dem Meeresstrande liegt, wie in dem OVG. 19. II. 98 33 450 ausgesprochen ist, der Ortspolizeibehörde und nicht der Landespolizeibehörde ob.

c) Wassergenossenschaften.

Nr. 1. Entsch. v. 9. Mai 1904 (OVG. 45 327) III A 47/03.

WassGenG. v. 1. IV. 79 (GS. 297).

Im WassGenG. ist keine Bestimmung enthalten, wonach der Vorsteher der Genossenschaft ermächtigt wäre, allgemein den Genossen zu untersagen, Torf auf den zur Genossenschaft gehörigen Ländereien zu stechen. Das Statut kann eine solche Vorschrift enthalten. Alsdann darf der Vorsteher für ihre Aufrechterhaltung sorgen.

Nr. 2. Entsch. v. 1. Okt. 1903 (OVG. 44 304) III C 93/03.

WassGenG. §§ 53, 66 Abs. 2, 70; LVG. §§ 51, 153; ZustG. § 94 Abs. 2.

1. Der Reichsfiskus ist gesetzlich von den Beiträgen für eine Wassergenossenschaft nicht befreit, ebensowenig der Preußische Fiskus.

2. Bei der Klage aus § 53 WassGenG. dient zur Grundlage die Behauptung, daß das herangezogene Grundstück überhaupt nicht zur Genossenschaft gehört oder daß es zur Teilnahme an der auferlegten Last nicht verpflichtet sei, während die Klage aus § 66 Abs. 2 sich darauf zu stützen hat, daß nach Ausführung des Entwässerungsplans ein zur Genossenschaft unzweifelhaft gehöriges Grundstück keinen Vorteil von dem Unternehmen hat. Streitigkeiten der letzteren Art unterliegen ausschließlich der Entscheidung des Bezirksausschusses (§ 70).

Nr. 3. Entsch. v. 6. Okt. 1904 (PrVerwBl. 27 45) III 1734.

WassGenG. §§ 56[11], 66 Abs. 3.

Für die Anwendung des § 66 Abs. 3 WassGenG. kommt es darauf an, ob das der Genossenschaft angehörende Grundstück einen dauernden Nachteil von dem Unternehmen hat, ob also die Produktionsbedingungen für das Grundstück im Gegensatze zu der bei der Ausführung des Unternehmens bestehenden Annahme sich verschlechtert haben, und ob das Unternehmen infolge davon nicht das leistet, was es leisten sollte (OVG. 9. III. 98 33 309; Beschd. 23. VI. 00 — PrVerwBl. 22 167; OVG. 12. II. 03 — III 305). Handelt es sich aber darum, daß die dauernden Nachteile, welche die Grundstücke haben, gar nicht auf eine durch das Unternehmen selbst oder durch die Wirkung der genossenschaftlichen Anlagen verursachte Verschlechterung der Produktionsbedingungen, sondern bloß darauf zurückzuführen sind, daß der Genossenschaftsvorstand Teile dieser Grundstücke für die Errichtung genossenschaftlicher Anlagen in Anspruch genommen hat, so findet der § 66 Abs. 3 keine Anwendung. Es liegt auch auf der Hand, daß, da andernfalls die Ausführung des Unternehmens nicht möglich sein würde, die Genossen verpflichtet sein müssen, sich die Errichtung der nach dem Meliorationsplane in Aussicht genommenen Anlagen auf ihren Grundstücken gegen Gewährung einer Entschädigung gefallen zu lassen (vgl. § 10 des im MBl. 02 208 ff. abgedruckten NormStat.). Ist das aber der Fall, so können sie nicht wegen derjenigen Nachteile, die ihnen durch die bloße Benutzung ihrer Grundstücke zur Errichtung genossenschaftlicher Anlagen erwachsen, deren Ausscheiden verlangen, und dadurch die Genossenschaft nötigen, die Grundstücke aufs neue im Enteignungsverfahren zu erwerben. Hieraus folgt zugleich, daß solche Nachteile nur Entschädigungsansprüche zu begründen vermögen, über die zu entscheiden nicht die Verwaltungsgerichte, sondern entweder die ordentlichen oder die im § 56[11] WassGenG. angeordneten Schiedsgerichte zuständig sind.

d) Entwässerung; Verschaffung von Vorflut.

Nr. 1. Entsch. v. 16. Juni 1904 (PrVerwBl. 26 826) III 1141.

VorflEd. §§ 11, 13, 15.

1. Berechtigt, den Antrag auf Verschaffung von Vorflut zu stellen, sind nur Besitzer von Grundstücken, welche sich wegen überwiegenden Vorteils für die Bodenkultur des auf ihren Ländereien stehenden Wassers entledigen wollen, diesen Zweck aber durch Veranstaltungen auf eigenem Grund und Boden nicht zu erreichen vermögen (§ 15 iVerb. mit § 13 und § 11 VorflEd., ferner OVG. 22 267—271, 11 272, 268, 8 217—220). Zur Erreichung von Zwecken, die außerhalb der Interessen der Bodenkultur liegen, namentlich zur Abführung von industriellen, von Haus- oder Straßenabwässern kann die Verschaffung von Vorflut nicht erzwungen werden (OVG. 22 271, 6 255).

2. Ein Antrag auf Verschaffung von Vorflut entspricht den in § 15 aaO. angegebenen Voraussetzungen nur dann, wenn der Antragsteller willens und imstande ist, die Entschädigung zu zahlen.

Nr. 2. Entsch. v. 8. Okt. 1903 (OVG. 44 301) III C 80/08.

VorflG. §§ 15 ff.; ZustG. §§ 68, 69.

Wenn innerhalb bestimmter Parteien der Kreisausschuß gem. §§ 15 ff. VorflG. u. § 68 ZustG. bestimmt hat, daß die Ablassung des Wassers stattfinden kann und unter welchen Modalitäten (OVG. 6 244) sie ausgeführt werden muß, und darauf die Schiedsrichter zusammentreten, durch ihren Spruch aber dritten Personen die Unterhaltungspflicht mit auferlegen, so ist der Spruch nichtig und im VerwStreitVerf. aufzuheben. Die Schiedsrichter haben den Plan nicht für sich, sondern in seiner Beziehung zu den bestimmten Grundstücken, deren Eigentümern gegenüber er genehmigt worden, in Betracht zu ziehen. Diese Beziehung bildet einen Teil des Planes.

e) Wassernutzung; Bewässerung; Uferbesitz; Eigentum an Privatflüssen und am Flußbette.

Nr. 1. Entsch. v. 25. Febr. 1904 (PrVerwBl. 26 187) III 876.

ALR. I 9 § 262, II 15 § 70; PrivFlG. § 2.

Es ist anerkannten Rechtens, daß auch künstlich angelegte Wasserläufe, insbesondere Mühlgräben die Natur von Privatflüssen haben können (vgl. Nieberding, Wasserrecht, 1. Aufl. 28; 2. Aufl., herausgegeben von Frank, 60, 68, und RG. (ZS. V) 9. X. 86 u. 14. I. 93 — PrVerwBl. 8 119 u. 15 88). Dies muß insbesondere stets dann gelten, wenn der künstlich angelegte Lauf an die Stelle des eigentlichen Laufes des Privatflusses getreten ist (vgl. auch ALR. § 262 I 9, § 70 II 15), oder wenn doch nach der gesamten Lage der tatsächlichen Verhältnisse der künstliche Wasserlauf sich als ein Arm des Privatflusses, mit dem er in Verbindung steht, darstellt.

Nr. 2. Entsch. v. 24. März 1904 (OVG. 45 304) III C 218/03.

PrivFlG. §§ 13 ff.

1. Wenn es sich bei Hindernissen des Wasserabflusses um eine der in den §§ 13 ff. PrivFlG. bezeichneten Anlagen zum Aufstauen des Wassers, sei es zum Zwecke der Bewässerung und Verbesserung der Bodenkultur, sei es zu gewerblichen oder sonstigen Zwecken, handelt, so kann deswegen nach Lage der jetzigen Gesetzgebung überhaupt nicht polizeilich eingeschritten werden, es müßte denn die Anlage nicht auf dem Gebiete der Wasserpolizei liegende polizeiwidrige Zustände, insbesondere eine Gesundheitsgefahr, herbeiführen (OVG. 23. X. 84 11 263, 26. II. 98 33 305, 3. X. u. 17. XI. 00 38 253, 257). Dies gilt selbst dann, wenn die Absperrung (Abdämmung) des Wasserlaufs unberechtigt sein sollte.

2. Wenn aus einem Privatflusse ein künstlicher Graben das Wasser abführt und dem ersteren nach kurzer Strecke wieder zuführt (wie zB. ein Mühlgraben), so gilt dieser Wasserlauf als Teil des Privatflusses, sofern er keine eigene Selbständigkeit hat, so daß man ihn rechtlich als besonderen Graben ansehen kann.

Nr. 3. Entsch. v. 9. Mai 1904 (OVG. 45 319) III C 16/04.

PrivFlG. §§ 15, 19 ff.; ZustG. § 75.

1. Zur Errichtung von Bewässerungsanlagen bedürfen die Uferbesitzer keiner behördlichen Genehmigung (§ 19 PrivFlG.). Einer behördlichen Einschränkung unterliegen sie bei Ausführung des Unternehmens nur insoweit, als es zur Vermeidung einer Gefährdung öffentlicher Interessen oder zur Sicherung des notwendigen Wasserbedarfes für die Bewohner unterhalb erforderlich ist (§ 15). Im übrigen stellt es das Gesetz in ihr Ermessen, ob sie die vorgängige Vermittelung iS. der §§ 19 ff. in Antrag bringen oder ob sie zur Ausführung der Bewässerungsanlagen schreiten und die Verfolgung der Rechte der zu einem Widerspruch oder zu einem Anspruch auf Entschädigung ihnen gegenüber vermeintlich Berechtigten im ordentlichen Rechtsweg abwarten oder ob sie zuvor sich hierüber im Rechtsweg auseinandersetzen wollen (MErl. v. 6. XII. 43 — JMBl. 298 und RGZ. 26 294, auch PrVerwBl. 18 505).

Von ihrem Ermessen ist es ebenfalls abhängig, inwieweit sich die Mitwirkung der Behörde zu erstrecken hat, ob nur auf das Ausschlußverfahren oder auch auf die Feststellung der von ihnen anzuerkennenden Widerspruchsrechte und Entschädigungsansprüche und auf den zur Ausführung des Unternehmens erforderlichen Erwerb von Rechten gegenüber Dritten sowie auf die Festsetzung der hierfür zu gewährenden Entschädigung. Sie sind deshalb auch ermächtigt, auf die weitere Durchführung des auf ihren Antrag eingeleiteten Vermittelungs-Verf. zu verzichten, und insbesondere ist es ihnen jederzeit und selbst nach Feststellung der Entschädigung nicht versagt, sich mit den Beteiligten über die Ausführung des Unternehmens auf einer anderen Grundlage und zu anderen Bedingungen zu vereinbaren. Ein demnächst über den rechtsgültigen Abschluß der Vereinbarung oder über ihre Tragweite entstehender Streit ist, weil es sich um Privatrechte handelt, von den ordentlichen Gerichten zu entscheiden, sofern die Zuständigkeit der Verwaltungsgerichte nicht durch ein besonderes Gesetz begründet ist.

2. Wenn beim Widerspruche gegen eine Bewässerungsanlage der Unternehmer einwendet, daß der Widerspruch in einem zwischen ihm und dem Widersprechenden abgeschlossenen Vergleiche zurückgenommen sei, so kann er dann nicht im VerwStreitVerf. gemäß § 75 ZustG. klagen auf Anerkennung der Rechtsgültigkeit des Vergleichs. Dies kann nur im ordentlichen Rechtswege geschehen.

f) Stauanlagen für Wassertriebwerke; Merkpfahlsetzung.

Nr. 1. Entsch. v. 21. Jan. 1904 (OVG. 45 310) III C 172/03.

VorflG. §§ 1 ff.; ZustG. § 67.

1. Zu den Beteiligten, für die der zulässige höchste Wasserstand bei einer Mühle durch einen Merkpfahl zu regeln und äußerlich erkennbar zu machen ist, gehören die Besitzer der durch das Anstauen des Wassers benachteiligten Ländereien und der Besitzer der Mühle. Die Träger öffentlicher Gewalten, zB. die Ortspolizeibehörden, gehören als solche nicht zu den Beteiligten.

2. In dem OVG. 9. VI. 92 23 231 betraf der Streit die Stauanlage eines nach dem Inkrafttreten der PrGewO. errichteten Triebwerkes. Mit Rücksicht auf die ausschließliche Zuständigkeit der Behörde, die über die nach der Gewerbeordnung erforderliche Genehmigung zur Errichtung von Stauanlagen für Triebwerke zu befinden hat, sowohl zur Festsetzung des Staurechts wie auch zur Setzung des Merkpfahls, ist deren ausschließliche Zuständigkeit auch für den Ersatz des abhanden gekommenen Merkpfahls in dem Erk. anerkannt. Dasselbe gilt für Stauanlagen, die vor dem Inkrafttreten der GewO. errichtet, aber während der Geltung der Preuß. oder der RGewO. einer von der gewerbepolizeilichen Genehmigung abhängigen Aenderung unterworfen worden sind (OVG. 18. V. 03 43 263).

3. Mit der Frage, wie es sich insoweit bei Stauanlagen verhält, bei denen die Anwendung der GewO. außer Betracht bleibt, befassen sich die in den OVG. 24 262 und 32 269 veröffentlichten Urt. 19. XII. 92 u. 25. III. 97. Die Anwendbarkeit der Vorschriften des VorflG. ist hier unter Anerkennung der Zuständigkeit der Ortspolizeibehörde zur Erzwingung des Ersatzes abhanden gekommener und der Richtigstellung in ihrer Lage veränderter Merkpfähle verneint. In dem Urt. 23. I. 01 (PrVerwBl. 22 430) ist hieraus die weitere Folgerung gezogen worden, daß, wenn die Setzung eines Merkpfahls in der Annahme, eine solche habe noch nicht stattgefunden, nach Maßgabe des VorflG. beantragt worden sei, dieser Antrag

wegen Unzulässigkeit des hier geregelten Verfahrens abgewiesen werden müsse, wenn sich im Laufe der Verhandlung herausstelle, daß in Wahrheit in einem Verfahren nach diesem Gesetze der Merkpfahl bereits gesetzt worden sei und die damals festgesetzte Stauberechtigung noch festgestellt werden könne.

Hieran kann das OVG. nicht festhalten.

Jetzt nimmt das OVG. an, daß das Verfahren nach § 1 VorflG. (ZustG. § 67) auch dann zulässig sei, wenn der früher gesetzte Merkpfahl abhanden gekommen oder in seiner Lage verändert ist. Haben daraufhin die Kommissarien den Merkpfahl erneuert, so ist den Beteiligten gegen ihre Festsetzung (ZustG. § 67 Abs. 2) ebenfalls die Klage gegeben.

Nr. 2. Entsch. v. 6. Juni 1904 (OVG. 46 322, PrVerwBl. 26 771) III C 229/03.

VorflEd. §§ 1—9, 15; ZustG. § 67.

1. Der § 1 VorflEd. ordnet die Setzung des Merkpfahls an „auf Antrag und Kosten derer, die dabei interessiert sind", das heißt, wie der MErl. v. 6. V. 63 (Zeitschr. des Revisionskollegiums für Landeskultursachen 15 34) ausführt, aller derjenigen, die durch Rückstau eines Stauwerks leiden. Der § 4 verpflichtet die Kommissarien, den Merkpfahl in der Höhe zu setzen, wie es durch rechtskräftige Urteile „oder nach dem Einverständnisse aller Interessenten" bestimmt ist, räumt also den Beteiligten das Recht, ihrerseits über die Höhe des Wasserstandes bindende Abmachungen zu treffen, unbeschränkt ein. Der § 5 verweist die Sache, wenn die Interessenten darüber uneinig sind, ob die Höhe des Wasserstandes durch gültige Verträge, Verleihungen oder rechtsverjährten Besitz bestimmt sei, zur gerichtlichen Erörterung. Alle diese Bestimmungen und ebenso die Vorschriften über den Rekurs im § 5 und über die Befugnis der Provinzialpolizeibehörde zur Festsetzung eines interimistischen Wasserstandes im § 6 ergeben, daß das Gesetz die Entscheidung darüber, ob im einzelnen Falle die Setzung eines Merkpfahls überhaupt geboten und ob das Verfahren daher einzuleiten und zur Durchführung zu bringen sei, als eine Sache der Beteiligten erachtet, ein Offizialverfahren in dieser Beziehung aber nicht vorgesehen hat. Von dieser Auffassung ist das OVG. auch schon bisher ausgegangen. Sie hat insbes. Ausdruck gefunden in dem OVG. 11. XII. 99 36 341.

2. Wie das OVG. in gleichmäßiger Rechtsprechung angenommen hat, fällt die Parteirolle des Beklagten in Streitsachen, welche anläßlich einer kommissarischen Festsetzung der Höhe des Wasserstandes entstehen, falls der Besitzer der Stauanlage den Beschluß angefochten hat, demjenigen, der das Verfahren beantragt hat, zu, wie dies auch der Natur der Sache entspricht. Nur dem Antragsteller gegenüber kann auch darüber entschieden werden, ob seine Befugnis zur Stellung des Antrages anzuerkennen ist oder nicht.

Nr. 3. Entsch. v. 17. Dez. 1903 (PrVerwBl. 25 452) III 2395.

GewO. §§ 16, 18, 25; ZustG. § 109.

Für den Einbau einer Turbine in eine Mühle bedarf es der gewerbepolizeilichen Genehmigung durch den Kreis(Stadt)ausschuß (ZustG. § 109). Der Einbau bildet eine wesentliche Veränderung der Anlage.

Nr. 4. Entsch. v. 6. Mai 1904 (PrVerwBl. 26 771) III 1076.

GewO. § 25 ff.

Die Ersetzung eines Wasserrades durch eine Turbine ist eine wesentliche Aenderung der Betriebsstätte (OVG. 43 263; HMBl. 03 256).

g) Hannoversches Wasserrecht.

Nr. 1. Entsch. v. 2. Nov. 1903 (OVG. 44 308) III A 67/02.

HannG. v. 22. VIII. 47 über Ent- und Bewässerung der Grundstücke und über Stauanlagen (HannGS. 262) §§ 82 f.

Nach § 82 HannG. v. 22. VIII. 47 ist der Stauberechtigte verpflichtet, „die Freischützen usw. aufzuziehen oder zuzusetzen, wenn und insoweit das eine oder das andere zur Aufräumung des Flusses nötig ist". Das Wort „Aufräumung" ist nicht zu eng zu fassen; die Schützen müssen auch gezogen werden, wenn zB. eine polizeiliche Schau abgehalten und dabei die Flußsohle genau besichtigt werden soll, was ohne das Fallen des Wassers nicht möglich ist. Also auch Maßnahmen, die zur Vorbereitung der „Aufräumung" dienen, fallen unter diesen Begriff.

h) Schleswig-Holsteinisches und Lauenburgisches Wasserrecht.

Nr. 1. Entsch. v. 19. März 1903 (PrVerwBl. 25 507) III 582.

HolstWassLösO. v. 16. VII. 57.

Die Uferbesitzer haben sich jedes für den Wasserlauf eines Baches nachteiligen Eingriffes in den Bestand des Flusses zu enthalten, und die Wasserpolizeibehörde kann derartige Eingriffe verbieten. Ebenso Urt. 11. XII. 02 — III 2071.

Nr. 2. Entsch. v. 1. Okt. 1903 (OVG. 44 311) III B 54/03.

HolstWassLösO. §§ 1 f.

1. Nach § 1 HolstWassLösO. hat der Unterlieger „mittels Grabenziehung bis zu einer Tiefe von 4 Fuß oder entsprechender Röhrenleitung" dem Oberlieger Vorflut zu verschaffen. Dabei darf für die Röhrenleitung keine größere Tiefe als 4 Fuß beansprucht werden. Genügt diese Tiefe nicht, so kommt § 2 zur Anwendung; es muß eine Enteignung gegen „völlige Schadloshaltung" eintreten.

2. Ein Setzwirt (Interimswirt) muß die Verpflichtung aus § 1 erfüllen. Wird § 2 anwendbar, so richtet sich das Ansinnen gegen den Anerben. Der Setzwirt kommt dabei nur insofern in Betracht, als ihm selbst wegen Beeinträchtigung seines Rechts am Grundstücke ein Teil von der Schadloshaltung zustehen kann.

Nr. 3. Entsch. v. 21. Jan. 1904 (OVG. 45 324) III B 101/03.

HolstWassLösO. §§ 1 f., 7; ZustG. § 82.

1. Nach § 1 WassLösO. hat der Unterlieger die Pflicht, das von benachbarten Gründen nach dem natürlichen Gefäll ihm zugeführte Ober- und Grundwasser unentgeltlich insoweit abzuleiten, als dies in Gräben bis zu einer Tiefe von 4 Fuß oder entsprechender Röhrenleitung geschehen kann. Eine weitergehende Verpflichtung kann, wenn ein mehreres nicht seither schon geleistet oder ein weitergehender Anspruch nicht in einem sonstigen Rechtstitel begründet ist, nach § 2 zwar auferlegt werden, aber nur gegen völlige Schadloshaltung des betr. Grundbesitzers.

2. Ein weitergehender Rechtsanspruch besteht auch nicht gegenüber den zu öffentlichen Wegen gehörigen Gräben und Sielen. Rücksichtlich der Seitengräben ist den anliegenden Grundbesitzern in § 7 Abs. 2 ein Anspruch auf Erweiterung nach Maßgabe des § 1 auf Kosten der Chausseeverwaltung und der Wegekommunen zwar zugestanden, aber mit dem Vorbehalte, daß einerseits

die verbesserte Entwässerung auf den angrenzenden Grundstücken selbst nur mit unverhältnismäßig größeren Kosten zu bewerkstelligen ist und anderseits die Vertiefung der Wegegräben ohne Nachteil für den Wegekörper und ohne Erweiterung des Wegeterrains geschehen kann.

3. Der Streit über die Erweiterung der zu öffentlichen Wegen gehörigen oder in ihnen liegenden Gräben und Siele kann unter den Beteiligten im VerwStreitVerf. gem. ZustG. § 82 nicht zum Austrage gebracht werden. Alle öffentlichen Wege stehen zur Verfügung der zur Fürsorge für den öffentlichen Wegeverkehr berufenen Wegepolizeibehörde. Zu selbständigen Anordnungen, ob und wie die Vorflut im Wegekörper zu gestalten ist, sind die Beteiligten selbst bei Einverständnis unter sich gegenüber der Wegepolizeibehörde nicht ermächtigt, und daher kann zwischen ihnen für die Wegepolizeibehörde verbindlich auch nicht durch verwaltungsgerichtliches Urteil festgestellt werden, ob und wie die Erweiterung von Gräben, Brücken und Sielen öffentlicher Wege stattzufinden hat.

B. Deichpolizei.

Nr. 1. Entsch. v. 19. Juni 1904 (PrVerwBl. 26 449) III 964.

DeichG. v. 28. I. 48 §§ 11, 15; WassGenG. §§ 2, 54; ZustG. §§ 96 f.

Die Zuständigkeit in deichpolizeilichen Angelegenheiten regelt sich nach den Bestimmungen des DeichG. und der §§ 96 f. ZustG. Das WassGenG. bildet nach der ausdrücklichen Bestimmung des § 2 keinerlei Grundlage für deichpolizeiliche Befugnisse. Solche stehen daher dem Genossenschaftsvorstande nur dann zu, wenn das Statut zugleich auf Grund der §§ 11 u. 15 DeichG. mit landesherrlicher Genehmigung erlassen und ihm darin die örtliche Deichpolizei nach Maßgabe des § 29 NormDeichStat. (GS. 53 935) übertragen ist. Und zwar unterliegen auch in diesem Falle die von dem Vorstande erlassenen deichpolizeilichen Verfügungen nicht den im § 54 WassGenG. geordneten Rechtsmitteln. Sie sind vielmehr, wie in dem OVG. 5. XI. 98 (PrVerwBl. 20 217) näher dargelegt worden ist, nicht im VerwStreitVerf., sondern nur im Wege der Beschwerde angreifbar.

Nr. 2. Entsch. v. 5. Dez. 1903 (OVG. 45 332) III A 70/02.

DeichG. §§ 1, 15, 24; LVG. § 18; ZustG. § 96⁴.

1. Der § 24 DeichG. lautet:

„Die Regierung ist befugt, eine solche Benutzung der Deiche, welche deren Widerstandsfähigkeit zu schwächen geeignet ist, zu beschränken oder ganz zu untersagen. Werden hierdurch wohlerworbene Rechte eingeschränkt oder aufgehoben, so hat der zur Unterhaltung des Deiches Verpflichtete den Berechtigten zu entschädigen."

Aus den Materialien zum DeichG. und aus dem Inhalte dieser Bestimmung ergibt sich, daß es sich dabei um Befugnisse handelt, welche nicht schon nach dem gemeinen Deichrechte zur Zuständigkeit der örtlichen Deichpolizei gehören. Es soll durch diese Bestimmung der Regierung — nach § 18 LVG. dem Regierungspräsidenten — vielmehr die Berechtigung erteilt werden, auch eine nach dem gemeinen Rechte erlaubte Benutzung der Deiche zu beschränken oder zu untersagen, sobald sie deren Widerstandsfähigkeit zu schwächen geeignet ist. In die regelmäßigen Aufgaben der örtlichen Deichpolizei hat die Bestimmung nicht eingreifen sollen.

2. In dem Erk. handelt es sich darum, ob der Regierungspräsident befugt sei, anzuordnen, daß ein ohne behördliche Erlaubnis im Gebiete eines Deich-

verbandes erbautes Haus wieder beseitigt werden kann. Das OVG. nahm an, daß zu dieser Anordnung der Deichhauptmann als örtliche Deichpolizeibehörde zuständig sei.

Nr. 3. Entsch. v. 24. Sept. 1903 (OVG. 44 316, PrVerwBl. 25 383) III A 5/03.

DeichG. § 1.

Gebäude gehören nicht zu den deichähnlichen Erhöhungen der Erdoberfläche iS. des § 1 DeichG. Der Rechtszustand bei den Gebäuden ist derselbe wie bei der land- und forstwirtschaftlichen, sowie gartenmäßigen Bodenbenutzung (OVG. 30. I. 99 — PrVerwBl. 21 83; 2. X. 02 42 262).

Nr. 4. Entsch. v. 6. Juni 1904 (PrVerwBl. 26 717) III 1078.

DeichG. § 1.

1. Der IV. Sen. des OVG. hat in dem Urt. 30. I. 99 (PrVerwBl. 21 83) ausgesprochen, daß mit Rücksicht auf die Entstehungsgeschichte, den Wortlaut und den Zusammenhang des DeichG. Gebäude im engeren Sinne, insbesondere gewöhnliche Wohnhäuser und Wirtschaftsgebäude nicht zu den deichähnlichen Erhöhungen der Erdoberfläche iS. des § 1 diesG. gerechnet werden könnten, und dem ist der III. Sen. des OVG. in den Entsch. 24. IX. 03 — III 1785 — u. 18. II. 04 — III 341 — unter näherer Begründung beigetreten. In dem OVG. 2. X. 02 42 262 hat der III. Sen. ferner ausgesprochen, daß die forstmäßige Anpflanzung von Bäumen keine deichähnliche Erhöhung der Erdoberfläche ist und daß die land- und forstwirtschaftliche sowie die gartenmäßige Bodenbenutzung den Beschränkungen des DeichG. nach der Absicht des Gesetzgebers überhaupt nicht unterworfen sind.

2. Unter die Gebäude im engeren Sinne, auf welche danach das DeichG. keine Anwendung findet, fallen aber Einfriedigungen und Umzäunungen nicht. In dieser Beziehung ist schon in dem Urt. 30. I. 99 hervorgehoben worden, daß sowohl das KG. als auch das OVG. eine Futtermauer mit dahinter befindlicher Erdschüttung als eine deichähnliche Erhöhung der Erdoberfläche iS. des § 1 DeichG. angesehen haben und dagegen Einwendungen nicht zu erheben seien. An dieser Rechtsprechung hat das OVG. seitdem festgehalten.

In gleicher Weise ist in dem Urt. 11. V. 03 — III 942 — ausgeführt worden, daß unter den § 1 DeichG. jedenfalls solche Mauern fallen, die gleich wie ein Damm ihrer örtlichen Lage nach dem Andringen des Wassers entgegenstehen und seine Ausbreitung beschränken.

3. Dem Sinn und Zweck des § 1 DeichG. würde es aber nicht entsprechen, seine Anwendbarkeit in Beziehung auf Mauern zu bejahen, nicht aus Steinen oder Erde bestehende Umfriedigungen von Grundstücken ihm aber nicht zu unterstellen. Wie das OVG. bereits mehrfach hervorgehoben hat, kann nicht entscheidend sein, aus welchem Material die deichähnlichen Erhöhungen der Erdoberfläche bestehen, insbesondere ob sie aus Erde oder Mauerwerk errichtet sind, sondern ob sie deichähnlich wirken, sich also ähnlich wie ein Deich oder Damm ihrer örtlichen Lage nach dem Andringen des Wassers entgegenstellen und seine Ausbreitung beschränken. Das kann aber sehr wohl auch dann der Fall sein, wenn sie nicht massiv, sondern aus Latten, Drähten, Gitterwerk oder dergleichen hergestellt sind, zumal wenn ihre Lage zur Stromrichtung eine derartige ist, daß im Wasser treibende Gegenstände sich an ihnen festzusetzen und eine dichte Wand zu bilden vermögen. Das OVG. hat von diesem Standpunkt aus in dem Urt. 22. X. 98

(PrVerwBl. 20 202) auch bereits ein Holzstaket als eine deichähnliche Erhöhung der Erdoberfläche iS. des § 1 DeichG. erachtet. Einer abweichenden Beurteilung kann auch ein Drahtzaun nicht unterzogen werden. Wenn er auch an und für sich den freien Abfluß des Wassers nicht wesentlich hindern mag, so ist er doch zweifellos geeignet, die bei Hochwasser oft in großen Mengen abwärts schwimmenden Gegenstände — Strauch, Reisig, Stroh, Faschinen usw. — aufzufangen und auf diese Weise gleich einem Damm dem Andringen des Wassers sich entgegenzustellen und die Ausbreitung der aus den Ufern tretenden Gewässer zu beschränken.

4. Eine Nachprüfung des der Polizeibehörde eingeräumten Ermessens, ob die Beseitigung einer deichähnlichen Erderhöhung erforderlich sei, steht dem Verwaltungsrichter nicht zu (PrVerwBl. 20 202, 23 648, OVG. 41 280).

Nr. 5. Entsch. v. 15. Okt. 1903 (OVG. 44 318) III A 19/02.

DeichG. §§ 1, 3.

1. Die Unkenntnis des Umfanges des Ueberschwemmungsgebiets und die Schwierigkeit, sich eine solche Kenntnis mit einiger Sicherheit zu verschaffen, stehen der Anwendung des § 1 DeichG. gegen denjenigen, bei welchem die Unkenntnis und für welchen die Schwierigkeit vorhanden ist, nicht entgegen, da der § 1 eine derartige Einschränkung nicht vorsieht. Ebensowenig kommt es darauf an, aus welchem Grunde und zu welchen Zwecken eine Ablagerung von Erdmassen bewirkt worden ist. Auch das ist unerheblich, daß die Massen im Verhältnisse zu der Ausdehnung des Ueberschwemmungsgebiets verschwindend gering und deshalb unschädlich seien, und daß durch sie das notwendige Abflußprofil des Hochwassers nicht beschränkt werde. Das erstere kann nur für die Entschließung des Bezirksausschusses über die Genehmigung gem. § 1 DeichG. und § 96 Abs. 1 ZustG. von Bedeutung sein, und das letztere erledigt sich damit, daß der § 3 DeichG. lediglich eine Richtschnur für den Bezirksausschuß enthält, aber nicht von der Pflicht zur Einholung der Genehmigung des Bezirksausschusses entbindet, wenn das notwendige Abflußprofil nicht beschränkt ist.

2. Für die Bestimmung der Grenzen des Ueberschwemmungsgebiets sind außergewöhnliche (abnorme) Hochwasser nicht zu berücksichtigen (RG. 30. III. 85 5 341). Bei den Hochwassern, die danach in Betracht kommen, ist davon nicht etwa der Durchschnitt zwischen den höchsten Wasserständen, die ein jedes einzelne Hochwasser erreicht hat, sondern der höchste Wasserstand entscheidend, der auch nur bei einem der Hochwasser vorhanden gewesen ist.

C. Fischerei.

Nr. 1. Entsch. v. 7. Juli 1904 (PrVerwBl. 26 285) III 1285.

ZustG. § 102; FischG. § 4.

Klagt die Ortspolizeibehörde auf Anerkennung, daß ein Gewässer nicht geschlossen sei, so kann die Klage nur gegen den Eigentümer des Gewässers, nicht gegen den gerichtet werden, der von dem Eigentümer die Fischerei gepachtet hat. Die Entscheidung ist inter omnes maßgebend (OVG. 15 344).

D. Die Jagd.

b) Jagdpolizeiliche Verfügungen; gemeinschaftliche und Einzeljagdbezirke; Beteiligte; isolierte Höfe; Waldenklaven; Jagdaufkünfte und deren Verteilung, mit Ausschluß des hannoverschen, des kurhessischen und Großherzoglich Hessischen Jagdrechtes.

Nr. 1. Entsch. v. 6. Okt. 1904 (OVG. 46 382) III C 100/04.

JagdPolG. v. 7. III. 50 § 2 zu a; ErgG. v. 7. VIII. 99 (GS. 151).

In den Erk. 2. XI. 93 26 268 u. 4. II. 97 31 238 hat das OVG. ausgesprochen, daß die nach dem JagdPolG. § 2 unter a zur eigenen Ausübung der Jagd berechtigende, zusammenhängende, land- oder forstwirtschaftlich benutzte Fläche von mindestens 300 Morgen im Geltungsbereiche des JagdPolG. liegen müsse. Dieser Grundsatz ist auch in der Literatur seitdem übereinstimmend als richtig anerkannt worden. Die Rechtslage hat nun zwar durch das ErgG. v. 7. VIII. 99 insofern eine Aenderung erlitten, als nach den dort getroffenen Vorschriften die Bildung eines eigenen Jagdbezirkes auch dann zulässig ist, wenn die dafür in Betracht kommenden Grundstücke in mehreren Landesteilen liegen, in denen die gesetzlichen Vorschriften über die Bildung eines eigenen Jagdbezirkes von einander abweichen. Die Wirkung dieses Gesetzes erstreckt sich aber nach seinem klaren Wortlaute nicht über die Grenzen des Preußischen Staates hinaus. Grundstücke außerhalb der preußischen Landesgrenzen bleiben völlig außer Betracht und können auf die für die Bildung eines eigenen Jagdbezirkes erforderliche Mindestfläche niemals in Anrechnung kommen. Sie liegen nicht, wie das Gesetz ausdrücklich verlangt, in preußischen Landesteilen.

Nr. 2. Entsch. v. 4. Febr. 1904 (PrVerwBl. 26 148) III 242.

ZustG. § 106.

1. Ausschlußfristen, dh. solche, welche die Entstehung eines Rechtes einer zeitlich bestimmten Schranke unterwerfen, dergestalt, daß dasselbe nur durch Ausübung innerhalb der Frist zur Entstehung gelangt (OVG. 17 234, 38 133) bilden Vorschriften des Verfahrens (OVG. 33 98) und können als solche nur durch Gesetz oder durch ihm gleichstehende, im Rahmen des Gesetzes ergehende statutarische Satzungen begründet werden (OVG. 11 142, 12 237).

2. Da der § 106 ZustG. keine Frist für die Einlegung des Einspruchs gegen die Verteilung der Jagdpachtgelder setzt, gibt es eine solche nicht.

Nach dem G. v. 4. VII. 05 (GS. 271) § 8 ist der Einspruch gegen den Verteilungsplan jetzt binnen 2 Wochen nach Beendigung der Auslegung einzulegen.

Nr. 3. Entsch. v. 6. Juli 1904 (PrVerwBl. 26 389) III 826.

JagdPolG. § 4.

Wenn in einem gemeinschaftlichen Jagdbezirke die Verpachtung unter Außerachtlassung der öffentlich-rechtlichen Vorschriften im JagdPolG. vor sich gegangen ist, so kann dagegen der Landrat mit polizeilicher Verfügung einschreiten (OVG. 35 313).

Nr. 4. Entsch. v. 25. Jan. 1904 (OVG. 45 334) III B 124/03.

JagdPolG § 23; ZustG. § 103 Abs. 2; WildSchadG. §§. 12ff.

Nach § 23 JagdPolG. darf die Jagdpolizeibehörde den Jagdpächter zur Vertilgung der wilden Kaninchen, wenn sie sich in schädlicher Weise vermehren, anhalten. Das ZustG. bestimmt, daß Anordnungen der Jagdpolizeibehörde, durch welche Anordnungen wegen Abminderung des Wildstandes getroffen werden, nur der Beschwerde an den Bezirksausschuß unterliegen. Nach Erlaß des WildSchadG., welches in seinem Geltungsbereiche den Kaninchen die Jagdbarkeit nahm und nur das Fangen mit Schlingen nicht gestattete, war es zweifelhaft, ob die Vorschriften des § 103 ZustG., sowie die des § 23 Abs. 2 noch ferner anwendbar seien. Das Erk. hat die Frage bejaht. Demnach ist gegen die bezeichneten Verfügungen der Jagdpolizeibehörde lediglich die Beschwerde an den Bezirksausschuß gegeben, nicht die Klage.

c) Hannoversches Jagdrecht.

Nr. 1. Entsch. v. 19. Jan. 1905 (PrVerwBl. 27 451) III 119.

HannJagdO. v. 11. III. 59 §§ 3, 5.

1. Der § 3 JagdO. für Hannover v. 11. III. 59 bestimmt, daß die Ausübung der Jagd auf den keinen eigenen Jagdbezirk bildenden Grundstücken einer Feldmark, welche im Zusammenhange 300 Morgen umfassen, von der Gesamtheit der beteiligten Grundeigentümer der Feldmark (Feldmarksgenossen) verwaltet wird. Hierzu ordnet die MBek. v. 11. III. 59 im § 3 Abs. 1 an, daß jede Feldmarksgenossenschaft in Beziehung auf die Verwaltung der Feldmarksjagd ... zur Leitung der Beschlußfassungen der Feldmarksgenossen ... einen Vorstand aus ihrer Mitte zu bestellen hat. Nach § 5 JagdO. beschließt die Gesamtheit der beteiligten Grundeigentümer der Feldmark über die Verpachtung der Jagd; zur gültigen Beschlußfassung ist erforderlich, daß sämtliche beteiligten Grundbesitzer vorgeladen sind; Grundbesitzer, welche nicht in der Gemeinde wohnen, zu deren Bezirk die Feldmark gehört (Ausmärker), haben zur Entgegennahme der Ladungen einen Bevollmächtigten in der Gemeinde zu bestellen; der Beschluß der Erschienenen bindet die Ausbleibenden. Dazu bestimmt § 4 MBek. v. 11. III. 59:

„Die nicht in der Gemeinde, zu deren Bezirk die Feldmark gehört, wohnenden Feldmarksgenossen, welche der Pflicht zur Bestellung eines Bevollmächtigten in der Gemeinde behufs Entgegennahme der Ladungen binnen der von der Obrigkeit zu bestimmenden Frist nicht genügen, verlieren, solange dies nicht geschehen ist, den Anspruch darauf, zu den Beratungen der Feldmarksgenossenschaft über die Feldmarksjagd geladen zu werden."

Nach diesen Vorschriften muß eine Versammlung der Feldmarksgenossen, welche die Jagd verpachtet, ordnungsmäßig berufen und der Jagdvorstand, welcher die Versammlung leitet, ebenso bestellt sein, wenn ein rechtsverbindlicher Pachtvertrag entstehen soll.

2. Dem auf Grund eines ungültigen Pachtvertrages die Jagd ausübenden Pächter kann die Jagdpolizeibehörde die Jagd untersagen, weil seine Ausübung der öffentlichen Ordnung widerstreitet.

Nr. 2. Entsch. v. 26. Okt. 1903 (OVG. 44 329) III B 39/33.

HannJagdO. § 33[1].

Der § 33 der HannJagdO. bestimmt:

„Die Jagd mit Jagdhunden darf nur von demjenigen, welcher auf einer Fläche von wenigstens 10 000 Morgen im Zusammenhange zur Jagdausübung berechtigt ist, auf solcher Fläche ausgeübt werden."

Diese Berechtigung besteht, mag der Jäger eine Fläche von 10 000 Morgen zu eigen besitzen oder gepachtet haben. Er braucht nur zur Ausübung der Jagd auf 10 000 Morgen befugt zu sein.

d) Kurhessisches und Großherzoglich Hessisches Jagdrecht.

Nr. 1. Entsch. v. 12. Okt. 1903 (OVG. 44 332) III B 89/02.

KurhJagdO. v. 7. IX. 65 §§ 2 ff.

Im Geltungsgebiete der KurhJagdO. sind die Grundstücke in Gemeinde- und Gutsbezirken gleich zu behandeln. Grundstücke, die nicht 100 Casseler Acker im Zusammenhange umfassen, werden im Gutsbezirke von der Gutsobrigkeit verpachtet.

Nr. 2. Entsch. v. 19. Okt. 1903 (OVG. 44 320) III A 17/03.

KurhJagdO. § 22; EGStGB. § 3.

1. Der § 22^b KurhJagdO. lautet:

„Nicht zulässig zur Pachtung von Jagden ist überhaupt:

. . . .

6. Wer wegen . . . Betrugs oder boshafter Eigentumsbeschädigung bestraft worden . . .“

Auf Grund dieser Bestimmung untersagte der Landrat einem Jagdpächter, der nach §§ 267 f. StGB. wegen schwerer Urkundenfälschung bestraft worden, die Ausübung der Jagd auf dem gepachteten Jagdgebiete. Das OVG. hob die Verfügung auf, weil die Bestrafung nicht wegen „Betrugs“ erfolgt sei, insbes. der Strafrichter das Vorhandensein eines ideal konkurrierenden Betrugs nicht angenommen habe. Aus der Entsch. sind noch folgende Grundsätze beachtenswert:

2. „Daß der § 22 KurhJagdO. noch gilt, daß er namentlich nicht seit der Einführung des RStGB. seine Gültigkeit vollständig verloren hat, ist richtig. Es verhält sich hiermit ähnlich wie mit der entsprechenden Vorschrift im § 6 Abs. 2 HannJagdO. v. 11. III. 59, welche für Feldmarksjagden anordnet, daß Personen, denen ein Jagdschein nicht erteilt werden darf, als Pächter und bei öffentlichen Verpachtungen als Bieter nicht zuzulassen sind, und welche noch in Kraft ist (OVG. 11. III. 99 35 326).

3. Ist aber der § 22 noch gültig, so durfte, wenn seine Voraussetzungen gegeben sind, der Landrat in der Weise, wie er getan hat, behufs Aufrechterhaltung der öffentlichen — jagdrechtlichen — Ordnung einschreiten (vgl. OVG. 1. XI. 88 17 341/344). Der § 22 hat nicht bloß die Bedeutung einer lediglich instruktionellen Vorschrift, um den Abschluß eines Pachtvertrags zu hindern; es wird vielmehr den betr. Personen, weil sie keine genügende Sicherheit gegen einen Mißbrauch des Jagdrechts bieten, die Fähigkeit, Pächter von Jagden zu sein, ganz abgesprochen („nicht zulässig ist“). Der trotzdem abgeschlossene Vertrag ist deshalb, selbst wenn er nicht vollständig und auch zivilrechtlich nicht ungültig sein sollte, doch wenigstens für den „nicht zulässigen“ Pächter in der Weise unwirksam, daß ihm die Jagdpolizeibehörde die Ausübung der Jagd auf Grund des Pachtvertrags, den er nicht abschließen durfte, untersagen kann. Die Rechtslage ist insoweit eine andere als nach dem § 6 Abs. 2 HannJagdO., der keine Anwendung mehr findet, sobald ein Jagdschein bereits erteilt worden ist.

4. Knüpft ein Gesetz an die Tatsache einer erlittenen Bestrafung gewisse Folgen und bezeichnet es dabei eine bestimmte Strafvorschrift als diejenige, wegen deren bestraft sein müsse, so mag es unter Umständen

zweifelhaft sein können, ob bei einer Aenderung dieser Vorschrift die neue Gesetzesvorschrift maßgebend wird oder noch die frühere maßgebend bleibt. Ist dagegen keine einzelne Strafvorschrift bezeichnet, sondern nur ein allgemeiner Begriff — hier Betrug — genannt, so unterliegt es keinem Zweifel, daß ein Wechsel dieses Begriffs in der Gesetzgebung zu beachten ist und jedenfalls insoweit der § 3 EGStGB. zur Anwendung kommt, wonach, wenn in Landesgesetzen auf strafrechtliche Vorschriften, welche durch das StGB. außer Kraft gesetzt sind, verwiesen wird, die entsprechenden Vorschriften des letzteren an die Stelle der ersteren treten. Es steht fest, daß im § 3 unter den Landesgesetzen nicht nur partikulare Strafgesetze, sondern das gesamte Landesrecht zu verstehen ist. Deshalb kommt es darauf an, was das jetzt geltende StGB. unter Betrug versteht und ob der Jagdpächter wegen Betrugs bestraft ist."

Nr. 3. Entsch. v. 10. Nov. 1904 (OVG. 46 384) III C 75/04.

GroßhHessJagdG. v. 26. VII. 48 (RegBl. Nr. 36 S. 209) Art. 3 f., 10.

1. Die Gesetze, welche Rechte und Pflichten des Grundeigentümers regeln, sind, soweit nicht eine andere Absicht erhellt, maßgebend auch für mehrere Personen, denen ein Grundstück ungeteilt gehört. Das trifft für das GroßhHessJagdG. v. 26. VII. 48 ebenfalls zu. Die Rücksicht auf die Förderung einer pfleglichen Behandlung der Jagd wird freilich bei der Feststellung auch diesG. nicht außer acht geblieben sein, und es kann namentlich zugegeben werden, daß diese Rücksicht dafür bestimmend gewesen sei, die Verpachtung der Jagd nur an höchstens 3 Personen zuzulassen (Art. 10) und den Gemeinden die Verpachtung der Jagd nur für eine bestimmte Periode zu gestatten (Art. 11). Indes es läßt sich weder als eine feststehende Tatsache hinstellen, daß Miteigentümer sich eine pflegliche Behandlung der Jagd nicht angelegen sein lassen, noch liegt irgend etwas dafür vor, daß aus dieser oder einer anderen Rücksicht den Miteigentümern das Recht auf eigene Ausübung der Jagd auf hierzu an sich geeignetem Eigenbesitze hat versagt werden sollen.

2. Die Ausdrucksweise des GroßhHessJagdG. ist überdies in betreff der Frage, wer zur eigenen Ausübung der Jagd auf hierzu an sich geeignetem Besitze berechtigt ist, nicht verschieden von derjenigen aller übrigen in Preußen geltenden Jagdgesetze. Auch in diesen Gesetzen ist ausgesprochen, daß der Besitzer oder der Eigentümer eines Besitzes von einer bestimmten Größe zur eigenen Ausübung der Jagd befugt ist. Zumeist enthalten sie freilich über die Art der Ausübung der Jagd eine besondere Vorschrift für den Fall, daß ein derartiger Besitz einer Mehrheit von Personen ungeteilt zugehört. Hierin muß aber eine Bestätigung für die Annahme gefunden werden, daß unter dem Besitzer und dem Eigentümer auch die Miteigentümer verstanden worden sind

F. Ansiedelungen und Kolonien; Errichtung von Feuerstellen in der Nähe von Waldungen.

a) Ansiedelungen und Kolonien (G. v. 25. VIII. 76).

Nr. 1. Entsch. v. 28. Sept. 1905 (PrVerwBl. 27 470) IV 1274.

AnsiedlG. § 16.

Ist gegen ein Ansiedelungsgesuch Einspruch von Nachbarn erhoben und darauf das Gesuch zurückgewiesen worden, so sind die Nachbarn als Partei im VerwStreitVerf. zuzuziehen und zu behandeln, selbst wenn in der Klage die Nachbarn als Beklagte nicht ausdrücklich bezeichnet sein sollten.

Nr. 2. Entsch. v. 10. Dez. 1903 (OVG. 44 409) IV B 55/03.

FFPolG. §§ 48 f., 52; AnsiedlG. § 15.

1. Ein Schankwirt Gustav S. hatte die Genehmigung zur Errichtung einer Ansiedelung innerhalb einer Entfernung von 22 m von einer Forst beantragt. Während des VerwStreitVerf. veräußerte er das Grundstück an seinen Bruder Botho; das OVG. erklärte den Antrag des Gustav S. in der Hauptsache für erledigt und legte die Kosten dem Fiskus als Besitzer des Waldes auf, weil sein Einspruch unbegründet gewesen. In dem OVG. findet sich folgende Ausführung:

„Zunächst fragt es sich, welchen Einfluß auf die Entscheidung der Umstand hat, daß das Eigentum an dem streitigen Grundstücke von dem Mitbeklagten Gustav S. auf seinen Bruder Botho S. übergegangen ist. Die Legitimation für den Antrag auf Erteilung der Genehmigung zur Ansiedelung und zur Errichtung von Feuerstellen ist von dem Nachweise, daß der Antragsteller Eigentümer des zu besiedelnden Grundstücks sei, nicht unbedingt abhängig, und es ist auch denkbar, daß ein Antragsteller, der nach Einleitung des Verfahrens sein Eigentum an dem Grundstück aufgibt, dennoch an der Besiedelungsabsicht festhält und dazu auch berechtigt bleibt. So liegt der Fall aber gegenwärtig nicht. Gustav S. hat nicht nur sein Eigentum an dem Grundstücke, sondern auch den Betrieb der Gastwirtschaft auf demselben seinem Bruder Botho übertragen und die Stadt H. verlassen, mithin offenbar die Absicht, auf dem Grundstück ein Wohnhaus zu errichten, aufgegeben, er kommt also für die Erteilung der Genehmigung nicht mehr in Betracht. Ebensowenig kann der neue Eigentümer jetzt in das Verfahren eintreten. Findet eine Veräußerung unter Aufgabe der Ansiedelungsabsicht nach Erteilung der Ansiedelungsgenehmigung, aber vor Errichtung des genehmigten Wohnhauses statt, so muß der Grundstückserwerber von neuem um die Ansiedelungsgenehmigung einkommen. Daß die Genehmigung nicht übertragbar ist, muß schon darum angenommen werden, weil unter den Tatsachen, die vor der Erteilung zu prüfen sind, neben den Eigenschaften des Grundstücks auch die des Ansiedelungsunternehmers von wesentlicher Bedeutung sein können. Auch wenn die Genehmigung noch nicht erteilt, das Verfahren aber wie hier bereits bis zur Zurückweisung des erhobenen Einspruchs gediehen ist, kann der neue Grundstückseigentümer nicht in dieses Stadium eintreten, und zwar selbst nicht mit Genehmigung der Polizeibehörde, weil, wenn keine neue Bekanntmachung erfolgte, die zur Erhebung von Einsprüchen gem. § 15 ff. AnsiedlG. Berechtigten um die Gelegenheit kommen würden, ihren Einspruch auf persönliche Eigenschaften des Rechtsnachfolgers zu stützen. Bei der Errichtung einer Feuerstelle tritt das persönliche Moment nicht in gleicher Weise in den Vordergrund, jedoch schließt die gesetzliche Vorschrift, daß dies Verfahren mit demjenigen, betreffend die Ansiedelung, verbunden werden soll (FFPolG. § 52 Abs. 2), hier ebenfalls den Eintritt des Rechtsnachfolgers in die rechtliche Stellung des Rechtsvorgängers aus."

2. Die Polizei kann als Bedingung der Ansiedelungsgenehmigung nicht vorschreiben, daß das Forstpersonal befugt sei, die Gebäude zu dem Zwecke zu betreten, damit die Innehaltung der sonst auferlegten Bedingungen kontrolliert würde. Mit der Auferlegung von Bedingungen gem. § 48 FFPolG. werden keineswegs etwa lediglich private Rechtsverhältnisse zwischen Waldeigentümer und Bauunternehmer geschaffen, vielmehr handelt es sich in erster Reihe um öffentlich-rechtliche Verhältnisse, die der Regelung und Obhut der Polizeibehörde unterstehen. Diese hat die dauernde Erfüllung der Bedingungen zu überwachen, und zwar nicht nur gegen den Bauunternehmer, sondern auch gegen jeden Besitznachfolger (vgl. OVG. 25. XI. 96 31 396).

Nr. 3. Entsch. v. 5. Okt. 1905 (PrVerwBl. 27 141) IV 1896.

AnsiedlG. §§ 13, 13a.

1. Der § 13 AnsiedlG. schreibt vor, daß einer Ansiedelungsgenehmigung bedarf, wer außerhalb einer im Zusammenhange gebauten Ortschaft „ein Wohnhaus errichten oder ein vorhandenes Gebäude zum Wohnhaus einrichten will". Unter § 13 fällt daher nur die Schaffung einer neuen menschlichen Wohnstätte, mag es sich dabei um die Errichtung eines neuen Wohnhauses oder die Umwandlung eines Gebäudes, welches bisher nicht zu Wohnzwecken diente, in ein Wohnhaus handeln. Wenn dann der § 13a dG. bestimmt:

„Die Ansiedelungsgenehmigung ist ferner erforderlich, wenn infolge oder zum Zwecke der Umwandlung eines Landguts oder eines Teiles eines solchen in mehrere ländliche Stellen innerhalb einer im Zusammenhange gebauten Ortschaft . . . . . ein Wohnhaus errichtet oder ein vorhandenes Gebäude zum Wohnhaus eingerichtet werden soll."

so wird hier wie in § 13 die Ansiedelungsgenehmigung auch nur für die Errichtung oder Einrichtung neuer Wohnstätten gefordert. Nicht schon die Umwandlung eines Landgutes in mehrere Stellen soll von der Erteilung einer Ansiedelungsgenehmigung abhängig gemacht werden, sondern erst die Schaffung neuer Wohnstätten infolge oder bei einer solchen Umwandlung. Darüber kann schon nach dem Wortlaut des Gesetzes kein Zweifel sein. Bestätigt wird aber diese Auffassung auch in völlig klarer Weise durch die Entstehungsgeschichte des § 13a.

2. Damit stimmt übrigens auch die ministerielle AAnw. (MBl. 05 2) zu § 13a überein. Es heißt dort:

„§ 13a füllt eine Lücke in der bisherigen Gesetzgebung aus. Er trifft namentlich die häufig vorkommenden Fälle, daß ein Gut ganz oder teilweise zerschlagen wird und die vorhandenen Gutsgebäude zu Wohnhäusern für die Zwecke der auf diese Weise neu zu bildenden ländlichen Stellen eingerichtet werden, ohne daß neue Wohnhäuser entstehen; oder daß eine ländliche Besitzung parzelliert wird, die Wohnhäuser für die neuen ländlichen Stellen aber nicht auf den außerhalb gelegenen Trennstücken, sondern innerhalb einer im Zusammenhange gebauten Ortschaft (worunter auch ein Gutshof oder Vorwerkshof verstanden werden kann) . . . errichtet werden . . . Der Ausdruck „zum Zweck" erfaßt den Fall, daß zunächst die Errichtung von Wohnstätten für eine demnächst herbeizuführende Umwandlung eines Landguts in mehrere ländliche Stellen erfolgt."

Auch hier ist also betont, daß der § 13a die Errichtung von Wohnstätten und die Einrichtung vorhandener Gutsgebäude zu Wohnhäusern betrifft. Dabei kann die Einrichtung „vorhandener Gutsgebäude zu Wohnhäusern" nicht anders verstanden werden, wie die Worte der §§ 13, 13a selbst: „oder ein vorhandenes Gebäude zum Wohnhaus eingerichtet werden soll", nämlich dahin, daß ein Gutsgebäude, welches bisher nicht zu Wohnzwecken, nicht als Wohnhaus diente, zum Wohnhaus, zur Wohnstätte für Menschen eingerichtet werden soll.

H. Baupolizei.

Nr. 1. Entsch. v. 24. Nov. 1903 (OVG. 44 388) VIII B 31/03.

ALR. I 8 §§ 33ff.; II 17 § 10; G. v. 2. VI. 02 (GS. 159).

1. Es gehört nicht zu den Aufgaben der Polizei, die Erhaltung von Denkmälern zwangsweise durchzusetzen.

2. Die Aufgaben der Polizei sind im § 10 II 17 ALR. in dem Sinne umschrieben, daß darüber hinaus, zur Pflege der Wohlfahrtsinteressen,

insbesondere auch ästhetischer Rücksichten, eine Zuständigkeit der Polizei nur auf Grundlage besonderer gesetzlicher Bestimmungen besteht, und auch bei Erlaß des PolVerwG. ist nicht beabsichtigt worden, die Befugnisse der Polizeibehörden über den bisherigen, im § 10 gegebenen Rahmen hinaus zu erweitern oder gar auf das gesamte Gebiet der Wohlfahrtspflege zu erstrecken (vgl. OVG. 14. VI. 82 9 353 ff.). Dieser Rechtslage hat noch ganz kürzlich das G. gegen die Verunstaltung landschaftlich hervorragender Gegenden v. 2. VI. 02 Rechnung getragen, indem es „auf einem wichtigen Gebiete mit dem Grundsatze bricht, daß der Schutz ästhetischer Interessen nicht Aufgabe der Polizeibehörde ist, und den Schutz landschaftlich hervorragender Gegenden der (landes)-polizeilichen Obhut unterstellt“ (vgl. MVf. v. 16. VI. 02 — MBl. 132 ff. — Nr. 1). Demgemäß liegen Maßnahmen, welche aus dem Gesichtspunkte des Denkmalsschutzes die Erhaltung von Bauwerken in ihrer Eigenart und Stilreinheit bezwecken, außerhalb der polizeilichen Aufgaben, wie sie der § 10 aaO. umgrenzt.

Nr. 2. Entsch. v. 7. Okt. 1904 (PrVerwBl. 26 719) VIII 1376.

PolVerwG. §§ 6 zu f, g.

1. Die Baupolizei ist befugt und zuständig, die Räumung einer gesundheitsschädlichen Wohnung zu verlangen. Baupolizeilichen Verfügungen liegt häufig ein sicherheits- oder gesundheitspolizeiliches Motiv zugrunde, wie denn auch die meisten Vorschriften der Bauordnungen auf sanitäre oder sicherheitspolizeiliche Rücksichten zurückzuführen sind (OVG. 27 391).

2. Die Hochbaupolizei bezweckt nichts anderes, als die „Sorge für Leben und Gesundheit“ und die „Fürsorge gegen Feuersgefahr bei Bauausführungen“ (PolVerwG. §§ 6 zu f u. g). Die gesamten sachlichen Bestimmungen jeder Baupolizeiverordnung, deren Handhabung Aufgabe der Baupolizeibehörde ist, haben die Sicherung von Leben und Gesundheit gegen Gefahren, die aus dem Zustande von Gebäuden erwachsen können, darunter auch die Sicherung gegen Feuersgefahr zum Gegenstande (OVG. 39 369). Wo also die Baupolizei der Sicherheitspolizei und Gesundheitspolizei gegenübergestellt wird, gehören Verfügungen der hier fraglichen Art zur Baupolizei.

Nr. 3. Entsch. v. 1. Febr. 1904 (OVG. 45 409) IV B 52/03.

KirchVG. Art. 24[6]; Vd. v. 9. IX. 76 (GS. 395) Art. III[4].

1. Wie das OVG. wiederholt dargelegt hat, kann der Antrag auf polizeiliche Genehmigung eines Bauvorhabens jederzeit wiederholt werden; die auf den wiederholten Antrag ergehende Verfügung ist immer eine neue, selbständig anfechtbare Verfügung, auch wenn sie nur die früheren Ablehnungsgründe wiederholt (vgl. OVG. 18. II. 01 39 361). Dies gilt selbst dann, wenn das Bauvorhaben bei dem erneuten Antrage gar nicht geändert ist, um so mehr aber, wenn Aenderungen vorgenommen sind.

2. Soweit bei der Einrichtung und Einteilung eines Kirchhofs überhaupt staatliche Interessen neben den kirchlichen in Betracht kommen, ist zu ihrer Wahrnehmung nicht die Ortspolizei, sondern nur die Landespolizei berufen. Insbesondere ist nach Art. 24[6] KirchVG. und Art. III[4] Vd. v. 9. IX. 76 über die Ausübung der Rechte des Staates gegenüber der evang. Landeskirche die Zustimmung des Regierungspräsidenten erforderlich, wenn ein Begräbnisplatz aufgehoben oder anderweit benutzt werden soll (vgl. Goßner, Preuß. evang. Kirchenrecht 184, 190, 374, 535 f. und das OVG. 20 411). Dies trifft auch dann zu, wenn ein Teil des Begräbnisplatzes ausgeschieden und mit einem Wohnhause bebaut werden soll.

Nr. 4. Entsch. v. 8. Febr. 1904 (OVG. 45 413) IV B 82/03.

Für die Prüfung eines Baukonsenses ist es unerheblich, wem der Baugrund gehört; gehört er dem Baulustigen nicht, so kann der Eigentümer die Bebauung — nötigenfalls im Wege des Zivilprozesses — hindern, da die Baugenehmigung seine Rechte unberührt läßt (OVG. 5 354). Allerdings darf die Polizeibehörde ein Baugesuch ablehnen, wenn die tatsächliche und rechtliche Unmöglichkeit, das Vorhaben auszuführen, offenkundig ist (OVG. 41 372).

Nr. 5. Entsch. v. 10. Mai 1904 (OVG. 45 393) VIII A 57/03.

ALR. I 8 §§ 66, 78; LVG. §§ 127 f.

1. Genaue Bauzeichnungen lassen sich nicht gut anfertigen, bevor nicht die Frage gelöst ist, ob der Bauplatz überhaupt oder in welchem Umfange er bebaut werden und wie hoch das Gebäude sein darf. In solchen Fällen wird bisweilen bei der Baupolizeibehörde eine Auskunft über die Rechtslage erbeten, oder es wird auch wohl die förmliche Genehmigung zur Ausführung eines Bauwerkes in der Art nachgesucht, daß ohne Vorlage eines vollständig ausgearbeiteten Projekts lediglich die Genehmigung nachgesucht wird, das Baugrundstück in einem bestimmten Umfang oder in einer bestimmten Höhe zu bebauen (Bauvorprojekt). Nach dem bestehenden Rechte ist die Baupolizeibehörde zwar nur verpflichtet, über Baugesuche sachlich zu befinden, denen alle in der Baupolizeiverordnung vorgeschriebenen Unterlagen, also auch Bauzeichnungen von der dort näher bezeichneten Art und Beschaffenheit, beigefügt sind. Ist das unterblieben, so kann sie eine Entscheidung ablehnen. Kommt aber die Baupolizeibehörde dem Antragsteller dahin entgegen, daß sie Entscheidung über ein Vorprojekt trifft, dann liegt in einer solchen Entscheidung eine polizeiliche Verfügung, gegen welche im Falle der Versagung der Bauerlaubnis die Rechtsbehelfe der §§ 127 f. LVG. gegeben sind (OVG. 12. II. 80 6 295 u. 9. II. 03 43 376).

2. Wenn die Polizeibehörde sich auf die Prüfung eines Vorprojekts eingelassen hat, kann sie nicht nachträglich der Klage die Einrede der Unzulässigkeit des StreitVerf. deshalb entgegensetzen, weil sie mangels vollständiger Bauvorlagen berechtigt gewesen sein würde, eine Sachentscheidung über das Vorprojekt abzulehnen. Ist einmal eine Sachentscheidung ergangen, so muß die Behörde sie gegenüber dem dadurch Betroffenen vor Gericht vertreten.

3. Der Abs. 2[1] der Berliner BauPolO. v. 15. VIII. 97 verordnet, indem er an Abs. 1 anknüpft und ihn ergänzt, Ausnahmen von den dort gegebenen Best. und muß deshalb im Zusammenhange mit Abs. 1 gelesen werden. Dann ergibt sich folgendes: Erhalten sämtliche zum dauernden Aufenthalte von Menschen bestimmten Räume Luft und Licht unmittelbar von der Straße, so wird von einem Haupthof abgesehen und genügt ein Nebenhof, wenn der hinter der ersten Teillinie liegende Teil des Grundstücks weniger als 50 qm beträgt, doch muß dann der Nebenhof 25 qm bei 4 m kleinster Abmessung groß werden; eines Hofes bedarf es überhaupt nicht, wenn das Grundstück nur 6 m oder weniger tief ist. Die Regel ist also, daß jedes Grundstück einen Hof haben muß (vgl. auch Baltz, Preuß. Baupolizeirecht[2] 139 Anm. 17a).

4. Die Berliner BauPolO. v. 7. VIII. 03, betr. die Bebauung des Pariser Platzes sowie der angrenzenden Straßen, ist gültig. Sie ist zunächst erlassen zur Verhütung einer Verunstaltung der diesseits und jenseits des Brandenburger Tores belegenen Plätze. Nach §§ 66, 78 I 8 ALR. gehört es zu den Aufgaben der Polizei, baulichen Verunstaltungen der Straßen und öffentlichen Plätze, sei es hindernd, wo sie erst beabsichtigt werden, sei es Abhilfe

fordernd, wo sie bereits stattgefunden haben, entgegenzutreten. Damit ist grundsätzlich der Fürsorge der Polizei auf dem Gebiete des Bauwesens auch die Wahrung der ästhetischen Interessen in gewissem Umfang überwiesen. Unter Verunstaltung iS. der angezogenen Gesetzesstellen ist freilich, wie in der Rechtsprechung feststeht, nur eine grobe Verunstaltung zu verstehen. Und eine solche liegt nicht schon dann vor, wenn nur eine vorhandene Formschönheit vermindert wird oder selbst ganz verloren geht. Daher fällt unter den Begriff der groben Verunstaltung nicht schon jede Störung architektonischer Harmonie, wie solche das Gesamtbild der Bebauung am Brandenburger Tore in vollendeter Weise zeigt. Unerläßlich ist vielmehr zum Begriffe der groben Verunstaltung die Herbeiführung eines positiv häßlichen, jedes offene Auge verletzenden Zustandes (s. die bei Baltz aaO. 50 f. auszugsweise mitgeteilten OVG.). Ob die so gegebenen begriffsmäßigen Voraussetzungen zutreffen, ist eine Frage, die sich nur je nach den Umständen des Einzelfalles beantworten läßt und die für Straßen und Plätze in einer besonders bevorzugten Lage der Reichshauptstadt nach höheren als den für entlegene kleine Orte ausreichenden Anforderungen beantwortet werden muß. Sowohl der im Zuge der Königgrätzerstraße nach dem Tiergarten sich öffnende Platz vor dem Brandenburger Tore wie auch der Pariser Platz würde durch Errichtung einer Mietkaserne auf das gröbste verunstaltet werden. Denn ein solches Gebäude würde mit seiner Fronthöhe das von ihm nur durch das schmale Militärwachtgebäude getrennte Brandenburger Tor — ein Monumentalwerk, das großen vaterländischen Erinnerungen geweiht ist — überragen; ja es würde selbst bei Außerachtlassung jeglichen Dachaufbaues die Höhe der das Tor krönenden Viktoria mit dem Siegeswagen nahezu erreichen. Die Herstellung eines derartigen Bauzustandes an einem Brennpunkte des haupt- und weltstädtischen Verkehrs von Berlin müßte geradezu ein öffentliches Aergernis erregen.

5. Wenn jemand durch eine landesherrliche Schenkung ein Grundstück zum „freien und unbeschränkten Eigentum" erhalten hat, so ist er darum noch nicht von der Beobachtung der in einer Baupolizeiverordnung enthaltenen Vorschriften befreit.

Nr. 6. Entsch. v. 31. Mai 1904 (OVG. 45 405) VIII B 30/08.

ALR. II 17 § 10.

1. Eine Baupolizeiordnung kann unmöglich alle bei der Bauausführung zu beachtenden bautechnischen Regeln und alle für die Konstruktion anzuwendenden Mittel einzeln aufführen. Bauordnungen, wie die für den Stadtkreis Berlin v. 15. VIII. 97 (§. 6), begnügen sich darum, ganz allgemein zu sagen, die Gebäude seien nach den Regeln der Technik aus guten zweckentsprechenden Baustoffen herzustellen. Ebenso unmöglich ist es aber auch, alle derartigen Ausführungsvorschriften einzeln in den Bauschein aufzunehmen. Durchweg kann vielmehr nach dieser Richtung hin die Polizeibehörde, soweit nicht besondere Bestimmungen bestehen, alles, was zu den „nötigen Anstalten" iS. des § 10 II 17 ALR. gehört, fordern. Enthält hierüber die Baupolizeiordnung besondere Vorschriften, so brauchen nur diese befolgt zu werden. Läßt sich aber aus ihnen erkennen, daß sie nur einen Sinn haben, wenn gleichzeitig eine gewisse Regel der Baukunst gilt, die bloß, weil sie allgemein anerkannt ist, nicht als Baupolizeivorschrift noch besonders aufgestellt worden ist, dann ist ohne weiteres mit der ausdrücklich ausgesprochenen Vorschrift auch die ihr zugrunde liegende Regel als baupolizeiliche Vorschrift gegeben, und daher verbindlich, ohne daß nach den Voraussetzungen des § 10 II 17 ALR. zu fragen wäre.

2. Deshalb kann die Polizeibehörde bei einem Gebäude, das nicht genügende Baufestigkeit hat, fordern, daß Verankerungen nachträglich angebracht werden, wenn sie auch in der Verordnung nicht ausdrücklich vorgeschrieben sind.

Nr. 7. Entsch. v. 7. Okt. 1904 (PrVerwBl. 26 828) VIII 1374.

ALR. II 17 § 10; PolVerwG. § 6 zu g.

Die Fürsorge der Polizei gegen Feuersgefahr ist keineswegs auf den im § 6g PolVerwG. bezeichneten Fall: „bei Bauausführungen" beschränkt. Die Generalklausel des § 10 II 17 ALR. überträgt vielmehr der Polizei ganz allgemein den Schutz und die Sorge für Leben und Gesundheit des Publikums. Daraus folgt, daß die Polizei selbst solchen Bauten gegenüber, die unter Beobachtung der allgemeinen Vorschriften der Baupolizeiverordnung und der besonderen Baubedingungen des Baukonsenses ausgeführt, abgenommen und ihrem Bestimmungszweck tatsächlich übergeben sind, jederzeit berechtigt ist, nachträglich weitergehende Anforderungen zu stellen, sofern und soweit solche zum Schutze der ihr nach § 10 anvertrauten öffentlichen Interessen nötig sind.

Nr. 8. Entsch. v. 2. Dez. 1904 (PrVerwBl. 26 948) IV 1661.

1. Nach § 40² der Berliner BauPolO. v. 15. VIII. 97 müssen Gebäude, welche bisher nicht zum dauernden Aufenthalt von Menschen bestimmt waren, vor Eintritt einer solch anderweiten Verwendung in einen — den Vorschriften der BauPolO. über die zum dauernden Aufenthalt von Menschen bestimmten Räume — entsprechenden Zustand versetzt werden (§§ 37f.), und nach § 39 dürfen solche Räume vor Erteilung eines Gebrauchsabnahmescheines nicht in Benutzung genommen werden. Aehnliche Vorschriften hatte auch schon die BauPolO. v. 15. I. 87 (§ 40).

2. Nach § 37³ BerlBauPolO. v. 1897 dürfen nun alle zum dauernden Aufenthalt von Menschen bestimmte Räume, also auch Restaurationsräume nirgends tiefer als 0,50 m unter der Oberfläche des Bürgersteiges oder des Hofes liegen. Allerdings sieht der § 37³ bezüglich der lichten Höhe eines Raumes bei ungleicher Höhenlage der Decke oder des Fußbodens eine Durchschnittsberechnung vor. Eine solche ist aber ausgeschlossen bei der Ermittelung, wie tief der Boden des Raumes unter der Oberfläche des Bürgersteiges oder Hofes liegt. Denn nach der positiven Norm soll der Boden nirgends tiefer als 0,50 m unter der Oberfläche des Bürgersteiges oder des Hofes liegen. Eine Verwendung zum dauernden Aufenthalt von Menschen ist also schon dann verboten, wenn der Raum auch nur 0,51 m oder mehr unter dem Bürgersteig liegt, mag er auch höher als der Hof liegen.

Nr. 9. Entsch. v. 12. Jan. 1905 (PrVerwBl. 26 468) IV 26.

Das OVG. hat wiederholt dargelegt, daß die Entwässerungsanlagen der Straße nicht zur Entwässerung der anliegenden bebauten Grundstücke bestimmt sind (OVG. 27 393, PrVerwBl. 20 389). Die Polizei ist daher befugt, ihre Zustimmung zu versagen, wenn der Anlieger die Abwässer seines Baugrundstücks in die Rinnsteine oder Gräben der öffentlichen Straße leiten will. Dem gegenüber kommt es auch nicht in Betracht, ob der Anlieger Vorkehrungen trifft, welche die aus den Abwässern drohenden gesundheitlichen Gefahren mehr oder weniger beseitigen sollen. Denn die öffentlichen Wege mit ihrem Zubehör, insbesondere den für ihre Entwässerung bestimmten Anlagen, haben rechtlich überhaupt nicht zur Entwässerung der anliegenden Grundstücke zu dienen, und die Polizei wahrt nur die öffentlich-rechtliche Bestimmung der Wegeentwässerungsanlagen, wenn sie die Einführung der Abwässer aus den Baugrundstücken versagt (Germershausen, Wegerecht² 1 42). Die Einführung würde nur dann nicht versagt werden können, wenn das Ortsrecht die Benutzung der Straßenanlagen für die Entwässerung der Hausgrundstücke gestattete.

Nr. 10. Entsch. v. 24. Febr. 1905 (PrVerwBl. 27 305) VIII 316.

ALR. II 17 § 10.

Die Polizei darf den Abbruch eines Hauses nur fordern, wenn den im öffentlichen Interesse zu stellenden Anforderungen auf keine andere Art genügt werden kann (OVG. 1 326; 6 292, 323; 12 316; 13 393, 400).

Nr. 11. Entsch. v. 10. März 1905 (PrVerwBl. 27 164) VIII 391.

ALR. II 17 § 10.

Die Baupolizei kann einen feuersicheren Zugang zu einer im Dachgeschosse befindlichen Waschküche verlangen, wenn die darin sich aufhaltenden Personen sonst gefährdet werden.

Nr. 12. Entsch. v. 7. Juli 1905 (PrVerwBl. 27 250) VIII 1890.

LVG. § 127 Abs. 3; ZustG. § 145.

1. Wiederholt hat das OVG. ausgesprochen, daß der § 1 der Berliner PolVd. v. 27. X. 55 die Benutzung der Vorgärten in der Art regele, daß sie nur ausnahmsweise ihrer eigentlichen Zweckbestimmung entzogen und für die Zwecke des Gewerbebetriebes genutzt werden dürften. Hiernach bedürfe die Versagung der polizeilichen Erlaubnis zu solcher der Regel nach unstatthaften Benutzung auch keiner besonderen Rechtfertigung; denn in der Versagung liege schon die Erklärung, daß die polizeilichen Gründe, welche zur Aufstellung der Regel geführt haben, ebenso für den vorliegenden Fall als maßgebend anzusehen seien. Mit dieser Auslegung der PolVd. ist die Ansicht nicht vereinbar, die Polizeibehörde sei verpflichtet, ein bei der Polizei gestelltes Gesuch noch besonders darauf zu prüfen, ob die Anlage das Verkehrsinteresse beeinträchtige, ob sie einen unschönen Eindruck mache, oder ob sie für die Geschäftszwecke des Mieters unentbehrlich sei (vgl. OVG. 18. X. 92 — PrVerwBl. 14 114f.).

2. Es ist auch irrig, anzunehmen, daß der Verwaltungsrichter die Befugnis habe, darüber zu entscheiden, ob das Ermessen der Polizei, welches für die Bewilligung einer Ausnahme maßgebend ist, richtig gehandhabt worden sei. Die Vorschriften, welche sich auf die Handhabung des Dispensationsrechts in baupolizeilichen Angelegenheiten beziehen, beweisen das Gegenteil. Denn nach diesen (vgl. ZustG. § 145) haben nicht die Verwaltungsgerichte, sondern entweder die vorgesetzten Beschlußbehörden oder aber die Aufsichtsbehörden endgültig darüber zu befinden, ob von dem Dispensrecht ein richtiger oder unrichtiger Gebrauch gemacht ist. Es kann für eine solche Befugnis des Verwaltungsrichters auch nicht etwa darauf verwiesen werden, daß das Gesetz das VerwStreitVerf. gegen polizeiliche Verfügungen zulasse. Denn nach § 127 Abs. 3 LVG. kann die Klage gegen solche Verfügungen nur darauf gestützt werden, daß das bestehende Recht verletzt oder unrichtig angewandt sei, oder daß die tatsächlichen Voraussetzungen für ihren Erlaß nicht vorgelegen haben.

Nr. 13. Entsch. v. 2. Okt. 1905 (PrVerwBl. 27 168) IV 1382.

BauflG. §§ 11 ff.

Wenn ein Kellerhals über die Straßenfluchtlinie hinaus auf den Bürgersteig reicht, so kann seine Beseitigung von der Polizeibehörde verlangt werden. Durch Verjährung können an öffentlichen Wegen keine die Verfügung der Polizeigewalt über sie einschränkenden Rechte erworben werden (OVG. 4. V. 95 — PrVerwBl. 17 76).

Nr. 14. Entsch. v. 9. März 1905 (PrVerwBl. 26 639) IV 391.

BauflG. §§ 1 ff.

Die Fluchtlinien geben die Normen für die künftige Anlegung oder Veränderung einer öffentlichen Straße, schaffen diese Straße aber noch nicht, und die Zurückweisung der gegen den Fluchtlinienplan erhobenen Einwendungen (§ 8 BauflG.) bildet nur die Grundlage für die förmliche Feststellung des Plans (OVG. 20 225; 39 218). Auch kann darin, daß die Eigentümer der durch den Fluchtlinienplan für eine öffentliche Straße bestimmten Grundflächen sich bei diesem Plane beruhigen und keine Einwendungen erheben, nicht etwa eine stillschweigende Widmung der Grundflächen für den öffentlichen Verkehr gefunden werden, sondern nur das Einverständnis damit, daß die Flächen künftig durch den Wegebaupflichtigen zur Straße umgewandelt werden.

Nr. 15. Entsch. v. 12. Jan. 1904 (OVG. 44 395) VIII A 29/03.

BauflG. § 11.

1. Ist ein über die festgesetzte Baufluchtlinie hinaus begonnener Bau noch unvollendet, so kann die Zurückführung des Baues auf den früheren Zustand polizeilich gefordert werden. Denn es kann in der Befugnis, das Bauen auf dem durch die Fluchtlinienfestsetzung vorbehaltenen zukünftigen Straßenlande zu hindern, sofern es sich um einen in der Ausführung begriffenen Bau handelt, sehr wohl die Befugnis zu der Forderung enthalten sein, daß der bereits ausgeführte Teil des Bauwerkes beseitigt und der frühere Zustand wiederhergestellt werde. Macht die Polizei von dieser Befugnis Gebrauch, so liegt das ebenfalls im Rahmen des Hauptzwecks, der mit der Einfügung des § 11 in das Gesetz verfolgt wurde, indem es den Gemeinden in ihrem wirtschaftlichen Interesse den Erwerb des in den künftigen Straßenzug fallenden Geländes ermöglicht und erleichtert. Die Werterhöhung des Grundstücks, mit der die Gemeinde nicht belastet werden soll, ist die, welche durch einen über die Fluchtlinie hinaus nach deren Festsetzung hergestellten Bau der Grundeigentümer erlangen würde. Zur Verhinderung einer solchen Werterhöhung, die der Gemeinde zum Nachteile gereicht, dient auch die Befugnis der Polizeibehörde, die Beseitigung des schon vollendeten Teiles eines Bauwerkes und die Herstellung des früheren Zustandes zu fordern.

2. Neu eingeführten baurechtlichen Vorschriften sind nur diejenigen vorhandenen baulichen Anlagen nicht unterworfen, welche beim Inkrafttreten der neueren Vorschriften zu Recht bestanden haben, dh. sowohl dem früher geltenden Baurecht entsprachen als auch die damals etwa erforderliche baupolizeiliche Genehmigung erhalten hatten.

Nr. 16. Entsch. v. 18. April 1905 (PrVerwBl. 27 432) VIII 655.

BauflG. § 11.

Eine feste Begrenzung des Begriffs des Umbaues kann nicht gegeben werden; die Verhältnisse im einzelnen Falle entscheiden. Im allgemeinen ist ein Umbau anzunehmen, wo es sich um eine mehr oder minder eingreifende, das Bauwerk teilweise umgestaltende Veränderung der Substanz im Innern und Aeußern handelt. Werden zB. in der Hauptfront eines Hauses zwei Fenster vergrößert, um Schaufenster anzulegen, oder werden Veränderungen getroffen, die den Wert des Gebäudes steigern, so wird ein Umbau angenommen werden können.

Nr. 17. Entsch. v. 18. März 1904 (PrVerwBl. 26 149) VIII 423.

BauflG. §§ 7, 11.

1. Die Festsetzung einer Fluchtlinie ist auch bei nicht öffentlichen Wegen statthaft, sofern sie nur zum Zweck der Anlegung öffentlicher Straßen geschieht.

2. Die Baubeschränkung aus § 11 BauflG. bezieht sich keineswegs nur auf massive Bauten und ebensowenig nur auf solche, die das Straßenbild verunstalten.

3. Der Baukonsens zu konsenspflichtigen Neu-, Um- und Ausbauten über die Fluchtlinie hinaus kann, was anerkannten Rechtens ist, schon versagt werden, sobald die beiden Gemeindekörperschaften über die Fluchtlinie einig geworden sind.

4. Der § 11 BauflG. legt den Polizeibehörden nicht die unbedingte Verpflichtung auf, jede Bebauung über die Fluchtlinie hinaus auszuschließen und jede Genehmigung zu einer Ueberschreitung der Fluchtlinie zu versagen (OVG. 25 379). Allein daraus folgt nicht, daß dem den Baukonsens Nachsuchenden ein Recht auf dessen Erteilung erwachsen kann. Er kann also nicht durch die Versagung des Konsenses in seinen Rechten verletzt werden. Die Polizei ist eben stets im Rechte, wenn sie von ihrer gesetzlichen Befugnis, einen Bau über die Fluchtlinie nicht zuzulassen, Gebrauch macht (Friedrichs-von Strauß, Kommt. z. BauflG. 82 Abs. 1), und eine weitere Prüfung, als die, ob die Fluchtlinie überschritten werde, kommt im StreitVerf. nicht in Betracht.

Nr. 18. Entsch. v. 27. Okt. 1904 (PrVerwBl. 26 486) IV 1352.

BauflG. § 12.

1. In dem OVG. 11. X. 97 32 360 ist nur gesagt, für die Annahme, daß ein Weg eine historische Straße sei, weil er keine schlechtere Beschaffenheit habe als der eigentliche Ortsbering, fehle die tatsächliche Voraussetzung, wenn in der Gemeinde eine geschlossene Ortschaft überhaupt nicht vorhanden sei. Diese Ausführung hat aber für die Fälle keine Geltung, in denen ein Weg von den Organen des Kommunalbezirks unter Zustimmung der Wegepolizeibehörde eigens für den Anbau und den inneren Verkehr hergerichtet und bestimmt wird, was auch in einem Gutsbezirke rechtlich möglich ist. In einem derartigen Falle würde der Weg, wenn noch keine geschlossene Ortslage bestand, eben die erste fertige für den Anbau und den inneren Verkehr bestimmte Straße darstellen (vgl. OVG. 18. III. 01 — PrVerwBl. 22 560). Unter derselben Voraussetzung ist es auch unerheblich, ob die für den Anbau und den inneren Verkehr bestimmte und fertig gestellte Straße diesen Zwecken bereits tatsächlich diente, und insbesondere, ob sie sich nicht innerhalb einer geschlossenen Ortschaft befand.

2. Gilt für eine Gemeinde das Bauverbot gem. § 12 BauflG. und hat die Gemeinde eine Ausnahme nicht bewilligt, so haben die Polizeibehörde und der Verwaltungsrichter nur zu prüfen, ob die Voraussetzungen vorliegen, unter denen nach Gesetz und Statut die Gemeindebehörde dem Bau widersprechen kann (OVG. 13. VI. 98 34 421). Die Gründe, aus denen die Gemeinde die Ausnahmebewilligung verweigert und die häufig auf finanziellen

Interessen der Gemeinde beruhen werden, unterliegen der Nachprüfung der Polizeibehörde und des Verwaltungsrichters nicht. Deshalb würde es auch unerheblich sein, wenn die Gemeinde allen Anträgen auf Genehmigung der Errichtung von Wohnhäusern gegenüber bisher in keinem Falle Widerspruch erhoben hat.

3. Die auf Grund des § 12 aaO. von den Gemeindebehörden erlassenen ortsstatutarischen Bestimmungen bilden einen Bestandteil des für die Gemeinde geltenden öffentlichen Baurechts und sind ebenso wie die baupolizeilichen Bestimmungen im engeren Sinne von den Polizeibehörden bei den Entscheidungen auf die ihnen vorgelegten Baugesuche zu beachten (OVG. 3. X. 98 34 409).

Nr. 19. Entsch. v. 30. Jan. 1905 (PrVerwBl. 26 928) IV 156.

BauflG. § 15.

Eine Straße gilt dann als vorhanden, wenn die nach dem Programm der Gemeindeverwaltung zu ihrer Fertigstellung vorzunehmenden Arbeiten im wesentlichen abgeschlossen sind. Auf fehlende Kleinigkeiten kommt es nicht an.

Nr. 20. Entsch. v. 17. April 1905 (PrVerwBl. 27 67) IV 611.

BauflG. § 15.

Die Bogen der Berliner Stadtbahn sind, wenn sie nicht zu wirtschaftlichen Zwecken (zB. Restaurationen) ausgebaut oder Träger von Bahnhöfen usw. sind, keine Gebäude iS. des § 15 BauflG.

Nr. 21. Entsch. v. 2. März 1905 (PrVerwBl. 26 687) IV 848.

BauflG. § 15.

1. Für den Begriff der „vorhandenen" Straße iS. des § 15 BauflG. ist es keineswegs erforderlich, daß alle Einrichtungen der Straße schon vollständig ausgeführt sind, die Straße schon ganz fertig hergestellt ist; sie kann vielmehr schon als „vorhanden" angesehen werden, auch wenn sie noch nicht in allen Beziehungen den an „fertige, historische" Straßen zu stellenden Anforderungen entspricht (OVG. 14. I. 04 44 119).

2. Rechtlich ist es zulässig, daß der dem Innern einer Stadt näher gelegene Teil einer Straße, weil er in der Entwickelung weniger vorgeschritten ist, noch nicht für vorhanden erachtet wird, während der weiter entfernte Teil wegen seiner selbständigen Entwickelung bereits vorhanden sein kann. Denn die Verbindung mit dem zusammenhängend bebauten Teile der Stadt durch die noch nicht voll entwickelte Straßenstrecke nimmt der weiter entwickelten Strecke nicht die Bestimmung für den inneren Verkehr und Anbau.

Nr. 22. Entsch. v. 21. März 1904 (PrVerwBl. 26 102) IV 439.

BauflG. § 15.

Die Entsch. betrifft die Frage, ob die Kunibertgasse zu Cöln eine historische Straße sei. Das OVG. bejaht die Frage und führt aus:

„Die Kunibertgasse besteht seit Jahrhunderten; sie war völlig ausgebaut mit Häusern und Türausgängen. Später ist der Anbau zurückgegangen. Indessen die Gasse war eine Straße, sie war mit Makadam befestigt, hatte freilich keine Bürgersteige, war nur 8 Fuß breit und auf der nicht bebauten Seite von der jetzt niedergelegten Stadtmauer begrenzt. Längs dieser Stadtmauer führte eine gepflasterte Rinne. Die Straße war also sehr dürftig ausgestattet und mit den meisten Straßen der inneren Stadt gewiß nicht zu vergleichen. Das hindert indessen nicht, der Kunibertgasse die Eigenschaft einer historischen Straße zuzuerkennen. Entscheidend hierfür ist, daß sie innerhalb der alten Stadtmauer von Cöln belegen war, in unmittelbarer Verbindung mit dem städtischen Straßennetz gestanden und auch unbestritten dem städtischen Verkehr gedient hat. War dieser Verkehr auch nur gering, was sich aus der Lage der Gasse, dem spärlichen Anbau in der neueren Zeit hinreichend erklärt, ist sie zudem lange Jahre für den Fuhrverkehr durch Pflöcke gesperrt gewesen, so ändert dies nichts an der Tatsache, daß sie dem inneren städtischen Verkehr offen lag."

J. Wegepolizei.

a) Popularklagen; Beteiligte in verschiedenen Polizeibezirken; Amtsvorsteher als ordentliche Wegepolizei; Wegepolizei auf Deichen; persönlich beteiligte Amtsvorsteher; Nachbarhilfe; interimistische Entscheidung des Kreisausschusses; Verkehrsbedürfnis; Guts- und Gemeindevorsteher.

Nr. 1. Entsch. v. 23. Juni 1904 (PrVerwBl. 26 182) IV 862.

Der Wegebaupflichtige muß erklären, daß er die öffentlich-rechtliche Unterhaltung einer Straße entsprechend den jeweiligen öffentlichen Verkehrsbedürfnissen uneingeschränkt übernehme, damit eine Privatstraße zu einer öffentlichen werde.

Nr. 2. Entsch. v. 2. Febr. 1905 (PrVerwBl. 26 601) IV 188.

PolVerwG. § 6 zu b; ZustG. §§ 55 f.

1. Bei einem Privatwege kann die Polizei hinsichtlich der Unterhaltung auf Grund der genannten Bestimmungen lediglich sicherheitspolizeiliche Anforderungen stellen (OVG. 9 247, 35 300), also im wesentlichen nicht mehr fordern, als daß der Weg so gehalten wird, daß sich das auf ihn angewiesene Publikum nicht einer polizeiwidrigen Gefährdung aussetzt. Die Erhaltung des verkehrsfähigen Zustandes, wie sie bei einem öffentlichen Wege verlangt werden kann (§ 55 ZustG., § 6 b PolVerwG.), reicht erheblich weiter und umfaßt auch die Sorge für die Leichtigkeit des Verkehrs, die bei einem Privatwege jedenfalls nicht von der Polizei wahrgenommen werden kann. Die polizeiliche Zuständigkeit reicht also nicht aus, um die Verkehrsfähigkeit eines Privatweges im vollem Umfange zu sichern.

2. Die Polizei kann den Wegebaupflichtigen anhalten, aus einem Interessentenwege einen öffentlichen Weg zu machen, wenn das Verkehrsbedürfnis dies fordert.

Nr. 3. Entsch. v. 2. Febr. 1905 (PrVerwBl. 26 564) IV 182.

ZustG. § 56.

1. Nach gemeinem und ebenso nach kursächsischem Rechte sind die Kirchhöfe ebensowenig öffentliche Plätze, wie dies nach dem ALR. der Fall ist. Die Kirchhöfe waren — das ALR. ist hierin dem gemeinen Recht lediglich gefolgt — der Regel nach von den Kirchengemeinden angelegt und Eigentum derselben (Ann. 16 927). Dadurch, daß sich über sie der Verkehr zu den Grabkapellen und den Gräbern bewegte, wurden sie nicht öffentlich im Sinne des Wegerechts, sie blieben daher auch unbeschränktes Eigentum der Kirchengemeinden, nachdem ihre Benutzung als Begräbnisplatz eingestellt wurde.

2. Allerdings kann unter Umständen die langjährige Duldung des öffentlichen Verkehrs auf einem Wege als Beweis dafür gelten, daß der Eigentümer den Weg dem öffentlichen Verkehre habe widmen wollen oder gewidmet habe. Die Annahme erscheint namentlich dann begründet, wenn aus der Art der Duldung erkennbar wird, daß die Besitzer ihr Recht, den Verkehr zu verhindern, selbst angezweifelt haben. Anderseits gibt es Fälle, in denen gerade die Art der Duldung nicht erkennen läßt, daß der Eigentümer sich einer Verpflichtung, den öffentlichen Verkehr zu dulden, bewußt gewesen sei, im Gegenteil erhellt, daß er bei der Zulassung des Publikums nicht daran gedacht hat, sein Verfügungsrecht über den Weg in irgend einer Beziehung aufzugeben. Es mag nur an die im Privateigentum der Eisenbahnen stehenden Eisenbahnzufuhrwege, die mit Zustimmung des Eigentümers einem fortgesetzten öffentlichen Verkehr offen stehen, ferner an die dem Publikum zur Benutzung überlassenen Parkanlagen erinnert werden. Bei einem Kirchplatze, in dessen Mitte sich eine Kirche befindet, der auch von Häusern mit Ausgängen nach dem Platz umgeben ist, kommt aber noch ein zweiter wesentlicher Umstand mit in Frage. Ein solcher Platz steht notwendig schon an sich einem großen Teil des Publikums zur Benutzung offen, und es würde zu großen, kaum zu lösenden Schwierigkeiten führen, wollte man hier Scheidungen vornehmen und den von jenem Verkehr verschiedenen allgemeinen Verkehr vom Kirchplatz fernhalten.

Nr. 4. Entsch. v. 14. März 1904 (PrVerwBl. 25 730) IV 399.

Wie in der OVG. 24. I. 98 34 401 des näheren ausgeführt ist, sind öffentliche Plätze in derselben Weise wie öffentliche Wege verkehrspolizeiliche Anstalten, die nicht zur freien Verfügung der Kommunen, auch wenn sie in deren Eigentum stehen, sondern der Bestimmung der Wegepolizeibehörden unterliegen. Sie werden vielfach tatsächlich auch für andere als die eigentlichen Verkehrszwecke benutzt, auch Schmuckanlagen entziehen die mit ihnen besetzten Flächen tatsächlich dem öffentlichen Verkehr, rechtlich bleiben aber auch diese Flächen Teile des öffentlichen Platzes, sie stehen nach wie vor unter der Aufsicht und zur Verfügung der Polizei, die nach ihrem Ermessen diese Flächen im Bedarfsfalle wieder für den öffentlichen Verkehr heranziehen kann.

Nr. 5. Entsch. v. 16. März 1905 (PrVerwBl. 26 618) IV 430.

LVG. §§ 127 ff.; ZustG. §§ 55 f.

1. Handelt es sich nicht um eine gegen den angeblich Wegebaupflichtigen erlassene wegebaupolizeiliche Verfügung, sondern um eine wegepolizeiliche Maßnahme gegen eine Person, durch die nach der Ansicht der Polizei die Verkehrssicherheit gestört wird, so ist nicht der Einspruch iS. des § 56 ZustG. das gegebene Rechtsmittel, sondern nach §§ 127 ff. LVG. die Beschwerde oder die Klage.

2. Wenn Verkehrshindernisse in Frage sind, die von einem öffentlichen Wege entfernt werden müssen, so kann sich die Wegepolizei außer an den Wegebaupflichtigen auch an den Urheber der Störung halten.

3. Bei Verbreiterung eines Weges war eine Anzahl Bäume im Wege stehen geblieben mit Zustimmung des Wegebaupflichtigen und der Wegepolizei. Als sich ein Bedürfnis eingestellt hatte, die Bäume im Verkehrsinteresse zu beseitigen, verlangte dies die Wegepolizei von den Eigentümern der Bäume, den Anliegern. Die Vf. wurde aufgehoben, weil die Polizei sich nur an den Wegebaupflichtigen halten dürfe. Er müsse sich die Bäume verschaffen und dann den Weg in einen verkehrsmäßigen Zustand versetzen.

Nr. 6. Entsch. v. 22. Sept. 1904 (OVG. **46** 286) IV C 18/04.

ALR. II 15 § 62; Ostpr. Strom-, Deich- u. UferO. v. 14. IV. 1806 (N. C. C. **12** Nr. 1 S. 1) § 3; EisenbG. § 4; ZustG. § 55.

Wenn ein an einem öffentlichen Flusse liegendes Bollwerk zur Sicherung eines Weges instand gesetzt werden muß, so hat die örtliche Wegepolizeibehörde das Recht, diese Instandsetzung zu fordern. Denn sie hat darauf zu achten, daß der Weg, dem das Bollwerk als notwendige Stütze dient, in polizeimäßigen Zustand versetzt wird und dem Verkehre, dem er gewidmet ist, erhalten bleibt. Sie ist daher zu einem auf die Wiederherstellung gerichteten Vorgehen an sich zuständig (§ 55 ZustG.). Das hat das OVG. wiederholt in Fällen, wo es sich um wegebauliche Arbeiten in oder an öffentlichen Flüssen handelte, anerkannt (vgl. OVG. 26. IX. 88 17 291, 307 und 26. IX. 89 18 225 ff.). In ähnlicher Weise ist die Zuständigkeit der örtlichen Wegepolizeibehörde bejaht worden, wenn Arbeiten in Frage kamen, deren Ausführung durch den Wegebaupflichtigen in eine nach § 4 EisenbG. der Landeseisenbahnpolizei unterstehende Eisenbahnanlage eingriff (OVG. 24. VI. 97 32 219, 225 u. 11. V. 03 43 227).

Wie aber nach dem letztgenannten Erk. die Wegepolizeibehörde die Umgestaltung eines öffentlichen Weges, die ohne Eingriff in eine Eisenbahnanlage nicht ausführbar ist, dem Wegebaupflichtigen erst nach Einholung der Zustimmung des Ministers der öffentlichen Arbeiten aufgeben darf, so ist auch im Falle der Reparatur des Bollwerks die örtliche Polizeiverwaltung zum Erlaß ihrer Verfügung nicht berechtigt, ehe nicht die Strompolizeibehörde, also der Regierungspräsident, sein Einvernehmen mit dem gewünschten Bau erklärt hatte. Denn nach § 62 II 15 ALR. soll „niemand an oder in öffentlichen Flüssen Wasserbaue führen, ohne sich vorher bei dem Staate gemeldet und die Genehmigung desselben erhalten zu haben", und dieselbe Vorschrift findet sich in § 3 Strom-, Deich- und UferO. für Ostpreußen und Litauen v. 14. IV. 1806.

b) Rechtsmittel gegen Anordnungen der Wegepolizeibehörde und Streitigkeiten der Beteiligten (§§ 55 und 56 ZustG.).

Nr. 1. Entsch. v. 21. Sept. 1903 (OVG. **44** 296) IV A 52 03.

ZustG. § 56.

Das aus dem Landrate und dem Wasserbauinspektor bestehende Deichamt (Prov. Hannover) gab einem Grundbesitzer auf, einen Weg auszubessern. Nach erhobenem Einspruche wurde die Verfügung aufrecht erhalten. Das OVG. hielt das VerwStreitVerf. für zulässig, weil das Deichamt eine Verfügung und einen Bescheid nach § 56 ZustG. habe erlassen wollen und erlassen habe; denn für die Frage, welches Rechtsmittel gegen den Bescheid gegeben sei, kam nicht in Betracht, ob der Weg ein öffentlicher und das Deichamt die für öffentliche Wege auf dem Deiche zuständige Wegepolizeibehörde sei, sondern darauf, daß das Deichamt als Wegepolizeibehörde aufgetreten sei. Damit sei das Rechtsmittel durch § 56 Abs. 4 gegeben. Auch Deichbehörden können die Obliegenheiten von Wegepolizeibehörden haben (OVG. 9. XII. 90 20 270).

Nr. 2. Entsch. v. 2. März 1905 (PrVerwBl. **27** 28) IV 1066.

LVG. §§ 127 ff.; ZustG. §§ 55 f.

Will die Wegepolizeibehörde einen Einspruchsbescheid nicht erlassen, so kann sie zu seinem Erlasse nur durch die Aufsichtsbehörde gezwungen werden.

Eine Klage auf Erlaß des Bescheides ist nicht gegeben, ebensowenig eine Klage gegen die von der Aufsichtsinstanz erlassene ablehnende Verfügung.

Nr. 3. Entsch. v. 7. Dez. 1903 (OVG. 44 415) IV C 100/02.

LVG. §§ 127, 129; ZustG. § 56.

1. Der Einspruch gem. ZustG. § 56 Abs. 1 ist nichts weiter wie eine besonders geartete Gegenvorstellung.

2. Ist bei polizeilichen Verfügungen der Einspruch nicht gegeben, so besteht kein rechtliches Hindernis, die Eingabe und den darauf erlassenen Beschluß als Gegenvorstellung und neue polizeiliche Verfügung anzusehen und dagegen die Rechtsmittel gem. §§ 127ff. LVG. zuzulassen (OVG. 3. XI. 90 20 308 und 2. V. 01 39 225).

Nr. 4. Entsch. v. 22. Okt. 1887 (OVG. 15 312) I B 14/87.

LVG. § 70; ZustG. § 56.

Einem Antrage auf Aufhebung einer wegepolizeilichen Verfügung (ZustG. § 56) kann nur stattgegeben werden, wenn die Wegepolizei mit verklagt ist. Die Beiladung ersetzt den Klageantrag nicht.

Nr. 5. Entsch. v. 30. Nov. 1904 (OVG. 46 289) IV C 101/03.

ZustG. § 56 Abs. 4 f.

Nach der Rechtsprechung des OVG. darf das StreitVerf., welches sich an eine die Unterhaltung eines Weges betreffende Verfügung der Wegepolizeibehörde gem. § 56 Abs. 4 ZustG. anschließt, immer nur den einzelnen Baufall betreffen, der den Gegenstand der Verfügung und des Einspruchsbeschlusses bildet. Es ist unzulässig, in einem solchen StreitVerf. auch über die abstrakte Pflicht zur Unterhaltung des Weges zu entscheiden (OVG. 23. IV. 87 15 277; 23. XII. 90 20 235, 239; 13. VI. 93 25 253).

Nr. 6. Entsch. v. 25. April 1904 (OVG. 45 289) IV C 7/03.

ZustG. § 56.

1. In dem OVG. 13. X. 02 42 231 hat der Gerichtshof gegenüber dem Tatbestande, daß ein mit einer Wegebesserung in Anspruch genommener Gutsherr in der Berufungsinstanz geltend gemacht hatte, er habe das Gut inzwischen veräußert, sei nicht mehr dessen Eigentümer, und deshalb könne die streitige Leistung von ihm nicht mehr gefordert werden, ausgeführt, daß durch die Veräußerung des Gutes die Parteistellung des Klägers nicht berührt sei. Solange weder die Klage zurückgenommen noch der Rechtsnachfolger in rechtlich zulässiger Weise anstatt seiner in den Streit eingetreten sei, liege ein prozessualer Grund für die Beendigung der Parteirolle nicht vor. Ebensowenig sei die Vollstreckbarkeit der wegepolizeilichen Verfügung gegen den Kläger durch die Veräußerung des Gutes in Frage gestellt. Die Wegebaulast in einem Gutsbezirke ruhe nicht wie eine privatrechtliche Reallast dinglich auf dem Gute, sondern liege dem Gutsherrn persönlich mit Rücksicht auf seinen Grundbesitz ob. Die Polizeibehörde könne eine wegebaupolizeiliche Verfügung zwar nur gegen den jeweiligen Gutsherrn richten, habe sie das aber getan, so müsse der in Anspruch Genommene die Leistung persönlich erfüllen, und an dieser persönlichen Verpflichtung gegenüber der Wegepolizeibehörde werde dadurch nichts geändert, daß er später den Grundbesitz aufgebe.

2. Diese Grundsätze finden auch Anwendung, wenn die Wegebaulast dem Besitzer eines kommunalrechtlich unselbständigen, in einem fremden Gutsbezirke belegenen Gute zugeschoben wird.

Nr. 7. Entsch. v. 16. Mai 1904 (OVG. 45 275) IV C 121/03.

ZustG. § 56 Abs. 5.

Ist eine Klage aus § 56 Abs. 5 ZustG. abgewiesen worden, weil der angegebene Rechtstitel nicht vorlag, so steht einer späteren Klage, die sich auf einen anderen Rechtstitel stützt, nichts entgegen (Feststellungsklage).

Nr. 8. Entsch. v. 9. Mai 1904 (OVG. 45 267) IV B 66/03.

ZustG. § 56 Abs. 7.

1. In Wegebaustreitigkeiten (ZustG. § 56 Abs. 7) ist zuständig, wenn ein Kreiskommunalverband als solcher beteiligt ist, der Bezirksausschuß. Es muß demnach auch die Klage binnen zweier Wochen bei letzterem eingelegt werden. Geschieht dies nicht, wird die Klage irrtümlich beim Kreisausschusse eingelegt, so gilt die Frist nicht als gewahrt.

2. Hatte der Kreisausschuß erkannt und gelangt die Sache im Wege der Berufung an den Bezirksausschuß, so hat dieser als Gericht erster Instanz zu erkennen. Gegen seine Entscheidung ist die Berufung an das OVG. zulässig.

Nr. 9. Entsch. v. 23. Juli 1905 (PrVerwBl. 26 680) IV 317.

Es kommt nicht darauf an, daß eine Observanz, welche die Eigentümer verpflichtet, den Bürgersteig zu unterhalten, in ihrer Ausübung für jeden einzelnen Straßenteil oder jedes Haus nachweisbar wäre. Die Observanz ist ihrer Natur nach Ortsrecht und gilt an sich für alle Straßen und Anlieger des Gemeindebezirks (OVG. 26. X. 87 16 296). Für einzelne Ortsteile kann sich allerdings ein abweichendes Ortsrecht entwickeln, aber nur unter denselben Voraussetzungen, wie eine Observanz.

c) Entwässerung von Wegen; ihre polizeimäßige Reinigung; Beleuchtung; Bürgersteige.

Nr. 1. Entsch. v. 6. Febr. 1905 (PrVerwBl. 26 752) IV 1489.

G. v. 11. frimaire VII (1. XII. 1798) Art. 4.

1. Durch das G. v. 11. frimaire VII ist die Wegebaupflicht in Ansehung der Gemeinde- und Vizinalweg'e den Gemeinden übertragen worden, und es folgt daraus, daß seitdem diesem Gesetz entgegenstehende, von dem ausgesprochenen Grundsatz abweichende Observanzen sich nicht mehr haben bilden können, damit aber auch sämtliche älteren, die Wegebaupflicht betreffenden Gewohnheitsrechte, Lokalobservanzen, grundsätzlich beseitigt worden sind. Das entspricht sowohl den Rechtsanschauungen des OVG. als auch hat die nachfolgende französische Gesetzgebung bis in die heutige Zeit an diesen Grundsätzen unverbrüchlich festgehalten (vgl. Dufour, Droit administratif[3] 3 318ff., 371ff.).

Nur hat in Ansehung der älteren Observanzen, jedoch ausschließlich soweit es sich dabei um die bis dahin von den Anliegern getragene Verpflichtung zur Unterhaltung des Pflasters der Ortsstraßen handelt, das Staatsratsgutachten v. 25. III. 07 das G. v. 11. frimaire VII, und zwar zugunsten der

Aufrechterhaltung dieser Observanzen, deklariert und damit einen Rechtszustand geschaffen, welcher, wie er in Frankreich noch gegenwärtig unverändert fortbesteht, auch im linksrheinischen Teile der Rheinprovinz volle Geltung erlangt hat. Das Staatsratsgutachten ist in dem bulletin des lois publiziert. Seine Gesetzeskraft ist zwar in Frankreich von einzelnen Schriftstellern angefochten, die Rechtsverbindlichkeit aber vom conseil d'état und auch in der Verwaltungspraxis stets anerkannt worden; schließlich hat der französische Gesetzgeber selbst in einem G. v. 20. VII. 37 die Gesetzeskraft noch ausdrücklich bestätigt (Dufour aaO. 8 391).

2. Hinsichtlich der anciens usages in Ansehung der Unterhaltung der Trottoirs galt in Frankreich zur Zeit der Einführung der französischen Gesetzgebung in der Rheinprovinz genau dasselbe, was hinsichtlich der anciens usages in Ansehung der Unterhaltung des Pflasters bestimmend war: les trottoirs ne sont qu'un pavage perfectionné. Daher können auch im linksrheinischen Teil der Rheinprovinz bloß solche Observanzen zur Unterhaltung der Bürgersteige Gültigkeit für sich in Anspruch nehmen, welche aus der Zeit vor Erlaß des G. v. 11. frimaire VII herrühren.

Nr. 2. Entsch. v. 26. Okt. 1905 (PrVerwBl. 27 394) IV 1485.

LVG. § 127; ZustG. § 56.

1. Wenn die Polizei die polizeiliche Reinigung des Bürgersteiges ausführen läßt und die Kosten von dem Pflichtigen einfordert, so liegt keine wegepolizeiliche Verfügung nach § 56 ZustG., sondern eine allgemein-polizeiliche Verfügung nach § 127 LVG. vor.

2. Ist ein Bürgersteig nur teilweise befestigt, so hört damit der unbefestigte Teil nicht auf, Bürgersteig zu sein.

Nr. 3. Entsch. v. 24. Nov. 1904 (PrVerwBl. 26 679) IV 1488.

1. Die die Reinhaltung der Straßengräben als Zubehör der Straßen mitumfassende Pflicht der polizeimäßigen Straßenreinigung, welche als weitergehend die inhaltlich geringere Verpflichtung des Wegebaupflichtigen zur Reinigung im verkehrspolizeilichen Interesse in sich begreift, liegt für die innerhalb der Stadtgemeinden vorhandenen städtischen Straßen diesen ob, was auch durch den § 11 AhVd., betr. die Kommunalabgaben, v. 16. VI. 38 bestätigt wird.

2. Die Besetzung einer Straße mit Wohngebäuden wird in der Regel ein besonderes gewichtiges Merkmal für ihre Eigenschaft als dem inneren Verkehr dienende städtische Straße bilden. Diese Voraussetzung ist jedoch nicht unbedingt erforderlich. Auch Straßenstrecken, welche vereinzelt oder gar nicht angebaut sind, ja selbst solche, die vielleicht aller Voraussicht nach in absehbarer Zeit einen Anbau nicht erfahren werden, weil dem natürliche Hindernisse oder die Art der Verwendung der angrenzenden Grundstücke entgegenstehen, bzw. solche, welche öffentliche Parks und Gartenanlagen durchschneiden, an Eisenbahnen, Kanälen und Flüssen entlang laufen, können als Glieder des städtischen Straßennetzes erscheinen, wenn sie die innere Stadt mit getrennt liegenden Stadtteilen oder Straßen verbinden, oder den Verkehr zu Häfen, Kirchhöfen, Bahnhöfen udergl. vermitteln (vgl. Germershausen, Das Wegerecht und die Wegeunterhaltung in Preußen 1 54 Anm. 5; OVG. 29. XI. 76 1 265; 30. X. 86 14 398; 23. VI. 88 17 323 und 29. XI. 92 24 241). Maßgebend ist immer nur, ob der sich auf der Straße vollziehende städtische Verkehr ein derartiger ist, daß die Reinigung der Straße, auf der er sich vollzieht, nicht nur ihre Benutzung für den Zweck der

Kommunikation sicherstellen, sondern auch weitergehenden Anforderungen, insbesondere der Gesundheitspflege und der Reinlichkeit Rechnung tragen muß.

Nr. 4. Entsch. v. 8. Juni 1905 (PrVerwBl. 27 247) IV 855.

1. Durch eine auf Grund des PolVerwG. erlassene Polizeiverordnung kann den Anliegern einer Straße die Reinigungspflicht nicht auferlegt werden. Durch Polizeiverordnungen können rechtliche Verbindlichkeiten nicht neu begründet, vielmehr nur polizeiliche Anordnungen über die Art und Weise der Erfüllung solcher Verbindlichkeiten getroffen werden, welche auf anderweitigen rechtlichen Grundlagen beruhen (vgl. OVG. 26. XI. 81 8 356).

2. Die Pflicht zur polizeilichen Reinigung der Straßen besteht für ländliche und für städtische Ortschaften, soweit das Zusammenleben einer größeren Anzahl von Menschen und die Art des Anbaues die Reinigung im allgemeinen polizeilichen, insbesondere sanitätspolizeilichen Interesse erforderlich machen (OVG. 17 323). Sowohl in ländlichen wie in städtischen Ortschaften kann deshalb kraft Observanz diese Pflicht den Anliegern anstelle der Gemeinde auferlegt sein. Wird die Gestaltung der Ortsstraßen infolge fortschreitender Entwickelung der Ortschaft vervollkommnet, entstehen insbesondere kunstmäßig hergestellte, von der Fahrstraße scharf geschiedene Fußgängerwege, Bürgersteige, die bisher in der Dorfstraße ganz fehlten oder nur in unvollkommener Form vorhanden waren, so wird dadurch in der Verpflichtung zur polizeimäßigen Reinigung nichts geändert. Desgleichen erstreckt sich die Observanz, wo sie einmal besteht, auf alle neuen Straßen, sie ergreift alle Ortsteile, wenn diese auch erst in der Folge entstanden sind, und es bedarf nicht des Nachweises, daß eine gleiche Entwickelung sich auch in ihnen vollzogen habe.

Nr. 5. Entsch. v. 29. Mai 1905 (PrVerwBl. 27 177) IV 816.

StO. § 11; KommAbgG. § 68.

1. Für die polizeimäßige Reinigung einer dem öffentlichen Verkehr gewidmeten Straßenstrecke hat nicht deren Eigentümer, sondern die Gemeinde als Trägerin der Kosten der örtlichen Polizeiverwaltung aufzukommen, soweit nicht eine entsprechende Pflicht für einen Dritten, insbesondere für die Anlieger, vermöge besonderen öffentlich-rechtlichen Titels begründet ist (OVG. 29 438, 36 240, 45 162).

2. Das OVG. geht näher auf die Frage ein, ob durch ein Ortsstatut die der Gemeinde der Polizei gegenüber obliegende polizeimäßige Reinigung auf die Anlieger ohne Zustimmung der Polizei abgewälzt werden könne. Die Frage wird verneint und, wie folgt, ausgeführt:

„Hinsichtlich der Zulässigkeit ortsstatutarischer Regelung auf dem Gebiete der Straßenreinigungspflicht ist zu unterscheiden, ob der Polizei gegenüber die Pflicht der Gemeinde obliegt und verbleiben soll und die ortsstatutarischen Bestimmungen im Rahmen dieses Verhältnisses zur Ordnung kommunaler Verpflichtungen der Gemeindeangehörigen — oder einzelner Klassen derselben, wie der Straßenanlieger — in bezug auf die Ausführung der Straßenreinigung ergehen, oder ob die Pflicht für die Gemeindeangehörigen — oder Klassen von solchen — als Polizeilast begründet oder bestehenden Falles anderweit geordnet werden soll, so daß von irgend welcher Verpflichtung der Gemeinde als solcher nicht oder nicht mehr die Rede ist und demzufolge die ortsstatutarische Satzung sich auf einem Gebiete bewegt, auf dem es an jeder Beteiligung der Gemeinde als Trägerin der Polizeilast fehlt.

Den Gemeinden ist nicht gestattet, im Wege ihrer Autonomie Verpflichtungen Dritter, auch wenn dies ihre Gemeindeangehörigen sind, der Polizei gegenüber zu begründen oder, zwischen die Polizei und die Verpflichteten sich eindrängend, bestehende polizeiliche Verbindlichkeiten ihrerseits zu regeln (OVG. 45 162, 166)."

Nr. 6. Entsch. v. 7. Dez. 1903 (PrVerwBl. 25 474) IV 1916.

LVG. §§ 127 ff.; ZustG. § 56.

Wenn eine Chaussee, die zugleich Hauptstraße eines Ortes ist, im Interesse des örtlichen Verkehrs besser beleuchtet werden muß, so liegt es der Ortspolizei ob, eine entsprechende Verfügung an die Gemeinde zu erlassen. Die Verfügung ist weder chausseebaupolizeilicher noch überhaupt chausseepolizeilicher Natur (OVG. 40 435, PrVerwBl. 19 543).

Nr. 7. Entsch. v. 30. Jan. 1905 (PrVerwBl. 27 284) IV 155.

ALR. II 17 § 10.

1. Die örtliche Polizeibehörde ist, wie in den OVG. 25. XI. 01 40 434 u. 24. XI. 02 42 371 näher dargelegt wird, befugt, die Beleuchtung eines Weges zu fordern, sobald dies im Interesse der Sicherheit und Ordnung und insbesondere mit Rücksicht auf die Art und den Umfang des sich auf dem Wege vollziehenden öffentlichen Verkehrs notwendig erscheint. Zur Beschaffung einer solchen Beleuchtung oder zur Bereitstellung der dafür erforderlichen Kosten ist die Gemeinde verpflichtet, in deren Grenzen der zu beleuchtende Weg belegen ist, wobei es nicht entscheidend darauf ankommt, ob dieser innerhalb der bebauten Ortslage liegt. Wenn sich auch vielfach das Bedürfnis der Beleuchtung gerade aus dem an dem Wege vorhandenen Anbau herleiten wird, so ist es anderseits nicht ausgeschlossen, daß die Ordnung und Sicherheit des Verkehrs auf dem Wege allein ohne ein hinzutretendes Bedürfnis für an dem letzteren befindliche Anbauten und Anwohner die Beleuchtung erfordern kann. Das Bedürfnis der Einrichtung einer solchen ist somit nicht auf eigentliche Ortsstraßen beschränkt.

2. Es kann dahingestellt bleiben, ob die Genehmigungsbehörde Anlaß nehmen kann, die Beleuchtung eines öffentlichen Weges einem Straßenbahn-Unternehmer bei Erteilung der Genehmigung als Bedingung aufzuerlegen. Liegt eine solche Genehmigungsbedingung nicht vor, so darf die Polizei die Straßenbahn nicht als Pflichtige (statt der Gemeinde) heranziehen. Die Straßenbahngesellschaft steht nicht anders da, wie jeder andere Gewerbetreibende, durch dessen Fuhrwerk der Straßenverkehr vermehrt wird.

d) Land- und Heerstraßen.

Nr. 1. Entsch. v. 8. Okt. 1903 (OVG. 44 254) IV C 6/03.

ALR. II 15 §§ 1 ff., 53.

1. In dem OVG. 29. IX. 88 17 279 ist zwar dargelegt, die Eigenschaft eines Weges als Landstraße sei im wesentlichen entsprechend derjenigen der Oeffentlichkeit zu beurteilen; danach müsse ein Weg als Landstraße gelten, wenn er für den allgemeinen, über das örtliche Interesse hinausgehenden Verkehr, als „Grundlinie für den im Lande sich bewegenden Hauptverkehr", ausdrücklich oder stillschweigend bestimmt worden sei. Vorher aber ist hervorgehoben, der § 1 II 15 ALR. stelle nur ein Erfordernis für die Eigenschaft eines Weges als Landstraße ausdrücklich auf, nämlich dies, daß der Weg von einem der dort bezeichneten Punkte (Landesgrenze, Stadt, Post- oder Zollamt, Meer, Hauptstrom) zu einem anderen führe. Es müsse jedoch

noch das fernere rechtliche Merkmal -- daß nämlich der Weg bestimmt sei, zu einem über den bloß örtlichen hinausgehenden, allgemeinen (Haupt)Verkehre zu dienen, — zu dem erwähnten tatsächlichen Merkmale hinzutreten (OVG. 7. IV. 91 21 259). Damit sollte — einschränkend — ausgesprochen werden, daß nicht jede Verbindung zwischen Endpunkten der bezeichneten Art schon darum allein eine Landstraße sei, aber das Vorhandensein zweier Endpunkte wurde gerade als die erste Voraussetzung bezeichnet, um eine Landstraße annehmen zu können.

2. Allerdings würde die ausdrückliche Erhebung eines Weges zur Landstraße durch die Landespolizeibehörde nicht darum unwirksam sein, weil einer oder beide Endpunkte den Erfordernissen des § 1 II 15 ALR. nicht entsprächen. Wenn es dagegen an einem ausdrücklichen Ausspruche der Landespolizeibehörde fehlt, auf die Landstraßeneigenschaft vielmehr aus den Umständen geschlossen werden soll, so ist die Feststellung der Endpunkte unerläßlich. Gerade das Wort Verkehr setzt einen Ausgangs- und Zielpunkt voraus, und auch die Begriffsbestimmung des § 1 aaO. beruht durchaus auf dem Gesichtspunkte der Verbindung zweier für den Verkehr bedeutsamen Punkte.

Nr. 2. Entsch. v. 5. Okt. 1903 (OVG. 44 258) IV B 86/99.

ALR. II 15 §§ 53 f., 138.

1. Schon in einem früheren Urt. hat das OVG. ausgeführt, abgesehen davon, daß die Landstraßen nicht aufhörten, wenn sie in eine städtische Feldmark eintreten, stelle auch nicht notwendig und kraft Gesetzes jede bebaute Ortslage einer noch so kleinen Stadt eine Unterbrechung des Landstraßenzugs dar, vielmehr könnten Landstraßen auch Städte durchziehen. Allein es muß anerkannt werden, daß dies als eine Ausnahme und die Unterbrechung der Landstraße durch die bebaute Stadtlage als die Regel anzusehen ist.

Nach den in Ostpreußen bis zum Inkrafttreten des ALR. maßgebenden Grundsätzen des gemeinen Wegerechts waren nicht nur die über Privatflüsse, sondern auch die über öffentliche Flüsse führenden Brücken keine selbständigen Verkehrsanstalten, gehörten vielmehr in der Regel wegerechtlich zu den öffentlichen Wegen, in deren Zuge sie lagen (OVG. 17. V. 00 37 257).

2. Nun hat das ALR. jenen gemeinrechtlichen Grundsatz in § 54 II 15 nur für Brücken über Privatflüsse beibehalten, dagegen nach § 53 das. Brücken über schiffbare Ströme nicht als Teile des Wegenetzes, sondern als selbständige Verkehrsanstalten behandelt und bestimmt, daß die Unterhaltung derartiger Brücken in der Regel demjenigen obliegen soll, welcher daselbst die Nutzung des Stromes hat. Das ist eine subsidiäre Vorschrift, die alsdann anzuwenden ist, wenn nicht schon auf anderer Grundlage eine Verpflichtung zur Brückenunterhaltung besteht, zB. dann nicht, wenn eine Brückengeldgerechtigkeit verliehen ist und der Inhaber nach § 138 die Unterhaltung zu leisten hat. Ferner ist aber auch abgesehen von derartigen Fällen dem § 53 nicht die Bedeutung beizumessen, daß mit dem Inkrafttreten des ALR. alle bisherigen Verpflichtungen zur Unterhaltung bereits bestehender Brücken über schiffbare Ströme ipso jure aufgehoben worden wären. Die Vorschrift in § 53 schließt sich eng an § 52 das. an, wonach neue Brücken über öffentliche Ströme niemand, auch auf eigenem Grund und Boden, ohne besondere Erlaubnis des Staates anlegen darf. Der Staat ist befugt, bei Erteilung der Erlaubnis die Unterhaltungspflicht zu regeln und sie unter Umständen dem Erbauer aufzulegen, zB. einer Stadtgemeinde, wenn die Brücke zur Verbindung städtischer Straßen dienen soll und notwendig ist. Im übrigen steht es im freien Ermessen des Staates, ob er Brücken über öffentliche Flüsse

anlegen will, er kann polizeilich dazu nicht gezwungen werden (OVG. 2. XI. 85 12 243, 26. IX. 89 18 226 u. 17. XI. 02 42 206). Entschließt er sich zur Anlegung einer derartigen Brücke, so hat er gem. § 53 in der Regel die Verpflichtung zur Unterhaltung, solange sie besteht, während ihre Beseitigung wiederum seinem freien Ermessen unterliegt.

e) Chausseen; Chausseegelderhebung.

Nr. 1. Entsch. v. 8. Dez. 1904 (PrVerwBl. 26 843) IV 1553.

ZustG. § 56 Abs. 4, 7.

1. Ein Weg erhält die Eigenschaft einer Kunststraße oder Chaussee im rechtlichen Sinne nicht bereits durch die Art seines Ausbaues, sondern erst dadurch, daß er den für Chausseen erlassenen gesetzlichen und reglementarischen Bestimmungen unterstellt wird (vgl. OVG. 7 259, 9 248, 24 207).

2. Die Vschr. des § 56 Abs. 4 ZustG. findet auf Fälle, in welchen der Inanspruchgenommene behauptet, daß es sich bei dem zu unterhaltenden Wege um eine Chaussee handele, keine Anwendung (Urt. 17. IV. 99 — OVG. 36 256, PrVerwBl. 21 127).

3. Wird durch den Verwaltungsrichter in einem Wegebaufalle über die rechtliche Natur eines Weges inzidenter entschieden, so gilt die Entscheidung nur für diesen Baufall.

4. Die Inanspruchnahme von Hand- und Spanndiensten bei Landstraßen richtet sich nach dem jeweiligen Verkehrsbedürfnisse, wie bei allen übrigen öffentlichen Wegen.

Nr. 2. Entsch. v. 3. Okt. 1904 (OVG. 46 293) IV B 28/03.

ALR. II 15 § 138; SchlesWegeRegl. v. 11. I. 1767; SchlesWegezollRegl. v. 26. VIII. 1789; Publ. 26. X. 1802.

Wie ein Weg nicht durch „Observanz" die Eigenschaft der Oeffentlichkeit erhalten oder verlieren kann (OVG. 5. VI. 99 36 264), ebensowenig kann eine Wegestrecke, die in rechtswirksamer Weise Teil einer Chaussee geworden ist, der Eigenschaft als Chaussee durch „Observanz" verlustig gehen. Der Umstand, daß ein anderer als der Chausseebaupflichtige eine Chausseestrecke unterhält, vermag die rechtliche Eigenschaft der Strecke als Chaussee nicht zu verändern. Anderseits kann die tatsächliche Unterhaltung einer Chausseestrecke durch einen anderen nicht die auf dem Heberechte beruhende öffentlich-rechtliche Verpflichtung des Chausseebaupflichtigen aufheben und auf den anderen übertragen. Selbst wenn man in derartigen Veränderungen der tatsächlichen Unterhaltung die Grundlagen für eine Observanz finden könnte, so würde der Annahme einer solchen Observanz doch immer der § 138 II 15 ALR. entgegenstehen. Gegen diese gesetzliche Bestimmung, welche dem Inhaber einer Wegegeldgerechtigkeit die Pflicht zur Unterhaltung des Weges auferlegt, kann sich eine Observanz nicht bilden. Dies gilt auch für das Gebiet des SchlesWegeRegl. v. 1767, da, soweit etwa Abweichungen aus dem SchlesWegezollRegl. v. 1789 und dem Publ. wegen Verminderung des Chausseegeldes in Schlesien v. 1802 abgeleitet werden könnten, diese jedenfalls auf fiskalische Chausseen zu beschränken sein würden.

Nr. 3. Entsch. v. 27. April 1905 (PrVerwBl. 27 218) IV 658.

1. Soll eine Chausseestrecke in eine städtische Straße umgewandelt werden, so ist dazu die Genehmigung des Regierungspräsidenten als Chausseebaupolizeibehörde erforderlich.

2. Ohne seine Genehmigung kann auch ein Fußgängerbankett nicht aus einer Chaussee ausscheiden und in einen städtischen Bürgersteig verwandelt werden.

3. Der Gemeinde als Trägerin der allgemeinen Wegebaulast liegt es ob, sich das Terrain für einen anzulegenden Bürgersteige zu verschaffen. Der Anlieger, der zur Befestigung des Bürgersteiges observanzmäßig verpflichtet ist, hat nicht die Verpflichtung, das Terrain von einem Dritten sich zu verschaffen.

Nr. 4. Entsch. v. 19. Juni 1905 (PrVerwBl. 27 359) IV 905.

Bei der Frage, ob eine Chaussee sich in eine Ortsstraße verwandelt hat, ist der Umstand, daß die Provinz die Unterhaltung noch hat, nicht wesentlich. Wesentlich ist vielmehr die Art des Anbaues an der Chaussee und die Art des Ausbaues des Straßenkörpers. Die Chaussee muß nach dem Willen der Gemeinde dem Anbau und dem innern Verkehre dienen sollen.

f) Fähren in wegepolizeilicher Hinsicht; Brücken; Brücken- und Wegegelderhebung.

Nr. 1. Entsch. v. 11. Febr. 1904 (OVG. 45 297) III A 27/03.

ZustG. § 56 Abs. 4.

1. Das ALR. enthält keine Bestimmung, die hinderte, den von Natur schiffbaren Flüssen, die zu Strömen erklärt worden sind, diejenigen Privatflüsse gleichzustellen, welche vom Staate oder mit Genehmigung des Staates für den öffentlichen Verkehr schiffbar gemacht worden sind, solange der öffentliche Schiffahrtsverkehr besteht. Für diesen Fall ist daher dem beizutreten, was dafür bereits das OTr. 19. IV. 77 (StriethArch. 99 151) dahin zum Ausdrucke gebracht hat, daß ein zum Teil schiffbar gemachter Privatfluß in diesem Teile seinen bisherigen privatrechtlichen Charakter verliere, während er ihn auf den nicht schiffbar gemachten Strecken behalte. Auf dem gleichen Standpunkte stehen auch schon die OVG. 20. XI. 02 42 233 u. 5. IV. 92 22 196.

2. Eine Brücke über einen öffentlichen Fluß ist eine selbständige Kommunikationsanstalt (OVG. 6. XI. 91 22 183 f., 12. I. 92 22 193, 21. II. 98 33 268 u. 17. XI. 02 42 206). Bei einer derartigen Brücke besteht zwar keine erzwingbare Pflicht zur ersten Anlegung, wohl aber zur Unterhaltung. Ueber die Instandhaltung hat diejenige Polizeibehörde zu bestimmen, welcher der Weg, in dessen Zuge sie liegt, unterstellt ist (OVG. 17. V. 00 37 262 u. Jebens, Verwaltungsrechtliche Aufsätze 139 f.). Wenn die Brücke im Zuge einer Chaussee liegt, so ist zu einer Anordnung, ihre baufälligen Brückenklappen zu erneuern, zwar der Regierungspräsident zuständig, aber nicht als Strom- und Schiffahrtspolizeibehörde, sondern als Chausseebaupolizeibehörde. Hieraus folgt, daß ein Wasserbauinspektor nicht in seiner Eigenschaft als der mit Wahrnehmung der Strom- und Schiffahrtspolizei Beauftragte des Regierungspräsidenten eine solche Vf. erlassen darf.

3. Hat der Regierungspräsident als Chausseebaupolizeibehörde eine Anordnung auf Reparatur einer Brücke erlassen, so ist als alleiniges Rechtsmittel der Einspruch (ZustG. § 56 Abs. 4) zulässig, dann die Klage (OVG. 17. IV. 99 36 256). Ein Wasserbauinspektor, der nur Organ der Strom- und Schiffahrtspolizei ist, ist zum Erlasse einer strompolizeilichen Verfügung aus eigenem Rechte nicht zuständig. Erläßt er sie als Organ des Regierungspräsidenten, so kann bei dem Regierungspräsidenten dagegen remonstriert oder beim Oberpräsidenten die ordentliche Beschwerde eingelegt werden. Die Vf. wird so behandelt, als wenn sie vom Regierungspräsidenten erlassen wäre.

Nr. 2. Entsch. v. 16. Nov. 1903 (OVG. 44 248) IV C 129/01.

GenMautPat. v. 22. VIII. 1738 (KornEdS. 19 436); ALR. II 15 § 138.

1. Die Wegeunterhaltungspflicht eines mit der Wege- oder Brückengeldgerechtigkeit Beliehenen ist eine Rechtsfolge des Privilegs; sie entsteht kraft Gesetzes mit der Verleihung des letzteren durch die zuständige Stelle, nicht aber durch Vt. mit den beteiligten Kommunen (OVG. 7. XII. 87 16 301). Die Verleihung des Privilegs ist ein Akt der Verwaltung, nicht der Gesetzgebung. Verwaltungsakte können, soweit nicht besondere Gesetzesvorschriften entgegenstehen, auf demselben Wege rückgängig gemacht werden, auf dem sie zustande gekommen sind. Ein Privileg kann daher zB. durch KabO. aufgehoben werden, ohne daß es dazu der Inanspruchnahme der Gesetzgebung bedarf (Dernburg, Preuß. Privatrecht 1 § 25[2]; StriethArch. 60 111 ff.).

2. Nach Aufhebung des Privilegs richtet sich die Pflicht zur Unterhaltung einer Brücke lediglich nach dem gemeinen Wegerechte, in Schlesien nach dem SchlesWegeRegl. Danach ruht die Pflicht nicht auf den einzelnen anliegenden Grundstücken, sondern auf den anliegenden Kommunen.

Nr. 3. Entsch. v. 30. Nov. 1904 (OVG. 46 267) IV C 84/04.

ALR. II 15 § 138.

1. Wenn jemandem infolge der ihm verliehenen Wege- oder Brückengeldgerechtigkeit die Wegeunterhaltungslast obliegt, so kann diese weder durch Observanz noch durch Rezeß abgeändert werden, auch nicht durch Verjährung oder Verzicht auf die Berechtigung erlöschen.

2. Hindert der Staat die Ausübung der Gerechtigkeit, so ruht die Wegeunterhaltungspflicht.

3. Das Recht zur Pflastergelderhebung ist nicht identisch mit dem Rechte auf Erhebung von Marktstandsgeld.

Nr. 4. Entsch. v. 19. Jan. 1905 (OVG. 46 272) IV C 119/04.

ALR. II 15 § 138; PrGewO. § 77; Vd.v. 4. X. 47 (GS. 395) über die Marktstandsgelder; G. v. 26. IV. 72 (das. 513), betr. die Erhebung von Marktstandsgeld; RGewO. § 68.

Eine Verpflichtung des Fiskus zur Unterhaltung eines Platzes folgt nicht aus dem Umstande, daß er dort Marktstandsgeld erhebt. Selbst angenommen, daß dem Fiskus dazu eine Gerechtigkeit zustehe, so ist dadurch kein ihn verpflichtender Titel des öffentlichen Rechtes begründet. Die gesetzlichen Vorschriften, welche die Erhebung von Marktstandsgeld regeln, enthalten nichts, was zu einer solchen Annahme führen könnte. In dieser Beziehung kommen für die geschichtliche Entwickelung der § 77 PrGewO. sowie die dazu erlassene Vd. v. 4. X. 47 in Betracht, und sind jetzt der § 68 RGewO. und das PrG. v. 26. IV. 72 maßgebend. In keiner dieser Vorschriften ist gesagt, daß der Inhaber der Gerechtigkeit die öffentlich-rechtliche Pflicht habe, einen Marktplatz iS. des Wegerechts zu unterhalten.

Nr. 5. Entsch. v. 30. Nov. 1904 (OVG. 46 274) IV C 157/02.

ALR. II 15 §§ 11 ff., 138.

Beruht eine Wegegeldberechtigung auf einem vor der Einführung des ALR. in Posen wohl erworbenen Rechte, so besteht sie weiter. Nach Einführung des ALR. kann sie nur durch landesherrliche Verleihung entstehen. Auf beide Arten findet die Vschr. in § 138 II 15 ALR. Anwendung.

Nr. 6. Entsch. v. 15. Febr. 1904 (OVG. 44 252) IV C 99/02.

ALR. II 15 §§ 11, 13, 15, 138.

Mit dem Fortfalle einer Wegezollberechtigung hört auch die damit verbunden gewesene Wegeunterhaltungspflicht auf.

h) Inanspruchnahme von Wegen für den öffentlichen Verkehr (§ 56 ZustG.); Privatrechte an öffentlichen Wegen; Gemeingebrauch an öffentlichen Wegen.

Nr. 1. Entsch. v. 4. Mai 1905 (PrVerwBl. 27 46) IV 693.

ZustG. § 56.

1. Ist ein Weg unter Zustimmung der rechtlich Beteiligten (Wegepolizei, Wegeunterhaltungspflichtigen, Eigentümer des Grund und Bodens) dem öffentlichen Verkehre gewidmet worden, so kann der Eigentümer des Grund und Bodens nicht einseitig diese Widmung rückgängig machen.

2. Wenn die Wegepolizei mit Verfügung gegen die Beeinträchtigung des Bestandes eines dem öffentlichen Verkehre gewidmeten Weges einschreitet, so kann dann mit Erfolg nicht der Einwand entgegengesetzt werden, daß der Wegeteil für den öffentlichen Verkehr entbehrlich sei.

Nr. 2. Entsch. v. 15. Dez. 1904 (PrVerwBl. 26 580) IV 1602.

ZustG. § 56.

1. Wenn die Wegepolizei ein an einem öffentlichen Wege behauptetes Privatrecht beseitigen will, muß sie eine Vf. nach § 56 ZustG. erlassen, gegen die nur der Einspruch zugelassen ist.

2. Wird der Inhalt der Vf. verkannt und die Sache in das Beschwerde- und später in das VerwStreitVerf. geleitet, so sind die Beschwerdebescheide aufzuheben, und die angebliche Beschwerde ist als Einspruch an die Wegepolizei zur Bescheidung abzugeben.

Nr. 3. Entsch. v. 24. Okt. 1904 (OVG. 46 241) IV C 42/04.

LVG. §§ 76, 127; ZustG. §§ 47, 56, 66.

1. Nach der in dem OVG. 15. V. 99 35 285 dargelegten Auffassung bildet im StreitVerf. über Verfügungen der Wegepolizeibehörde, betr. die Inanspruchnahme von Wegen für den öffentlichen Verkehr, den Gegenstand der Entscheidung die Aufhebung, Einschränkung oder Aufrechterhaltung der polizeilichen Anordnung; es kommt dabei die Oeffentlichkeit des Weges nur als Zwischenpunkt in Betracht. Der Verwaltungsrichter muß sich darüber klar machen, ob die Polizei den Weg als öffentlichen behandeln durfte oder nicht.

2. Nach den Vorschriften, die das ZustG. über die Art des StreitVerf. in Wegesachen enthält, hat die Polizeibehörde in der Rolle des Beklagten aufzutreten. Ob hierbei die „allgemeinen Prozeßregeln" für den Zivilprozeß Geltung beanspruchen können, kann unerörtert bleiben; auf das VerwStreitVerf. sind sie jedenfalls nicht ohne weiteres zu übertragen. Denn in diesem Verfahren gilt grundsätzlich nicht die Verhandlungs- sondern die Untersuchungsmaxime; namentlich sind die Verwaltungsgerichte nicht darauf beschränkt, den von den Parteien angetretenen Beweis zu berücksichtigen, sondern sie sind nach § 76 LVG. befugt, jeden nach ihrem freien Ermessen für die Klarstellung des Sachverhalts erforderlichen Beweis zu erheben.

3. Der Verwaltungsrichter wird allerdings in verschiedenen Fällen von der Privatperson, welche eine polizeiliche Anordnung angreift, den Nachweis erfordern, daß die Anordnung zu Unrecht ergangen sei. So hat zB. nach § 127 Abs. 3² LVG. der Regel nach der Kläger zu beweisen, daß die tatsächlichen Voraussetzungen nicht vorhanden seien, welche die Polizeibehörde zum Erlasse der Vf. berechtigt haben würden. Wer ferner eine ihm in Schulbau-, Wegebau- und Wasserpolizeisachen gemachte Auflage um deswillen bestreitet, weil nicht er, sondern ein Dritter zu der Leistung verpflichtet sei, muß den Nachweis der Verpflichtung des mitbeklagten Dritten führen (§§ 47, 56, 66 ZustG.). In allen diesen Fällen wird aber davon ausgegangen und als selbstverständlich vorausgesetzt, daß die Polizei zum Erlasse der angefochtenen Vf. an sich zuständig war und sich auf einem Gebiete bewegte, welches ihrer Fürsorge gesetzlich unterliegt. Gerade das aber wird streitig in dem Verfahren über eine Vf., mit der die Wegepolizeibehörde einen Weg für den öffentlichen Verkehr in Anspruch genommen hat. In einem solchen Falle handelt es sich sogar idReg. ausschl. darum, ob der Gegenstand, dem die Polizei ihre Fürsorge zuwendet, ihrem Einschreiten aus einem Grunde des Wegerechts überhaupt zugänglich ist, und nicht um die sonst allein zu entscheidende Frage, ob sich die Anordnung innerhalb des polizeilich Zulässigen bewegt. Jene Grundlage für ihr Einschreiten muß aber als vorhanden nachgewiesen sein, wenn die Anordnung soll aufrechterhalten werden können, und deshalb hat das OVG. mit Recht verlangt, der Verwaltungsrichter müsse im Streitfalle feststellen, daß es sich um einen öffentlichen Weg handle, und sei das nicht möglich, so unterliege die angefochtene Vf., als der erforderlichen Grundlage entbehrend, der Aufhebung (OVG. 2. I. 02 — PrVerwBl. 23 441).

Nr. 4. Entsch. v. 22. Dez. 1904 (OVG. 46 245) IV B 53/03.

ZustG. § 56.

Wenn es auch bei einem Streite über die Oeffentlichkeit eines seiner Begrenzung nach bestimmten Weges nicht entscheidend darauf ankommt, ob der Wegekörper sich in Privateigentum befindet oder nicht, so handelt es sich doch, sobald die Begrenzung eines öffentlichen Weges gegen ein anstoßendes Privatgrundstück in Frage steht, in erster Linie um den Umfang des Privatgrundstücks, und wenn das Eigentum des Anliegers an der streitigen Fläche feststeht, so spricht eine Vermutung für die Freiheit des Privateigentums. Ferner kann in einem Verfahren wegen Inanspruchnahme eines Weges für den öffentlichen Verkehr (ZustG. § 56) die Klage nicht schon dann abgewiesen werden, wenn dem Kläger der Beweis seines Eigentums an der streitigen Fläche nicht gelingt: vielmehr muß die Wegepolizeibehörde die bestrittene Zugehörigkeit zu einem öffentlichen Wege sogar dem Nichteigentümer gegenüber dartun, weil davon ihre Zuständigkeit zur Inanspruchnahme der Fläche für den öffentlichen Verkehr abhängt (OVG. 28. XI. 94 27 222 u. 11. III. 85 12 271).

Nr. 5. Entsch. v. 5. Juni 1905 (PrVerwBl. 26 864) IV 839.

ZustG. § 56.

1. Die Inanspruchnahme einer Wegefläche für den öffentlichen Verkehr ist nicht gegen den Wegebaupflichtigen, sondern gegen denjenigen zu richten, welcher Privatrechte an dem Streitstücke geltend macht. In dem OVG. 26. II. 91 20 303 ist gesagt, daß mit der Inanspruchnahme nicht die Umwandlung eines unstreitigen Privatwegs in einen öffentlichen gefordert werden könne, vielmehr eine solche Forderung an den Wegebau-

pflichtigen zu richten sei. Eine derartige Umwandlung steht aber nicht in Frage, wenn die Wegepolizei behauptet, daß die streitige Fläche schon immer zum öffentlichen Wege gehört habe.

2. Liegt eine Inanspruchnahme iS. von § 56 ZustG. vor, so ist dagegen als Rechtsmittel nur der Einspruch und erst gegen den auf den Einspruch ergehenden Beschluß der Polizei die Klage zulässig.

i) Einziehung und Verlegung öffentlicher Wege (§ 57 ZustG.).

Nr. 1. Entsch. v. 25. Jan. 1904 (OVG. 44 268) IV B 110/02.

ZustG. § 57.

1. Die Durchführung eines Bebauungsplanes bietet ein öffentliches Interesse dar, das bei der Einziehung von öffentlichen Wegen Berücksichtigung zu beanspruchen hat (OVG. 14. VII. 93 25 237).

2. Ein Anlieger an einem öffentlichen Wege braucht sich nicht damit zu begnügen, daß der Bestand des Weges künftig lediglich durch einen Privatvertrag sichergestellt werden soll. Des Anliegers Anspruch ist begründet, daß sein Grundstück durch einen öffentlichen Weg mit dem öffentlichen Wegenetze verbunden bleibt.

Nr. 2. Entsch. v. 5. Okt. 1903 (OVG. 44 264) IV C 182/02.

ZustG. § 57.

1. Nach § 57 ZustG. hat die Wegepolizeibehörde das Vorhaben der Einziehung eines öffentlichen Weges mit der Aufforderung, binnen 4 Wochen zur Vermeidung des Ausschlusses Einsprüche zu erheben, in der dort vorgeschriebenen Weise bekannt zu machen. Ueber die Einsprüche hat die Wegepolizeibehörde zu beschließen. Gegen den Beschluß ist die Klage gegeben. Das OVG. 23. VI. 91 21 250 spricht lediglich aus, der § 57 setze als das gewöhnliche Verfahren voraus, daß die Wegepolizeibehörde mit dem Beschluß über erhobene Einsprüche den Beschluß darüber, ob der Weg einzuziehen ist, verbindet, erachtet es indessen keineswegs für ausgeschlossen, daß die Polizeibehörde zunächst die erhobenen Einsprüche zurückweist und, davon getrennt, gleichzeitig oder später die Einziehung des Weges anordnet.

2. Zutreffend ist es, daß der vom Gesetz eröffnete Klageweg nur gegen den die Zurückweisung des Einspruchs aussprechenden Beschluß und nicht gegen die auf Grundlage eines unanfechtbar gewordenen Einspruchsbescheids den Einsprechenden bekannt gegebene Entschließung über die Einziehung gegeben ist.

3. Die Erhaltung eines bestehenden öffentlichen Weges für eine umfangreiche, sich darauf ständig vollziehende Holzabfuhr bildet zweifellos für den oder die hieran Beteiligten — Waldbesitzer und Holzabnehmer — ein rechtlich geschütztes Privatinteresse, und nach der Rechtsprechung des OVG. setzt sich das öffentliche Interesse an dem Fortbestande eines öffentlichen Weges aus den Privatinteressen aller Beteiligten zusammen.

Nr. 3. Entsch. v. 28. März 1904 (OVG. 45 273) IV C 24/03.

ZustG. § 57.

Die Vorschrift des § 57 ZustG. über Einziehung und Verlegung öffentlicher Wege bestimmt zweierlei; sie sagt einmal, welche Fassung die Bekanntmachung haben muß, und weiter, in welcher Weise sie zur öffentlichen Kenntnis zu bringen ist. Die OVG. 15. IX. 88 18 238, 1. VII. 90 19 256 und 23. VI. 91 21 250 beziehen sich sämtlich auf die Art der Bekanntgabe und behandeln Nichtveröffentlichung im Amtsblatte, Veröffentlichung im Amtsblatte mit nur einer Woche Frist und Unterlassen der ortsüblichen Bekanntmachung. In allen drei Fällen hat das OVG. die Einziehungsbeschlüsse aufgehoben. Selbstverständlich ist der Inhalt der Bekanntmachung nicht weniger wesentlich als die Bekanntgabe selbst. Nach dem Wortlaute des § 57 ist aber die Verwarnung, die Einsprüche binnen 4 Wochen zur Vermeidung des Ausschlusses geltend zu machen, nicht so aufzufassen, als ob der Rechtsnachteil lediglich als Folge der Einspruchsunterlassung hingestellt werden soll; die betr. Stelle gibt die notwendige Fassung der Bekanntmachung mit diesem Rechtsnachteil als zwingende Vorschrift an. Der Zusatz ist aber auch nicht unerheblich; nicht alle Fristen sind präklusivischer Natur; es muß dies besonders gesetzlich angeordnet sein (§ 52 LVG.).

Nr. 4. Entsch. v. 8. Jan. 1906 (PrVerwBl. 27 453) IV 38.

ZustG. § 57.

1. Es gehört zu den Aufgaben der Polizeibehörden, den auf Schaffung angemessener Bauplätze gerichteten Bestrebungen der Gemeindebehörden durch eine sachgemäße Anwendung des § 57 ZustG. Vorschub zu leisten (OVG. 25. I. 04 44 268).

2. Dem Träger der öffentlich-rechtlichen Wegebaulast Aufwendungen zu ersparen, die im Interesse des Verkehrs nicht geboten sind, gehört aber gleichfalls zu den durch das Verfahren gem. § 57 zu erfüllenden Aufgaben der Polizeibehörde.

Nr. 5. Entsch. v. 26. Okt. 1903 (OVG. 44 277 idAnm.) IV B 117/02.

KurhG. v. 2. V. 63 (KurhGS. 9) § 33; ZustG. § 57.

Schon vor Erlaß des § 57 ZustG. war es in Kurhessen zulässig, ohne daß dafür ein besonderes Verfahren vorgeschrieben war, öffentliche Wege einzuziehen (vgl. § 33 KurhG. v. 2. V. 63).

Nr. 6. Entsch. v. 19. Okt. 1903 (OVG. 44 272) IV C 46/03.

KurhG. v. 2. V. 63 § 33; ZustG. § 57.

1. Die Vschr. des § 33 KurhG. v. 2. V. 63 galt noch im Jahre 1873.

2. Die Vschr. betrifft nur den Fall, wenn der Weg, an dessen Stelle ein neues Kommunikationsmittel von der Bahnverwaltung eingerichtet ist, „verlassen" oder, wie es in dem Berichte des Rechtspflegeausschusses v. 14. III. 63 (Nr. 56 Beil. z. d. Vhdl. des Kurh. Landtages v. 27. X. 62 bis 31. X. 63 S. 23) heißt, „in den" (nämlich bürgerlichen) „Verkehr gekommen" ist. Das trifft nur zu, wenn der alte Wegekörper für den öffentlichen Verkehr überhaupt überflüssig geworden ist und seine Eigenschaft als öffentlicher Weg ganz verloren hat. Was eintreten soll, wenn dem nicht so ist, wenn der Weg zB. zwar vom durchgehenden Verkehre verlassen, für den öffentlichen Verkehr der Ortsgemeinde aber nach wie vor erforderlich ist, wird in § 33 nicht geregelt.

k) Heranziehung der Fabriken, Bergwerke und ähnlichen Unternehmungen zu Vorausleistungen für den Wegebau.

Nr. 1. Entsch. v. 30. Juni 1904 (OVG. 45 290) IV B 93/08.

RhVorLeistG. v. 4. VIII. 91 (GS. 334); VorLeistG. v. 1902 § 10.

Der § 10 G. v. 18. VIII. 02, welcher bestimmt, daß auf die vor dem Inkrafttreten dies G. bereits im VerwStreitVerf. anhängig gemachten Sachen die Best. der früheren Gesetze Anwendung finden, schließt die Anwendung der prozessualen Best. des neuen G. (Zuständigkeit usw.) auf die anhängigen Streitsachen aus. Bei neuen Sachen kommen diese Vorschriften zur Anwendung, auch wenn es sich um Ansprüche aus einer Zeit vor dem Gesetze handelt. Aber die Ansprüche selbst sind sachlich immer nur nach dem Rechte zu beurteilen, welches zur Zeit der Abnutzung der Straßen galt.

Nr. 2. Entsch. v. 15. Dez. 1904 (PrVerwBl. 26 409) IV 1604.

SächsVorLeistG. v. 28. V. 87 (GS. 277); VorLeistG. v. 1902 § 10.

1. Das Erk. bringt dieselben Grundsätze, wie Nr. 1, bezgl. der Wirkung des G. v. 4. VIII. 91 auf das v. 28. V. 87.

2. Was den Begriff der erheblichen Abnutzung anlangt, so soll nicht jede auch noch so geringfügige Abnutzung eines öffentlichen Weges zur Zahlung von Vorausleistungen verpflichten; es ist nicht Absicht des Gesetzes, die Wegebaulast von dem Wegebaupflichtigen auf die den Weg benutzenden Betriebe abzuwälzen; die Abnutzung muß eine außerordentliche, das gewöhnliche Maß übersteigende sein. Das OVG. hat daher Unternehmer, die bezüglich der Wegebenutzung beispielsweise jedem Besitzer einer gewöhnlichen bäuerlichen Wirtschaft gleichstehen, nicht für vorausleistungspflichtig erklärt, auch wohl Unternehmer freigelassen, deren Fuhrverkehr im Durchschnitt die Zahl von einer Fuhre täglich nicht erreichte. Ist aber dieses Maß überschritten, so kommt es der Regel nach nur auf das Verhältnis von Gesamt- und Einzelvekturanz an, um danach zu bestimmen, ob eine erhebliche Abnutzung vorliegt, und das OVG. hat diese selbst in Fällen noch bejaht, in denen sich die Einzelvekturanz zur Gesamtvekturanz wie 1 zu 70 verhielt.

Nr. 3. Entsch. v. 5. Okt. 1905 (PrVerwBl. 27 328) IV 1454.

RhVorLeistG. v. 4. VIII. 91 (GS. 334); VorLeistG. v. 1902 § 10.

1. JS. der G. v. 4. VIII. 91/18. VIII. 02 und nach der ständigen Rechtsprechung des OVG. sind, wenn ein und dieselbe Vekturanz als die Folge zweier Betriebe anzusehen ist, gleichmäßig die Unternehmer beider Betriebe, sofern sie zu den vorausleistungspflichtigen Unternehmungen gehören, nach Verhältnis der durch die Abnutzung dem Wegebaupflichtigen erwachsenden Mehrbelastung zur Unterhaltung der Straße beizutragen verpflichtet; sie haben den auf die gemeinsame Vekturanz entfallenden Vorausleistungsbeitrag zu teilen (OVG. 20. V. 96 30 238 u. 16. XII. 97 32 238).

2. Irrig aber ist es, wenn die anteilige Verpflichtung der Unternehmer dahin ausgelegt wird, daß der Wegebaupflichtige die Wahl habe, jeden einzelnen Unternehmer auf Zahlung des ganzen Beitrages zu belangen, und es dem in Anspruch genommenen Unternehmer überlassen bleibe, gegen den nicht herangezogenen Beteiligten im Wege des Zivilprozesses die Ersatzklage anzustellen. Für eine solche Auslegung bietet das Gesetz keinerlei Anhalt. Daß dieses hierüber keine Vorschriften enthält, kann nicht auffallen, da es den Fall der gemeinsamen Vekturanz nicht vorsieht. Wäre aber hierfür die Solidarhaft einzuführen vom Gesetzgeber beabsichtigt gewesen, so hätte er sie ausdrücklich vorschreiben müssen.

Nr. 4. Entsch. v. 28. Sept. 1905 (PrVerwBl. 27 199) IV 1817.

1. Die Beitragspflicht eines Steinbruchbesitzers ist unabhängig von der Pflicht anderer Unternehmer, und die Höhe seines Anteils wird dadurch nicht berührt, daß der Wegebaupflichtige etwa andere Beitragspflichtige freiläßt (OVG. 40 242, 244).

2. Gewährt die Provinz eine Unterstützung für die Wegeunterhaltung, dann ist diese von den Unterhaltungskosten vorweg abzuziehen.

Nr. 5. Entsch. v. 7. Nov. 1904 (OVG. 46 307) IV B 12/04.

KrO. §§ 13, 176; SchlesVorLeistG. v. 16. IV. 89 (GS. 100) § 1.

1. Der § 13 KrO. ermächtigt den Kreistag, sofern es sich um Kreiseinrichtungen handelt, welche in besonders hervorragendem oder in besonders geringem Maße einzelnen Kreisteilen zugute kommen, zu beschließen, daß für die Kreisangehörigen dieser Kreisteile eine nach Quoten zu bemessende Mehr- oder Minderbelastung eintrete. Grundsätze, nach welchen das Maß der den einzelnen Kreisteilen aus der betreffenden Kreiseinrichtung erwachsenden Vorteile zu bemessen wäre, hat das Gesetz nicht aufgestellt. Die Kreisvertretung hat die Ermittelung und Festsetzung angemessener Abstufung nach ihrem pflichtmäßigen Ermessen vorzunehmen und ist in ihrer Beschlußfassung nur insoweit beschränkt, als der Beschluß zu seiner Gültigkeit nach § 176 der Bestätigung durch den Minister des Innern bedarf (OVG. 23. V. 79 5 56). Die Kreischausseen kommen regelmäßig bestimmten Kreisteilen unmittelbar zugute und werden in deren Interesse gebaut; deshalb hat das Gesetz auch eine ungleiche Verteilung der für ihren Bau aufzubringenden Abgaben zugelassen (OVG. 28. II. 77 2 1, 13). Die auf § 13 beruhende Mehrbelastung stellt eine Belastung der Bewohner des Gutsbezirkes dar, die von dem Gutsvorsteher auf die einzelnen Pflichtigen unterzuverteilen ist. Für den Ausfall hat der Gutsbesitzer aufzukommen.

2. Es liegt auf der Hand, daß diese sich als Erhebung einer höheren Kreissteuer von den Angehörigen eines bestimmten Kreisteils für eine ihnen besonders zugute kommende bestimmte Kreiseinrichtung darstellende Belastung mit der Beitragsleistung nichts gemein hat, welche nach dem G. v. 16. IV. 89 auf Antrag des zur Unterhaltung eines öffentlichen Weges Verpflichteten, dessen Unterhaltungslast durch die in § 1 bezeichneten gewerblichen Unternehmungen vermehrt wird, den Unternehmern unter gewissen Voraussetzungen auferlegt werden kann. Es müßte daher durch das Gesetz selbst eine Ausnahme oder ein einschränkender Vorbehalt hinsichtlich solcher Unternehmer gemacht sein, welche auf Grund des § 13 KrO. Beiträge für die Unterhaltung derselben Straße zu zahlen haben. Ein solcher Vorbehalt ist aber weder ausdrücklich gemacht noch aus dem sonstigen Inhalte dG. herleiten.

Nr. 6. Entsch. v. 11. April 1904 (OVG. 45 281) IV C 31/03.

G. v. 16. III. 79 (GS. 225), betr. die Abänderung der Wegegesetze im RegBez. Cassel, § 7; VorLeistG. v. 11. VII. 91 (das. 329) § 2; VorLeistG. v. 1902 § 6.

1. Wiederholt hat das OVG. ausgesprochen, daß bei der Festsetzung von Vorausleistungen der Gewerbetreibenden zum Wegebau die benutzten Wege nicht als eine Einheit zu betrachten seien, sondern daß bei jedem einzelnen der benutzten Wege selbständig geprüft werden müsse, ob der Betrieb des Unternehmers ihn dauernd und erheblich abnutze; sonst sei es möglich, daß durch die Zusammenrechnung der Verkehrsmengen eine erhebliche und dauernde Abnutzung und damit die Beitragspflicht zur Unterhaltung auch für solche Wege sich ergeben könne, welche von dem Betriebe nur in ganz unter-

geordneter Weise benutzt würden (OVG. 13. X. 91 22 250 u. 22. XII. 94 27 230).

2. Der § 7 G. v. 16. III. 79 bestimmt — im wesentlichen gleichlautend mit den übrigen Vorausleistungsgesetzen —, daß der Verwaltungsrichter über den Eintritt der Voraussetzung, über die Art und die Höhe des Beitrags „in Ermangelung gütlicher Vereinbarung" zu entscheiden hat. Ist also unter der Herrschaft des § 7 G. v. 16. III. 79 eine „gütliche Vereinbarung" über die Beitragspflicht getroffen, so schließt das eine Festsetzung des Beitrags durch den Verwaltungsrichter aus, wenngleich die Vereinbarung selbst privatrechtlicher Natur ist und nur bei den Zivilgerichten geltend gemacht werden kann. Es steht also mit diesen „gütlichen Vereinbarungen" ähnlich, wie mit Verträgen, welche über einen Beitrag zu den Straßenbaukosten aus § 15 BauflG. zwischen der Gemeinde und dem Anlieger geschlossen werden. Auch solche Verträge sind privatrechtlicher Natur, können aber der Beitragsforderung gegenüber im VerwStreitVerf. geltend gemacht werden, wie das OVG. mehrfach dargelegt hat (Urt. 21. II. 98 33 107, 5. II. 00 37 30, 8. X. 00 38 144, 24. I. 01 38 147). Hat danach eine Vereinbarung über die Vorausleistungen die Wirkung, daß der Wegebaupflichtige dann nicht ohne Rücksicht auf die Vereinbarung eine Festsetzung des Beitrags durch den Verwaltungsrichter fordern darf, so ist anderseits anzunehmen, daß seit dem ErgG. v. 11. VII. 91 beide Teile eine Aenderung des vertragsmäßigen Beitrags beim Verwaltungsrichter beantragen können, sofern sich die tatsächlichen Voraussetzungen der vertragsmäßigen Festsetzung wesentlich geändert haben.

3. Nur bei wesentlich gleichbleibenden Verhältnissen soll ein dauernder Beitrag bestimmt werden (OVG. 16. II. 99 35 271), und es ist unzulässig, einen dauernden Beitrag festzusetzen, der jährlich in wechselndem Maße ergänzt werden soll.

Nr. 7. Entsch. v. 17. Nov. 1904 (OVG. 46 299) IV C 55/04.

SächsVorLeistG. v. 28. V. 87 (GS. 277); ErgG. v. 11. VII. 91 (das. 329) § 1.

1. Die in § 1 ErgG. v. 11. VII. 91 eingeführte Frist erstreckt sich ebenso auf die Vorausleistungen, welche für eine vorübergehende Abnutzung der Wege infolge der Anlegung einer Fabrik, eines Bergwerks usw. zu entrichten sind, wie auf die Vorausleistungen, welche für eine dauernde Abnutzung des Betriebs gefordert werden. Auch für die ersteren gilt also die Vorschrift, daß die Beiträge „nur vom Beginn desjenigen Kalenderjahrs ab in Anspruch genommen werden dürfen, welches dem Jahre, worin die Klage erhoben wird, unmittelbar vorausgeht".

2. Es kommt bei der Anwendung des § 1 immer nur auf die Zeit an, in welcher die Benutzung und damit die Abnutzung des Weges erfolgt ist; nicht auf die Zeit, in welcher die durch die Abnutzung etwa verursachten Wegebesserungen ausgeführt worden sind. Vorausleistungsbeiträge haben nicht die Natur eines Schadensersatzes.

3. Der Unterschied der beiden Fälle der Beitragspflicht liegt nur in dem Gegensatze von „vorübergehender" und „dauernder" Abnutzung. Regelmäßig wird die Fabrik, das Bergwerk usw. nur bei einer dauernden erheblichen Abnutzung des Weges durch den Betrieb beitragspflichtig, ausnahmsweise aber auch bei einer vorübergehenden Abnutzung, nämlich wenn diese durch die Anlegung der Fabrik usw. herbeigeführt wird. Die Art der Berechnung des Beitrags muß aber für beide Fälle dieselbe bleiben. Denn es handelt sich immer nur um die Ermittelung, welcher Teil der dem Wegebaupflichtigen entstandenen Jahresunterhaltungskosten dem Beitragspflichtigen nach dem Verhältnisse seines Verkehrs zum Gesamtverkehr aufzulegen ist. Auch

bei der „vorübergehenden" Abnutzung kann der Beitrag also nur nach den Kosten bemessen werden, welche der Wegebaupflichtige in dem Jahre, in welchem die „Anlegung" erfolgte, für die Unterhaltung des Weges aufwenden mußte, und nicht nach den Kosten, welche etwa 8 bis 10 Jahre später für die Pflasterung des zur Zeit der „Anlegung des Bergwerkes" noch unbefestigten Weges aufgewendet worden sind. Der Beitrag wird vielmehr gezahlt für die Unterhaltung des Weges in der Gestalt und für die Zeit, in welcher die Abnutzung stattgefunden hat.

Nr. 8. Entsch. v. 8. Juni 1903 (OVG. **44** 277) IV C 42/03.
SchlesVorLeistG. v. 16. IV. 89 (GS. 100) § 1.

1. Bei Festsetzung des Begriffes einer erheblichen und dauernden Abnutzung eines Weges ist folgendes zu beachten: Es ist nicht allein die Zahl der Fuhren des Betriebes den Fuhren anderer gegenüber zu stellen, sondern es ist die Belastung derselben mit in Betracht zu ziehen. Auch kommt es nach dem G. v. 16. IV. 89 nicht darauf an, ob die Abnutzung des Weges durch irgend welche Umstände, insbesondere durch die Art des Betriebes im voraus auf eine bestimmte Zeit beschränkt ist, sondern darauf, ob die Abnutzung eine verhältnismäßig lange Zeit hindurch stattfindet, mag die Zeit auch schon beim Beginne des Betriebes absehbar sein.

2. Die Ausbeutung einer Sandgrube seitens eines Pflasterunternehmers für seine Pflasterungen steht der Ausbeutung von Steinbrüchen gleich.

Nr. 9. Entsch. v. 11. Jan. 1904 (OVG. **44** 280) IV B 48/03.

Bei der Frage, ob die erhebliche Abnutzung eines Weges dauernd ist, kommt es nicht darauf an, ob gewisse Arten von Verfrachtungen eines an sich beitragspflichtigen Betriebes ein ganzes Jahr gedauert haben; es genügt, daß sie wie die übrigen Verfrachtungen dieses Jahres durch jenen Betrieb veranlaßt worden sind, um die ganze Verfrachtungsmenge in Rechnung zu stellen.

Nr. 10. Entsch. v. 19. Mai 1904 (OVG. **45** 294) IV C 141/03.
BrandbgVorLeistG. v. 7. VII. 91 (GS. 315).

Eine Molkereigenossenschaft, die als Genossenschaft mit beschränkter Haftung von Landwirten gebildet worden, ist eine Unternehmerin iS. § 1 G. v. 7. VII. 91; sie kann als selbständiges Rechtssubjekt zu Vorausleistungen für den Wegebau herangezogen werden (vgl. nachst. Erk.).

Nr. 11. Entsch. v. 12. Dez. 1904 (PrVerwBl. **26** 827) IV 1584.
VorLeistG. § 1.

1. Eine einer Anzahl von Landwirten gehörige Genossenschaftsmolkerei gehört zu den nach § 1 G. v. 18. VIII. 02 zu Vorausleistungen pflichtigen Unternehmungen. Das OVG. hat in der Entsch. 19. V. 04 (DJZ. 9 1141 f.) IV C 141/03 den gleichen Standpunkt vertreten. Entscheidend ist, daß die Genossenschaft ihren Mitgliedern gegenüber als ein selbständiges Rechtssubjekt und ihr Betrieb als von den landwirtschaftlichen Betrieben der Mitglieder losgelöst, nicht mehr als Bestandteil dieser Betriebe und ebensowenig als ein Nebenbetrieb der Mitglieder anzusehen ist. Hierfür ist es auch bedeutungslos, daß etwa ausschließlich nur Landwirte Mitglieder der Genossenschaft sind; dadurch wird weder der Betrieb ein landwirtschaftlicher noch folgt daraus, daß die Genossenschaft Landwirtschaft betreibt. Ihr Betrieb ist vielmehr stets und

selbst in dem Falle, daß sie nur die selbstgewonnenen Produkte ihrer Mitglieder verarbeitet, ein Gewerbebetrieb (RGSt. 22 288 und Erl. v. 8. VIII. 99 — MBl. 126).

2. Die Gegenüberstellung des Gesamtverkehrs und des Verkehrs des Einzelbetriebes setzt voraus, daß beide gleichgeartet sind. Schwerere Lastwagen, Transporte zu besonders ungünstigen Zeiten, wie im Herbst oder Frühjahr, vermehren die Abnutzung. Solche Ungleichheiten müssen, wenn der Vergleich zutreffen soll, ausgeglichen werden entweder bei der Berechnung des Beitrages oder schon bei der Bemessung des Verhältnisses zwischen Gesamt- und Einzelvekturanz selbst. Wenn sich die die Straße benutzenden Betriebe zur Beförderung ihrer Lasten besonders schwer konstruierter, die Fahrbahn in ungewöhnlichem Maße angreifender Transportmittel bedienen, zB. der sog. Kippwagen, so muß dies, sei es bei Prüfung der Frage, ob und in welchem Umfange eine erhebliche Abnutzung vorliegt, sei es bei Bemessung des Beitrages, mag es dem Pflichtigen zum Nachteil oder zum Vorteil gereichen, besonders berücksichtigt werden. Handelt es sich dagegen bloß um Fuhrwerke, die an Gewicht — mehr oder minder — leichter oder schwerer sind, so werden in der Regel nach den gewonnenen Erfahrungen die Unterschiede bereits durch den Ansatz der Eigengewichte der Fuhrwerke ausgeglichen. Es mag hierfür noch darauf hingewiesen werden, daß auch die Gesamtvekturanz nicht lediglich schwerer Lastenverkehr ist, sondern sich auch neben schweren auch aus leichten Lastfuhrwerken und außerdem aus dem dem Personenverkehr dienenden Fuhrwerk zusammensetzt.

3. Soll für einen Weg, zu dessen Unterhaltung Vorausleistungen gefordert werden, die Gesamtvekturanz durch Zählungen ermittelt werden, so wird er freilich, falls nicht von vornherein klar ist, daß die Vekturanz auf der ganzen Ausdehnung des Weges als sich gleichbleibend betrachtet werden kann, in sogenannte Verkehrsstrecken einzuteilen sein, dh. solche Strecken, welche nach den gemachten Beobachtungen einen gleichmäßigen oder annähernd gleichen Verkehr haben. Aber das hat dann zur Folge, daß die Verkehrsstrecken auch überall als eine Einheit zu behandeln sind. Ob daher ein Weg durch einen Betrieb erheblich und dauernd abgenutzt wird, wie hoch sich die Unterhaltungskosten belaufen, wie sich der Einheitssatz für das Tonnenkilometer berechnet, und welchen Beitrag der Betriebsunternehmer zu zahlen hat, muß in allen Fällen für die einzelne Strecke besonders ermittelt werden. Ist ein Betrieb an mehreren Verkehrsstrecken beteiligt, so werden die gesondert berechneten Einzelbeiträge zusammenzuzählen sein. Diese Bildung von Verkehrsstrecken mit gleichmäßigem Verkehr gestattet es zugleich, daß von einer Verkehrszählung für die Wegestrecken, welche jedes einzelne Fuhrwerk durchfährt, abgesehen werden kann. Es kann in solchen Fällen unterstellt werden, daß annähernd der Verkehr im Verlauf der ganzen Verkehrsstrecke der gleiche ist. Diese Berechnungsweise hat das OVG. stets für genügend angesehen und auch gebilligt, wenn sich die von dem Einzelbetrieb benutzten Wegestrecken mit den Verkehrsstrecken nicht ganz deckten. Die mindere Zahl der Kilometer des Einzelbetriebes kommt dann erst bei der Beitragsberechnung zur Berücksichtigung. Es bleibt dabei zu beachten, daß der zu Vorausleistungen in Anspruch genommene Pflichtige ein Recht darauf hat, das gesamte Zählmaterial einzusehen und zu prüfen.

l) Provinzialrechte.

Nr. 1. Entsch. v. 25. April 1904 (OVG. 45 289) IV C 7/08.

ZustG. § 56.

1. Erbverschreibungen sind schon wiederholt als geeignete Titel zur Begründung einer öffentlich-rechtlichen Wegeunterhaltungspflicht, auch für kommunalrechtlich unselbständige Besitzungen, vom OVG. anerkannt worden.

2. Daß eine einfache Verleihung zu köllmischen Rechten keine Grundlage für die spätere Entwickelung des Gutes zu einem selbständigen Gutsbezirke bildet, hat das OVG. in ständiger Rechtsprechung angenommen und ist zuletzt noch in dem Urt. 27. III. 00 37 148 ausführlich dargetan worden. Daran ändert der Umstand nichts, wenn das Gut bis in die neueste Zeit hinein tatsächlich als Gutsbezirk behandelt ist. Gehört das Gut kommunalrechtlich zu einem domänenfiskalischen Gutsbezirke, so liegt auch nach dem für Ostpreußen geltenden Wegerechte dem Fiskus als Gutsherrn an sich die Wegeunterhaltungslast für den ganzen Bereich seines Gutsbezirkes ob (OVG. 24. III. 93 24 236; 28. IV. 94 26 199). Von dieser Last kann er sich nur durch den Nachweis befreien, daß sie vermöge besonderen öffentlich-rechtlichen Titels auf einen Dritten übergegangen sei, und dafür ist in Fällen, wo es sich um die Unterhaltung gewöhnlicher Kommunikationswege handelt, die Möglichkeit in denkbar weitestem Umfange eröffnet.

Nr. 2. Entsch. v. 7. Nov. 1904 (OVG. 46 246) IV C 11/04.

ALR. II 15 §§ 12–15; OstprProvR. Zus. 226 §§ 1 ff.

1. Bei Auslegung des Zus. 226 OstprProvR. ist die Ansicht abzulehnen, daß sich seine Best. nur auf Landstraßen bezögen. Allerdings bezeichnet sich der Zus. 226 als zu den §§ 12—15 II 15 ALR. ergangen, in einigen seiner Vschr. (§§ 5 ff.) ist die Beschränkung auf Landstraßen ausdrücklich ausgesprochen, und bei § 2 hat es das OVG. 24. III. 93 24 236 für zweifelhaft erachtet, ob er nicht etwa nur auf den Landstraßenbau Anwendung finde. Dort ist aber gleichzeitig darauf hingewiesen, daß der sonstige Inhalt des Zus. 226 sowie sein Marginale „Unterhaltung der Wege" gegen die Beschränkung auf Landstraßen spreche, und schon vorher war in den Urt. 7. IV. 91 21 259 und 5. IV. 92 22 196 dargelegt worden, daß § 1 des Zus. die subsidiäre Pflicht der Gemeinden und Gutsherren zur Unterhaltung der Kommunikationswege voraussetze. Der § 3 und der § 4 enthalten keine Andeutung, daß sie sich nur auf Landstraßen bezögen, sind daher auch bei gewöhnlichen Kommunikationswegen anzuwenden.

2. Nicht maßgebend sind die §§ 3 und 4 jedoch in denjenigen Bezirken, in welchen der für die Prov. Ostpreußen geltenden Regel entsprechend die Pflicht zur Unterhaltung der gewöhnlichen Kommunikationswege den Gemeinden oder Gutsherrschaften obliegt. In dem Urt. 24. III. 93 wird ausgeführt, § 2 dZus. 226 gebe keine erschöpfende Norm für die Beteiligung der köllmischen Güter an der Wegeunterhaltung; es könne aus ihm nicht gefolgert werden, daß er das Prinzip der kommunalen Unterhaltungspflicht der Gemeindewege ausgeschlossen oder durchbrochen habe. Dasselbe gilt von den §§ 3 und 4 das., ihre Vschr. sind in solchen Bezirken, wo die Wegebaulast nicht auf den einzelnen Grundstücken haftet, sondern von der ganzen Gemeinde getragen wird, nicht anwendbar.

3. Die §§ 3 und 4 sind daher rechtsverbindlich, wo die gedachte Regelvorschrift nicht gilt, sondern die Besitzer der einzelnen Grundstücke die Träger der Wegebaulast sind. Für diesen Fall ist die Verpflichtung der Kirchen- und Pfarrhufen abweichend von der der übrigen Grundstücke geordnet. Streitig ist dabei die Auslegung der Best. des § 4, wonach alle auf die nach § 3 befreiten Grundstücke treffenden Hand- und Spanndienste sowohl als Geldbeiträge von der Kirchengemeinde ohne Unterschied der Religion übertragen werden müssen. Unhaltbar ist die Ansicht, daß eine Verpflichtung der sämtlichen zu der Kirchengemeinde gehörigen kommunalen Bezirke durch jene Vorschrift begründet werde. Dafür bietet weder ihr Wortlaut noch ihre Entstehungsgeschichte einen Anhalt.

Dagegen fragt es sich, ob die Kirchengemeinde, zu der die in § 3 erwähnten Kirchen- und Pfarrhufen gehören, die Kirchengesellschaft als Korporation (§§ 58, 193 II 11 ALR.), die in § 4 aufgeführten Leistungen zu tragen habe ohne Unterschied der Konfession, welcher die Kirche angehört. Allein dann würden die Worte „ohne Unterschied der Religion" überflüssig sein, da, auch wenn sie fehlten, kein Zweifel bestehen könnte, daß die Bestimmung sich auf alle Kirchengemeinden beziehen solle. Daß das Kirchenvermögen Träger der Last sein sollte, kann nicht angenommen werden, weil damit die in § 3 dZus. 226 ausgesprochene Befreiung, was die Kirchenhufen betrifft, rückgängig gemacht und noch eine besondere Belastung wegen der Pfarrhufen hinzugefügt wäre.

4. Nach der Entstehungsgeschichte ist mit Bestimmtheit anzunehmen, daß der Gesetzgeber die Absicht gehabt hat, als Träger der in § 4 geregelten subsidiarischen Verpflichtung die politischen Gemeinden zu bezeichnen. es ist ersichtlich, daß der Gesetzgeber mit dem Ausdrucke „von der Kirchengemeinde ohne Unterschied der Religion" die politische Gemeinde, zu der die Kirchen- oder Pfarrhufen gehören, in der Tat gemeint hat. Der Rechtssatz, daß dieser Gemeinde die subsidiarische Verpflichtung obliege, hat einen zwar unvollkommenen, aber doch noch erkennbaren Ausdruck gefunden; so ist die Best. daher auch auszulegen und anzuwenden.

Nr. 3. Entsch. v. 25. Jan. 1904 (OVG. 44 290) IV C 109/03.

LTAbschd. v. 10. III. 1614 (v. Rönne, Wegerecht 535).

1. Nicht der Grundherr in Vorpommern und Rügen als solcher ist wegeunterhaltungspflichtig, sondern jeder Besitzer, mag er Eigner, Pfandträger oder Pächter sein. Er hat den an das Grundstück anstoßenden Weg zu unterhalten, gleichgültig wem das Eigentum am Wegekörper gehört. Die Wegepolizei hält sich in erster Reihe an ihn.

2. Bei der Wegeunterhaltung durch die Kommunalbezirke ist die Zugehörigkeit des Wegekörpers zum Kommunalbezirke entscheidend und nicht, ob der Kommunalbezirk an den Weg grenzt (Urt. 6. VII. 99 36 251). Anders liegt die Sache, wo die einzelnen an den Weg stoßenden Grundstücke Träger der Wegebaulast sind.

Nr. 4. Entsch. v. 16. Juni 1904 (OVG. 45 269) IV B 29/04.

ALR. II 15 § 11; ZustG. § 56 Abs. 7.

Die Vschr. des ALR. über die Verpflichtung des Fiskus zur Unterhaltung der Landstraßen sind, wie das OVG. in ständiger Rechtsprechung betont hat, zwingender Natur. Ein Vertrag des Fiskus mit einem Kreiskommunalverband über die Ablösung der auf § 11 II 15 ALR. beruhenden Wegebaulast hat daher keine öffentlich-rechtliche Wirkung, so daß der Wegepolizeibehörde gegenüber lediglich der Fiskus verpflichtet bleibt und der Kreis nicht an seiner Stelle in die Rolle des bei dem Wegebau Beteiligten eintritt (OVG. 10. III. 97 32 240 u. 19. I. 99 35 238, 241, 250). Bei einem Streit-Verf., das über die Unterhaltung eines Weges als Landstraße entsteht, ist somit der Kreis nicht ohne weiteres iS. von § 56 Abs. 7 ZustG. beteiligt. Dies wäre selbst dann nicht der Fall, wenn der Fiskus als Kläger oder Beklagter Partei wäre. Das wirtschaftliche Interesse, das der Kreis wegen seines Vertrags mit dem Fiskus an dem Ausgang eines Streites über eine Landstraße hat, ist für die Frage der Beteiligung iS. des Prozeßrechts an sich unerheblich; eine solche Beteiligung tritt vielmehr erst dann ein, wenn der Kreis selbst Partei ist oder es sich wenigstens um seine Beiladung (§ 70 LVG.) handelt (OVG. 26. I. 03 42 227).

Nr. 5. Entsch. v. 10. Nov. 1904 (PrVerwBl. 26 658) IV 1470.

ALR. II 15 §§ 11—15; G. v. 21. VI. 75 (GS. 324).

1. Für die Frage über die Verpflichtung der Gemeinde- und Gutsbezirke in den zu dem ehemaligen Südpreußen gehörigen Teilen von Posen zur Leistung von Hand- und Spanndiensten ist jetzt allein das G. v. 21. VI. 75 maßgebend.

2. Die Leistung für die Landstraßen ist nicht auf diejenigen Arbeiten beschränkt, die lediglich die Erhaltung des jeweiligen Zustandes der Straße zum Gegenstande haben. Es kann eine neue Pflasterung verlangt werden.

Nr. 6. Entsch. v. 29. Sept. 1904 (PrVerwBl. 26 286) IV 1188.

Landstraßen- u. WegeRegl. f. Schlesien v. 11. I. 1767 § 7; LGemO. § 3.

Der Satz in § 7 Regl. v. 11. I. 1767 „ingleichen müssen alle Brücken fernerhin nach der Vschr. von denenjenigen, so solche bis daher zu unterhalten verbunden gewesen, unterhalten werden", besagt nicht, daß jede Aenderung in den Unterhaltungsverhältnissen seit dem Inkrafttreten dRegl. für immer ausgeschlossen sei. Der Satz will nichts anderes aussprechen, als daß auch für die Brücken diejenigen Vschr. maßgebend sein sollen, welche im Eingange des § 7 als für die Regelung der Landstraßenunterhaltung maßgebend zum Ausdruck gebracht sind.

Nach diesen Vschr. sollen Verträge, Rechtssprüche oder eine rechtsbeständige Observanz, welche die allgemeine Rechtsregel abändern, auch nach dem Inkrafttreten dRegl. ihre Geltung beibehalten, und die Grundherrschaften und Gemeinden, auf deren Grund und Boden der Weg geht, nur zur Wegebesserung verpflichtet sein, insofern es „ein und andern Orts nicht durch Verträge, Rechtssprüche oder nach der bisherigen Observanz deutlich entschieden, und überhaupt, wo es zweifelhaft ist, wer zur Reparatur des Weges verbunden". Daß die Verweisung auf die bisherige Observanz aber nicht die Bedeutung hat und haben soll, eine Fortentwickelung des Wegerechts durch die Entstehung von Observanzen nach dem Inkrafttreten dRegl. auszuschließen, hat das OVG. unter Abweichung von der Auffassung des OTr. in der Entsch. 16. V. 85 12 252 dargelegt.

2. Das OVG. hat ferner im Anschluß an die Rechtsprechung des OTr. wiederholt ausgesprochen, daß die Vschr. des § 7, gem. der alle Brücken fernerhin nach der Vschr. von denjenigen, welche sie bisher zu unterhalten verbunden gewesen, unterhalten werden sollen, nicht nur auf die Brücken „von 1, 2, 4 bis 6 Ellen weit im Bogen", sondern ohne Rücksicht auf die Bogenweite auf alle Brücken zu beziehen ist (OVG. 27. II. 94 26 213).

3. Nach dem lokalen Rechte der Prov. Schlesien sind für die regelmäßige Unterhaltungspflicht der Gemeinden und Gutsbezirke nicht die kommunalrechtlichen Verhältnisse der angrenzenden Landstücke, sondern die kommunale Zugehörigkeit des Wegekörpers selbst bestimmend (OVG. 6. VII. 99 36 251).

Nr. 7. Entsch. v. 30. Mai 1904 (OVG. 45 244) IV C 47/04.

KurfStraßBauMand. v. 28. IV. 1781; ALR. II 7 § 37; II 15 § 54; SächsWegeO. v. 11. VII. 91 § 43.

In den Gemeinden M. und T. (Prov. Sachsen) galt das Recht des sächsischen Kurkreises, also das StraßBauMand. v. 1781. Als der Kurkreis mit Preußen vereinigt und das ALR. durch das Pat. v. 15. XI. 16 eingeführt worden war, wurde zunächst allgemein angenommen, daß das SächsStraßBauMand. als Provinzialwegegesetz fortdauernde Geltung behalten habe (Pinder, ProvR. der vorm. sächs. Landesteile 2 379; v. Rönne, Wegepolizei 562f.). Erst später drang die Ansicht durch, daß das Mand. mit der

Einführung des ALR. aufgehoben sei und für die ehemals kursächsischen Landesteile keine besonderen provinzialrechtlichen Bestimmungen über die Wegebaupflicht beständen (OVG. 29. I. 81 7 259; von Rönne aaO. 563; Germershausen, Wegerecht[1] 1 151). Sowohl nach dem Mand. v. 1781 wie nach dem ALR. (II 7 § 37[1], II 15 § 54) waren die Wege und Brücken von der Gemeinde, in deren Bezirke sie liegen, zu unterhalten.

2. Haben vor Erlaß der SächsWegeO. v. 1891 zwei Gemeinden abgemacht, daß eine Brücke, die im Territorium der einen Gemeinde liegt, von ihnen zusammen gebaut werde, so besteht eine solche Abmachung auch jetzt noch, da dies Abkommen ein besonderer Titel iS. des § 43 aaO. ist, es ist „nicht nach den bisherigen allgemeinen oder besonderen gesetzlichen Vorschriften, Ordnungen, Gewohnheitsrechten und Observanzen anerkannt und festgestellt".

3. Für neue Wege und neue Brücken liegt immer dann ein „besonderer Titel" iS. der WegeO. v. 1891 vor, wenn ihre Unterhaltung nicht nach dem für solche Anlagen geltenden örtlichen Reche, sondern gerade in bewußter Abweichung von dem sonst geltenden Rechte festgestellt wird.

Nr. 8. Entsch. v. 29. Sept. 1904 (OVG. 46 254) IV C 118/03.

KursStraßBauMand. v. 28. IV. 1781; ALR. II 7 §§ 37ff.; GemhTeilO. v. 7. VI. 21 (GS. 53) §§ 95f.; SächsWegeO. v. 11. VII. 91 § 43.

1. Die GemhTeilO. v. 1821 bestimmt:

§ 95: „Jedem Teilnehmer — an einer Auseinandersetzung — müssen zu seinen Grundstücken die erforderlichen Wege und Triften verschafft werden." § 96: „Der zu deren Anlage erforderliche Grund und Boden muß von allen Beteiligten nach Verhältnis ihres Teilnehmungsrechts hergegeben werden und der Beitrag jedes einzelnen wird ihm auf seine Abfindung angerechnet. In eben dem Verhältnis muß jeder Teilnehmer zur Anfertigung und Unterhaltung beitragen."

Diese Best. beziehen sich auf die Anlegung der im Privatwirtschaftsinteresse der Beteiligten erforderlichen Zugangswege, und sie werden auch insofern keine allgemeine Norm des öffentlichen Wegerechts, als sie etwa auf öffentliche Wege ausgedehnt werden, welche zugleich den Privatwirtschaftszwecken der Beteiligten, der Zugänglichkeit ihrer Pläne, dienen sollen. Dem öffentlichen Wegerechte gegenüber stellt eine derartige Regelung der Unterhaltungslast, falls es nicht zufällig sachlich damit übereinstimmen sollte, immer eine Abweichung von dem Gesetzesrecht, eine sonderrechtliche Bildung dar. Darum hat die Regelung auch nur insoweit öffentlich-rechtliche Geltung, als das öffentliche Wegerecht Ausnahmen von seinen Vschr. gestattet, mithin zB. nicht, wenn in den Prov. Posen oder Ostpreußen, wie besonders in ersterer häufig geschehen, die Unterhaltung von Landstraßen durch Rezesse nach § 96 geregelt ist.

2. Im Herzgt. Sachsen würde, da das KursStraßBauMand. v. 28. IV. 1781 als ein allgemeines Landesgesetz mit Einführung des ALR. beseitigt war (OTr. 26. VI. 51 21 152 u. 4. VII. 53 25 308 sowie OVG. 29. I. 81 7 259) und das ALR. außer den §§ 37ff. II 7, wonach die Ausbesserung der gemeinschaftlichen Wege und Brücken zu den Gemeindearbeiten gehört, keine besonderen Vschr. über die Pflicht zur Unterhaltung gewöhnlicher Kommunikationswege enthält, mangels anderweitiger örtlicher Regelung auf die subsidiäre Pflicht der Kommunalbezirke zur Aufbringung der Kosten für die Polizeianstalten (§ 3 PolVerwG.) und damit zur Unterhaltung aller in ihren Grenzen befindlichen öffentlichen Wege zurückzugehen gewesen sein. Damit steht eine in einem Rez. gem. §§ 95, 96 GemhTeilO. nach den Wertverhältniszahlen getroffene Ordnung nicht im Einklange.

3. Wenn vor einem Rez. nicht die ganze Gemeinde mit dem Rittergute gemeinschaftlich die Wege unterhalten, sondern nur ein Teil der bäuer-

lichen Besitzer der Gutsherrschaft zur Wegeunterhaltung Dienste geleistet hat und dieser Rechtszustand in dem Rez. nicht in seinen Grundzügen aufrecht erhalten, sondern von Grund aus beseitigt und dafür eine ganz neue Regelung vorgenommen worden ist, wonach die Unterhaltungspflicht zwischen dem Rittergut einerseits und der mit der Landgemeinde zusammenfallenden Gesamtheit der übrigen Interessenten anderseits gem. §§. 95f. GemhTeilO. verteilt worden, so ist in dem Rez. ein besonderer Titel zu finden, der nach § 43 WegeO. v. 1891 in Kraft geblieben ist.

Nr. 9. Entsch. v. 23. Nov. 1903 (PrVerwBl. 25 403) IV 1841.

Die öffentlichen Wege im Bezirke der früheren domfreiheitlichen Gemeinde zu Naumburg hat die Stadtgemeinde zu unterhalten.

Nr. 10. Entsch. v. 19. Nov. 1903 (OVG. **44** 280) IV C 196/02.

Jülich-Bergische PolO. v. 10. X. 1554 (v. Rönne, Wegerecht 627); Dekr. v. 12. XI. 1809 (v. Daniel, Handbuch **7** 107); Vd. v. 26. IV. 1731 (Scotti, Bergische Samml. **1** Nr. 1317), v. 28. IV. 1740 (das. Nr. 1456), v. 6. II. 1743 (das. Nr. 1511) v. 4. II. 1764 (das. Nr. 1943); WegeO. v. 18. VI. 1805 (das. **2** Nr. 2817); Code Napoléon Art. 650; Regl. der Regierung zu Düsseldorf v. 10. VII. 68.

1. Die Jülich-Bergische PolO. v. 1554 stellt noch gegenwärtig das geltende Wegerecht dar, und hierin ist auch durch die französische Fremdherrschaft nichts geändert. Während auf dem linken Rheinufer die französischen Gesetze schon in den ersten Jahren der Fremdherrschaft Eingang fanden, blieb in dem östlichen Teile der Rheinprovinz das Landesrecht zunächst unberührt. Erst mit dem 1. I. 1810 zufolge Art. 1 Dekr. v. 12. XI. 1809 wurde in dem GrHerzgt. Berg, zu dem das Herzgt. Berg gehörte, der code Napoléon eingeführt. Dieser verweist zwar in seinem Art. 650 hinsichtlich der Anlegung und Unterhaltung der öffentlichen Wege auf die besonderen Gesetze und Verordnungen, allein diese Gesetze und Verordnungen sind im GrHerzgt. Berg nicht mehr zur Einführung gelangt, und so haben sich in den zugehörigen Teilen der Rheinprov. die provinzialen und partikularen Wegerechte erhalten, wobei es in Ansehung der zum ehem. Herzgt. Berg gehörigen Landesteile auch nach der Auflösung des Großherzogtums geblieben ist (PrVerwBl. **23** 51 u. 162).

2. Die PolO. v. 1554 behandelt die Unterhaltung der Wege als eine Pflicht der anschießenden Beerbten. Das ergibt sich mit völliger Klarheit aus den Einzelbestimmungen, in denen überall von den „anschießenden Beerbten", von „jedem an seinem Anschuß" die Rede ist. Die PolO. macht selbst in dieser Beziehung auch noch keinen Unterschied zwischen Land- und Heerstraßen, gemeinen Wegen und Nachbarwegen, sie stellt nur den durch die Wegeunterhaltung allzusehr beschwerten Grundbesitzern Nachbarhilfe in Aussicht (§§ 5f., 8f., 12 Abs. 2, 13). Auch die Vd. v. 1731 spricht aus, daß die Landstraßen und Gemeindewege durch die anschießenden Beerbten nach Inhalt der allgemeinen Lands- und PolO. und der früheren Verordnungen verbessert werden sollen. Ebenso ist im verflossenen Jahrhundert die Jülich-Bergische PolO. die entscheidende Rechtsquelle geblieben. Freilich ist dann neben der PolO. auch eine Reihe weiterer Vd. ergangen, so die Vd. v. 1740, v. 1743, v. 1764 und andere, welche die Wegebaupflicht bei den wichtigeren Wegen, den Landstraßen und gemeinen Wegen, auf breitere Schultern legen, insbesondere die Heranziehung der Hand- und Spanndienstpflichtigen zur Wegebesserung vorschreiben; es ist ferner zur Förderung des Chausseebaues im Herzgt. Berg die WegeO. v. 18. VI. 1805 erlassen, und es steht fest, daß zu Anfang der dreißiger Jahre des 19. Jahrhunderts der Uebergang der wichtigeren Gemeindewege in die Wegebaulast der Gemeinden sich vollzogen hatte (Ecker, PrVerwBl. **25** 129, Germershausen, Wegerecht² **1** § 21 S. 222).

3. Um an Stelle der bisher Wegebaupflichtigen den Gemeinden die Wegebaulast allgemein aufzuerlegen, hätte es einer ausdrücklichen, die Jülich-Bergische PolO. v. 1554 und die nachfolgenden Vd. abändernden gesetzlichen Vschr. bedurft, die nicht erlassen worden ist. Die Gemeinden sind daher wegebaupflichtig nur, soweit sie die Wegeunterhaltung übernommen haben. An diesem Rechtszustande ist auch durch das Regl. für die Kommunalwege im RegBez. Düsseldorf v. 1868 nichts geändert worden. Das OVG. hat bereits wiederholt Gelegenheit gehabt, die Rechtswirksamkeit dieſRegl. einer Prüfung zu unterziehen und ist dabei zu der Auffassung gelangt, daß ihm die Bedeutung eines objektives Wegerecht schaffenden Gesetzes nicht beigelegt werden kann. Die Bestimmungen dRegl. haben daher keinen zwingenden Charakter, sondern nur eine instruktionelle Bedeutung. Demnach ist auch die Klasseneinteilung der Kommunalwege in Wege erster, zweiter und dritter Klasse an sich für die Wegebaupflicht nicht entscheidend.

Nr. 11. Entsch. v. 22. Febr. 1904 (OVG. 44 286) IV C 69/03.

Jülich-Bergische PolO. v. 10. X. 1554.

Die Jülich-Bergische PolO. v. 1554 weiß noch nichts von dem, was heute unter einer ordnungsmäßigen Wegeunterhaltung verstanden wird, sie will im wesentlichen das Bestehende erhalten, „wie es von Alters gewest", sie geht auch in Ansehung der Breitenbestimmung der Wege von einem sehr dürftigen Maßstabe aus. Sie kennt zwar schon eine Befestigung der Wege, auch mit Steinen. Allein man kann ihren Vschr. nicht die Bedeutung beilegen, daß dadurch in Ansehung dessen, was vom Wegebaupflichtigen verlangt werden darf, bestimmte Grenzen gezogen seien. Die PolO. unterscheidet sich in dieser Beziehung nicht von zahlreichen anderen Wegeordnungen aus älterer Zeit, deren Best. über Anlegung und Unterhaltung der Wege als wesentlich reglementarische Vschr. aufzufassen sind und deshalb den allgemeinen Grundsatz, daß die Wegebaupflicht alle Leistungen umfaßt, die im Verkehrsinteresse notwendig sind, unberührt lassen.

Nr. 12. Entsch. v. 16. Mai 1904 (OVG. 45 275) IV C 121/03.

RhGemO. v. 23. VII. 45 (GS. 523); RhLGemVerfG. v. 15. V. 56 (das. 435) Art. 15; ZustG. § 56 Abs. 5.

1. Der II. Sen. des OVG. hat sich in seinem Urt. 15. V. 95 28 129 bereits mit der Prüfung befaßt, ob der Art. 15 RhLGemVerfG. — es handelte sich damals um den Neubau einer im Zuge eines Kommunalwegs liegenden Brücke — die sog. kleine Bürgermeistereiversammlung in Angelegenheiten, bei welchen mehr als eine, aber nicht alle Gemeinden der Bürgermeisterei beteiligt sind, ermächtige, auch über die Kostenanteile, welche jede Gemeinde zu übernehmen habe, zu beschließen, und ist auf Grund der Entstehungsgeschichte des Art. 15 zur Verneinung gelangt. Daran ist festzuhalten. Es fehlt, um eine derartige Befugnis annehmen zu können, an allen notwendigen gesetzlichen Bestimmungen.

2. In Ansehung der Zuständigkeit der kleinen Bürgermeistereiversammlung kommt auch in Betracht, daß zwar nach § 113 RhGemO. das Verhältnis, in welchem die einzelnen Gemeinden zu den gemeinschaftlichen Bedürfnissen der Bürgermeisterei beizutragen haben, durch die Regierung (jetzt den Kreisausschuß — § 31 Abs. 1 ZustG.) nach Vernehmung der Bürgermeistereiversammlung festzusetzen ist, daß aber diese Bestimmung nur auf Beschlüsse der ganzen Bürgermeistereiversammlung in Angelegenheiten, welche für alle zur Bürgermeisterei gehörigen Gemeinden ein gemeinschaftliches Interesse haben,

anwendbar ist, während es an einer ähnlichen Vorschrift für Angelegenheiten, bei welchen nicht alle Gemeinden der Bürgermeisterei beteiligt sind, mangelt.

Nr. 13. Entsch. v. 21. März 1904 (OVG. 45 247) IV B 94/03.

HannWegeG. v. 28. VII. 51 (HannGS. 141) § 2.

Nach § 2 HannWegeG. v. 1851 sind öffentliche Wege solche, welche zu allgemeinem Gebrauche dienen und demselben nicht kraft Privatrechts entzogen werden können. Damit ist der tatsächlichen Benutzung durch das Publikum keine andere Bedeutung beigelegt, als sie sonst nach dem gemeinen Rechte und nach dem Wegerechte im Geltungsgebiete des Preußischen Allgemeinen Landrechts hat. Es kommt darauf an, ob jedermann sich des Weges zu bedienen berechtigt, ob der Weg für den öffentlichen Verkehr bestimmt ist. Daß für die Prov. Hannover abweichende Grundsätze maßgebend wären, ist nicht richtig. Die „faktisch stattfindende öffentliche Wegebenutzung" wird, besonders wenn sie „seit unvordenklicher Zeit" stattgefunden hat, als ein wichtiges Beweismittel für die Oeffentlichkeit anerkannt. Damit übereinstimmend hat das OVG. auch für die älteren preußischen Provinzen wiederholt ausgeführt, daß es in derartigen Fällen nicht notwendig des strikten Nachweises eines besonderen Widmungsaktes, einer Veränderung in dem Rechtscharakter der Wegefläche bedürfe, eines Nachweises, der gerade bei den ältesten Wegen in der Regel nicht zu erbringen sein werde. Auf der anderen Seite liegen, wenn zB. der Träger der öffentlichen Wegebaulast nicht Eigentümer des Weges ist und ihn niemals unterhalten hat, „besondere Gründe" vor, welche der tatsächlichen Benutzung durch das Publikum die Beweiskraft nehmen, die „Vermutung der Rechtmäßigkeit", von welcher die Begründung spricht, widerlegen.

Nr. 14. Entsch. v. 7. März 1904 (OVG. 45 258) IV B 71/03.

EisenbG. § 4; HannEisenbG. v. 8. IX. 40 (HannGS. I 371) Art. 2; HannWegeG. v. 28. VII. 51 § 45; Vd. v. 19. VIII. 67 (GS. 1426); SächsWegeO. v. 11. VII. 91 § 42.

1. Bei Beurteilung des Inhalts des § 4 EisenbG. darf nicht übersehen werden, daß nach dieser Norm der Eisenbahnunternehmer nicht etwa von Gesetzes wegen an der Wegebaupflicht beteiligt wird, wenn er die Unterhaltung eines Weges durch Maßnahmen beim Bahnbau erschwert, sondern lediglich durch einen auf Grund des Gesetzes ergehenden Willensakt der Landespolizeibehörde bei Feststellung des Bauplans. Nicht das Gesetz ist unmittelbar der Titel der Wegebaupflicht, sondern die ihm entsprechende öffentlich-rechtliche Anordnung (OVG. 18. XI. 82 9 186, u. 19. XII. 01 40 229).

2. Die Prüfung der maßgebenden hannoverschen Vorschriften führt zu demselben Ergebnisse (HannEisenbG. v. 1840 Art. 2).

3. Ebensowenig wie in Hannover nach dem OVG. 1. VII. 96 30 270 als öffentliche Titel der Wegebaulast Rezeß und Observanz mehr in Betracht kommen, ist dies nach feststehender Judikatur für die Landstraßenbaupflicht gem. §§ 1ff. II 15 ALR. der Fall; gleichwohl ist für sie die Wirksamkeit einer auf § 4 EisenbG. v. 1838 beruhenden landespolizeilichen Anordnung anerkannt worden (OVG. 19. I. 99 35 238, 247, 252). Endlich ist in dem Urt. 14. III. 01 39 234 (s. auch OVG. 6. IV. 03 43 248) für das Geltungsgebiet der SächsWegeO. v. 11. VII. 91 bereits darauf hingewiesen worden, daß deren § 42 nur alle diejenigen Vschr. hat beseitigen wollen, die sich auf das Wegerecht als solches beziehen, nicht auch andere gesetzliche Best., die hauptsächlich andere Gegenstände betreffen und im sach-

lichen Zusammenhange damit gewissen Rechtssubjekten einzelne Wegeunterhaltungspflichten auflegen, und insbes. der § 4 G. v. 3. XI. 38 nicht beseitigt ist, also dort auch künftig auf Grund dieser Vschr. durch landespolizeiliche Anordnung besondere öffentliche Titel der Wegebaupflicht entstehen können. Ebenso ist § 45 HannWegeG. auszulegen, der mit jenem § 42 SächsWegeO. im wesentlichen übereinstimmt.

Nr. 15. Entsch. v. 21. Nov. 1904 (OVG. 46 261) IV C 92/04.

SchlHolstWegeO. v. 1. III. 42 §§ 225, 228; AbG. v. 26. II. 79 (GS. 94).

1 Für die Nebenwege 2. Klasse in Schleswig-Holstein war in den 1850er Jahren, vor Erlaß des G. v. 26. II. 79, der § 228 der WegeO. v. 1842 maßgebend, wonach es rücksichtlich der Konkurrenznorm bei dem in jedem Distrikte Hergebrachten sein Bewenden behielt. Darunter ist nicht zu verstehen, daß die Bildung neuer Rechtsverhältnisse ausgeschlossen sein sollte. Das würde dem Geiste des gemeinen Rechts und insbesondere der WegeO. v. 1. III. 42 widersprechen. Wegen der Pflicht zur Unterhaltung von Nebenwegen 2. Klasse konnten auch nach dem Jahre 1842 neue Observanzen entstehen und kontraktliche Feststellungen getroffen werden.

2. Hinsichtlich der Nebenwege 1. Klasse ist der Rechtszustand, was die Regelung der Unterhaltungspflicht durch kontraktliche Abmachungen oder Herkommen betrifft, nach § 225 Abs. 2 im wesentlichen derselbe (OVG. 26. V. 91 21 296 u. 14. X. 97 32 253).

3. Ferner ist für die Prov. Schleswig-Holstein die Gültigkeit des Satzes anzuerkennen, wonach durch eine der zuständigen Polizeibehörde gegenüber abgegebene und von ihr angenommene einseitige Erklärung, durch welche jemand die Unterhaltung eines öffentlichen Verkehrsmittels übernimmt, ein öffentlich-rechtlicher Titel der Wegebaulast geschaffen werden kann, ohne daß es dazu unter allen Umständen der Zustimmung des ordentlichen Wegebaupflichtigen bedürfte. Das OVG. hat sich dabei auf allgemeine Grundsätze des Wegerechts gestützt und nur den Vorbehalt gemacht, daß nicht besondere Gesetzesbestimmungen entgegenstehen (Urt. 7. X. 96 30 256). Derartige entgegengesetzte Bestimmungen enthält das Recht der Prov. Schleswig-Holstein nicht, vielmehr läßt es besonderen, von der Regel abweichenden Rechtsbildungen freien Spielraum.

4. In Schleswig-Holstein war die höhere Polizeibehörde befugt, nach ihrem Ermessen auch die Funktionen der Ortspolizeibehörde auszuüben. Abgesehen hiervon gehörte es zu der Zuständigkeit, wie in den älteren Provinzen der Landespolizeibehörde (OVG. 15. XI. 92 24 220), so in Schleswig-Holstein der Oberbehörde, also des Landvogts, Festsetzungen über die öffentlich-rechtliche Pflicht zur Unterhaltung öffentlicher Wege und Brücken bei der Durchführung von Ent- und Bewässerungsplänen durch die Regulative und Statuten zu treffen (Kühl, Wegegesetzgebung der Prov. Schleswig-Holstein[2] 122, 124, 127, 134).

Nr. 16. Entsch. v. 18. Mai 1905 (PrVerwBl. 26 912) IV 759.

ZustG. § 56.

1. Aus dem Nachweise, daß ein Weg seit Menschengedenken dem öffentlichen Verkehre gedient hat, kann geschlossen werden, daß er stillschweigend dem öffentlichen Verkehre gewidmet worden.

2. Auch für die Prov. Schleswig-Holstein gilt der Satz, daß der Wegepolizeibehörde im Bestreitungsfalle der Beweis der Oeffentlichkeit des Weges, von der ihre Zuständigkeit abhängt, obliegt.

K. Gewerbepolizei.

a) Allgemeines; Gewerbefreiheit; Zulassung zum Gewerbebetriebe; Ausübung desselben.

Nr. 1. Entsch. v. 19. Nov. 1903 (PrVerwBl. 25 747) III 2216.

GewO. § 1.

Das Gewerbe des Kost- und Quartiergebers ist nach der RGewO. nicht konzessionspflichtig, und es können für die Zulassung zu ihm gewisse persönliche Eigenschaften polizeilicherseits nicht verlangt werden; ebensowenig ist die Polizeibehörde berechtigt, wegen Mangels solcher Eigenschaften den Gewerbebetrieb ganz zu untersagen. Es ist dieses in dem OVG. 18. II. 99 35 328 näher nachgewiesen und dargelegt, daß der Ansicht von Biermann, Privatrecht und Polizei in Preußen 80: „Personen, welche wegen Verbrechens oder Vergehens gegen die Sittlichkeit oder wegen Uebertretung sittenpolizeilicher Vorschriften bestraft sind, darf das Halten von Schlafleuten auch ganz verboten werden", nicht zuzustimmen sei. Kommen deshalb in dem Gewerbebetriebe eines Kost- und Quartiergebers Ereignisse oder Zustände vor, welche eine Gefahr für die öffentliche Sittlichkeit darstellen, so ist die Polizeibehörde noch nicht berechtigt, deshalb dem Gewerbetreibenden das Halten von Kostgängern usw. für die Zukunft allgemein zu verbieten und so ihm den Gewerbebetrieb zu untersagen. Dagegen ist sie wohl befugt, gegen diese einzelnen Ereignisse oder Zustände mit den ihr zustehenden Mitteln einzuschreiten, zB. gegen ein bestehendes Konkubinat mit polizeilichen Zwangsmitteln vorzugehen (OVG. 7 370), was sich aus der Best. des § 10 II 17 ALR. von selbst ergibt.

b) Gast- und Schankwirtschaft; Kleinhandel mit Branntwein, Spiritus und Bier; Stellvertretung in diesen Gewerben; Verlust und Entziehung der Konzession; polizeiliches Einschreiten; Polizeistunde; die in den §§ 33a, 33b und 33c aufgeführten Gewerbe, Lustbarkeiten usw.

Nr. 1. Entsch. v. 3. Nov. 1904 (PrVerwBl. 26 864) III 1920.

GewO. § 33 Abs. 2²; LVG. § 126.

Nach § 33 Abs. 2² GewO. ist die Erlaubnis zum Betriebe der Schankwirtschaft zu versagen, wenn das zum Betriebe des Gewerbes bestimmte Lokal wegen seiner Beschaffenheit oder Lage den polizeilichen Anforderungen nicht genügt. Unter den letzteren sind aber nur diejenigen Anforderungen zu verstehen, welche die zur Konzessionierung berufene Behörde selbst im gewerbepolizeilichen Interesse glaubt stellen zu müssen. Reichsgesetzlich sind diese Anforderungen nicht geregelt. Ihre Regelung im Wege der PolVd. ist — wie das in OVG. 33 341 mitgeteilte Erk. näher darlegt — unzulässig.

Nr. 2. Entsch. v. 29. Febr. 1904 (OVG. 45 339) III B 145/03.

GewO. 33 b.

1. Ein umschlossener und dem öffentlichen Gebrauche nicht freistehender Sportplatz, auf dem ein Gewerbetreibender ein Karussell und eine Luftschaukel in Betrieb hat, kann nicht als „öffentlicher Platz" iS. § 33b

GewO. angesehen werden. Die Darbietung ist allerdings eine **Lustbarkeit** iS. der Gesetzesstelle (OVG. 29 314, 43 304; GoltdArch. 50 292).

2. Sollten durch den Betrieb auf dem Sportplatze **wirkliche Gefahren** für das Publikum entstehen, so kann dagegen die Polizei nach § 10 II 17 ALR. einschreiten.

Nr. 3. Entsch. v. 19. Dez. 1904 (OVG. 46 348 u. PrVerwBl. 26 348) III B 44/04.
GewO. §§ 1, 33 b.

1. **Schanklokale** und die dazu gehörigen **Hofräume**, Gärten usw. sind nicht als „**öffentliche Plätze**" iS. des § 33b GewO. anzusehen (OVG. 11. V. 03 43 304). Ebenso MErl. v. 13. II. 85 u. v. 4. III. 89 (MBl. 85 55 u. 89 64).

2. Der Landesgesetzgebung ist es nicht gestattet, die gewerbsmäßige Darbietung von Lustbarkeiten der im § 33b GewO. bezeichneten Art in **weiterem Umfange**, als in diesem Paragraphen vorgesehen ist, von einer **polizeilichen Erlaubnis** abhängig zu machen. Daß diese Annahme sich mit dem im § 1 GewO. aufgestellten Grundsatze, wonach „der Betrieb eines Gewerbes jedermann gestattet ist, soweit nicht durch dies G. Ausnahmen oder Beschränkungen vorgeschrieben oder zugelassen sind", nicht vereinigen läßt, ist vielmehr bereits in den Erl. v. 13. II. 85 und 4. III. 89 überzeugend nachgewiesen worden, und auf denselben Standpunkt hat sich auch das OVG. in dem Urt. 4. II. 89 17 386 in Uebereinstimmung mit der Rechtsprechung des KG. gestellt.

Nr. 4. Entsch. v. 13. Nov. 1903 (PrVerwBl. 25 695) I 1649.
PolVerwG. § 6 zu d.

1. **Tanzlustbarkeiten** eines Vereins, der hauptsächlich nur zur Veranstaltung solcher zusammengetreten ist, können auf Grund einer **Polizeiverordnung** den **öffentlichen** Tanzlustbarkeiten nicht gleichgestellt werden.

2. In Frage war § 2 der PolVd. des Regierungspräsidenten zu Merseburg v. 4. IX. 97 (ABl. 311). Die betr. Vschr. wurde für **ungültig** erklärt.

3. Das OVG. führte aus: „Die Polizei gründet ihre Annahme, daß von dem Verein eine öffentliche **Lustbarkeit** beabsichtigt worden sei, **lediglich auf die Tatsache**, daß der Verein ausschließlich oder hauptsächlich zu dem Zwecke zusammengetreten sei, Tanzlustbarkeiten zu veranstalten, und auf die Bestimmung im § 2 PolVd. v. 4. IX. 97, wonach Tanzlustbarkeiten, die von einem solchen Verein veranstaltet werden, „als öffentliche gelten", daher ebenso wie öffentliche der polizeilichen Genehmigung bedürfen. Es ist ohne entscheidende Bedeutung, ob die behauptete Tatsache vorliegt oder nicht, weil diese an sich nicht geeignet ist, für die Polizei die Befugnis zu begründen, die Veranstaltung der Lustbarkeit von einer polizeilichen Genehmigung abhängig zu machen. Eine solche Befugnis kann durch eine PolVd. gem. § 6 zu d PolVerwG., wonach zu den Gegenständen der ortspolizeilichen Vschr. die Ordnung und Gesetzlichkeit bei dem öffentlichen Zusammensein einer größeren Anzahl von Personen gehört, den Polizeibehörden nur hinsichtlich öffentlicher Lustbarkeiten beigelegt werden (OVG. 19. XI. 84 11 389). Fehlt sie gesetzlich der Polizei gegenüber nicht öffentlichen Lustbarkeiten, so kann sie auch nicht durch eine PolVd. vermittelst der Vschr. begründet werden, daß nicht öffentliche Lustbarkeiten unter gewissen Voraussetzungen als öffentliche „gelten" sollen. Anders würde sich die Sache verhalten, wenn aus der Art der Veranstaltung hervorgeht, daß **tatsächlich** eine **öffentliche** Lustbarkeit beabsichtigt ist, obwohl sie fälschlich als die einer geschlossenen Gesellschaft, also als nicht öffentliche, bezeichnet wird, insbesondere wenn tatsächlich jedermann, sei es auch gegen Zahlung eines Eintrittsgeldes, die Beteiligung bei der Lustbarkeit gestattet sein soll (OVG. 24. IX. 88 18 425)."

Nr. 5. Entsch. v. 21. Sept. 1903 (OVG. **44** 342) III B 28/03.

ALR. II 17 § 10.

1. Wenn die Polizeibehörde die Polizeistunde im Interesse der öffentlichen Ordnung herabsetzt, so gilt für den angerufenen Verwaltungsrichter nicht, ob die Polizei die Ueberzeugung gewonnen, es werde bei verlängerter Polizeistunde die öffentliche Ordnung gestört werden, sondern der Verwaltungsrichter muß sich auf Grund bestimmter Tatsachen selbst die Ueberzeugung verschaffen, die Befürchtung sei gerechtfertigt (OVG. 13. VI. 91 21 400 und 13. II. 01 39 295).

2. Wenn die Polizei, weil in einer öffentlichen Versammlung die öffentliche Ruhe gestört worden, die Polizeistunde außerhalb öffentlicher Versammlungen herabsetzt, so ist dies kein taugliches Mittel zur Verhütung weiterer Ruhestörungen in solchen Versammlungen.

Nr. 6. Entsch. v. 16. Juni 1904 (PrVerwBl. 26 307) III 1143.

LVG. § 127.

Wenn in einer PolVd. der Polizeibehörde gestattet ist, unter ganz besonderen Umständen für einzelne Fälle und für einzelne Lokale Ausnahmen von der in der PolVd. festgesetzten Polizeistunde zu bewilligen, so hat bei der Ablehnung einer solchen Ausnahme der Verwaltungsrichter nur zu prüfen, ob das Vorgehen der Polizeibehörde durch erkennbare objektive polizeiliche Gründe gerechtfertigt gewesen ist.

d) Straßengewerbe; Auktionatoren und Fleischbeschauer; Geschäftsvermittler; Schwimm- und Tanzlehrer; Winkelkonsulenten; Trödler; Pfandleiher; Auswanderungsunternehmer; Hufschmiede; Feldmesser; Losehändler; Hofprädikate; Schornsteinfeger.

Nr. 1. Entsch. v. 2. Juni 1904 (PrVerwBl. 27 139) III 1047.

GewO. § 37.

Der § 37 GewO. gestattet der Polizeibehörde, die Zulassung zum Straßengewerbe im Wege der PolVd. auch von dem Bedürfnisse abhängig zu machen. Bestimmt eine PolVd. nur, daß die Erlaubnis zur Aufstellung von Taxametern bei der Polizei einzuholen sei, so wird dadurch die Polizeibehörde lediglich in den Stand gesetzt, auf die an sie ergehenden Anträge in eine Prüfung darüber einzutreten, ob der Zulassung Bedenken polizeilicher Art, insbesondere mit Rücksicht auf die Persönlichkeit des Antragstellers oder die Beschaffenheit des Fuhrwerks und seiner Bespannung entgegenstehen. Die Einführung der Genehmigungspflicht für sich allein setzt die Polizeibehörde aber nicht in den Stand, die Erteilung der Erlaubnis außer aus polizeilichen Gründen auch aus Erwägungen der Zweckmäßigkeit oder wegen Mangels des Bedürfnisses nach ihrem freien Ermessen zu versagen. Die „Regelung" der Zweckmäßigkeits- und Bedürfnisfrage iS. des § 37 GewO. kann vielmehr nur im Wege der PolVd. durch Aufstellung allgemeiner Grundsätze, nicht aber ohne eine solche Grundlage durch polizeiliche Verfügung im Einzelfall erfolgen (PrAAnw. z. GewO. v. 1. V. 04 unter Nr. 52).

Nr. 2. Entsch. v. 8. Dez. 1904 (OVG. **46** 349) III B 112/04.

GewO. §§ 30, 35.

1. Das OLG. zu Dresden hat in dem **Urt.** 20. X. 92 (GoltdArch. 41 309) angenommen, daß in der Gewerbstätigkeit eines Naturarztes, der bei den

von ihm behandelten Kranken als Heilmittel Erzeugung von Schweiß durch Dampfbäder, Eintauchung in kaltes Wasser, Abspritzungen und Massage anwandte und zu diesem Zwecke in zwei Zimmern seiner Wohnung zwei Dampfstühle und zwei Badewannen für kalte Waschungen und Duschen aufgestellt hatte, der Betrieb einer Badeanstalt iS. des § 35 GewO. nicht erblickt werden könne. Das OVG. hat sich diesen Rechtsausführungen jedoch nicht durchweg anzuschließen vermocht. Der § 35 Abs. 1 GewO. lautet:

„Die Erteilung von Tanz-, Turn- und Schwimmunterricht als Gewerbe, sowie der Betrieb von Badeanstalten ist zu untersagen, wenn Tatsachen vorliegen, welche die Unzuverlässigkeit des Gewerbetreibenden in bezug auf diesen Gewerbebetrieb dartun."

Die Worte „sowie der Betrieb von Badeanstalten" sind in den § 35 erst auf Antrag der Reichstagskommission eingeschaltet worden, weil Badeanstalten der Erteilung von Schwimmunterricht sehr nahe verwandt seien und auch hier Rücksichten auf Leben und Gesundheit wie auf Sittlichkeit in Betracht kämen. Das Gesetz hat den Begriff „Badeanstalten" nicht näher erläutert; er ist daher nach dem gewöhnlichen Sprachgebrauche und den Anschauungen des Verkehrlebens zu bestimmen. Daß unter ihn Anstalten fallen, in denen Dampfschwitzbäder verabfolgt werden, unterliegt keinem Zweifel, da es sich dabei um die Einwirkung von Wasserdampf auf den entkleideten menschlichen Körper handelt.

2. Ist das Baden in einer Anstalt nicht Selbstzweck, sondern wird es nur auf Anordnung eines Arztes oder Naturarztes zu Kurzwecken als Heilmittel angewandt, so fällt diese Tätigkeit nicht unter § 35 GewO., es handelt sich dann vielmehr um den Betrieb einer Krankenanstalt. Krankenanstalten sind konzessionspflichtig, und aus welchen Gründen die Konzession zurückgenommen werden kann, bestimmt sich ausschl. nach den dafür gegebenen Vschr. des § 53 Abs. 2 GewO. Es würde widersinnig sein, den — einen wesentlichen Bestandteil solcher konzessionierten Krankenanstalten bildenden — Betrieb von Badevorrichtungen aus § 35 zu untersagen, während die Konzession, auf Grund deren der Betrieb erfolgt und durch den er gedeckt wird, noch unverändert fortbesteht. Es gilt davon das gleiche, wie von der Verabreichung von Bädern innerhalb des Betriebs einer genehmigten Gastwirtschaft (eines Hotels) an die Gäste. Auch hier ist die Verabreichung von Bädern, soweit sie sich auf die Hotelgäste beschränkt, nur ein Teil des Hotelbetriebs und deshalb der Untersagung nicht unterworfen, so lange die Konzession für den Hotelbetrieb nach § 53 nicht zurückgenommen worden ist. Daraus folgt, daß gegen das Baden in einer Krankenanstalt nicht auf Grund des § 35 eingeschritten werden darf.

Nr. 3. Entsch. v. 17. Sept. 1903 (PrVerwBl. 25 551) III 1738.

GewO. § 35.

Wie bei den übrigen im § 35 GewO. bezeichneten Gewerben, so ist auch bei dem Kleinhandel mit Bier eine Untersagung ausgeschlossen, wenn der Gewerbetreibende seinen Betrieb aufgegeben hat. Allerdings kann die Untersagung dennoch erfolgen, wenn besondere Umstände die Annahme rechtfertigen, daß eine Wiederaufnahme des aufgegebenen Gewerbebetriebes bevorstehe.

Nr. 4. Entsch. v. 3. Dez. 1903 (OVG. 44 345) III B 108/03.

GewO. § 39; ZustG. § 132.

1. Nach § 132 ZustG. beschließt der Bezirksausschuß über die Einrichtung, Aufhebung oder Veränderung der Kehrbezirke der Schornsteinfeger (§ 39 GewO.). Damit sollte die Regelung der die Anstellung, Tätigkeit und Entlassung der Bezirksschornsteinfeger betreffenden Verhältnisse nicht mit umfaßt

werden, wie Ziff. 46 AAnw. v. 9. VIII. 99 (MBl. 127) unrichtig annimmt. Diese Regelung ist Sache der Polizeibehörden im Wege von PolVd. (OVG. 25. IX. 90 — III 748 — u. 18. XII. 97 — III 1709).

2. Es ist nicht unzulässig, in einer PolVd. auf bestimmte Vorschriften eines anderen (veröffentlichten) Reglements bezug zu nehmen, ohne diese Vorschriften wörtlich zu wiederholen.

e) Wandergewerbescheine; Legitimationsscheine; Legitimationskarten; Genehmigung zum Feilbieten von Druckschriften.

Nr. 1. Entsch. v. 7. Nov. 1904 (OVG. 46 355) III A 6/04.

GewO. §§ 35, 57 b.

Bereits in dem OVG. 15. II. 94 26 287 ist dargelegt worden, daß die gem. § 35 GewO. erfolgende, auf der Unzuverlässigkeit des Gewerbetreibenden beruhende Untersagung den Gewerbebetrieb in seiner Gesamtheit treffe und sich nicht bloß gegen seine Ausübung in einem einzelnen Falle oder an einem einzelnen Orte richte. In dem OVG. 12. XII. 96 31 302 ist übereinstimmend damit ausgeführt worden, daß die wegen Unzuverlässigkeit des Gewerbetreibenden erfolgte Untersagung des Gewerbebetriebs sich nicht auf den Ort beschränken könne, in welchem der Gewerbebetrieb bei Erhebung der Klage auf Untersagung stattgefunden habe. Denn die Untersagung gründe sich nach § 35 GewO. nicht auf besondere Verhältnisse des Betriebsorts, sondern auf den Mangel der für die Gewerbe des § 35 vom Gesetzgeber für erforderlich erachteten persönlichen Eigenschaft der Zuverlässigkeit. Dieser der Person des Gewerbetreibenden anhaftende Mangel bewirke die Unfähigkeit zum Gewerbebetrieb, und die Unfähigkeit sei danach unabhängig von dem Orte des Betriebs; sie bleibe bestehen, gleichviel an welchem Orte die Ausübung erfolge. Andernfalls würde der Gewerbetreibende die Wirkung der Untersagung stets durch Wechsel seines Aufenthaltsorts hinfällig machen und damit den Zweck des § 35 völlig vereiteln können. Die Untersagung mit ihrer uneingeschränkten Wirkung umfasse jede auf die Fortsetzung des untersagten Gewerbebetriebs gerichtete Tätigkeit. Diese Grundsätze finden gleichmäßig sowohl auf den stehenden Gewerbebetrieb, als auch auf den Gewerbebetrieb im Umherziehen Anwendung.

Nr. 2. Entsch. v. 15. Febr. 1904 (PrVerwBl. 26 29) III 312.

GewO. §§ 44 Abs. 1, 44 a; LVG. § 127 Abs. 3; ZustG. § 117.

Nach der klaren Best. des § 44a GewO. ist nur der Inhaber des stehenden Gewerbebetriebes, für dessen Zwecke das nach § 44 Abs. 1 zulässige Aufkaufen von Waren oder Aufsuchen von Warenbestellungen erfolgen soll, befugt, den Antrag auf Erteilung der Legitimationskarte zu stellen. Dem Reisenden (§ 44 Abs. 1) steht dagegen diese Befugnis nicht zu. Hieraus ergibt sich mit Notwendigkeit, daß auch zur weiteren Verfolgung seines Antrages der Inhaber des stehenden Gewerbebetriebes ausschließlich berechtigt ist. Ihm allein ist daher auch das im § 117 ZustG. bestimmte Klagerecht eingeräumt. Der Verwaltungsrichter ist in der Beurteilung der Sachlage ganz frei. Die Beschränkungen aus § 127 Abs. 3 LVG. finden hier keine Anwendung.

f) Privat-Kranken-, Entbindungs- und Irrenanstalten.

Nr. 1. Entsch. v. 8. Okt. 1903 (OVG. 44 357) III C 65/03.

GewO. § 30.

Die allgemeinen Anordnungen des Regierungspräsidenten zu Potsdam v. 4. XII. 00 über Anlage, Bau und Einrichtung von öffentlichen und Privatkrankenanstalten (ABl. 550) sind für die konzessionierende Behörde und den Verwaltungsrichter maßgebend (OVG. 30. IX. 01 40 307); es dürfen daher einem Konzessionssucher gegenüber keine größeren Anforderungen gestellt werden.

g) Apotheker; Aerzte; Drogenhändler; Handel mit Gift; Zahnärzte; Genfer Kreuz; Kaiserlicher Adler; Wappen; Impfzwang.

Nr. 1. Entsch. v. 26. Okt. 1903 (OVG. 44 354) III A 77/02.

LVG. § 130.

Der Regierungspräsident hatte einem Apotheker aufgegeben, die ihm gehörige Apotheke, deren Betrieb er durch einen anderen Apotheker besorgen ließ, wieder selbst zu übernehmen. Das OVG. sprach aus, daß nicht der Regierungspräsident, sondern die Ortspolizeibehörde zum Erlaß der Vf. zuständig gewesen wäre und daß dem Regierungspräsidenten eine von der Landespolizeigewalt verschiedene Aufsichtsgewalt über die Apotheker nicht zustehe (OVG. 33 356).

Nr. 2. Entsch. v. 27. Okt. 1904 (OVG. 46 337; PrVerwBl. 26 789) III A 47/02.

GewO. § 53.

1. Dem Kläger war durch Verfügung des Regierungspräsidenten auf Grund der Erl. des Kultusministers v. 27. XII. 69 und v. 9. V. 70 ein Befähigungszeugnis als geprüfter Heildiener nach abgelegter Prüfung erteilt. Der Regierungspräsident entzog ihm das Zeugnis, worauf der Heildiener nach eingelegter Beschwerde an den Oberpräsidenten klagte. Das OVG. hob die Verfügung auf und führte aus:

2. „Das OVG. hat bereits in seinen Erk. 29. III. 97 31 270 u. 29. VI. 98 33 356 festgelegt, daß den Regierungspräsidenten über nicht beamtete Aerzte, Apotheker — Medizinalpersonen im weiteren Sinne — ein von der Polizeigewalt verschiedenes Aufsichtsrecht nicht zusteht. Dies muß auch bezüglich der Heildiener aus den in jenen Entscheidungen dargelegten Gründen gelten, da eine besondere gesetzliche Vorschrift, welche ein solches Aufsichtsrecht begründete, nicht vorhanden ist. Der Ressortminister ist zwar befugt, allgemeine Wohlfahrtseinrichtungen zu treffen, und in diesem Sinne Prüfungen für Heildiener einzuführen und denjenigen Personen, welche die Prüfung bestanden haben, ein Zeugnis hierüber auszustellen, auch sich zu diesen Zwecken der Vermittelung der Regierungspräsidenten zu bedienen. Hieraus entsteht aber ebensowenig ein besonderer Dienstaufsicht der letzteren unterworfenes Pflichtverhältnis der Betreffenden, wie, wenn die Prüfung und Zeugniserteilung seitens einer Privatperson zB. eines anerkannten Arztes stattgefunden hätte, diesem gegenüber. Ist das Zeugnis dann einmal erteilt, so kann diese vollendete Tatsache nicht wieder rückgängig gemacht werden, da es an einer ausdrücklichen Gesetzesbestimmung hierfür fehlt. Ein solches Recht der Zurücknahme ist auch nicht aus dem Umstande herzuleiten, daß der Regierungspräsident das Zeugnis erteilt und den Vorbehalt der Zurücknahme unter Hinweis auf bezüglich anderer gewerblicher Approbationen bestehende

Gesetzesvorschriften — § 53 GewO. — gemacht hat; denn Entziehungen dieser Art liegen auf gewerbepolizeilichem Gebiete und beruhen auf spezieller gesetzlicher Anordnung, für deren sinngemäße Anwendung die Verfügung einer Verwaltungsbehörde nicht maßgebend ist."

Nr. 3. Entsch. v. 7. Juli 1904 (PrVerwBl. 26 372) III 1283.

ALR. II 17 § 10; PrVUrk. Art. 27; PreßG. § 1.

1. Das OVG. hat wiederholt ausgesprochen (vgl. die Ausführungen des Erk. 7. VII. 00 im PrVerwBl. 22 168), daß derjenige, welcher die Approbation als Apotheker erhalten hat, an sich befugt ist, sich als solcher zu bezeichnen, hiervon aber als Drogenhändler nicht in einer Weise Gebrauch machen darf, die geeignet ist, bei dem mit den einschlagenden Verhältnissen und gesetzlichen Bestimmungen weniger vertrauten Teile des Publikums den Irrtum zu erregen, seine Drogenhandlung sei eine Apotheke, was in jedem einzelnen Falle zu prüfen ist. Diesem Grundsatze hat sich der BadVerwGHf. in einem Urt. 10. III. 03 (von Rohrscheidt, GewArch. 3 221) angeschlossen (vgl. BayOLG. (StS.) 25. IX. 02 — das. 2 580).

2. Dagegen darf die Polizei dem Drogenhändler nicht verbieten, sich in geschäftlichen Anzeigen, auf Umhüllungen, Etiketten usw. Apotheker zu nennen; dies würde gegen Art. 27 PrVUrk. und § 1 G. v. 7. V. 74 verstoßen.

i) Innungen.

Nr. 1. Entsch. v. 5. Okt. 1903 (OVG. 44 361) III C 50/03.

ZustG. §§ 124, 161; GewO. §§ 92, 98a idFass. 26. VII. 00 (RGBl. 871).

1. Nach § 124 ZustG. beschließt der Bezirksausschuß über die Genehmigung von Innungsstatuten usw. Gegen den versagenden Bescheid findet Antrag auf mündliche Verhandlung im VerwStreitVerf. statt. Für den Stadtkreis Berlin tritt gem. § 161 ZustG. an die Stelle des Bezirksausschusses der Polizeipräsident, gegen dessen versagenden Beschluß die Klage beim Bezirksausschusse zulässig ist. Der Bezirksausschuß hat sich in beiden Fällen mit der gesamten Sach- und Rechtslage zu befassen, es können neue Anführungen gemacht werden (Erk. 24. IX. 98 — PrVerwBl. 20 172).

2. Jeder abgewiesene Antrag kann später wiederholt werden und geht durch die gleichen Instanzen. Die zuständige Behörde hat ihn erneut zu prüfen.

l) Maße und Gewichte; Taxen.

Nr. 1. Entsch. v. 6. Okt. 1904 (PrVerwBl. 26 503) III 1733.

Vd. v. 13. V. 40 § 3.

Wenn für einzelne Räume einer Malzfabrik das Betreten durch Aushang verboten ist und die Räume nur von einzelnen Lieferanten betreten werden dürfen und betreten werden, also ein öffentlicher Geschäftsverkehr darin nicht stattfindet, darf die Polizei darin keine Maß- oder Gewichtsrevision vornehmen.

Nr. 2. Entsch. v. 11. April 1904 (PrVerwBl. 26 291) III 661.

Maß- u. GewichtsO. v. 17. VIII. 68 Art. 10; EichO. v. 27. XII. 84 § 68; StGB. § 369².

1. In dem geschäftlichen Verkehre einer Gesellschaft mbH. mit ihren Gesellschaftern ist ein öffentlicher Verkehr von der Art zu finden, daß die darin

angewendeten Wagen und Gewichte für die Abnahme der Waren von den Gesellschaftern gestempelt sein müssen. Die Gesellschaft mbH. ist eine juristische Person und als solche ein von den Gesellschaftern verschiedenes Rechtssubjekt.

2. In dem OVG. 20. IX. 94 27 325 ist als öffentlicher Verkehr derjenige bezeichnet worden, bei welchem Waren für jedermann feilgehalten oder verkauft werden. Gegen diese Auffassung, der es entsprechen würde, auch den Verkehr, bei welchem Waren von jedermann gekauft werden, als einen öffentlichen anzusehen, sind Bedenken erhoben worden. Das OVG. hat jedoch an ihr in dem Urt. 4. X. 99 — III 1487 — festgehalten.

n) Schauspielunternehmer.

Nr. 1. Entsch. v. 29. Juni 1903 (OVG. 44 344) III C 71/03.

GewO. § 32; Nov. v. 6. VIII. 96 (RGBl. 685).

Seit dem Inkrafttreten des G. v. 6. VIII. 96 kann die Erlaubnis, deren ein Schauspielunternehmer nach § 32 GewO. bedarf, nur noch für ein bestimmtes Unternehmen erteilt werden. Der Konzessionssucher hat deshalb das beabsichtigte Unternehmen bestimmt zu bezeichnen und darf sich nicht damit begnügen, eine unbeschränkte Konzession nachzusuchen.

Nr. 2. Entsch. v. 24. Okt. 1904 (OVG. 46 339) III C 83/04.

GewO. § 32; Nov. v. 6. VIII. 96.

In dem OVG. 29. VI. 03 44 344 ist dargelegt worden, daß und weshalb seit dem Inkrafttreten der GewONov. v. 6. VIII. 96 die Erlaubnis, deren ein Schauspielunternehmer nach dem § 32 GewO. bedarf, nur noch für ein bestimmtes Unternehmen erteilt werden könne, und daß es deshalb dem Konzessionssucher obliege, das beabsichtigte Unternehmen bestimmt zu bezeichnen. Die Beschränkung, die der § 32 durch die Nov. erfahren hat, geht jedoch nicht so weit, daß sie dem Betriebe des Gewerbes als Unternehmer einer umherziehenden Schauspielergesellschaft und der Erteilung einer entsprechenden Erlaubnis entgegenstände. Das ergibt sich zweifellos aus den durch die Nov. unberührt gebliebenen Vschr. der §§ 55 Abs. 1⁴, 60 Abs. 2, 60a und 60d Abs. 4 GewO., wonach derjenige, der das Gewerbe als Schauspielunternehmer im Umherziehen betreibt, außer dem Wandergewerbeschein und der unter Umständen notwendigen ortspolizeilichen Erlaubnis stets die im § 32 vorgesehene Erlaubnis besitzen muß. Freilich erwähnt die GewO. die Wandertruppen ausdrücklich nur im § 60d Abs. 4, der im Tit. III „Gewerbebetrieb im Umherziehen" steht und sich deshalb bloß auf solche Wandertruppen bezieht, bei deren Vorstellungen ein höheres Interesse der Kunst oder Wissenschaft nicht obwaltet. Das berechtigt jedoch nicht zu dem Schlusse, daß Wandertheater aus § 32 nicht konzessioniert werden dürften, wenn bei ihnen ein höheres Interesse der Kunst oder Wissenschaft obwaltet. Denn dem Gesetzgeber kann nicht unterstellt werden, daß er für Unternehmungen höherer Art die Erteilung einer Erlaubnis habe ausschließen wollen, die er für minderwertigere Unternehmungen im § 60d ausdrücklich zugelassen hat. Daß aber bei Wandertruppen die Konzession für den Unternehmer nicht wie bei einem stehenden Theater mit Beziehung auf ein bestimmtes Lokal und dessen Ortslage nachgesucht und erteilt werden kann, liegt auf der Hand. Der Nachsuchende genügt daher in einem solchen Falle regelmäßig der gesetzlichen Forderung einer bestimmten Bezeichnung des Unternehmens, wenn er außer den Kunstgattungen, denen es gewidmet sein soll, die Zahl der Mitglieder seiner Truppe und die Bezirke oder Orte, die besucht werden sollen, angibt.

p) Versicherungsanstalten; staatliche Aufsicht über Privatgesellschaften.

Nr. 1. Entsch. v. 16. Mai 1904 (PrVerwBl. 26 201) III 941.

ViehSG. § 23; PrivVUntG. §§ 4 ff.; AVd. v. 30. VI. 01 (GS. 141).

Die Genehmigung zur Errichtung eines Schweineversicherungsvereins darf nicht deshalb versagt werden, weil der Verein den Schweineimpfzwang für seine Mitglieder nicht einführen will. Einen Zwang zur Impfung von Tieren gegen ansteckende Krankheiten gibt es nach der bestehenden Gesetzgebung nur in ganz bestimmten, vom Gesetz ausdrücklich bezeichneten Fällen (ViehSG. § 23). Abgesehen von diesen Fällen steht es jedem Tierbesitzer frei, ob er eine Impfung seines Viehbestandes ausführen lassen will oder nicht. Solange es an einer gesetzlichen Grundlage dafür fehlt, kann deshalb der Impfzwang auch nicht zur Bedingung für die Genehmigung von Schweineversicherungsvereinen gemacht werden. Die Bildung solcher Vereine steht vielmehr auch solchen Personen frei, welche Gegner des Impfzwanges sind und aus irgend welchen Gründen ihre Tiere der Impfung nicht unterwerfen wollen. Bei Beurteilung der Frage, ob die Interessen der Versicherten hinreichend gewahrt sind (§ 7² PrivVUntG.), muß in solchen Fällen selbstverständlich der Umstand, daß der Verein den Impfzwang ausschließt, mit in Berücksichtigung gezogen werden. Er darf aber nicht dazu führen, ohne Rücksicht darauf, ob der Verein nicht auch, abgesehen von dem Impfzwang, ausreichende Sicherheit zu gewähren vermag, die Genehmigung ohne weiteres zu versagen.

Nr. 2. Entsch. v. 1. Febr. 1904 (OVG. 45 347) III A 58/03.

PrivVUntG. §§ 1 f., 64, 73, 84, 99 f., 124; AVd. v. 30. VI. 01 (GS. 141); AAnw. v. 4. V. 02 (MBl. 86).

1. Zu den Versicherungsunternehmungen, welche die Eigenschaft öffentlicher Unternehmungen haben, können nur diejenigen gerechnet werden, welche entweder der Durchführung eines gesetzlichen, öffentlich-rechtlichen Versicherungszwanges dienen, oder welche unter der Verwaltung und Leitung einer Behörde oder zwar eines anderen, jedoch einer Behörde gleichzustellenden Organs stehen (vgl. die Kommt. z. G. v. 12. V. 1901 von Alexander-Katz 8, 9 Anm. 3, Könige 2, 3 Anm. 1ª und Manes 50 je zum § 1).

2. Es betreibt ein Verein auf Gegenseitigkeit dadurch, daß er gegen die Leistungen seiner Mitglieder nach deren Tode ihren hinterbliebenen Kindern Erziehungsgelder gewährt, Versicherungsgeschäfte iS. des G. v. 12. V. 01, und zwar solche der Lebensversicherung (§ 6 Abs. 3). Dies gilt, selbst wenn die Kinder, zu deren Gunsten die Versicherung erfolgt, weder mit Namen genannt, noch auch nur der Zahl nach bezeichnet zu werden brauchen, und es ferner möglich ist, daß ein Mitglied bei seinem Beitritte keine Kinder hat, vielleicht auch solche nicht mehr erwarten kann.

3. Daß ein Verein keinen Erwerb erstrebt, sondern einem idealen Zwecke, der Förderung des Wohles eines gewissen Teiles der Beamtenschaft und der Rechtsanwaltschaft zu dienen bestimmt ist und dient, und daß er ehrenamtlich verwaltet wird, hindert nicht, daß er ein Versicherungsunternehmen ist.

4. Die Gegenseitigkeit bedingt nicht, daß jedes Mitglied eines Versicherungsvereins im Versicherungsverhältnisse stehe. Sonst würde es leicht sein, einem solchen Vereine durch Aufnahme einiger Ehrenmitglieder seine Eigen-

schaft als Versicherungsverein auf Gegenseitigkeit zu nehmen; vielmehr kommt es allein auf die ordentlichen Mitglieder an. Sind diese gleichzeitig Versicherer und Versicherte, so ist damit das Erfordernis der Gegenseitigkeit erfüllt. Daß für die Höhe der Beiträge nicht das Repartitionssystem befolgt wird, steht nicht entgegen (Bütow, Die Versicherung auf Gegenseitigkeit 53 f.) und ebensowenig der Umstand, daß weder eine unbeschränkte noch auch nur eine beschränkte Nachschußpflicht für die ordentlichen Mitglieder besteht, sondern, sobald die Ausgaben die Einnahmen übersteigen, zunächst der Reservefonds des Vereins bis zu einem bestimmten Betrage in Anspruch genommen und dann die Leistungen des Vereins herabgesetzt werden sollen.

5. Unterliegt ein Verein dem G. v. 12. V. 01, so kommt dessen § 99, der unter den Uebergangsvorschriften steht und gerade für die zur Zeit des Inkrafttretens des Gesetzes bereits bestehenden Unternehmungen gilt, auf ihn zur Anwendung. Daraus folgt, daß er auch zur Ansammlung eines Prämienreservefonds und deshalb zur Vorlegung der für eine versicherungstechnische Prüfung und Feststellung der Prämienreserve erforderlichen Unterlagen verpflichtet ist.

6. Prämienreservefonds und Reservefonds unterscheiden sich ihrem Wesen nach voneinander; es ist jener namentlich keineswegs bloß ein besonders gearteter Reservefonds (§ 37). Auch ein noch so beträchtlicher Reservefonds vermag daher nicht von der Verflichtung zur Berechnung der Prämienreserve und Ansammlung eines Prämienreservefonds zu befreien. Der § 92 gestattet nur die Fortsetzung des Geschäftsbetriebs ohne neue Zulassung; es gelten aber ungeachtet der Entbehrlichkeit einer solchen Zulassung doch für die bestehenden Unternehmungen alle zwingenden Vorschriften des neuen Gesetzes, und dazu gehören eben die über die Prämienreserve.

L. Vereine; geschlossene Gesellschaften; Gebrauch der deutschen Sprache; Prozessionen; Religionsunterricht; Freimaurerorden; Erwerbs- und Wirtschaftsgenossenschaften; sozialdemokratische Vereine; Einspruch gegen die Eintragung in das Vereinsregister.

Nr. 1. Entsch. v. 12. Febr. 1904 (OVG. 44 484) I A 104/03.

VUrk. Art. 106; VerG. § 8.

1. Wenn sich das Verbot einer Versammlung nach dem VerG. v. 1850 rechtfertigt, so hat der Verwaltungsrichter nach Art. 106 VUrk. nicht zu prüfen, ob das durch Abdruck in der Gesetzsammlung gehörig bekannt gemachte VerG. mit den Best. der Verfassung im Einklange steht.

2. Frauen dürfen einen Wahlverein, der bezweckt, politische Gegenstände in Versammlungen zu erörtern, nicht bilden.

Nr. 2. Entsch. v. 12. April 1904 (PrVerwBl. 26 887) I 494.

VerG. § 8.

1. Nach § 8 VerG. sind Vereine, die bezwecken, politische Gegenstände „in Versammlungen" zu erörtern, gewissen Beschränkungen unterworfen. Das Gesetz spricht nicht von Vereinen, welche die Erörterung politischer Gegenstände in ihren Versammlungen bezwecken. Daher werden auch Vereine betroffen, von denen die Erörterung politischer Gegenstände in anderen Versamm-

lungen bezweckt wird (RGSt. 28 69, 29 171; OVG. 10. XI. 96 — PrVerwBl. 18 370). Nun ist allerdings das Verbot, daß Frauen den Versammlungen beiwohnen, nach § 8 Abs. 3 VerG. nur für die Versammlungen „solcher politischen Vereine“ gegeben. Es bezieht sich das Verbot der Anwesenheit von Frauen also nur auf Versammlungen der Vereine. Gemeint sind damit aber die von den Vereinen veranstalteten Versammlungen. Der Gesetzgeber ging davon aus, daß es nicht der Beruf der Frauen sei, sich mit politischen Dingen zu befassen; darum wollte er sie von der Tätigkeit der politischen Vereine fernhalten.

2. Wenn im § 3 VerG. für die statutenmäßig oder durch besonderen Beschluß im voraus feststehenden „Versammlungen eines Vereins“ Freiheit von der Pflicht zur besonderen Anzeige jeder einzelnen Versammlung gewährt ist, so mag bei dieser den Vereinen für ihre Versammlungen eingeräumten Erleichterung vorausgesetzt sein, daß die Versammlung eine solche der Mitglieder des Vereins sei. Dadurch wird aber nicht ausgeschlossen, daß unter den Versammlungen politischer Vereine iS. des § 8 Abs. 3 VerG. alle von den politischen Vereinen veranstalteten Versammlungen verstanden sind.

Nr. 3. Entsch. v. 20. Nov. 1903 (OVG. 44 427) I B 14/03.

VerG. § 2; GeschäftssprachenG. v. 28. VIII. 76 (GS. 389) § 1.

1. Aus dem § 1 G. v. 28. VIII. 76 läßt sich nicht folgern, daß Vereine verpflichtet sind, ihre (in fremder Sprache verfaßten) Satzungen der Polizei in deutscher Sprache einzureichen (VerwArch. 12 284; OVG. 20. III. 03 43 435).

2. Die Polizeibehörden haben aber ein Recht auf Auskunft, soweit sie einer solchen zur Erfüllung ihrer Aufgaben bedürfen. Den Vorstehern von Vereinen, welche eine Einwirkung auf öffentliche Angelegenheiten bezwecken, ist außerdem im § 2 VerG. ausdrücklich die Verpflichtung auferlegt, den Ortspolizeibehörden auf Erfordern jede auf die Statuten bezügliche Auskunft zu erteilen. Daher sind die Ortspolizeibehörden auch berechtigt, Auskunft über den Inhalt der in einer fremden Sprache abgefaßten Satzungen zu verlangen.

Darf die Auskunft über den Sinn hinsichtl. der ganzen Satzung gefordert werden, so darf die Polizeibehörde auch die Wiedergabe aller einzelnen Bestimmungen der Satzung in deutscher Sprache, di. eine deutsche Uebersetzung der Satzung, fordern. Ueber den Begriff einer Auskunft geht dies nicht hinaus; denn sie wird verlangt über den den Vereinsvorstehern aus eigenem Wissen bekannten tatsächlichen Inhalt der Vereinssatzung, von der anzunehmen ist, daß sie hauptsächlich Festsetzungen über den Zweck und die Organisation des Vereins enthält. Aus demselben Grunde hat auch das KG. in einem Urt. 29. VI. 03 — S 501/03 — die Vorsteher von Vereinen, die eine Einwirkung auf öffentliche Angelegenheiten bezwecken, zur Einreichung einer Uebersetzung der Satzung für verpflichtet erklärt.

3. Obgleich die Bestimmung im § 2 VerG. nur für einen Verein gilt, der eine Einwirkung auf öffentliche Angelegenheiten bezweckt, muß doch ein ähnliches Recht auf Auskunft über den Inhalt der Satzung auch gegenüber solchen Vereinen anerkannt werden, bei denen noch nicht feststeht, daß sie eine Einwirkung auf öffentliche Angelegenheiten bezwecken, bei denen aber Tatsachen vorliegen, nach denen dies vermutet werden kann. Andernfalls würden die Polizeibehörden außerstande sein, darüber zu wachen, daß die unter § 2 VerG. fallenden Vereine die ihnen danach obliegenden Pflichten erfüllen. Da das VerG. die Vereine, welche eine Einwirkung auf öffentliche Angelegenheiten bezwecken, besonderen Verpflichtungen unterwirft, muß es auch den Polizeibehörden die Rechte haben geben wollen, deren sie zur Feststellung des

Vorhandenseins dieser Voraussetzung bedürfen. Allerdings hat das OVG. ausgesprochen, daß von den Vereinen eine Handlung, die ihnen durch das Gesetz nur unter einer bestimmten Voraussetzung zur Pflicht gemacht ist, nicht ohne Rücksicht auf deren Vorhandensein gefordert werden darf (Urt. 3. IV. 94 26 405), aber die diese Erwägung kann nicht durchschlagen, wenn es sich um eine Auskunft handelt, durch die gerade das Vorhandensein der gesetzlichen Voraussetzung festgestellt werden soll, falls Tatsachen vorliegen, die eine Vermutung für ihr Vorhandensein begründen.

Nr. 4. Entsch. v. 20. Nov. 1903 (OVG. 44 432) I A 46/03.

VerG. § 2.

1. Der Grundsatz zu Nr. 2 des vorhergehenden Erk. ist hier ebenfalls ausgesprochen.

2. Die Verpflichtung zur Einreichung eines Mitgliederverzeichnisses besteht nach § 2 VerG. nur für die Vorsteher von Vereinen, die eine Einwirkung auf öffentliche Angelegenheiten bezwecken.

Nr. 5. Entsch. v. 24. Juni 1904 (PrVerwBl. 26 369) I 823.

ALR. II 17 § 10; VerG. § 2.

1. Ein Radfahrverein stand in dem Verdachte, die Vorschriften über Lustbarkeitssteuern zu umgehen; die Polizei forderte, um Material zum Einschreiten zu sammeln, den Vorstand auf, das Mitgliederverzeichnis einzureichen. Die dagegen erhobene Klage wies das OVG. ab. Es führte aus:

2. „Nach den in den OVG. 19. XI. 84 11 389 u. 3. IV. 94 26 401 entwickelten Grundsätzen wird die auf § 10 II 17 ALR. beruhende Pflicht der Polizeibehörden zur Ueberwachung öffentlicher Lustbarkeiten Vereinen gegenüber nicht dadurch eingeschränkt, daß in § 2 VerG. die Pflicht zur Einreichung des Mitgliederverzeichnisses nur den Vorstehern solcher Vereine auferlegt ist, welche eine Einwirkung auf öffentliche Angelegenheiten bezwecken. Ist begründeter Verdacht vorhanden, daß ein nicht unter § 2 fallender Verein die Vschr. wegen Veranstaltung öffentlicher Lustbarkeiten umgehen werde, und bildet die Einforderung des Mitgliederverzeichnisses eine geeignete Handhabe, um Zuwiderhandlungen nach dieser Richtung entgegenzutreten, so steht der Polizei die Befugnis zu, die Vorsteher jedes Vereins zur Erteilung der nötigen Auskunft auch in Gestalt der Einforderung des Verzeichnisses der Vereinsmitglieder anzuhalten."

Nr. 6. Entsch. v. 12. Juni 1903 (PrVerwBl. 25 523) I 995.

VUrk. Artt. 29 f.; VerG. § 5.

1. Die Polizeibehörde hatte einem Wirt verboten, in seinem Lokale öffentliche Versammlungen abhalten zu lassen, weil früher dort Ausschreitungen vorgekommen und die Polizeibeamten mit Rücksicht auf die Beschaffenheit des Raumes gefährdet seien, indem sie bei Widerständen keine Hülfe herbeiholen könnten. Das OVG. hob die Verfügung auf. Es wurde ausgeführt:

2. „Die Befugnis der Polizei, aus § 10 II 17 ALR. einzuschreiten, ist gegenüber Vereinen und Versammlungen durch die Artt. 29 f. PrVUrk. und durch das VerG. begrenzt; den Gefahren, die aus den Erörterungen und Beratungen, dem Zwecke des Zusammentretens einer Versammlung erwachsen können, darf nur nach Maßgabe dieser Verordnung entgegengetreten werden. Danach besteht wohl eine Pflicht zur Anmeldung von Versammlungen, in denen öffentliche Angelegenheiten erörtert und beraten werden sollen, auch ein Recht der Polizeibehörde zur Ueberwachung solcher Versammlungen, ferner die Befugnis, öffentlichen Versammlungen unter freiem Himmel und öffentlichen

Aufzügen die Genehmigung zu versagen, wenn sie die öffentliche Sicherheit oder Ordnung gefährden würden, endlich ein Recht der Auflösung von Versammlungen in den Fällen des § 5, aber nicht die Berechtigung, Versammlungen in der Befürchtung von Ausschreitungen der zu einer Versammlung zusammengetretenen Personen zu verbieten, damit keine Störung der öffentlichen Sicherheit und Ordnung vorkommen könne.

2. In der Rechtsprechung des OVG. ist anerkannt, daß eine Versammlung verboten werden kann, wenn der Zustand des dazu benutzten Raumes das Leben oder die Gesundheit der Versammelten in Gefahr bringt, daß insbesondere die äußerste Zahl derjenigen Personen, denen der Zutritt in den Versammlungsraum zu gestatten ist, um einer gefährlichen Ueberfüllung zu steuern, polizeilich festgesetzt werden darf; auch ist ausgesprochen, daß ein Versammlungsverbot gerechtfertigt ist, sobald die in einer Polizeiverordnung vorgeschriebenen Erfordernisse für Anlage und Einrichtung öffentlicher Versammlungsräume nicht sämtlich erfüllt sind. Grundsätzlich würde also nichts entgegenstehen, wenn die Polizeibehörde wegen Gefahren, die aus der baulichen Beschaffenheit des Lokals den Besuchern drohen, das Zusammenkommen von Menschen auch in der Gestalt von Versammlungen daselbst verbieten oder die äußerste zulässige Besucherzahl festsetzen würde.

Nr. 7. Entsch. v. 24. Jan. 1905 (OVG. 46 435) I A 144/04.

BUrk. Art. 29; VerG. § 9.

1. Ueber die Abgrenzung der Begriffe „Versammlung unter freiem Himmel" und „Versammlung in geschlossenen Räumen" ist aus den Verhandlungen über das sog. VerG. v. 11. III. 50 nichts zu entnehmen. Bei Beratung des jetzigen Art. 29 VUrk. v. 31. I. 50, aus dem die Unterscheidung zwischen beiden in das VerG. übergegangen ist, bemerkte der Berichterstatter der Kommission der zweiten Kammer (StenB. der 2. Kammer v. 1849 S. 650):

„Der Ausdruck „geschlossene Räume" ist nur dann ein Gegensatz von „unter freiem Himmel", wenn man sich unter geschlossenen Räumen solche denkt, die nicht nur in der Länge und Breite, sondern auch in der Höhe geschlossen sind."

Irgend welche Erörterungen haben sich aber an diese Bemerkung nicht geknüpft. Somit bleibt nur übrig, den Ausdruck „unter freiem Himmel" wörtlich zu verstehen. Eine Versammlung findet danach unter freiem Himmel statt, wenn der Versammlungsort nicht nach oben abgeschlossen, wenn er nicht überdacht ist, dergestalt, daß die Teilnehmer über sich den freien Himmel haben. Deshalb hat das RG. in dem Urt. 1. V. 82 (Rspr. 4 425) zutreffend ausgeführt, eine öffentliche Versammlung in einem im übrigen abgeschlossenen Garten sei als eine solche unter freiem Himmel iS. des § 9 VerG. anzusehen. Anderseits ist auch dem KG. zuzustimmen, wenn es keinen Rechtsirrtum darin erblickt, daß eine Versammlung in einer Halle, die an drei Seiten von Wänden umschlossen und mit einem Ziegeldache versehen war, nicht als Versammlung unter freiem Himmel erachtet wurde (KGJ. 18 301). Während so der Begriff „unter freiem Himmel" ergibt, daß von einer Versammlung unter freiem Himmel iS. des VerG. nicht zu reden ist, wenn der Versammlungsraum überdacht ist, muß aus dem Gegensatze zwischen Versammlungen unter freiem Himmel und Versammlungen in geschlossenen Räumen weiter für den Begriff der letzteren gefolgert werden, daß der Ort, an dem sie stattfinden, nicht nur nach der Höhe, sondern auch nach der Länge und Breite (nach den Seiten) irgendwie abgeschlossen sein muß; denn das Gesetz spricht von „geschlossenen Räumen", nicht von „nach oben geschlossenen Räumen", fordert also eine allgemeine Abgeschlossenheit. Damit kann selbstverständlich nicht gemeint sein, daß es einer völligen, festen Abschließung nach außen bedürfe, sondern eine seitliche Umgrenzung, wie sie bei überdachten Räumen je nach der sonstigen Bestimmung der Baulichkeit üblich ist, reicht hin. Wo Türen, Tore, Fenster oder andere Oeffnungen den Abschluß nach der Länge und Breite zu unterbrechen pflegen, wird weder durch deren Vorhandensein noch durch ihr Offenstehen der Begriff des geschlossenen Raumes aufgehoben; das Gesetz spricht nicht von verschlossenen Räumen, nicht von Versammlungen hinter verschlossenen Türen, sondern von „geschlossenen Räumen“ schlechthin und will darunter nichts anderes verstanden wissen, als was damit im gewöhnlichen Sprachgebrauche bezeichnet wird. Damit eine in einer überdachten Gartenhalle stattfindende Versammlung als eine solche in geschlossenen Räumen gilt, genügt daher nach der Ausführung des KG. eine Umschließung auf drei Seiten, weil üblicherweise bei solchen Baulichkeiten die vierte, dem Garten zugekehrte Seite offen zu sein pflegt. Bei Baulichkeiten von besonders abweichender Gestaltung mögen Zweifel entstehen können; im allgemeinen ist jedoch die Unterscheidung zwischen Versammlungen unter freiem Himmel und in geschlossenen Räumen nach der Entwickelung des Begriffs in der angegebenen Weise zu treffen.

2. Daß sich eine Versammlung, die in geschlossenen Räumen eröffnet worden ist, durch das Zuströmen von Personen, die innerhalb des Versammlungsraums nicht Platz nehmen oder finden, zu einer solchen unter freiem Himmel gestalten kann, ist tatsächlich wie rechtlich möglich. In den OVG. 26. VI. 80 6 370 u. 11. X. 84 11 382 ist bereits darauf hingewiesen worden, wie die Polizeibehörde dem entgegenzutreten habe, daß die in einem Hause abgehaltene Versammlung in eine solche unter freiem Himmel ausarte, und daß die Polizei befugt sei, eine in einem Hause begonnene Versammlung aufzulösen, sobald sie sich zu einer solchen unter freiem Himmel gestalte. Wann eine Versammlung, die zunächst in geschlossenen Räumen stattfindet, zu einer Versammlung unter freiem Himmel wird, ist eine Frage rein tatsächlicher Natur.

Nr. 8. Entsch. v. 13. Mai 1904 (OVG. 45 424) I B 2/04.

GeschäftssprachenG. v. 28. VIII. 76 (GS. 389) § 1.

1. Straßennamenschilder enthalten, gleichviel ob sie von der Polizeibehörde selbst oder mit ihrer ausdrücklichen oder stillschweigenden Billigung von anderen angebracht worden sind, eine amtliche Bekanntmachung. Ihre Aufschriften sind daher gem. § 1 G. v. 28. VIII. 76 in deutscher Sprache abzufassen. Straßennamenschilder mit einer fremdsprachigen Bezeichnung verstoßen gegen dieses Gesetz; ihre Abänderung oder Entfernung ist daher geboten (OVG. 24. VI. 91 21 421, 28. V. 95 28 89 u. 27. XI. 02 42 199).

2. Die Bezeichnung der Straßen eines Ortes mit Namen und der einzelnen Wohngebäude mit Nummern dient nicht lediglich zur Erleichterung des Verkehrs auf der Straße, sondern bezweckt eine Individualisierung der einzelnen Wohngebäude, die eine unentbehrliche Voraussetzung für das Zusammenleben einer größeren Anzahl von Menschen an einem Orte, für ihren amtlichen, gewerblichen und geselligen Verkehr ist. Sie soll das Auffinden eines bestimmten Wohngebäudes erleichtern (OVG. 28 92), insbes. aber auch die Grundlage für die Verteilung der auf den Gebäuden ruhenden Einquartierungslast abgeben („Servisnummer“). Daher erfolgt die Bezeichnung durch die Polizeibehörde im öffentlichen Interesse und bildet einen Teil der von der Ortspolizeibehörde aufrecht zu erhaltenden öffentlichen Ordnung.

Nr. 9. Entsch. v. 30. Okt. 1903 (OVG. 44 438) I B 20/03.

VerG. §§ 2, 8; GewO. §§ 20 f.; BGB. § 61 f.; AVdBGB. v. 16. XI. 99 (GS. 562) Art. 3.

1. Für die im § 62 Abs. 2 BGB. zugelassene Klage zur Anfechtung des Einspruchs gegen die Eintragung eines Vereins ist eine Frist nicht

bestimmt, weder im § 62 noch im Art. 3 AVdBGB. v. 16. XI. 99. Die Worte im § 62 „nach Maßgabe der §§ 20, 21 der GewO." beziehen sich lediglich auf den vorher erwähnten Rekurs; daraus, daß in der GewO. eine zweiwöchige Frist vorgeschrieben ist, folgt also nicht, daß da, wo ein VerwStreitVerf. besteht, die Anfechtungsklage innerhalb 2 Wochen angebracht werden müßte.

2. Bisher hat das OVG. nur ausgesprochen, daß behufs Auslegung der Vereinssatzung das frühere Verhalten des Vereins, um dessen Eintragung in das Vereinsregister gestritten wird, mitberücksichtigt werden darf, und daß man bei Auslegung der Satzung nicht bloß auf deren Wortlaut angewiesen ist (Entsch. 16. I. 03 — I B 21/02).

Zur Ermittelung des wirklichen Vereinszwecks sind neben der Satzung auch Tatsachen zu berücksichtigen, die sich auf das Vereinsleben beziehen und die vom Verein verfolgten Ziele erkennen lassen.

Das Gesetz enthält keine Vschr., aus der zu entnehmen wäre, die Ermittelung des Vereinszwecks habe auf den Inhalt der Satzung beschränkt sein sollen, und es ist auch kein innerer Grund erkennbar, der die Annahme rechtfertigen könnte, der Gesetzgeber habe diese Beschränkung beabsichtigt. In § 61 Abs. 2 BGB. ist der Einspruch zugelassen, „wenn der Verein . . . einen politischen, sozialpolitischen oder religiösen Zweck verfolgt", ohne daß hier oder in den folgenden Vschr. gesagt wäre, wie die Feststellung des verfolgten Zweckes stattfinden solle.

3. In den zahlreichen Entscheidungen des OVG., die sich mit polizeilichen Verfügungen auf Grund der §§ 2 und 8 VerG. beschäftigen, ist stets daran festgehalten worden, daß die Satzungen für die Vereinszwecke nicht ausschließlich maßgebend sind, die Zwecke sich vielmehr aus der Gesamtheit des Auftretens und Wirkens der Vereine ergeben. Dies muß auch für die Anfechtungsklagen aus § 62 Abs. 2 BGB. gelten.

Nr. 10. Entsch. v. 8. Jan. 1904 (OVG. 44 444) I B 47/03.

BGB. § 62.

1. Es ist zwar keineswegs ausgeschlossen, daß in dem VerwStreitVerf. über den Einspruch gegen die Eintragung eines Vereins auf Tatumstände zurückgegriffen wird, die älter sind als die Satzung. Soll das aber mit Erfolg geschehen, so muß die für die Rechtmäßigkeit des Einspruchs beweispflichtige Behörde dartun, daß trotz Aenderung der Satzung und nach ihr der Verein durch sein Verhalten gezeigt hat, er habe sich in der Verfolgung der Zwecke nicht gewandelt.

2. Allerdings ist in mehrfachen Entscheidungen des OVG. ausgeführt worden, daß bei Prüfung der Frage, ob ein Verein eine Einwirkung auf öffentliche Angelegenheiten bezwecke, das Halten einer Zeitung von ausgeprägt politischer Parteirichtung und das Verteilen solcher Zeitung an die Mitglieder berücksichtigt werden dürfen, weil darin eine Förderung der politischen Partei, deren Anschauungen die Zeitung verbreitet oder deren Organ sie ist, gefunden werden muß. Wesentlich davon verschieden ist aber die Frage, ob der Zweck eines Vereins daraus erkannt werden kann, welcher Zeitung er sich als seines Organs bedient. Hat ein Verein eine Zeitung zu seinem Organe gemacht, so bedeutet das idReg. nur, daß in ihr die Veröffentlichungen über die Vereinsangelegenheiten stattfinden sollen. Daraus ist nicht zu folgern, daß alle in der Zeitung erscheinenden Artikel vom Vereine gebilligt sind, dessen Bestrebungen wiedergeben und seinen Zielen zu dienen bestimmt sind; es läßt sich darum aus diesem Umstande nicht der Beweis herleiten, daß der Standpunkt der Zeitung der des Vereins sei, daß der Verein dieselben Zwecke verfolge, die in der Zeitung befürwortet werden. Beschränkt sich die Benutzung des Organs

nicht auf Bekanntmachungen über Vereinsangelegenheiten, sondern tritt hinzu, daß die Zeitung den Vereinsmitgliedern geliefert wird, so ergibt sich daraus wohl, daß der Verein das Zeitungsunternehmen fördern und damit die in der Zeitung vertretenen Anschauungen in weiterem Kreise verbreiten will. Damit mag sich der Verein, wenn es sich um eine Zeitung einer politischen Partei handelt, in deren Dienst stellen und so auf öffentliche Angelegenheiten einzuwirken bezwecken; aber es ist nicht angängig zu sagen, daß der Verein dadurch denselben Zweck verfolgt, dem in der Zeitung das Wort geredet wird. Anders läge die Sache nur dann, wenn der Verein auf den Inhalt der Zeitung einen Einfluß übte, wenn sie in seinem Auftrage redigiert würde, wenn satzungsgemäß die Verbreitung der so vom Verein abhängigen Zeitung Vereinszweck wäre.

Nr. 11. Entsch. v. 30. Sept. 1904 (PrVerwBl. 26 735) I 1146.
BGB. § 61.

Wie in dem OVG. 30. X. 03 44 438 näher ausgeführt ist, kann die Verwaltungsbehörde ihren Einspruch gegen die Eintragung eines Vereins in das Vereinsregister im VerwStreitVerf. über die Klage gegen den Einspruch mit der Behauptung, das vorgelegte Statut sei ein Scheinstatut, aufgestellt, um die eigentlichen Zwecke des Vereins zu verschleiern, verteidigen; denn die Ermittelung der wahren Vereinszwecke ist nicht auf die Vereinssatzungen beschränkt, sondern kann dem gesamten Vereinsleben entnommen werden.

Nr. 12. Entsch. v. 13. Dez. 1904 (PrVerwBl. 26 862) I 1471.

Mag das allgemeine Volksbewußtsein, und speziell Presse wie Publikum, die Bestrebungen der Feuerbestattungsvereine hauptsächlich nach religiösen Gesichtspunkten beurteilen, so folgt daraus nicht, daß die Feuerbestattungsvereine religiöse Zwecke verfolgen. Darüber, was unter letzteren zu verstehen sei, herrscht im wesentlichen Uebereinstimmung dahin, daß sie der Gottesverehrung dienen müssen. Mit der Feuerbestattung ist aber nicht beabsichtigt, die Gottesverehrung auszuüben oder sie zu bekämpfen. Soweit nicht im einzelnen Falle anderes erwiesen wird, treten die Feuerbestattungsvereine für die Zweckmäßigkeit der Einäscherung der Leichen aus Gründen ein, die mit der Gottesverehrung nichts zu tun haben; ihre Zwecke sind daher nicht religiöser Natur (OVG. 1. III. 01 39 444).

Nr. 13. Entsch. v. 4. Jan. 1904 (PrVerwBl. 25 626) III 11.
GenG. § 8 Abs. 4.

Die Bedeutung der Worte „im regelmäßigen Geschäftsverkehr" im § 8 Abs. 4 GenG. idFass. der Bek. v. 28. V. 98 ist zweifelhaft und streitig. Die Gesetzesmaterialien bieten keinen sicheren Aufschluß (s. den Ueberblick über die Entstehungsgeschichte des Abs. 4 bei Parisius-Crüger, Das Reichsgesetz, betr. die Erwerbs- und Wirtschaftsgenossenschaften[3] 67). Indessen soviel ist sicher, daß Verkäufe noch nicht deshalb aufhören, zum regelmäßigen Geschäftsverkehre zu gehören, weil sie zu Zeiten erfolgen, an denen erfahrungsmäßig die Zahl der Kauflustigen besonders groß ist, wie an den Jahrmarktstagen und an den Tagen vor Weihnachten. Es trifft namentlich zu, daß es sonst leicht dahin kommen könnte, die Regel des Abs. 4 zur Ausnahme zu machen, indem gleich jenen Tagen alle Sonn- und Festtage, die Tage der Wochenmärkte, die Ablaßtage usw. berücksichtigt werden müßten, weil auch an ihnen ein gesteigerter Verkehr einzutreten pflege. Das nicht „Regelmäßige" iS. des

Abs. 4 kann noch nicht in einem Umfange des Verkehrs gefunden werden, der für die betr. Zeiten gewöhnlich ist und wegen deren Wiederkehr sich wiederholt, somit selbst regelmäßig ist.

M. Gesindepolizei.

Nr. 1. Entsch. v. 10. Febr. 1905 (PrVerwBl. 27 375) I 170.

GesO. § 171.

Gesinde, das sich weigert, ein Abschiedszeugnis in sein Dienstbuch eintragen zu lassen, kann dazu durch Zwangsmittel von der Polizei angehalten werden.

Nr. 2. Entsch. v. 30. Sept. 1904 (PrVerwBl. 26 806) I 1150.

GesO. § 173; LVG. §§ 127ff.

1. Gegen die Ablehnung der von ihm beantragten Berichtigung des Zeugnisses stehen dem Dienstboten nach der Rechtsprechung des OVG. die im 4. Tit. des LVG. zugelassenen Rechtsmittel offen (OVG. 24 410; vgl. auch PrVerwBl. 21 528). In gleicher Weise sind diese Rechtsmittel in dem umgekehrten Falle, wo eine Aenderung durch die Polizei stattgefunden hat, der Dienstherrschaft zuzugestehen (vgl. Zürn, Preuß. Gesinderecht 140, Gerhard, Preuß. Gesindeordnungen 190c, Lindenberg, Preuß. Gesinderecht[6] 146 Anm. 4).

2. Da die Polizeibehörde die Richtigkeit von Beschuldigungen zu untersuchen hat, liegt es ihr auch ob, für eine Berichtigung des Zeugnisses nach Maßgabe des Ergebnisses der Untersuchung zu sorgen. Durch § 173 GesO. ist der Polizeiobrigkeit für den Fall, daß die Beschuldigung unbegründet befunden wird, ausdrücklich das Recht verliehen, dem Gesinde ein anderes Abschiedszeugnis „auf Kosten der Herrschaft ausfertigen zu lassen". Daß es dabei notwendig einer Mitwirkung der Herrschaft bedürfte, ist nicht vorgeschrieben, und daher die Polizei für befugt zu erachten, ohne weiteres neben dem Zeugnisse der Herrschaft die Unrichtigkeit der Beschuldigungen selbst zu vermerken (Koch ALR. 3[8] 534 Anm. 9, Lindenberg aaO. 146 Anm. 2, Gerhard aaO. 189 Anm. 5c). Statt die Beschuldigung als unrichtig zu bezeichnen, muß sich aber die Polizei, wenn eine vollständige Aufklärung des Sachverhalts nicht möglich gewesen ist, auf den Vermerk, daß die Beschuldigung nicht erwiesen sei — also auf etwas Geringeres — beschränken dürfen. Unterläßt die Herrschaft trotz Aufforderung die Angabe von Tatsachen zur Begründung der allgemeinen Beschuldigungen, so macht sie eine Untersuchung über die Richtigkeit der Beschuldigungen unmöglich und geschieht ihr daher durch den Vermerk, daß die Beschuldigungen nicht erwiesen seien, kein Unrecht. Die tatsächliche Voraussetzung, unter der die Polizei erklären darf, daß die Beschuldigung nicht erwiesen sei, ist in einem solchen Falle unbedenklich gegeben.

Nr. 3. Entsch. v. 13. Mai 1904 (PrVerwBl. 26 446) I 635.

GesO. § 167; KabO. v. 8. VIII. 37; EGBGB. Art. 55; PrAGBGB. v. 20. IX. 99 Art. 89[1].

1. Nach der dem öffentlichen Recht angehörenden und deshalb noch in Geltung stehenden KabO. v. 8. VIII. 37 (Art. 55 EGBGB. und Art. 89[1] PrAG. v. 20. IX. 99) sind in den Prov. Ost- und Westpreußen die Streitigkeiten der Instleute über An- und Abzug der vorläufigen Regelung der Polizeibehörde in derselben Weise unterworfen, wie es für die eigentlichen Gesindesachen vorgeschrieben ist. Ein Istmann, der ohne gesetzlichen Grund sein Dienstverhältnis vor Ablauf der vereinbarten oder gesetzlichen Zeit

aufhebt, kann deshalb ebenso wie eigentliches Gesinde gem. § 167 GesO. von der Polizei durch Zwangsmittel zur Fortsetzung des Dienstes angehalten werden.

2. Die sog. Hofmeister (Hofmänner) in Ost- und Westpreußen sind als Instleute anzusehen.

Nr. 4. Entsch. v. 18. Okt. 1904 (OVG. 46 410) I C 22/04.

GesO. §§ 140, 167; KabO. v. 8. VIII. 37; G. v. 24. IV. 54 (GS. 214), betr. die Verletzungen der Dienstpflichten des Gesindes; EGBGB. Art. 95; BGB. § 626.

1. Es ist nicht richtig, daß die KabO. v. 8. VIII. 37, wonach die Polizeibehörden bei Streitigkeiten zwischen den Dienstherrschaften und den Instleuten in den Prov. Ost- und Westpreußen über das Anziehen und Abziehen der Instleute ebenso wie bei Gesindedienstsachen die vorläufigen Best. zu treffen haben, durch Art. 95 EGBGB. aufgehoben sei, und daß § 167 GesO. v. 8. XI. 1810 auf das Dienstverhältnis der Instleute, welches lediglich nach den Vschr. des BGB. zu behandeln sei, keine Anwendung finden könne. Wie bereits in dem OVG. 21. I. 02 42 395 dargelegt worden ist, sind die älteren gesetzlichen Vschr. durch das BGB. nur soweit aufgehoben, als ihr Inhalt dem Privatrechte angehört, während Vschr. öffentlich-rechtlicher Natur durch das BGB. und sein EG. nicht berührt worden sind. Die Vschr. der KabO. v. 1837, wonach die Aufrechterhaltung der Dienstverträge der Instleute in den genannten beiden Provinzen dem Schutze der Polizei unterstellt wird, gehört aber dem öffentlichen Rechte an. Daß die hiernach zulässigen polizeilichen Anordnungen und ihre zwangsweise Durchsetzung eine Einwirkung auf privatrechtliche Verhältnisse üben, ist ein Umstand, der nicht die Zulässigkeit des polizeilichen Einschreitens an sich, nicht die sachliche Zuständigkeit der Polizeibehörden beseitigt. Das bürgerliche Recht kommt hierbei nur insofern in Betracht, als die Frage, ob im Einzelfalle die Voraussetzungen für ein polizeiliches Einschreiten gegeben sind, insbesondere die Frage, ob ein rechtsgültiger Dienstvertrag besteht, nach den Vschr. dieses Rechtes zu beurteilen ist.

2. Wie im Gesindedienstverhältnisse das Gesinde den Dienst ohne vorhergehende Aufkündigung verlassen darf, wenn die Herrschaft dem Dienstboten das Kostgeld gänzlich vorenthält oder ihm selbst die notdürftige Kost verweigert (GesO. § 140), so muß auch der Instmann auf Grund des § 626 BGB. hierzu für berechtigt erachtet werden, wenn ihm die für seinen und seiner Familie Unterhalt erforderlichen Lebensmittel, auf die er nach seinem Dienstvertrag Anspruch hat, von dem Dienstherrn vorenthalten werden. Verweigert der zur Dienstleistung Verpflichtete mit Unrecht die Arbeitsleistung, so kann der Dienstherr von ihm Schadensersatz verlangen und beim Vorliegen der Voraussetzungen des G. v. 24. IV. 54 seine Bestrafung herbeiführen. Der Dienstherr ist nicht berechtigt, den zur Dienstleistung Verpflichteten, wenn er mit Recht oder mit Unrecht zu einer Arbeit nicht verpflichtet zu sein glaubt und die Arbeit verweigert, durch Vorenthaltung der unentbehrlichen Lebensmittel, also durch Hunger, zu dieser Arbeit zu zwingen. Versucht er das, so ist der andere Teil zur sofortigen Aufhebung des Dienstvertrags befugt. Wie ein solches Recht nach § 140 GesO. dem Gesinde zusteht, so muß es auch den Instleuten mit Rücksicht auf die Vschr. des § 626 BGB. zugestanden werden.

Nr. 5. Entsch. v. 3. Jan. 1905 (OVG. 46 415) I B 22/04.

GesO. v. 1810 §§ 51, 167; RhGesO. v. 19. VIII. 44 (GS. 410) §§ 16, 42; NeuvpGesO. v. 11. IV. 54 (das. 301) § 45.

1. Während die GesO. v. 1810 in § 51 allgemein vorschreibt, daß das Gesinde von der Obrigkeit „durch Zwangsmittel" zum Antritte des Dienstes angehalten werden solle, ist in § 16 RhGesO. das Verfahren der Polizeibehörde

anders geregelt. Für den Fall, daß das Gesinde vor Ablauf der Dienstzeit ohne gesetzmäßige Ursache den Dienst verläßt, ordnet in Uebereinstimmung mit § 167 GesO. v. 1810 auch die RhGesO. in § 42 ohne weitere Einschränkung an, daß das Gesinde auf Verlangen der Herrschaft „durch Zwangsmittel" zur Fortsetzung des Dienstes angehalten werden solle. Die bald nach der RhGesO. erlassene GesO. für Neuvorpommern und Rügen v. 1845 schließt sich bezüglich des Zwanges zum Dienstantritt in § 45 wieder ganz dem § 51 GesO. v. 1810 an. Nach der abweichenden Fassung des § 16 RhGesO. hat bei deren Erlaß also offenbar nicht die Absicht obgewaltet, allgemein die Anwendung von Zwangsmitteln zuzulassen, wenn das Gesinde den Antritt des Dienstes verweigert.

2. Vielmehr soll nach § 16 das Gesinde, welches sich weigert, den Dienst anzutreten, auf Antrag der Herrschaft von der Polizeibehörde unter Androhung einer Geldstrafe von 1—5 Talern oder verhältnismäßigen Gefängnisses zum Dienstantritt aufgefordert und die Strafe, wenn die Aufforderung erfolglos bleibt, von der Ortspolizeibehörde festgesetzt werden. „Außerdem" — so sagt das Gesetz — ist das Gesinde zur Rückgabe des Mietgeldes und zum Schadensersatze verpflichtet. Da das Gesetz die Polizeibehörde nicht zu einer mehrmaligen Strafandrohung ermächtigt, muß eine Wiederholung der Strafandrohung jedenfalls dann für unzulässig erachtet werden, wenn vorher schon die höchste zulässige Strafe von 5 Talern angedroht worden ist.

N. Polizeiliche Verfügungen vermischten Inhalts.

Nr. 1. Entsch. v. 19. Nov. 1903 (OVG. 44 418) III A 48/03.

1. Die Pflicht zur Beseitigung eines polizeiwidrigen Zustandes besteht auch dann, wenn der Verpflichtete weder in Preußen angesessen noch preußischer Untertan ist.

2. Die Polizeibehörde kann die Beseitigung jenes Zustandes von demjenigen verlangen, der sein Urheber ist.

Nr. 2. Entsch. v. 4. Dez. 1903 (OVG. 44 418) I B 30/03.

ALR. II 17 § 10; LVG. § 127.

Eine Wach- und Schließgesellschaft hatte ihre Wächter mit Seitengewehren versehen. Dies verbot die Polizeibehörde. Die Gesellschaft klagte dagegen und das OVG. hob die Verfügung auf, weil durch das Waffentragen die öffentliche Sicherheit und Ordnung nicht gefährdet werde.

Nr. 3. Entsch. vom 4. Okt. 1904 (OVG. 46 408) I B 17/04.

KabO. v. 4. X. 1810 (Ann. 18 785).

Konkubinate, die nicht von der KabO. v. 4. X. 1810 betroffen werden, darf die Polizei nur dann trennen, wenn sie geeignet sind, öffentliches Aergernis zu geben. Das ist sowohl in dem Erl. v. 11. IV. 54 (MBl. 71) als auch in zahlreichen Urt. des OVG. ausgesprochen worden. Nicht die Verhinderung eines unsittlichen Verkehrs zwischen nicht miteinander verheirateten Personen, sondern die Beseitigung des durch einen solchen Verkehr erregten öffentlichen Aergernisses ist Aufgabe der Polizei (OVG. 24. X. 02 — PrVerwBl. 24 264). Die öffentliche Ordnung, deren Aufrechterhaltung der Polizei obliegt, wird nicht schon dadurch gestört, daß ein außerehelicher Geschlechtsverkehr stattfindet, sondern erst dadurch, daß das eheähnliche Zusammenleben von Personen verschiedenen Geschlechts, die nicht miteinander verheiratet sind, öffentlich bemerkbar und daher geeignet ist, öffentliches Aergernis zu erregen.

Nr. 4. Entsch. v. 31. Jan. 1905 (PrVerwBl. 26 769) I 121.

ALR. II 17 § 10.

1. Ein Trunkenbold ist, wer infolge eines dauernden Hanges zum Genusse geistiger Getränke diese übermäßig genießt.

2. Die gesetzliche Befugnis der Polizei zu ihrem Einschreiten gegen einen Trunkenbold, indem sie ihn öffentlich als solchen erklärt, ist davon abhängig, daß das Einschreiten innerhalb des Rahmens erfolgt, der den Aufgaben der Polizei durch § 10 II 17 ALR. gesetzt ist. Dies trifft allerdings nicht nur dann zu, wenn ein trunksüchtiger Mensch bereits die öffentliche Ordnung durch sein Verhalten im trunkenen Zustande gestört hat, sondern auch dann, wenn solche Störungen bei Verabfolgung geistiger Getränke an ihn zu befürchten sind. Besteht eine solche begründete Besorgnis, so ist die Polizei zum Einschreiten gesetzlich befugt. Ob diese Besorgnis vorgelegen hat, unterliegt stets der Nachprüfung des Verwaltungsrichters. Dagegen ist ihm die Prüfung der Frage entzogen, ob es unter den vorliegenden Verhältnissen notwendig und angemessen war, daß die Polizei von der ihr gesetzlich zustehenden Befugnis Gebrauch machte.

Nr. 5. Entsch. v. 14. Okt. 1904 (PrVerwBl. 26 808) I 1215.

StGB. § 286.

Der Begriff der Ausspielung umfaßt jede Veranstaltung, durch die dem Publikum gegen Entrichtung eines Entgelts (Einsatzes) die Hoffnung in Aussicht gestellt oder das Anrecht gewährt wird, je nach dem Ergebnisse einer wesentlich vom Zufalle bedingten Ziehung (oder eines ähnlichen Mittels) — mit dem Risiko des Verlustes des Einsatzes — einen mehr oder weniger bestimmt bezeichneten Wertgegenstand zu gewinnen (RGSt. 1 414, 5 434, 10 248; OVG. 14. II. 00 — III B 99/99). Nach dieser Begriffsbestimmung gehört ein Preisschießen nicht zu den Ausspielungen.

Nr. 6. Entsch. v. 2. Juni 1904 (PrVerwBl. 26 635) III 1045.

ALR. II 17 § 10.

Daß der Anschluß aller bebauten Grundstücke an eine städtische Kanalisation durch Polizeiverordnung gültig angeordnet werden könne, hat das OVG. bereits wiederholt ausgesprochen (Entsch. 28 354 und PrVerwBl. 20 278). In den dort veröffentlichten Erkenntnissen ist des näheren dargelegt, daß die Verhinderung der allmählichen Verseuchung des Grund- und Bodens der Städte durch das Eindringen unreiner Haus- und gewerblicher Abwässer recht eigentlich die Abwendung einer öffentlichen Gesundheitsgefahr iS. des § 10 II 17 ALR. darstelle. Ist das aber der Fall, so muß den Polizeibehörden auch die Befugnis zugestanden werden, polizeiliche Vschr. zu erlassen, die erforderlich sind, um die dauernde Erhaltung der Kanäle in einem ihrem Zwecke entsprechenden Zustande sicherzustellen.

Nr. 7. Entsch. v. 24. Nov. 1904 (PrVerwBl. 27 231) III 2071.

ALR. II 17 § 10.

Die Polizei kann dem Halter eines Karussells, das auf einem Privatgrundstücke betrieben wird und Ruhe störenden, gesundheitsgefährdenden Lärm verursacht, aufgeben, diesen lärmenden Betrieb einzustellen.

Nr. 8. Entsch. v. 20. Mai 1904 (PrVerwBl. 26 427) I 671.

RegInstr. § 18 zu c; Vd. v. 27. VI. 45 (GS. 440), betr. die Ressortverhältnisse der Provinzialbehörden für das evang. Kirchenwesen, § 3[4]; KirchVG. Art. 23[1].

1. Der Regierungspräsident ist zuständig, dem Besitzer eines Erbbegräbnisses aufzugeben, die Begräbnisstelle in Uebereinstimmung mit der vorgeschriebenen äußeren kirchlichen Ordnung zu bringen.

2. Der polizeiliche Schutz der äußeren kirchlichen Ordnung der anerkannten Religionsgesellschaften bildet einen Teil der Landespolizei, wie nach der ständigen Rechtsprechung des OVG. aus § 18 zu c RegInstr., § 3[4] Vd. v. 27. VI. 45 und Art. 23[1] KirchVG. hervorgeht (OVG. 10. XII. 84 — MBl. 85 22 — und OVG. 16 390, 20 422, 22 406, 23 416, 31 426, 38 436). Neben der Zuständigkeit der Landespolizeibehörde kann die der Ortspolizeibehörde begründet sein, wenn mit der zu beseitigenden Störung der äußeren kirchlichen Ordnung eine allgemeine Gefährdung der öffentlichen Ruhe, Sicherheit und Ordnung verbunden ist.

Nr. 9. Entsch. v. 18. Okt. 1904 (PrVerwBl. 26 904) I 1233.

RegInstr. § 18 zu c.

Die polizeiliche „Aufrechthaltung der äußeren Kirchenzucht und Ordnung" (§ 18[c] RegInstr.) bildet einen Teil der Landespolizei (OVG. 10. XII. 84 — MBl. 85 22; von Brauchitsch, Die neuen preußischen Verwaltungsgesetze 1[19] 161, Anm. 226 z. Tit. IV LVG.). Wenn es daher auch gegenüber kirchlichen Begräbnisplätzen zu dem Amte der Ortspolizei gehört, die nötigen Anstalten im Interesse der öffentlichen Sicherheit, Ruhe und Ordnung insoweit zu treffen, als es sich um Zustände und Vorgänge auf diesen Plätzen handelt, die nicht mit der kirchlichen Regelung des Begräbniswesens im Zusammenhange stehen, so ist doch die Zuständigkeit der Landespolizeibehörde gegeben, sobald die kirchliche Ordnung des Begräbniswesens in Frage kommt. Die Feststellung der Voraussetzungen für die Benutzung eines kirchlichen Begräbnisplatzes, insbesondere für die Gewährung einer Grabstätte an einem bestimmten Platze des Kirchhofes unterliegt der kirchlichen Ordnung. Nicht daher der Ortspolizeibehörde, sondern lediglich der Landespolizeibehörde steht die Prüfung zu, ob durch die Beerdigung eines Selbstmörders auf einem Platze außerhalb der Reihe eine Verletzung der äußeren kirchlichen Ordnung (namentlich auch einer etwa staatlich genehmigten Begräbnisordnung) herbeigeführt wird und ob eine Beseitigung des dieser Ordnung zuwiderlaufenden Zustandes erforderlich ist.

II.

Allgemeines über polizeiliche Verfügungen.

A. Allgemeines; Inhalt polizeilicher Verfügungen; Form; Rechtsbeständigkeit; Rechtsmittel; persönliche Beteiligung usw.

Nr. 1. Entsch. v. 25. Nov. 1904 (PrVerwBl. 26 548) VIII 1635.

LVG. §§ 127 ff.

1. Es ist zwar richtig, daß polizeiliche Verfügungen regelmäßig schriftlich entworfen, von dem Träger der polizeilichen Verfügungsgewalt gezeichnet und zu den Akten genommen werden; damit wird dem Gesichts-

punkte Rechnung getragen, daß das in den Händen der Behörde befindliche, auf ein polizeiliches Einschreiten bezügliche Material zum Zwecke der jederzeitigen Orientierung der Behörde und des Nachweises des Veranlaßten vollständig und abgeschlossen sei. Nirgends aber ist in den Gesetzen gesagt, daß ein zu den Akten der Behörde gebrachter Entwurf einer polizeilichen Verfügung vorhanden sein müsse, um die Gültigkeit einer dem Adressaten zugegangenen, von dem zuständigen Beamten vollzogenen Ausfertigung zu begründen. Für polizeiliche Verfügungen hat das Gesetz eine besondere Form überhaupt nicht vorgeschrieben. Nur die Androhung gewisser Zwangsmittel (§ 132² letzter Abs. LVG.) muß schriftlich erfolgen. Eine polizeiliche Anordnung kann sonach auch mündlich erfolgen (OVG. 1. II. 98 — PrVerwBl. 18 103, sowie OVG. 17 442). Die Polizeibehörden müssen je nach Lage der Verhältnisse oft genug dazu übergehen, unter Abstandnahme von dem Erlaß einer schriftlichen Verfügung unmittelbar tatsächlich einzugreifen, dem hierdurch Betroffenen stehen in solchen Fällen die gegen polizeiliche Verfügungen gegebenen Rechtsmittel zu (OVG. 16 286 und 22 421).

2. Wird schriftliche Androhung verlangt, so hat das den Sinn und Zweck, daß aus dem Schriftstück einmal der Inhalt der Androhung hervorgehe und für den Empfänger erkennbar sei, von welcher Behörde die Androhung ausgehe. Der Empfänger muß aus dem Schriftstück ersehen können, ob die Androhung von der zuständigen Behörde erlassen ist, auf der Tätigkeit und Entschließung dieser Behörde beruht (OVG. 31 428). Das wird durch die Unterschrift des zuständigen Beamten erkennbar gemacht. Dagegen ist bei schriftlichen polizeilichen Verfügungen für die Frage ihrer formellen Rechtsgültigkeit allein maßgebend, ob das dem Empfänger zugehende Schriftstück von dem zuständigen Beamten vollzogen ist. Ob dabei die Polizeibehörde von der Anfertigung eines in den Akten zurückbleibenden Entwurfs ganz abgesehen hat und ob ein etwa vorhandener Entwurf überhaupt von dem zuständigen Beamten nicht gezeichnet ist, entzieht sich der Nachprüfung des Verwaltungsrichters.

Nr. 2. Entsch. v. 25. Nov. 1904 (OVG. 46 423) I A 154/02.

PolVerwG. §§ 6 zu f; KrO. §§ 59, 61; SeuchenG. v. 31. III. 03 (RGBl. 306) § 35.

1. Ein in der Stadtgemeinde B. gelegenes Wasserwerk, das auch die Gemeinde A mit Wasser versorgte, wollte den Zufluß des benötigten Wassers in letzterer Gemeinde einstellen. Nach Ansicht der Polizei war dies mit Gefahren für die Gesundheit der Bewohner von A., das unter einer anderen Polizeiobrigkeit als B. steht, verbunden. Gegen die Einstellung des Zuflusses schritt keine der Ortspolizeibehörden, sondern der Regierungspräsident mit einer Zwangsverfügung ein. Das OVG. hob die Verfügung auf, weil nicht der Regierungspräsident, sondern die örtliche Polizeibehörde zum Erlasse der Verfügung zuständig gewesen; es nahm an, daß der Regierungspräsident als Polizeiaufsichtsbehörde über beide Ortspolizeibehörden diejenige Ortspolizeibehörde hätte bestimmen müssen, entsprechend den Vschr. in § 61 Abs. 1 u. 2 KrO., die die Verfügung zu erlassen gehabt. In dem Erk. finden sich folgende Sätze:

2. „Besondere gesetzliche Vschr., welche die Ausübung der Gesundheitspolizei den Landespolizeibehörden vorbehalten, bestehen nicht; vielmehr wird die Gesundheitspolizei vielfach in den Gesetzen zu den Aufgaben der Ortspolizeibehörden gezählt, ua. in dem PolVerwG. v. 1850, das in § 6 f unter den Gegenständen der ortspolizeilichen Verordnungen die Sorge für Leben und Gesundheit erwähnt, und in § 59 KrO. v. 1872, wo unter den Gegenständen der dem Amtsvorsteher übertragenen Ortspolizei auch die Gesundheitspolizei genannt wird. Daraus ist zwar nicht zu schließen, daß jede gesundheitspolizei-

liche Maßregel als Handhabung der Ortspolizei anzusehen sei; aber es ist nicht nach der Bedeutung der getroffenen Anordnungen oder der dadurch abzuwendenden Gefahren, sondern nach dem Ziele, das die Maßregeln verfolgen, zu unterscheiden. So lange sie nur bezwecken, die Entstehung von Krankheiten innerhalb eines bestimmten Ortes zu verhüten, sind sie ortspolizeilicher Natur; erst wenn sie hierüber hinausgehen und entweder der Einschleppung von Krankheiten in das Staatsgebiet oder ihrer Verbreitung von Gegend zu Gegend entgegenwirken sollen, werden sie landespolizeilicher Art (OVG. 6. I. 94 26 85, 11. II. 96 29 101 u. 27. VI. 99 36 6). Hiernach ist die Fürsorge dafür, daß sich die Anstalten zur Beschaffung von Trink- und Wirtschaftswasser in einem den gesundheitspolizeilichen Anforderungen entsprechenden Zustande befinden, Aufgabe der Ortspolizeibehörde, da sie zuerst darauf abzielen, die Entstehung von Krankheiten im Orte zu verhindern. Von der Fürsorge für die zum Schutze gegen übertragbare Krankheiten erforderliche Errichtung solcher Anstalten gilt dasselbe; denn auch sie verfolgt den nämlichen Zweck, wie bereits bei der Anwendung des § 35 G. v. 30. VI. 00 in der Rechtsprechung dargelegt worden ist (OVG. 31. III. 03 — PrVerwBl. 24 663).

Nr. 3. Entsch. v. 4. März 1904 (OVG. 45 428) I C 3/04.

LVG. §§ 127 ff.

Die Polizeibehörde muß ihre Verfügung nach der rechtlichen und tatsächlichen Seite hin soweit begründen, daß dadurch dem Betroffenen die Möglichkeit gegeben wird, die Verfügung in ihren Grundlagen durch das ihm zustehende Rechtsmittel anzugreifen. Der Betroffene hat dann als Kläger im VerwStreitVerf. darzulegen, daß diejenigen tatsächlichen Voraussetzungen, auf welche die Polizei ihre Verfügung stützt, nicht vorliegen oder daß die Rechtssätze, auf die sie sich stützt, unrichtig angewendet worden sind. Mängel in der Begründung der Verfügung können durch nachträgliche Erklärungen der Polizei im VerwStreitVerf. beseitigt werden.

Nr. 4. Entsch. v. 3. Nov. 1904 (OVG. 46 404) IV C 159/04.

LVG. §§ 52, 127 ff.

1. Eine polizeiliche Verfügung kann auch von einem Dritten, di. von jemanden, an den sie nicht gerichtet worden ist, in dessen Rechte sie aber eingreift, mit den Rechtsmitteln der §§ 127 ff. LVG. angefochten werden. Für den Dritten gilt aber die in § 129 Abs. 4 ganz allgemein gesetzte zweiwöchige Frist ebenfalls.

2. Der § 52 LVG. enthält keine Vorschrift über die Form der Zustellung von Verfügungen der Verwaltungsbehörden, namentlich der Polizeibehörden; der Hinweis in ihm auf die bürgerlichen Prozeßgesetze betrifft nur die Berechnung der Fristen. Auch sonst ist in keinem Gesetze für die Zustellung einer Verfügung der Polizeibehörde eine bestimmte Form allgemein vorgeschrieben. Daraus folgt, daß jede sichere und vollständige Kenntnis von dem Erlasse und dem Inhalte der polizeilichen Verfügung gleich einer förmlichen, ebenfalls doch nur eine solche Kenntnis bewirkenden Zustellung oder Behändigung die Frist des § 149 in Lauf setzt. Dies gilt wie gegenüber demjenigen, an welchen die Verfügung gerichtet worden ist, so auch dem Dritten gegenüber, der durch sie in seinen Rechten verletzt wird und deshalb ebenfalls zu ihrer Anfechtung befugt ist.

Nr. 5. Entsch. v. 7. Dez. 1903 (PrVerwBl. 25 474) IV 1916.

LVG. §§ 127; ZustG. § 56.

Zum Wesen einer Beschwerde gegen eine polizeiliche Verfügung gehört nicht nur der Ausdruck der Unzufriedenheit mit der angefochtenen Anordnung, sondern auch die Anrufung einer höheren Instanz. Beides muß erkennbarer Weise in der gegen die Verfügung gerichteten Kundgebung enthalten sein. Enthält dieselbe lediglich den Ausdruck der Unzufriedenheit und erhellt überdies aus ihr oder aus den begleitenden Umständen, daß es dem Beteiligten völlig ferne gelegen hat, eine höhere Instanz angehen zu wollen, dann liegt keine Beschwerde, sondern eine Gegenvorstellung vor. Der Einspruch ist nichts weiter wie eine besonders geregelte Art von Gegenvorstellung. Einen Einspruch braucht die Polizeibehörde nicht ohne weiteres als Beschwerde zu behandeln; es ist in der Rechtsprechung des OVG. anerkannt, daß da, wo bei polizeilichen Verfügungen Einspruch und Beschluß (§ 56 ZustG.) nicht am Platze sind, kein rechtliches Hindernis besteht, die so bezeichneten Erklärungen als Gegenvorstellung und neue polizeiliche Verfügung anzusehen (OVG. 20 309, 39 229).

Nr. 6. Entsch. v. 23. März 1905 (PrVerwBl. 27 303) IV 475.

LVG. § 127; ZustG. § 56.

Glaubt die Partei, gegen die eine nach § 127 LVG. zu beurteilende Vf. erlassen ist, es liege eine wegebaupolizeiliche Vf. (§ 56 ZustG.) vor und hat sie Einspruch erhoben, darauf die Polizeibehörde einen Beschluß gefaßt, so ist dieser Beschluß als eine auf Vorstellung ergangene Vf. anzusehen und dagegen die ordentliche Beschwerde oder Klage zulässig.

Nr. 7. Entsch. v. 14. Okt. 1904 (PrVerwBl. 26 808) I 1215.

LVG. §§ 127 ff.

Der Vorsitzende eines Vereins hatte gegen eine polizeiliche Vf. geklagt. Während des VerwStreitVerf. hörte der Kläger auf, Vorsitzender zu sein. Das OVG. erachtete ihn aber für legitimiert, die Klage weiter zu verfolgen, weil er zur Zeit des Erlasses der Vf., die überdies an ihn gerichtet gewesen, Mitglied des Vereins gewesen und den Gegenstand des Streites nur die Frage bilde, ob die Vf. unter den damals obwaltenden Umständen dem Gesetze entsprochen habe oder nicht.

Nr. 8. Entsch. v. 7. Okt. 1904 (PrVerwBl. 26 924) VIII 1373.

LVG. §§ 127 ff.

Ist eine polizeiliche Verfügung gegen einen früheren Eigentümer eines Grundstücks erlassen, so wird ein dagegen anhängiges VerwStreitVerf. durch den Eigentumswechsel in sofern nicht berührt, als der Kläger immer eine Entscheidung verlangen kann, ob die Vf. gegen ihn gerechtfertigt war. Anderseits kann die rechtskräftig gewordene Vf. nicht ohne den Erlaß einer neuen Vf. gegen den neuen Eigentümer vollstreckt werden (es handelte sich um eine baupolizeiliche Vf.).

Nr. 9. Entsch. v. 13. Mai 1904 (OVG. 45 416) I C 14/04.

1. Darüber ob die Polizeibehörde genötigt gewesen ist, eine Anordnung zu treffen, zu der sie nach Lage der tatsächlichen Verhältnisse befugt war, oder ob sie von einem Gebrauch ihrer Befugnis unter den gegebenen Umständen hätte absehen können oder zweckmäßigerweise hätte absehen sollen, hat der Verwaltungsrichter allerdings nicht zu befinden. Wohl aber hat er zu

prüfen, ob diejenigen tatsächlichen Voraussetzungen vorgelegen haben, welche überhaupt erst eine Befugnis der Polizei zum Einschreiten gesetzlich begründen, zB. ob eine Störung der öffentlichen Ordnung, Ruhe oder Sicherheit voraussichtlich bewirkt worden wäre, und ob diese Störung durch kein die Betroffenen weniger belastendes Mittel hätte verhindert werden können, als das von der Polizei gewählte, ob also das Mittel nötig war.

2. Der Rechtsgrund der Nutzungsbefugnis entscheidet, ob öffentlich-rechtliches Gemeindegliedervermögen oder privatrechtliches Interessentenvermögen vorliegt. Entsteht darüber Streit, so hat die Polizei keinen Anlaß einzuschreiten. Bei der Ausübung des Rechts können Gefahren für das Gemeinwesen (zB. Tätlichkeiten) entstehen; diese zu verhindern ist die Polizei befugt.

Nr. 10. Entsch. v. 28. Juni 1904 (OVG. 46 400) VIII A 121/03.

LVG. §§ 127 f.

1. Der von einer polizeilichen Verfügung Betroffene hat, wie vom OVG. schon früher ausgesprochen worden ist, ein gesetzlich begründetes Recht auf Einhaltung des vorgeschriebenen Instanzenzuges, und die Rechtskontrolle hat darüber zu wachen, daß dieses Recht nicht beeinträchtigt wird.

2. Hat demnach nach Erlaß einer ortspolizeilichen Verfügung die erste Beschwerdeinstanz noch keinen Bescheid erteilt, dagegen die zweite Beschwerdeinstanz einen solchen erlassen, so ist dieser im Wege des VerwStreitVerf. aufzuheben.

Nr. 11. Entsch. v. 26. Okt. 1903 (OVG. 44 354) III A 77/02.

LVG. § 130.

Wenn der Oberpräsident erklärt, einen Beschwerdebescheid nicht erlassen zu können, weil der Minister zuständig sei, so liegt darin ein mit Klage beim OVG. angreifbarer Bescheid (OVG. 41 78).

Nr. 12. Entsch. v. 7. Juli 1904 (OVG. 45 265) IV C 25/04.

KrO. § 57; ZustG. § 57.

Wenn es sich bei Klagen gegen polizeiliche Verfügungen, zB. gegen Anordnungen der Wegepolizeibehörde (ZustG. § 57), im Laufe des VerwStreitVerf. herausstellt, daß der verfügende Amtsvorsteher persönlich beteiligt ist, so ist die Vf. aufzuheben, und der Kreisausschuß hat einen besonderen Stellvertreter zu ernennen.

Nr. 13. Entsch. v. 6. April 1905 (PrVerwBl. 27 176) IV 562.

Vermögensinteressen der Stadtgemeinde können keine persönliche Beteiligung des Bürgermeisters begründen.

B. Polizeiliche Zwangsmittel.

Nr. 1. Entsch. v. 19. Nov. 1903 (PrVerwBl. 25 435) III 2217.

LVG. § 132.

Die Polizeibehörden können die Zwangsmittel aus § 132 LVG. auch Ausländern gegenüber anordnen.

Nr. 2. Entsch. v. 19. Nov. 1903 (OVG. 44 418) III A 48/08.

LVG. § 132.

In § 132[1] LVG. ist nicht vorgeschrieben, daß die Androhung den Kostenvorschuß zu einem ziffermäßigen Betrage angeben müsse (OVG. 3. XII. 89 — IV 702).

Nr. 3. Entsch. v. 29. Juni 1898 (OVG. 33 356) III A 18/97.

LVG. §§ 132 f.

Wenn die Androhung einer Geldstrafe (§ 132 LVG.) nicht vorausgegangen und deshalb die Annahme ausgeschlossen ist, daß es sich um die Festsetzung eines Zwangsmittels iS. des § 133 Abs. 2 aaO. handelt, so muß in der Aufforderung der Polizeibehörde, eine Strafe zu zahlen, eine polizeiliche Vf. erblickt werden, sofern sie als eine in Uebung der Polizeigewalt erlassene zu beurteilen ist (OVG. 31 270).

Nr. 4. Entsch. v. 3. Jan. 1905 (OVG. 46 415) I B 22/04.

LVG. § 132.

Wenn eine Polizeibehörde vor Erlaß des LVG. zur Durchführung einer polizeilichen Anordnung gem. bestimmter gesetzlicher Vorschrift nicht alle sonst zulässigen polizeilichen Zwangsmittel zugestanden haben, so ist eine solche Beschränkung durch die bloße Einführung der Zwangsmittel aus § 132 LVG. nicht beseitigt. Darf also eine Polizeibehörde zB., wie in der RhGesO. v. 19. VIII. 44 vorgeschrieben ist, nur durch Androhung einer Geldstrafe von 1—5 Talern zum Wiederantritt des Dienstes auffordern, so ist die Polizei nicht befugt, die Fortsetzung des Dienstes durch Androhung weiterer Strafen, wie sie § 132 LVG. vorsieht, zu betreiben.

Nr. 5. Entsch. v. 5. Jan. 1904 (PrVerwBl. 26 81) VIII 15.

ZustG. v. 1876 § 33; OrgG. § 68; LVG. § 132.

1. Während der Tit. IV des LVG. die „Rechtsmittel gegen polizeiliche Verfügungen“ betrifft, sind die im V. Tit. geordneten „Zwangsbefugnisse“ keineswegs bloß auf polizeiliche Anordnungen beschränkt, sondern jene Zwangsbefugnisse sollten den dort genannten Behörden für alle „von ihnen in Ausübung der obrigkeitlichen Gewalt getroffenen, durch ihre gesetzlichen Befugnisse gerechtfertigten Anordnungen“ zustehen. Wörtlich das gleiche wie in § 132 stand schon im § 68 OrgG. v. 1880, während es im § 33 ZustG. v. 26. VII. 76 noch hieß: „die Orts- und Kreispolizeibehörden sind berechtigt, die von ihnen in Ausübung der Polizeigewalt getroffenen, durch ihre gesetzlichen Befugnisse gerechtfertigten Anordnungen durch Anwendung der folgenden Zwangsmittel durchzusetzen“. Die Materialien zu § 132 LVG. lassen keinen Zweifel darüber, „daß der Paragraph von jeder obrigkeitlichen Gewalt handeln solle, nicht bloß von der Polizeigewalt“.

2. Danach stehen auch dem Landrate die Zwangsbefugnisse des § 132 nicht bloß zur Ausübung polizeilicher Befugnisse, sondern auch sonstiger in Ausübung der obrigkeitlichen Gewalt erlassenen Verfügungen zu. Den letzteren sind insbesondere diejenigen zuzuzählen, die der Landrat nicht aus eigenem Recht, sondern als Organ der Regierung erläßt.

3. Handelt es sich nicht um eine polizeiliche Verfügung, gegen die das Verwaltungsgericht angerufen werden kann, sondern um eine vom Landrat in Ausübung der ihm sonst zustehenden obrigkeitlichen Gewalt getroffene, durch

seine gesetzlichen Befugnisse gerechtfertigte Anordnung, so ist beim Mangel einer besonderen gesetzlichen Bschr. das VerwStreitVerf. gegen die Ausübung der obrigkeitlichen Gewalt unzulässig.

III.

Polizeiverordnungen.

Nr. 1. Entsch. v. 4. Okt. 1904 (OVG. 46 390) VIII A 84/03.

PolVerwG. § 15.

Ein Widerspruch einer PolVd. mit einer Verordnung höherer Instanz, den der § 15 PolVerwG. verbietet, ist immer da vorhanden, wo zwei Bestimmungen — eine ältere von der höheren Instanz erlassene und eine neue ortspolizeiliche Bschr. — nicht nebeneinander bestehen oder angewendet werden können, wo nur die eine oder die andere sich anwenden läßt, wo also die ursprüngliche durch die neuere eine Abänderung erleidet (OVG. 31. I. 93 24 356).

Nr. 2. Entsch. v. 16. Dez. 1904 (PrVerwBl. 26 447) I 1504.

ALR. II 17 § 10; PolVerwG. §§ 6, 12.

Das OVG. hat in dem Erk. ausgesprochen, daß die Bschr. des Regierungspräsidenten zu Liegnitz in seiner PolVd. v. 18. I. 00:

„Arbeitgeber, die polnische Ausländer als Arbeiter in Dienst nehmen wollen, bedürfen zur Annahme derselben der vorherigen Genehmigung des Landrats."

ungültig sei.

Nr. 3. Entsch. v. 22. April 1904 (PrVerwBl. 26 346) I 589.

ALR. II 17 § 10; PolVerwG. § 6 zu b.

1. Der § 10 II 17 ALR. ermächtigt die Polizei nicht, Belästigungen entgegenzutreten. Ihr Amt beschränkt sich, abgesehen von der Pflicht, für die Aufrechterhaltung der öffentlichen Ruhe, Ordnung und Sicherheit zu sorgen, darauf, die dem Publikum oder einzelnen Mitgliedern desselben bevorstehenden Gefahren abzuwenden. Der Begriff der Gefahr deckt sich indessen nicht mit dem der Belästigung. Wenn daher auch für den Fall, daß Ausdünstungen die Gesundheit zu schädigen geeignet sind, die Polizei zum Einschreiten befugt wäre, so trifft dies doch nicht zu für den Fall, daß die Ausdünstungen nur Belästigungen, also Unbequemlichkeiten herbeiführen, denen etwa die Geruchsorgane, ohne daß sie oder der sonstige Organismus gefährdet wird, ausgesetzt sind.

2. Eine Polizeiverordnung, die Bschr. zum Schutze des Publikums gegen Belästigungen trifft, entbehrt nicht überall der Rechtsgültigkeit. Die durch § 10 II 17 ALR. umschriebenen Aufgaben der Polizei haben für das Gebiet des Polizeiverordnungsrechts nach gewissen Richtungen durch G. v. 11. III. 50 eine Erweiterung erfahren (Biermann, Privatrecht und Polizei in Preußen 23; Rosin, Das Polizeiverordnungsrecht in Preußen[2] 63f.). So können insbesondere Polizeiverordnungen erlassen werden im Interesse der Leichtigkeit des Verkehrs auf öffentlichen Straßen und Wegen (§ 6^b aaO.). Soweit daher Belästigungen die Leichtigkeit dieses Verkehrs zu beeinträchtigen geeignet sind, können durch PolVd. Vorkehrungen zu ihrer Beseitigung vorschrieben werden.

Nr. 4. Entsch. v. 14. April 1904 (OVG. 45 341) III B 187/03.

ALR. II 17 § 10; PrStGB. § 345[7]; RStGB. § 367[9].

1. Der Oberpräsident der Prov. Westfalen erließ am 28. VI. 01 eine PolVd., betr. den Verkauf und das Tragen von Waffen, deren § 2 im Abs. 1 folgendes anordnete:

> „Revolver, Pistolen und ähnliche Schußwaffen sowie die dazu gehörenden Patronen, ferner Dolche, Dolchmesser und Jagdknicker dürfen nur an den rechtmäßigen Inhaber eines Waffenscheins (§ 5) und gegen Vorzeigung des letzteren verkauft werden."

Diese PolVd. wurde von dem KG. durch Urt. 2. X. 02 (KGJ. 25 C 87ff.) für ungültig, dagegen von dem RG. durch Erk. 19. II. 03 (RGSt. 36 109ff.) für gültig erklärt. In einem Urt. 5. X. 03 (KGJ. 26 C 85) hat das KG. seine frühere Ansicht aufgegeben. Das OVG. hat sich der Ansicht des RG. angeschlossen. Das OVG. führt aus:

2. „Der Oberpräsident durfte, weil durch den uneingeschränkten Waffenhandel im allgemeinen und in vielen Fällen Gefahren für die öffentliche Ordnung entstehen, allgemein ein Verbot erlassen, wie es die PolVd. enthält. Eine augenblickliche Gefahr bei jedem unbeschränkten Ankauf von Waffen braucht nicht nachgewiesen zu werden."

Vierte Abteilung.
Anderweitige Zuständigkeiten der Verwaltungsgerichte.

II.
Kranken-, Unfall-, Invaliditäts- und Altersversicherung.

Nr. 1. Entsch. v. 21. Jan. 1904 (PrVerwBl. 25 768) III 143.
KrankVG. § 1.

Die Beschäftigung im Speditionsgewerbe umfaßt offenbar nicht lediglich Arbeiten, die ihrer Natur nach nur vorübergehend und in einem Zeitraume von weniger als einer Woche geleistet werden können. Das An- und Abfahren der zu verfrachtenden oder angekommenen Gegenstände, das Be- und Abladen der Fahrzeuge und was sonst im Speditionsgewerbe an Arbeit zu leisten ist, kann fortdauernd geleistet werden, wenn es dem Gewerbetreibenden an Gelegenheit zur Betätigung des Gewerbes nicht fehlt. Sofern nicht etwa nachweislich der Gegenstand ein solcher ist, daß nach seiner Eigenart bei ihm eine Arbeitsleistung für einen Zeitraum von wenigstens einer Woche überhaupt nicht in Frage kommen kann, läßt sich mit einer derartigen Beschränkung für die an sich fortlaufend möglichen Beschäftigungen doch nur dann rechnen, wenn für den Arbeiter, dessen Versicherungspflicht zu prüfen ist, den Umständen nach klar erkennbar oder ausdrücklich durch den Arbeitsvertrag der Umfang der zu leistenden Arbeit derart bemessen worden ist, daß ihre Erledigung den Arbeiter nur für weniger als eine Woche und also bloß vorübergehend in Anspruch nehmen kann.

Nr. 2. Entsch. v. 22. Dez. 1904 (PrVerwBl. 27 162) III 2250.
KrankVG. § 1; BGB. §§ 1356, 1549—1557.

1. Insoweit als eine Ehefrau die in § 1356 Abs. 2 BGB. umschriebene Pflicht erfüllt, ist sie weder Arbeiterin ihres Ehemannes noch versicherungspflichtig.

2. Hat eine Ehefrau in eine Fahrnisgemeinschaft (§§ 1549 ff. BGB.) ein landwirtschaftlich genutztes Grundstück eingebracht, so ist sie neben dem Ehemann als Unternehmerin des landwirtschaftlichen Betriebes zu erachten.

Nr. 3. Entsch. v. 17. Nov. 1904 (PrVerwBl. 27 27) III 2013.
KrankVG. §§ 6, 21, 64.

Das KrankVG. gestattet zwar den Krankenkassen in den §§ 21, 64 die Dauer der Krankenunterstützung auf einen längeren Zeitraum als den gesetzlichen — früher 13 — jetzt 26 Wochen bis zu einem Jahre festzusetzen, es kann jedoch von dieser Befugnis nicht in der Weise Gebrauch gemacht werden, daß der im § 6 Abs. 2 dG. aufgestellte Grundsatz:

„Die Krankenunterstützung endet spätestens mit dem Ablaufe der 13. (26.) Woche nach Beginn der Krankheit, im Falle der Erwerbsunfähigkeit spätestens mit dem Ablaufe der 13. (26.) Woche nach Beginn des Krankengeldbezugs."

eine Aenderung erleidet. Nach diesem Grundsatze hat das Kassenmitglied bei vorhandener Erwerbsunfähigkeit Anspruch auf Krankengeld für die volle Zahl von Wochen, für welche Krankenunterstützung zu gewähren ist.

Nr. 4. Entsch. v. 20. Juni 1904 (OVG. 46 357) III A 2/04.

KrankVG. §§ 20f., 64; AbG. v. 25. V. 03 (RGBl. 233) §§ 20f.

1. Die bis zum 1. I. 04 in Geltung gewesenen §§ 20f. des KrankVG. idFass. der Nov. v. 10. IV. 92, die nach § 64 das. auch auf Betriebskrankenkassen Anwendung finden, geben über die Wöchnerinnenunterstützung nähere Bestimmungen. Durch das am 1. I. 04 in Kraft getretene G. v. 25. V. 03 ist die Wöchnerinnenunterstützung des § 20 unter Abänderung der früheren Vschr. allgemein auf die Dauer von 6 Wochen erhöht worden.

2. Gemäß den Beschlüssen des Reichstags bezieht sich der Schlußsatz der Ziff. 5 in § 21 in seiner jetzigen Fassung:

„Unter derselben Voraussetzung kann für Ehefrauen der Kassenmitglieder die nach Ziff. 4 zulässige Unterstützung gewährt werden."

nicht mehr wie früher auf die Wöchnerinnenunterstützung der alten, fortgefallenen Ziff. 4, sondern auf die Schwangerschaftsunterstützung der neuen Ziff. 4. Es fehlt infolgedessen im KrankVG. an einer Vschr., wonach die Wöchnerinnenunterstützung auch für Ehefrauen der Kassenmitglieder gewährt werden kann. Mit Rücksicht darauf, daß bei der Beratung dG. stets von einer Erweiterung des Schutzes der Wöchnerinnen die Rede gewesen ist, wird nun zwar zuzugeben sein, daß die gesetzgebenden Faktoren nicht gewillt gewesen sind, die Wöchnerinnenunterstützung für die dem Versicherungszwange nicht unterliegenden Ehefrauen der Kassenmitglieder in Fortfall zu bringen. Allein auch wenn man von dieser Annahme ausgeht, so hat doch die Absicht des Gesetzgebers, in dieser Beziehung den früheren Rechtszustand fortbestehen zu lassen, in den §§ 20f. gar keinen Ausdruck gefunden. Nach allgemeinen Auslegungsregeln kann ihr deshalb gegenüber dem klaren Wortlaute dG., nach welchem unter der im § 21⁵ bezeichneten Unterstützung die Schwangerschaftsunterstützung der Ziff. 4 das. verstanden werden muß, keine Bedeutung beigelegt werden. Das OVG. sieht sich deshalb genötigt, der Ansicht beizutreten, daß die Krankenkassen nicht mehr befugt sind, den nichtversicherungspflichtigen Ehefrauen der Kassenmitglieder eine Wöchnerinnenunterstützung zu gewähren.

3. Die vorstehend vertretene Ansicht kann übrigens als die vorherrschende bezeichnet werden (vgl. zB. Hoffmann, KrankVG.⁴ 71 Anm. 11; Piloty-Redenbacher, KrankVG.² 197 Anm. 10; Reger-Henle, Anm. 8 zu § 21; Düttmann, Anm. 11 zu § 21; Fromherz in der DJZ. 8 569; Erl. v. 30. V. 03 Ziff. 2f — HMBl. 03 205 —; NormStat. § 21 Anm. 4). Der von Hahn in der 3. Aufl. seines Kommt. (150 Anm. 8b) und von dem Herausgeber der ArbVers. (20 526) vertretenen Ansicht hat sich das OVG. nicht angeschlossen.

Nr. 5. Entsch. v. 19. Nov. 1903 (OVG. 44 375) III C 143/03.

KrankVG. §§ 21 Ziff. 3a, 46³.

Allerdings haben Rekonvaleszenten als solche keinen Anspruch an die Krankenkassen, sofern diese nicht von der Befugnis im § 21 ³ ᵃ KrankVG.

(§ 46 [3]) Gebrauch gemacht haben. Indessen ist der Begriff der Rekonvaleszenz kein so fester, daß bereits die Aufnahme in einem für Rekonvaleszenten (Genesende) bestimmten Genesungshause einen Anhalt dafür böte, das Mitglied sei während seines Aufenthalts darin nicht mehr krank oder erwerbsunfähig gewesen. Es kann sehr wohl schon in der Notwendigkeit der im Genesungshause gewährten Ruhe, guten Luft, kräftigen Kost usw. die Notwendigkeit ärztlicher Behandlung zur Beseitigung einer noch fortdauernden Krankheit, zur Verhütung einer Verschlimmerung des Zustandes bei sofortiger Wiederaufnahme der Erwerbstätigkeit (OVG. 10. X. 89 18 355) oder zur Wiederherstellung der durch Krankheit verminderten Arbeitskraft zu finden sein. Vor allem aber kann noch die Erwerbsunfähigkeit nach vollständiger Hebung der Krankheit während der Rekonvaleszenz fortgedauert haben.

Nr. 6. Entsch. v. 5. Mai 1904 (OVG. 45 861) III C 197/03.

KrankVG. §§ 6 a [3] u. 26 a [3].

Die „nächsten zwölf Monate" (§§ 6 a, 26 a KrankVG.) sind von dem Ablaufe der dem neuen Unterstützungsfalle vorausgegangenen Krankenunterstützung ab zu berechnen (ArbVers. 17 785 u. 20 708). Hätte das Gesetz in §§ 6 a [3] u. 26 a [3] statt mit den Worten „nur für die Gesamtdauer von 13 Wochen zu gewähren ist" mit den Worten „nicht zu gewähren ist", geschlossen, dann hätte füglich darüber kein Zweifel bestehen können, daß die vorausgeschickten Worte „im Laufe der nächsten 12 Monate" nur auf die Zeit von dem Ablaufe der für 13 Wochen oder mehr vorausgegangenen Unterstützung zu beziehen seien. Es hat deshalb kein Bedenken, zu dieser Auslegung zu gelangen, obschon das Gesetz nicht den Ausschluß, sondern nur die Einschränkung der Kassenleistungen zeitlich zugelassen hat.

Nr. 7. Entsch. v. 1. Dez. 1904 (OVG. 46 368, PrVerwBl. 26 657) III C 158/04.

KrankVG. §§ 6, 6 a, 20, 26 a [3].

1. Das KrankVG. knüpft die Versicherung der Arbeiter gegen Krankheit an die Leistung von Lohnarbeit in einer der im G. genannten Betriebsarten, ohne zu unterscheiden, ob die Arbeiter bei Uebernahme der Arbeit gesund oder krank sind, ob sie bei noch vorhandener Arbeitsfähigkeit wegen der Krankheit, von der sie betroffen sind, einer Heilbehandlung bedürfen oder ob sie die Arbeit nur unter Gefährdung der Gesundheit oder einer Verschlimmerung der Krankheit zu leisten vermögen. Das Ermessen der Arbeitgeber, ob sie kranke Arbeiter beschäftigen, und das Ermessen der Arbeiter, ob sie trotz Erkrankung Lohnarbeit leisten wollen, unterliegt nach diesem Gesetze keiner Einschränkung. Der Gesetzgeber hat es für ausreichend erachtet, den Kassenorganen die Möglichkeit zu eröffnen, sich gegen Ausbeutung durch kranke Arbeiter in der in §§ 6 a und 26 a [3] bestimmten Art zu schützen.

2. Nach der Arbeitsleistung unterscheidet das Gesetz insofern, als die Versicherung auf Grund einer Beschäftigung nicht eintritt, die durch die Natur ihres Gegenstandes oder im voraus durch den Arbeitsvertrag auf einen Zeitraum von weniger als einer Woche beschränkt ist. Auf Grund einer Beschäftigung anderer Art tritt die Versicherung grundsätzlich zwar ohne Rücksicht darauf ein, wie lange die Arbeit währt, aber im Falle ihrer Aufgabe durch den Arbeiter doch nur unter der Voraussetzung, daß dem, was er an Arbeit geleistet hat, ernstlich die Bedeutung einer betätigten Arbeit beigemessen werden darf. Welche Gründe den Arbeiter zur Einstellung der Arbeit bestimmt haben, ist nicht von wesentlichem Belange. War es die alsbald bei der Betätigung der Arbeit wegen Gebrechens, Alters oder Krankheit erkannte

Unfähigkeit zur Leistung der übernommenen Arbeit, die es zu einer ernstlichen Arbeitsleistung nicht kommen ließ, so liegt nur ein Arbeitsversuch vor. Sind andere Gründe maßgebend und will der kranke Arbeiter insbesondere mit Rücksicht auf die Gefahr, seine Krankheit zu verschlimmern, die Arbeit nicht weiter fortsetzen, so kann die Frage, ob die geleistete Arbeit die Versicherung nach sich zieht, nicht anders beantwortet werden, als danach, ob sie ernstlich als Arbeit beurteilt werden darf.

3. Als erwerbsunfähig iS. der §§ 6 und 20 KrankVG. gilt auch der kranke Arbeiter, der die Arbeit einstellt, weil er sie nur unter einer nicht ganz unerheblichen Verschlimmerung der Krankheit fortzusetzen vermag. Mit dem Ziele des Gesetzes, den Arbeitern nicht nur über die tägliche Not des Lebens im Falle der Erkrankung hinwegzuhelfen, sondern ihnen zugleich zu möglichst baldiger Genesung und Wiedererlangung der vollen Erwerbsfähigkeit zu verhelfen, ist eine Auslegung des Begriffs „Erwerbsunfähigkeit" unvereinbar, die zu der Härte führt, daß der kranke Arbeiter, um sich den Anspruch auf das Krankengeld zu wahren, die Arbeit selbst unter einer Verschlimmerung seiner Krankheit bis zum Eintritte völliger Unfähigkeit fortzusetzen hat. Erwerbsunfähigkeit iS. des KrankVG. hat völlige Unfähigkeit zur Arbeit nicht zur notwendigen Voraussetzung; sie liegt im allgemeinen auch schon dann vor, wenn es an der Fähigkeit zur Fortsetzung derjenigen Arbeit fehlt, auf Grund deren die Versicherung besteht, andere geringere Arbeit aber möglich ist. Umsomehr rechtfertigt sich die Anerkennung der Erwerbsunfähigkeit auch für den Fall, daß der kranke Arbeiter die Arbeit einstellt, weil er eine nicht ganz unerhebliche Verschlimmerung der Krankheit bei Fortsetzung der Arbeit zu gewärtigen hat.

Nr. 8. Entsch. v. 18. April 1904 (OVG. 45 366) III C 226/03.

KrankVG. §§ 57, 76; BGB. §§ 119, 121, 123 f., 142.

1. Das Rechtsverhältnis zwischen den eingeschriebenen Hülfskassen und deren Mitgliedern sowie den an die Stelle der letzteren nach den §§ 57 und 76 KrankVG. tretenden Gemeinden und Armenverbänden ist privatrechtlicher Natur (OVG. 17. IX. 96 30 341). Welche Bedeutung das Verschweigen einer Krankheit bei der Aufnahme in die Kasse hat, bestimmt sich daher nach dem bürgerlichen Rechte, in dem Falle, wenn die Aufnahme nach dem 1. I. 00 stattgefunden hat, nach dem BGB. Nach diesem (§§ 119, 123) hat aber ein solches Verschweigen nie die Nichtigkeit, sondern immer bloß die Anfechtbarkeit der Mitgliedschaft zur Folge, in der Weise, daß bei berechtigter Anfechtung allerdings die Mitgliedschaft als von Anfang an nicht vorhanden gewesen anzusehen ist (§ 142 BGB.), wenn jedoch die Anfechtung nicht rechtzeitig erfolgt (§§ 121, 124) oder unbegründet ist, die Mitgliedschaft zu Recht besteht.

2. Ausschließung und Anfechtung sind begrifflich voneinander verschieden; jene beruht auf der Annahme einer gültig erlangten Mitgliedschaft und will die letztere nur für die Zukunft beenden, diese setzt die Erlangung der Mitgliedschaft in einer fehlerhaften Weise voraus und will die Mitgliedschaft rückwärts vollständig beseitigen. In der Geltendmachung der Ausschließung läßt sich daher auch nicht einmal mittelbar eine Anfechtung finden.

Nr. 9. Entsch. v. 26. Nov. 1903 (PrVerwBl. 25 508) III 2225.

KrankVG. § 48a.

Ist eine Verfügung der höheren Verwaltungsbehörde (KrankVG. § 48a), die auf Abänderung eines Kassenstatuts abzielt, zurückgenommen

worden, so kann gegen die Verfügung von der Kasse nicht mehr im VerwStreitVerf. geklagt werden. Die Kasse ist dann klaglos gestellt.

Nr. 10. Entsch. v. 19. Sept. 1904 (PrVerwBl. 26 989) III 1681.

HülfsKG. § 29[5] zu a; KrankVG. §§ 24 f., 48a; LVG. § 126.

1. Das KrankVG. hat in seiner ursprünglichen Fassung ein Rechtsmittel behufs Anfechtung von Kassenstatuten, die im Widerspruch mit dem Gesetze genehmigt worden sind, nicht gegeben (§ 24). Diesem Mangel hat die Nov. v. 10. IV. 92 in § 48a dadurch abgeholfen, daß die höhere Verwaltungsbehörde ermächtigt worden ist, die Aenderung gesetzwidrig genehmigter Kassenstatute anzuordnen und von Amts wegen zu vollziehen, wenn die Vertretung der Kasse sich einer endgültig gewordenen Anordnung gegenüber ablehnend verhält. Eine Aenderung des Kassenstatutes liegt nun zwar nicht bloß dann vor, wenn nachträglich gesetzwidrige Satzungen den dem Gesetze entsprechenden Wortlaut erhalten, sondern auch dann, wenn sie nachträglich aus dem Kassenstatute entfernt werden, weil sie in dasselbe nach dem Gesetze nicht aufgenommen werden dürfen. Dagegen läßt sich als eine Aenderung des Kassenstatuts nicht beurteilen, wenn nachträglich lediglich die behördliche Genehmigung des Kassenstatutes zurückgenommen oder für nichtig erklärt werden soll, weil die Gemeindebehörde nach dem Gesetze die Kasse für die betr. Personen überhaupt nicht oder doch für einen Teil derselben nicht errichten durfte und deshalb dem Kassenstatut die Genehmigung zu versagen war. In einem Falle dieser Art ist für eine Beschlußfassung der Kassenorgane kein Raum. Sie sind weder ermächtigt, die von der Gemeindebehörde beschlossene Errichtung der Kasse rückgängig zu machen, noch dazu, den Kreis der von der Gemeindebehörde der Kasse zugewiesenen Personen zu ändern (OVG. 34 352). Was aber die Kassenorgane nicht zu beschließen vermögen, darf auch die höhere Verwaltungsbehörde auf Grund ihrer Zuständigkeit gem. § 48a nicht anordnen. Von dieser dem Wortlaut des § 48a zu entnehmenden Rechtslage ist auch in der Begründung ausgegangen. Das Verfahren gem. § 29[5a] HülfsKG., woselbst die höhere Verwaltungsbehörde zur Anordnung der Aenderung gesetzwidriger Statuten gegenüber den Kassenorganen bei Meidung der Schließung der Kasse ermächtigt worden ist, wird hier für Krankenkassen als unanwendbar erachtet, weil diese Kassen nicht auf freier Entschließung der Beteiligten, sondern auf dem Gesetz beruhen. Danach ist der Fortbestand der Krankenkassen die Voraussetzung für ein Verfahren nach § 48a.

2. Reichsgesetzlich ist die Möglichkeit nicht gegeben, nachträglich lediglich die genehmigenden behördlichen Beschlüsse aufzuheben. Dies steht jedoch, wie von dem OVG. wiederholt anerkannt worden ist (25 373 und 31 328), der Anfechtung lediglich der gesetzwidrig ergangenen Beschlüsse der zuständigen Landesbehörde vor und nach der Aushändigung der Kassenstatute an die Beteiligten auf Grund solcher landesgesetzlichen Vschr. nicht entgegen, die allgemein die Anfechtung ihrer endgültigen Beschlüsse wegen Ueberschreitung ihrer Befugnisse oder Verletzung des bestehenden Rechts regeln. Der § 126 LVG. gilt indes nur für die Anfechtung endgültiger Beschlüsse des Provinzialrates, des Bezirks- und des Kreisausschusses. Die Anfechtung endgültiger Beschlüsse der Regierungen ist landesgesetzlich nicht geregelt und hierfür die Zuständigkeit der Verwaltungsgerichte insbesondere nicht begründet.

3. Auf Grund der Genehmigung des Kassenstatutes seitens der zuständigen Behörde erlangt die für versicherungspflichtige Personen errichtete Krankenkasse die Rechtspersönlichkeit (§ 25 KrankVG.) und als solche besteht sie bis zu der im gesetzlichen Wege erfolgten Zurücknahme der Genehmigung oder ihrer Auflösung. Hiervon ist sowohl seitens des RG. (JW. 98 423), wie auch seitens des

OVG. ausgegangen. In dem OVG. 32 319 ist selbst der durch verwaltungsgerichtliches Urt. gem. § 126 aaO. erfolgten Aufhebung der Genehmigung des Kassenstatutes nicht die Wirkung zugestanden, daß damit die Rechtspersönlichkeit der Krankenkasse und ihr Fortbestand bereits beseitigt worden ist.

Nr. 11. Entsch. v. 29. Juni 1905 (PrVerwBl. 27 429) III 1339.

LVG. § 7.

Die Zuständigkeit der Verwaltungsgerichte erstreckt sich nur auf die ihnen durch besondere gesetzliche Bestimmung zugewiesenen Gegenstände. Zur Entscheidung von Streitigkeiten, welche zwischen Knappschaftsvereinen und ihren Mitgliedern darüber entstehen, ob und in welchem Betrage die Leistungen des Knappschaftsvereins den Mitgliedern zu gewähren sind, ist das VerwStreitVerf. durch keine dahingehende Vschr. eröffnet.

Nr. 12. Entsch. v. 16. Febr. 1903 (PrVerwBl. 26 28) III 389.

KrankVG. §§ 28, 57.

Bei dem Ersatzanspruche nach § 57 KrankVG. müssen sich der Zeitraum, in welchem der Armenverband ein erkranktes Kassenmitglied, im Falle des § 28 ein erkranktes früheres Kassenmitglied, unterstützt hat, und derjenige, für welchen dem Erkrankten gegenüber der Kasse ein Unterstützungsanspruch zustand, decken. Ist der Unterstützungsfall, dh. sind die Tatsachen, durch welche nach den sonstigen Best. des KrankVG. der Anspruch des Mitglieds gegen die Kasse auf Gewährung der Unterstützung begründet wird (Entstehung seiner Krankheit) innerhalb eines Zeitraumes von 3 Wochen nach dem Ausscheiden aus der Kasse eingetreten, so hat das frühere Kassenmitglied, soweit es sich um Krankenunterstützung handelt, Anspruch darauf, daß sie ihm bis zur Dauer von 13 Wochen gewährt werde. Fällt eine Armenunterstützung noch in diese 13 Wochen, so ist daher das Erfordernis des Sichdeckens erfüllt (zB. Hahn, KrankVG.² 125 Anm. 1e).

Nr. 13. Entsch. v. 21. Jan. 1904 (PrVerwBl. 26 28) III 146.

KrankVG. § 57.

Wenn ein Irrsinniger in eine Irrenanstalt aufgenommen werden muß, nicht weil er gemeingefährlich, sondern weil er hülfsbedürftig ist, indem er die erforderliche Anstaltspflege aus eigenen Mitteln sich nicht beschaffen kann, so liegen die Voraussetzungen für die Anwendbarkeit des § 57 KrankVG. vor.

Nr. 14. Entsch. v. 4. Mai 1905 (PrVerwBl. 27 470) III 864.

KrankVG. § 57 Abs. 2.

1. Dem Urt. 17. VI. 95 (ArbVers. 95 552) lag der Fall zugrunde, daß die Polizeibehörde einen Krankenhausvorstand um Aufnahme einer Syphiliskranken requiriert hatte. Wenn die Polizeibehörde ein Einschreiten gegen ein Mitglied einer Krankenkasse, das mit einer ansteckenden Krankheit behaftet ist, ablehnt, so muß bei vorhandener Mittellosigkeit der Armenverband mit seiner Armenhülfe eintreten. Der Armenverband hat daher auch die Kur und Verpflegung zu ersetzen, wenn das Mitglied ein Krankenhaus zweckmäßig aufgesucht hat.

2. Für die Dauer des erforderlichen Aufenthalts im Krankenhause ist das Mitglied erwerbsunfähig und hat Krankengeld zu beanspruchen.

Nr. 15. Entsch. v. 8. Dez. 1904 (OVG. 46 366) III C 67/04.
KrankVG. § 57.

1. Die Armenverbände sind nicht verpflichtet, die Aufnahme Hülfsbedürftiger in die Krankenhäuser von umständlichen Ermittelungen oder gar von Anfragen bei Arbeitgebern oder sonstigen dritten Personen, ob sie zu einer freiwilligen Gewährung der für die Krankenhausbehandlung erforderlichen Mittel bereit sind, abhängig zu machen. Das müßte nicht nur zu einer erheblichen Belästigung der Beteiligten führen, sondern wäre auch mit den Bedürfnissen einer schleunigen und durchgreifenden Armenpflege kaum vereinbar.

2. Der § 57 KrankVG. verpflichtet die Kassen keineswegs, den Ortsarmenverbänden, wenn sie auf Grund der ihnen gesetzlich obliegenden Pflicht den Familienangehörigen der Kassenmitglieder Krankenhausbehandlung gewährt haben, deren Kosten zu ersetzen, sondern er bestimmt nur, daß der Unterstützungsanspruch, den das Statut seinen Mitgliedern bei Erkrankung ihrer Angehörigen zugesteht, im Betrage der geleisteten Unterstützung auf den Armenverband übergeht. In dem Uebergange dieses Unterstützungsanspruchs, der regelmäßig die für die Krankenhauspflege entstehenden Kosten nicht annähernd decken wird, kann weder ein Widersinn noch eine Unbilligkeit gefunden werden.

Nr. 16. Entsch. v. 19. Mai 1904 (PrVerwBl. 26 181) III 966.
KrankVG. § 57a.

Der § 57a Abs. 2 KrankVG. ist dahin zu verstehen, daß zwei verschiedene Orte vorhanden sein müssen, ein Wohnort iS. nicht des juristischen Wohnsitzes, sondern des Ortes eines tatsächlichen Wohnens, das von dem bloß vorübergehenden Aufenthalte verschieden ist, und ein Ort eines bloß vorübergehenden Aufenthaltes (OVG. 16. X. 97 — PrVerwBl. 19 262).

Nr. 17. Entsch. v. 13. Okt. 1904 (PrVerwBl. 26 485) III 1785.
KrankVG. §§ 57, 57a.

1. Die Krankenunterstützung, wenn sie lediglich in ärztlicher Behandlung besteht, ist hinsichtlich ihrer Dauer nicht unbedingt auf diejenigen Tage beschränkt, an denen der Arzt tatsächlich einen Kranken mit seinem Rat oder anderweiter Hülfe versehen hat. Es ist möglich, daß der Arzt einen Kranken dauernd in Behandlung hat, auch wenn er ihn nicht jeden Tag sieht, sofern nur den Umständen nach anzunehmen ist, daß der Arzt ihn auch für die Zwischenzeit mit Arzneien oder sonst mit Weisung für sein Verhalten versehen hat. Trifft das zu, dann ist das halbe Krankengeld in Fällen des § 57 wie auch des § 57a KrankVG. dem Ersatzberechtigten innerhalb der für die Dauer der Krankenunterstützung gesetzlich oder statutarisch maßgebenden Zeit so lange zu gewähren, bis den Umständen nach mit der Entlassung des Kranken aus der ärztlichen Behandlung zu rechnen ist. Andernfalls ist das halbe Krankengeld freilich nur für die Tage zu gewähren, an denen der Arzt den Kranken mit seinem Rat oder seiner Hülfe versehen hat.

2. Begründet ist in § 57a für die Krankenkassen die Pflicht zur Gewährung der Krankenunterstützung an Mitglieder anderer Krankenkassen, nicht aber auch zur Erstattung der Kosten, die dadurch erwachsen sind, daß sich die Mitglieder anderer Kassen die Krankenunterstützung selbst beschafft haben. Nur für den Fall, daß die fremde Kasse die Krankenunterstützung selbst gewährt, gilt für ihren Ersatzanspruch die Vschr. des letzten Absatzes, daß für die ärztliche Behandlung, die Arzneien und anderweiten Heilmittel, gleichviel welcher Aufwand hierfür tatsächlich erwachsen ist, Ersatz in Höhe des halben Krankengeldes zu

gewähren ist. Für einen Anspruch auf Ersatz der Kosten eines Bruchbandes, die dem Mitgliede einer Krankenkasse auf Ansuchen dieser Kasse von einer anderen, in deren Bezirk das Mitglied wohnte, verlegt wurden, besteht die Ersatzpflicht nach allgemeinen Grundsätzen in Höhe der Bereicherung, dh. desjenigen Betrages, dessen Bezahlung der eigentlich pflichtigen Kasse durch die Leistung der fremden Kasse erspart worden ist (OVG. 7. XI. 01 — ArbVers. 19 223).

Nr. 18. Entsch. v. 9. Juli 1903 (OVG. 44 378) III C 39/03.

KrankVG. §§ 6 f., 20, 57 a Abs. 1.

1. Der § 7 KrankVG., der nach § 20 für die Ortskrankenkassen ebenfalls maßgebend ist, ist dahin auszulegen, daß den Kassenverwaltungen nur die Befugnis zur Gewährung von freier Kur und Verpflegung in einem Krankenhaus an Stelle der im § 6 bestimmten Leistungen — freie ärztliche Behandlung, Arznei sowie Heilmittel und Krankengeld — zugestanden worden ist. Eine Verpflichtung zur Gewährung der Krankenhauspflege ist den Kassenverwaltungen weder hier noch sonst auferlegt. Mit Rücksicht hierauf, und da auch § 57a Abs. 1 nicht ein anderes bestimmt, läßt sich nicht in Abrede nehmen, daß die Kassenverwaltungen, welche die Mitwirkung einer anderen Kassenverwaltung für die Gewährung der Krankenunterstützung in Anspruch nehmen, befugt sind, die in Anspruch genommene Kassenverwaltung an die Gewährung der freien ärztlichen Behandlung, Arznei und Heilmittel nebst Krankengeld unter Ausschluß der Krankenhauspflege zu binden. Ein hiervon abweichender Grundsatz ist in der Rechtsprechung des OVG. nicht nur nicht ausgesprochen, sondern es ist ausdrücklich darauf hingewiesen worden, daß die ersuchte Kasse nur so lange, als ihr Gegenteiliges nicht ausdrücklich bekanntgegeben worden ist, nach Ermessen zu bestimmen habe, ob Krankenhauspflege zu gewähren sei (OVG. 23. III. 98 33 396ff.).

2. Die Rechtslage ist nun freilich nicht derart, daß die Kassen für die Kosten einer Krankenhauspflege, die sie nicht selbst angeordnet haben, niemals über den Betrag des einundeinhalbfachen Krankengeldes hinaus aufzukommen haben. Sofern die Mitglieder sich selbst die Krankenhauspflege beschaffen, steht ihnen, wenn den Umständen nach die Inanspruchnahme des Krankenhauses mit Umgehung der Kassenorgane dringend geboten war, ein Ersatzanspruch insoweit zu, als hierfür notwendige und angemessene Kosten erwachsen sind (§§ 6a^{6}, 26a^{2b}).

Nr. 19. Entsch. v. 15. Juni 1903 (OVG. 44 366) III C 25/03.

GewO. §§ 84, 100c, 100f Abs. 2; KrankVG. §§ 6, 57, 57a, 58, 73.

1. Wenn für eine Zwangsinnung im § 100f Abs. 2 GewO. vorgeschrieben ist:

„Inwieweit .... Hausgewerbetreibende der Innung anzugehören haben, wird mit Genehmigung der höheren Verwaltungsbehörde durch das Statut bestimmt.“,

so bedeutet dies offenbar, daß die Zwangsmitgliedschaft auf die Hausgewerbetreibenden durch das Statut ausgedehnt werden kann, solange das jedoch nicht geschehen ist, die Hausgewerbetreibenden nicht Mitglieder der Zwangsinnung sind. Bevor eine entsprechende Bestimmung des Statuts beschlossen, gem. §§ 84, 100c GewO. genehmigt worden und in Kraft getreten ist, gehören also die Hausgewerbetreibenden der Innung nicht an. Die von ihnen beschäftigten krankenversicherungspflichtigen Personen sind deshalb bis dahin nicht Mitglieder der Innungskrankenkasse, sondern der Ortskrankenkasse.

2. In einem solchen Fall findet der Abs. 3 des § 73 KrankVG. keine Anwendung, wonach versicherungspflichtige Personen, deren Arbeitgeber der

Innung, für welche eine Innungskrankenkasse errichtet ist, erst nach deren Errichtung beitreten, soweit sie bisher einer Ortskrankenkasse angehörten, mit Beginn des neuen Rechnungsjahrs Mitglieder der Innungskrankenkasse werden, sofern der Arbeitgeber 3 Monate zuvor dem Vorstande der Ortskrankenkasse seinen Eintritt in die Innung nachgewiesen hat. Diese Vschr., durch die verhindert werden soll, daß Ortskrankenkassen durch den gleichzeitigen Eintritt zahlreicher Arbeitgeber in ihrem Mitgliederbestand eine plötzliche und erhebliche Veränderung erleiden (Hoffmann in der ArbVers. 15 352), würde nach ihrem Grunde an und für sich auch wenigstens unter Umständen für den Fall der Ausdehnung der Zwangsmitgliedschaft gem. § 100f Abs. 2 GewO. auf die daselbst bezeichneten Handwerker und Hausgewerbetreibenden passen. Sein Wortlaut schließt jedoch aus, ihn auch darauf zu beziehen. Es setzt voraus, daß die Arbeitgeber der Innung „beitreten" (vgl. auch „Eintritt"), dh. von dem ihnen nach §§ 87, 100g GewO. zustehenden Beitrittsrechte Gebrauch machen, und läßt sich auf den erst später, seit dem G., betr. die Abänderung der GewO., v. 26. VII. 97 möglich gewordenen Fall der Ausdehnung der Zwangsmitgliedschaft nicht übertragen. Bei diesem würde sonst die durch ein unfreiwilliges Verhältnis — die Zwangsmitgliedschaft des Arbeitgebers bei der Innung — herbeigeführte, ebenfalls zwingende Folge — die Zwangsmitgliedschaft der versicherungspflichtigen Arbeitnehmer bei der Innungskrankenkasse — von dem freien Willen des Arbeitgebers, nämlich davon, daß er der Ortskrankenkasse die Mitteilung macht, abhängig sein und somit beliebig lange hinausgeschoben werden können. Derartiges erscheint nicht zulässig.

3. Der § 58 KrankVG. hat keine dem Abs. 5 des § 57 und dem Abs. 4 des § 57a entsprechende Bestimmung. Es müssen daher auch die tatsächlichen Aufwendungen für die ärztliche Behandlung im einzelnen dargetan werden (OVG. 27 378 u. 11 XII. 02 — DJZ. 8 299).

Nr. 20. Entsch. v. 10. März 1904 (PrVerwBl. 25 849) III 466.

GesO. §§ 23, 86, 88—93; LwUKrankVG. § 10; KrankVG. § 6.

1. Es muß zwar jeder Dienstbote mit einem Dienstbuche versehen sein (Lindenberg-Posseldt, Das preußische Gesinderecht[6] 16 und Gerhard, Die geltenden preußischen Gesindeordnungen 1 47). Ein Verstoß hiergegen trifft jedoch nicht den Bestand des Gesindedienstverhältnisses. Insoweit verhält es sich ganz so, wie bei dem Mietgelde. Dessen „Gebung und Annehmung" vertritt nur die Stelle eines schriftlichen Vertrags (§ 23 GesO.). Auch ohne sie kann ein gültiger Gesindedienstvertrag bestehen, und zwar nicht bloß in dem Falle, wo ein schriftlicher Vertrag geschlossen ist, sondern auch bei mündlichem Vertragsschlusse, soweit ein solcher bereits früher zulässig war oder nach dem jetzigen Rechte zulässig ist (KGJ. 26 C 79). Das Geben und Nehmen eines Mietgeldes und das Vorhandensein eines Dienstbuchs haben Bedeutung dafür, ob im Zweifel ein Gesindedienstverhältnis anzunehmen ist oder nicht; ihr Mangel schließt jedoch eine solche Annahme noch nicht aus, wenn dafür sonst ausreichende Gründe bestehen.

2. Wie fast allgemein anerkannt ist (Lindenberg-Posseldt 88 Anm. 1 unter b, Gerhard 112, 113 Anm. 3 und Nußbaum, Die preuß. GesO. v. 8. XI. 1810 S. 48 unter 4; s. auch noch Jacobi, Die GesO. für Neuvorpommern[2] 98 Anm. 7), besteht die durch den § 86 GesO. v. 8. XI. 1810 bestimmte Pflicht der Dienstherrschaft, für die Kur und Verpflegung eines Dienstboten, der sich durch den Dienst oder bei Gelegenheit desselben eine Krankheit zugezogen hat, zu sorgen, dann nicht, wenn ein eigenes mäßiges Versehen des Dienstboten ohne ein Verschulden der Dienstherrschaft vorliegt.

3. Die Fürsorge, welche nach den §§ 88—93 aaO. der Dienstherrschaft obliegt, ist nicht derjenigen gleich, deren Umfang der § 6 Abs. 1[1] KrankVG. regelt. In den Fällen des § 86 hat die Herrschaft eine eigene, gesetzlich ihr auferlegte Verbindlichkeit; sie kann keinen Ersatz verlangen, namentlich ist von einer Ersatzpflicht des Dienstboten keine Rede (§ 87 und Lindenberg-Posseldt 96 Anm. 2 dazu). Anders verhält es sich nach den §§ 88 ff. Hier handelt es sich nur um eine Verpflichtung zur einstweiligen Fürsorge statt des Dienstboten selbst und seiner Verwandten, um eine bloße Pflicht, die Kosten der Heilung vorschußweise zu zahlen, um eine nur provisorische oder subsidiäre Vorsorge der Herrschaft. Diese bloße Vorschußpflicht aber ist keine Pflicht zur Fürsorge iS. des § 10 G. v. 5. V. 86, mit welcher Pflicht lediglich eine eigene und endgültige gemeint ist. Daß in den §§ 88—93 tatsächlich nicht selten die Herrschaft mit den Kosten belastet bleibt, ist unerheblich; entscheidend kann allein die rechtliche Natur der Pflicht sein.

Nr. 21. Entsch. v. 17. Sept. 1903 (PrVerwBl. 25 525) III 901.

ZPO. § 256 (früher 231); InvVG. § 18 Abs. 3.

Wie das OVG. wiederholt ausgesprochen hat (zB. 23 401, 28 210), ist die Feststellungsklage im VerwStreitVerf. nicht im gleichen Umfange gegeben, wie sie im § 256 (früher § 231) ZPO. zugelassen worden ist. Bei dem Ersatzanspruch aus § 18 Abs. 3 InvVG. insbes. ist für eine Feststellungsklage, die vorab anzustellen wäre, keinerlei Raum und auch keinerlei Bedürfnis. Wenn feststeht, daß und für welchen Zeitraum die Voraussetzungen des § 18 Abs. 3 dG. vorliegen und der Ersatzanspruch daher seinem Grunde nach gegeben ist, so ergibt sich die Höhe des zu leistenden Ersatzes ohne weiteres aus den Best. des Statuts der Kasse und der Lohnklasse, welcher der Versicherte angehört. Es würde also an jedem Grunde fehlen, den Streit zwischen den Parteien, der alsbald in einem und demselben Verfahren zum Austrag gebracht werden kann, in zwei Verfahren zu zerlegen.

Nr. 22. Entsch. v. 24. Sept. 1903 (PrVerwBl. 25 885) III 1789.

InvVG. § 50 Abs. 3.

Wie das OVG. schon häufig ausgesprochen hat, gehört zu den Beteiligten iS. des § 50 Abs. 3 InvVG. grundsätzlich der Rentenberechtigte in der Art, daß ohne seine Zuziehung zum Verfahren als Partei eine Streitigkeit über den Anspruch auf Ueberweisung einer Invalidenrente nicht entschieden werden kann. Nur ausnahmsweise bedarf es seiner Zuziehung dann nicht, wenn er mit der beantragten Ueberweisung einverstanden ist. Das Einverständnis braucht zwar kein ausdrückliches zu sein, sondern kann sich auch aus den Umständen ergeben. Immer aber muß es, damit die Zuziehung unterbleiben und der Streit allein zwischen dem Armenverband und der Versicherungsanstalt zum Austrage gebracht werden kann, in unzweifelhafter Weise feststehen.

Nr. 23. Entsch. v. 10. Nov. 1904 (PrVerwBl. 27 80) III 1973.

InvVG. § 49; KrankVG. § 57; BGB. §§ 1353 ff.

1. Ein Ehemann erhielt von einem Armenverbande eine Unterstützung „wegen Alters beider Eheleute und wegen Not". Während der Unterstützung wurde der Ehefrau eine jährliche Invalidenrente bewilligt. Der Armenverband klagte auf Ueberweisung eines Teils der Rente; das OVG. wies die Klage wegen Mangels der Identität der in Betracht kommenden Personen ab. Es wurde ausgeführt:

2. „Der Vorderrichter hat ohne Rechtsirrtum festgestellt, daß es im vorliegenden Falle an der Identität der Person fehlt. In dem OVG. 17. XII. 03 (ArbVers. 21 277/79) III 2391 ist bereits ausgesprochen worden, daß, wie für den § 57 KrankVG., so auch für den § 49 InvVG. bei den Begriffen der Hülfsbedürftigkeit und der Armenunterstützung von der Armengesetzgebung auszugehen und infolgedessen der nach dieser geltende Grundsatz der armenrechtlichen Familieneinheit ebenfalls zur Anwendung zu bringen sei. Allerdings heißt es in den weiteren Gründen dieses Erk., es komme bei der Anwendung des Grundsatzes, daß der Anspruch auf die Ueberweisung von Invalidenrente auch bei einer mittelbaren Armenunterstützung besteht, darauf an, ob der Ehemann zur Gewährung des Unterhaltes an seine Ehefrau nach dem bürgerlichen Rechte verpflichtet sei. Damit hat jedoch nur gesagt werden sollen, daß die Beantwortung der für die damals zu treffende Entscheidung wesentlichen Frage, ob die von ihrem Ehemann getrennt lebende Ehefrau während der Dauer der Ehe als selbständig in Beziehung auf den Erwerb und Verlust des Unterstützungswohnsitzes zu gelten habe, eine Prüfung auch nach der Richtung hin voraussetze, wer von den Eheleuten die Herstellung des ehelichen Lebens verweigert habe und sie nach den Best. der §§ 1353 ff. BGB. habe verweigern dürfen. Hiernach muß auch im vorliegenden Falle das Armenrecht entscheidend sein. Nach diesem gilt aber, da die Ehefrau G. den Unterstützungswohnsitz ihres Ehemannes teilt, nur der letztere als die unterstützte hülfsbedürftige Person. Der vom Kläger geltend gemachte Erstattungsanspruch ist daher wegen der mangelnden Identität der Person ausgeschlossen. Der von Olshausen im VerwArch. 12 36 für den § 57 KrankVG. vertretenen abweichenden Meinung, die damit begründet wird, daß materiell auch die Frau unterstützt werde und daß sie das ihr Nötige doppelt empfangen würde, wenn der § 57 Abs. 2 nicht Platz greife, wird von der Versicherungsanstalt mit Recht entgegengehalten, daß sie den regelmäßigen tatsächlichen Verhältnissen eine zu große Bedeutung beimesse, einen Rechtsgrund aber dafür, weshalb die dem einen Ehegatten bewilligte Unterstützung als auch dem anderen gewährt anzusehen sei, nicht vorzubringen vermöge."

Nr. 24. Entsch. v. 22. Dez. 1904 (OVG. 46 385) III C 81/04.

KrankVG. § 57; InvVG. § 49.

1. Das OVG. ist in dem Urt. 28. V. 03 43 323 von der früheren Rechtsprechung abgegangen und der Ansicht des BAH., wonach der vorläufig unterstützende Armenverband die zur Verfügung stehenden Leistungen der Krankenkasse bis zu seiner vollen Befriedigung in Anspruch nehmen kann und dem endgültig verpflichteten Armenverbande nur der — ebenfalls im VerwStreitVerf. zu verfolgende — Anspruch auf den nach Deckung der Aufwendungen des vorläufig verpflichteten Armenverbandes etwa noch verbleibenden Rest der Kassenleistungen zusteht, beigetreten.

2. In gleicher Weise, wie für § 57 KrankVG. ist die Frage nach dem Verhältnisse zwischen dem vorläufig unterstützenden und dem endgültig verpflichteten Armenverbande auch iS. des § 49 InvVG. zu beantworten. Zwischen beiden Vschr. besteht allerdings der Unterschied, daß nach § 57 KrankVG. der Anspruch des von dem Armenverband unterstützten Kassenmitglieds im Betrage der geleisteten Unterstützung und für den Zeitraum, für den sie geleistet ist, auf den Armenverband übergeht, während nach § 49 InvVG. dem Armenverbande, der an eine hülfsbedürftige Person Unterstützungen für einen Zeitraum leistet, für welchen dieser Person ein Anspruch auf Invaliden- oder Altersrente zustand oder noch zusteht, hierfür durch Ueberweisung von Rentenbeträgen Ersatz zu leisten ist. Der Umstand aber, daß es sich

iS. des § 57 um eine cessio legis handelt, im § 49 InvVG. im Interesse der sicheren Befriedigung der Armenverbände dagegen von dem Uebergange des Anspruchs auf diese abgesehen und ihnen statt dessen ein Ersatzanspruch gewährt worden ist, mithin die bestrittene Frage, ob ein doppelter Anspruchsübergang stattfinde, hier nicht aufgeworfen werden kann, berührt die Frage nach dem Verhältnisse der beiden Armenverbände unter sich nicht. Was von den zur Verfügung stehenden Leistungen der Krankenkasse gilt, daß nämlich der vorläufig unterstützende Armenverband ein stärkeres Recht hat und sich zunächst volle Befriedigung verschaffen kann, während dem endgültig verpflichteten Armenverbande nur der verbleibende Rest zusteht, das muß in ganz gleicher Weise auch dann gelten, wenn der vom Armenverband unterstützten hülfsbedürftigen Person für den Zeitraum, in dem sie unterstützt worden ist, ein Anspruch nicht auf die Leistungen einer Krankenkasse, sondern auf Invaliden- oder Altersrente zustand.

Nr. 25. Entsch. v. 10. Okt. 1904 (OVG. 46 389) III B 116/04.
KrankVG. § 57; G. v. 11. VII. 91 (GS. 300) § 31 a; Vd. v. 9. VIII. 92 (GS. 239)

Was ein Kreis nach dem G. v. 11. VII. 91 § 31 a in Fällen der außerordentlichen Armenpflege zu leisten hat, liegt ihm in seiner Eigenschaft als Kommunalverband ob (OVG. 9. II. 94 26 17 u. 14. V. 95 28 141; desgl. BAH. im PrVerwBl. 16 289). Auf seine Ersatzberechtigung findet deshalb § 57 KrankVG. und die Vd. v. 9. VIII. 92 keine Anwendung.

Nr. 26. Entsch. v. 17. Dez. 1903 (OVG. 46 376) III C 162/03.
KrankVG. § 57; InvVG. § 49; BGB. §§ 1360, 1361 Abs. 2.

1. Die Pflicht des Ehemanns, seiner Ehefrau den Unterhalt zu gewähren, besteht auch dann, wenn er erwerbs- und deshalb leistungsunfähig ist. Seine Leistungsunfähigkeit berührt nicht den Bestand der Pflicht, sondern nur deren Erfüllung. Etwas Gegenteiliges ist weder dem § 1360 noch dem § 1361 Abs. 2 BGB. zu entnehmen.

2. Nach dem UWG. ist derjenige, welcher einem von ihm abhängigen hülfsbedürftigen Familienmitgliede nicht den notwendigen Unterhalt zu geben vermag, selbst hülfsbedürftig und hat die dem Familienmitgliede gewährte öffentliche Unterstützung die rechtliche Bedeutung einer eigenen — mittelbaren — Unterstützung des Familienhaupts. Eine solche Unterstützung ist daher auch iS. des § 49 InvVG. eine der Person, welcher ein Anspruch auf Invaliden- oder Altersrente zustand oder noch zusteht, geleistete Unterstützung, falls überhaupt die mittelbare Unterstützung für das InvVG. zu berücksichtigen ist. Das letztere muß aber grundsätzlich angenommen werden entsprechend dem, was für den § 57 KrankVG. Rechtens ist (zB. OVG. 16. I. 02 41 345 u. 28. I. 95 — BochmMitt. 1 230 in den Worten S. 231: „ebenso unbedenklich auch" usw.). Denn die Abs. 1f. des § 57 und die Abs. 1f. des § 49 stimmen in dem, was aus ihnen hierbei in Betracht kommen kann, vollständig überein. Wie für den § 57 ist deshalb auch für den § 49 bei den Begriffen der Hülfsbedürftigkeit und der Armenunterstützung von der Armengesetzgebung auszugehen und infolgedessen der nach dieser geltende Grundsatz der armenrechtlichen Familieneinheit ebenfalls zur Anwendung zu bringen.

3. Es ist allerdings richtig, daß die Invaliden- und Altersrente in ihrem Betrage regelmäßig nicht bloß hinter der Unfallrente, sondern auch hinter dem, was nach dem KrankVG. zu leisten ist, erheblich zurückbleibt. Indessen auch abgesehen davon, daß gegenüber den letzteren Leistungen bereits

eine gewisse Ausgleichung deshalb eintritt, weil die Invalidenrente meist nicht auf Zeit, sondern für die Dauer des Lebens zusteht, ist doch aus diesem ihren geringeren Betrage noch nicht zu entnehmen, daß sie für den Rentenberechtigten allein ohne Rücksicht auf seine Familie gewährt werde. Auch aus der Berechtigung des Rentenempfängers, mit Genehmigung der unteren Verwaltungsbehörde seinen Anspruch ganz auf andere zu übertragen, etwa um sich selbst die Aufnahme in ein Siechenhaus, eine Versorgungsanstalt oder dergleichen zu ermöglichen (§ 55 Abs. 3 InvVG. und dazu zB. Isenhart-Spielhagen, Das InvVG.[2] 466 Anm. 16), folgt dies noch nicht. Die Vschr. im § 17 und im § 48 Abs. 1[3] und Abs. 2 InvVG. aber, wonach unter Umständen die Rente der von dem Versicherten oder Rentenberechtigten bisher unterhaltenen Familie überwiesen werden kann oder überwiesen werden muß, beruhen im Gegenteil auf der Auffassung, daß die Rente zum Unterhalte der Familie mitbestimmt ist.

Nr. 27. Entsch. v. 10. Nov. 1904 (OVG. 46 382) III C 73/04.

InvVG. § 49; BGB. §§ 1353 ff.

1. Der § 49 InvVG. bestimmt im Abs. 1, daß die auf gesetzlicher Vschr. beruhende Verpflichtung von Armenverbänden zur Unterstützung hülfsbedürftiger Personen durch das Invalidenversicherungsgesetz nicht berührt werde. Im Abs. 2 wird sodann vorgeschrieben:

„Wenn von einer Gemeinde oder einem Armenverband an hülfsbedürftige Personen Unterstützungen für einen Zeitraum geleistet werden, für welchen diesen Personen ein Anspruch auf Invaliden- oder Altersrente zustand oder noch zusteht, so ist ihnen hierfür durch Ueberweisung von Rentenbeträgen Ersatz zu leisten."

Hiernach besteht eine Voraussetzung für die Anwendbarkeit des § 49 Abs. 2 darin, daß die von dem Armenverband unterstützte hülfsbedürftige Person mit derjenigen Person, der ein Anspruch auf Invaliden- oder Altersrente zustand oder noch zusteht, identisch ist.

2. In dem OVG. 17. XII. 03 46 376 ist ausgesprochen worden, daß wie für den § 57 KrankVG. so auch für den § 49 InvVG. bei den Begriffen der Hülfsbedürftigkeit und der Armenunterstützung von der Armengesetzgebung auszugehen und infolgedessen der nach dieser geltende Grundsatz der armenrechtlichen Familieneinheit ebenfalls zur Anwendung zu bringen sei. Allerdings heißt es daselbst weiter, es komme bei der Anwendung des Grundsatzes, daß der Anspruch auf die Ueberweisung von Invalidenrente auch bei einer mittelbaren Armenunterstützung besteht, darauf an, ob der Ehemann zur Gewährung des Unterhalts an seine Ehefrau nach dem bürgerlichen Rechte verpflichtet sei. Damit hat jedoch nur gesagt werden sollen, daß die Beantwortung der für die damals zu treffende Entscheidung wesentlichen Frage, ob die von ihrem Ehemanne getrennt lebende Ehefrau während der Dauer der Ehe als selbständig in Beziehung auf den Erwerb und Verlust des Unterstützungswohnsitzes zu gelten habe, eine Prüfung auch nach der Richtung hin voraussetze, wer von den Eheleuten die Herstellung des ehelichen Lebens verweigert habe und sie nach den Best. der §§ 1353 ff. BGB. habe verweigern dürfen.

Nr. 28. Entsch. v. 17. Sept. 1903 (OVG. 44 386) III C 61/03.

InvVG. § 49.

Der § 49 G. v. 13. VII. 99 entspricht wörtlich den § 35 des dem Reichstage vorgelegten Entwurfes eines InvVG. Der Gesetzgeber ging von dem Gedanken aus, daß die Ueberweisung der vollen Rentenbeträge nur dann zugelassen werden dürfe, wenn die Erlangung des gesamten Lebensunterhalts des Rentenempfängers durch die Art der Unterstützung gewährleistet ist. Die Sicherheit hierfür erachtet er aber, wie der Wortlaut des § 49 Abs. 4 zweifelsfrei ergibt, nur bei der Gewährung des Unterhalts in einer Anstalt oder in einer Verpflegungsanstalt für vorhanden.

Nr. 29. Entsch. v. 10. Juli 1905 (PrVerwBl. 27 413) III 1481.

InvVG. § 49 Abs. 3 f.; GewUVG. § 25 Abs. 4 f.

1. Ueber den Unterschied zwischen vorübergehender und fortlaufender Unterstützung iS. des § 49 Abs. 3 f. InvVG. und des § 25 Abs. 4 f. GewUVG. hat sich das OVG. in dem Urt. 30. I. 04 45 370 ausgesprochen. Danach wird sich eine Krankenhausbehandlung, wenn sie nur $2^1/_3$ Monat andauert, idReg. nicht als eine fortlaufende, sondern als eine nur vorübergehende Unterstützung kennzeichnen.

2. Ferner ist als „Gewährung des Unterhalts in einer Anstalt" iS. des § 49 Abs. 4 eine Krankenhausbehandlung nur dann zu betrachten, wenn die letztere in der Gewährung des gesamten Lebensunterhaltes besteht. Dieses ist bei einer im Wege der Armenpflege erfolgenden Krankenhausbehandlung idReg. nicht der Fall. Dieselbe beschränkt sich vielmehr meistens auf die Gewährung von Wohnung, Kost und Heilbehandlung, während eine Fürsorge für andere Lebensbedürfnisse, zB. für Kleidung, nicht stattfindet. Auch ist eine große Zahl der im Krankenhause behandelten Personen genötigt, die bis dahin innegehabte Wohnung beizubehalten.

Nr. 30. Entsch. v. 14. Dez. 1903 (OVG. 45 385) III C 123/03.

BergG. § 171; UnfVG. § 8; GewUVG. § 25.

Wenn in den RGZ. 16. I. 97 38 124 u. 1. III. 02 50 232 ausgeführt worden ist, der § 8 UnfVG. v. 6. VII. 84 setze die Gleichartigkeit der Leistungen, wegen deren Ersatz verlangt werde, mit den auf Grund des UnfVG. zugesprochenen Entschädigungen voraus, so muß dem in der Weise zugestimmt werden, daß das gleiche für den § 25 GewUVG. gilt (ebenso Arndt, BergG.² 107 Anm. 2). Eine solche Gleichartigkeit besteht aber nicht zwischen der von einer Knappschafts-Berufsgenossenschaft zugebilligten Unfallrente und dem von dem Knappschaftsvereine wegen der durch den Unfall verursachten Invalidität neben der Berginvalidenrente zugesprochenen „Kindergelde" (§ 171 BergG.).

Nr. 31. Entsch. v. 6. Juli 1904 (OVG. 45 390) III C 26/04.

BergG. § 171; GewUVG. §§ 9 f., 25.

Der in dem Erk. 14. XII. 03 ausgesprochene Grundsatz wird hier wiederholt und dabei bemerkt: „Der gesetzgeberische Grund für den Erlaß des § 25 Abs. 1 GewUVG. ist die Vermeidung von Doppelzahlungen. Rechtsgrundsätzlich stellt sich nun aber der Anspruch auf den Bezug einer Unfallrente lediglich und ausschließlich als ein Entschädigungsanspruch wegen entgehenden Arbeitsverdienstes infolge eines erlittenen Unfalles dar (§§ 9 f.), und für die Festsetzung dieses Entschädigungsanspruchs sowohl seinem Grunde als auch seinem Betrage nach ist das Vorhandensein von leiblichen und ehelichen, noch nicht 14 Jahre alten Kindern, welcher Umstand anderseits allein den Anspruch auf Zahlung von statutenmäßigen Kindergeldern (§ 171 BergG.) zu begründen geeignet ist, rechtlich unerheblich. Ebensowenig wie der Verletzte selbst einen Anspruch auf Zahlung der sog. Kindergelder gegen eine Berufsgenossenschaft nach Maßgabe des GewUVG. geltend machen kann, ist auch eine der im § 25 Abs. 1 genannten Kassen befugt, an Stelle des Verletzten einen solchen Anspruch zu erheben."

Nr. 32. Entsch. v. 25. Febr. 1904 (PrVerwBl. 25 544) III 375.

GewUVG. § 25; InvVG. § 49.

1. Merkmale für die nach § 25 GewUVG. wesentliche Unterscheidung zwischen „vorübergehender“ und „fortlaufender“ Unterstützung sind im Gesetze selbst nicht aufgestellt. Das Zurückgehen auf die Entstehungsgeschichte ergibt, daß die gedachte Unterscheidung aus dem § 49 InvVG. in den § 25 übernommen ist. Zu bemerken ist dabei, daß der § 49 nur für Gemeinden und Armenverbände, nicht auch, wie der § 25, für Unterstützungskassen eine Ersatzberechtigung feststellt.

2. In der Begründung zu § 25 GewUVG. sind Anhaltspunkte für die Feststellung des Unterschiedes zwischen vorübergehender und fortlaufender Unterstützung nicht gegeben. Dagegen bewegt sich die Erläuterung zum InvVG. zwar in einer doppelten Einschränkung, indem sie einerseits sich nur auf die öffentliche Armenunterstützung, nicht jedoch auf die Leistungen von Unterstützungskassen bezieht, und indem sie anderseits nur den Fall der Unterstützung eines Rentenempfängers im Wege der Armenpflege, nicht dagegen den umgekehrten Fall der Rentenbewilligung an einen Empfänger von Armenunterstützung ins Auge faßt. In dieser Begrenzung aber gibt sie für die Unterscheidung zwischen vorübergehender und fortlaufender Unterstützung ein bestimmtes Merkmal an, nämlich Grund und Anlaß der Unterstützung und zwar „außerordentliche Notfälle“ auf der einen, „dauernde Hülfsbedürftigkeit“ auf der anderen Seite. Je nachdem das eine oder das andere den Anlaß der Unterstützung bildet, soll diese als vorübergehende oder als fortlaufende gelten. Die einem an sich nicht Hülfsbedürftigen zur Ueberwindung außerordentlicher Notfälle gewährte Unterstützung wird als vorübergehende, die durch dauernde Hülfsbedürftigkeit veranlaßte als fortlaufende bezeichnet. Bei Anwendung dieses Merkmals wird wegen der Unmöglichkeit, von vorn herein zu bestimmen, ob die eine oder die andere Voraussetzung besteht, für die Unterscheidung zwischen vorübergehender und fortlaufender Unterstützung nicht der Zeitpunkt ihrer Bewilligung allein ausschlaggebend sein können. Eine als vorübergehend bewilligte Unterstützung wird nicht selten in eine fortlaufende übergehen, eine als fortlaufend bewilligte hinterher die Eigenschaft einer vorübergehenden annehmen. Die Entscheidung der Frage, ob es sich um vorübergehende oder fortlaufende Unterstützung handelt, muß daher ohne Unterschied, ob die Unterstützung bereits beendigt ist, ob sie noch fortdauert oder ob sie erst in Zukunft gewährt werden soll, unter vollständiger Berücksichtigung aller zur Zeit der Entscheidung bekannten Umstände getroffen werden. Ergibt die an diesem Zeitpunkte vorzunehmende Prüfung, daß der Anlaß zur Unterstützung in außerordentlichen Notfällen besteht, die ihrer Natur nach in absehbarer Zeit überwunden zu werden pflegen, so ist die Unterstützung als vorübergehende zu betrachten, als fortlaufende aber dann, wenn der Anlaß zur Unterstützung seine zeitliche Begrenzung und die Voraussicht seines Wegfalles für absehbare Zeit nicht zuläßt.

3. Die Anwendung der Begründung zu § 49 InvVG. auf den § 25 GewUVG. begegnet der Schwierigkeit, daß die in der Begründung als Anlaß der öffentlichen Armenunterstützung erörterte „Hülfsbedürftigkeit“ nicht in gleicher Weise die Voraussetzung für die Leistungen der im § 25 genannten Unterstützungskassen bildet, und daß namentlich das Eintreten der Krankenkassen durch das Bestehen von Hülfsbedürftigkeit im armenrechtlichen Sinn idReg. nicht bedingt ist. Nachdem indessen die hinsichtlich der Invalidenrente nach § 49 InvVG. nur den Gemeinden und Armenverbänden zustehende Ersatzberechtigung hinsichtlich der Unfallrente durch § 25 GewUVG. außerdem auch den Kranken- und sonstigen Unterstützungskassen eingeräumt, ein Unterschied zwischen den Ersatzberechtigten aber nicht gemacht ist, muß auch das oben festgestellte Unter-

scheidungsmerkmal zwischen vorübergehender und fortlaufender Unterstützung durchweg gleichmäßig zur Anwendung kommen. Dabei ergibt sich, daß Krankenkassenleistungen, sofern sie nicht etwa schlechthin bis zum Fortfalle ihres Anlasses, sondern vielmehr nur für eine von vornherein begrenzte Dauer gewährt werden und daher selbst bei dem Fortbestehen des Anlasses lediglich durch Zeitablauf innerhalb bestimmter Frist ihr Ende erreichen, den vorübergehenden Unterstützungen zugezählt werden müssen. Die letzteren Merkmale treffen für die auf der reichsgesetzlichen Krankenversicherung beruhenden Unterstützungen allgemein zu. Sie haben daher durchweg als vorübergehende Unterstützungen iS. des § 25 GewUVG. zu gelten.

Nr. 33. Entsch. v. 22. Sept. 1904 (PrVerwBl. 26 863) III 1659.

KrankVG. § 6; LwUKrankVG. § 27.

1. Das LwUKrankVG. eröffnet den Anspruch auf Gewährung freier ärztlicher Behandlung und Arzeneien in § 27 den Arbeitern, die gegen Krankheit nicht versichert sind, ohne hierbei zu unterscheiden, in welcher Vermögenslage sich die Arbeiter befinden und ob sie insbes. auch mit Grundbesitz angesessen sind. Versagt ist dieser Anspruch allen denjenigen, die gegen Unfall zu versichern sind und nicht zur Klasse der Arbeiter gehören.

2. Die Rechtslage ist auch nicht derart, daß der verletzte Arbeiter gegenüber der Betriebsgemeinde genötigt ist, bei ihr binnen 13 Wochen nach dem Unfalle die Gewährung der ärztlichen Behandlung und der Arzneien bei Vermeidung des Verlustes seines Anspruches in Antrag zu bringen. Solche Beschränkung besteht für ihn nur gegenüber der Wohnsitzgemeinde, wenn sie nicht als Betriebsgemeinde in Betracht kommt. Dies ergibt sich aus dem Wortlaut des § 27, woselbst die Betriebsgemeinde in Abs. 1 zur Gewährung der Kosten des Heilverfahrens im Umfang des § 6 Abs. 1[1] KrankVG., die von ihr verschiedene Wohnsitzgemeinde aber zur Uebernahme der Leistungen nach § 6 Abs. 1[1] vorbehaltlich des Anspruches auf Ersatz der aufgewendeten Kosten verpflichtet ist. Der Arbeiter darf zwar die Betriebsgemeinde wegen Gewährung des Heilverfahrens angehen, und die Betriebsgemeinde würde ihrer gesetzlichen Aufgabe nicht voll gerecht werden, wenn sie dies im Hinblick auf ihre Ersatzpflicht ablehnen würde. Er darf sich aber auch die Heilbehandlung selbst beschaffen, und geschieht es, dann sind ihm die Kosten zu erstatten, soweit sie notwendig und angemessen aufgewendet worden sind. Daß das grundsätzlich Rechtens ist, davon ist von dem OVG. seither schon ausgegangen (s. ArbVers. 17 597).

3. Die Geltendmachung des Ersatzanspruches ist im UnfVG. an eine Frist nicht gebunden.

Nr. 34. Entsch. v. 23. Juni 1904 (OVG. 46 370) III C 17/04.

KrankVG. § 57; UnfVG. § 8; LwUKrankVG. § 11; LwUVG. § 30; GewUVG. § 25.

1. Zwar ist im § 30 LwUVG. und in dem ihm gleichlautenden § 25 GewUVG. (beide G. v. 5. VII. 00) der Ersatzanspruch der Armenverbände nicht ausdrücklich an die Einheit des Leistungsgrundes geknüpft. Dennoch bildet aber die Einheit die unerläßliche Voraussetzung.

2. Ueberhaupt ist als der leitende Gedanke der in den sozialpolitischen Versicherungsgesetzen vorgesehenen Erstattungen nicht sowohl die Absicht, das Nebeneinanderhergehen mehrfacher Unterstützung mechanisch zu verhindern, als vielmehr der Grundsatz zu erkennen, daß Armenverbände und Unterstützungskassen dann Erstattung verlangen können, wenn

sie kraft subsidiärer gesetzlicher Verpflichtung solche Leistungen bewirkt haben, welche endgültig und ohne Ersatzberechtigung anderen Kassen obliegen. In diesem Sinne ist für den Uebergang der gegen Krankenkassen bestehenden Unterstützungsansprüche auf Armenverbände die Einheit des Leistungsgrundes vom OVG. stets verlangt worden. In § 57 Abs. 1 KrankVG. wird gleichwie in § 30 Abs. 1 LwUVG. und in § 25 Abs. 1 GewUVG. schlechtweg die auf gesetzlicher Vschr. beruhende Verpflichtung von Gemeinden und Armenverbänden zur Unterstützung hülfsbedürftiger Personen aufrecht erhalten, und ebenso ist in Abs. 2 der genannten Paragraphen übereinstimmend lediglich von dem Zeitraume die Rede, für welchen gleichzeitig Armenunterstützung gewährt und Krankenkassenunterstützung oder Unfallentschädigung zu beanspruchen ist. Zu § 57 Abs. 2 KrankVG. ist zB. in dem OVG. 23. IX. 89 (ArbVers. 7 26) ausgeführt, daß die durch einen Armenverband vermöge gesetzlicher Verpflichtung bewirkte Erfüllung einer der Kasse obliegenden Leistung die Voraussetzung des Ueberganges bilde; in dem Urt. 18. V. 93 (aaO. 10 481), daß der Uebergang insoweit eintrete, als die von dem Armenverband einem Kranken gewährten Leistungen zugleich die Erfüllung der einer Krankenkasse obliegenden Verpflichtung bilden. Für die auf Grund der Unfallversicherung zu gewährende Ersatzleistung gilt dasselbe.

Nr. 35. Entsch. v. 17. Sept. 1903 (OVG. 44 381) III C 53/03.

KrankVG. § 57; UnfVG. § 8; InvVG. § 49; GewUVG. §§ 25 f.

1. Das VerwStreitV. ist für einen Streit nur eröffnet, wenn er unter den § 26 Abs. 2 GewUVG. fällt, also bei ihm die Best. des § 25 Abs. 2—5 das. zur Anwendung kommen.

2. Die §§ 25 f. GewUVG. sind am 1. I. 02 in Kraft getreten. Sie gelten bei allen Unterstützungen, die für ein Zeitraum nach dem 1. I. 02 geleistet worden sind, auch wenn sich der den Anspruch auf Unfallrente und die Verpflichtung der Kasse zur Unterstützung begründende Unfall bereits vor dem 1. I. 02 ereignet hat, und mit dem Zeitpunkte des Unfalls die Pflichten der Berufsgenossenschaft gegenüber dem Verunglückten sowie seinen Angehörigen und Hinterbliebenen festgelegt sein mögen. Nach dem § 8 UnfVG. v. 6. VII. 84 fand ein Uebergang des nach Maßgabe dies G. zustehenden Entschädigungsanspruchs bis zum Betrage der geleisteten Unterstützung statt, wobei, wie iF. eines Ueberganges nach dem § 57 KrankVG., der Zeitraum, für welchen der Entschädigungsanspruch zustand, und der, in welchem die Unterstützung geleistet war, sich decken mußten. Da nun der § 8 mit dem 1. I. 02 beseitigt worden ist, so hat sich bei vorher erfolgten Unfällen der Uebergang einerseits zwar noch, anderseits aber auch nur noch vollzogen wegen Unterstützungen, die bis zum 1. I. 02 geleistet worden sind, dergestalt, daß wegen solcher, durch den Uebergang bereits befriedigter Unterstützungen nicht auf Grund des neuen Rechtes die Ueberweisung von Rentenbeträgen beantragt werden kann. Wegen aller später geleisteten Unterstützungen konnte sich dagegen ein Uebergang nicht mehr vollziehen, weil es seit dem 1. I. 02 den Uebergang überhaupt nicht mehr gibt, und hat sich kein Uebergang mehr vollzogen, sondern es ist nur noch die Ueberweisung gem. §§ 25 f. GewUVG. möglich.

3. Der § 25 GewUVG. ist dem § 49 InvVG. nachgebildet und seine Abs. 4 f. stimmen, soweit sie hier in Betracht kommen, mit den Abs. 3 f. des § 49 vollständig überein. Für den Abs. 3 des § 49 ist anzunehmen, daß danach unter allen Umständen dem Rentenberechtigten die Rente wenigstens zur Hälfte belassen werden muß, also, wenn die Rente für weniger als volle 3 Monate gewährt wird, nicht die Hälfte von drei ganzen rechnungsmäßigen Monatsbeträgen, sondern nur die Hälfte von der tatsächlich gewährten Rente überwiesen werden darf. Bei Renten bis zu einem und einem halben

Monat würde sonst niemals dem Rentenberechtigten etwas bleiben, obwohl bei einer vorübergehenden Unterstützung, wie es in der Begründung zum § 49 heißt, „die andere Hälfte dem Rentenempfänger lediglich zu verbleiben hat". In dem Abs. 4 ist denn auch für den zuletzt gedachten Fall („im übrigen" usw.), der in dem Maße der Ueberweisung dem Falle einer vorübergehenden Unterstützung offenbar gleichstehen soll, nur schlechtweg von einer Ueberweisung von höchstens der halben Rente die Rede, so daß hier bereits nach dem Wortlaut eine Ueberweisung von mehr als der tatsächlichen Hälfte der auf eine kürzere Zeit als 3 Monate zustehenden Rente ausgeschlossen ist.

Nr. 36. Entsch. v. 7. Jan. 1904 (OVG. 45 380) III C 179/03.

LwUVG. §§ 27 Abs. 2, 29.

Der § 27 Abs. 2 LwUVG. v. 5. VII. 00 lautet:

„Für außerhalb des Gemeindebezirkes (Abs. 1) wohnhafte Arbeiter hat die Gemeinde ihres Wohnorts die im Abs. 1 bezeichneten Leistungen unter Vorbehalt des Anspruchs auf Ersatz der aufgewendeten Kosten zu übernehmen."

Es ist zwar richtig, daß die Wohnortsgemeinde nicht die endgültig Verpflichtete ist, daß ihr vielmehr, sofern eine Ersatzpflicht dritter Personen nach Maßgabe des § 27 Abs. 1 Satz 2 nicht in Betracht kommt, ein Ersatzanspruch gegen die Beschäftigungsgemeinde zusteht (OVG. 5. I. 93 — PrVerwBl. 14 381). Daraus folgt aber nicht, daß die Aufsichtsbehörde befugt wäre, sofern die Beschäftigungsgemeinde unstreitig feststeht, sich über die Bestimmung des § 27 Abs. 2 völlig hinwegzusetzen und unter Uebergehung der Wohnortsgemeinde sofort die Beschäftigungsgemeinde mit den Kosten des Heilverfahrens zu belasten. Nach § 29 Abs. 1 ist sie nur berufen, „Streitigkeiten über Unterstützungsansprüche, welche aus der Bestimmung des § 27 zwischen den Verletzten einerseits und den Gemeinden anderseits entstehen", zu entscheiden. Ueber den Anspruch der durch § 27 Abs. 2 an erster Stelle zur Uebernahme der Leistungen, wenn auch nur vorläufig, verpflichteten Wohnortsgemeinde „auf Ersatz der aufgewendeten Kosten" (§ 27 Abs. 2) hat vielmehr nach § 29 Abs. 2, wo, wie in Preußen, ein VerwStreitVerf. besteht, nicht die Aufsichtsbehörde, sondern der Verwaltungsrichter zu befinden.

Nr. 37. Entsch. v. 30. Jan. 1904 (OVG. 45 369) III C 63/03.

UnfVG. § 8; IAVG. § 35; InvVG. § 49 Abs. 3; GewUVG. § 25 Abs. 4.

1. Im Abs. 1 des § 25 GewUVG. idFass. v. 5. VII. 00 wird die bestehende Verpflichtung der dort bezeichneten Unterstützungskassen und Armenverbände zur Unterstützung Unfallverletzter aufrecht erhalten, in den Abs. 2f. die Ersatzleistung hierfür durch Ueberweisung von Unfallrentenbeträgen geregelt. Merkmale für die hiernach wesentliche Unterscheidung zwischen „vorübergehender" und „fortlaufender" Unterstützung sind im Gesetze selbst nicht aufgestellt. Das Zurückgehen auf die Entstehungsgeschichte ergibt, daß die Unterscheidung aus dem § 49 InvVG. in den § 25 GewUVG. übernommen worden ist. Zu bemerken ist dabei, daß der § 49 InvVG. nur für Gemeinden und Armenverbände, nicht auch, wie der § 25 GewUVG., für Unterstützungskassen eine Ersatzberechtigung feststellt. In der Begründung zu dem Entw. des InvVG. wird der Unterschied mit folgenden Worten erläutert:

„Wenn bei einem Rentenempfänger, der durch die Rente an sich regelmäßig vor Hülfsbedürftigkeit bewahrt ist, wegen außerordentlicher Notfälle, zB. wegen ernster Erkrankung, vorübergehend noch die öffentliche Armenunterstützung ergänzend eintreten muß" usw.

und:

„Sofern aber die Rente in Ausnahmefällen nicht ausreicht, um den Eintritt dauernder

Hülfsbedürftigkeit auszuschließen und der Rentenempfänger deshalb fortlaufend von der öffentlichen Armenpflege unterstützt werden muß" usw.

In der Erläuterung zu § 25 GewUVG. sind Anhaltspunkte für die Feststellung des Unterschieds zwischen vorübergehender und fortlaufender Unterstützung nicht gegeben. Dagegen bewegt sich die angeführte Begründung zum InvVG. zwar in einer doppelten Einschränkung, indem sie einerseits, der Absicht jenes Gesetzes entsprechend, sich nur auf die öffentliche Armenunterstützung, nicht jedoch auf die Leistungen von Unterstützungskassen bezieht und indem sie anderseits nur den Fall der Unterstützung eines Rentenempfängers im Wege der Armenpflege, nicht dagegen den umgekehrten Fall der Rentenbewilligung an einen Empfänger von Armenunterstützung berücksichtigt. In dieser Begrenzung aber gibt sie für die Unterscheidung zwischen vorübergehender und fortlaufender Unterstützung ein bestimmtes Merkmal an, nämlich Grund und Anlaß der Unterstützung und zwar „außerordentliche Notfälle" auf der einen, „dauernde Hülfsbedürftigkeit" auf der andern Seite. Je nachdem das eine oder das andere den Anlaß der Unterstützung bildet, soll diese als vorübergehende oder als fortlaufende gelten. Die einem an sich nicht Hülfsbedürftigen zur Ueberwindung außerordentlicher Notfälle gewährte Unterstützung wird als vorübergehende, die durch dauernde Hülfsbedürftigkeit veranlaßte als fortlaufende bezeichnet. Hiernach wird wegen der Unmöglichkeit, von vornherein zu bestimmen, ob die eine oder die andere Voraussetzung besteht, für die Unterscheidung zwischen vorübergehender und fortlaufender Unterstützung nicht der Zeitpunkt ihrer Bewilligung allein ausschlaggebend sein können. Eine als vorübergehend bewilligte Unterstützung wird nicht selten in eine fortlaufende übergehen, eine als fortlaufend bewilligte hinterher die Eigenschaft einer vorübergehenden annehmen. Die Entscheidung der Frage, ob es sich um vorübergehende oder fortlaufende Unterstützung handelt, muß daher ohne Unterschied, ob die Unterstützung bereits beendigt ist, ob sie noch fortdauert oder ob sie erst in Zukunft gewährt werden soll, unter vollständiger Berücksichtigung aller zur Zeit der Entscheidung bekannten Umstände getroffen werden. Ergibt die Prüfung alsdann, daß der Anlaß zur Unterstützung in außerordentlichen Notfällen besteht, die ihrer Natur nach in absehbarer Zeit überwunden zu werden pflegen, so ist die Unterstützung als vorübergehende zu betrachten, als fortlaufende aber dann, wenn der Anlaß zur Unterstützung seine zeitliche Begrenzung und die Voraussicht seines Wegfalls für absehbare Zeit nicht zuläßt.

2. Aus der in den letzten Abs. des § 49 InvVG. wie des § 25 GewUVG. übereinstimmend dahin gegebenen Vschr., daß für „fortlaufende" Unterstützung „fortlaufende" Rentenüberweisung in gewissem Betrage gefordert werden könne, muß geschlossen werden, daß der Gesetzgeber von der Annahme gleicher Zeitdauer der Unterstützung und der Ueberweisung ausgegangen ist, daß also durch die gedachten Bestimmungen der Umfang der Ersatzpflicht, nicht etwa nur ein Zahlungsmodus festgesetzt wird.

3. Bei der in § 49 Abs. 3 InvVG. und § 25 Abs. 4 GewUVG. bezeichneten „vorübergehenden" Unterstützung findet dagegen eine Bemessung der Ersatzleistung je nach der Dauer der Unterstützung nicht statt.

4. Nachdem die durch § 8 UnfVG. v. 1884 und § 35 JAVG. v. 1889 festgesetzte Rechtsnachfolge in die für die Unterstützungszeit fälligen Rentenforderungen (cessio legis) aufgehoben und der Anspruch auf Ersatzleistung durch Ueberweisung von Rentenbeträgen an ihre Stelle getreten ist (§ 49 InvVG., § 25 GewUVG.), kann ferner der Umstand, daß von mehreren Unterstützenden für dieselbe Zeit Unterstützung gewährt worden ist, jedenfalls bei „vorübergehenden" Unterstützungen nicht mehr zur Schmälerung der Ersatzberechtigung des einzelnen Unterstützenden führen. Die Umwandelung des

Rechtsüberganges in einen von der auf die Unterstützungszeit entfallenden Rentenforderung losgelösten Ersatzanspruch und die Unabhängigkeit der für vorübergehende Unterstützung vorgesehenen Ersatzleistung von der Unterstützungsdauer hat vielmehr das Entstehen selbständiger Ersatzansprüche der mehreren gleichzeitig Unterstützenden zur Folge.

Nr. 38. Entsch. v. 9. Jan. 1905 (PrVerwBl. 27 377) III 46.

UnfVG. § 8; InvVG. § 49 Abs. 3; GewUVG. § 25 Abs. 4.

1. Bei der in § 49 Abs. 3 InvVG. und § 25 Abs. 4 GewUVG. bezeichneten „vorübergehenden" Unterstützung findet . . . eine Bemessung der Ersatzleistung je nach der Dauer der Unterstützung nicht statt. Zwar besteht für jede Ersatzleistung die Voraussetzung, daß die Unterstützung für einen Zeitraum geleistet wird, für welchen dem Unterstützten ein Anspruch auf Alters- oder auf Invalidenrente oder auf Unfallentschädigung zustand oder noch zusteht (§ 49 Abs. 2, § 25 Abs. 4 aaO.). Das Maß der Ersatzleistung ist jedoch für vorübergehende Unterstützung von der Unterstützungsdauer nicht abhängig gemacht. Ebenso OVG. 30. I. 04 — III 1963.

2. Nach § 8 Abs. 1 UnfVG. v. 1884 ergriff der Uebergang des Entschädigungsanspruches nur diejenigen Rententeile, die für den gleichen Zeitraum fällig waren, für den von der Kasse usw. Unterstützung gewährt worden war. Der § 25 GewUVG. hat hierin eine Aenderung herbeigeführt, indem er den ersatzberechtigten Kassen usw. die Möglichkeit gewährt, auch später fällig werdende Renten in Anspruch zu nehmen. Daraus aber, daß die Zeiträume sich nicht mehr zu decken brauchen und die Ueberweisung später fällig werdender Renten zulässig ist, darf nicht gefolgert werden, daß in einem Falle, in dem die Zeiträume sich decken, und die auf diese entfallenden Rentenbeträge bei rechtzeitig erfolgter Anmeldung des Ersatzanspruchs zur Verfügung standen, der Ueberweisung nicht diese Renten zugrunde zu legen sind, sondern später festgesetzte, niedrigere Renten.

III.

Verfahren in Disziplinarsachen.

Nr. 1. Entsch. v. 6. Nov. 1903 (OVG. 44 426) DS 31/02.

DiszG. §§ 24 f.; KrO. § 48[a], 68; LGemO. § 143; ZustG. v. 1876 § 61, v. 1883 §§ 36, 164.

Die Best. im § 68 KrO. und im § 36 ZustG. v. 1883 erwähnen — abgesehen von den Amtsvorstehern — die Beamten der Amtsverbände nicht, können auch nicht entsprechend auf sie angewendet werden. Allerdings waren die Beamten der Amtsverbände im § 61 des aufgehobenen ZustG. v. 26. VII. 76 ebenfalls genannt. Bei der anderweitigen gesetzlichen Regelung gingen jedoch in das jetzt geltende ZustG. nur die Best. über, welche Gemeindebeamte und Gutsvorsteher betreffen, während in der KrO. nur die Zuständigkeit für die Amtsvorsteher festgesetzt wurde. Die übrigen Beamten der Amtsverbände sind ausgelassen worden. Auch wenn dies auf einem Versehen beruhen und der Wille des Gesetzgebers nicht dahin gegangen sein sollte, die Zuständigkeit der Verwaltungsgerichte hinsichtlich der Beamten der Amtsverbände zu beseitigen, so fehlt doch nach Aufhebung des früheren ZustG. durch § 164 ZustG. v. 1883 eine gesetzliche Vschr., welche die Zuständigkeit der Verwaltungsgerichte als Disziplinargerichte bei den Beamten der Amtsverbände begründete. Ueber sie hat daher gem. §§ 24 f. DiszG. die Regierung als Disziplinarbehörde zu entscheiden. Wenn freilich ein Amtsbezirk nur aus einer Gemeinde besteht (vgl. § 48² KrO.), so ist der Beamte des Amtes zugleich Gemeindebeamter und untersteht als solcher nach § 143 LGemO. der Zuständigkeit der Verwaltungsgerichte als Disziplinargerichte.

IV.

Kleinbahnen und Privatanschlußbahnen.

Nr. 1. Entsch. v. 22. Sept. 1904 (OVG. 46 396) IV C 66/04.

EisenbG. § 4; KleinBG. §§ 4, 6, 18.

1. Einer Kleinbahngesellschaft hatte die Ortspolizeibehörde, ohne daß darüber die Konzessionsurkunde etwas enthielt, aufgegeben, zur Verhütung von Unglücksfällen Schutzstreifen und eine Einzäunung anzulegen. Die Vf. wurde aufgehoben. Das OVG. führte aus:

2. „In der Revisionsinstanz hat die Polizeiverwaltung den Nachweis versucht, daß der Straßenbahngesellschaft die streitige Leistung kraft öffentlichen Wegeunterhaltungsrechts obliege. Wenn sie sich jedoch hierfür auf die §§ 4 u. 6 KleinBG. und auf das OVG. 18. XI. 82 9 186 beruft, so geht das fehl. Allerdings ist in dem angezogenen Erk. und sodann weiter in ständiger Rechtsprechung, zB. in dem Urt. 1. II. 96 30 184, davon ausgegangen, daß, wenn bei einer gem. § 4 EisenbG. landespolizeilich genehmigten, durch die Anlegung einer Eisenbahn veranlaßten Veränderung oder Verlegung öffentlicher Wege über die Unterhaltung nichts ausdrücklich bestimmt ist, eine infolge der Veränderung oder Verlegung eintretende Vermehrung der Wegeunterhaltungslast nicht dem nach gemeinem Wegerecht Unterhaltungspflichtigen, sondern dem Eisenbahnunternehmer zur Last falle. Allein dieser Grundsatz ist hier nicht maßgebend, weil es sich sowohl um einen anderen Tatbestand als auch um die Anwendung anderer gesetzlicher Bestimmungen handelt. Zunächst gilt der Grundsatz nur, soweit die Vermehrung der Unterhaltungslast durch eine Veränderung des Wegekörpers (zB. Verlängerung oder schwierigere Gestaltung der Steigungsverhältnisse), nicht aber, soweit sie durch eine auf den Bahnbetrieb zurückzuführende Veränderung der Verkehrsverhältnisse hervorgerufen ist. Ferner aber ist der Grundsatz aus § 4 EisenbG. abgeleitet und auf ein Eisenbahnunternehmen, welches unter das G. v. 28. VII. 92 fällt, nicht ohne weiteres anwendbar. Zufolge § 4 des letzteren G. erstreckt sich die der Genehmigung vorausgehende Prüfung auf die Wahrung der Interessen des öffentlichen Verkehrs. Nach § 6 hat der Unternehmer, soweit ein öffentlicher Weg benutzt werden soll, die Zustimmung der aus Gründen des öffentlichen Rechtes zur Unterhaltung des Weges Verpflichteten beizubringen und ist mangels anderweitiger Vereinbarung zur Unterhaltung und Wiederherstellung des benutzten Wegeteils verpflichtet. Endlich ist nach § 18 dem Unternehmer einer für den Betrieb mit Maschinenkraft bestimmten Bahn bei der Planfeststellung die Herstellung derjenigen Anlagen aufzuerlegen, welche die den Bauplan festsetzende Behörde . . . im öffentlichen Interesse für erforderlich erachtet, desgleichen die Unterhaltung dieser Anlagen, soweit sie über den Umfang der bestehenden Verpflichtung zur Unterhaltung vorhandener demselben Zwecke dienender Anlagen hinausgeht. Danach hätte die Anlegung der Schutzstreifen dem Unternehmer durch die Genehmigungsbehörde, sei es auf Grund einer Vereinbarung mit dem Wegebaupflichtigen, sei es ohne eine solche, auferlegt werden können. Daß dies geschehen sei, behauptet die Klägerin aber nicht, vielmehr

gibt sie selbst das Gegenteil zu, indem sie ausführt, man würde die Einrichtung dem Bahnunternehmer von vornherein auferlegt haben, wenn bei Erteilung der Genehmigung die Notwendigkeit schon hätte übersehen werden können. Sonach trifft hier zu, was in dem OVG. 24. XI. 02 42 371 über die von einer Ortspolizeibehörde erlassene Vf. gesagt ist, worin einer Straßenbahngesellschaft die Beleuchtung einer Straßenstrecke aufgegeben worden war."

Nr. 2. Entsch. v. 21. Dez. 1903 (OVG. 44 402) IV B 7/03.

KleinBG. § 22.

Es ist nicht zweifelhaft, daß die Kleinbahnen auch der allgemeinen polizeilichen Ueberwachung durch die Ortspolizeibehörden unterliegen (Gleim, Das Gesetz über die Kleinbahnen[3] 139; Eger, desgl. 311). Die ortspolizeiliche Ueberwachung bezieht sich aber nur auf diejenigen Gebiete der Polizeigewalt, welche nicht von der Vschr. des § 22 KleinBG. umfaßt werden. Die Ortspolizei darf also unbedenklich im Rahmen der gewöhnlichen Straßen- und Verkehrspolizei gegen die Kleinbahn einschreiten wie gegen jedermann sonst. Das hat das OVG. in dem Urt. 25. X. 00 38 362 ausgesprochen, in welchem Falle es sich um polizeiliche Maßnahmen zur Aufrechterhaltung des öffentlichen Verkehrs beim Legen der Gleise handelte. Ebenso verhält es sich mit der Entsch. 18. III. 96 (PrVerwBl. 18 115); denn damals hatte die Ortspolizei von der Straßenbahngesellschaft gefordert, daß sie den Schmutz aus den Schienenrillen nicht auf der Straße lagere. Anordnungen dieser Art lassen das Gebiet unberührt, welches den besonderen Aufsichtsbehörden des § 22 vorbehalten ist. Anders steht es dagegen, wenn die Ortspolizei zB. fordert, daß an gewissen Stellen der Bahn Sammelbassins in den Bahnkörper eingebaut, dabei die Schienen, um das Wasser durchzulassen, mit Schlitzen versehen und die Unterlagen der Schienen teils mehr teils weniger beseitigt werden sollen. Hier handelt es sich um einen Eingriff in den Bahnkörper selbst, um Veränderungen an den Schienen und an ihrem Unterbau. Der Bahnkörper und die Schienen unterstehen aber wie in ihrer Anlage so auch in ihrer dauernden Unterhaltung lediglich den besonderen Aufsichtsbehörden des KleinBG. Die Ortspolizei darf also konstruktive Aenderungen an dem Bahnkörper und den Schienen nicht vorschreiben.

Nr. 3. Entsch. v. 4. Febr. 1904 (OVG. 44 405) IV A 89/03.

KleinBG. § 52.

1. Gegen die von dem Regierungspräsidenten — im Einvernehmen mit der Eisenbahnbehörde — erteilte Genehmigung findet nach § 52 Satz 1 KleinBG. lediglich die Beschwerde an den Minister der öffentlichen Arbeiten statt. Eine Klage gegen den Beschluß des Ministers ist im Gesetze nicht vorgesehen.

2. Der § 52 Satz 1 findet keineswegs nur dann Anwendung, wenn es sich bei den dort genannten Beschlüssen der Landespolizeibehörden um „eisenbahntechnische Gründe" handelt, sein Wortlaut kennt eine derartige Einschränkung nicht, er stellt vielmehr gerade die Beschlüsse und Verfügungen der eisenbahntechnischen Aufsichtsbehörden noch ausdrücklich neben jene Beschlüsse und Verfügungen, für welche die Landespolizeibehördeu iVerb. mit den Eisenbahnbehörden zuständig sind. Außerdem kann wie nach dem Wortlaute so auch nach der Entstehung des § 52 kein Zweifel darüber bestehen, daß gegen die gedachten Beschlüsse und Verfügungen der Landespolizeibehörden ausschließlich die Beschwerde an den Minister der öffentlichen Arbeiten gegeben ist, und daß sich der 2. Satz des § 52, welcher bestimmt:

„Im übrigen greifen die nach den Bestimmungen der §§ 127 bis 130 des Gesetzes über die allgemeine Landesverwaltung vom 30. Juli 1883 zulässigen Rechtsmittel Platz." nur auf alle sonstigen Genehmigungen, Beschlüsse und Verfügungen bezieht, die nicht unter die Ausnahme des Satzes 1 fallen. Dies ist in dem OVG. 14. II. 98 33 432 näher dargelegt worden.

V.

Handelskammern, kaufmännische Korporationen und Börsen.

Nr. 1. Entsch. v. 1. Okt. 1903 (PrVerwBl. 25 402) III 1839.

HKamG. §§ 3 Abs. 3, 26 Abs. 1.

Eine Spar- und Darlehnskasse, welche bezweckt die Gewährung von Darlehen an die Genossen für ihren Wirtschaftsbetrieb, die Erleichterung der Geldanlage, die Beschaffung landwirtschaftlicher Bedarfsartikel, und jede unbescholtene Person aufnimmt, ist keine landwirtschaftliche Genossenschaft iS. des § 3 Abs. 3 HKamG., wenn auch die Mehrzahl der Mitglieder Landwirte sind.

Nr. 2. Entsch. v. 9. Juni 1904 (PrVerwBl. 26 272) III 1102.

HKamG. § 3; GenG. § 8.

Eine landwirtschaftliche Genossenschaft, bei der die Errichtung einer Stärkefabrik zur Fabrikation von Stärke und Stärkeprodukten aus Kartoffeln den Gegenstand des Unternehmens bildet, dehnt allerdings ihren Geschäftsbetrieb noch nicht dadurch auf Nichtmitglieder aus, daß sie auch von solchen ausnahmsweise und vorübergehend zur Verarbeitung bestimmte Kartoffeln bezieht, etwa weil die Genossen wegen eines stattgehabten Mißwachses nicht in der Lage sind, die zur Fortsetzung des Betriebes erforderlichen Mengen zu liefern oder aus ähnlichen Gründen. Denn sie kann idReg. ohne die Möglichkeit derartiger gelegentlicher Zukäufe überhaupt nicht bestehen bzw. ihr Gewerbe nicht mit Aussicht auf Erfolg betreiben. Wohl aber muß bei einer solchen Genossenschaft eine Ausdehnung des Geschäftsbetriebes über den Kreis der Mitglieder dann angenommen werden, wenn sie Kartoffeln regelmäßig auch von Nichtgenossen ankauft und damit diejenigen Geschäfte, die nach dem Gegenstande des Unternehmens mit den Mitgliedern behufs Förderung ihrer Wirtschaft oder ihres Erwerbes geschlossen werden sollen, regelmäßig auch mit anderen Personen abschließt (OVGSt. [V. S.] 6. I. 99 7 235, wo aus diesem Grundsatze gefolgert worden ist, daß eine Molkereigenossenschaft ihren Geschäftsbetrieb auf Nichtmitglieder ausdehne, wenn sie für letzteren regelmäßig Milch von Nichtgenossen ankauft; vgl. ferner Parisius-Crüger, ReichsG., betr. die Erwerbs- und Wirtschaftsgenossenschaften, v. 1. V. 89 ^{2} 52 ff.; OVG. 15 112 und RG. 11. VI. 03 im GewArch. 3 319). Dehnt aber eine landwirtschaftliche Genossenschaft in der in Rede stehenden Art ihren Geschäftsbetrieb über den Kreis ihrer Mitglieder aus, wozu sie nach § 8 Abs. 1 ^{5} G. v. 1. V. 89 an sich befugt ist, so kann sie nicht mehr als eine landwirtschaftliche iS. des § 3 Abs. 3 HKamG. gelten. Denn wenn sie Nichtmitglieder an denjenigen Zwecken teilnehmen läßt, zu deren Erreichung die Genossenschaft gebildet ist, so darf sie nicht mehr Vorrechte für sich in Anspruch nehmen, für deren Einräumung offenbar an erster Stelle die Eigenschaft der Mitglieder und die Beschränkung des Geschäftsbetriebes auf diese von maßgebender Bedeutung gewesen ist. Vgl. OVG. 3. VI. 04 (PrVerwBl. 26 253) II 1031.

Nr. 3. Entsch. v. 8. Dez. 1904 (PrVerwBl. 27 358) III 2155.

HKamG. § 3; HGB. §§ 1 f., 4.

1. Für die Frage, ob ein Gewerbetreibender nach § 3 HKamG. zu den Kosten der Handelskammer beitragspflichtig sei, genügt es nicht, festzustellen, daß er als Firmeninhaber im Handelsregister eingetragen steht; vielmehr muß noch die unabhängig davon zu prüfende Eigenschaft, daß er Kaufmann sei, hinzukommen (OVG. 9. VI. 02 41 341; v. Rohrscheidt, GewArch. 2 313). Für die Frage, ob ein Gewerbetreibender Kaufmann ist, sind die Best. des HGB. maßgebend. Danach (§ 2) gilt zwar jedes gewerbliche Unternehmen, daß nach Art und Umfang einen in kaufmännischer Weise eingerichteten Geschäftsbetrieb erfordert, auch wenn die Voraussetzungen des § 1 Abs. 2 nicht vorliegen, als Handelsgewerbe, wenn die Firma in das Handelsregister eingetragen ist, aber auch diese Best. wird beherrscht durch den im § 4 ausgesprochenen Grundsatz, daß die Vschr. über die Firmen usw. auf Handwerker keine Anwendung finden, ebensowenig wie auf Kleingewerbe. Während der § 4 als Kriterium für das Kleingewerbe den Umfang hinstellt, kann nach allgemeinen Grundsätzen für den Begriff des Handwerks — in Anlehnung an den Wortlaut des § 2 „nach Art und Umfang" des Unternehmens — nur die Art und Weise des inneren Betriebes maßgebend sein. Daß diese Anschauung auch dem HGB. zugrunde gelegen hat, geht aus der Begründung zu § 4 hervor, wo ausgesprochen ist:

„Dagegen führt der Entwurf die Handwerker wiederum besonders auf. Dem Handwerkerstande muß die durch seine Betriebsverhältnisse bedingte Sonderstellung wie bisher gewahrt bleiben."

Das OVG. ist hiervon bereits in einem Erk. 30. VI. 04 — III 1106 — ausgegangen und findet sich in Uebereinstimmung mit den Darlegungen von Goldmann in seinem Handelsgesetzbuch 1 29. Danach sind die Handwerker von der Einbeziehung in die Handelskammer ausgeschlossen, auch wenn der Umfang ihres Betriebes ein erheblicher ist (Großhandwerker). Maßgebend dafür, ob der Betrieb eines Handwerkes oder ein Handelsgewerbe vorliegt, sind nur die Art und Weise des inneren Betriebes, die gesamten Betriebsverhältnisse, nicht aber der Umstand, daß das gewerbliche Unternehmen nach Art und Umfang einen in kaufmännischer Weise eingerichteten Geschäftsbetrieb erfordert. Das kann auch bei einem Großhandwerker zutreffen, so daß er deshalb nicht aufhört, Handwerker zu sein, und damit von der Einbeziehung zur Handelskammer ausgeschlossen ist.

2. Bezüglich der Merkmale, ob ein Betrieb als ein handwerksmäßiger anzusehen ist, wird auf die RGSt. 30. XII. 02 26 37, auch abgedr. im HMBl. 03 81, und GewArch. 2 698, sowie 12. I. 04, abgedr. im HMBl. 04 105, GewArch. 3 647, und endlich auf die Entsch. des WürttMdJ. im ABl. des MdJ. 04 76, abgedr. im GewArch. 3 654, Bezug genommen.

Nr. 4. Entsch. v. 30. Juni 1904 (PrVerwBl. 26 616) III 1106.

HKamG. § 3; HGB. § 4.

Die Frage, ob jemand die Eigenschaft eines Kaufmannes iS. des § 3[1] HKamG. hat, ist von dem Verwaltungsrichter selbständig zu prüfen, und diese Frage ist, wie dies bereits in dem Urt. 9. VI. 02 41 341 dargelegt ist, jedenfalls dann zu verneinen, wenn dem Betreffenden mit Rücksicht auf seinen Gewerbebetrieb die Eigenschaft eines Handwerkers zukommt. Dies ergibt sich zunächst aus einer Vergleichung der vorangeführten Vschr. des HKamG. mit dem § 4 Abs. 1 HGB., indem nach diesen Vschr. einerseits die Best. über Firmen auf Handwerker keine Anwendung finden sollen, anderseits die Eintragung der Firma in das Handelsregister die notwendige Voraussetzung bildet für die Berechtigung, an den Wahlen zu einer Handelskammer teilzunehmen, sowie für die Verpflichtung, zu den Kosten derselben beizutragen. Auch die weitere Best. im § 3 Abs. 3b HKamG., nach welcher von einer zwangsweisen Angliederung der Handwerksgenossenschaften an die Handelskammern abgesehen werden soll, läßt die Absicht des Gesetzgebers erkennen, die Handwerker als solche weder als wahlberechtigt noch als beitragspflichtig hinzustellen; denn der dort für den angeordneten Ausschluß der Handwerksgenossenschaften maßgebende Grundsatz muß selbstverständlich auch für die einzelnen Handwerker gelten.

Nr. 5. Entsch. v. 21. Dez. 1903 (OVG. 45 345) III C 114/03.

HKamG. § 3 Abs. 2[4].

1. Bei Generalagenten von Versicherungsgesellschaften spricht die Vermutung dafür, daß sie infolge ihrer besonderen Vertrauensstellung Beamte der Versicherungsgesellschaften sind, welche das Gewerbe der Gesellschaften, das Versicherungsgewerbe, betreiben. Voraussetzung für die Annahme der Beamteneigenschaft ist auch keineswegs die Ermächtigung zum selbständigen Abschlusse von Rechtsgeschäften im Namen und für Rechnung der Gesellschaft. Ein Generalagent, der seine Arbeitskraft ganz oder doch zu einem wesentlichen Teile einer einzelnen Versicherungsgesellschaft zur Verfügung stellt, der für keine andere Lebensversicherungsanstalt tätig sein darf, der auf Erfordern der Gesellschaft jederzeit Bericht zu erstatten hat über seine organisatorischen und aquisitorischen Maßnahmen, der seinen Geschäftsbetrieb jederzeit revidieren lassen muß, dessen Bureaulokal gegen eine ihm gewährte bestimmte Bureaukostenentschädigung zur freien Verfügung der Gesellschaft steht, der ganz bestimmte Bücher führen und diese und seine gesamten das Versicherungsgeschäft betreffenden Schriftstücke bei Lösung des Vertragsverhältnisses an die Gesellschaft abliefern muß, entäußert sich damit der für einen Gewerbetreibenden charakteristischen Selbständigkeit und freien Verfügung über seine geschäftlichen Maßnahmen. Er tritt in ein Verhältnis persönlicher Abhängigkeit und damit in ein beamtenähnliches Verhältnis zu der Gesellschaft, in deren Dienst er sich begibt. Und das ist entscheidend für die Annahme, daß er nicht sein Gewerbe, sondern das der Gesellschaft betreibt.

2. Für den Generalagenten als Beamten der Versicherungsgesellschaft hat diese am Orte seines Sitzes, wo also die Gesellschaft eine Betriebsstätte besitzt, zu den Kosten der Handelskammer beizutragen.

VII.

Konflikte.

Nr. 1. Entsch. v. 18. Okt. 1904 (PrVerwBl. 26 921) I 1282.

GewO. §§ 33, 147[1].

1. Die Ortspolizeibehörde hat darüber zu wachen, daß die Vschr. der GewO. über die Notwendigkeit einer Erlaubnis zum Betriebe der Schankwirtschaft nicht übertreten werden (§§ 33, 147[1] GewO. und Nr. 5 AAnw. dazu v. 9. VIII. 99*)), also auch darüber, daß der Betrieb nicht über die

*) Jetzt Nr. 8 AAnw. 1. V. 04.

Grenzen hinausgeht, in denen er erlaubt worden ist. Daher hat die Ortspolizeibehörde, wenn sie bei pflichtmäßiger Prüfung findet, daß der Betrieb nicht in den Grenzen der Erlaubnis bleibt, dagegen einzuschreiten.

2. Irrt die Polizeibehörde in der Auffassung des Umfanges der Konzession, so folgt daraus nicht, daß sie durch eine Hinderung des Gewerbebetriebs über ihre Amtsbefugnisse hinausgeht. Denn wo die Polizeibehörden zu einer pflichtmäßigen Prüfung der Verhältnisse, von denen ihr Einschreiten abhängt, berufen sind, können sie in der Beurteilung dieser Verhältnisse irren und demgemäß auf Grund unrichtiger Voraussetzungen handeln, ohne ihre Amtsbefugnisse darum zu überschreiten (OVG. 8 414, 421, 15 448, 14 425, PrVerwBl. 22 345). Ein Irrtum über den Umfang der Konzession betrifft nicht das objektive Recht, sondern den Inhalt eines Verwaltungsakts. Ungeachtet der objektiven Rechtswidrigkeit der polizeilichen Anordnung liegt in ihr daher nicht notwendig eine Ueberschreitung der Amtsbefugnisse.

Nr. 2. Entsch. v. 3. Jan. 1905 (OVG. 46 442) I A 108/04.

KonflG. § 3; EGGVG. v. 27. I. 77 § 11.

1. Nicht jede objektiv unzulässige Amtshandlung stellt eine Ueberschreitung der Amtsbefugnisse dar; vielmehr kann auch außerhalb der Fälle, in denen der Beamte nur einen ihm erteilten amtlichen Auftrag des Vorgesetzten erfüllt, eine objektiv unzulässige Verfügung erlassen werden, ohne daß der Beamte hiermit seine Amtsbefugnisse überschreitet.

2. Eine Ueberschreitung der Amtsbefugnisse liegt nur dann vor, wenn der Beamte eine objektiv unzulässige Amtshandlung vorgenommen hat, obwohl entweder das bestehende Recht ihm die Befugnis zu einer Amtshandlung von der Art, wie er sie vorgenommen hat, überhaupt nicht verleiht oder obwohl er weiß, daß die zur Begründung einer Befugnis erforderlichen Tatsachen nicht vorliegen, oder obwohl er bei pflichtmäßiger Prüfung der obwaltenden Umstände nicht zu der Ueberzeugung gelangen durfte, daß die rechtlichen und tatsächlichen Voraussetzungen für die Zulässigkeit der Amtshandlung gegeben waren. Demgemäß ist in der Rechtsprechung des OVG. einerseits angenommen worden, daß eine Ueberschreitung der Amtsbefugnisse nicht vorliegt in Fällen, in denen das bestehende Recht dem Beamten für die Feststellung und Beurteilung tatsächlicher Verhältnisse zum Zwecke der Anwendung des objektiven Rechtes eine pflichtmäßige Untersuchung und freies Ermessen eingeräumt, der Beamte aber hierbei trotz pflichtmäßiger Prüfung geirrt hat (OVG. 4. II. 82 8 414 u. 16. VI. 86 14 425). Anderseits ist wiederholt ausgesprochen worden ein Irrtum des Beamten über das geltende Recht und die ihm hierdurch verliehenen Befugnisse, auch wenn er entschuldbar sei, schließe die Annahme nicht aus, daß der Beamte seine Befugnisse überschritten habe. Eine besondere Beurteilung erfordern aber diejenigen Fälle, in denen dem Beamten weder die gesetzliche Befugnis zu einer Amtshandlung von der Art der vorgenommenen noch die Kenntnis der gesetzlichen Vschr. über die Voraussetzungen, von welchen die Ausübung der Befugnis abhängt, gefehlt hat, in denen er aber diese gesetzlichen Vschr. in einem Sinne ausgelegt oder aufgefaßt hat, der von der Auslegung und Auffassung abweicht, welche bei den Behörden üblich sind oder in der wissenschaftlichen Lehre und in der Rechtsprechung herrschen. Hier fällt dem Beamten eine Ueberschreitung der Amtsbefugnisse nur dann zur Last, wenn er bei einer pflichtmäßigen Ueberlegung zu der von ihm befolgten Ansicht über das bestehende Recht nicht gelangen konnte, nicht aber schon dann, wenn seine Rechtsansicht von den höchsten Gerichtshöfen bei ihren Entscheidungen nicht geteilt worden ist. Eine gleiche Beurteilung erfordert der Fall, wo ein Beamter eine

PolVd. anwendet, die später von dem zu ihrer Prüfung berufenen Richter für rechtswidrig erklärt wird, oder wo er einer statutarischen Anordnung einer Gemeinde entsprechend verfährt, die von der zu ihrer Prüfung berufenen Behörde genehmigt worden ist, später aber von dem Richter für rechtsunverbindlich erachtet wird.

Nr. 3. Entsch. v. 15. Dez. 1903 (PrVerwBl. 25 797) VIII 740.

KonflG. § 1.

Auf Geistliche bezieht sich das KonflG. v. 13. II. 54 nicht; denn sie sind keine „Zivilbeamte". In ihrer Eigenschaft als Ortsschulinspektoren oder als Vorsitzende des Schulvorstandes sind sie dagegen Zivilbeamte.

Nr. 4. Entsch. v. 13. Nov. 1903 (PrVerwBl. 25 730) VIII 584.

SchlHolstSchulO. v. 24. VIII. 14 (ChronS. 11); KabO. v. 14. V. 25 (GS. 149); BGB. §§ 1631 Abs. 2, 1686.

Nach allgemeinen Rechtsgrundsätzen, mit denen sich die §§ 24, 50 SchlHolstSchulO. v. 1814 in Einklang befinden, steht den Lehrern und Lehrerinnen ein Züchtigungsrecht in demselben Umfange zu, wie es die Eltern zur Ausübung einer zweckmäßigen Erziehung haben (§ 1631 Abs. 2, § 1686 BGB.). Begriffsmäßig ist mithin dem Züchtigungsrechte die Grenze gezogen, daß — um mit den Worten der für die altländischen Provinzen erlassenen KabO. v. 14. V. 25 zu reden — die Schulzucht niemals zu Mißhandlungen ausgedehnt werden darf, „die der Gesundheit des Kindes auch nur auf entfernte Art schädlich werden können".

Nr. 5. Entsch. v. 5. Jan. 1904 (PrVerwBl. 25 870) VIII 20.

VUrk. Art. 23 Abs. 2; KonflG. § 5; GVG. § 13; Vd. v. 1. VIII. 79.

1. Nach Art. 23 Abs. 2 PrVUrk. haben die öffentlichen Lehrer die Rechte und Pflichten der Staatsdiener. Als öffentliche Lehrer sind diejenigen anzusehen, welche an öffentlichen Unterrichts- oder Erziehungsanstalten angestellt sind. Die Lehrer an derartigen Schulen sind als Staatsbeamte zu erachten (OVG. 34 172 und 37 121).

2. Die Vereidigung ist nicht wesentlich.

3. Die Lehrer sind berechtigt, im Schulinteresse zu verlangen, daß Schülerhefte beim Abgange eines Schülers im Besitze der Schule bleiben (ebenso OVG. 3. III. 99).

4. Während bei einem Kompetenzkonflikt darüber entschieden wird, ob der Streit seinem Gegenstande nach zu den bürgerlichen Rechtsstreitigkeiten iS. des § 13 GVG. gehört und daher der Entscheidung durch den ordentlichen Richter unterliegt, ergeht in dem Konfliktsverfahren die Entscheidung dahin, ob bei einem dem Rechtswege an sich unterliegenden Gegenstande die zivil- oder strafgerichtliche Verfolgung eines öffentlichen Beamten gleichwohl zu unterbleiben hat, weil sie wegen Amtshandlungen erfolgt, und der Beamte sich einer Ueberschreitung seiner Amtsbefugnisse oder der Unterlassung einer ihm obliegenden Amtshandlung nicht schuldig gemacht hat (OVG. 24 415).

Fünfte Abteilung.

Verwaltungsstreitverfahren.

Nr. 1. Entsch. v. 8. Okt. 1903 (OVG. 44 357) III C 65/03.

LVG. § 33 Abs. 2.

Wenn diejenigen 5 Mitglieder des Bezirksausschusses, welche das Urteil gefällt haben, der dem Urteile vorangegangenen mündlichen Verhandlung von Anfang an beigewohnt haben, so genügt dies. Daß auch noch der Regierungspräsident und ein weiteres gewähltes Mitglied an der Verhandlung teilgenommen haben, der erstere, indem er den Vorsitz führte, ist unerheblich. Ein derartiger Wechsel in der ursprünglichen Besetzung des Gerichtshofs und in notwendiger Verbindung damit auch in der Person des Vorsitzenden ist als solcher noch nicht unzulässig. Daß das weitere gewählte Mitglied, nachdem sich der Regierungspräsident entfernt hat, ausscheidet und an der Abstimmung nicht teilnimmt, entspricht der Vschr. im § 33 Abs. 2 LVG.

Nr. 2. Entsch. v. 27. Juni 1905 (PrVerwBl. 27 124) VIII 1020.

ZPO. § 181.

1. Nach § 181 ZPO. kann eine Ersatzzustellung in der Wohnung (des Adressaten) an einen zu der Familie gehörigen, erwachsenen Hausgenossen bewirkt werden. Die Zustellung kann also nur in der Wohnung des Adressaten und nur an einen dort angetroffenen, zur Familie des Adressaten gehörigen, erwachsenen Hausgenossen erfolgen. Eine Zustellung außerhalb der Wohnung des Adressaten wäre also ungültig (Gaupp-Stein, Kommt. z. ZPO. (1901) 1 Note III zu § 181).

2. Unter Familie iS. des § 181 ZPO. ist nun nicht nur der Familienverband als solcher zu verstehen, sondern der ganze Kreis der in wirtschaftlicher Lebensgemeinschaft mit dem Adressaten stehenden Personen.

Nr. 3. Entsch. v. 1. Febr. 1904 (OVG. 45 259) IV C 90/08.

LVG. §§ 57 f.; ZustG. § 56.

1. Wie das OVG. in einer Entsch. 11. IV. 01 (PrVerwBl. 22 493) ausgeführt hat, regelt der § 57 LVG. die örtliche Zuständigkeit der Verwaltungsgerichte für das VerwStreitVerf. in der Weise, daß nach Abs. 2[1] für Angelegenheiten, welche sich auf Grundstücke beziehen, ausschließlich das Gericht der belegenen Sache zuständig sein soll, während für alle sonstigen Fälle im Abs. 2[2] anderweitige Bestimmungen gegeben sind. Zu den Grundstücken iS. der ersterwähnten Vschr. gehören der Natur der Sache nach auch die Wege und die Brücken, wie bereits in dem OVG. 16. IX. 90 20 246 ausgeführt ist. Dieser Rechtssatz ist auch dann anwendbar, wenn es sich um eine Klage auf Erstattung bereits gezahlter Reparaturkosten gegen

einen aus Gründen des öffentlichen Rechtes verpflichteten Dritten handelt. Nach der Vschr. des § 56 Abs. 6 ZustG. sind Ersatzansprüche dieser Art gerade mit Rücksicht darauf, daß sie sich auf Wege und Bestandteile von Wegen beziehen, der Geltendmachung im VerwStreitVerf. vorbehalten; sie können daher immer nur als Angelegenheiten, die sich auf Grundstücke beziehen, betrachtet und behandelt werden. Die Zuständigkeit der über sie befindenden Gerichte regelt sich auch für sie nach § 57 Abs. 2^1 LVG. Dies ergibt sich auch aus der Erwägung, daß derartige Erstattungsklagen mit anderen Klagen aus § 56 ZustG., zB. mit einer Klage auf Feststellung der Wegebaupflicht im allgemeinen, für die sich die Zuständigkeit der Verwaltungsgerichte unzweifelhaft nach § 57 Abs. 2^1 LVG. regelt, verbunden werden können.

2. Liegt die Brücke nicht im Bezirke eines Kreisausschusses, sondern von zwei Kreisausschüssen, so kommt der § 58 LVG. zur Anwendung, und der für die Beurteilung in I. Instanz zuständige Kreisausschuß muß durch den Bezirksausschuß bestimmt werden.

3. Ist der betr. Kreisausschuß vom Bezirksausschusse nicht von vornherein bestimmt worden, hat vielmehr einer der Kreisausschüsse die Entscheidung ohne solche Bestimmung gefällt, so kann, wenn die Angelegenheit im Wege der Berufung in die II. Instanz gelangt, der formelle Mangel nachträglich nicht durch einen Beschluß des Bezirksausschusses geheilt werden.

Nr. 4. Entsch. v. 28. März 1904 (OVG. 45 263) IV C 30/02.

KrO. § 61; LVG. § 58.

Wie in der Rechtsprechung des OVG. von jeher anerkannt ist, sind in der Regel Grenzbrücken als einheitliche Bauwerke anzusehen, und es ist, abgesehen von dem Ausnahmefall, in welchem es sich um Brücken über Flüsse handelt, welche die Grenze gegen das Ausland bilden, unzulässig, daß über ihre Unterhaltung Anordnungen von zwei verschiedenen Polizeibehörden ergehen. Wenn die Grenzen zweier Kreise in Betracht kommen, so hat der Regierungspräsident gem. § 58 Abs. 1^2 LVG. den Kreisausschuß zu bestimmen, welchem die Bestellung der mit der Behandlung des in Rede stehenden Einzelfalles zu betrauenden Polizeibehörde nach § 61 KrO. obliegen soll. Die Bestimmung des Kreisausschusses muß ebenso wie diejenige des Amtsvorstehers vor Erlaß der auf die Reparatur der Brücke bezüglichen Anordnung oder wenigstens vor Erlaß des Einspruchsbeschlusses geschehen, eine nachträgliche Gutheißung der von unzuständiger Seite erlassenen Verfügung und des sie aufrecht erhaltenden Beschlusses kennt das Gesetz nicht; es war daher auch unerheblich, wenn der Regierungspräsident im Laufe des VerwStreitVerf. einen Kreisausschuß gem. § 58 LVG. bestimmt und daß dieser demnächst den beklagten Amtsvorsteher mit dem Erlasse der erforderlichen Vf. nach § 61 KrO. betraut. Wenn die Brücke verschiedenen Kreisen angehört, bedarf es nach § 58 Abs. 1^1 LVG. auch der vorgängigen Bestimmung des für das VerwStreitVerf. zuständigen Kreisausschusses durch den Bezirksausschuß.

Nr. 5. Entsch. v. 9. Mai 1904 (OVG. 45 267) IV B 66/03.

LVG § 59; ZustG. § 56 Abs. 7.

Wenn bei einer Klage auf Aufhebung einer wegepolizeilichen Vf. (§ 56 Abs. 4 ZustG.) die Klage zugleich gegen einen Kreiskommunalverband gerichtet wird, so kommt nicht § 59 LVG., sondern § 56 Abs. 7 ZustG. zur Anwendung (OVG. 1. VII. 01 40 262), es ist mithin bei Verfügungen des Amtsvorstehers nicht ein anderer Kreisausschuß mit der Entscheidung zu beauftragen, sondern der Bezirksausschuß in I. Instanz zuständig.

Nr. 6. Entsch. v. 3. Dez. 1903 (OVG. 44 451) IV C 95/03.

LVG. §§ 52, 63.

1. Würde innerhalb der Klagefrist die Post selbst nach ihren Einrichtungen die Klageschrift nicht bestellen, so trifft die empfangende Behörde kein Verschulden, wenn sie innerhalb der Frist die Sendung nicht abholen läßt. Das OVG. hat wiederholt ausgesprochen, daß die Frist auch dann als gewahrt zu betrachten ist, wenn das Schriftstück bei ordnungsmäßiger Behandlung noch innerhalb der Frist an die zuständige Behörde gelangt sein würde; insbesondere ist angenommen worden, daß die Partei nicht darunter leiden dürfe, wenn ihre Eingabe bei regelmäßiger Bestellung durch die Post noch rechtzeitig bei der Behörde eingegangen wäre und der verspätete Eingang nur durch die Geschäftseinrichtungen der Behörde verschuldet ist, wie dies namentlich im Falle der Abholung der Postsachen durch die Behörde vorkommen kann.

2. Wird eine Klage in einem Paket eingesandt, so kommt es auf die Bereitstellung oder Abholung des Adressenabschnitts für die empfangende Behörde (zB. den Bezirksausschuß) nicht an, entscheidend ist vielmehr der Eingang des Schriftstücks selbst und ferner der Umstand, ob dessen Eingang etwa durch die Geschäftseinrichtungen der Behörde zum Nachteile des Absenders verzögert worden ist.

Nr. 7. Entsch. v. 18. April 1904 (OVG. 45 85) IV C 35/04.

LVG. § 63.

Die am Kopfe mit einem Namensstempel des bevollmächtigten Rechtsanwalts nach Art eines Vordrucks versehene Urschrift der Klage war, als sie bei dem Bezirksausschuß einging, unterschriftlich nicht vollzogen, auch war die beigefügte Vollmacht nicht ausgefüllt, während die gleichzeitig eingereichte Abschrift der Klage die Unterschrift des Rechtsanwalts enthielt und auch ordnungsmäßig von ihm beglaubigt war. Als die Urschrift der Klage zum zweiten Male und nunmehr vollzogen einlief, war die Klagefrist bereits verstrichen. Bei dieser Sachlage ließ das OVG. die Bedenken, die aus dem Mangel der Unterschrift unter der Klage entsprangen und auch vom RGZ. 31 375 sowie wiederholt in nicht veröffentlichten Erk. des OVG. für wesentlich erachtet worden sind, um deswillen zurücktreten, weil die vollständige und beglaubigte Abschrift dem Bezirksausschusse, bei dem die Klage nach § 63 LVG. einzureichen war, als unzweifelhafte und sachlich genügende Beurkundung des Willens, Klage zu erheben, erscheinen mußte (RGZ. 27 405).

Nr. 8. Entsch. v. 3. Nov. 1904 (OVG. 46 404) IV C 159/04.

LVG. § 63.

Die Frage, ob eine Klagefrist gewahrt ist oder nicht, ist auch in der Revisionsinstanz frei zu beurteilen.

Nr. 9. Entsch. v. 29. März 1904 (OVG. 46 63) II C 180/03.

LVG. §§ 76, 79.

Ein von einem Sachverständigen abgegebenes Gutachten muß eine Begründung enthalten, damit die Parteien und der Richter in der Lage sind, das Gutachten nachzuprüfen. Nimmt der Richter lediglich auf ein solches fehlerhaftes Gutachten Bezug, so unterliegt seine Entscheidung wegen wesentlichen Mangels des Verfahrens der Aufhebung.

Nr. 10. Entsch. v. 8. Okt. 1903 (OVG. 44 357) III C 65/03.

LVG. §§ 76ff.; ZPO. § 358.

Für das VerwStreitVerf. fehlt eine gleiche Bestimmung wie sie § 358 ZPO. enthält, und eine entsprechende Anwendung des § 358 wird dadurch ausgeschlossen, daß das Beweisverfahren in ihm und das im Zivilprozesse wesentlich voneinander verschieden sind, das erstere namentlich einfacher und formloser gestaltet ist (§§ 76 ff. LVG.).

Nr. 11. Entsch. v. 4. Nov. 1904 (PrVerwBl. 27 471) VIII 1525.

ZPO. § 357.

Die informatorische Augenscheinseinnahme eines Sachverständigen ohne Beisein des Richters ist keine Beweisaufnahme (Gaupp-Stein, ZPO. § 357 Anm.).

Nr. 12. Entsch. v. 3. März 1904 (PrVerwBl. 25 782) III 427.

LVG. §§ 52, 86 Abs. 3.

Nach § 86 Abs. 3 LVG. kann zur Rechtfertigung der Berufung in nich schleunigen Sachen eine angemessene, der Regel nach nicht über 2 Wochen zu erstreckende Nachfrist gewährt werden. Diese Frist setzt, wie jede andere, begrifflich einen Zeitpunkt voraus, mit dem sie ablaufen soll. Die Bestimmung dieses Zeitpunktes muß aber als notwendiger Bestandteil des Begriffes „Frist" durch den Richter, der die Nachfrist zu gewähren hat, erfolgen; sie darf nicht der die letztere nachsuchenden Partei, die ihrerseits nichts zu gewähren hat, überlassen werden. Anderenfalls würde es nicht nur an jedem Anhalte dafür fehlen, bis zu welchem Zeitpunkt die Nachfrist bewilligt worden ist, sondern es würde auch die Partei die Dauer der Frist beliebig verlängern, ja bis ins unendliche hinausziehen können. Hat zB. die Partei bei dem Richter beantragt, ihr eine angemessene Nachfrist zu bewilligen, und der Richter ohne weiteren Zusatz verfügt, daß die Frist bewilligt werde, so kann die verfügte Bewilligung, wenn es an allen Anhaltspunkten für eine längere Nachfrist und deren Dauer fehlt, nur dahin aufgefaßt werden, daß der Partei diejenige Nachfrist habe bewilligt werden sollen, die der § 86 Abs. 3 als der Regel nach angemessen bezeichnet, also eine solche von 2 Wochen.

Nr. 13. Entsch. v. 19. Jan. 1904 (PrVerwBl. 26 252) I 92.

Ein Mangel in der Besetzung des Gerichts I. Instanz hindert den Berufungsrichter nicht, seinerseits eine Entscheidung über den ihm vorliegenden Rechtsstreit zu treffen, umsoweniger, als eine Gesetzesvorschrift, die ihm die Zurückweisung in die I. Instanz zur Pflicht macht, nicht besteht, und als seine Aufgabe nicht, wie die des Revisionsrichters, auf die Nachprüfung der angegriffenen Entscheidung beschränkt ist, sondern sich ganz ebenso, wie die des Richters I. Instanz, auf die freie Beurteilung des ihm vorliegenden Streitstoffs in tatsächlicher und rechtlicher Beziehung von vornherein ausdehnt und nichts ihn hindert, eine auf Rechtsirrtum oder einem mit wesentlichen Mängeln belasteten Verfahren beruhende Entscheidung zu bestätigen, wenn er bei der ihm obliegenden Beurteilung zu dem gleichen Ergebnis wie der erste Richter gelangt, wenn auch auf einem anderen Wege.

Nr. 14. Entsch. v. 4. März 1904 (OVG. 45 428) I C 8/04.

LVG. §§ 82, 94, 97.

Der Berufungsrichter ist nicht wie der Revisionsrichter berufen, lediglich die Richtigkeit der Rechtsanwendung in der Vorentscheidung und die Gesetzmäßigkeit des voraufgegangenen Verfahrens zu prüfen, sondern die Berufungsinstanz soll, wie der erste Richter, den Tatbestand in vollem Umfange ihrer Prüfung unterziehen und über den Klageantrag ebenso frei entscheiden wie die I. Instanz. Sonst liegt ein wesentlicher Mangel des Verfahrens vor.

Nr. 15. Entsch. v. 7. Dez. 1903 (OVG. 44 415, PrVerwBl. 25 474) IV C 100/02.

Hat der erste Richter aus sachlichen Gründen die Klage abgewiesen, der Berufungsrichter die Vorentscheidung bestätigt, weil die Klage unzulässig sei, so ist der Kläger in seinen Rechten verletzt, wenn die Klage sich als zulässig herausstellt; denn der Kläger hatte Anspruch auf sachliche Prüfung. Führt nun dieselbe auch zu keinem dem Kläger günstigen Ergebnisse, so liegt darin gleichwohl keine unzulässige reformatio in pejus für den Kläger, wenn schon auf sein Rechtsmittel hin eine ihm ungünstige materielle Entscheidung getroffen wird. Die Bedeutung der Entscheidung des Berufungsrichters ist lediglich die, daß das VerwStreitVerf. für unzulässig erklärt ist. Wenn nunmehr materiell entschieden wird, so wird damit auf die Zulässigkeit dieses Verfahrens erkannt, und das geschieht nach dem Antrage des Klägers. Im übrigen ist noch nichts entschieden; es kann also auf den von dem Kläger gestellten sachlichen Antrag auch sachlich und auch zu ungunsten des Klägers befunden werden (vgl. OVG. 19 127f. und Schultzenstein im VerwArch. 11 421, sowie in der Zeitschrift für deutschen Zivilprozeß 31 1).

Nr. 16. Entsch. v. 28. Mai 1903 (PrVerwBl. 25 336) III 1071.

Die Ergänzung eines Urteils geschieht durch ein Nachtragsurteil. Eine solche Ergänzung kann nicht mittelst eines Rechtsmittels gegen ein unvollständiges Urteil herbeigeführt werden (v. Brauchitsch 1[17] 107 Anm. 145; Gaupp-Stein, ZPO.[4] 1 710 Bemerk. I 2 zu § 321).

Nr. 17. Entsch. v. 17. Juni 1904 (PrVerwBl. 26 290) I 724.
LVG. §§ 102, 105f., 109; ZPO. § 91.

Der Ausdruck „Kosten“ wird im LVG. in einem doppelten Sinne gebraucht, erstens in einem weiteren, sämtliche Aufwendungen in einem VerwStreitVerf. umfassenden („Prozeßkosten“ oder „Kosten des Rechtsstreits“ iS. des § 91 ZPO.), wie in der Ueberschrift über Nr. 4 II 3 (§§ 102ff.) LVG., in den §§ 105 und 109 das., oder in einem engeren, nur die Gerichtsgebühren („Pauschquantum“ des § 106) bezeichnenden. Das OVG. verfährt seit Jahrzehnten in gleicher Weise bei Fassung seiner Entscheidungen über den Kostenpunkt und begreift mit dem Ausdruck „die Kosten der Revisionsinstanz“ stets auch die Auslagen des Gerichts und der Parteien mit.

Nr. 18. Entsch. v. 25. April 1904 (PrVerwBl. 25 764) IV 585.
LVG. § 112.

Die Frage, ob der Revisionsrichter befugt erscheine, in eine Nachprüfung derjenigen tatsächlichen Momente einzutreten, welche für die Erteilung der Wiedereinsetzung in den vorigen Stand gegen die Versäumung der Ausschlußfristen in einer Vorinstanz maßgebend gewesen sind, ist zu bejahen. Denn es handelt sich dabei um die Frage der Innehaltung der in den Gesetzen für die Anstellung einer Klage oder Einlegung von Rechtsmitteln vorgeschriebenen Fristen, welche als auf zwingenden Vorschriften des Prozeßrechts beruhend die Verwaltungsrichter aller Instanzen von Amts wegen zu prüfen haben. Der Revisionsrichter hat daher die tatsächlichen Voraussetzungen, unter denen gem. § 112 LVG. eine Fristversäumnis als entschuldigt anzusehen ist oder nicht, auch dann frei nachzuprüfen, wenn darüber in 2 Instanzen erkannt ist, und kann als an die tatsächlichen Feststellungen der Vorderrichter gebunden nicht erachtet werden.

Zeitfolgeverzeichnis der Entscheidungen.

In der ersten Spalte wiederholen sich auch bei Entscheidungen gleichen Datums die Tagesziffern. Nur einmal steht die Tagesziffer, wenn ein und dieselbe Entscheidung auf mehreren Seiten dieses Bandes (fünfte Spalte) vorkommt, zuweilen auch unter verschiedenartiger Bezeichnung des „Gegenstandes" in der zweiten Spalte, vereinzelt auch der „Fundstelle" in der dritten und vierten Spalte.

Von den auf S. 932 des 1. Hauptbandes erwähnten „besonderen Abkürzungen" kommen hier nur folgende vor:

A. = **ArbVers.**
B. = **BochmMitt.**
D. = **DJZ.**
K. = **KGJ.**
M. = **MBl.**
O. = **OVG.**
P. = **PrVerwBl.**
U. = **ZBlUV.**:

Außerdem (vgl. das Hauptverzeichnis im 1. und den Nachtrag in diesem Bande):

GewA. = **GewArch.**
GltdA. = **GoltdArch.**
StthA. = **StriethArch.**
Rspr. = **RGRspr.**

Striche (— — | —) stehen in der dritten und vierten Spalte bei Entscheidungen, deren „Fundstelle" im Texte dieses Bandes nicht angegeben und auch nicht anderweitig ermittelt worden ist.

Wegen vereinzelter scheinbarer Unstimmigkeiten zwischen den hier in der vierten Spalte angegebenen und den im Texte dieses Bandes enthaltenen Seitenzahlen der „Fundstellen" vgl. die betr. Bemerkung auf S. 932 des 1. Hauptbandes.

Die Schrägstellung der Seitenziffern in der vierten Spalte deutet an, daß die Entscheidung nur in einer Anmerkung des betr. Bandes vorkommt, in der fünften Spalte, daß sie auf der betr. Textseite nicht abgedruckt, sondern daselbst nur in Bezug genommen sind.

Juni 1851 — Juni 1891.

Datum	Gegenstand	abgedruckt Band	abgedruckt Seite	Rechtsgrundsätze ErgBd. 1 Seite
1851 Juni 26.	Wegepolizei	T. 21	152	208
1853 Juli 4.	Wegepolizei	T. 25	308	208
1876 Nov. 29.	Wegepolizei	O. 1	265	189
1877 Febr. 28.	Vorausleistungen f. d. Wegebau.	O. 2	1	201
April 19.	Privatflüsse	StthA. 99	151	194
1879 Mai 23.	Vorausleistungen f. d. Wegebau	O. 5	56	201
1880 Febr. 12.	Baupolizei	O. 6	295	177
Juni 26.	Versammlungen	O. 6	370	226
1881 Jan. 29.	Wegepolizei	O. 7	259	208
Nov. 26.	Wegepolizei	O. 8	356	190
1882 Febr. 4.	Konflikt	O. 8	414	266
Mai 1.	Versammlungen	Rspr. 4	425	225[1]
Juni 14.	PolVdRecht	O. 9	353	176
Nov. 18.	Wegepolizei Kleinbahnen	O. 9	186	211 261
1884 Okt. 11.	Versammlungen	O. 11	382	226
23.	Wasserpolizei	O. 11	263	163
Nov. 19.	Lustbarkeiten	O. 11	389	214 224
Dez. 10.	Kirchl. Ordnung	M. 85	22	233
1885 März 11.	Wegepolizei	O. 12	271	197
30.	Deichpolizei	K. 5	341	169
Mai 16.	Wegepolizei	O. 12	252	207
Nov. 2.	Wegepolizei	O. 12	243	193
1886 Juni 16.	Konflikt	O. 14	425	266

1) RG.

Datum	Gegenstand	abgedruckt Band	abgedruckt Seite	Rechtsgrundsätze ErgBd. 1 Seite
1886 Okt. 9.	Wasserpolizei	P. 8	119	163[1]
30.	Wegepolizei	O. 14	398	189
1887 April 23.	Wegepolizei	O. 15	277	187
Okt. 22.	Wegepolizei	O. 15	312	187
26.	"	O. 16	298	188
Dez. 7.	Wegeunterhaltung	O. 16	301	195
1888 Juni 23.	Wegepolizei	O. 17	323	189
Sept. 15.	Wegepolizei	O. 18	238	198
24.	Lustbarkeiten	O. 18	425	214
26.	Wegepolizei	O. 17	291	186
29.	Landstraßen	O. 17	279	191
Nov. 1.	Jagdpolizei	O. 17	341	172
1889 Febr. 4.	Lustbarkeiten	O. 17	386	214
Sept. 23.	KrankVers.	A. 7	26	257
26.	Wegepolizei	O. 18	225	186 193
Okt. 10.	KrankVers.	O. 18	355	243
Dez. 3.	Poliz. Zwangsmittel	—	—	— 238
1890 Juli 1.	Wegepolizei	O. 19	256	198
Sept. 16.	VerwStreitVerf.	O. 20	246	268
25.	Kehrbezirke d. Schornsteinfeger	—	—	— 217
Nov. 3.	Wasserpolizei	O. 20	308	187
Dez. 9.	Wegepolizei	O. 20	270	186
23.	"	O. 20	235	187
1891 Febr. 26.	Wegepolizei	O. 20	303	197
April 7.	Wegepolizei Landstraßen	O. 21	259	192 205
Mai 26.	Wegepolizei	O. 21	296	212
Juni 13.	Polizeistunde	O. 21	400	215
23.	Wegepolizei	O. 21	250	198 199
24.	Straßenbenennung	O. 21	421	226

1) RG(ZS. V).

Oktober 1891 — Oktober 1897.

Datum	Gegenstand	abgedruckt Band	abgedruckt Seite	Rechtsgrundsätze ErgBd. 1 Seite
1891 Okt. 13.	Vorausleistungen f. d. Wegebau	O. 22	250	*202*
Nov. 6.	Brücken	O. 22	183	*194*
1892 Jan. 12.	Brücken	O. 22	193	*194*
April 5.	Wegepolizei	O. 22	196	*194*
	Privatflüsse			*205*
Juni 9.	Wasserpolizei	O. 23	231	*164*
Okt. 18.	Baupolizei	P 14	114	*180*
20.	Naturarzt	GltdA. 41	309	*215*[1]
Nov. 15.	Wegepolizei	O. 24	220	*212*
29.	"	O. 24	241	*189*
Dez. 19.	Wasserpolizei	O. 24	262	*164*
1893 Jan. 5.	UnfVers.	P. 14	381	*258*
14.	Wasserpolizei	P. 15	88	*163*[2]
31.	PolVdRecht	O. 24	356	*239*
Febr. 20.	Wasserpolizei	O. 24	250	*159*
März 24.	Wegepolizei	O. 24	236	*205*
Juni 13.	Wegepolizei	O. 25	253	*187*
Juli 14.	Wegepolizei	O. 25	237	*198*
Nov. 2.	Jagdpolizei	O. 26	268	*170*
1894 Jan. 6.	Gesundheitspolizei	O. 26	85	*235*
Febr. 9.	Armenpflege	O. 26	17	*252*
15	Untersagung d. Gewerbebetriebs	O. 26	287	*217*
27.	Brücken	O. 26	213	*207*
April 3.	Lustbarkeiten	O. 26	401	*224*
28.	Wegepolizei	O. 26	199	*205*
Sept. 20.	Maß- u. Gewichtspolizei	O. 27	325	*220*
Nov. 28.	Wegepolizei	O. 27	222	*197*
Dez. 22.	Vorausleistungen f. d. Wegebau	O. 27	230	*202*

1) OLG. Dresden.
2) RG.(ZS. V).

Datum	Gegenstand	abgedruckt Band	abgedruckt Seite	Rechtsgrundsätze ErgBd. 1 Seite
1895 Jan. 28.	InvVers.	B. 1	230	*252*
Mai 4.	Poliz.Versggen	P. 17	76	*181*
14.	Armenpflege	O. 28	141	*252*
15.	Wegepolizei	O. 28	129	*210*
28.	Straßenschilder	O. 28	89	*226*
Juni 17.	KrankVers.	A. 95	552	*246*
Sept. 19.	Wasserpolizei	O. 29	269	*159*[1]
1896 Jan. 13.	Deichpolizei	O. 29	272	*159*
Febr. 1.	EisbZufuhrwege	O. 30	184	*261*
11.	Gesundheitspolizei	O. 29	101	*235*
17.	Strompolizei	O. 30	281	*160*
März 18.	Kleinbahnen	P. 18	115	*262*
Mai 20.	Vorausleistungen f. d. Wegebau	O. 30	238	*200*
Juli 1.	Wegepolizei	O. 30	270	*211*
2.	Wasserpolizei	O. 30	296	*157*
Sept. 17.	KrankVers.	O. 30	341	*244*
Okt. 7.	Wegepolizei	O. 30	256	*212*
Nov. 10.	Vereinsrecht	P. 18	370	*223*
25.	Ansiedlungen	O. 31	396	*174*
28.	Wegepolizei	O. 31	194	*157*
Dez. 3.	Strompolizei	O. 31	233	*160*
	Poliz.Versggen			*161*
12.	Untersagung d. Gewerbebetriebs	O. 31	302	*217*
1897 Jan. 16.	UnfVers.	RGS. 38	124	*254*
Febr. 4.	Jagdpolizei	O. 31	238	*170*
März 10.	Wegepolizei	O. 32	240	*206*
25.	Wasserpolizei	O. 32	269	*164*
29.	Medizinalpersonen	O. 31	270	*218*
Juni 23.	Wasserpolizei	— —	—	*155*
24.	Wegepolizei	O. 32	219	*186*
Okt. 11.	Baupolizei	O. 32	360	*182*
14.	Wegepolizei	O. 32	253	*212*
16.	KrankVers.	P. 19	262	*247*

1) Druckf.: 19. X.

Dezember 1897 — November 1901.

Datum	Gegenstand	abgedruckt Band	abgedruckt Seite	Rechtsgrundsätze ErgBd. 1 Seite
1897 Dez. 16.	Vorausleistungen f. d. Wegebau	O. 32	238	*200*
18.	Kehrbezirke d. Schornsteinfeger	— —	—	*217*
1898 Jan. 24.	Baupolizei	O. 34	401	*185*
Febr. 1.	Poliz.Verfggen	P. 18	103	*234*
14.	Kleinbahnen	O. 33	432	*263*
19.	Wasserpolizei	O. 33	450	*161*
21.	Brücken	O. 33	268	*194*
21.	Vorausleistungen f. d. Wegebau	O. 33	107	*202*
26.	Wasserpolizei	O. 33	305	*163*
März 9.	Wasserpolizei	O. 33	309	*162*
23.	KrankVers.	O. 33	396	*248*
Juni 13.	Baupolizei	O. 34	421	*182*
29.	Medizinalpersonen Poliz. Zwangsmittel	O. 33	356	*218* *238*
Sept. 24.	Innungen	P. 20	172	*219*
Okt. 3.	Baupolizei	O. 34	409	*183*
22.	Deichpolizei	P. 20	202	*168*
Nov. 5.	Deichpolizei	P. 20	217	*167*
1899 Jan. 6.	Handelskammern	S. 7	235	*263*
19.	Wegepolizei	O. 35	238	*206* *211*
30.	Deichpolizei	P. 21	83	*168*
Febr. 16.	Vorausleistungen f. d. Wegebau	O. 35	271	*202*
18.	Kost- u. Quartiergeber	O. 35	328	*213*
März 3.	Schulzucht	— —	—	*267*
11.	Jagdpolizei	O. 35	326	*172*
April 17.	Chausseen, Brücken	O. 36 P. 21	256 127	*193* *194*
Mai 15.	Wegepolizei	O. 35	285	*196*
Juni 5.	Chausseen	O. 36	264	*193*
27.	Gesundheitspolizei	O. 36	6	*235*
Juli 6.	Wegepolizei	O. 36	251	*206* *207*
1899 Okt. 4.	Maß- u. Gewichtspolizei	— —	—	*220*
Dez. 11.	Wasserpolizei	O. 36	341	*165*
1900 Febr. 5.	Vorausleistungen f. d. Wegebau	O. 37	30	*202*
14.	Ausspielungen	— —	—	*232*
März 20.	Unterrichtsanstalten	O. 37	179	36
20.	Geisteskranke	— —	—	*126*
21.	Wasserpolizei	D. 5	506	*160*
27.	Gutsbezirke	O. 37	148	*205*
Mai 17.	Brücken	O. 37	257	*192* *194*
17.	Wasserpolizei	D. 6	31	*157*
Juni 23.	Wasserpolizei	P. 22	167	*162*[1]
Juli 7.	Apotheker als Drogisten	P. 22	168	*219*
Okt. 3.	Wasserpolizei	O. 38	253	*163*
8.	Vorausleistungen f. d. Wegebau	O. 38	144	*202*
25.	Kleinbahnen	O. 38	362	*262*
Nov. 17.	Wasserpolizei	O. 38	257	*163*
1901 Jan. 23.	Wasserpolizei	P. 22	430	*164*
24.	Vorausleistungen f. d. Wegebau	O. 38	147	*202*
Febr. 13.	Polizeistunde	O. 39	295	*215*
18.	Baupolizei	O. 39	361	*176*
März 1.	Feuerbestattung	O. 39	444	*228*
14.	Wegepolizei	O. 39	234	*211*
18.	Baupolizei	P. 22	560	*182*
April 11.	Wegepolizei, VerwStreitVerf.	P. 22	493	*268*
Mai 2.	Wegepolizei	O. 39	225	*187*
13.	PolVdRecht	O. 39	278	*159*
Juli 1.	VerwStreitVerf.	O. 40	262	*269*
Sept. 30.	Privatkrankenanstalten	O. 40	307	*218*
Nov. 7.	KrankVers.	A. 19	223	*248*

[1]) Beschd.

November 1901 — April 1903.

Datum	Gegenstand	abgedruckt Band	abgedruckt Seite	Rechtsgrundsätze ErgBd. 1 Seite
1901 Nov. 25.	Wegepolizei	O. 40	434	*191*
Dez. 19.	Wegepolizei	O. 40	229	*211*
1902 Jan. 2.	Wegepolizei	P. 23	441	*197*
2.	Wasserpolizei	P. 24	296	*157*
16.	InvVers.	O. 41	345	*252*
21.	Instleute	O. 42	395	*230*
März 1.	UnfVers.	RGZ. 50	232	*254*
21.	Gemeindebeamte	P. 23	610	30
April 22.	Stadtverordnete	P. 23	610	19
Juni 6.	Stadtverordnete	P. 23	690	19
9.	Handelskammern	O. 41	341	*264*
Sept. 18.	Wasserpolizei	— —	—	*157*
19.	Landgemeinden, Auseinandersetzungen	P. 24	97	54
19.	Stadtverordnete	P. 24	210	17 20[1]
25.	Apotheker als Drogisten	GewA. 2	580	*219*[2]
Okt. 2.	Deichpolizei	O. 42	262	*168*
2.	PolVdRecht	K. 25	687	*240*
13.	Wegepolizei	O. 42	231	*187*
17.	Landgemeinden	P. 24	210	48
21.	Gemeindebeamte	P. 24	209	29
21.	Gemeindevertretung	P. 24	210	82
24.	Konkubinate	P. 24	264	*231*
Nov. 17.	Wegepolizei Brücken	O. 42	206	*193* *194*
17.	Gemeindeangehörigkeit	P. 25	195	14
18.	Schulunterhaltung	O. 44	219	135
18.	Stadtverordnete	P. 24	322	19 20 21 23
20.	Privatflüsse	O. 42	233	*194*
20.	Stadtverordnete	P. 24	322	24
21.	Gemeindewahlen	P. 24	321	76
21.	Stadtverordnete	P. 24	322	19 20

1) Beschd.
2) BayOLG. (StS.).

Datum	Gegenstand	abgedruckt Band	abgedruckt Seite	Rechtsgrundsätze ErgBd. 1 Seite
1902 Nov. 24.	Wegepolizei	O. 42	371	*191*
	Straßenbahnen			262
27.	Straßenschilder	O. 42	199	*226*
28.	Stadtverordnete	P. 24	322	24
Dez. 2.	Gemeindebeamte	P. 24	322	30
11.	Wasserpolizei	— —	—	*166*
11.	KrankVers.	D. 8	299	*249*
30.	Handelskammern	RGSt. 26	37	
		HMBl. 03	81	
		GewA. 2	698	*264*
1903 Jan. 16.	Vereinsrecht			*227*
20.	Schulunterhaltung	P. 25	574	125
26.	Wegepolizei	O. 42	227	*206*
Febr. 6.	Schulvorstand	— —	—	112
	Schulunterhaltung			127
9.	Baupolizei	O. 43	376	*177*
12.	Wasserpolizei	— —	—	*162*
13.	Kreistagswahlen	P. 24	548	8
13.	AmtsVerwKosten	P. 25	350	11
17.	Schulunterhaltung	— —	—	128
19.	PolVdRecht	RGSt. 36	109	*240*
20.	Schulbauten	— —	—	150
27.	Volksschullehrer	— —	—	104
27.	Schulunterhaltung	O. 44	235	138
27.	PolVerwKosten	P. 25	266	38
März 3.	Gutsbezirk	— —	—	52
10.	Apotheker als Drogisten	GewA. 3	221	*219*[1]
13.	ProvAbgaben	P. 24	548	2
17.	Magistrat	O. 44	62	28
	Gemeindevorsteher	P. 24	547	79
19.	Wasserpolizei	P. 25	507	166
20.	Vereinsrecht	O. 43	435	*223*
27.	Schulunterhaltung	O. 44	208	133 148
27.	"	P. 25	643	135
31.	Gesundheitspolizei	P. 24	663	*235*
31.	Kirchenvermögen	P. 27	196	97
April 6.	Wegepolizei	O. 43	248	*211*
17.	Kreistagswahlen	P. 24	548	7
17.	"			97
21.	Gemeindewahlen	P. 24	548	74

1) BadVerwGHf.

April — September 1903.

Datum	Gegenstand	abgedruckt Band	abgedruckt Seite	Rechtsgrundsätze ErgBd. 1 Seite
1903 April				
24.	SynagogGem.	O. 44	241	101
28.	Volksschullehrer	— —	—	106
28.	Schulunterhaltung	O. 44	233	139
Mai				
1.	Schulunterhaltung	O. 44	228	140
8.	Stadtverordnete	P. 24	805	26
8.	Fürsorgeerziehung	P. 24	806	152
11.	Deichpolizei	— —	—	*168*
11.	Wegepolizei	O. 43	227	*186*
11.	Lustbarkeiten	O. 43	304	*214*
18.	Wasserpolizei	O. 43	263	*164*
22.	Stadtverordnete	P. 24	807	22
28.	KrankVers.	O. 43	323	*251*
28.	Wasserpolizei	P. 25	336	*157*
				160
	VerwStreitVerf.			272
Juni				
8.	Vorausleistungen f. d. Wegebau	O. 44	277	203
9.	Bürgerrecht	O. 44	24	14
	Stadtverordnete	P. 24	807	18
9.	Gemeindebeamte	O. 44	48	29
9.	Schulunterhaltung	O. 44	223	137
9.	Kirchenpatronat	P. 25	286	97
11.	Handelskammern	GewA. 3	319	*263*[1]
12.	Stadtverordnete	P. 24	807	20
12.	Schulunterhaltung	P. 25	232	121
12.	Versammlungen	P. 25	523	224
15.	KrankVers.	O. 44	366	248
19.	Schulbaupflicht	O. 44	199	129
23.	Kreistagswahl	O. 44	1	6
26.	Schulbauten	— —	—	146
26.	Schlachthausbetrieb	O. 44	68	32
26.	Lehrergehalt	P. 25	249	37
29.	Vereinsrecht	— —	—	223[2]
29.	Schauspielunternehmer	O. 44	344	220
30.	Gemeindewahlen	— —	—	66[3]
Juli				
7.	Kreistagswahlen	— —	—	9
7.	Stadtverordnete	— —	—	20
7.	Gemeindewahlen	— —	—	74
9.	KrankVers.	O. 44	378	248
Sept				
17.	UnfVers.	O. 44	381	257
17.	InvVers.	O. 44	386	253
17.	″	P. 25	525	250
17.	Bierhandel	P. 25	561	216
18.	Schulbaupflicht	— —	—	135

[1] RG. [2] KG. [3] Beschd.

Datum	Gegenstand	abgedruckt Band	abgedruckt Seite	Rechtsgrundsätze ErgBd. 1 Seite
1903 Sept.				
18.	Schulunterhaltung	O. 44	203	118
18.	″	P. 25	681	141
				148
21.	Wegepolizei	O. 44	296	186
21.	Polizeistunde	O. 44	342	215
22.	Amtsausschuß	O. 44	18	10
22.	Gemeindeerheber	P. 25	712	87
24.	Deichpolizei	— —	—	*168*
24.	″	O. 44	316	
		P. 25	383	168
24.	InvVers.	P. 25	385	250
25.	Schulunterhaltung	O. 44	178	123
25.	Kirchengemeinden	O. 45	178	98[1]
25.	PolVerwKosten	P. 25	679	39
29.	SynagogGem.	— —	—	102
Okt.				
1.	Wasserpolizei	O. 44	304	161
1.	″	O. 44	311	166
1.	Handelskammern	P. 25	402	263
5.	Landstraßen	O. 44	258	192
5.	Wegepolizei	O. 44	264	198
5.	Innungen	O. 44	361	219
5.	PolVdRecht	K. 26	685	*240*
6.	Stadtverordnete	O. 45	33	22
6.	Gemeindewahlen	P. 25	680	56
				76
8.	Landstraßen	O. 44	254	191
8.	Wasserpolizei	O. 44	301	162
8.	Privatkrankenanstalten	O. 44	357	218
	VerwStreitVerf.			268
				271
9.	Gemeindebeamte	— —	—	31
9.	Gemeindewahlen	— —	—	77[2]
9.	″	P. 25	712	66
12.	Jagdpolizei	O. 44	332	172
15.	Deichpolizei	O. 44	318	169
19.	Wegepolizei	O. 44	272	199
19.	Jagdpolizei	O. 44	320	172
20.	Gemeindewahlen	O. 44	121	57
23.	″	O. 44	130	61
26.	Wegepolizei	O. 44	277	199
26.	Jagdpolizei	O. 44	329	171
26.	Poliz. Verfggen	O. 44	354	218
	Apotheker			237
30.	Gemeindewahlen	O. 44	138	77
30.	Forstschutzbeamte	O. 44	155	88
30.	Vereinseintragung	O. 44	438	226
				228
30.	Stadtverordnete	O. 45	42	24

[1] Druckf.: **Juli.**
[2] 2 Erk.: Nr. II 1693 u. II 1694.

November 1903 — Februar 1904.

Datum	Gegenstand	abgedruckt		Rechtsgrundsätze ErgBd. 1
		Band	Seite	Seite
1903 Nov.				
2.	Wasserpolizei	O. 44	308	166
3.	Bürgerrechtsgeld	— —	—	16
6.	Kreisabgaben	— —	—	3
6.	Gemeindebeamte	— —	—	31
6.	Gemeindebeschlüsse	— —	—	82
6.	Schulbauten	— —	—	151
6.	Disziplinarsachen	O. 44	426	260
13.	Bürgerrechtsgeld	— —	—	16
13.	Gemeindewahlen	O. 44	141	60
13.	Lustbarkeiten	P. 25	695	214
16.	Brücken	O. 44	248	195
19.	Wegepolizei	O. 44	280	209
19.	KrankVers.	O. 44	375	242
19.	Polizeiwidr. Zustand	O. 44	418	231
	Poliz. Zwangsmittel			238
19.	"	P. 25	435	237
19.	Kost- u. Quartiergeber	P. 25	747	213
20.	Vereinsrecht	O. 44	427	223
20.	"	O. 44	432	224
23.	Wegepolizei	P. 25	403	209
24.	Baupolizei	O. 44	388	175
26.	KrankVers.	P. 25	508	244
27.	Gemeindeanstalten	— —	—	33
27.	Gemeindeforst	O. 44	159	88
27.	Schulvorstand	P. 25	745	113
Dez.				
1.	Volksschullehrer	U. 03	576	104
3.	Kehrbezirke d. Schornsteinfeger	O. 44	345	216
3.	VerwStreitVerf.	O. 44	451	270
4.	Privatnachtwächter	O. 44	413	231
4.	Landgemeinden	P. 26	326	49
5.	Deichpolizei	O. 45	332	167
7.	Poliz. Verfggen	O. 44	415	187
	VerwStreitVerf.			272
7.	Wegepolizei	P. 25	474	191
	Poliz. Verfggen			236
				272
10.	Ansiedlungen	O. 44	409	174
11.	PolVerwKosten	P. 26	165	48
	Gemeindevorsteher			80
13.	Züchtigungsrecht, Konflikt	P. 25	730	267
14.	UnfVers.	O. 45	385	254
15.	Geistliche, Konflikt	P. 25	797	267
17.	InvVers.	O. 46	376	252
				253
17.	"	A. 21	277	*251*
17.	Wasserpolizei	P. 25	452	165

Datum	Gegenstand	abgedruckt		Rechtsgrundsätze ErgBd. 1
		Band	Seite	Seite
1903 Dez.				
18.	Volksschullehrer	O. 44	185	106
18.	"	O. 44	190	108
21.	Kleinbahnen	O. 44	402	262
21.	Handelskammern	O. 45	345	265
1904 Jan.				
4.	Erwerbs- u. Wirtschaftsgenossenschaften	P. 25	626	228
5.	Lehrer, Konflikt	P. 25	870	267
5.	Poliz. Zwangsmittel	P. 26	81	238
7.	UnfVers.	O. 45	380	258
8.	Gemeindewahlen	O. 44	149	63
				69
8.	Vereinseintragung	O. 44	444	227
11.	Vorausleistungen f. d. Wegebau	O. 44	280	203
12.	Stadtkreise	— —	—	3
12.	Baupolizei	O. 44	395	181
12.	Schulunterhaltung	O. 45	219	124
12.	Handelskammern	HMBl. 04	105	
		GewA. 3	647	*264*[1]
14.	Baupolizei	O. 44	119	*183*
15.	PolVerwKosten	O. 44	58	40
15.	Gemeindewahlen	P. 25	833	67
19.	Kreistagswahlen	— —	—	6
19.	Gemeindewahlen	P. 25	834	57
19.	Wasserwerk	P. 26	252	84
	VerwStreitVerf.			271
21.	Wasserpolizei	O. 45	310	164
21.	"	O. 45	324	166
21.	KrankVers.	P. 25	763	241
21.	" Geisteskranker	P. 26	28	246
22.	Kreisabgaben	O. 44	9	3
25.	Wegepolizei	O. 44	268	198
				199
25.	"	O. 44	290	206
25.	Jagdpolizei	O. 45	334	171
29.	Schulunterhaltung	O. 45	223	142
30.	UnfInvVers.	— —	—	*260*
30.	KrankUnfInvVers.	O. 45	369	*254*
				258
Febr.				
1.	VerwStreitVerf.	O. 45	259	268
1.	Versicherungsverein	O. 45	347	221
1.	Baupolizei	O. 45	409	176

[1]) RGSt.

Februar — Mai 1904.

Datum	Gegenstand	abgedruckt Band	abgedruckt Seite	Rechtsgrundsätze ErgBd. 1 Seite
1904 Febr.				
2.	Bürgermeister	O. 45	51	27
3.	Stadtverordnete	—	—	22
4.	Kleinbahnen	O. 44	405	262
4.	Jagdpolizei	P. 26	148	170
5.	Schneeräumung	O. 45	162	90
8.	Baupolizei	O. 45	413	177
9.	Stadtverordnete	—	—	26
11.	Brücken	O. 45	297	194
12.	Vereinsrecht	O. 44	434	222
12.	Gemeindewahlen	P. 25	847	68
15.	Wegezoll	O. 44	252	196
15.	Gewerbepolizei, Legitimationskarte	P. 26	29	217
16.	KrankVers.	P. 26	28	246
18.	Deichpolizei	—	—	*168*
19.	Kreistagswahlen	O. 45	14	8
22.	Wegepolizei	O. 44	286	210
23.	Schulbaulast	O. 44	195	147
25.	UnfVers.	P. 25	544	255
25.	Wasserpolizei	P. 26	137	163
29.	Lustbarkeiten	O. 45	339	213
März				
3.	VerwStreitVerf.	P. 25	782	271
4.	Poliz. Verfggen	O. 45	428	235
	VerwStreitVerf.			271
7.	Wegepolizei	O. 45	253	211
8.	Kirchenvermögen	O. 45	184	98
10.	Wasserpolizei	O. 45	308	156
10.	Krankenfürsorge für Gesinde	P. 25	849	249
14.	Wegepolizei	P. 25	730	185
18.	Gutsbezirke	O. 45	123	49
18.	Gemeindehaushalt	O. 45	144	91
18.	Baupolizei	P. 26	149	182
21.	Wegepolizei	O. 45	247	211
21.	Baupolizei	P. 26	102	183
22.	ProvAbgaben	—	—	2
24.	Wasserpolizei	O. 45	304	155 163
25.	Gemeindewahlen	O. 44	126	62
25.	Volksschullehrer	P. 26	29	108
25.	Schulvorstand	P. 26	134	114
25.	Schulunterhaltung	P. 26	183	126
28.	VerwStreitVerf.	O. 45	263	269
28.	Wegepolizei	O. 45	273	198
29.	ProvAbgaben	O. 45	1	2
29.	Stadtverordnete	O. 45	16	18 24
29.	Gemeindewahlen	O. 45	133	70 78

Datum	Gegenstand	abgedruckt Band	abgedruckt Seite	Rechtsgrundsätze ErgBd. 1 Seite
1904 März				
29.	Gemeindeverordnete	O. 45	138	82[1]
29.	VerwStreitVerf.	O. 46	63	270
29.	Schulunterhaltung	P. 26	350	145
April				
8.	Schulunterhaltung	O. 45	195	148
11.	Vorausleistungen f. d. Wegebau	O. 45	281	201
11.	Maß- u. Gewichtspolizei	P. 26	291	219
12.	Vereinsrecht	P. 26	387	222
13.	Gemeindeanstalten	—	—	34
14.	PolVdRecht	O. 45	341	240
15.	Gemeindewahlen	O. 46	126	70[2]
15.	"	—	—	75
15.	Gemeindebeamte	P. 26	100	81
18.	VerwStreitVerf.	O. 45	85	270
18.	KrankVers.	O. 45	366	244
21.	Wasserpolizei	O. 45	329	155
22.	Desinfektionskosten	O. 45	141	92
22.	Schulunterhaltung	O. 45	200	128
22.	PolVdRecht	P. 26	346	239
25.	Wegepolizei	O. 45	239	187 204
25.	VerwStreitVerf.	P. 25	764	272
29.	PolVerwKosten	O. 45	108	41
29.	"	O. 45	121	45
29.	Landbürgermeisterei	P. 26	270	12
Mai				
3.	Schulbaulast	O. 45	207	120
3.	"	O. 45	212	151
3.	Volksschullehrer	O. 45	226	109
5.	KrankVers.	O. 45	361	243
6.	Wasserpolizei	P. 26	771	165
9.	Wegepolizei	O. 45	267	188
	VerwStreitVerf.			269
9.	Wasserpolizei	O. 45	319	163
9.	"	O. 45	327	161
10.	Volksschullehrer	O. 45	215	104
10.	Baupolizei	O. 45	393	177
13.	Kreistagswahlen	—	—	8
13.	Poliz. Verfggen	O. 45	416	236
13.	Straßenschilder	O. 45	424	226
13.	Fürsorgeerziehung	O. 45	438	153
13.	Instleute	P. 26	446	229
16.	Wegepolizei	O. 45	275	188 210
16.	Viehversicherungsverein	P. 26	201	221

1) Druckf.: 45 131.
2) Druckf.: 46 136.

Mai — Oktober 1904.

Datum	Gegenstand	abgedruckt Band	abgedruckt Seite	Rechtsgrundsätze ErgBd. 1 Seite
1904 Mai				
17.	Volksschullehrer	O. 45	209	106
17.	Schulunterhaltung	P. 27	104	143
19.	Bürgerrechtsgeld	— —	—	17[1]
19.	Vorausleistungen f. d. Wegebau	O. 45	294	203
		D. 9	1141	*203*
19.	KrankVers.	P. 26	181	247
20.	Magistrat	— —	—	29
20.	Gemeindebeschlüsse	P. 26	271	83
20.	Erbbegräbnis	P. 26	427	233
20.	Auseinandersetzungen	P. 26	561	54
27.	Fürsorgeerziehung	O. 45	431	152
30.	Wegepolizei	O. 45	244	207
31.	Baupolizei	O. 45	405	178
31.	Schulunterhaltung	P. 26	184	126
Juni				
2.	Kanalisation	P. 26	635	232
2.	Straßengewerbe	P. 27	139	215
3.	Handelskammern	P. 26	253	*264*
6.	Wasserpolizei	O. 46	322	
		P. 26	771	165
6.	Deichpolizei	P. 26	717	168
7.	Gemeindewahlen	O. 45	130	78
9.	Wasserpolizei	O. 46	324	157
9.	Handelskammern	P. 26	272	263
14.	Gemeindewahlen	— —	—	65
14.	Schulunterhaltung	O. 46	199	120
14.	"	P. 26	603	149
16.	Wegepolizei	O. 45	269	206
16.	Polizeistunde	P. 26	307	215
16.	Wasserpolizei	P. 26	826	162
17.	PolVerwKosten	O. 45	103	41
17.	VerwStreitVerw.	P. 26	290	272
17.	Bürgerrechtsgeld	P. 26	306	17
17.	SynagogGem.	P. 26	604	103
19.	Deichpolizei	P. 26	449	167
20.	KrankVers.	O. 46	357	242
21.	Eberhaltung	P. 26	234	91
21.	Gemeindenutzungen	P. 26	579	34
23.	KrankUnfVers.	O. 46	370	256
23.	Wegepolizei	P. 26	182	184
24.	Gemeindenutzungen	O. 45	167	85
24.	Schulunterhaltung	P. 26	294	132
24.	Vereinsrecht	P. 26	369	224
28.	Poliz.Verfggen	O. 46	400	237
30.	Vorausleistungen f. d. Wegebau	O. 45	290	200

¹) Beschd.

Datum	Gegenstand	abgedruckt Band	abgedruckt Seite	Rechtsgrundsätze ErgBd. 1 Seite
1904 Juni				
30.	Strompolizei	O. 46	310	160
30.	Handelskammern	— —	—	*264*
Juli				
1.	Ortsarmenverbände	O. 45	190	13
5.	Gutsbezirke	P. 26	215	51
6.	UnfVers.	O. 45	390	254
6.	Jagdpolizei	P. 26	389	170
7.	Poliz.Verfggen	O. 45	265	237
7.	Fischerei	P. 26	235	169
7.	Apotheker als Drogenhändler	P. 26	372	219
Sept.				
19.	KrankVers.	P. 26	939	245
20.	Hauptlehrer	O. 46	211	104
	Volksschulbegriff			117
	Schulunterhaltung			119
22.	Wegepolizei	O. 46	286	186
22.	Kleinbahnen	O. 46	396	261
22.	KrankUnfVers.	P. 26	863	256
23.	Zwangsheilung	O. 46	140	93
26.	Wasserpolizei	P. 26	616	157
27.	Franz.-ref. Kirchengemeinden	O. 46	164	99
27.	Schulvorstand	O. 46	226	115
	Schulunterhaltung			150
27.	Volksschullehrer	U. 05	481	106
29.	Wegepolizei	O. 46	254	208
29.	"	P. 26	236	207
30.	Stadtverordnete	— —	—	21[1]
30.	Vereinseintragung	P. 26	735	228
30.	Gesindepolizei	P. 26	806	229
Okt.				
3.	Chausseen	O. 46	293	193
4.	Gemeindewahlen	O. 46	134	79
4.	PolVdRecht	O. 46	390	239
4.	Konkubinate	O. 46	408	231
6.	Jagdpolizei	O. 46	332	170
6.	Maß- u. Gewichtspolizei	P. 26	503	219
6.	Wasserpolizei	P. 27	45	161
7.	Baupolizei	P. 26	719	176
7.	"	P. 26	828	179
7.	Poliz. Verfggen	P. 26	924	236
7.	Schulbaupflicht	P. 27	215	135
10.	Wasserpolizei	O. 46	318	
		P. 27	66	158
10.	KrankVers.	O. 46	389	252
13.	"	P. 26	485	247
14.	Gemeindewahlen	O. 46	103	67
				71

¹) Beschd.

Oktober 1904 — Januar 1905.

Datum	Gegenstand	abgedruckt Band	abgedruckt Seite	Rechtsgrundsätze ErgBd. 1 Seite
1904 Okt.				
14.	Gutsvorsteher-Stellvertreter	O. 46	185	81
	Schulunterhaltung			137
14.	Preisschießen	P. 26	808	232
	Poliz.Verfggen			236
18.	Instleute	O. 46	410	230
18.	Begräbnisplätze	P. 26	904	233
18.	Schankbetrieb, Konflikt	P. 26	921	265
24.	Wegepolizei	O. 46	241	196
24.	Schauspielunternehmer	O. 46	339	220
27.	Heildiener	O. 46	337	
		P. 26	739	218
27.	Baupolizei	P. 26	486	182
28.	Gemeindeholzungen	P. 27	211	31
Nov.				
1.	Stadtverordnete	O. 46	5	21
1.	PolVerwKosten	O. 46	9	46
1.	Gemeindewahlen	O. 46	137	66
	Jagdpachtverträge			83
1.	Gemeindebeamte	P. 26	465	30
3.	Poliz. Verfggen	O. 46	404	235
	VerwStreitVerf.			270
3.	Schankbetrieb	P. 26	864	213
4.	ProvLandtag	— —	—	1
4.	Schulbauten	P. 26	488	146
4.	"	P. 27	82	130
4.	VerwStreitVerf.	P. 27	471	271
7.	Wegepolizei	O. 46	246	205
7.	Vorausleistungen f. d. Wegebau	O. 46	307	201
7.	Wasserpolizei	O. 46	315	
		P. 26	885	155
7.	Untersagung d. Gewerbebetriebs	O. 46	355	217
10.	Jagdpolizei	O. 46	334	173
10.	InvVers.	O. 46	382	253
10.	Wegepolizei	P. 26	658	207
10.	InvVers.	P. 27	80	250
11.	Kreistagswahlen	O. 46	1	7
11.	Schulunterhaltung	P. 26	469	124
15.	Gemeindeholzungen	P. 27	321	34
17.	Vorausleistungen f. d. Wegebau	O. 46	299	202
17.	KrankVers.	P. 27	27	241
18.	Gemeindeholzungen	P. 27	26	32
	Gemeindehaushalt, Zwangsetatisierung			36

Datum	Gegenstand	abgedruckt Band	abgedruckt Seite	Rechtsgrundsätze ErgBd. 1 Seite
1904 Nov.				
21.	Wegepolizei	O. 46	261	212
24.	Straßengräben	P. 26	679	189
24.	Ruhestörender Lärm	P. 27	231	232
25.	Schulunterhaltung	O. 46	191	140
25.	Wasserwerk, Gesundheitspolizei	O. 46	423	234
25.	Poliz.Verfggen	P. 26	543	233
29.	Bürgerrecht	P. 26	601	15
30.	Wegepolizei	O. 46	267	195
30.	"	O. 46	274	195
30.	"	O. 46	289	187
Dez.				
1.	KrankVers.	O. 46	363	
		P. 26	657	243
2.	Gemeindewahlen	O. 46	106	71
2.	Baupolizei	P. 26	943	179
8.	Badeanstalt	O. 46	349	215
8.	KrankVers.	O. 46	366	247
8.	Chausseen	P. 26	843	193
8.	Handelskammern	P. 27	358	264
12.	Vorausleistungen f. d. Wegebau	P. 26	827	203
13.	Zwangsetatisierung	P. 26	809	48
13.	Feuerbestattung	P. 26	862	228
15.	Vorausleistungen f. d. Wegebau	P. 26	409	200
15.	Wegepolizei	P. 26	580	196
16.	Auseinandersetzungen	O. 46	147	55
16.	PolVdRecht	P. 26	447	239
19.	Lustbarkeiten	O. 46	343	
		P. 26	348	214
22.	Wegepolizei	O. 46	245	197
22.	KrankVers.	O. 46	385	251
22.	"	P. 27	162	241
1905 Jan.				
3.	Gesindepolizei	O. 46	415	230
	Poliz. Zwangsmittel			238
3.	Konflikt	O. 46	442	266
6.	Schulunterhaltung	U. 05	520	127
9.	UnfInvVers.	P. 27	377	260
12.	Baupolizei	P. 26	468	179
17.	Gemeindewahlen	O. 46	111	72
19.	Wegepolizei, Marktstandsgeld	O. 46	272	195
19.	Jagdpolizei	P. 27	451	171
20.	Schulunterhaltung	O. 46	204	142
20.	"	U. 05	528	129

Januar 1905 — Januar 1906.

Datum	Gegenstand	abgedruckt Band	Seite	Rechtsgrundsätze ErgBd. 1 Seite
1905 Jan.				
24.	Versammlungen	O. 46	435	225
30.	Baupolizei	P. 26	923	183
30.	Wegepolizei	P. 27	284	191
31.	Schulvorstand	O. 46	232	116
31.	Trunkenbold	P. 26	769	232
Febr.				
2.	Wegepolizei	P. 26	564	184
2.	"	P. 26	601	184
6.	Bürgersteige	P. 26	752	188
10.	Gesindepolizei	P. 27	375	229
24.	Gemeindewahlen	O. 46	119	73
24.	Baupolizei	P. 27	305	180
März				
2.	Baupolizei	P. 26	637	183
2.	Wegepolizei	P. 27	28	186
9.	Baupolizei	P. 26	639	181
10.	"	P. 27	164	180
16.	Wegepolizei	P. 26	618	185
17.	Schulunterhaltung	U. 05	778	141
23.	Poliz.Verfggen	P. 27	303	236
April				
4.	Gemeindewahlen	O. 46	131	75
6.	Bürgermeister	P. 27	176	28
	Pers. Beteiligung			237
17.	Baupolizei	P. 27	67	183
18.	Volksschullehrer	—	—	111
18.	Baupolizei	P. 27	432	181
18.	Fideikommiß	P. 27	449	52
27.	Chausseen	P. 27	213	193
Mai				
4.	Wegepolizei	P. 27	46	196
4.	KrankVers.	P. 27	470	246
5.	Gemeindewahlen	P. 26	882	58
5.	Gemeindevorsteher	P. 27	412	80

Datum	Gegenstand	abgedruckt Band	Seite	Rechtsgrundsätze ErgBd. 1 Seite
1905 Mai				
18.	Wegepolizei	P. 26	942	212
29.	"	P. 27	177	190
Juni				
5.	Wegepolizei	P. 26	864	197
8.	"	P. 27	247	190
19.	Chausseen	P. 27	359	194
20.	Kirchenvermögen	P. 27	265	100
27.	VerwStreitVerf.	P. 27	124	268
27.	Gemeindewahlen	P. 27	469	68
29.	Knappschaftsverein	P. 27	429	246
Juli				
4.	Schulunterhaltung	P. 27	125	126
7.	Baupolizei	P. 27	250	180
7.	Stadtverordnete	P. 27	323	18
10.	Wasserpolizei	P. 27	379	159
10.	UnfInvVerf.	P. 27	413	254
23.	Wegepolizei	P. 26	680	188
Sept.				
28.	Vorausleistungen f. d. Wegebau	P. 27	199	201
28.	Ansiedelungen	P. 27	470	173
Okt.				
2.	Baupolizei	P. 27	163	181
5.	Ansiedlungen	P. 27	141	175
5.	Vorausleistungen f. d. Wegebau	P. 27	323	200
10.	Stadtverordnete	P. 27	283	23
13.	Gemeindewahlen	P. 27	338	63
20.	Vorausleistungen b. d. Gemeindebesteuerung	P. 27	230	55
26.	Bürgersteige	P. 27	394	189
26.	Amtsvorsteher	P. 27	413	10
1906 Jan.				
8.	Wegepolizei	P. 27	453	199

Sachverzeichnis.

Das Zeichen * deutet an, daß ein Gegenstand wegen seiner Allgemeinheit oder der Häufigkeit seines Vorkommens nur in den wesentlichsten Beziehungen unter dem betr. Stichwort oder in das Sachverzeichnis überhaupt aufgenommen werden konnte. Bei manchen Stichwörtern ist der gemeinsame Gebrauch in Ein- und Mehrzahl durch Klammern ( ) angedeutet. Der Kürze halber sind die Stichwörter bei ihrer Wiederholung durch das Zeichen — ersetzt. Die fett gedruckten Ziffern geben die Seiten an, auf denen der betr. Gegenstand ausführlich erörtert ist.

A.

C.

D.

E.

H.

J.

L.

M.

N.

O.

P.

Q.

R.

T.

Berichtigungen.

(Die **richtigen** Ziffern und Buchstaben sind, soweit darstellbar, durch **Fettdruck** hervorgehoben.)

a) Noch zum ersten Hauptbande:

S. 179, Nr. 18, Ueberschrift: — — **18.** März — —

S. 565, „Gesetzliche Grundlagen“, Z. 4: — — HannG. v. 30. **IX.** 42 — —

S. 951, rechte Spalte: Die Fundstelle „O. 15 230“ der OVG. 19. IX. 88 streichen.

S. 958, rechte Spalte: die OVG. 17. III. 91 **21** 273 steht auch Bd. 2 1274 dW. (unrichtig als OVG. 17. III. 97 21 379).

S. 975, rechte Spalte, „Juli“: Die letzte Z. streichen und auf S. 977, linke Spalte, als 6. Z. v. o. einschalten.

S. 980, linke Spalte, Z. 4 und 5 umändern in:

11	Baupolizei	O. 32	360	2 308 309

S. 989, rechte Spalte, unter „März“ umzuändern in:

16	Schulunterhaltung VerwStreitVerf.	O. 37	206	1 889 2 1204[4] 1211

[4]) Druckf. 37 14; die Angabe 37 214 auf S. 1211 ist **nicht** unrichtig, weil die Entsch. die S. 206–215 umfaßt.

S. 998, linke Spalte, unter „März“ zu streichen die Zeile:

„11| Amtsvorsteher | P. 23 | 278 | **1** 179“ und die Zahl 1 179 einschalten bei der OVG. 18. III. O. 2 P. **24** 278; vgl. die Berichtigung zu 1 179 dW. im ErgBd.

S. 998, rechte Spalte, als „Gegenstand“ der OVG. 5. V. 02 P. 24 440 setzen: „Wasserpolizei“.

S. 999, rechte Spalte, unter „Okt.“, Z. 3, die Fundstelle abändern in: „O. 42 262“.

S. 1000, linke Spalte: Die OVG. 3. XI. 02 P. 24 423 steht 2 379 dW.

S. 1097, beim Stichwort „Privatunterricht“, Z. 6, hinter „Beaufsichtigung“ einschalten: 2.

b) Noch zum zweiten Hauptbande:

S. 142, Nr. 14, Ueberschrift: — — (OVG. **42** 262) — —

S. 252, Nr. 1, Ueberschrift: — — (OVG. **24** 369) — —

S. 308, Z. 2 v. u.: — — OVG. 11. X. 97 **32** 360 — —

S. 599, Nr. 28, Ueberschrift: — — 12. **Dez.** 1896.

c) Zum ersten Ergänzungsbande:

S. 70, Nr. 8, Ueberschrift: — — (OVG. **46** 126) — —

S. 82, Nr. 3, Ueberschrift: — — (OVG. **45** 138) — —

S. 98, Nr. 1, Ueberschrift: — — 25. **Sept.** 1903 — —

S. 103, Nr. 3, Abs. 2: Die Anfangsbuchstaben der Z. 4 und 5 sind umzutauschen.

S. 155, Nr. 1, Z. 3, hinter „Verfügungen“ einschalten: „nach § 127 LVG.“

S. 156, Nr. 4, Z. 6: — — zufließt, nicht — —

S. 157, letzte Z.: — — verpflichtung — —

S. 159, Z. 5 v. o.: — — Sinkstoffe — — letzte Z.: — — 19. **IX.** 95 — —

S. 160, Nr. 9, in der Ueberschrift als Fundstelle einzuschalten: „(PrVerwBl. 25 336)“.

S. 171, Nr. 2, Ueberschrift: — — III B 39/03.

S. 272, Nr. 15, Ueberschrift: Es handelt sich um zwei Entsch. von demselben Tage; zu der in PrVerwBl. 25 474 wiedergegebenen gehört das Aktenzeichen IV 1916.

Druck von A. W. Hayn's Erben, Potsdam und Berlin.

Kolibri 360 GmbH
Ferdinand-Jühlke-Straße 7
99095 Erfurt, Deutschland
produktsicherheit@kolibri360.de